U0909536

A. E.

爱因斯坦传

[德] 阿尔布雷希特·弗尔辛 著 薛春志 译

人民文学出版社

著作权合同登记号　图字 01-2009-7846
ALBRECHT FOELSING
ALBERT EINSTEIN, EINE BIOGRAPHIE

图书在版编目(CIP)数据

爱因斯坦传/(德)弗尔辛著;薛春志译. —北京:人民文学出版社,2011(2021.6重印)
(汉译传记丛书)
ISBN 978-7-02-008464-7

Ⅰ. ①爱… Ⅱ. ①弗…②薛… Ⅲ. ①爱因斯坦, A. (1879～1955)—传记 Ⅳ. ①K837.126.11

中国版本图书馆 CIP 数据核字(2011)第 020360 号

责任编辑　欧阳韬
装帧设计　柳　泉
责任印制　王重艺

出版发行　人民文学出版社
社　　址　北京市朝内大街 166 号
邮政编码　100705

印　　刷　三河市鑫金马印装有限公司
经　　销　全国新华书店等

字　　数　450 千字
开　　本　680 毫米×960 毫米　1/16
印　　张　33.25　插页 10
印　　数　31001—34000
版　　次　2011 年 7 月北京第 1 版
印　　次　2021 年 6 月第 8 次印刷

书　　号　978-7-02-008464-7
定　　价　45.00 元

如有印装质量问题,请与本社图书销售中心调换。电话:010-65233595

爱因斯坦与妹妹玛雅

十四岁的爱因斯坦和妹妹玛雅

十五岁的爱因斯坦在即将离开德国之前

奥林匹亚科学院三剑客

爱因斯坦　1898 年

爱因斯坦和米列娃的结婚照　1903 年

爱因斯坦，米列娃和儿子汉斯·阿尔伯特　1904 年

米列娃和孩子

爱因斯坦在专利局　约 1906 年

第一次苏尔维大会，爱因斯坦在右二　1911 年

第五次苏尔维大会，爱因斯坦在前排右五　1927 年

爱因斯坦　约 1920 年

拉小提琴的爱因斯坦　奥尔利克　绘

爱因斯坦与洛伦兹

爱因斯坦与妻子艾尔莎在柏林
1921 年

爱因斯坦在法兰西学院　1922 年

戴印第安头饰的“伟大的相对论人”爱因斯坦　1931 年

爱因斯坦夫妇和卓别林在洛杉矶　1931 年

爱因斯坦　1938 年

爱因斯坦在向美国同行解释他的公式

爱因斯坦　1940 年

爱因斯坦与托马斯·曼在美国　约 1939 年

爱因斯坦和孩子们

爱因斯坦与罗伯特·奥本海默　约 1947 年

爱因斯坦在普林斯顿过七十寿辰　1949 年

爱因斯坦在美国全国广播公司的电视节目中支持美国政府继续研制氢弹　1952 年

骑车的爱因斯坦

爱因斯坦知道自己被联邦调查局监视。但他不知道，胡佛怀疑他是危险的苏联间谍。

爱因斯坦从研究所回家　约 1952 年

前　言

爱因斯坦去世已经五十多年了，他的名字仍然激发人们的特殊兴趣。他是我们这个时代不可争论的最伟大的物理学家，可以与艾萨克·牛顿并肩，但是在科学的历史长河中，爱因斯坦不仅是一位专家。

爱因斯坦的传奇贡献直到今天还影响着我们，虽然因素很多，但是在很多方面都与物理有关。爱因斯坦的时空概念，四维空间，有界无限宇宙，光在其中沿着弯曲的路径传播等思想是革命性的，对人类思想的影响可以与哥白尼并驾齐驱。他对自然界深入思考的结果一直伴随着传奇公式 $E=mc^2$，它与原子弹的间接联系，以及其他有关破坏、恐慌和恐怖间接相关。对知识的纯洁追求而诞生的理论最后变成了物质力量，这就是广岛上空的蘑菇云。

这个理论的创立者不是生活在象牙塔里，而是生活在战争和冲突之中，并且出于强烈的人道主义责任感和干预政治的需要而去面对这种境遇。他的人道主义更多强调的是人们的共性，而不是他们的分歧，使他有“左翼”的特征。他虽然不属于任何党派，但却情系耶路撒冷，包括同情受迫害者。四十岁时，爱因斯坦就已经成为传奇人物了，他用他的声誉为社会公正、民主自由、和平主义、犹太人命运、国际主义等服务，虽然很少成功，并且经常引发争议。

爱因斯坦像圣人一样，他的热心经常得到赞誉，他的率直经常得到尊敬。这是有些理由的，但是他也会粗暴和攻击，在他谦让的外表下是深不可测的复杂矛盾。虽然他对出生国的态度是复杂的，但是他对纳粹德国的态度是不含混的，并因此给罗斯福总统写信建议研究原子弹，尽管他是热心的和平主义者。广岛惨剧后,爱因斯坦警告提防核竞赛,很多人认为他是一位明智的老人,世界良知的化身。

但是爱因斯坦自称的“政治短旅”只是短途旅行,它们的重要性绝对不能与物理对他的重要性相比,物理是他的激情和生活。在 1905 年至 1925 年的二十年间,在自然科学中没有人能像他那样极大地丰富了物理学。如果问及谁是二十世纪最伟大的物理学家,答案是创立相对论的爱因斯坦。谁是当代第二位物理学家,答案应该还是爱因斯坦,因为他在其它方面的贡献。在他一生的最后三十年,他探索物理的基础。这条路没有尽头,但是他没有放弃;直到最后,他一直沉浸在物理中。

此外,爱因斯坦是位丈夫(两次)、情人和父亲(至少三次)。他是犹太人,获得四个国籍,并且应邀做第五国以色列的总统,但是他拒绝了,虽然他对所称的“部落兄弟”无比忠诚。爱因斯坦出生在德国,德语是他的母语,是他唯一可以书写和自如表达情感和思想的语言。纳粹对犹太人大屠杀之后,他称德语是“继母语言”,在一定距离上显示对这个语言的微妙感受。他永远不能原谅德国人。

爱因斯坦认识自然界的深度和广度、生活范围的广阔和多彩以及复杂的性格,一直受到传记作家的追捧,事实上,这本书比我预想的内容要多。我的写作尽可能基于爱因斯坦自己的证明和陈述:他发表的文章,没有发表的手稿,无数的信件,断断续续的日记等可以得到的资料。此外,我还采纳了对我来说比较可靠的第一手资料。一些关于爱因斯坦的广为流传的故事没有提及,因为对改造的或没有验证的断言的讨论是没有意义的。同时,我希望提供更多新的,并且对已知事件的新见解。对我来说,最重要的方面是爱因斯坦的物理。物理才是他的真谛,只有通过物理,才能真正再现这位百年不遇的追求真理的巨人。

致　谢

没有那些早期就开始收集和保存爱因斯坦信件、手稿，以及其他相关文件的人们的辛勤工作，这本书不可能出版。这本书的主要资料来源是爱因斯坦档案，开始保存在普林斯顿，现在保存在耶路撒冷的犹太国家和耶路撒冷大学图书馆。我在耶路撒冷停留期间，得到馆长 Z. 卢森克兰茨和 H. 卡森斯坦的大力支持，我非常感谢；同时感谢以色列的耶路撒冷希伯来大学爱因斯坦档案馆，允许我复印未出版的资料。感谢普林斯顿大学穆德手稿图书馆和波士顿大学科学与工程图书馆，允许我查看拷贝文件。在苏黎世瑞士工业大学图书馆，在穿越科技文集的迷宫中，B. 克劳斯一直是一位非常得力的向导。在查阅柏林的 M. 普朗克学会的档案中，我得到了 E. 赫宁，M. 卡泽梅和 A. K. 沃尔特的热心帮助。感谢基尔安术茨公司的 B. 沙尔的友好支持，把爱因斯坦与赫尔曼. 安术茨-卡姆菲之间的信件交由我处理，一直到这本书出版前。

我非常感谢耶路撒冷的 Y. 埃尔克纳教授和万李尔基金会，使我能够参加 1990 年 4 月在耶路撒冷举办的“爱因斯坦真谛”研讨会，同时感谢与会人员给予的很多有益建议。

在与阿尔伯特 · 爱因斯坦文集项目的 A. J. 考克斯、J. 任恩和 R. 舒尔曼的交谈中，我受益匪浅；特别是 R · 舒尔曼慷慨地与我分享其掌握的关于爱因斯坦的早年情况。

我非常感激出版商 S. 翁赛尔德，感谢他对这项艰难工作抱有的信心和耐心。

我的妻子乌拉，我的孩子菲利浦和朱丽亚对我长期投入到这本书中所必须忍受的耐心,为此,我不仅要衷心地感谢他们,并且请求他们的原谅。对我的狗卢夫斯也表示歉意,对它来说,我这种生活方式的改变,整天伏案工作,它一定很难理解的。

目　录

第一部分　童年，青年，学生时代

第二部分　在“尘世修道院”

第三部分　新哥白尼

第四部分　战争的喧嚣和宇宙的大小

第五部分　辉煌与名誉重负

第六部分　分裂时代的统一理论

第 一 部 分

童年，青年，学生时代

第1章 家 庭

1879年3月14日，一个寒冷但是阳光灿烂的日子，在中午教堂钟声响起前半个小时，爱因斯坦降生于德国南部的乌尔姆城。第一个孩子就是男孩，这对于急于延续家族的父母和亲属来说无疑是无比喜悦的事情。当然，就像所有第一次作为父母的年轻夫妇一样，他们的喜悦中笼罩着担心甚至焦虑。

多年以后，爱因斯坦的妹妹写道："妈妈第一眼见到他那不同寻常的带有棱角的后脑勺，惊呆了，甚至以为他是个怪物。"医生安慰年仅二十一岁的母亲波琳·爱因斯坦，这种现象很快就会消失，几周后，这个婴儿的脑壳确实正常了，然而那宽平的后脑勺成为伴随他一生的特征。

第二天早晨，赫尔曼·爱因斯坦穿上外衣，兴冲冲地到市政厅登记儿子的出生。他给儿子取名阿尔伯特，这个名字和他的祖父亚伯拉罕·爱因斯坦的名字有点略微的关联。"乌尔姆人都是天生的数学家，"这句传说一直可以追溯到繁荣的中世纪，但刚刚出生的小阿尔伯特·爱因斯坦却没有丝毫迹象表明他能以自己未来的成就为这一传说证明。在儿子出生登记证的宗教栏里，赫尔曼郑重地填写为"犹太人"。

不仅仅是犹太人，确切地说阿尔伯特·爱因斯坦的祖先是真正的施瓦本人。从父亲家谱中可以看到，爱因斯坦家族在这个地方已经居住了二百多年，但不是在乌尔姆，而是在其南四十英里，坐落在阿尔卑斯山脚，菲德湖畔的一个小城——布豪。公元十六世纪，一个小的犹太人团体在一个贵族修道院的庇护下开始在这里繁衍生息。1665年，巴洛克·摩斯·阿因斯坦家离开位于德国、奥地利和瑞士之间的康斯坦茨湖畔地区，来到这里。再后来,阿因斯坦家的后代把家族姓氏的第一个字母 A 改成 E,变成了今天人们熟悉的姓氏爱因斯坦了。

在布豪的犹太人墓地,层层灌木丛中,静静地矗立着几十块墓碑,这是爱因斯坦家族几代历史的见证。在布豪居住的最后一个犹太居民是阿尔伯特的侄孙希戈伯特·爱因斯坦。希戈伯特从莱瑞斯达德集中营中幸存下来,第二次世界大战后,曾担任过一段布豪市副市长,他负责照看墓地,并为偶尔的几位参观者打开墓地的大门。1968 年。他也葬在那块墓地,他不仅是布豪市最后一位犹太人,也是阿尔伯特·爱因斯坦在德国的最后一个亲属。

在 1665 年 3 月 16 日德国布豪的城市记录簿中,记载着当时来此定居的犹太人所要遵守的各种限制和条件,也记述了犹太人争取自由和解放的斗争历程。他们抵制每年要交的十二块金币的定居费,还争取到了可以自由进行宗教活动和贸易的权力,但只能像摩斯·阿因斯坦家那样,仅可以做马匹和布匹生意。直到 19 世纪末以前,做买卖是犹太人惟一可做的维持生计的事。1806 年,在拿破仑的庇护下,布豪划归符腾堡南德意志王国。1828 年,终于在那里通过了一项法律,允许犹太人自由选择自己的职业,这标志着犹太人作为居民走向解放的第一步。然而在符腾堡,这种胜利直到三十四年以后的 1862 年才得以完全取得。

爱因斯坦家族的一些人抓住了这次新的机会,相继成为毛皮匠、订书匠等工匠。他们仍居住在具有谦逊习俗的老镇。那里的各种限制和贫困仍然令人想起三十年战争年代,以至于他们中间没有人能够出类拔萃。犹太人墓地的墓碑可以验证 19 世纪客居布豪的犹太人和爱因斯坦家族与当地人逐渐同化的过程:希伯来的刻印文字越来越少,最后完全消失;受人尊敬的圣经名字如撒母耳、大卫和亚伯拉罕逐渐被如奥古斯特、阿道夫和赫尔曼等德国名字所代替。尤其是南部德国人的自由运动,瓦解了德国犹太团体与犹太会堂曾经非常牢固的联结:而布豪的犹太人,由于不如东欧的犹太人那样牢牢地扎根于传统宗教之中,亦越来越疏远于会堂的钟声了。与此同时,工业革命给大城市带来繁荣和生机,对那些褊狭老镇的人们产生了巨大的诱惑。

多瑙河的古城乌尔姆是当时距布豪最近的繁荣中心。旧的城墙被推倒，给新的不断向外扩展的城市让出发展空间。爱因斯坦家族的吉特·爱因斯坦和来自布豪的丈夫库斯曼·德雷夫斯于1864年首先踏上了这座新城。1869年以后，爱因斯坦家族的几名男成员又相继来到乌尔姆城碰碰运气。根据1875年的统计，这座城市当时有三万居民，其中有六百九十二名犹太人顺利成为当地居民。

1877年，整个乌尔姆城都在庆祝大教堂奠基及其南塔建成五百周年。犹太居民们敬献了由当地艺术家雕刻的大预言家耶利米的雕像，这份厚礼象征着犹太居民与乌尔姆城及其基督教居民的大团结。在捐献者名单中，爱因斯坦出现六次。由此可以看出，包括与爱因斯坦家联姻的德雷夫斯和摩斯家的人，爱因斯坦家至少有十二人从布豪搬到乌尔姆，其中就有阿尔伯特的父亲赫尔曼。

赫尔曼·爱因斯坦于1847年出生在布豪，是商人亚伯拉罕的儿子，少年时被送到符腾堡的省会斯图加特读高中。尽管他很聪明并且具有一定的数学天赋，但由于当时家庭的经济状况，他不可能继续读大学。然而就这仅有的中等水平的毕业证书也为他今后步入上层社会提供了保障，并且让他享有只服一年兵役的特权。当时规定，每个成年公民要义务服役三年的，而且作为军官培训生，还有可能提升为预备役中尉。年轻的赫尔曼显然对两次野外训练这一提升中尉的必需条件没有兴趣，这样也免去了皇家符腾堡军队因为要接受一位犹太人作预备役中尉所要面对的麻烦事。

阿尔伯特·爱因斯坦的母亲家族也源于施瓦本犹太人社团，他们居住在施瓦本高地的北面，靠近哥廷根的杰本豪森。在那里，阿尔伯特的外祖父朱利斯·多茨巴赫开了一间小面包房供养全家。1842年，家族的姓氏改为科赫，十年以后，朱利斯·科赫搬到斯图加特附近的堪斯塔特，同他的兄弟亨利斯一起做回报丰厚的粮食生意。几年下来，积累了不少财产，直至成为“皇家符腾堡宫廷的供应站”。很显然，科赫家族的贸易与爱因斯坦家的小本生意完全不同，不仅利润高，而且业务范围广，具有全球性。朱利斯·爱因斯坦娶了一位比他小十一岁的年轻漂亮的姑娘，她办事利落、具有良好品行和音乐天赋。大家都认为他们是天生的一对。

对于爱因斯坦，可能更甚于其他，人们更多要问的是：他从父母那里遗传到了什么？很显然：他的数学天赋源于他的父亲，而他的音乐爱好则来自

他的母亲。因此,大家都试图在爱因斯坦的家谱中求证这种独特天赋的本源,但爱因斯坦本人却否认这样的说法。他解释说:

> 首先,我完全不了解他们,同时没有一个活着的人可以告诉我有关他们的事。即使有天才存在,在当时那样严酷的生活条件下,也不会出现。而且,我清楚地知道,我并不具有这样特别的天赋。是好奇心、顽强的信念和坚忍不拔的精神,使我最终实现了我的梦想。对于所说的丰富的想象力,我身上好像没有这样的迹象,顶多是中等水平。通过研究我的祖辈们,不会得出什么结果的。

不论从父亲或者母亲方面来看,很明显,阿尔伯特·爱因斯坦生于大家族。他的亲属分布在德国多个城市和欧洲的几个国家。以后我们会谈到其中的几位亲属,如家住意大利、资助爱因斯坦学业的婶婶,家住安特卫普的舅舅凯撒·科赫,其粮食生意做到了圣彼得堡和阿根廷,阿尔伯特在十六岁的时候给他寄了第一篇学术论文。

这种家族的纽带不仅激励着年少的阿尔伯特,并且在他一生的很多困难时期,帮助他度过难关。在苏黎世,不是爱因斯坦的叔叔,就是家族的近亲照看年少的爱因斯坦。很多年以后,当纳粹残酷迫害犹太人的时候,在美国任教授的爱因斯坦同样帮助他们度过难关。

1876 年,结婚后的赫尔曼·爱因斯坦和妻子住在玛斯特广场——乌尔姆老城的天主教区。两年后,当波琳第一次怀孕时,他们搬到一所大公寓。1879 年初,当波琳怀孕六个月时,他们又搬到了火车站大街 135 号(B),一幢三层楼的一所舒适的公寓内。从爱因斯坦的妹妹的记述中,我们得知爱因斯坦的出生还是不平常的。当爱因斯坦的祖母刚看到他时喊道:“太胖了,太胖了!”小阿尔伯特是一个非常文静的孩子,不曾给照看他的人惹来任何麻烦。

对于他的出生地,阿尔伯特·爱因斯坦没有什么特殊的感情,因为出生一年后,全家就搬到了慕尼黑。在他五十岁生日的时候,原来楼房的主人,拿了一张出生地的照片给他看,阿尔伯特的反应不能说没有一些讽刺意味:“对于出生地,这座房子很漂亮,因为那时人们不会对美学有什么过多的要求;并且,那时的他对感到亲切的事物的反应首先是哭叫,而不会去理会什么原因和情形。”

虽然爱因斯坦只在他出生的第一年待在乌尔姆,在巴伐利亚长大,后来去了意大利和瑞士,但是,他身上仍然有一些施瓦本人的味道。他家虽然离开符腾堡,但却一直保留着施瓦本方言,直到老年,爱因斯坦仍有口音。从他的家人及第二任妻子,他的表姐艾尔莎,对他的称谓上,可以看出施瓦本方言特别喜欢用“小”字的习惯——小阿尔伯特。即使晚年在美国居住时,在他的一直不是很精通的英语中,似乎也含有施瓦本方言的低音。

从其它方面,诸如他的深于思考的习惯、恶作剧、间或粗俗的幽默、十分明显的固执,都可以找到施瓦本人的影子。当一家本地报纸的记者采访这位乌尔姆最出色的儿子时,他所讲的几句话不仅仅是恭维:“一个人和他的出生地的联系就像母亲与孩子之间的联系……每当我想起乌尔姆,就充满感激之情,它的传统艺术简单而富于特色。”

阿尔伯特出生后不久,赫尔曼·爱因斯坦由于弟弟雅各布的原因,准备再一次搬家。雅各布是五个孩子中惟一受过高等教育的人。中学毕业后,他进入斯图加特一所工学院学习并成为一名工程师,曾在1870—1871年普法战争中服务。1876年他来到慕尼黑定居,在那里开了一家小公司,从事水和煤气设备安装。雅各布说服了赫尔曼,他现在从事的生意——经营铺床的鹅毛,不会有什么前途,而新的工业时代给合适的领域提供了更好的机会。

赫尔曼·爱因斯坦同他的妻子及一岁的儿子于1880年夏天来到了慕尼黑,成为雅各布·爱因斯坦公司的合作伙伴。赫尔曼全家住在靠近闪德灵门,米勒街3号的一间公寓里,单身的雅各布也住在这座楼里,这里也是公司的所在地。根据两兄弟的兴趣和能力分配工作,雅各布负责技术,赫尔曼负责营销。两年后,两兄弟的生意有了很大发展,取得凯斯林公司——以制造煤气锅炉闻名的机械技术及锅炉制造公司三分之二的资产。这样,赫尔曼·爱因斯坦把他妻子嫁妆的大部分都投入进去了,取得了很好的收益。

雅各布又把爱因斯坦公司的生意扩展到一个相当新的领域——电气工程。1882年,当爱因斯坦兄弟取得凯斯林公司股权的同时,他们参加了由奥斯卡·温·米勒组织的在慕尼黑举行的国际电子技术展览会,展出了发电机、弧光灯、灯泡以及全套的电话系统。由于电气工程方面的生意发展特别迅速,不久,他们就放弃了煤气和水的设备安装以及锅炉生产。

1885 年,他们卖掉了所持的凯斯林公司股票,用这些钱以及从亲属们的借贷,投资兴建一家新公司——简·爱因斯坦电气工程公司。同时,他们获得了闪德灵郊区的一大块土地——14 号地产,当时的名字是瑞戈威戈。1887 年改成了一个无法发音的名字阿德尔茨瑞特街。街道对面是一幢居民楼,楼后面是一个不引人注目,古树参天的花园。工厂建在从附近林德沃姆街为此新买 125 号地上。

这样,爱因斯坦家进入了具有很好发展前景的新型工业,也就是我们所说的高技术产业。

从赫尔曼·爱因斯坦那时的照片中,我们可以看到德国早期工业时代的人物典型:短头发,只有嘴唇上面留有胡须,戴着单镜的双眼凝视着,使人感到敬畏。他看起来像普鲁士人,但是了解他的人却有另一种印象——一个友好和蔼的人,很受家庭和朋友们的尊敬和爱戴,特别是女性。他很勤劳,但不至于影响他享受快乐生活。他经常带着家人到慕尼黑附近远足,特别喜欢古老的巴伐利亚消遣——光顾啤酒馆。

赫尔曼非常爱他的妻子波琳,他们两人的性格如此和谐,整个一生,他们的婚姻不但没有阴云,而且在任何生死关头,总是牢固可靠的。这可能是由于他们的宗教观点十分相似,他们俩都尊重并且承认自己是犹太人,可能从没有考虑过为自己或孩子进行基督教洗礼,而与当地同化。犹太教的会堂,已经不在家庭中起很大的作用了:他们不去教堂,也不在家里祈祷。犹太人的烹调方式已经不复存在,吃猪肉是很自然的事。思想自由的赫尔曼非常高兴家中没有犹太人的戒律和习惯。先知的作品很少去读,更不用提犹太法典了。取而代之的是吟诵席勒和海涅的作品。席勒是施瓦本进步资产阶级的国家英雄,而海涅是德国流行的犹太大诗人。把自己的生活与海涅相比,他更坚信发展文明的事业。赫尔曼·爱因斯坦不像海涅,为了被他的同胞接受而接受洗礼。

这就是阿尔伯特·爱因斯坦的成长环境。开始时,父母和亲属都非常喜欢他。最早对爱因斯坦个性描述的是他的外祖母吉特·科赫,1881 年夏天,她来到慕尼黑看望她两岁的外孙时说:“小阿尔伯特非常招人喜爱,这么长时间没能来看他,很心痛。”一周后,她给慕尼黑写信说:“我们大家都惦记着小阿尔伯特，他是那样可爱，我们经常谈起他那有趣的小花样。”非常可惜，这位慈祥的外祖母没有记下所说的有趣的花样是什么。

1881 年 11 月 18 日，阿尔伯特的妹妹玛雅出生了。阿尔伯特最初的反应是很有趣。当人们告诉这个两岁零八个月的男孩，将有个小妹妹(Mädele)做他的玩伴时，他的反应却是问轮子玩具(Rädele)在哪里。这是否是喜好韵律的预示，或者是由于发音的相近，他把妹妹听成新玩具轮子了。最后，他终于非常失望地发现，这哭叫的小妹妹没什么好玩的。似乎后一种的解释更可靠些，因为阿尔伯特的语言发育非常迟，这就像他后来所说的：“的确，因为我说话非常晚，我的父母曾一度非常担心，他们甚至为此咨询过医生。我不知道那时到底有多大，但至少三岁多。”事实上，说话晚的原因，可能是出于小孩子的抱负，只要开始说话就说完整的句子。当人们提问时，他首先在头脑中形成答案，用嘴小声模仿，可以看到明显的嘴唇动作，直到确认正确无误时，才大声说出来。留给人的印象是他每句话都说两遍，女用人因此叫他“傻瓜”。七岁时，(根据有关资料)也可能是九岁，爱因斯坦才戒掉了这个习惯。人们感触最深的不仅是他妹妹所说的追求完美，而且还有他那种不辞辛苦和严格自律学习语言的精神，这与大多数孩子自然、顺利学习语言的方式截然不同。

孩童时的小阿尔伯特经常沉浸在各种各样的难题中，用建筑板造精致的建筑，用卡片搭成令人惊叹的高楼。他不喜欢与经常来访的同龄亲属的孩子们在花园里玩，从不参与街上男孩子们的打架。不久，这些孩子就给他取外号叫“无聊哥儿们”。当他必须要与其他孩子玩时，他愿意选择做裁判，因为他天生正直，孩子们乐意他做裁判。

当阿尔伯特五岁时，父母为他请了一位家庭女教师做学前辅导。她发现自己不能忍受这个男孩的另一天性——大家认为是从他的外祖父朱丽斯·科赫那遗传的。当什么事不合阿尔伯特胃口时，他会大发脾气，脸色苍白，鼻子变色，模样非常可怕。一次，由于不喜欢上课，他抓起一把椅子，向女教师打去，这位教师被吓跑了，再也没有回来。阿尔伯特的妹妹也会面临同样的遭遇：一次，他把一个保龄球向她头部扔过去，另一次，他用玩具尖镐在她头上打了个洞。幸运的是，在他七岁时就不怎么发脾气了，上一年级时，这种怪癖完全消失了。

到这里，人们可能要问，对于这样语言发育迟缓，不喜欢玩，举止与其年龄不合，特别是有时完全不能自制的孩子，怎么能通过入学前的测验和考试。这样的孩子，在发脾气的时候，可以用椅子袭击老师或心理咨询师，就像一百年前年轻的阿尔伯特·爱因斯坦对待他的家教一样。从儿童心理学家的常识来看，这样的孩子早在上学前就应该就诊了，给以某种治疗，像小阿尔伯特，语言迟缓意味发育不完善。心理学家爱瑞克·H.爱瑞克森尝试通过相关记载进行遥诊，认为这样的情况需要细心照看的。同时，他认为阿尔伯特·爱因斯坦的例子是对目前流行的把所有的孩子塑造成一种模式的警告；这种方式不会促进而是阻碍天才的成长。爱因斯坦的成长没有心理治疗的干预，而发展出自己独特的性格：应用自己准绳的决心，深入思考的习惯，对事物强烈的好奇心。

爱因斯坦易于接受"奇迹"和"好奇"，这是他一生中创造性思维的原动力，特别是在科学研究上。他认为无法解释这种特性，但在给一位同事，诺贝尔奖获得者詹姆斯·弗朗克的信中，他趋于同意"好奇"和迟缓的说法。他说：

> 当我自问为什么是我，而不是其他人发现了相对论，我想是由于以下原因：一个成年人对于时空已经熟视无睹了，只有在早期的童年时代才可能有什么想法。而我发育比较迟，只是到了成年才开始考虑时空问题。我只不过比普通孩子更深入研究了这个问题罢了。

非常明显，爱因斯坦所认为的"好奇"与人们传统上对这个词的理解不同。经验与传统观念同时牢牢并存在我的头脑中。如果这种冲突十分强烈，它就会以更确定的方式重新反映到观念世界。从某种角度来说，观念世界的发展是"奇迹"的继续。还是四五岁的孩子时，当爸爸给了我一个罗盘时，我体验过这种"奇迹"。

在后来出版的，爱因斯坦开玩笑称之为讣告的传记里，记述了爱因斯坦经常说的这件事，以后的几个版本都有记载。当时他卧病在床，为了分散他的注意力，父亲给他买了个罗盘，完全没有想到这个设备会给他留下这么深远的影响。

指针以如此确定的方式运动，与我潜在的观念世界固有的模式完全不同。到现在我还记得，我认为在它的后面一定有什么我们不知道的东西。

虽然爱因斯坦在1905年的研究成果——包含狭义相对论的《关于运动物体的电力学》，似乎可以从中找到些痕迹，但我们不必过分研究这种体验。很多孩子对彩虹好奇，对罗盘针好奇，认为有一只看不见的手在操纵。棱镜的折光，苹果从树上掉下来可以引起遐想和机智的问题。如弗洛伊德观察的，在五岁孩子的杰出才智面前，成年人的智慧大为失色。然而，在这些孩子中，只有一个艾萨克·牛顿，一个阿尔伯特·爱因斯坦。

爱因斯坦自己也无法解释这种强大的体验，因为“一个人很难洞察自己内心的想法。一只小狗第一次看到罗盘时不会产生同样的反应，大多数其他孩子也是如此。是什么控制一个人的特殊反应？关于这个问题，有或多或少可以接受的理论，但没有一个真正探究到根源。”我们可以接受的说法是，创造性源于“奇迹”和一个人长久的“好奇”的说法。

第2章　在学校

当阿尔伯特·爱因斯坦到上学年龄时,他的父母不必费心地去挑选学校。由于学生不足,慕尼黑惟一的一所犹太私立学校于1872年关闭了,这也反映出犹太人愿意接受同化。(慕尼黑的人口中,每五十人中,就有一位犹太人,十九世纪后的二十年,在城市化过程中,这个比例一直保持不变。在市中心,这个比例高一点,在像闪德灵这样的郊区,比例明显较低。)没有其它选择余地,1885年10月1日,阿尔伯特进入离家最近的布鲁姆街的一所大的天主教小学,有来自各个阶层的学生两千多人。以轻快的步伐沿着林德沃尔姆街走,二十分钟就可以到达学校。依赖并不完全是徒劳的家教,阿尔伯特直接进入了小学二年级。

阿尔伯特是七十名同学中惟一的犹太人。他参加天主教教义学习,学校的老师很喜欢他。当时受人道主义教育改革和慕尼黑资产阶级进步思想的影响,小学老师思想自由、开明,没有种族之分。但是,那位教宗教课的老师却使爱因斯坦清楚地意识到,在那些基督教同学之中,他是局外人。一天,老师拿个长钉子来上课,告诉学生们,就是用这样的钉子,我们的基督被犹太人钉在十字架上。用这样可怕的方法教授宗教,说明即使在思想自由、开明的基督教老师中,也没有完全摆脱天生的反犹太人思想,同时这种思想在学生中引发了明显的攻击行为,正如爱因斯坦回忆的:"在小学生中,由于奇怪的种族意识和受宗教老师讲课的影响,反犹太人思想相当盛行。在回家的路上,我经常挨打和受侮辱,虽然大多数不是出于恶意,却足以牢牢地留下局外人的真实感觉。"然而,同时不论是童年,还是晚年,都没有迹象表明爱因斯坦因为"局外人的感觉"而苦恼。"陌生感"和"归属感"是爱因斯坦早年形成的非常重要的个性。

即便在小学,爱因斯坦也没有完全走出孤立。他很少与同龄的孩子玩,也不与雅各布叔叔的孩子和经常到他家的堂兄妹们玩。但他却会以细心和含蓄的态度与他们相处得很好,他们给他取了一个绰号叫“好好先生”。或许因为他总是在完成作业后才出来玩而赢得这个绰号的:“因为对于父母来说,没有任何理由可以违反这条戒律。”随之而来的是学业的成功,1886年8月1日,小学二年级期末,妈妈在给她的妹妹凡妮·爱因斯坦的信中写道:“阿尔伯特昨天拿回了成绩单,又是全班第一,一份非常好的报告单……”必须承认,爱因斯坦从内心不喜欢体育训练和运动,“因为容易头晕,并且很快就累了。”但是,当他专注于他喜欢的智力拼图,沉浸在钢丝锯工作中,操纵凯撒·科赫舅舅送给他的礼物——发嘶嘶声的小汽轮机时,他却从不感到累。

在父亲和老师面前,学生时代的阿尔伯特·爱因斯坦似乎是一位有教养的孩子,学会了服从学校和大人们要求的各种例行公事。但是在这顺从的背后隐含着保持个性的决心,那决心是以一种升华的、社会可以接受的形式表现的,即与其他人和事物怀疑地保持一定的距离。

这位温顺的年轻人,对任何强迫经常表现出不满。可能是由于上次大发脾气后的纪律问题,1886年11月,他从3A班转到3B班。与其他男孩子不同,阿尔伯特不愿意当兵,也不玩士兵类玩具。像符腾堡和巴伐利亚这样的南方德国城市,军队不像在普鲁士那样享有很高威望,即便如此,慕尼黑的男孩子们也普遍认为没有什么比有朝一日穿上军装,为国王、皇帝和祖国服役更神气的了,就像雅各布叔叔一样在对法国的战争中服役。大多数孩子对军队的壮观着迷。阿尔伯特·爱因斯坦恰恰相反。一次,当他正在观看检阅时,别人告诉他,有朝一日他也可以穿上军装,行走在他们当中,他则对父母说:“当我长大时,我可不想成为这些可怜人中的一员。”

除了积极的方面外,学校盛行军事训练和讲求绝对遵守纪律,甚至有些过分强调命令和纪律。年轻的阿尔伯特·爱因斯坦似乎感受到了这一点。八九岁时,他从不发表明确的批评;回顾过去,他对慕尼黑的学生生活充满愤慨和蔑视:“在我看来,小学老师好像是军训教官,而中学老师像一群少尉。”九岁半时,他修完小学课程,接受“少尉们”的教导。

1888年10月1日，阿尔伯特·爱因斯坦进入慕尼黑的路易波尔德中学，离原来的小学不远，在当时应该是不错的中学。学校坐落在米勒大街上，全家搬到闪德灵之前，就住在这条街上。在校长沃尔夫冈·马克沃尔德的领导下，学校以开明、自由闻名，虽然拉丁语和希腊语仍是教育重心，但数学和自然科学也有其地位，当然不是很重要。不管怎样，父母都非常认可这所学校：学生人数不断增加，不完全是因为越来越多的人对教育感兴趣。爱因斯坦刚入学时有六百八十四人，到1894年，他与学校断绝关系时已经有学生一千三百三十名。大多数学生信天主教，但有5%的学生是犹太人血统——比预想的统计结果高两倍半。教室，特别是低年级的，非常拥挤：从爱因斯坦一年级的课堂照片可以看出一班有五十名学生。除他之外，还有两名犹太学生。

也许是为了安慰差生和家长，虽然学习上的低分不能保证后来的成功，但是人们经常重复这样的故事：爱因斯坦是个差学生，他在学校很失败。事实上，这个故事并不正确，它至多只是反映出父母的意志心理，最笨的孩子也有伟大的头脑。早在1920年，爱因斯坦经常被作为这种例子，对于这些关于他的趣事，爱因斯坦一笑置之。对此，后来在路易波尔德中学原址上成立的慕尼黑新实科学校长威莱姆博士有自己的见解。

1929年，在爱因斯坦五十岁生日时，许多杂志上的文章都提到在古典语文方面，爱因斯坦的表现一塌糊涂。威莱姆显然担心，显然这种成绩不好的说法不会影响当时著名的科学家本人，但是会有损学校的声誉。于是，为了路易波尔德中学的名誉，他查找到学校记录，在给一家慕尼黑报纸编辑的信中说："爱因斯坦的拉丁文成绩至少是2，在六年级时还曾得了1。希腊文也都是2……即使在秘密成绩报告内，也没有语言天分差的记录。"学校的记录在第二次世界大战的一次空袭中毁掉了，这位勇敢的校长给编辑的信是现存的惟一说明阿尔伯特·爱因斯坦在中学是好学生的证明。

虽然成绩很好，阿尔伯特·爱因斯坦对学生时代的回忆几乎是充满创伤的。还是一名学生时，他必须保持沉默，他从不发表任何言论批评学校，当然也可能是由于没有对比经验的参考，不知道它的缺点所在。从家里了解到，这位沉默寡言的孩子很少抱怨，也没有表现出不开心。只是很久后，他指出学校的气氛和调子像兵营，在他眼里，这是对人性的否定。四十岁时，他告诉他的第一位传记作者：在高中，虽然他很喜欢一些老师，但还是被学校的气氛无情地刺伤了。

但是，关于路易波尔德中学，还有另一种不同的说法。在爱因斯坦不久后入学的，后来成为著名数学家的亚伯拉罕·弗兰克尔却有一个完全美好的回忆。作为现存正统的犹太人，他应该比爱因斯坦更能有“局外人”的感受。事实上，弗兰克尔认为这是“快乐的九年”。爱因斯坦的这种体验，不完全是学校的过错，他自己一定有更大的理由，为什么不能与学校和谐一致。

查阅学校的课程表，我们会发现其并不能完全满足爱因斯坦的求知欲。每周八小时拉丁文，有的年级十小时，从第四学期开始，每周加六小时的希腊文，留给其它课程的时间很少。这对于认为“我的最大的弱点是记忆力不好，特别是背诵单词和课文”的爱因斯坦来说是很不利的。只有三次德语课，高年级的法语课也是如此。每周上三到四次数学课，地理和自然科学只上两次。只有到七年级才有物理课，到那时爱因斯坦对此已经不感兴趣了，因为“通过家庭教育，我的数学和物理水平远远超出学校的要求，哲学也只是限于与学校活动有关的范围内”。他最终发现，多亏课下自学和自信，使他除了成绩好以外，还可以提早离开学校。

年轻的阿尔伯特·爱因斯坦的宗教情感和信仰在形成过程中，一直存在冲突。在小学，他上天主教课，回到家里，由一位远亲传授犹太教知识，这位老师比阿尔伯特的父亲讲得好。从父亲那里，阿尔伯特听到的只是关于教条礼仪的讽刺和不友好的评论。路易波尔德中学与小学不同，那里有几位犹太同学，学校很自由，高级教师亨利克·弗莱德曼为他们讲解犹太宗教。弗莱德曼关于先知书的解释在爱因斯坦那里找到了知音，爱因斯坦不仅顺从地接受，并且心存感激。与大多数寻找人类存在意义的少年一样，阿尔伯特·爱因斯坦敏锐地意识到：

> 徒劳的希望和奋斗使大多数人忙碌一生。我们应该谴责那些为了满足自己胃口，而参与这场角逐的人们。虽然，通过这种参与，胃口得到了满足，但有思想有感情的人却是例外。第一条出路是宗教……

于是他热心学习传道者所罗门，严格遵守宗教礼仪，并为此不再吃猪肉。他甚至还为崇高伟大的上帝编了几首赞美诗,在家,或在街上走的时候,会尽情地唱。在弗莱德曼和一位犹太教教士的指导下,他准备在十三岁生日的第一个安息日成为犹太人团体的专职会员。可是由于后来接触到的自然科学,使他改变了初衷。

爱因斯坦家仍保留的犹太风俗是安息日邀请贫穷的犹太学者来吃午饭。在爱因斯坦家,安息日是星期四,那个穷学生是不想成为犹太教教士的医学学生,姓塔尔穆德。1889 年,当时二十一岁的马克斯·塔尔穆德开始每周来到位于闪德灵的爱因斯坦家。比他小十一岁的阿尔伯特,在精神面貌和智力上很像父亲,或者至少是与叔叔很相像。马克斯·塔尔穆德给这个孩子带来了当代科技书。在很多上层人士的家里,这些书被认为不适合年轻人。通过科学、物质的图像表现世界,会导致无神论和革命的思想。爱因斯坦家没有这样的疑虑,他可以不受干扰专心地读布克纳的《力与物质》,以一种淡雅的方式向德国公众介绍法国物质学家的哲学。阿尔伯特以极大的热情学习伯恩斯坦的二十卷《自然科学通俗读本》;伯恩斯坦是启蒙教育著作的作者,在思想解放的犹太人中很受重视。除此之外,阿尔伯特还浏览了亚历山大·封·洪堡的五卷经典《宇宙——尝试解释物质世界》,也读了一些查尔斯·达尔文的著作,或至少是关于达尔文的文献。

这些书使爱因斯坦认为"圣经中的很多故事都是假的。结果在他狂热的自由思想中掺杂着国家在故意欺骗年轻人的印象;这是毁灭性的发现。"

阿尔伯特·爱因斯坦因此没有接受犹太教成人礼,并且,按照犹太教教士的标准,他也不合格。对待儿子的自由思想,父母没有怎么理会,就像当初对待他的宗教热情一样。对宗教的冷淡,也暴露出几年来这位表现得很有教养的孩子内心深处的东西:

> 这次经验使得我对任何权威产生了不信任,对当今社会流行的信条也产生怀疑,我一直保持这种怀疑。虽然,随着对偶然事件关联的洞察力的提升,渐渐地失去了原有锋芒。

离开了宗教天堂,阿尔伯特·爱因斯坦在数学中找到了补偿。还是在小学,时任工程师的雅各布叔叔将阿尔伯特带入了代数世界,虽然超出了当时的课程,但作为"懒惰计算艺术"在某种程度上适合阿尔伯特的胃口。把未知数设为 x，作为已知数处理，解题，最后求出 x 的值。还有一次，雅各布叔叔把侄儿引到毕达哥拉斯定理上。阿尔伯特感到有必要证明它，经过三周的苦思，在没有别人的帮助下，得出了答案。妹妹对此评价很高，认为他是用全新的方法证明的。不用说，阿尔伯特所用的相似三角形的证明方法，只是对于他自己是全新的。他是靠自己的力量证明的。比这成功本身更重要的是，他独自发现什么是需要证明的，并且成功地证明了。

这些数学的前奏曲也为其它方面的智力灵感作了准备。十二岁时，阿尔伯特上中学四年级之前，马克斯·塔尔穆德给他带来一本平面几何书：是T.斯匹克的《平面几何教科书》。若是在学校，他要两年后才能学到，并且也简单得多。阿尔伯特开始提前自学这本书，每周四，他都给马克斯·塔尔穆德看他这一周来解决的问题。这个孩子惊人的进展给塔尔穆德留下了难以磨灭的印象："短短的几个月时间，他学完了斯匹克的几何。并且开始钻研高等数学，完全是自学路伯森的杰作。如果没有记错的话，这也是我推荐给他的。他凭借数学天赋提高得很快，不久我就赶不上他了。"

当马克斯·塔尔穆德惊叹于他的小朋友汲取科学知识的速度时，特别在结识了"神圣的小几何书"后，爱因斯坦开始把他第一次关于罗盘针体验的神秘的"好奇"进一步向更深更远发展：

> 十二岁时，我经历了另一次完全不同的奇迹：新学期开始时，我得到了一本欧几里得几何学。书中的论述，如三角形的三条高线交于一点，虽然这是很明显的事，但可以令人信服地得到证明。这种明了精确的证明给我留下无法表达的印象。

同其他伟大的智者一样，阿尔伯特·爱因斯坦也十分酷爱几何学。伽利略十七岁接触到数学时，马上放弃了医学，而投身于欧几里得。罗素在他哥哥的指导下，十一岁开始学习几何学，认为"这是我一生最大的事业之一，像初恋那样迷人。我从没有想到会有如此精美之物"。这三位追随者感受最深的不是几何学的丰富内容，而是公元前三百年欧几里得公理推理方法的严谨与精美。

与十一岁的罗素不同，阿尔伯特·爱因斯坦没有费心研究欧几里得是建立在不可自我否定的基础上的，其中的基本论述，即公理没有证明，并且不可证明,必须简单接受。两千多年来,这些公理一直认为是自明的,所以直接应用于具体事物是很自然的。在研究广义相对论时,爱因斯坦才发现几何和现实的关系非常复杂,很难了解。只有跳出欧几里得几何学的框架,付出巨大的努力,才得到了成功的解释。当他第一次接触经典几何时,对于希腊人首先在几何中提出如此精确和完美的思想,他认为实在"太妙了"。

阿尔伯特·爱因斯坦晚年对"神圣的小几何书"的追忆,表明他与数学的结识不仅是纯粹智力上的快乐。他后来解释说,他的宗教热情是一个孩子第一次打算摆脱"纯个人的束缚",即摆脱欲望、希望和原始情感的束缚。对传统宗教的失望,使他在数学中发现了另一条达到同一目标的路,他将以同样的热情投身其中。

通过自学,爱因斯坦涉猎了高等数学的主要领域,从分析几何到无限级数,到微积分,他发现这一领域"真正迷人:它具有很高的层次,地位可以和初等几何媲美"。

事实上,除了雅各布叔叔外,他周围的人数学都不怎么样,同时,大多数同学和老师认为对数学的无知是一种美德,这使他更相信自己的选择是正确的。

虽然马克斯·塔尔穆德带来的其他书籍也给他留下很深刻的印象,特别是增强了他强烈的自由思想,但是它们对爱因斯坦的撞击力都不能与那"神圣的小几何书"相比。他如饥似渴地学习A.伯恩斯坦的《自然科学通俗读本》,并且发现了其中的错误,因为"其中的介绍完全局限于定性方面。"无疑,生物进化论和亚历山大·封·洪堡在他的《宇宙——尝试解释物质世界》中关于"物质世界的描述"也使阿尔伯特着迷,但是它们也不可避免地局限于语言文字上的争论,在"思想的精确和完美"方面没有数学展现得充分。

不久马克斯·塔尔穆德无法赶上爱因斯坦的数学高度了,他们的谈话转向哲学问题。十三岁时,在塔尔穆德的推荐和指导下,这个孩子学习了康德的《纯粹理性批判》。在塔尔穆德认为普通人很难理解的书,对阿尔伯特来说却相当明了。可能是康德试图精确表达"认识可能的条件",使得爱因斯坦乐于接受,并且认为一样是对"思想的精确与完美"的苦苦追求。

爱因斯坦认为其他人也有必要分享他的这种体验,第一次希望向别人讲述。一位同学回忆说:"他讲得很有说服力,即使是三十年后的今天,每当我路过我们昔日漫步的地方,就会回想当时的话语,他指导,我接受。当时他开始学习《纯粹理性批判》,我从中学到了不少东西。"从这种严谨的态度中,我们可以欣慰地感到这个孩子的举止与年龄是相符的。比他小两岁,没有任何亲属关系,后来成为著名的音乐学家和《柏林日报》的评论员的阿尔弗莱德·爱因斯坦,回忆从1894到1895年与这位著名科学家在路易波尔德中学的经历:"在我们的合唱课上,他非常喜欢拽我的头发。"

大概这个时候,阿尔伯特·爱因斯坦有了除数学外的另一个爱好——音乐。爱因斯坦家充满了音乐。赫尔曼不太喜欢音乐,但是优秀钢琴手波琳非常希望儿子成为她的音乐伙伴。六岁时,她请一位施密特先生做阿尔伯特的小提琴老师。但对阿尔伯特来说,技巧训练和讨厌的练习曲似乎是学校训练的继续,所以没有什么进展。来来去去又请了几位老师,爱因斯坦认为不会从他们那里学到什么,因为他们的音乐"没有超出机械的范畴"。

对于爱因斯坦来说,只有当他对某些章节感兴趣的时候,他对音乐的热爱才会觉醒并且开始自学,他后来回忆说:

> 只是十三岁后,我才学了点东西,当时我非常喜爱莫扎特的奏鸣曲。我希望能在某种程度上再现其艺术内涵,同时,它特有的美感迫使我提高演奏技巧:我不是通过系统练习,而是通过演奏几首奏鸣曲提高的。与责任相比,我认为爱好是更好的老师——至少对于我是这样。

这样,波琳与儿子演奏二重奏的愿望实现了。他们主要演奏莫扎特和贝多芬的钢琴、小提琴奏鸣曲:妈妈喜爱贝多芬,儿子更喜欢莫扎特。

阿尔伯特·爱因斯坦长成了非常英俊的小伙子,有着微微鬈曲的头发;丰满敏感的嘴唇,嘴角向下,略带怀疑主义的味道;深褐色的大眼睛,强烈的自信而又时而心不在焉的凝视。马克斯·塔尔穆德回忆道:"在那些年里,我没见他读过娱乐性书籍,也没见过他与同学或同龄的男孩子们在一起。"早在十四岁时,爱因斯坦就开始显露出他所说的样子:"独行者,从没有全身心地属于他的城市、国家和朋友,甚至他最亲的家庭,虽然这些纽带关系犹存,但是由于喜爱独处,他感到无法超越局外人的感觉。"

这样的年轻人不可能总是受欢迎的,特别对于那些权威人士,如德国中学的老师们。像我们前面所说的那样,爱因斯坦认为他们是陆军中尉。但是也有一些例外,如阿尔伯特四岁和六岁时的家庭教师费尔迪南德·鲁伊斯博士。鲁伊斯不仅教拉丁文和希腊文,还教历史和德文,他指导爱因斯坦追求完美的古典世界。阿尔伯特非常喜欢他的老师,不仅满足了他渴求知识的愿望,而且,即使课后留在学校听老师指导,他都觉得是一件非常愉快、幸运的事。鲁伊斯给阿尔伯特留下了非常好的印象。1909 年,三十岁的刚刚提升为教授的阿尔伯特在赴萨尔茨堡参加物理学家会议期间,专程到慕尼黑拜访他的老师鲁伊斯。鲁伊斯没有认出他的这位学生,还以为这位穿着不怎么讲究的人是打算向他借钱呢,经过很长一段尴尬之后,阿尔伯特只得匆忙离开那里。

从那以后,爱因斯坦再也没有拜访过他的其他老师。六十岁时,他回忆说:“我讨厌那种没有思想、机械呆板的教学方法。因为记忆单词的能力不强,并且很难改好,给我带来不少麻烦。我宁愿承受所有的惩罚,也不愿喋喋不休地背诵。”他的这些回忆,与威莱姆所说的爱因斯坦的古典语文成绩都很不错有些不一致。显然,除鲁伊斯外,所有的老师在他看来都像怪物——但这与亚伯拉罕·弗兰克尔的陈述又不太相符。

阿尔伯特与老师们之间的隔阂,无疑有部分原因在于他自己。他七岁时,有一次与老师发生了很大的冲突,以至于他的新老师约瑟夫·达根哈特断言说他今后不会有什么成就。爱因斯坦的回答绝对没有什么抵触的情绪:“你的态度只不过破坏了我在班里的声誉。”双方可能都想结束这种不愉快的关系。由于阿尔伯特·爱因斯坦父母经济状况的变化,终于结束了这种关系。

爱因斯坦电子技术公司自从 1885 年建立以来发展很快。不到一年,它就因为在 10 月节日期间,第一次用电照亮了特蕾西亚广场上的慕尼黑啤酒节而在当地享有名气,此后不断收到慕尼黑郊区施瓦宾一带街道的路灯安装订单,以及来自意大利北部城市瓦芮沙和苏沙的订单。在《电器技术中心论坛》和《电器》上也相继出现了关于爱因斯坦公司的有利报道。由此看来,爱因斯坦兄弟的高技术公司有可能发展成为电子工业的巨人,或者至少可以成为知名的大企业,利润和技术都很成功。

公司的革新者是工程师雅各布·爱因斯坦。他一共有六项专利,第一项是三个关于弧光灯的；第二项是两个关于先进碳电极的改进方法；第三项是关于自动断路器的。另外三项专利是可以测量安（培小）时或瓦（特小）时的电表，这是电气化经济发展所必需的。

除了灯和电表外，爱因斯坦公司还经营各种型号的发电机，从工厂用的小机器到发电厂用的大型发电机组，还有城市电气化所需要的电缆和全部设备，以及电解装置和计量器。在 1891 年法兰克福国际展览会，以及会后的城市照明和电力传输研讨会上，爱因斯坦公司都很引人注目。会上共邀请了二十一家公司，包括一家美国公司，发表他们对电气化未来的看法。只有爱因斯坦公司和奥斯卡・封・米勒工程公司来自慕尼黑。

在爱因斯坦公司鼎盛时期，大约有两百名工人。公司的产值和效益相当可观，虽然如此，考虑到资金的不足，兄弟俩只拿出一部分用于生活，但这足以使两家过上舒适的生活了。

1893 年，公司的命运发生了巨大变化。爱因斯坦公司倾其全力要赢得照亮慕尼黑市中心的合同，因为这足以使整个公司满负荷运转好几年。经过与德国三大电气工程公司——柏林的西门子和 AEG，纽伦堡的舒克特的艰苦争夺，1893 年 4 月，合同却由舒克特获得。

德国剩下的项目规模实在太小了，无法满足公司的巨大开销，今后的希望只能靠来自意大利的一些小项目。1894 年 3 月，兄弟俩与意大利的代表一起在意大利北部的帕维亚建立了格罗纳电气公司，7 月份他们清算了慕尼黑的公司。

离开慕尼黑是很痛苦的，特别对于孩子们，“在离开慕尼黑时，透过窗口，看着他们的美好记忆被残酷地粉碎了”。一个建筑及楼房承包商取得阿德尔茨瑞特街的财产，砍下了美丽的古树，准备建四层的住宅楼。1894 年夏天，爱因斯坦家搬到了米兰，第二年，他们来到了米兰南二十英里的帕维亚，在这里建起了新工厂。妹妹玛雅随父母去了意大利，阿尔伯特则留在慕尼黑，由他的远亲照料，因为他要在那里完成高中毕业考试。

迫于经济困难而不得不清算公司，这一直是很伤心的事，它对家庭产生的影响也是无法表达的。十五岁的阿尔伯特发现慕尼黑舒适的资本主义保障没有了，一定很痛心。虽然他从没提起在其规律的生活中发生的巨变，但是从他后来对盲目而无休止的拼斗进行的辛辣批评，以及对为了满足胃口而参与拼斗的人的鄙视,可以在这里找到根源。

我们可以推断是潜意识的反犹太人情绪在争取慕尼黑城市中心的合同中起了一定的作用,因为项目给了外地公司,而不是慕尼黑的公司——而这慕尼黑惟一的发电机经销商碰巧是犹太人。关于是什么原因使爱因斯坦公司在竞争中失去了这关键的合同,他们认为是城市的经济和社会阶层的官员们把他们当作该砍倒的暴发户,让他们去做适合犹太人的小生意,这种感觉使他们备受折磨。

看到父亲的公司倒闭却无能为力的年轻的爱因斯坦,更加有理由认为是整个德国社会抢走了他家的生计。他对自己国家的冷淡态度,远在1933年前就开始了。他对路易波尔德中学的否定扭曲的回忆,以及公司关门时自己的决定,不久后的取消德国国籍,至少部分原因是由于1894年的创伤。

按照父母的计划,他要在慕尼黑再待三年,这对他来说实在漫长而遥远。他不想等到学校毕业,因为高中真的变成兵营了,况且早在孩子时,他就不想成为他们中的一员。在这种情况下,当达根哈特要求爱因斯坦为了他而离开学校时,便被他视若命运仁慈的手。这一次,爱因斯坦准备让这位老师高兴,设法离开学校。当然,他不能太草率行事,他要采取审慎的行动,尽量减少离开学校带来的损害。

首先,他找了个医生——马克斯·塔尔穆德的哥哥给他开一个医疗诊断,证明他神经衰弱,需要休学。下一步,他说服数学老师约瑟夫·德克路以书面形式确认他的数学知识已经达到高中毕业生的水平,而且几乎是位不错的数学家了。最后,借助医疗证明,他申请离开学校。当所有的程序结束后,圣诞节假期前,他直奔慕尼黑中心火车站,第二天在米兰面见为此大吃一惊的父母。十五岁的爱因斯坦,毅然中断了学业,对未来前途还没有任何计划,但却非常高兴地逃离了“少尉们”。

第3章　少年天才

这一年春天，米兰城像阿尔卑斯山北部的任何城市一样，幽暗、阴雨绵绵，但是对于阿尔伯特·爱因斯坦来说，这里的天空比他久居的慕尼黑更加光明灿烂。也许从鲁伊斯先生的课程中他了解到，传统上，德国人都向往南方，现在发现自己正生活在梦寐以求的土地上，或者仅仅是因为又一次和家人的团聚而感到高兴。当然，摆脱了慕尼黑高中生活的束缚，把认为是典型德国的事情抛在脑后，使他兴奋异常。爱因斯坦的父母非常惊骇于儿子的决定：他们的希望是让他高中毕业，然后上大学，获得学位和名誉，然而现在看来一切都不可能了。年轻的阿尔伯特坚持说他再也不想回到慕尼黑了。他的态度如此坚决，家庭委员会接受了雅各布舅舅的建议，把这个逃跑学生送到位于苏黎世的联邦工学院，一所高级技术学校，那里没有高中毕业的人也同样可以入学。

阿尔伯特非常肯定地答应了父母，他将于当年秋天通过自学，准备工学院的入学考试，这样渐渐消除了父母的担心与焦虑。爱因斯坦从慕尼黑获得非正式的关于其卓越数学能力的推荐书使他的父母获得某种心理上的满足。爱因斯坦变得更加努力了：在米兰一所大学的书店里购买了尤利斯·维奥勒的紧俏书《物理教程》德文版前三卷。在现存的留有爱因斯坦笔记和标注的维奥勒的物理学课本中，可以充分看出他对父母的许诺是非常认真的，自学的方式也非常独特、惊人。爱因斯坦的学习方法非常奇特：

> 即使是在嘈杂的人群中间，他也会隐退在沙发中，手持笔和纸，小心地把墨水瓶摆在沙发的靠背上，然后全神贯注地沉浸在自己思考的问题之中，周围的声响不但没有扰乱他，反而更增进了他的思维进程。

阿尔伯特·爱因斯坦摆放墨水瓶的沙发最初摆放在位于米兰伯尔克特街2号的一座大公寓中,这里也是爱因斯坦格罗纳电器设备公司的所在地。此外,爱因斯坦家在帕维亚和杜林也建立了同样的公司。根据合理估计,这个公司将赢得建立一个水电站以及辅助的输电线,从而把帕维亚城的街灯电气化。为此,1895年春天,爱因斯坦全家都搬到了帕维亚。

兄弟俩分别住在不同的公寓,赫尔曼·爱因斯坦一家住在位于弗斯可罗街11号的一座带有三个会客厅的富丽堂皇的古典式建筑物里,从前这里曾是诗人U.弗斯可罗的寓所,门前的街道就是因此得名的。在帕维亚河岸建起了公司,一条运河连接比萨和米兰。爱因斯坦夫妇除了在慕尼黑企业清算中抢救下来的钱,以及S.格罗纳的一部分投资外,其余大部分资金是从波琳的妹妹凡尼的丈夫鲁道夫·爱因斯坦那里借贷来的。鲁道夫在符腾堡经营一家纺织厂,很富有。随着公司生意的日益兴隆,在意大利的名声日益扩大,许多工匠和技师又都从慕尼黑来到了这里,同爱因斯坦家一起工作。

对于只知道慕尼黑及其周围的一些小镇的阿尔伯特·爱因斯坦来说,他的意大利之旅是他一生中最重要的一次旅行。南方的山山水水,不同的文化背景和生活方式,给他留下了不可磨灭的印象。四十年后他回忆道:"我如此惊奇,当我越过阿尔卑斯山来到意大利,即使是最普通的意大利人,普通的男人和女人,也能用高水准的语言和词句表达他们的思想和文化内涵,完全不同于德国人。这要归功于漫长的历史文化……意大利北部的人们是我所见到的最文明的人。"

这种经历仅仅局限在意大利北部,因为他不可能去佛罗伦萨和罗马,或者更南一点的地方旅行。当然我们现在已无从知道,爱因斯坦当时是否曾经希望去南方旅行。他惟一一次稍远的旅行是在1895年初夏,到热那亚看望舅舅雅各布·科赫。他首先乘火车从喀斯特格到沃格拉,走了十二英里,然后步行穿过阿尔卑斯到热那亚,大约走了六十英里,花了几天时间。暑假期间他和家人在艾桑洛度过了一个愉快的假期。

对于他的新家帕维亚,爱因斯坦曾在给瑞士的女朋友的信中,毫不留情地描述道:"这个城市的灵魂可以用数学术语定义为(1)各种各样的绅士和淑女的能忍受能力;(2)看到到处是污秽的墙壁和街道时,一位观察者的心情。惟一优美之处是活泼可爱的儿童。”

即使是这样，这片土地、这里的人物、文化和语言还是给他留下了不可磨灭的印象。二十年后，在给数学家 J. 利维·西维塔关于广义相对论的回信中，他请求说：“下一次请用意大利文给我写信。”在下一封信中，爱因斯坦十分感激地说：“你也许很难想象得到，收到这样一封用地道的意大利语写的信，我是多么高兴和愉快。它唤起了我对青年时代的美好回忆。”但是他没有足够的勇气用意大利文给这位数学家回信，担心这太唐突。在爱因斯坦的晚年，在给妹妹年轻时的好友 C. 埃莱第纳的信中，爱因斯坦用这既熟悉又久违的优美的意大利文写道：“在意大利度过的那些岁月是我最美好的回忆，无忧无虑……”

除了复习准备苏黎世工学院技术学校的入学考试外，爱因斯坦还经常在工厂里打杂，偶尔也到雅各布叔叔的设计室帮忙。雅各布·爱因斯坦曾这样对他的一位助手说：“我这个侄子真是令人难以置信，每当我和我的工程师们苦苦思索几天，绞尽脑汁不得其果时，这个年轻人一来，仅用一刻钟，公司所有的问题就会迎刃而解。他将来一定会有出息。”可惜没有史料详尽介绍这些“工作”的性质。

在不影响自学的情况下，爱因斯坦在 1895 年夏天还撰写了第一篇物理学论文《在静态磁场中检验以太的状态》。这可能是作为他到苏黎世进行入学考试前的自我测试和热身吧，也可能是对家人的一个交代。无论如何，他还是把这篇论文连同一封信寄给住在布鲁塞尔的舅舅凯撒·科赫，当然他并不希望这个谷物商人能够看懂它。信上说：“这是一个特殊的课题，而且对于像我这样的年轻人不免有些幼稚和不完善。如果你根本不愿去读，我也丝毫不会怪你的。”

这篇文章共有五页，是用爱因斯坦在高中学会的整洁的哥特式字体写成的，它是检验电力、磁场和以太之间相互关系的文章。以太是一种假设的非物质，一种充满整个空间的电磁波的传播介质。这篇文章的作者宣称：“这篇文章只是对这个难题的几点简单思考，至多是一个计划而不是一篇论文。”

阿尔伯特·爱因斯坦的论辩是以当时的以太理论为基础，根据这个理论，波的传播类似于波的力学理论，这是他在维奥勒的教科书中学到的。他一定听说过 H. 赫兹的伟大实验，并且在那个实验的基础上，提出一种思想，测量以太发生的弹性形变以及作用力。通过这种奇怪的方法，他定性地得出了“自我感应现象”。

关于这篇文章，一些狂热者认为它是对将来发生事情的一种预测，这未免有些夸张。在 H. 赫兹划时代的发现之间，在德国出现了许多关于电磁波理论的论述，爱因斯坦至少读过其中的一些文章。事实上，爱因斯坦的文章与一份通俗科学月刊中的一篇文章《关于电力效应概念的革命》，有些段落十分相似。

随着意大利宜人夏季的结束，苏黎世工学院的入学考试无情地临近了。当时规定参加这种考试的人必须年满十八周岁，年仅十六岁的小爱因斯坦，必须具有特别的理由，才可以参加这项考试。为此，爱因斯坦找到他家的一位朋友 G. 迈尔，苏黎世居民，与爱因斯坦家一样，迈尔也来自乌尔姆，曾任德国国家银行地区分行的经理。事业获得成功的迈尔从法兰克福来到苏黎世，在那里管理一家银行和百货商店，他是一位自由思想的倡导者。迈尔向工学院的院长推荐说，阿尔伯特·爱因斯坦是一位神童，理应得到特殊的照顾。院长奥尔宾·赫泽格教授也认为不应该把这样的“神童”拒之门外，但是有条件，那就是有关学校的校长必须为爱因斯坦出示书面证明，证实他的天赋和超群智力，这样才可以为爱因斯坦破例。似乎赫泽格教授对慕尼黑老师为爱因斯坦提供的非正式的、赞扬他数学能力的证明感到满意，认为可以相当于高中毕业。不管怎样，10 月初，阿尔伯特乘火车来到苏黎世，住在迈尔先生家里。可能是心里没底，爱因斯坦报考了工程系，这是他父亲和叔叔的兴趣和专长。

考试于 10 月 8 日进行，持续了好几天。考试包括许多学科，一些基础科目和有些与未来专业有关的课程。对阿尔伯特·爱因斯坦来说，那是一次令人难忘的经历。他描述说：“这次考试使我痛苦地意识到以前所受的学校教育的残缺不全。虽然主考官们都非常耐心，又富有同情心，但我认为我的失败是情理之中的事。”这次考试失败的原因主要是语言科目的失败，否则的话，主考官一定会接受这位“神童”的。著名的物理学家 H. F. 韦伯教授十分欣赏这位年轻考生非凡的数学能力和渊博的物理学知识，告诉爱因斯坦，如果他愿意留在苏黎世的话，他将破例特许他前来旁听自己给大学二年级上的物理课。最后,爱因斯坦还是听从了校长的善意忠告:到阿劳小镇上的州立中学学习一年,补齐功课后,再来投考工学院。

州立阿劳中学位于苏黎世西三十英里的小镇上。这里以思想自由、民主而颇负盛名。虽然当初是一所传统中学,但后来又增设了现代语言和自然科学课程,尤其以物理实验室最为闻名。当爱因斯坦在校学习期间,实验室里配备了发电机、交流电动机、电池、配电盘以及电子测量仪器等新设备。爱因斯坦于1895年10月26日获准入学。校长是物理学家A.塔克希米德博士,曾在工学院担任过韦伯的助手。

虽然爱因斯坦就读三年级,但是从入学成绩报告中可以看出,他的法语很不好,同时化学也需要补习。一位老师要求爱因斯坦自学法语、自然史和化学。另一方面,对爱因斯坦给以照顾,不用参加唱歌和物理训练,同时由于爱因斯坦是外国人,因此不用参加军事课。

虽然爱因斯坦必须接受额外指导,并且在所有的学科中,他都成绩平平,但是他对这个州立中学的回忆与他对路易波尔德中学的印象完全不同:

> 由于学校充满自由气氛,老师没有受到来自权威的影响,思想朴实而严肃认真,这所学校给我留下的印象非常美好,也使我清楚地意识到,与强调权威和野心的德国教育相比,追求自由和个人责任感的教育是多么优越。真正的民主并不是虚幻。

在这段颂扬之词的最后一句,一个惯用法从老爱因斯坦笔下跑出来,那是他在路易波尔德上七年级时所学的路德维希·乌兰德的剧本《施瓦本公爵恩斯特》中的一句台词:“真正的忠诚并不是虚幻。”由此可见,慕尼黑老师们的教育努力至少在爱因斯坦的潜意识里没被忘光。

值得一提的还有爱因斯坦在阿劳的生活环境。G.迈尔把爱因斯坦安排寄住在约斯特·温特勒家。在温特勒家,爱因斯坦所感受的不仅是睡觉和一日三餐,而且是第二个家的感觉,这个家庭可能比他的第一个家对他的影响还大。整个一生,爱因斯坦一直与温特勒家保持亲密的关系。

温特勒在阿劳州立中学教希腊文和拉丁文,所以爱因斯坦并不是他的学生。温特勒开始曾在苏黎世念大学,后来去了德国的耶拿。在那里获得了克兰茨方言的语言学博士,这个方言是他生活地区的母语。在耶拿,温特勒遇到了未来的妻子波琳·埃克塔,她后来改名为罗莎。七个孩子(三女四男),再加上一两位寄宿学生,这个大家庭对于爱因斯坦来说,似乎是瑞士风格的田园家庭。不久,两位温特勒就成为爱因斯坦的"妈妈"和"爸爸"了。

阿尔伯特的表兄,来自海赤根的罗伯特·科赫就住在附近。他与爱因斯坦同岁,但比爱因斯坦矮一级。把两个男孩子都交给约斯特·温特勒照看的 G.迈尔告诉温特勒说,阿尔伯特·爱因斯坦比他的表兄成熟,不用特别监护。温特勒的大女儿安娜回忆说:"在家庭中,爱因斯坦是一位令人愉快、受人尊敬的成员,从不惹是生非。他非常喜爱谈论科技方面的事情,同时很有幽默感,有时会开心的大笑。晚上很少外出,他经常不停地工作,但也时常与大家一起围坐在桌子旁,一起朗读或讨论。"

一位同学声称,当时他就感觉到阿尔伯特·爱因斯坦虽然年轻,但并不适合任何一种模式,然而州立中学"那种怀疑之风"很适合他的胃口。这位爱讽刺的犹太人在这种环境下感到很自如。天性自尊,使他与别人保持一定距离。这位同学浪漫而夸张地描述爱因斯坦说:

> 一顶深灰色的毡帽把他丝一样的头发推向脑后,他充满活力和自信,昂首阔步而行,头脑中装着整个世界,并且不停地迅速思考着。没有什么可以逃出他那敏锐、明亮的大眼睛。任何一位与他交往的人都折服他那超然的人格。嘴唇丰厚,下唇微微向前凸起,带有一丝嘲弄,任何小人都没有胆量面对他。没有传统的清规戒律的限制,他像一位快乐的哲学家面对这个世界,同时用他机智的讽刺无情地严惩所有的自负和虚伪。

这些论断听起来似乎令人怀疑,过于理想主义,但是如果把阿劳拍摄的十名毕业生的集体照拿出来,人们会很容易地找出爱挖苦,特别奇特的爱因斯坦。

阿尔伯特·爱因斯坦现在首先要放弃两个身份,这几乎是理所当然的事:公民权和宗教信仰,虽然他几乎没有什么信仰。我们不知道是什么时候开始,爱因斯坦不再希望做德国人了。可能开始于慕尼黑,当时他发现这是惟一可以不用服兵役的方法,或者是后来在阿劳,在"爸爸"温特勒的影响下，才不希望做德国人的。

记录显示，商人赫尔曼·爱因斯坦在帕维亚提出为其子阿尔伯特请求豁免符腾堡公民义务，并且于1896年1月28日得到批准，理由是要移民意大利。赫尔曼(阿尔伯特·爱因斯坦的法定代理人，当时阿尔伯特还是个未成年人)走这一步的具体时间我们不知道，但目的十分明显：躲避兵役。虽然德国的征兵制度规定二十岁才开始服兵役，但那时每个男性公民一旦超过十七岁，虽然没有到达法定年龄，也别指望逃避他的公民义务。爱因斯坦必须时刻准备着，响应军队的征召。因此，当阿尔伯特·爱因斯坦离十七岁生日还差六周时，那份日夜期盼解放他的文件终于被送达帕维亚，他显然非常高兴。在豁免符腾堡公民义务的登记表上，阿尔伯特·爱因斯坦的名字出现在"商贸经营人员和工厂工人"一栏中。在另一栏里，我们第一次发现"没有宗教教派"的记载。

刚开始，阿尔伯特·爱因斯坦放弃德国公民权的决定可能有些感情用事，但温特勒爸爸一定以适当的论证支持过他。当温特勒还是学生时，在耶拿就目睹了日耳曼民族意识的上涨，尤其是1870年到1871年的普法战争之后。在他的祖国瑞士，他总是不失时机地警告人们反对泛日耳曼论的扩张。

温特勒是如此强烈地希望爱因斯坦接受他的政治思想，以致后来，爱因斯坦经常能回忆起他那令人吃惊的政治远见。1935年，在康涅狄格州的老莱米过暑假时，在给妹妹玛雅的一封信中，爱因斯坦说："我时常想起爸爸温特勒，想起他那富有预见性的政治观点，我一直都是这样认为，但从来没有现在这么纯粹和强烈。"约斯特·温特勒死于1929年，所以没有亲眼目睹纳粹的嚣张气焰。但是从爱因斯坦对他的政治观点的评价来看，很显然，对于温特勒这位瑞士共和论者来说，比起后来几乎是不可避免的一连串的德国政治病症，纳粹独裁乌云的渐聚也就不是什么不可理解的灾难了。但是，1936年，爱因斯坦在普林斯顿给他的朋友、约斯特·温特勒的女婿M.贝索的信中说："我们这个时代的人类活动都不是那么令人愉快的，就更不要提那几个德国小丑了。所以，可想而知，温特勒教授是多么出色的预言家，他那么早就全面地洞察到这种巨大的危险。"

放弃德国公民权以后，爱因斯坦的另一决定是申请瑞士公民权，他这样做的原因很大的程度上要归因于温特勒爸爸。规定的五年等候期不是太大的问题,在第一次世界大战之前,人们还没有完全被护照束缚。得到了帕维亚或苏黎世当局有关“居民管理”部门的批准,爱因斯坦可以在任何时间游览任何他所喜欢去的地方。

爱因斯坦不仅放弃了德国国籍,继而,他又放弃了他的宗教身份。从青年时期表达谈论宗教热情的一段话中,我们不难看出他这种举动的必然性:

> 父辈们的宗教,正如我在慕尼黑的宗教课程和犹太教堂中所接触的那样,令我感到不快,并且缺乏吸引力。我既感受不到民族共性的东西,也感觉不到命运共性的东西。我小时候就了解的犹太人的资产阶级圈子,缺乏共同感,对我并没有什么有价值的影响。最终的结果是孤独感,起初是痛苦,后来不断发展和加强。

一个显而易见的情况是:在放弃符腾堡公民权的申请中,父亲填写的是“无宗教派别”,当然,不是在爱因斯坦的要求下,就是征得他的同意后才这样填写的。在州立学校的记录中,爱因斯坦被划入“犹太教”,这并没有什么可奇怪的,因为在学校看来,任何一位学生都必须有一个宗教身份。1900年10月,在苏黎世填写的“居留权申请人”的问卷中,爱因斯坦写下了“无宗教派别”,并且,他一直把这个身份保持了二十多年。

由于现今的观点一直认为阿尔伯特·爱因斯坦是在十六岁离开犹太教的,所以有必要引述爱因斯坦在去世时对这种断言的更正:

> 那时,我甚至还不明白离开犹太教到底意味着什么,在我的意识里根本没有传统宗教的存在。但我完全意识到自己是犹太人,虽然到后来才真正意识到自己也深深扎根于犹太教中。

这位年轻的具有怀疑和自由思想的人与他祖先们的宗教一直保持一定距离,但是他并没有脱离他的祖先们。

个性成熟的阿尔伯特·爱因斯坦在阿劳还第一次体验过恋爱。他并不要到很远的地方去寻找女朋友:第一位女朋友是玛丽,温特勒家十八岁的女儿。她刚刚毕业于当地的教师进修学院,在赴阿劳的一个小村庄工作之前,一直与她的父母们住在一起。阿尔伯特·爱因斯坦在帕维亚度复活节假期时,在给他的“亲爱的爱人”的信中,表达了自己的感情:“我的小天使,我现在才懂得思乡和怀念的滋味。但是,爱所带来的幸福远远超过思念带来的痛苦。直到现在,我才意识到你是我生命中的阳光,幸福的源泉。”他们两人没有必要向双方的父母隐瞒他们彼此间的倾慕。他们在帕维亚和阿劳之间经常互相祝福,所有的一切都似乎是一种非正式的订婚。

但是当阿尔伯特·爱因斯坦到苏黎世学习时,他改变了主意。确实,每当爱因斯坦来阿劳,而玛丽能从她的教学工作脱开时,这两位年轻人经常在温特勒夫妇家见面。但是六个月以后,他不是向玛丽,而是向她的母亲表达了自己打算结束这种关系的决心:

> 为了不再进行激烈的思想斗争,对我来说,斗争的结果都是一样的。我不能到你们家去过犹太人的五旬节了。对我来说,不值得为了这几天的快乐,而再带来新的痛苦。由于我的过错,我已经使你的女儿承受了很多痛苦。品尝一下由于自己的轻浮和无知给你女儿带来的痛苦,对我来说有一种奇怪的满足感。在这种艰苦的生活中,发奋学习,认识上帝的本性是我一生默默以求的工作。

“妈妈”温特勒并没有责备阿尔伯特,或许她感到有些宽慰,年轻的爱因斯坦的聪明决断会避免她的女儿承受更深的伤害。这个浪漫史的结束并没有影响爱因斯坦与温特勒家的关系。实际上,不久他们就成为亲戚关系了。1899 年到 1902 年,爱因斯坦的妹妹玛雅到阿劳的教师进修学院学习,并与温特勒的儿子保尔结婚了。而且爱因斯坦在苏黎世工学院时的朋友 M.贝索也与温特勒家的长女安娜结了婚。玛丽后来与一位手表制造商结了婚,关于她与爱因斯坦的关系,她写道:“我们彼此真诚相爱,但是这种爱完全是一种理想的爱。”

当与自己无关时,这位年轻人对爱的评论经常是与众不同的。在安慰一位因为与一位比自己年龄大的男人相爱而不开心的女士时,二十一岁的爱因斯坦表达了一个胆大妄为的观点:

> 你是否真的相信,你会从别人身上得到永远的幸福,即使是从你惟一所爱的男人身上?噢,根据个人的经历,我对此深有体会。我完全可以肯定,你不会从他人身上获得太多幸福的。我们今天不满,明天享乐,后天冷淡,最后发怒和对生活产生厌倦……如此这样一直进行下

去。对了,我差点忘记提醒一下还有的不忠和忘恩负义,这样的事情我们比许多好女孩子做得还多。

年轻的阿尔伯特·爱因斯坦的论述是纯朴的。一个人能够逃脱一位迷人“天使”的爱,而去艰辛奋发工作、揭示和认识上帝的本性,并且认为不会从其他人身上获得永久幸福,这似乎是爱因斯坦本人的写照。虽然如此,爱因斯坦和女性在一起一直感到很舒畅,甚至是快乐,特别是这种交往经常是有回报的。许多不同年龄的女士不仅对他的小提琴表演着迷,而且认为他的长相也很有魅力,似乎是一位感情丰富的南国的演奏大师,而不是一位呆板的理科学生。爱因斯坦的第二位妻子的一位朋友描述阿尔伯特·爱因斯坦的魅力时说:“他具有一种男性美,而在这个世纪初,对这种男性美存在一种崇拜。”

学校,特别是考试成绩对爱因斯坦来说非常重要。所有的成绩报告单都显示出爱因斯坦在法语上表现不佳,以前曾经因此受到过批评。虽然曾经自学并接受过辅导,他还是赶不上他的瑞士同学。面对爱因斯坦于1895年圣诞节拿回来的不太好的成绩报告单,他父亲的表现相当平静:“对此我已经习以为常了,每次阿尔伯特带回来的成绩报告单,除了非常好的分数外,就是一些不怎么样的,对此,我并不感到不安。”在第二外语意大利语上,刚开始,爱因斯坦的表现也不好,但是在毕业前,有了一定的提高,取得了良好的成绩。他所学的课程中,代数和几何成绩最好是6分,物理得了5—6分,其它课程都是5分或4分,只有法语得了3分。

从1895年9月5日的成绩报告单中可以看出,爱因斯坦成功地学完了第四技术班的课程,他现在可以参加最终考试了。这个考试共七天,分笔试和口试两部分。在口试上,习惯作法是:苏黎世工学院的几位教授到阿劳看一下他们未来的学生。这次A.赫泽格教授一同来了。

9月18日早7点,阿尔伯特·爱因斯坦开始了第一门考试,概述歌德剧本《葛兹·封·伯利欣根》的情节。爱因斯坦花了两个半小时完成了,但是很平淡,而且没有新意。他的德语老师阿道夫·弗莱出于同情给这篇概述打了“5+”。接下来要考的是几何、代数和物理,爱因斯坦非常熟练而迅速地完成了,并得了高分,但是在答卷上多次出现马虎。一个应该是“虚数”的数学术语,他写成了“无理”;而“麦石桥”变成了“外石桥”。显然,他的老师早就知道这位学生不愿花费时间注意这样的细节,只是在这些地方作了标记,并没有影响他的分数。

在化学和自然史上,爱因斯坦的成绩也不错,最后的平均成绩是5.5分,是九位参加考试的学生中成绩最好的,这么好的成绩对这位最小的学生来说是很难得的。必须指出,这个考试相当简单,一个典型的传统德国(包括瑞士)的高中考试不论是在德语作文,还是在数学上都要比这个考试难得多。

爱因斯坦参加考试的科目中,成绩最差的是只得了3—4分的法语文章,但也是最有趣的,不是因为那篇文章每隔一行都要出现错误,而是因为那篇文章的主题《我的未来计划》,除了错误百出的语法外,从中可以看出爱因斯坦已经找到了自己的目标:

> 一位快乐的对现实太满足的人是不会过多地思考未来的。另一方面,特别是年轻人都非常喜欢制订大胆的计划。但是,对于一位严肃的年轻人,他很自然地会尽可能精确地制订自己的奋斗目标。
>
> 如果我十分幸运地通过了这次考试,我将进入苏黎世工学院。我将在那里待四年,学习数学和物理。我的理想是在这些自然科学领域中做一名教师,我将选择其中的理论部分。
>
> 这就是我制订这个计划的原因。这个计划是为具有抽象数学思想,而缺乏想象力和实践天赋的人设计的。同时我的希望也使我做出这种抉择。非常自然,每个人都希望做自己所最能胜任的事。同时更加有吸引力的是,在科学的事业中存在一定的自由。

除了这些希望和梦想之外,文章似乎第三次否认自我,完全改变了他的家庭为他所设计的生活方式。当初,父母把爱因斯坦送到苏黎世的目的是让他学习电器工程,以便对父亲和叔叔的公司有用,最终接管公司工作,并进一步发扬光大。但是像他在二十年前对一位朋友解释的一样,阿劳的经历使他最终决定不当一名技术专家:

> ……因为为了挣大钱,而把我的发明创造应用到各种事物上去,会使日常生活变得世俗,一想到这些,我就无法忍受。要为了思想本身而思想!就像为了音乐而音乐一样!

在阿劳的第一年,这种思想已经拥有了它的主题和内容。爱因斯坦一直在思考电磁波在以太中的传播问题,在三年前的一封信中,他曾经表露出了这一点:“在阿劳,我想出了一个好主意,研究一个物体相对于发光以太的相对运动是怎样影响光在透明物体中的传播速度。”这个“好主意”似乎是1853年费泽著名的、确定运动物体上光的速度实验的变体。事实上,这个实验是他在六年后的狭义相对论中提到的两个光学结果之一。

最重要的是其中的另外一个问题,也是关于电磁波的。对于爱因斯坦来说,在阿劳的时候,这是一个很“值得问”的问题。在当时,这个问题只是一个谜。六十年后,爱因斯坦回忆这个问题时说:“如果一个人以光的速度追逐光波而行,那么在这个人面前就会有一个与时间无关的波场。但是现实似乎并不存在这种情况!这是第一次孩子气的与相对论有关的脑力实验。”

但是,阿尔伯特·爱因斯坦这位学生不再那么孩子气了,他在十六七岁时发现的问题,就是当时最伟大的科学家也没有想过。爱因斯坦的脑力实验正是歌德所明确定义的,打开科学大门的钥匙:“科学上的任何成就取决于对事物现象本质的直觉,而具有这种直觉会有无限收获的。”这句话用到相对论的发现上是非常恰当的:相对论不仅发现了“现象后面的本质”,而且揭示了这种“现象”概念之外的本质。爱因斯坦将要花十年时间才能找出这种现象的本质——相对论。

第4章　“流浪者与独行者”：苏黎世的学生时代

1896年10月的第二个星期，阿尔伯特·爱因斯坦考入了苏黎世工业学院的数学和科技特种教师学院，即第六系。当时，他比规定的最小入学年龄十八岁小半岁，是这所著名学院录取的年龄最小的学生之一。

位于苏黎世堡脚下的高大建筑物是工学院第二位建筑学教授G.塞姆普尔教授设计的。这是一幢十分引人瞩目的大厦，从平坦的斜坡向上望去，它是里马特山谷的古城胜景。工学院是由瑞士联邦（1848年成立）于1855年建立的第一所大学型的学院，与后来的巴塞尔、苏黎世、日内瓦的其它大学不同，后者是由州投资和管理的。而工学院由坐落在伯尔尼的瑞士政府直接管理，与其它学院相比，工学院的地位稍逊一筹，没有博士学位授予权。1911年，工学院升格为瑞士工业大学，并且获得了大学的所有权力，但是苏黎世人仍沿袭旧称。

19世纪末，工学院有不到一千名学生，他们之中的绝大多数人是学习工程的。自然科学在第六系，即特种教师学院。除了给工程师们讲授基础数学和进行科技知识培训外，系里也开展基础研究。数学部6A，包括数学、物理学和天文学。1896年，阿尔伯特·爱因斯坦和另外十名新生，包括惟一的女生米列娃·玛利奇，来到这个部读书。当时，数学部只有二十三名学生。

1855年，第一批任命的四十名教授来到新建的工学院任教，一位了解一点历史的记者写道：“自从柏林大学建立以来，没有一所学院拥有这么多天才。”这不仅是指建筑学，还包括数学，著名的鲁道夫·狄德金是这所学院的第一位教授。爱因斯坦拥有两位著名数学家,阿道夫·赫维茨和赫尔曼·明可夫斯基教授,他本应该在这里得到第一流的训练,但是这些机会几乎白白浪费掉了。看到数学划分很多领域,每个领域都需奉献短短的一生。爱因斯坦发现自己不知如何是好,加上明显的自大,天真无邪的阿尔伯特·爱因斯坦认为,对于一名物理学家,只要了解数学基础知识,并且知道怎么用就足够了,其它深奥难解的事对于物理学家没有什么价值。到了后来,他才认识到自己的错误,但悔之晚矣。他说:"我的数学才能显然不够,以至于不能区分主次,重要与否。"

不管怎样,他还记得 F. 盖瑟在大学二年级时讲的微分几何知识,认为这是数学艺术的真正杰作。可能是因为后来在从事广义相对论研究时用到了从盖瑟那学到的知识,爱因斯坦才这样认为的。

六系的每个入学者都有一份教授给他们安排的学习计划,包括需要登记成绩的必修课,不需要登记成绩的选修课。学完前三年的必修课,阿尔伯特·爱因斯坦发现自己现在非常喜欢大学的自由学术环境,他说:"作为一名普通学生,我非常满足。"可能是出于羞愧,他列举了他缺少作为好学生应具备的条件:善于理解,能集中精力学习所学的功课,课程笔记做得完美整齐。慢慢地爱因斯坦学会了根据自己的兴趣和需要,安排自己的学习,有的课,他会非常聚精会神的听,不喜欢的课程,就旷课,待在家里,利用这些时间狂热地学习理论物理。

爱因斯坦所说的家,是指离工学院不远,在尤涅街 4 号的一间公寓,这所独楼建于 1890 年。三年级时,爱因斯坦搬到克劳斯巴赫街 87 号,住在史蒂芬尼·马克沃尔德开的一所寄宿学校,并在那里吃午餐。第四年,他又搬到佛罗伊·哈纪那里,后来与哈纪一起搬到道尔德街 17 号。三所学生公寓都位于浩廷根的资产阶级居住区,是为方便湖边的工学院和百丽斯宾馆而设立的。

爱因斯坦每周收到的一百瑞士法郎的汇款不是来自他的父母,而是来自热那亚的有钱亲属,因为爱因斯坦家在帕维亚的爱因斯坦格罗纳公司破产了。为了争取电厂的经营权,爱因斯坦兄弟和他们的意大利伙伴打算出高价打败当地的同行,结果遭到惨败。1896 年夏天,刚成立一年的公司不得不进行清算,所有的财产和从亲属们那里的借贷都失去了。雅各布叔叔放弃了企业家的雄心,作了一名职员,后来成为维也纳一家仪器制造公司的经理,过着安静舒适的日子。同时,在亲属的帮助下,赫尔曼决定碰碰运气,再次成为企业家。他马上在米兰的马恩左尼街建了一家新公司,生产发电机和电动机。同爱因斯坦家一起从慕尼黑来到帕维亚的办事利落的领班S. 克恩布罗斯特代替了雅各布·爱因斯坦的位置,成为技术经理。尽管经济困难,但是在米兰,爱因斯坦家仍然保持资产阶级的生活方式。爱因斯坦一家住在贝格力街21号的一层楼房,共有十一个房间。

在帕维亚公司倒闭的时候,阿尔伯特·爱因斯坦正在阿劳紧张地准备考试。他曾想说服父母像雅各布叔叔一样,谋个职业,这样可以使全家避免变得更糟。两年后,在米兰开的公司也倒闭了。爱因斯坦忧伤地给妹妹玛雅写道:

> 最使我感到沮丧的是父亲的不幸,他这些年来几乎没有过上一天好日子。同时使我感到伤痛的还有,作为一个成年人,我无能为力,只能袖手旁观。我只能成为家中的负担,如果我死了,情况可能会更好些。我只想一直做我力所能及的事情,除了从学习中得到的快乐外,年复一年我从没有打算享乐过,而且永远使自己保持正直,不致陷入失望。

不久,父母的情况有了好转。不管怎样,爱因斯坦没有长时间陷入悲伤,一直认为自己是位快乐的人,除非胃口不好或其它类似的事情,没有理由悲伤。

沉默寡言的年轻学生阿尔伯特·爱因斯坦不久就觉得在慕尼黑生活如同在家一样。温特勒的男孩子们和他的表兄罗伯特·科赫经常从阿劳来看他,同时从乌尔姆来此的G. 迈尔家的大门也总是向他敞开。思想自由的迈尔和志同道合的朋友刚刚建立了一个“瑞士道德文化学会”,大家在一起讨论社会改革、教育问题、军国主义和沙文主义对和平的威胁等问题。发起人还包括“爸爸”温特勒和工学院的文学教授罗伯特·塞特才克。爱因斯坦也加入了这个圈子,受约斯特·温特勒影响,爱因斯坦对俾斯麦德国产生了怀疑态度。这点以后得到了证实。

通过在米兰的朋友,爱因斯坦还结识了在工学院任教的阿尔弗莱德·

斯特恩，德国一犹太血统的著名历史学家。爱因斯坦每周都到斯特恩教授家去，非常喜欢那文雅的款待。有关个人问题，爱因斯坦总能得到斯特恩教授的同情和理解。完成学业后，爱因斯坦用感人的话语表达了他的感激之情："同您在一起，我非常开心，对于您给予我的爱和父亲般的关怀，我无法用语言表达。但有一件事是可以肯定的，再也没有一个像您那样待我的人，有多少次，我怀着沮丧的心情到你那里，马上就找回了失去的欢乐，恢复了内心的平静。"

除此之外，每周日，爱因斯坦还应邀到弗雷斯曼家吃午饭，像在慕尼黑，爱因斯坦家每周四邀请马克斯·塔尔穆德到他家作客一样。米歇尔·弗雷斯曼以前曾管理热那亚科赫家族在苏黎世的粮食分店，后来在火车站大街建立了自己的公司，作为代理代表科赫家族的利益。品尝完星期天的烧烤，人们经常见到爱因斯坦在火车站大街的一家咖啡馆里，手拿烟袋，陷入沉思。这种新的嗜好一直保持了很长时间。

从科赫家每月寄来的一百瑞士法郎，对于一名普通学生来说应该是足够了，虽然不多但也不少。但是，对于爱因斯坦来说，经济相对有些紧张，因为经常粗心地忘记交回一些文件材料，他要付给苏黎世居住管理处十瑞士法郎罚款；同时，他每月要存二十法郎，作为日后申请瑞士居民身份的费用。有时，爱因斯坦通过辅导学生挣点钱，例如辅导他父亲般的保护人斯特恩教授的女儿。

传统的学生生活并不符合爱因斯坦的胃口，在回忆时，爱因斯坦经常把自己描述成"流浪者和独行者"。但这并不是说，他在工学院感到孤独，一个比他大一岁的数学系学生马塞尔·格罗斯曼成为他最好的朋友。爱因斯坦和格罗斯曼几乎每周都去里马特的"大都会"咖啡店，在那里谈论学习上的事以及年轻人感兴趣的各种话题。参观坐落在苏黎世湖畔塔尔维尔的格罗斯曼家后，格罗斯曼家那种深深扎根于瑞士传统但又保持相对自由的环境使流浪的爱因斯坦深深着迷；同样，爱因斯坦那深奥的知识给格罗斯曼留下了深刻印象，格罗斯曼告诉他父母说："终有一天，爱因斯坦会成为真正的大人物。"而爱因斯坦认为格罗斯曼是一位模范学生，和老师相处得很好……而自己与老师却很疏远，不受欢迎。

格罗斯曼不仅积极听课，笔记做得也非常整洁，可以直接拿到印刷厂印刷。每当考试临近,这些笔记就成了爱因斯坦的救星。他曾说:“没有这些笔记,我不知道怎么能通过考试。”在以后的岁月里,格罗斯曼也多次成为爱因斯坦的救星。一次是爱因斯坦在伯尔尼专利局的首次求职,还有一次是有关广义相对论的第一个数学计算。1936 年,格罗斯曼不幸早逝,爱因斯坦给他的遗孀写信说:“最重要的是,我们永远是朋友。”

另一位终生伙伴是比爱因斯坦大六岁的米歇尔·贝索,他在苏黎世州出生,意大利长大。贝索在工学院学习机械工程,并成为一名工程师,在温特图尔的一家公司工作。贝索建议爱因斯坦阅读恩斯特·马赫的著作,并经常一起讨论物理学基础理论,成为爱因斯坦观点的回音板。

对音乐的执著热爱,使爱因斯坦与贝索相识。那是爱因斯坦上大学的第一个学期,他们是在苏黎世的一个叫 S. 卡布罗提的女士家相识的,当时大家在那里表演音乐。爱因斯坦出众的小提琴表演才能是被学校的督学发现的。在检查阿劳的十七位学生的音乐水平时,说起了受检的学生中有一个叫爱因斯坦的学生,能出色并充满感情地演奏贝多芬奏鸣曲的一个慢板乐章。

因为当时没有收音机和其它先进音乐复制手段,像爱因斯坦这样优秀的业余演奏者,在当地音乐演奏界是很受欢迎的。几乎没有女钢琴手不受爱因斯坦的音乐热情所感染,包括像女房东年轻的女儿苏姗娜·马克沃尔德这样的少女,爱因斯坦曾“忠诚而钦慕”地为她献上莫扎特的奏鸣曲,也包括迷人的年长女士,像钢琴老师弗罗里恩·威格琳。曾经人们认为爱因斯坦愿意与年长的女士合作二重奏,这样可以避免引起麻烦。“我日夜沉浸在音乐的美妙中,是上帝通过手拿双刃剑的天使送给我的,不会担心心情澎湃,她已是一位老祖母了……”

许多有趣的事情都与爱因斯坦的小提琴演奏有关,同时说明他具有极强的自尊心。一次,在马克沃尔德小姐家,爱因斯坦正给一群女士独奏,她们中的几个人开始用织针编织,爱因斯坦马上把小提琴装到盒子里,并说:“我不打扰你们的工作了。”在斯特恩教授家,有一次爱因斯坦和另一位应邀前来的物理学家激烈地争论起来,他最后指着他带来的小提琴结束了争论:“我们现在去音乐室吧!在那儿我们可以演奏他们喜欢的——亨德尔!”

小提琴已经成为爱因斯坦生活中不可缺少的部分，小提琴已经成为他的心声表达。在三年级末的一次物理实验中，他把自己的手伤得很厉害，不得不到卫生所缝几针。这时，在给"亲爱的女士"——在阿劳和他一起演二重奏的人的一封信中，爱因斯坦非常伤心地说："非常不幸，我不能拉小提琴了。我非常想念我的老朋友，通过它，我可以诉说所有想说的事情。我以前不曾承认这点，看到别人这样时还嘲笑他们。"

像老朋友小提琴一样，爱因斯坦又有了一位新朋友，手拿双刃剑，并且使人心情激动。这位朋友与音乐无关，是物理系的一名女学生——六系的米列娃·玛利奇。她来自当时哈布斯堡帝国匈牙利那边的沃维迪恩，那里后来变成南斯拉夫的一部分，是个迷人的地方。米列娃出身于农场主家庭，在当时的诺萨茨（后来改为诺维萨德）长大。虽然她的家庭和当时的学校制度都不太支持她，但米列娃早就下决心读大学。瑞士是惟一可以接收女学生的讲德语的国家，因此她来到苏黎世，这里吸引着世界各地有学识的女性。为了1896年夏季到苏黎世大学学习医学，她首先必须通过苏黎世的女子高中的毕业考试。同年冬天，她转校到工学院，与爱因斯坦同时入学，毕业后将获得教师资格证书。

早在第二学期，就有迹象表明，独行者阿尔伯特·爱因斯坦和比他大三岁的米列娃的关系已经超越普通同学的界限。可能是由于米列娃的原因，爱因斯坦于1897年春天提出与M.温特勒小姐分手。同年暑假，爱因斯坦给米列娃写信。米列娃回信向爱因斯坦介绍父母对他喜爱："爸爸给了我一些烟草，让我把它交给你，使你一想到我们这个小小的强盗国家就流口水。"这封信是从海德堡寄出的，此时在迷人的内卡河谷，米列娃正在德国橡树下漫步，她已经作为旁听生进入海德堡大学第三学期学习物理。大家猜测这种变动是否是计划好的，还是打算和爱因斯坦保持一定距离。事实上，米列娃是利用这种地点的变动来感受一下给爱因斯坦写信的感觉。

对这些未来工程师们来说，前几学期所讲的课只能算是物理的入门知识，而不是真正针对物理系学生讲授的。第一学期，只有数学课，第二、三学期开始有机械学，由阿尔宾·赫泽格教授讲，也是为了学习工程的学生而设立的，有一百四十名学生听课。爱因斯坦曾对米列娃说："赫泽格讲力学和材料强度学两门课，材料强度学讲得非常清楚、明了，而力学却像质量课一样,有些肤浅。”

直到第三学期,才有所谓的“物理”课,由海恩瑞克 · F. 韦伯教授讲授,爱因斯坦很喜欢:“韦伯讲的热学很神奇,我总是不停的期待着下一个讲座。”事实上,每节课的内容爱因斯坦都记录并整理好,以便给他的“小逃跑者”——米列娃小姐,并建议说:“希望你早点回来,因为在这里,你会看到你所需要的东西都记在我的笔记本上。”米列娃接受了建议,于 1898 年 4 月回到苏黎世。虽然有爱因斯坦和格罗斯曼的笔记,她到海德堡而落下的那一学期课也很难补上,因此不得不把第二学期结束时的学位考试推迟到下一年。

自称是中等学生的爱因斯坦及时报名参加 1898 年 10 月的考试,整个夏天,他大多数时间都与格罗斯曼一起备考,这当然不是一件快事:“一个人参加这样的考试,很有压力,似乎对任何事情都负有责任,否则就要受到惩罚。”这种考前突击还是很有成效的,在 5 门考试中,爱因斯坦两门得了满分 6 分,其它 5.5 分,平均 5.7 分,是成绩最好的学生,马塞尔 · 格罗斯曼以平均 5.6 分,名列第二。

成绩辉煌的期中考试结束后,阿尔伯特 · 爱因斯坦第三年在工学院 H. F. 韦伯教授的物理实验室满腔热情地工作。这个“电子技术实验室”在当时是条件最好的。在 W. 文 · 西门子的帮助下,韦伯建立了设备很好的物理研究所,可以同时满足基础研究实验和科技电子工程需要。

1890 年建成的坐落在格罗利街的物理实验大楼,几乎可以与塞姆普尔的主楼媲美。由于坐落在苏黎世堡的上坡,所以看上去比主楼还高。在爱因斯坦入学的前一年,一位参观苏黎世的美国物理学家惊叹之余描述说:“那里不仅有一整套我所能见到的所有仪器设备,也是我所见到的最大的物理实验楼……一层层的储藏间,一排排昂贵的精密高阻电流表……设备花去了四十万法郎(八万美元),物理实验室就花了近一百万法郎。”舒适的工作环境,使爱因斯坦想起了雅各布工厂的自制设备,这种与经验相联系的回忆方式,说明爱因斯坦不是人们所想象的目光狭窄的理论家,而是具有实践兴趣和能力的物理学家。

第三年,爱因斯坦选学 J. 皮尔耐特教授的“初学者物理实验”,对他来说,这是不幸的事。不知道是不喜欢教授本人,还是不喜欢实验,爱因斯坦经常旷课。1899 年 3 月，皮尔耐特教授责备他不重视实际工作，校长认为他缺乏应用能力。不难理解，爱因斯坦与皮尔耐特之间发生多次冲突。当教授问这位不专心的学生，为什么不去学习医学、法律或语言学，而要学那难懂的物理时，爱因斯坦回答说："因为我在这些课程上天分很差，我为什么不试一下相对好学一点的物理呢？"皮尔耐特教授很生气，给这位讲话刻薄的学生打了最低分 1 分。

在理论物理方面，工学院的条件不能满足爱因斯坦对其的渴望。和爱因斯坦一样从阿劳州立学校来到工学院的阿道夫·费希抱怨说："大家不太喜欢物理。"对他们两人来说，韦伯是经典物理学的典型代表，认为亥姆霍兹之后的知识都是次要的，只在意物理学的历史，而不关心它的现在和将来。他们只能私下学习物理学新理论。

最后一个学期，当爱因斯坦正在准备毕业论文时，数学家赫尔曼·明可夫斯基做了一个分析机械学的报告。作为赫尔皂格机械学的补充课程，明可夫斯基刚刚为《数学科学百科全书》写了一篇关于毛细现象的研究，他把单行本发给为数不多的听众，并围绕它进行讨论。讲座结束后，爱因斯坦兴奋但又有些伤感地告诉他的同学："这是我在工学院所听到的第一堂关于数学物理的课。"这节课激发了爱因斯坦书写第一篇科技论文的热情。拿到学位六个月后，爱因斯坦就把这篇文章寄往《物理年鉴》，虽然文章的题目不是科学讨论的中心，也不是爱因斯坦所喜爱的。

或许在德国哥廷根、波恩或柏林一所好一点的学校，阿尔伯特·爱因斯坦会得到适合自己的训练；但是，从阿劳一所中学毕业的他，只能到苏黎世工学院学习。同时，德国对于他来说已经是关闭的一章了，并且也不可能转到维也纳或巴黎学习，因为要得到瑞士国籍，爱因斯坦必须在瑞士待上一段时间。

回想起来，十九世纪末的物理学没有给阿尔伯特·爱因斯坦留下太深的印象，留下的只是教条和僵硬。开始时（如果有开始），上帝建立了牛顿运动定律及必要的物质和力。这就是法则：所有的事情都是首先建立合适的数学方法，再通过推理而来，这有点正确性。工学院的物理课主要是这些理论的教学应用。事实上，从十九世纪末开始，物理学就变得丰富多彩了，爱因斯坦强烈地意识到这一点，为此着迷，并且为未来而努力工作着，他想尽办法透过事物复杂的表象,去探求其根源。

尽管爱因斯坦讽刺学校体制的枯燥无味,但是与其他易于接受新事物的人一样,爱因斯坦对所取得的成绩倍感欣慰。当机械运动理论可以应用到其它并无关联的领域时,爱因斯坦表现得非常激动,这比解决最难的问题还令人振奋。气体动力学理论中的一些主要定理可以通过假定气体包含很小的物质颗粒,用机械定律研究它们的运动和碰撞推导得出。

韦伯教授在讲座中谈到了气体理论中的这一方面。另一方面,也是非常深奥的一面,通过自学新近出版的L.波尔茨曼的著作,爱因斯坦得知,通过对一团运动粒子进行机械处理的统计理论,可以推导出热力学基本规律。由此看来,爱因斯坦在1899年夏天读的东西绝不是教条僵硬的。当时人们对原子的存在还持怀疑态度,而同时,X光、阴极射线和其它形式的放射性打开了微观物理的新世界,让人看到了科学研究令人振奋的一面。

19世纪中期,物理学其它方面的重要发展也同样令人振奋:1888年,亨利希·赫兹出色地验证了J.C.麦克斯韦提出的电磁场理论。当然麦克斯韦和赫兹都认为机械运动是所有物理学的基础,并打算把电磁场理论建立在机械运动基础上,或者认为由机械运动而来。这也是为什么提出"以太"这种奇怪的非物质,开始作为所谓的电磁场"极化状态"基础,后来作为电磁波如光、赫兹波等的传播媒介,因为从机械学角度来看,这些电磁波不能在"虚无"中传播,应该像声波一样需要通过振动的机械介质传播。

物理学家在统一电磁场与机械运动过程中,付出了相当大的代价,因为"以太"是概念性创造,本身就自相矛盾。这种弹性的、无所不在的、没有质量、不可压缩的"以太"听起来像是附着在物质上的"灵魂"。"以太"对物体的运动不产生阻力,也不与它发生任何作用。为了解释运动物体上光的速度,假设"以太"是独立于物质而绝对静止的。但是,当阿尔伯特·迈克尔逊和爱德华.W.莫雷想通过实验,用静止的"以太"来测量地球运动时,不得不伤心地承认,测出的结果是地球没有这种运动。这些问题足以激发我们去发现事物的本质。出于这种本能的驱使,爱因斯坦开始思考这方面的问题。

可能是小时候有关狭义相对论的第一个智力实验使爱因斯坦产生这种想法。有关这方面的最早信息来源于爱因斯坦与格式塔心理学创始人马克思·维尔特海姆在1916年的谈话。维尔特海姆这样描述爱因斯坦第一次探索“问题极限”：

> 一个追赶一束光的人会发现什么现象？如果一个人骑在光线上会怎么样？如果他跑得足够快，是否应该感觉光是不动的？……光速是多少？如果这个值是借助某些物质得到的，它应与物质的运动状态无关。

爱因斯坦可能多次考虑过这样的问题，首先是在阿劳，之后是在苏黎世的第一年；据我们了解，当时没有这样的谈话和有关研究使爱因斯坦能够联想到这些问题。在工学院的第二年，爱因斯坦提出了一项令人吃惊的实验，打算通过“以太”来测量地球速度，显然不知道迈克尔逊—莫雷的实验，后来他才知道物理学家们早已经做过这样的实验了。

事实上，爱因斯坦的设想与迈克尔逊—莫雷的实验没有什么大的区别：“我想用两个热电偶作实验，用镜子把同一束光源发出的光分成两个不同的方向，一束与地球的运动方向相同，另一束与其垂直。如果我们认为这两束光线的能量不同，则可以用这两个热电偶测量能量差异。”不用说，这只是一种建议，因为没有办法建这个装置。他的教授对这个建议深表怀疑，认为没有说服力。我们不知道韦伯基于哪点否定这个实验的，是没有兴趣，还是认为这只是一个奇怪学生的狂热想法，或者当时在技术上根本无法实现。回头来看，后者的可能性更大。

由于工学院没有开设电磁场理论和有关研究课程，爱因斯坦只好旷课在家狂热地学习理论物理大师们的著作。这对他来说，只是早期习惯的延续。

有关这方面的第一条证据，是他在大二时由于专注学习有关场论的书，以至于经常忘记带钥匙。面对佛罗伊·哈纪紧锁着的前门，爱因斯坦又一次发现自己忘带钥匙了，就直奔米列娃的住处，在一张留给“亲爱的小姐”的便条上写着：“我因急需而拿走了你的‘德鲁得’，不要因此而生我的气，因为这样我可以学点习。”被爱因斯坦窃走的是德国年轻的物理学家P.德鲁得的《以太物理学》，主要论述的是：相比传统的机械学说，麦克斯韦的电磁场理论更有可能解决光和赫兹波问题。

从1899年夏天给米列娃的信中，我们知道，借助于赫尔曼·封·亥姆霍兹和H.赫兹发表的重要文章，爱因斯坦展开自己的研究工作。信中说："我把亥姆霍兹的著作还回去了，现在正重读赫兹的《电力的传播》，因为我不明白亥姆霍兹关于电力微动原理理论。"虽然我们不知道爱因斯坦哪里不明白，但是他显然对H.赫兹的观点持完全自由的批评态度：

> 我越来越相信，今天所展示的运动物体的电力学与事实不符，存在更简单的方法解释它。把"以太"概念引入电学理论，虽然可以解释一些事实，但"以太"本身却是没有任何物理意义的概念性介质。

从这里，我们可以感到一种要抛弃"以太"的想法，六年后的狭义相对论终于抛弃了"以太"。《关于运动物体的电力学》这篇文章也反映出他要抛弃"以太"的心理，虽然有人认为这篇文章是重复H.赫兹1890年论文的题目。爱因斯坦使用的一些概念，如：电流是真正的电物质的运动，以及电力学是在真空状态下、运动中电磁运动的理论，说明爱因斯坦了解荷兰理论家H.A.洛伦兹的工作。

还在苏黎世学习时，阿尔伯特·爱因斯坦就注意到德国科学家和物理学家学会于1898年9月在杜塞尔多夫的年会上所要讨论的问题。会上，运动介质"以太"及其表现被作为特别议题，所有的名人都应邀参加讨论，包括荷兰的洛伦兹，亚琛的年轻副教授威廉·维恩还为此准备了一篇介绍文章。

维恩的第一句话就道出了当时的混乱状况："'以太'是否参与物体运动，是否流动，这些问题长期以来一直困扰着物理学家们，对电磁现象载体的特性所作的各种假设和猜测永无完结。"维恩主要介绍了由于"以太"自相矛盾的概念而引起的各种矛盾，以及十三个与"以太"有关的验证地球运动的实验。从理论角度来看，这种讨论有些像是中世纪后期天文学家们的辩论，当时各个学派为了"拯救现象"而用种种手段解释地球的宇宙中心说。这些努力注定要失败的，因为新的解释很快就又产生新的矛盾，只有全新的"哥白尼革命"才使问题得以彻底解决。

在杜塞尔多夫，关于"以太"方面没有太大的变革迹象。像洛伦兹教授这样的权威，根据维恩的概括作了相关的报告，但是也无法设想如果抛开

“以太”,物理学的未来是什么样子:“‘以太’、重物质,加上电子是构造物质世界的基石,如果我们能知道物质运动过程中,‘以太’是否一起运动,我们就能深入了解这些‘建筑基石’的性质和相互关系。”出席杜塞尔多夫会议的物理学家没有一人能像爱因斯坦那样,对这种论述是否包含一些物理意义表示怀疑,他甚至想到:以太是否是物理学中一个多余的概念,应该抛弃它呢?

作为学生的爱因斯坦没有参加杜塞尔多夫学术会议的资格,但对这方面进展情况的了解,他可能比苏黎世所有的人都多。1899 年,爱因斯坦在麦特曼斯坦待了一段时间,剩下的整个暑假都和父母待在米兰。米列娃因此得以解脱,可以准备她的期中考试。爱因斯坦说:“我自己也是一个书虫,正在思考几个想法,其中一些很有趣。我还给亚琛的维恩教授写信,告诉他自己随意写成的关于发光‘以太’与重物质的相对运动的文章。从 1898 年开始,我读了维恩教授关于这方面的很多有趣的文章。他说要给我回信到工学院。”爱因斯坦所说的“有趣文章”是指一年前在杜塞尔多夫大会上维恩的文章,可能是他在《物理和化学年鉴》上发现的。很不幸,爱因斯坦的信丢失了,我们无从得知维恩是否给他写过回信,以及维恩对爱因斯坦那个被韦伯教授像“后娘般”对待的、做进一步实验的建议有何评价。

现存资料表明,在工学院的第二、三学年,阿尔伯特·爱因斯坦成为或者至少自己认为是物理学家。他善于选择阅读材料,完全投身到当前的研究洪流之中。他有能力选择自己的彼岸,不至于在洪流中迷失自己。当时除了马塞尔·格罗斯曼和米列娃外,没有人了解这一点。

在物理方面的进展使阿尔伯特·爱因斯坦感到欣慰;同时父亲在米兰新建的公司也运行得很好,得到了在曼图瓦附近的小镇如康耐托、撒尔奥格列和爱索拉·德拉·斯格拉的路灯合同。虽然这些合同马上抵押给他的主要经纪人、海赤根的堂兄鲁道夫·爱因斯坦,并且债务超过资产,但是米兰的处境不再艰难了。这种命运的改变对于阿尔伯特来说是一种解脱,他对妹妹说:“我现在终于有时间在苏黎世美丽的环境中漫步一个小时左右。我很高兴父母最心焦的事情结束了。如果每个人都像我这个样子,是不会写出小说这一类东西的。”

与此同时,爱因斯坦也开始了自己的罗曼史。1899 年春假,他在米兰给米列娃写信："你的照片给我的母亲影响很大，在她仔细琢磨时，我饱含同情地说：是的，她相当聪明。"

整个假期，他们没有见过面。米列娃得准备期中考试，开始时在诺维萨德后来到苏黎世；当时阿尔伯特在米兰，8月份与母亲和妹妹待在苏黎世附近的小乡村米特曼斯坦。从公寓的"天堂"，他告诉米列娃说："我过着美好、平静、清教徒的生活，像想象中的虔诚、正直的天堂一样。当我第一次读亥姆霍兹时，我一直不敢相信，没有你坐在身旁，我还能读下去。我喜欢我们在一起学习，我觉得这是一种安慰，而不是厌烦。"

和妹妹一起，爱因斯坦爬上了海拔两千五百米的高山。三年前，在州学校组织的一次郊游中，他曾是一位不走运的游客，如果不是一名同学在他滑下陡坡时，及时伸出爬山杖把他拉住，他一定会摔死的。从"天堂"寄给米列娃的信中，也有一些不开心的事："有时，我感到经常被妈妈的朋友的突然来访打扰……除非我在餐桌上，否则，我总是悄悄地溜走，远离那漫无边际的谈话。在后来几天里，我婶婶从热那亚来了，一位典型的自大、感觉迟钝的人。"

爱因斯坦所说的逃跑，是指逃到物理和米列娃的世界里。他给米列娃写信的称呼还很正式。因为自己一年前通过了考试，现在可以慷慨地为米列娃提建议，并表示衷心希望能和米列娃见面，一起喝咖啡吃火腿肠等。最后，爱因斯坦告诉米列娃，他要和妹妹一起去瑞士。送妹妹到阿劳教育学校学习，并且和温特勒家一起生活。阿尔伯特知道，提到阿劳会使米列娃不高兴，因为那里居住着他四年前热爱的女孩，因此接着说："我认为自己在很大程度上已经很平静了，但我知道，如果我再多看她几眼，我就会发狂。我深信这点，像害怕火一样。"这不是第一次，也不是最后一次，阿尔伯特·爱因斯坦谈起他的私人事情，并不隐晦，而是出人意料的坦率。

在工学院的最后一年，爱因斯坦不再思考"以太"和运动物体的电力学了，不是因为他要准备考试和学位论文，可能是发现没有什么新的出发点了。与校长一样，爱因斯坦对热学领域颇感兴趣，并开始仔细钻研。物理实验室的工作是最耗时的，除此之外，爱因斯坦参加了很多韦伯教授和几位数学家讲授的关于交流电技术的讲座，以及赫尔曼·明可夫斯基的《分析机械学》。虽然这些讲座很大程度上满足了他对知识的渴求，但他却没有听明可夫斯基的高等数学课。

除了专业课,所有学生每年必须选一门本专业外的课程。爱因斯坦高兴地选了第七系(广义经济学系)的普修课,由见解独特的人讲授,但没有正式教学大纲。实际上,爱因斯坦听了很多讲座,涉及的科目很广,如阿尔伯特·亥姆讲的《人的史前史》和《山脉地理学》。爱因斯坦晚年仍赞赏亥姆演讲的魔力。他还听过罗伯特·塞兹斯克关于歌德的讲座,以及 A. 斯达德尔关于康德的哲学和《科学思想理论》。他也听了一些实用课程如《银行与股票交易》和《统计学与人身保险》等。

可能是受 F. 阿德勒的影响,爱因斯坦在最后一年听了《经济学基础》、《收入分配和自由竞争的社会影响》等讲座。阿德勒是社会学家,他父亲维克多·阿德勒是奥地利社会民主党的无敌领袖,是奥地利马克思主义的精神之父之一。

F. 阿德勒比爱因斯坦晚一年来到苏黎世,最初主修化学,后来学物理,但不是在学院而是在大学就读。爱因斯坦很敬重阿德勒,认为他是所见到的最纯粹和狂热的理想主义化身。他们俩都非常仰慕恩斯特·马赫的经验主义哲学,并且和他们的女友(爱因斯坦和米列娃,阿德勒和一个俄国女士卡特亚·格马尼斯科亚)一起坐在演讲厅里听赫尔曼·明可夫斯基的分析机械学。阿德勒可以不费什么力气就让爱因斯坦接受他的观点,但却不能说服他加入他们的党派,认为爱因斯坦是典型的情绪社会主义者。公正地说,爱因斯坦确实有这个特性,并且伴他一生。爱因斯坦的社会态度可能有些社会主义色彩,但他又不倾向于哪个政治党派。

当时的苏黎世是社会主义和无政府主义学生群体的避难所,至于爱因斯坦的偶然与之接触,只能说明他是情绪社会主义者。第一次世界大战的恐怖使爱因斯坦成为政治人物,同时也使他感到,在苏黎世,不仅物理的基础是脆弱的,社会主义的基础也同样如此。

按照苏黎世学生的标准,或者当时接受的资本主义道德标准,阿尔伯特·爱因斯坦与米列娃所称的"家"看起来似乎不太规范。米列娃住在普莱顿街 50 号的公寓里,离爱因斯坦的住处只有几分钟距离;在众多的外国女学生中,爱因斯坦是经常的来访者。每当收到妈妈寄来的装有精美食品的包裹时,爱因斯坦都会拿着包裹径直来到普莱顿街。在二十一岁生日时,爱因斯坦收到一个特别精致的礼物,米列娃向她的朋友描述当时的爱因斯坦说:“他精神焕发地走在普莱顿大街上,双手捧着盒子,高兴地旁若无人地走着。”在第四学年,他们俩一定有结婚的打算。

1900 年,爱因斯坦和米列娃一起在苏黎世准备学位论文。3 月份,韦伯教授接受了他俩为候选人,米列娃对未来充满希望:“我盼望着我将要从事的研究,爱因斯坦也选了一个非常有趣的题目。”因为论文必须在三个月内完成,所以根本不可能有什么智慧的火花出现。晚年的爱因斯坦说:“我和第一个妻子的学位论文是关于热传导的,我对此并不感兴趣,所以也不值一提。”经过论文评定,米列娃得了 4 分(最高分是 6 分),爱因斯坦得了 4.5 分,两个人的结果都不令人满意。

在其它科目的考试中,爱因斯坦主要依赖格罗斯曼的讲座笔记,期中考试再也没有上次那样成功。数学 6A 的五位候选人中,三个数学家比两个物理学家爱因斯坦和米列娃的成绩好。经过对每个人的分数的进行计算和平衡,爱因斯坦以平均 4.91 分名列第四,米列娃以平均 4.0 分排第五。专家考核会议决定授予候选人厄莱特,格罗斯曼,考罗斯和爱因斯坦学位,而没有授予米列娃 · 玛利奇学位。

“填鸭式”的备考,虽然只有几个月,但却给阿尔伯特 · 爱因斯坦留下了很深的精神创伤。在晚年,他仍充满恐惧地讲道:“为应付考试,不管喜爱与否,一个人必须在头脑中塞满乱七八糟的东西。这种强迫产生了副作用,虽然通过了最后的考试,但我有一年的时间对所有科学研究都失去了兴趣。”事实上,从他考完试后所写的信中,并没有反映出他的这种智力萧条。假期时,考试结束刚三天,他就给米列娃写信说:“我的神经已经很平静了,我又可以高兴地工作了。”而且,他特别期望能在学院做个助教,这样可以在科学上和资本主义社会里占一席之地,同时还可以为与米列娃结婚打下经济基础。但是,不久爱因斯坦就发现,生活中还有比考试更糟的事,在他到达目的地之前,还有一条相当漫长而曲折的道路呢。

第5章 “上帝创造了驴，同时给了它一张厚厚的皮。”

1900年夏天，像往常一样，爱因斯坦和来自热那亚的婶子、妹妹和母亲一起在琉森湖南的麦尔卡托度假。双方的紧张开始于一天晚上，当他的母亲假装不经意地问他，将和他的恋人怎么办，爱因斯坦的回答也同样随意：“她将成为我的妻子。”从此开始了一连串紧张的家庭事件，爱因斯坦经常重复说：“妈妈扑倒在床上，把头埋到枕头里，像孩子一样哭泣着。”外面山中雨水弥漫，爱因斯坦束手无策，只好躲到书海里，读的主要是科克霍夫著名的关于刚体运动的调查研究，这是非常优秀的作品。

在随后几年里，爱因斯坦的“恋人事件”引起父母和儿子之间的激烈冲突。当然，不论妈妈的做戏，还是爸爸的劝阻都没有改变他的决定，特别是还自认为已经赢得了战斗的胜利：爸爸、妈妈属于黏液质性格，没有那么固执，连我的一个小拇指都不如。但是，爱因斯坦错了，妈妈和他一样固执。

从父母的角度，阿尔伯特·爱因斯坦给米列娃写信说：“我很了解我的父母，他们认为妻子是一个男人的奢侈品，只有过上舒适的生活，才能拥有她。对男女之间的关系，我的评价不是很高。一个妻子和妓女的主要区别在于，前者具有很好的社会地位，确保和那个男人的终生合约。”这样评论资产阶级的性道德，在爱因斯坦给米列娃的信中是很少见的，信中经常是充满爱意和思念的：“我可以到任何地方去，但我不属于任何地方；我非常想念你的双臂和洋溢的双唇，充满柔情蜜意的吻。”为了使米列娃振奋，爱因斯坦经常在信中加上一些押韵的方言小曲。

父母对爱因斯坦与米列娃的关系非常伤脑筋。爱因斯坦的同学们也非常惊奇,像爱因斯坦这样讨女人喜欢的人,对米列娃会这样执著。米列娃的周身都笼罩着斯拉夫人忧郁的气息,虽然不能说是忧伤;同时,她还被妒嫉包围着。此外,她也不是高贵的美女,个头很矮,刚到爱因斯坦的肩膀;年轻时的结核病,给她的关节造成终生残疾,腿有点瘸,但这些并没有影响爱因斯坦对她的感情。当一个同学认为爱因斯坦不会有勇气与一个不健康的女孩结婚时,爱因斯坦回答说:"为什么不能,她的声音很美。"听觉是爱情的很重要部分,但仅此是不够的,当然这对爱因斯坦来说也是不够的。在信中,爱的表白经常奇怪地与科学事件联系起来,作为一个波希米亚物理学家,爱因斯坦希望他的妻子能够成为自己的工作伙伴。虽然米列娃下一年还要补学位考试,但爱因斯坦知道她正在攻读博士呢。他说:"我也期望一起做博士论文,你必须继续研究……我多么骄傲,虽然我完全是一个普通人,却有一个小博士作我的爱人。"带着欣喜,好像完全没有意识到生活的艰辛,爱因斯坦描绘他们的未来说:"我们手拉着手,驰骋在科技舞台上,让世界惊叹。我急着要拥抱你,握紧你,和你一起生活。我们可以马上开心地工作,钱会像流水一样多。"

作为工学院助教所挣得的工资是生活的经济基础。假期开始的几周里,爱因斯坦认为这样的职位应该很自然地属于他,因为学习机械的学生很多,六系的教授们需要好几位助教,因此,任何通过考试的学生,只要他愿意,都可以做几年助教。不久,爱因斯坦就发现,对于他,情况却是另一回事。

泊尔耐特教授认为他缺乏应用能力,在他那里,爱因斯坦是没有希望的。韦伯教授也不太喜欢他。韦伯教授毕竟是位德国人,不愿意把职位给一个称他为"韦伯",而不是"教授"的学生。同时爱因斯坦的学位论文很一般,对于这位叛逆的学生,韦伯感到没有什么责任,因而把助教的职位给了另外两个学机械的毕业生。

爱因斯坦可能猜到了这些,所以把希望押到了数学上。8 月 9 日,考试后两周,爱因斯坦又一次来到苏黎世"解决"他的经济问题。爱因斯坦发现那里的条件很有利,并告诉米列娃说:"无论如何,我会得到工作的。"他非常自信,甚至拒绝了一位同学提供的一份在保险公司的临时工作,"一天八小时的毫无意义的苦役……人们应该尽量避开这样的工作。"

暑假的大部分时间,爱因斯坦都与父母待在米兰,讨论"恋人事件"使气氛很紧张。晚上躺在床上,爱因斯坦给米列娃写信说:“妈妈经常哭得很厉害,我没有一丝平静。我父母像是我死了那样悲痛。他们一次次抱怨说,我对你的承诺会给自己带来坏运气,他们认为你不健康……噢,亲爱的,这足以使我发疯。”出于安慰,爱因斯坦告诉米列娃从苏黎世得到的最新消息。同学雅各布·艾拉特告诉他说,赫维茨教授的一位助手将要转到中学任职,这使爱因斯坦觉得:“我将成为赫维茨的仆人,这是上帝的安排。”

假期对于米列娃来说并不全是忧伤。爱因斯坦见到了老朋友M.贝索,他与安娜·温特勒结婚多年了,现住在米兰,是意大利电气工业发展协会的技术顾问。很多个晚上,爱因斯坦都待在贝索家,感受家庭生活的快乐:“我很喜欢贝索,他思维敏捷,纯朴。我也喜欢安娜,特别是他们的小宝宝。”爱因斯坦帮助贝索的协会研究有趣的问题:正弦交流电在运行过程中是怎样发生电能辐射的?有一点点酬劳。他计划学习一点商业管理知识,以便在紧急时刻,可以帮助爸爸一把。爱因斯坦和父亲一起来到卡耐托和斯卡拉的电厂参观,得到父亲的允诺,他们取道去了威尼斯。

将近9月底,爱因斯坦再一次躲到山里,游马焦雷湖,参观博罗梅安群岛的最大岛:拜拉岛。9月底,爱因斯坦终于觉得有必要给赫维茨写封信,恭敬地询问:“我是否有希望成为您这个系的助教。”教授一定感到很惊奇,因为这个学生从来没有听过他的数学课。回复教授的询问,爱因斯坦只得承认自己缺席,但信中丝毫没有粉饰和懊悔:“因为没有时间,我不能听数学课……我不想为自己申辩什么,但是我参加了大部分必须听的课。”赫维茨很容易发现,这只不过是关于不上数学课的荒诞故事,所以教授即使拒绝了爱因斯坦的申请,也没有什么可以责怪的。但是,当爱因斯坦10月初到达苏黎世时,他对得到工学院的职位仍很有信心:“赫维茨还没有给我回信,但这没有什么值得怀疑的。”

到达苏黎世不久,爱因斯坦必须面对不愉快的现实,这对他来说是个很大的打击,特别是他的经济问题越来越突出了。当爱因斯坦拿到学位后,意大利的亲属就不再给他寄钱了,而父母也没有条件经常资助他。虽然越来越多的失望涌现到他的面前,不久爱因斯坦就适应了新的环境。几天后,他给米列娃的一位女友写信说:“我们俩都没有找到工作,只能通过私下授课维持生活……有时能否找到这种授课工作,也很值得怀疑。这不是一位游客的生活吗？或者是当代的吉卜赛人吗？但是我想，我要像平时一样开心。”

米列娃·玛利奇还要在工学院再读一次四年级，重新参加学位考试，同时还要在学校准备博士论文。阿尔伯特打算把自己早期的关于汤姆逊热电效应的一些想法写成论文，因为需要在韦伯的实验室里做些实验，所以他仍然是工学院的学生。但是，爱因斯坦可能意识到，鉴于他的学位成绩不很理想，所以高级科学资格上的事就不能再出差错，因此，爱因斯坦首先继续研究他早期关于毛细现象的想法，打算在著名的科学杂志上发表一些文章。

关于界面现象，包括毛细管中水的上升，许多物理学家认为是由于单个原子或分子之间的相互作用引起的；在这个领域，爱因斯坦相信他将有所发现。在假期中，爱因斯坦满怀激情地给米列娃写信说：“在苏黎世，我最近得到了一些有关毛细现象的结果，虽然很简单，但看起来是全新的。如果能从这些结果中推导出自然规律，我们将把结果寄给威德曼的《物理年鉴》。”12 月 13 日，《物理年鉴》的编辑们收到并接受了爱因斯坦的手稿，于次年 3 月 1 日刊登。爱因斯坦现在可以在他的工作申请中，加上德国著名物理杂志的单行本，在某种程度上，事业上是成功的。但是在寻求自然规律方面，爱因斯坦却没有那么幸运，甚至他的关于两个分子间作用力的假设，只是表面上看与牛顿的引力定律有联系，不久就证明是靠不住的。

与此同时，爱因斯坦对他的假设非常满意，并打算进一步研究。在第一篇文章发表后，爱因斯坦给 M. 格罗斯曼写信说：“我已经构思出几个非常伟大的设想，现在只需要好好地孵化一下。我确信，我关于原子间的引力理论可以应用到气体，而且得出包括几乎所有元素的特性常量，这将不会有太大的困难。这样，可以进一步解决分子力和牛顿力的内部关系。”

如果爱因斯坦的设想得以实现，他将把有关分子引力方面取得的成果作为他的博士论文。这说明，在韦伯教授指导下的有关汤姆生效应的论文存在问题。为自己在理解科学研究得出的辉煌观点，爱因斯坦写了一首充满激情的赞美诗，完全按照亚历山大·洪堡的方式（还在慕尼黑小学生时代，爱因斯坦就读过他的文章《宇宙》）。在结束时，爱因斯坦说：“能够把看起来完全不同的复杂现象统一起来，这种感觉妙不可言。”

这种激情洋溢并没有什么结果，至少在分子领域没有得到什么结果。

爱因斯坦把自己的假设应用到盐溶液，给《年鉴》写出了第二篇文章，但是没有深远价值。爱因斯坦打算以此为目标，完成他在苏黎世大学的论文。继表面和溶液之后，他把这种方法应用到气体上。1901 年 11 月，爱因斯坦把自己的结果寄给 A. 克莱纳教授，深信教授不能否决他的论文，但这种情况恰恰发生了。1902 年收到收据，阿尔伯特·爱因斯坦可以收回 1901 年 11 月 23 日交的博士费。无疑，克莱纳非常仔细地研究了爱因斯坦关于分子力的想法，比《年鉴》的编辑们更加仔细认真，但最后认为这个想法靠不住。为爱因斯坦提供机会，使他在论文被退回之前自己收回，这样可以使这位博士候选人减少点经济损失。这个收据成为爱因斯坦第二次打算取得博士学位的证据。

如果这些文章的作者不是爱因斯坦，那么在《年鉴》上发表的两篇文章就会随着科学史的长河永远地消失了。他不记得文章的缺点在哪里，但仅仅五年后，他称它们是"两篇没有价值的早期工作"。

在确定爱因斯坦的第一篇文章会在《年鉴》发表之前，米列娃骄傲地给一位女友写信说："我们把文章私下寄给了波尔茨曼，想知道他对这篇文章的看法，我们希望他会给我们回信。"L. 波尔茨曼是统计物理学和气体动力学原理方面的绝对权威，是莱比锡执教大学理论物理，当今仅有的几个大人物之一，但我们没有发现他给爱因斯坦回过信。

文章一发表，爱因斯坦就给莱比锡大学的其他教授写信。1901 年 3 月 9 日，他询问实验物理学家 O. 维纳是否需要一位助手。在这封信中，爱因斯坦提及了几天前刚发表的"小文章"，希望教授能在图书馆查到它。十天后，爱因斯坦把他的单行本寄给著名的物理化学教授威廉·奥斯特瓦尔德，并说："是你在普通化学方面的工作激励我写出这篇文章的。"接着询问说："是否一位数学物理学家对你有点用处……我现在经济拮据，只有这样的工作才能使我继续从事研究工作。"爱因斯坦仍然没有得到回音。几周后，在米兰春假期间，爱因斯坦又写了一封信，借口说他不知道是否忘了把地址给他。这个策略也没奏效。

十天后，赫尔曼·爱因斯坦在儿子不知道的情况下，给奥斯特瓦尔德写了封信，适当客套后，说：

> 我的儿子，当前没有工作，感到很不开心，认为他的事业脱轨了，不

能找到连接方法，这种想法与日俱增。我们并不富裕，儿子更是因为没有找到工作，而认为是家庭的负担，因此感到更加沮丧。

在当今的物理科学家中，我的儿子非常尊敬你，我冒昧地请求你看一下他在《物理年鉴》发表的文章，或许你可以给他写几句鼓励的话，使他重获工作热情。不论现在或明年秋天，如果你能为他提供一个助手的位置，我将无限感激你。

这封为儿子而操心的父亲所写的信，似乎也没有得到回信，并且，阿尔伯特·爱因斯坦也不知道父亲所做的这种努力。不知奥斯特瓦尔德是否记得那些信，但是非常有趣的是，1909 年，作为授权首位推荐诺贝尔获奖者的奥斯特瓦尔德，提名阿尔伯特·爱因斯坦作为 1910 年的获奖者，并且两次提出这样的建议。

虽然，有时爱因斯坦会感到很失望，但他并没有停止行动。1901 年 4 月 12 日，爱因斯坦买了一叠邮资已付的回执明信片，寄给了他所知道的十几位教授。这种漫天邮寄的明信片中有两张保存了下来，一张是寄给荷兰莱顿的低温物理学创始人 H. K. 奥耐斯，另一张是寄给德国首都柏林技术学院的卡尔·帕尔左教授。在给奥耐斯写信时，爱因斯坦提到了从一位同学那里得到的信息，在你们系里有一个空位；给帕尔左的信，他直截了当："我冒昧地想知道，在你们系里是否有一个助教的空缺，如果有，我打算申请。"除此之外，两张明信片内容完全相同。还有一个共同点，署名回复"阿尔伯特·爱因斯坦，毕格里街 21 号，米兰，意大利"的两张回执明信片都没有用过。在此需要说明的是，爱因斯坦虽然没有得到柏林和莱顿的助教职务，但后来却成为那里的教授。

在爱因斯坦给米列娃写信报告情况时，新的希望出现了。在哥廷根的爱德华·力克教授在《物理杂志》登广告招聘两个助教。爱因斯坦申请了，但不久又放弃了。他不相信韦伯教授会不插手此事。爱因斯坦认为自己的失败是他以前的老师韦伯教授在后面操纵的结果；因为韦伯对他的不佳评价，使爱因斯坦在找工作时遇到很多困难。当力克拒绝了他的申请，爱因斯坦并没有感到意外，认为韦伯是该诅咒的。他给 M. 格罗斯曼写信说："我和父母在这里待了三周，并且一直努力在一所大学里找个助教的职位。如果不是韦伯的出卖，我早就找到工作了。"但是爱因斯坦并没有气馁："上帝创造了驴,同时给了它一张厚厚的皮。”

不论韦伯到底对这位学生持什么意见,他根本没有机会出卖他的学生。大多数的教授只是把爱因斯坦的信或者明信片扔到了架子上,没有迹象表明他们中有人不辞辛苦地向苏黎世询问这个奇怪的申请者。力克拒绝爱因斯坦的最大可能是,在招聘广告中特别注明博士学位,而爱因斯坦的中等水平的证书,和刚刚发表的不太令人兴奋的文章显然不能起到替代作用。此外,申请和拒绝之间的间隔这样短,韦伯根本没有时间干预。任何一位教授都不会太考虑聘任他不熟悉的人,同时爱因斯坦的资格文章也不是很出色。

爱因斯坦认为,科学界把他拒之门外是由于韦伯的阴谋,这种想法使他感到很痛苦。十年后,作为布拉格的正教授,并且不久就被任命为苏黎世工学院教授的爱因斯坦,仍然没有忘记当时的深深伤害。在给苏黎世的朋友和同事的信中,爱因斯坦认为韦伯的去世对工学院是一件好事。过去的伤口仍在流血,1918 年,工学院提供优厚的条件打算把爱因斯坦从柏林召回来时,爱因斯坦说:“十八年前,即使能够成为工学院的卑贱的助教,我都会特别高兴的！但是我的希望却没有实现！整个世界是个疯人院,只有名声是万能的。”

从韦伯那里得不到什么,只是不好的评价。爱因斯坦另寻出路,为了能够在意大利找到工作,他请慕尼黑和阿劳以前的老师提供推荐意见。爱因斯坦认为,没有找到工作最主要原因是这里存在的反犹太人思想,在说德语的国家,令人不快的反犹思想是很大的障碍。爱因斯坦家的一位朋友认识米兰的一位化学教授,因此请 M. 贝索的叔叔,数学家 G. 容问询一下他的意大利同事们,看看是否有机会。“不久我就会获得职位,为从北海到意大利南端的所有物理学家争光。”爱因斯坦对米列娃吹嘘道,使她相信自己不会放过一次机会。

与此同时,一个新的希望从意想不到的地方出现了。就在爱因斯坦的父亲把他介绍给奥斯特瓦尔德教授的同一天,阿尔伯特·爱因斯坦收到了 M. 格罗斯曼的一封信。爱因斯坦向米列娃描述这封信说:“格罗斯曼告诉我,我将在伯尔尼瑞士专利局得到一份永久工作。想一想,这对我来说,是多么好的工作呀！如果真是这样的话,我一定会高兴坏了。”

M. 格罗斯曼的爸爸是瑞士联邦专利局局长 F. 哈勒的朋友,把儿子这位没有工作的同事推荐给伯尔尼专利局。在专利局工作与学术生涯无关，而且这个空位什么时候出现还不知道，同时被聘用的可能性也相当模糊，但是爱因斯坦仍然特别感谢 M. 格罗斯曼："我被你的忠诚和人道思想所感动，你没有忘记这位不幸的老朋友……我不必告诉你，对于能够得到这样的职位，我无比高兴，我一定尽最大的努力不使你丢脸。"爱因斯坦知道怎么打发这几个月的等待时间。工学院赫泽格教授的前助手，正在温特图尔的技术学院任教的雅各布·莱伯斯坦应征入伍，将从 5 月中旬开始服两个月兵役，因此询问爱因斯坦是否可以给他代课。

在专利局工作的条件之一是瑞士国籍，经过大约一年的官僚主义耽搁，现在爱因斯坦已经具备这个条件了。爱因斯坦希望成为瑞士公民并不完全是因为没有国籍而感到不方便。事实上，在回忆第一次世界大战之前的美好时光时，爱因斯坦写道："一个普通人当时并不知道护照是什么，因为在旅游过程中根本不需要。此外，我已经五年没有国籍了，但这并没有给我带来什么困难。"大学毕业后，爱因斯坦似乎觉得护照对他有些用处，为了能在国家主管的行业中找到工作，例如教学工作，爱因斯坦首先必须是瑞士公民。根据妹妹玛雅的记述，另一个同等重要的原因是，他的政治信念与瑞士的民主思想一致。

州或市的"市民权利"中自然就包括瑞士公民权，但需要征得伯尔尼联邦委员会的同意。1899 年 10 月 19 日，阿尔伯特·爱因斯坦把他的申请递交给尊敬的伯尔尼瑞士联邦委员会，申请获得瑞士州或市公民权利。申请中包括苏黎世警察出示的表现良好的证明，以及爱因斯坦解除符腾堡公民的证明。因为年龄太小，爱因斯坦需要补交父亲的书面许可书。苏黎世州警察给伯尔尼联邦律师办公室寄的报告很有说服力，1900 年 5 月 10 日，联邦委员会同意了爱因斯坦的申请。6 月底，在工学院期末考试期间，爱因斯坦把申请寄给苏黎世城市委员会。这个委员会马上派侦探海丁格调查申请人的情况。在报告中，海丁格说爱因斯坦是一位非常热心，刻苦耐劳的人，并且非常尊敬别人。

1900 年 12 月 14 日，在城市委员会移民部，在爱因斯坦发誓不爱好喝酒后，他的申请被转到全体城市委员会审定。（爱因斯坦一直是一位戒酒者，直到晚年也是如此。1930 年 12 月 30 日，乘坐奥克兰德号船，他在吵闹声中来到加利福尼亚州圣地亚哥，当一位新闻记者问他怎么看禁酒令时，爱因斯坦对着照相机，微笑着答道：“我不喝酒，所以我不用为此操心。”）

在填写“公民权利申请人意见调查”时，值得说明的是爱因斯坦认为自己没有宗教派别，在“职业”栏中，他声明：我正在私下教授数学，直到我找到永久工作为止。非常有趣的是，这些文件里根本没有爱国主义或者公民基础知识的问题。对官方来说，只要一个申请者的希望和条件满足法律要求就足够了。

从记录中，我们看到，苏黎世的“内务主任”曾指示调查过爱因斯坦的经济状况。记录中记载道：“考虑他的经济状况，虽然我们尽了很大努力，除了他的工作没有工资外，没有提供其它任何信息。从米兰得到消息，他的父母方面也没有为他提供经济资助。”因为瑞士情报局是个民用秘密机构，不允许到瑞士境外从事工作，因此雇佣了一个私人侦探调查爱因斯坦的家庭状况。简单地了解爱因斯坦家在帕维亚的公司破产情况，侦探得出结论：“在米兰，爱因斯坦的家长们似乎很富裕，但是没有真正的不动产，所以爱因斯坦的后代不能指望得到父亲的经济支持。”这些信息不仅没有妨碍申请人，反而起到了有利的效果：当局把爱因斯坦的州公民权申请费减少到二百法郎，而原来要为此支付四百法郎。1901 年 2 月 21 日，银行账号上的钱所剩无几，没有工作，身无分文的阿尔伯特·爱因斯坦成为瑞士公民。

军方当局对新公民很感兴趣，3 月 13 日，差一天满二十二岁的爱因斯坦被苏黎世地区指挥部叫去体检，在服役书的“疾病”栏内，写着：“静脉曲张，扁平足，汗脚。”因为检查结果为“A 级不合格”，爱因斯坦被免除了后备军训练，只能从事辅助服务及当地后勤服务。事实上，根本没有让爱因斯坦做这些工作。直到四十二岁生日，作为一贯的和平主义者的爱因斯坦一直缴纳军队税，作为没能服兵役的补偿，但这并不影响他公开反对瑞士的军事体制。为此，瑞士一位反对军事主义者在一封信中告诉爱因斯坦，通过他的榜样作用，战争机器将会被彻底摧毁，或者至少可以废除不必要的强制性兵役。

不管以后爱因斯坦又获得的哪些国家的国籍，不管是出于必要的，还是自愿的，他都一直认为他的瑞士国籍是最珍贵的。他一直持着瑞士联邦的红色护照在各地旅游，即使在美国成为了美国公民，他仍坚持要保留瑞士国籍:“从瑞士国家的角度看,我仍然是一个瑞士人,因为我从没有声明放弃它。此外,我还做过一段时间奥地利公民,在1919—1935年,作为柏林科学院的成员,我甚至是普鲁士人,后来又戏剧性地没有了……现在,我是个美国人了。这个国家非常慷慨,并不在意我是否还具有其它国籍,虽然这些国籍没有经过官方认证。”

对于所持的国籍,爱因斯坦有自己的看法。1919年,在给英国的《泰晤士报》解释他的理论时,为了使相对论的应用合乎读者的胃口,爱因斯坦同时开了个玩笑,这使读者们大吃一惊:

> 今天在德国,我被称为德国学者,而在英国,我是一位瑞士犹太人。如果我是个讨厌鬼的话,这种描述就会反过来,变成为:在德国我是瑞士犹太人,在英国,我是德国学者。

爱因斯坦像一位突然成为世界名人似的这样写道:当时他只是一位谦虚的瑞士人,曾经不得不妥协地认为不会在大学从事研究工作,对于他来说获得瑞士公民权的主要优点是:至少在瑞士公共服务部门工作的障碍没有了。

爱因斯坦在温特图尔技术学院的代理教师工作,不仅使爱因斯坦维持了两个月的生计,同时对于刚刚作为教师的他也是一个挑战。他每周必须上三十小时图形几何课,为此,他多次用诗人乌兰德的一句话,“大胆的施瓦本人无所畏惧”来安慰担心的米列娃。

开始工作前,爱因斯坦和米列娃一起在科木湖游玩了几天。他们乘船到卡丹别,欣赏卡拉达别墅郁郁葱葱的园林,乘坐一辆小马拉的雪爬犁,沿着大雪覆盖的斯普拉根小路,穿过意大利瑞士边陲。回来不久,米列娃给她的朋友写道:“雪一直在轻快地飘洒着,我们驱车长驱直入,一会穿过长廊,一会进入开阔地带,一直向远方驰去,在我们眼前只是无穷无尽的雪,面对这无尽的白茫茫的冰冷世界,我有些颤抖,紧紧拥着大衣、毛毯覆盖下的我的爱人……再次和我的爱人待在一起,我十分快乐,特别是我看到他同我一样开心。”此后不久,米列娃一定告诉过爱因斯坦她又怀孕了,因为5月底爱因斯坦写信询问孩子怎么样。显然,他给米列娃描绘了一个非常美好的未来:“高兴点,不要烦恼,亲爱的,我不会离开你的,所有的事情都会有一个美好的结局。你只要耐心地等待！你会看到我是强有力的、值得依靠的，虽然开始时，事情显得有些别扭。”

在信的开头，爱因斯坦提及了他在物理方面的高兴事。米列娃非常了解阿尔伯特，因而对此并不足为奇。爱因斯坦说：“我刚刚读完莱纳德关于紫外线激发产生阴极射线的奇妙文章，我感到非常开心和快乐，认为有必要与你一起分享。”他所开心和高兴的事注定会有回报的：四年后，他关于光电效应的理论解释成为量子理论的基础，并且，二十年后，他因此获得诺贝尔奖。

爱因斯坦发现在温特图尔的生活和教学工作比他预想的要好。同时，他又见到了来自阿劳州立中学时的朋友汉斯·沃尔万德，在位于城边的沙夫豪斯街38号，爱因斯坦从沃尔万德的女主人那里租了一间房子。爱因斯坦告诉米列娃，他和一位年长的女士一起演奏音乐，并且表示非常喜欢这种活动。星期日，爱因斯坦乘火车去十二英里外的苏黎世，与米列娃待在一起，悲喜交集，同时他在努力扩展自己的科技知识。在给爸爸温特勒的信中，爱因斯坦说：“教学工作使我非常开心，我没有想到我是这样热爱教学。为了攒点钱，我也在私下里教课。”

对于爱因斯坦和他将来的计划非常重要的是，人们惊奇而高兴的发现每天的日常教学工作一点没有使他感到精疲力竭。“每天上午讲了五六小时的课后，我仍然精神饱满；下午到图书馆自学，提高自己的知识水平，或者在家研究有趣的问题。”没有在大学里找到工作并没有因此粉碎了爱因斯坦对物理学的热爱。他说：“我现在完全放弃了进入大学工作的想法，我认为自己有足够的力量和兴趣从事科学研究工作。”

由于专利局的工作还要等待很长时间，爱因斯坦申请了不少教学工作，首先申请的是伯尔尼州伯格道夫的技术学院，接下来申请的是图尔高州弗罗因费尔德的州立学校，两次申请都没有成功。他在很短的时间里，连续两次申请伯格道夫的工作，并且把自己的申请错寄到其它地方，而不是广告上所说的地方，这在一些心理学家看来，在爱因斯坦的心灵深处，他根本不希望成为一名中学教师。

弗罗因费尔德的职位被他的朋友M.格罗斯曼获得了，爱因斯坦热情地表示祝贺：“这个职位对你相当合适，并且对将来也是个保障。我也申请了这个职位,因为这样我才能证明自己不是胆小而不敢申请。因为我敢肯定,自己绝不会获得这个职位和其它类似的职位。”

虽然遭受许多拒绝和挫败,但这并没有影响爱因斯坦的自信心,他仍然和以往一样在温特图尔忙着自己的科技工作。他向米列娃报告他给 P. 德鲁得写的一封长信时说:“对他的电子理论,我提出两点反对意见。他决不会拿出一个有说服力的反驳,因为我的反对意见十分直接。我正在好奇地等待,看他是否会给我回信,结果会怎么样。当然,我没有忘记提醒他我现在还没有找到工作。”德鲁得是格森大学物理研究所所长和《物理年鉴》的编辑,他没有职位为爱因斯坦提供,此外,爱因斯坦的反对意见也没有说服他,虽然爱因斯坦自己认为,对于作者的错误,他的意见是最有说服力的,根本不需要再提供进一步的反驳了。在给爸爸温特勒的信中,爱因斯坦叙述了自己对北方邻居的神秘和恐怖的预感,特别是德国教授们。“我再一次目睹了那些人的可悲行径——一位德国最出色的物理学家……不久,我就会用我强有力的文章狠狠地在他身上踢一脚。无知的权威是真理的最大敌人。”由于爱因斯坦给德鲁得的信和德鲁得的回信都丢失了,因此,无法描述当时发生冲突的真正背景。由于其他物理学家也同样批评德鲁得的金属电子理论,并且这个理论在长远上也是站不住脚的,因此,很有可能爱因斯坦发现德鲁得的理论中存在几处站不住脚的地方。

7 月 15 日,爱因斯坦结束了临时教师的工作,又一次与母亲和妹妹一起待在麦特恩斯坦,而米列娃却在苏黎世准备她的考试。7 月 26 日,米列娃得知她又一次失败了。伤心之余,她回到诺维萨德去看望父母。爱因斯坦回到了温特图尔,还是在自己的公寓里准备博士论文,同时,密切注视新的挣钱方法。在《瑞士教师报》上,他发现一则招聘“家庭教师”的广告,在沙夫豪斯一位纽斯克博士的私人学校里为一位年轻的英国人辅导瑞士中学毕业考试。为了使“永远的伙食问题”有个着落,爱因斯坦接受了这个职位。十分谦虚的阿尔伯特·爱因斯坦给 M. 格罗斯曼写信说:“你可知道这份工作对我来说是多么重要,虽然对于一位自由的人,这样的职位并不理想。”9 月中旬,爱因斯坦从温特图尔搬到沙夫豪斯。

爱因斯坦首先住在他的雇主雅各布·纽斯克先生家里,纽斯克先生除了在一所技工学校教书外,自己还经营了一所教学和教育研究所。爱因斯坦似乎与这位英国的年轻人路易斯·卡恩相处得很好。卡恩打算到苏黎世工学院学习建筑学,因此需要瑞士的中学毕业考试。但爱因斯坦在他的雇主家并不感到快乐,按照合同规定,他在雇主家免费食宿,除此之外,每个月工资一百五十法郎。对于不用做任何家务事,并且与纽斯克这样的大家庭一起用餐,爱因斯坦应该感到高兴才是。但是,当爱因斯坦发现,为了儿子一年的辅导,卡恩的母亲要付出四千法郎的费用,那个纽斯克获得了太大的好处,对此爱因斯坦接二连三地提出抗议。抗议的结果,首先是爱因斯坦可以自己居住,之后可以在一家饭店里用餐,所有的费用由纽斯克支付。在给米列娃的信中,爱因斯坦说:"纽斯克一家对我非常愤恨,但是现在我像其他人一样自由自在……反抗万岁!它是我在这个世界上的引路天使。"

爱因斯坦的惟一希望是在专利局工作,但是自从格罗斯曼家的推荐,已经过了六个月。9月底,他给米列娃写信说:"对于伯尔尼的职位我已经失望了,因为报纸上还没有任何信息。"米列娃接着给她的一位朋友写信,哀痛地说:"不幸的阿尔伯特到现在还没有找到一份工作……你知道我的爱人语言尖刻,更糟的是他是一位犹太人。"

阿尔伯特·爱因斯坦现在把他的希望寄托在他的博士学位上了:"我一获得博士学位,就会申请一个安定的职位。总有一天,命运会向我露出笑脸的。"1月23日,爱因斯坦把他的论文寄给克莱纳教授,并交了审查费。接着,他向米列娃吹嘘说:"以前的同事虽然已经找到助教的职位,但是没有一位完成了一篇论文。看,你的爱人第一个完成了论文,虽然在这个过程中受到过逼迫。"但是他的学位论文给他带来的并不是博士学位,而是烦恼。

在爱因斯坦眼里,克莱纳教授是位无用的、目光短浅的人。并表示:"如果我要听命于他才能当上教授,我宁可作贫穷的私人教师。"爱因斯坦深感懊恨的是克莱纳教授并不急于阅读他的论文,并且拒绝在圣诞节假期期间为爱因斯坦专门开放图书馆。对此,爱因斯坦狂言道:"更可恨的是,对于与他们的信仰不同的人,这些老朽的势利小人经常设置障碍。他们显然担心年轻人对他们摇摇欲坠的尊严是一种威胁。"六年后,F.阿德勒也谈起了这段插曲,说明工学院的教授们曾经轻蔑地对待爱因斯坦,把他关在图书馆的门外等等。曾经对德鲁得的金属电子导电理论进行讽刺批评的爱因斯坦不仅要看德鲁得的反应,还要看克莱纳的反应。完全可以想象到,爱因斯坦感情冲动的学位征途最终是失败的。当爱因斯坦收回他的论文时,他非常幸运地免去二百三十瑞士法郎的费用。

米列娃这几个月一直和她的父母一起生活。出于资产阶级的面子和礼仪,他们对米列娃大发雷霆,最后由于米列娃的怀孕,才得以相安无事。米列娃的父母也与女儿一样,希望爱因斯坦事业有成,早日承担起一个家庭,但是这却是爱因斯坦的父母所担心的事,特别是他妈妈。尽管爱因斯坦的父母并不了解米列娃的状况,他们仍担心爱因斯坦不会放弃米列娃,因此采取了积极措施。米列娃向一位朋友抱怨说:“他们并不感到懊悔,给我的父母写了这样的一封信,认为我不体面。”10 月末,米列娃来到瑞士。为了不至于因为自己“可笑的外形”而影响当私人教师的爱因斯坦,她与沙夫豪斯保持安全的距离,住在斯特恩的斯特恩霍夫宾馆,与沙夫豪斯相距二十英里。不久,所有的事情又回到了从前,米列娃描述说:“当我们待在一起时,我们比所有的人都快乐……并且,尽管情况不太有利,我仍然十分爱他,特别是看到他也同样深爱着我。”当米列娃回到诺维萨德时,爱因斯坦给她提供了很多建议,似乎焦急地期盼孩子的出生,没有丝毫疑虑,他说:“只是照顾好你自己,保持精神愉快,为我们可爱的女儿高兴,我私下希望是一位男孩。”

终于有件值得高兴的事了。12 月 11 日,爱因斯坦从 M. 格罗斯曼那里得到消息,几周之后,在伯尔尼的职位将刊登广告招聘。爱因斯坦马上告诉米列娃说:“格罗斯曼认为我会得到这个职位。两个月后,会发现我们的生活将变得非常好,艰苦挣扎的日子结束了。当我想到这令人快乐的事,我的头都有些眩晕了。我比自己更为你高兴。”但是格罗斯曼毕竟没有太多的许诺。当天,招聘广告在《联邦杂志》上刊登了,内容几乎是专门为爱因斯坦设计的。招聘条件是,大学毕业,机械技术专业,特别是物理专业。专利局局长 F. 哈勒一改以往常规,在广告附加上“物理专业”的要求,因为当时在专利局还从来没有物理学家。

12 月 18 日,爱因斯坦用标准的官方德语,正式申请瑞士知识产权联邦局的二级工程师的空缺,同时漫不经心地谈及自己关于气体动力学原理的论文。第二天,他去苏黎世看望克莱纳教授。虽然克莱纳教授还没有阅读爱因斯坦的论文，但是他们一起谈论各种各样的物理问题，并表示随时可以为爱因斯坦推荐。爱因斯坦很高兴，认为克莱纳教授是位好人，不像他所想象的那么笨。圣诞节期间，爱因斯坦一直待在沙夫豪斯，满怀希望地等待机会的降临。只是在圣诞节那两天，他才稍稍放纵一下自己：与从阿劳来的妹妹一起到位于麦特恩斯坦的公寓别墅待了两天，这是以前全家度假的地方。

我们不知道是什么原因使爱因斯坦于1902年1月提早离开了沙夫豪斯，我们只知道不是学位论文，也不是因为保守的克莱纳教授让他收回论文。但是，无论如何，伯尔尼新的希望使他在1月底重整行装。路过苏黎世，他到工学院的办公处取回博士申请费，就径直向伯尔尼进发。爱因斯坦给一位朋友写信说，他已经砰地一下与沙夫豪斯和纽斯克的研究所断绝关系了。

与此同时，二十二岁的爱因斯坦成了父亲，这是他从诺维萨德寄到伯尔尼的信中得知的。像米列娃所希望的，这个孩子是个女孩。年中时，爱因斯坦才终于开始工作了。接近年底，米列娃来到瑞士，但没有带他们的孩子。虽然，爱因斯坦来到伯尔尼时，行李非常少，但是他的头脑中却充满着诸多创造性思想。与其他年轻人不同，爱因斯坦热衷于最基础、最重要的基础理论，同时具有广泛的兴趣。除了热力学、气体动力学和麦克斯韦的电磁场理论等伟大理论之外，爱因斯坦还热心于毛细管、热电学和金属导电理论。

虽然爱因斯坦正在研究、学习的是当前物理研究领域的空白，并且主要是通过自学的方式，但是他像梦游者那样准确地瞄向核心问题。他是《物理年鉴》的忠实读者，当然自己没钱订阅。爱因斯坦经常给米列娃介绍自己所发现的好文章，这些文章不仅包含威廉·维恩关于以太的文章，德鲁得关于金属导电的著作，莱纳德关于光电效应的实验，还包括1900年年底，马克斯·普朗克发表的新的辐射公式，其中包括光量子，后来称为“普朗克常数”。早在4月份，在给米列娃的信中，爱因斯坦就批评过这篇文章。在普朗克的开拓性工作发表不久，爱因斯坦就意识到，除非在特定条件下，力学和电动力学并不是在任何情况下都有效，即不是普适的。

如何使十九世纪晚期的物理摆脱困境，以热力学为出发点，爱因斯坦在头脑中一直思考一个基本理论：“发现一种普遍适合的原理，可以使我们得到更可靠的结果。”几年以后，爱因斯坦以狭义相对论的形式提出了这个新理论。在“学徒时期”的信中,已经隐含这个主题了。可能早在阿劳的学校时,爱因斯坦就具有这种决定性的深刻洞察力。1898 年,借助物理学家的工具,爱因斯坦做了进一步的研究。1901 年春天,在给米列娃的信中,爱因斯坦写道:“我非常高兴和骄傲,我们可以一起把相对运动的工作圆满完成!”1901 年底,在沙夫豪斯,他正在紧张地研究运动物体的电动力学,这是整个相对运动工作中相当关键的部分。

不幸的是,从现存的信中,我们无法了解当时爱因斯坦对这个问题的想法,或者他是否走过一些弯路。他的“杰作”还需要更多的智力投入,直到 1905 年春天,他的工作才完成,当时爱因斯坦是伯尔尼专利局的三级专家。不管怎样,在爱因斯坦早期的信中,他一直坚信自己能够解决这个谜,不管自己从事什么工作。1902 年 2 月来到伯尔尼工作时,可能没有人能够像阿尔伯特·爱因斯坦这样,虽然身处普通职位,却有如此远大的抱负。然而更令人吃惊的是,他的这些希望都实现了。

第 二 部 分

在“尘世修道院”

第6章　三级技术专家——“这里需要很多思考”

阿尔伯特·爱因斯坦来到伯尔尼完全类似于愤怒的年轻人离家出走，草率而充满风险。他必须自己生活，依靠精神支撑度日。关于专利局工作的进展，他只知道他的申请收到了，当新的职位被批准下来，局长F.哈勒会同情地考虑他。但是他仍然很高兴，终于可以不再到沙夫豪斯作私人教师了，永远离开那个使人不愉快的地方。其实即使有什么忧虑的话，爱因斯坦也不会流露出来的。

1902年2月初，刚刚到达伯尔尼，爱因斯坦就给米列娃写信说：“伯尔尼是一座非常好的城市，一座令人愉快的古城，这里的生活和苏黎世一样。”爱因斯坦很喜欢这座城市的建筑，但不是中世纪的堡垒和过分雕饰的高塔，而是古老街道两旁的走廊。在横穿城市的一条街道尽头，在格莱克替格特街32号，爱因斯坦找到了一所房子，离尼德格桥很近。

维持生活还有一定问题。由于专利局的事情还没有明显进展，持有瑞士特别教师证书的爱因斯坦，在当地登广告做报纸数学物理的私人教师，提供“最彻底的讲解”和“免费测试课堂”服务，以便解决生计问题。他收到几封报名信，报名者包括一位工程师和一位建筑师，爱因斯坦把自己看作一所小型私人学院的讲师，他的工资可以维持在等待专利局职位期间的生活费。

爱因斯坦的第一位学生是吕希安·沙万，一位讲法语的瑞士技师，在瑞士邮电系统工作，他们不久就成了好朋友。在沙万书写工整的笔记上，不仅记载着爱因斯坦所讲的功课，还有对这位年轻老师的描述：“他的额头很宽，肤色是无光泽的浅褐色，很感性的嘴唇上有浅浅的黑胡须。略带鹰钩的鼻子，不同寻常的褐色眼睛深邃而温柔，他的声音很有吸引力，像大提琴发出的颤音。爱因斯坦法语很好，但略带口音。”

刚刚到达伯尔尼，爱因斯坦就收到米列娃父亲的一封信，寄到沙夫豪斯，后来转过来的。读完这封信，爱因斯坦吓得不知所措。作为二十岁出头而没有工作的男人，并且从资产阶级礼仪上讲，他没有经过犹太教士或结婚登记处职员的祝福，就早早地当上了父亲，他已经准备挨骂了。但是他没有想到孩子的出生却经历了这么大的困难，对此他实在没有心理准备。米列娃已经精疲力竭了，根本没有力气给爱因斯坦写信。对孩子的关心和喜悦使爱因斯坦在回信中忽略了对米列娃健康状况的关心。他在信中询问道："她是否很健康，哭声是否正常？她的眼睛是什么颜色的，像我们两个人谁？……我这样爱她，但是到现在还没有见过她呢。”出于一位研究人员的好奇心，他继续写道："她现在是否开始看东西了？现在你要注意观察。”与妇女的生育能力相比，爱因斯坦直言男人的无能："有一天，我自己也要造一个小宝宝，这一定很有趣！”在许多场合，他都流露出这种思想，爱因斯坦称脑力劳动为“孵蛋”，有时称为“下蛋”。

尽管爱因斯坦在信中一再声明："我每天都在想你，我宁愿与你一起呆在穷乡僻壤，也不愿独自一人待在伯尔尼，”但是他并没有谈及结婚的事。不是因为没有得到专利局的工作，无法供养一个家庭，而是因为他的父母强烈反对这门婚事。爱因斯坦曾经向父母建议至少先正式订婚，这对波琳·爱因斯坦来说绝不是一件高兴的事，她说："我们完全反对阿尔伯特与米列娃的关系，我们也不希望与她有任何关系……米列娃的出现是我一生最痛苦的事，如果我有能力，我会采取任何方法使她从我面前消失，我十分憎恶她。”她同时抱怨，再也说服不了阿尔伯特了。本质上，阿尔伯特是一位非常听话的孩子，不愿意违抗父母的决定。因此导致了与米列娃的交往一开始就没有订婚，当然更不用说结婚了。米列娃必须接受婚前做妈妈的事实，和她的母亲一起待在诺微沙德，而爱因斯坦则在伯尔尼千方百计维持生计，直到专利局的事定下来。

爱因斯坦在慕尼黑读书时的老师，马克斯·塔尔穆德回忆说，当时的爱因斯坦勉强维持生活。1902 年 4 月，途经意大利北部时，塔尔穆德想起爱因斯坦家现在在米兰，因此去拜访他们。到达爱因斯坦家时，发现他的父母很忧伤，当询问他们的儿子时，只说在伯尔尼，当时并没有意识到他们父子间的这种疏远关系，塔尔穆德专程到瑞士看望以前这位学生，发现他穷困潦倒。爱因斯坦向米列娃描述的、住在格莱克替格特街的小天堂，其实是一间狭小、设备很差的房间。谈话中，爱因斯坦诅咒这种遭遇。认为嫉妒他的人在前进的道路上设置了许多障碍，助教申请没有成功，博士学位也没有得到。

爱因斯坦非常善于应对和利用逆境。虽然刚到伯尔尼时，他一无所有，并且与社会和大学也没有什么接触，但是不久，他就不是孤身一人了。爱因斯坦在阿劳的“父母”的一个儿子 P. 温特勒来到伯尔尼学习法律。在沙夫豪斯时，爱因斯坦就认识的 C. 哈比希特，现在正在作数学博士论文。爱因斯坦又见到了阿劳的同学，正在学习医学的汉斯·弗罗克。爱因斯坦向数学家哈比希特介绍自己的物理问题，和弗罗克一起听有关眼睛的法医病理学课，对展示在学生们面前的醉汉、纵火犯和自大狂非常着迷，并且几乎每周六都去听这节课。

对于爱因斯坦本人的物理专业课，他发现自己对它没有什么兴趣。系主任 A. 福尔斯特把坐落在老城的天文观测台改成了实验室，距离在建的学校新主楼不远。福尔斯特是当地小有名气的气象学家，而不是物理学家，同时他的报告只局限于初级水平，因此只能损害理论。自信的爱因斯坦看不起福尔斯特，准备在其它方面寻找智力交流。

看到《伯尔尼广告报》上爱因斯坦刊登的广告，从罗马来的年轻的犹太人 M. 索络文一天找上门来。带着对知识的渴求，但不知道该学习什么，索络文来到了伯尔尼大学，同时进入哲学系和物理系。后来发现福尔斯特教授的课非常肤浅，所以投向这位格莱克替格特街的私人教师门下。晚年，索络文回忆拜访爱因斯坦时的情景，爬上通往爱因斯坦房间的楼梯，听到他有力的喊声“请进”，并且被爱因斯坦那明亮、清澈的目光所打动。

经过几个小时的有偿教学后，爱因斯坦发现与索络文一起讨论物理学的基本哲学基础很有趣，为此告诉索络文，只要他喜欢，随时可以来找他。暑假开始时，C. 哈比希特也加入他们的谈话，他们三人决定建个俱乐部，具有严格议程和可笑的冠冕堂皇的名字——奥林匹亚科学院。他们三人每天晚上都见面，吃上一顿节俭的饭：香肠、奶酪、一点水果、蜜和茶。根据索络文的回忆,这足以让他们兴高采烈的了。

除了娱乐外,这个快乐的科学院有一个严格系统的阅读计划。索络文曾经记录下他们三人学习和讨论过的书,这是一个很鼓舞人的目录,主要围绕有关物理学基础理论。可能是由于爱因斯坦的原因,他们选取了 E. 马赫的《知觉分析》和《力学及其发展》,这些是爱因斯坦学生时就知道的反对形而上学的著作。在一目录下还有卡尔·皮尔逊的《科学规则》和理查德·埃文纳里斯的两卷《纯粹经验批判》,虽然当时他们只讨论过其中的一章。他们花了好几周的时间学习伟大的法国人亨利·庞加莱的著作《科学与遐想》。同时也讨论早期的著作:如约翰·S. 米尔的《逻辑》第三卷关于归纳推理的思考,大卫·休姆关于因果关系的巧妙批评等。五十年后,爱因斯坦仍然记得 D. 休姆的著作(有很多德文版本),认为这些著作对自己的成长有很大的影响,远远超过了庞加莱和马赫。

在"科学院"会议中时而穿插着爱因斯坦的小提琴演奏,以及一些消遣的文学作品作为普修项目,如:索福克勒斯的悲剧《安提戈涅》,拉辛的悲剧或《堂吉诃德》,索络文和哈比希特比爱因斯坦更喜欢这些书。一次爱因斯坦在回答一位文人的问题时承认:"作为一名年轻人,即使后来也是一样,我不关心诗歌小说类的文学作品。"他解释其中的原因是这些作品太神了,部分原因是我不太理解艺术内涵,同时,人物的命运太扣人心弦了。G. 霍普特曼的剧本给爱因斯坦带来了很大震动,当一位朋友大声朗读他的《汉娜蕾升天记》时,爱因斯坦就像一位孩子那样哭着,悲喜参半。由于他的过分敏感,因此有必要调整自己的爱好,意识形态方面的书,特别是哲学方面的作品更适合自己。不管怎样,爱因斯坦喜欢斯宾诺沙的《伦理学》,在"科学院"解散后的很长时间里,他还在坚持阅读这本书呢。

虽然放弃了作大学助教的愿望,爱因斯坦并没有放弃他的科学兴趣和科学职业念头。他决定通过发表文章来扩大自己的知名度。在沙夫豪斯或苏黎世期间,爱因斯坦就开始利用业余时间思考电解问题,并且准备发表这方面的文章。

爱因斯坦的第二篇文章,与他的第一篇文章一样,首先通过假定分子力得出结论,之后是最主要部分,通过实验证实这些结论。将近 4 月底,爱因斯坦把手稿寄给了《年鉴》的编辑,十周后,这篇标题复杂的长篇文章正式发表了。与他略带浮夸的,最后没有什么结果的物理思考相比,这篇文章最有特色的地方是爱因斯坦在结尾处的抱歉:“对于所要开创的研究,我在这里只提出一个微不足道的方案,对实验的结果并没有什么贡献。”因为爱因斯坦自己无法从事必要的实验,作为二十三岁自大而默默无闻的人,他相信自己的文章将达成自己的愿望,成功地说服某位研究人员从这个角度攻克分子力的问题。

但是这种情况一直没有发生,五年后,爱因斯坦认为这篇文章是早年“两篇无价值的文章”之一。接下来的几年,他经常以这种提出一个问题,让其他同事去探求的姿态出现。

从科学的角度讲,这种研究没有什么结果,因此,爱因斯坦不再研究分子力了。虽然有很多问题值得思考,在以后的两年里,只有一个领域取得了可以发表的成果,这就是热力学基础。早在 1902 年 6 月,爱因斯坦就寄出了一篇文章《热平衡和热力学第二定律的运动学理论》,这是后来还要提及的三篇文章中的第一篇。通过这些结果,爱因斯坦不仅成为开创这个领域的研究人员,并且为他后来对统计物理学的贡献奠定了基础。与这篇热力学文章同样值得庆祝的是,经过漫长时间绷紧神经的等待,爱因斯坦终于成功地到专利局工作了。

春天早已经过去了,瑞士官僚政府才开始考虑专利局的两个空位。大约在 5 月底,F. 哈勒邀请 G. 皮尔推荐的爱因斯坦进行口试。这次爱因斯坦没有失望,专利局把关于机械工程师 H. 沙恩克和阿尔伯特·爱因斯坦在专利局工作的建议书寄给了联邦委员会,提议两人暂定为知识产权联邦局的三级技术专家,每人年薪三千五百瑞士法郎。两周以后,瑞士联邦委员会下达了任命书,1902 年 6 月 23 日,爱因斯坦开始了工作。恼人的事情结束了,M. 格罗斯曼又一次成为爱因斯坦的“救命人”,爱因斯坦终生对他无限感激。对于终于获得的这个机会,爱因斯坦评论说:“我虽然没有死,但是智力上受到了损害。”

从此,每天早晨八点,爱因斯坦到坐落在根弗尔街新建的豪华的邮电管理大楼顶层的专利局上班。爱因斯坦对专利局的第一印象很好,工作不久,他对一位朋友说:“我非常喜欢专利局的工作,专利局的工作与其它工作非常不同,这里需要很多思考。我最感到高兴的当然是丰厚的报酬。”他与局长和十多位同事相处得很好，但是他有时会抱怨过多的工作："我要做的工作实在太多了，每天在局里待八个小时，至少上一次课，之后还要从事我的科研工作。"一切安定以后，爱因斯坦发现每周四十八小时的工作是可以忍受的。当他的朋友哈比希特对毕业后的学校工作不太满意时；爱因斯坦建议他也尝试一下这些"专利奴隶"的工作，在向哈比希特推荐这份工作时，爱因斯坦说："一天不仅有八个小时的工作，还有八个小时的快乐，同时还有周日休息。"

虽然专利局是爱因斯坦的第二选择，但他从不认为这份工作只是为了生存。七年来，他一直是位优秀的"专利雇工"，回想起来，专利局更像一个避难所："为技术专利的最后陈述而工作是我最大的福气，这项工作使我掌握了多方位思考的能力，并且为物理思考提供了重要动力。"晚年时，爱因斯坦甚至认为自己很幸运没有从事单调无聊的学术工作，而是选择了具有实践特色的职业。他认为科学院把年轻人置于一种被迫发表更多科技文章的环境，这是一种浅薄的诱惑，只有意志顽强的人才能够抵御。并且进一步说明："具有实践的职业还有另外的特点，它可以使智力一般的人实现他的梦想。在社会生活中，他不需要特殊的解释。如果他对科学有更大的兴趣，就让他在日常工作过程中专心钻研他喜爱的问题吧。"爱因斯坦是非常幸运的，在专利局工作期间，他发表了许多很有价值的文章。当爱因斯坦达到自己的目标并且成为教授时，在给老朋友和同事 M. 贝索的信中，他十分怀旧地回忆道："那段尘世修道院生活，在那里我产生了许多最美妙的想法，并且度过了最快乐的时光。"

应付这些专利，对阿尔伯特·爱因斯坦来说应该得心应手。孩提时，他就看过雅各布叔叔繁忙的家庭作坊式的发明创造，共申请了六个专利。在韦伯教授的实验室里，他一定接触过刚刚获得专利的发明。但在专利局，他体会到何为"万事开头难"。像所有专利局新手一样，他要与老板通过定期的大学小班辅导式的交谈来弥补缺陷。通过对新成员进行严格的学校式指导，哈勒教授认为专利鉴定人员可以根据客观、真实、统一的标准，如果有必要还得能够经得起法律的标准自行决定上交来的发明。作为物理学家的爱因斯坦，只有一点点阅读和解释图纸的经验，在工程培训中的表现不如其他同事，因此需要局长的额外指导。爱因斯坦顺从地接受哈勒严格的训练方式，认为他是位优秀而智慧的人，并且很快地习惯了这种严格的方式。

这份工作之所以需要认真思考，是因为专利员的中心任务是以科学为基础的技术进步成果保管员。由于爱因斯坦时代很少有专利代理人，因此其中的一项规定是，发明者提出他的专利申请，专利官员除了验证正常标准外，还要确定这个专利是否是新的，值得保护的，是否损害现有的专利，并且，如果是精密机械方面的专利，还要检查是否能够正常工作。所有的这些都是根据画图和思考进行的。

对于年轻的阿尔伯特·爱因斯坦来说，鉴定专利不仅是件快乐的事。事实上，这项工作十分接近他所喜爱的物理问题。他的“脑力实验”不仅是与发明的深入见解息息相关的，同时他特有的典型的关于映像的思维方式不仅是概念的，而且是视觉的。简而言之，爱因斯坦十分幸运地找到了这份工作，这项工作的性质与他的思维方式如此相似，这是他所经历的在技术和科学构思方面令人愉快和十分难得的训练。

对于爱因斯坦这种倾向于批评和反驳的人来说，申请专利的程序也很适合他的胃口。当然他不能反对哈勒教授的权威，但是他可以按照老板的指示，批评和反对那些专利申请者。哈勒告诫手下的专家们说：“当你拿起一张专利申请，首先要认为发明者所说的都是错误的；否则，你就会被发明者牵着鼻子走，使你产生偏颇。你应该时刻保持这种机警。”这种鸡蛋里挑骨头的反驳方法，使人的思维更加敏锐，特别符合爱因斯坦的性格。

如果我们能够了解爱因斯坦在专利局时所提供的专家意见，一定非常有意义。可是根据规定，经过十八年专利保护后，所有的文件全部销毁。即使是二十世纪二十年代也是这样，当时认为伯尔尼专利局和其它地方的专利局再也没有人会像爱因斯坦那样杰出，F. 哈勒和他的接班人还是认为没有必要为了以后的传记作家而废除这个规定。这样，阿尔伯特·爱因斯坦在专利局最后处理的文件也于 1927 年变成碎片了。我们只得到一份爱因斯坦所作的专家报告，是在法庭的记录中保存下来的。这份专家意见是 1907 年形成的，在一次官方审判中，爱因斯坦作为专利局最受尊敬的专家提供专家报告。这份报告是反驳柏林 AEG 公司的关于交流集电器的专利申请，认为这个申请不正确、不精确、没有明白表述。“鉴于设计方面的各种缺陷，我们只能接受那些正确起草、主题陈述明了的专利申请”。这是一个简短而重要的判定，完全符合爱因斯坦老板哈勒的风格，他很想教育这些发明者，特别是四大公司，谁是真正的老板。

从这个专利评论上看，爱因斯坦主要处理电气工程方面的专利。关于这个职位的广告中特别强调“机械技术，特别是物理方面受过完整的大学教育”的条件，由于以前在这些广告中从没有提及物理方面的事，使爱因斯坦认为这是哈勒为了他特别加在招聘广告上的。哈勒自从1887年就是专利局的头，具有很好的信誉，不可能用这样的手段，因此，这只能是爱因斯坦自己这样认为的。

事实上，由于电气工业的飞速发展，在这个领域的专利申请越来越多，所以哈勒打算在机械工程师的职员中增加一位物理学家。十九世纪的头十年主要是关于先进交流和多项电流仪器的发展，以及电话技术，特别是通过电子振荡进行无线传输技术的进展。由于关于电磁现象的理论突破，后期的发展远远超越自学天才W.西门子和托马斯·爱迪生的成就。这就是为什么爱因斯坦这位熟悉麦克斯韦的物理学家能够在专利局从事待遇优厚而有趣味的工作。

爱因斯坦非常喜欢专利工作，离开伯尔尼以后，他还长时间继续这项工作。晚年，他经常担任专利方面的专家或顾问，还为自己的一些发明申请专利，而与瑞士的“尘世修道院”保持联系。当人们对这样的一位著名学者还屈尊去研究技术表示吃惊时，他会说：“我从没停止过考虑技术问题，这对科学研究也很有益处。”他的第一位传记作者发现爱因斯坦具有把专利局获得的知识与他敏锐思想得出的理论结果联系在一起的天赋。

每年三千五百法郎的丰厚薪水大约是助教薪水的两倍，这对于维持中等资产生活是足够的了，然而，爱因斯坦还是没有谈及结婚的事。虽然父母强烈反对，并且多次提出抗议，但他们仍是他的情感寄托。最后是在无比悲伤的情况下征得他们的同意的，那是在爸爸将去世时。

作为企业家，由于对生活无休止的操劳，赫尔曼·爱因斯坦的健康早早受到了伤害。虽然意大利北部的两个电厂还在运行，但得到的利润还不够偿还亲戚们的借贷。爱因斯坦描述当时的情形时说：“情况变得越来越糟，越来越为那该死的钱发愁。我的叔叔鲁道夫为此狠狠地责备父母。”1902年秋天，赫尔曼·爱因斯坦刚过五十五岁生日，他的心脏再也不能承受这些压力了。他的儿子及时赶到米兰为父亲送终。在分离的痛苦时刻,爱因斯坦终于征得父母同意,与米列娃结婚。赫尔曼·爱因斯坦于1902年10月10日去世,葬在米兰。当最后的时刻来临时,赫尔曼让所有的人离开房间,以便自己独自离去。他的儿子每当想起那一刻,就有一种负罪感。

父亲去世后不到三个月,大约在1902与1903年之间,爱因斯坦让米列娃来到伯尔尼。8月份,他们离开格莱克替格特街的陋室,搬到了科欣费尔德的阿勒河附近刚刚建起的新区。在提勒尔街18号一所典型波恩风格的漂亮楼房里,爱因斯坦租了一个小的阁楼公寓,有个大阳台,可以欣赏阿尔卑斯山的美景。这是阿尔伯特和米列娃的第一个家。

1月6日,没有什么特别的准备,婚礼在老城区的结婚登记处举行。爱因斯坦和米列娃父母方面都没有人参加婚礼。证婚人是奥林匹亚科学院的另外两位成员,C.哈比希特和M.索络文。婚礼之后,他们几个人一起去拍照,晚上举行了一个小的庆祝会。

当新婚夫妇回到提勒尔街时,爱因斯坦不得不唤醒楼房的主人:他忘记带公寓的钥匙了。从这件事我们似乎可以看出点什么。

爱因斯坦的不幸婚姻最终以离婚而告终,他认为其中的原因是当初的结婚是出于责任感和逆反心理,自己做了一件力所不及的事情。事实上,爱因斯坦是在非常悲伤的情况下,才最终征得父母的同意结婚的,这给爱因斯坦留下了很大创伤,远远超出他当初所承认的程度。同时,爱因斯坦是整个家族中第一位与外族人结婚的人,尽管当时崇尚同化和解放,但是如果冷淡出现其间,就会导致最终分手。许多年后,在普林斯顿的一个讨论会上,一位犹太学生问爱因斯坦,是否可以与外族人结婚,爱因斯坦的回答道出了他个人的体验:“那是很危险的,但是任何婚姻都是危险的。”

爱因斯坦从没有谈及他与米列娃结婚所承受的巨大压力是来源于女儿的命运。孩子出世不久,当时爱因斯坦还在伯尔尼等待专利局的工作,在给米列娃的一封信中,其中惟一要解决的问题就是怎样把女儿留在身边。尽管作了很多努力,这个女孩首先还是留在了诺微沙德,与米列娃的父母待在一起。

在第一次评论婚姻状况时,爱因斯坦并没有提到这些相关问题。他对贝索说:“我现在结婚了,和我的妻子过着愉快的生活,她把所有的事情都处理得很好,她是一位出色的厨师,总是很快乐。”

爱因斯坦没有理由对自己的科技工作不满意。专利局的工作刚刚确定下来,他就寄出了一篇关于热学原理的分子运动学解释论文,结婚两周后,又进一步推进以前的工作,第二篇文章准备就绪。他再次捡起早已经给学生们留下深刻印象的题目:《完全以无数小粒子(分子或原子)的机械运动为基础,解释物质,特别是气体的不同性质,以及通过对力学系统的统计学处理得出的热学定律》。

在工学院,韦伯教授的课程中没有提及杰姆斯·C.麦克斯韦或L.波尔茨曼在这个领域上的最新进展,爱因斯坦完全是通过自学了解这个原理的。1902年9月,爱因斯坦说:“我完全沉浸在波尔茨曼关于气体动力学原理的工作中,几天时间,我自己得出一点想法,在他开创的证明中加上了最后一块瓦。”他认为自己取得的结果可以在《年鉴》上发表。

爱因斯坦并没有马上发表这篇文章,而是想把这篇文章作为自己的博士论文。收回上个博士论文五个月后,他又写了另外一篇博士论文《通过力学和概率论推导热平衡定律和热力学第二定律》。

爱因斯坦声称麦克斯韦和波尔茨曼的理论已经十分接近目标,他的论述将填补剩余的空隙,但是直到今天,他也没有给困惑的读者指出空隙所在。同时,爱因斯坦对波尔茨曼所做工作了解程度上还存在相当大的距离。虽然他学习过波尔茨曼的两卷《气体理论讲座》,但他并不知道波尔茨曼在《维也纳皇家科学院报告》中发表的深入研究,这篇文章使波尔茨曼获得“德国理论物理的绝对权威”称号,同时,爱因斯坦的一些发现可以在文献中找到。必须承认,波尔茨曼的精辟见解并不是普通的物理学家可以理解的,包括那些对理论物理感兴趣的人。因此,这篇文章只是对于它的作者来说具有新的价值。

爱因斯坦完全有理由骄傲,他成功地解释了热力学的一些重要概念,如温度、熵,在推导过程中,他还创立了统计力学的重要方面,并且作为这方面的基础而永存。值得一提的是,爱因斯坦的辩论是建立在普遍规律上,而不是通过力学的某种假设。读者会看到,爱因斯坦并没有怎么利用力学,说明他的结论更具有普遍意义。总之,爱因斯坦认为关于力的性质,不需要任何假设。

爱因斯坦的下一步很明显:一方面,进一步减少关于力的假设;另一方面,引入不可逆的难题。认为自己过去只是局限于平衡状态。统计力学必须解决固有矛盾:原子的基本方程可以在时间方面可逆,但在宏观方面却不是这样。虽然这些客观过程最终可以演变成力学问题,但是在时间上还是有方向的。每天把牛奶和咖啡搅拌一百万次,产生奶咖啡,但是没有任何搅拌可以使这个程序逆转,使牛奶和咖啡分开。

经过多次修改和补充,爱因斯坦完成了下一篇文章。爱因斯坦非常繁忙,结婚生活刚刚开始几周,除了单位的本职工作外,还要写这篇文章。爱因斯坦宽慰地说:"现在这篇文章非常清楚和简单,我感到很满意。通过对能量定律、原子理论、温度和熵的概念的假设等,我合乎逻辑地得到了热力学第二定律的普遍形式。如果关于力的结构的某个假设是正确的话,我上一篇抛弃了力的概念而取得的普遍推广的文章与 H. 赫兹的理论完全一致。"

这篇文章所包含的一些情况可能是作者从波尔茨曼那里得到的,特别是关于不可逆问题,而且在这个问题上甚至得出一个错误结论。事实上,爱因斯坦在脚注中提及波尔茨曼的讲座,显示出他偏离科学研究的主流,但是这篇文章是创造性处理复杂问题的有力证据。

这两篇文章都应该成为统计力学的里程碑,但是却被大大地忽略了,并没有产生所设想的情况。1902 年,美国人 J. W. 吉布斯就发表了他的划时代研究《统计力学的基本理论》,其中包括爱因斯坦的研究课题。马克斯·波恩认为这种相似太令人吃惊了。吉布斯的综合论文是这个领域讨论的中心,所以爱因斯坦在创业之初就成了牺牲品,这是极少发生的共同发现情况。直到 1905 年,爱因斯坦才接触到吉布斯的书,是德文译本。他后来认为这本书虽然难懂,但却是杰作。并补充道:"许多人读过这篇文章、论证过这篇文章,但是没有人理解这篇文章。"

另外几位读过并且理解吉布斯论文的人是 P. 赫兹,海德堡的编外讲师,是伟大的 H. 赫兹的远亲。1910 年,在爱因斯坦的论文发表八年以后,参照吉布斯的论文 P. 赫兹批评吉布斯对热力学第二定律的推导时说:"像爱因斯坦的一样,如果假定最大可能分布建立在小概率分布,那么非常明显地引入一个特殊的假设,显然需要专门的证明。"赫兹认为这种证明是不可能的。显然 1902 年,年少的爱因斯坦就意识到热力学第二定律证明中的重重陷阱,但并不了解波尔茨曼的分析。根据波尔茨曼的分析,最大可能分布发生在最小可能分布不是不可避免的,只是有更大的可能性。所以,只是有很大的可能性,熵是增加的。在 P. 赫兹到苏黎世拜访爱因斯坦之后,通过交流,他们达成一致,爱因斯坦马上在《年鉴》上声明,这些批评是完全正确的。此外,他说:"如果早知道吉布斯的书,我就不会发表那些文章了,只是处理其中的几个问题就可以了。"

在专利局的同事中,爱因斯坦发现了志同道合的人。曾经在工业大学读过书的法语区瑞士人 J. 索特博士。索特曾作过韦伯教授的主要助手,因为比爱因斯坦大八岁,所以以前没有见过面。与爱因斯坦一样,索特也是通过自学来弥补学校知识的不足,因此可以和爱因斯坦谈论麦克斯韦的热力学,以及亥姆霍兹和赫兹的理论。使索特吃惊的是,爱因斯坦经常自称为异教徒。他们两人也讨论过爱因斯坦发表的有关热力学的两篇文章,索特从中发现了错误,爱因斯坦无条件接受了。五十年后,爱因斯坦回忆说,他和索特讨论了很多有关热统计的文章,但是记不清都讨论了哪些方面的问题。

除了帮助重写和补正工作,对爱因斯坦来说,索特最重要帮助是借助与伯尔尼科技界的联系,把爱因斯坦介绍到伯尔尼科技界。刚刚开始专利局工作的爱因斯坦,作为索特的客人应邀参加在伯尔尼举行的自然科学学会大会,这个学会由教授、中学教师、医生及药理学领域的知名人士组成。伯尔尼学会虽规模不大,但在其它国家的学术界享有一定地位。在学会里,爱因斯坦认识了索特的朋友、中学教师 P. 格鲁纳,他也是大学的私人物理讲师。

格鲁纳对理论具有极大的兴趣,爱因斯坦认为,他是实践与学术生涯完美结合的典范。私人大学讲师虽然没有工资,只是通过授课收取学生一点点的讲课费,但这段经历比金钱更有价值。博士毕业后,这是通往科学的第一级台阶,是当时公认的成为教授的先决条件,当然首先要通过资格论证(出色的原创论文和试讲)。现在,爱因斯坦也想成为私人大学讲师。格鲁纳花了九年时间才被授予名誉教授,虽然仍和私人大学讲师差不多,也没有工资,但是可以对外称为教授。1903 年,爱因斯坦开始了这种冒险尝试。

通常,博士是私人大学讲师的先决条件。可能是格鲁纳告诉爱因斯坦的，如果有其它方面的杰出成就，可以替代博士和资格论文的先决条件。爱因斯坦认为自己发表的两篇热力学论文已经具备了这些条件。因此，1903年1月，他写道："如果条件许可的话，我现在打算成为私人大学讲师。我没有博士学位，我觉得对我没有什么帮助，而且我也厌烦取得博士的进程。"

爱因斯坦并没有成为私人讲师，可能是一开始就失败了，因为没有什么迹象表明大学曾经考虑过他的申请。

不难想象，大学的教授们认为爱因斯坦的要求只是出于年轻人的鲁莽。大多数学者认为其它方面的成就不能只靠初学者在《年鉴》发表的两篇文章来证明。无疑有些物理学家，他们的著作远不及爱因斯坦的文章重要，但却成为教授了。但是在伯尔尼，包括系主任 A. 福尔斯特在内，没有人能够看出爱因斯坦工作的重要性。爱因斯坦并不承认失败，并狂言道："这里的大学是肮脏的地方，我不想在这里讲课，那是浪费时间。"爱因斯坦第一次打算成为伟大教授的尝试结束了。

当然，这个插曲还是有收获的。通过这个插曲，爱因斯坦开始与科学界接触了，专利局的阿尔伯特·爱因斯坦成为自然科学学会会员。1903年12月5日，爱因斯坦第一次作为学会的发言人：他发言的题目是《电磁波理论》。当天晚上的第二个讲座是关于兽医学的，这是当时公众感兴趣的话题。

爱因斯坦经常参加会议，但不是积极的发言人。1907年3月23日，他再一次走上讲台，讲《悬浮在液体中微观粒子的性质》。与正式场合不同，爱因斯坦在 P. 格鲁纳家作了很多非正式的演讲；除了索特，格鲁纳可能是惟一了解爱因斯坦的杰出天赋的人。

1936年，当学会庆祝一百五十周年时，早已经离开伯尔尼的爱因斯坦被选为荣誉会员。爱因斯坦非常感动，感谢主席的题记，并给主席写道："这个荣誉像来自童年的问候，我的记忆中又涌现出那些愉快感人的夜晚……我马上把这个题记装上框，并挂在书房里。这是惟一的一个关于伯尔尼时光和我的朋友们的纪念品。"

1903年夏天，爱因斯坦与妻子达成一致，远离他们的女儿。早在出生前，身体已经显形的米列娃看望在沙夫豪斯的爱因斯坦时，就讨论过孩子的寄养问题。在米列娃给爱因斯坦的信中可以看出，他们似乎打算把孩子寄养给米列娃的朋友海伦·沙维克，她和丈夫住在南斯拉夫的贝尔格莱德，并且刚刚作母亲。显然米列娃当时不想对她的朋友提及女儿的事，就让爱因斯坦经常给海伦写信："我们必须好好对待他们，他们会帮助我们解决重要的事情。"在当时的情况下，所说的重要事情只能是孩子的命运问题。

米列娃和她的女儿一起待在诺维萨德。对于他的女儿，爱因斯坦开始很高兴，但是结婚后，好像不太欢迎这个女儿了。据我们了解，他们对伯尔尼的朋友小心地隐瞒她的存在。

其中的原因不很清楚，可能是爱因斯坦，经过两年寻找工作的失望，不想危害他在专利局的工作。毕竟他只是在试用期，婚前就做父亲，这在瑞士当局看来可能是不合适的，特别对于爱因斯坦来说，虽然有公民权，但毕竟是外来的犹太人。也可能是赫尔曼·爱因斯坦在临终前只是同意了他们的婚姻，而没有使这个丢人的孩子合法化。不管什么原因，他们的女儿最后还是送给了别人。1903 年 8 月，米列娃到诺维萨德父母那里，很大可能是要把孩子送到贝尔格莱德，这是两年前的决定。在一张明信片上，爱因斯坦问米列娃孩子是怎样注册的，担心犹太人的身份会给孩子带来不利。

对于这个小女孩的两年生活，我们知之甚少；我们也不知道阿尔伯特·爱因斯坦第一个孩子的命运，以后的信中再也没有提及这个女儿。人们虽然多方查访，但是不论是教区登记员，还是登记处的文件中，都没有发现任何痕迹。

如果说是爱因斯坦认为与女儿的这种分别是最好的解决方法并促成这件事，这种推断是有些道理的，至少有些迹象表明如此，米列娃再也没有伯尔尼学生时代的那种快乐，周身被忧郁笼罩着，甚至被错认为是斯拉夫现象，与她丈夫快乐、外向的性格形成危险的对比。爱因斯坦后来认为米列娃的压抑和忧郁是由于有点瘸的腿病和遗传因素造成的，由于母亲的遗传得了精神分裂症。这样的说法似乎过于简单了。

爱因斯坦抱怨说："除了奥林匹亚的朋友外，米列娃对我身边的人都存在不同程度的冷淡和多疑。"爱因斯坦的婚姻对于随和的索络文来说并没有什么影响，他们经常在这对年轻夫妇的公寓中聚会，而米列娃只是专心地听。从不干涉他们的讨论。对于爱因斯坦与 P. 格鲁纳、J. 索特，以及后来到伯尔尼的 M. 贝索一起谈论物理学，她显然没有参与，至少我们没有发现她参与的迹象。他们没有一起合作创造出什么，显然不是爱因斯坦早年经常说的，“我将骄傲而高兴，我们在一起可以共同圆满的完成相对论的工作。”

如果米列娃对于两次考试的失败感到很失望，从而对物理失去了兴趣，而专心从事家务，让她的丈夫独自为科学而奋斗，那么我们并不感到意外。然而，显然没有任何迹象表明他们二人紧密合作过，或者米列娃帮过什么忙。

1903 年 11 月，爱因斯坦夫妇从科欣费尔德近邻搬到市中心，在卡拉姆街 49 号的三楼租了一间公寓。这是一套普通公寓，由两间房子组成，一间有大窗户的房间面对整洁的马路，一条狭窄的楼梯通往公寓。这里是爱因斯坦第二个孩子要出世的地方。以习惯的粗犷态度，爱因斯坦宣布：“几周以后，我们将有一个男孩了。”这个孩子果然是个男孩，1904 年 5 月 14 出生，叫汉斯·阿尔伯特。

1904 年夏天，M. 贝索来到专利局，成为爱因斯坦的同事。为了生活，贝索曾经做过自由工程师，尝尽了痛苦。所以，当 1903 年，专利局招聘二级技术专家时，爱因斯坦让他前来申请。不用说，三级专家爱因斯坦也申请了这个高位，但是老板认为爱因斯坦虽然取得了一定的成绩，但最明智的做法是等待彻底熟悉机械工程后的提升，因为他现在的资格是物理学家。对于申请的拒绝，爱因斯坦好像并没放在心上，特别是这个职位被十三名申请者中的贝索得到了，工资四千八百瑞士法郎。经过两年的工作，按照规定，1904 年 9 月 16 日，爱因斯坦的试用期结束。他的工资增加到三千九百瑞士法郎，但仍然是三级专家。

现在不论在工作中，还是闲暇时光，爱因斯坦都有一位理想的好朋友。对于爱因斯坦来说，他们一起回家时的谈话具有不可磨灭的魅力。虽然贝索是学习机械工程的，但他那敏捷的思维能力，使他并不满足于此；他几乎对任何科学问题都感兴趣，不论是哲学问题，还是单调的研究方面问题。

在苏黎世读书时，比爱因斯坦大八岁的贝索曾经带给他很多激励，但是在伯尔尼，情况变了过来。爱因斯坦不再是学生了，而是有很多杰出文章的积极的研究者，最重要的是他能够准确地意识到当前物理界的问题。以前的导师虽然再也不能提供激励了,但却是一位可贵的批评家;虽不是真正的合作者,却是理想的回音壁。

在贝索到来之前,爱因斯坦1904年发表的惟一的一篇文章于3月底完成了。这篇论文非常重要,第一次在年鉴上,我们看到爱因斯坦正走上创造之路,天才将要出现。M. 格罗斯曼曾给爱因斯坦写信,叙述做父亲的快乐,并寄来了一篇数学文章。同样,在给格罗斯曼的明信片上,爱因斯坦绘制了自己的目标:"我们两人惊人相似,我们都将在下个月有个孩子,而且你也将收到我一周前寄给年鉴的文章《通俗热学分子理论》。你抛开平行公理研究几何学,而我抛开动力学假设研究热的原子理论。"

这篇只有八页的论文很有特色。爱因斯坦对1903年1月推导的热力学第二定律不太满意,现在他提出的另外一种推论,也没有经得起批评。后来,在分析以波尔茨曼命名的常数时,他发现这个常数与动力学原理具有错综复杂的联系,爱因斯坦认为隐藏在它们后面的未知东西一定是问题的关键。他首先发现了这个基本常数与同等重要的阿伏伽德罗常数N(对于任何物质,1摩尔的分子数)之间的新关系。这个常数成为分子微观世界的标尺。

爱因斯坦的贡献不仅如此。在分析波动现象过程中,他发现了这个常数的惊人新意,从某种意义上说,是小规模的热力学。热力学的基本定律自然是关于大的系统,像我们所知的所有物体一样,由无数分子组成的大系统。虽然如此,严格来说,这些定律只是对平均值的论述,并不是严格正确的。由于大量分子的存在,使得所有的不规则现象抵消了。但是,对于小的系统,当然也是由成千上万的分子组成,这种分子的不规则运动就不能完全抵消,所以热力的大小应该从平均值推导出来。必须承认,没有人观察到这种波动,即使偶尔走在实验之前的理论学家,只是偶尔、争议地讨论这些概念。在这种情况下,爱因斯坦建立了简单的关于这些能量系统波动的理论,推导出系统热稳定的条件,在这里,波尔茨曼常数再次成为波动大小的标尺。爱因斯坦对发现的这种关系非常满意,它不再包括任何数量概念。

当时,把这些想法应用到由分子组成的特定系统中,似乎没有问题。在讨论波动的可观测性时,统计理论的两位巨人波尔茨曼和吉布斯同爱因斯坦一致认为,根据我们现有的知识这是不可能的。爱因斯坦并没有到此为止。他假设一种具有能量波动的完全不同的系统:这是充满热辐射的虚无空间。出于对自己创造的方法的自信,他走出了更大胆的一步,把从物质分子推导的公式应用到非物质的电磁辐射上。可能自己也很惊奇,他得出了能量最大辐射和温度的正确关系,与维恩的位移定律一致。因此,他总结道:“鉴于这个假设的伟大普遍性,它不能只是巧合。”首次探讨波动现象基本性质的文章将在下一年出现,包含在爱因斯坦的布朗运动原理和辐射原理中。

1904 年底,爱因斯坦成为《物理年鉴补编》的合作者,这是 1877 年创办的“杂志的杂志”。里面收载的都是已经发表的论文,不是原文,是杂志,特别是国外杂志文章的综述,偶尔会有书评。我们不知道爱因斯坦是怎么成为八十二位编委中的一员的,可能是编者发现爱因斯坦在年鉴发表了五篇文章,因此邀请他评论热学原理的文章。他的工作是,对编者选定的文章或评论进行评定,年底还有一点微薄的酬金。

爱因斯坦一共写了二十三篇评论,其中 1905 年有二十一篇。在接下来的两年里他每年只作一本书评,1906 年的一个评论是关于 M. 普朗克的《热辐射原理讲座》的重要评论。爱因斯坦要求把各种不同杂志上的文章都寄给他,从英国皇家学会的《哲学杂志》到《瑞士建设报》。除了德文文章,他也评论法文和意大利文文章,因为他熟悉这两国语言。他也评论了四篇英文文章,由于他不懂英语,因此一定有人帮助他,可能是会一点英语的米列娃,或者专利局的一位同事。

根据评论所得的报酬和自己的兴趣,爱因斯坦的评论千差万别。有时显得冷淡,只写五行文字,批评作者的可怕错误;有时,他又是那样细致,以至于他的评论可以代替作者的文章。对于文章的价值超过自身缺点的文章,他会显得很大度,像《热学的力学原理基础》这篇文章,虽然有些不准确,他却把它推荐给面临考试的技师们。

这份评论工作对爱因斯坦来说,是一个很好的机会,使他能更进一步了解当前的文献,而在专利局的日常工作不可能有这种机会。没有这份评论工作,他就不会见到 L. 波尔茨曼六十岁生日时的庆典文章,包括杰出科学家的一百一十七篇文章,这些文章展示了二十世纪初物理学的全貌。爱因斯坦对这本文集中的三篇文章作了评论,可能读了剩下的文章。不用说,他的书评也提高了他的声望。

如果阿尔伯特·爱因斯坦在1904年年底决定专心为瑞士公众服务,放弃科学工作,人们不会认为这是科学界的重大损失。他的同时代人可能就不会知道一个发表过几篇文章的同事,而爱因斯坦也会成为不为人知的人。苏黎世的韦伯教授会发现他的断言是正确的,这个鲁莽的年轻人不会取得什么成就。许多年以后,一些历史学家会惊奇地发现,一个门外汉完全依靠自己建立了与吉布斯一样的统计物理学。

事实上,爱因斯坦现在的成果只是他与物理学难题不断奋争的初期作品。没有人,可能也包括爱因斯坦,会想到这些沉思会于1905年爆发出惊人的创造力。

1905年5月底,C.哈比希特收到爱因斯坦从伯尔尼寄来的一封信,与往常一样没有日期,但这可能是科学史上最值得记住的信。

> 四篇文章,第一篇不久寄出,因为我马上就收到单行本了。它是关于辐射和光能性质的,非常革命。如果你先寄来你的文章,我就会寄给你看。第二篇文章是通过中性物质的稀释液中的扩散和内部摩擦方法,确定原子真正大小的。第三篇是根据分子热原理证明悬浮在液体中的1/1000毫米大小的粒子,由于热运动,会进行可以观察的不规则运动。生理学家已经观测了微小的无生命的悬浮物体的运动,并称之为布朗分子运动。第四篇文章正处在酝酿过程中,是关于运动物体的电磁理论,是对时空理论的修改,你一定会对这篇文章中的纯动力学部分感兴趣的。

这四篇文章将变革物理学。在短短的三个多月时间,1905年3月17日至6月30日,全部完成。第一篇非常革命的文章太超前了,十六年后,爱因斯坦因此获得了诺贝尔奖。第二篇文章使他获得了苏黎世大学的博士,是本世纪经常被引用的文章。第三篇使他成为统计力学的创始人。第四篇就是不久所说的狭义相对论。

古往今来,没有人像爱因斯坦那样在这样短的时间极大地充实了科学,并且一直保持这种创造活力:接下来的两年,他发表的文章又多又快。在伯尔尼专利局的这位年轻人为二十世纪物理奠定新的基础,他开创的新的领域将一直影响今后的研究。

为了使读者了解这个科学创造力的独特高潮,它的外部条件和内部关系,第七章到第十一章将叙述爱因斯坦在1905—1907年间对物理学的贡献,从最初的接受到后来的影响。用爱因斯坦自己的话作为开场白:

> 对我这种人来说,最本质的是想什么,怎么想,而不是做了什么和遭受了什么。

第7章　爱因斯坦博士和原子存在

1979年,在阿尔伯特·爱因斯坦诞辰一百周年纪念会上,一个开创性的贡献是一份引用论文的清单,这个清单列出1961年至1975年间,在纯粹科学的所有领域中,从物理学到化学到生理学,引用最多的1912年以前发表的所有论文清单。换句话说,半个世纪后,这些论文对现代研究仍然具有影响。排在清单的前十一篇"经典"论文中,爱因斯坦有四篇(其余七篇分别属于不同作者)。在爱因斯坦的四篇文章中,第一篇是《确定分子大小的新方法》,第二篇是有关布朗运动的。两篇文章都是讨论分子存在的。

数引用和参考次数不是最好的衡量一份工作价值的方法。爱因斯坦1905年的关于光量子和相对论的开创性文章没有出现在清单中,因为它们对科学的进程影响太大了,是所有现代物理的先决条件,已经成为物理的一部分了,因此也就没有人再引用了。事实上,几乎没有人读过原作:每个人都是在课堂上或从教科书中学来的。

回到清单上排在前面的爱因斯坦的文章,它们显然影响不同寻常的大范围研究。其中的两篇是关于大分子或胶体粒子在液体中的运动的,所以在大气烟雾扩散的生态学研究以及制造奶酪过程中关于酪蛋白粒子作用的牛奶研究的文章中引用。非常有趣的是,通过数脚注,发现了丢失的爱因斯坦的博士论文。这篇文章由于被认为没有太大的学术价值,不能与1905年的三篇论文相比,而被传记作者抛弃了。在编写爱因斯坦文集时,物理学家和历史学家也都忽视了它。其中的原因可能是这篇论文没有发表在年鉴著名的第十七卷上,而是在其后的1906年发表的。其实这篇文章是1905年4月30日完成的,与布朗运动的工作紧密相关。

1905年夏天,因为讨厌通往博士进程而决定放弃博士学位的爱因斯坦又考虑争取博士学位。专利局的工作为他创造了条件,同时也是学术生涯的先决条件。对于是在伯尔尼还是在苏黎世申请博士,爱因斯坦征求经验丰富的同事索特。索特回答说:"苏黎世,这对于你是轻而易举的。"

根据当时的习惯,爱因斯坦应该与系主任商讨论文题目,然而爱因斯坦却寄去他刚刚完成的《运动物体的电磁学》,即狭义相对论,这种做法对于习惯于决策的教授来说是很不适合的,因此拒收了这篇论文。据克莱纳教授记载,研究题目是由爱因斯坦自己选择确定的。接受了教训的爱因斯坦从此只好简单地从他的工作中挑选他认为不会引起系里不安的题目:不太革命、不太幻想的实实在在的假设,运用的是传统的数学,并且是基于实践研究(当时苏黎世认为纯理论的研究是外族的)。经过衡量,他认为关于水溶液中大分子运动的研究很合适。

7月20日,爱因斯坦把他的申请以及论文寄到了苏黎世。因为临近学期结束,所有的事情进展得很快。四天后,他的论文,带着评语,在系的教工中传阅。克莱纳强调说:"论文中讨论的问题和进行的计算都是流体力学中最难的,只有具备理解和处理数学物理问题天赋的人才能做到,在我看来,爱因斯坦具有很强的处理科学问题的能力。"因为数学问题很难,克莱纳请来了数学系主任H.布克哈德特教授检查重要的计算部分,特别是克莱纳做了标记的段落。布克哈德教授评论说:"我所检查的部分都很正确,所采用的处理方式说明爱因斯坦对于所用的数学方法非常精通。"事实上,这个数学教授漏掉了一处错误,并且引发了一定影响,但那是四年后的事了。与克莱纳一样,布克哈德特认为可以接受这篇论文,但是对论文的细节进行了批评:"在印刷发表前,要调整文体,使之更加优美,同时去除公式中的笔误。"爱因斯坦现在终于可以拿着修改后的文章去印刷了。这并不需要花很多钱,因为只有十七页。与以前心情不好时的做法一样,他把论文赠给老朋友M.格罗斯曼,把指定的文本交给学校,爱因斯坦现在可以称为爱因斯坦博士了。

根据爱因斯坦本人的描述,这篇论文涉及的题目很多,但主要集中在寻找能够证实有限大小的原子存在的证据。人们一定感到很奇怪,在二十世纪初,还在讨论原子的存在。更加奇怪的是整个讨论还非常热烈,尤其是德国的科学家们。放射性和电子已经发现;并且,自从十九世纪初,化学家们就认为物质的形变是原子结合成分子或者分子间的作用导致的。在十九世纪后期,这种观点已经被普遍接受,并且,没有被形而上学问题束缚的化学家们不再费心去考虑他们是否见到过一个原子。考虑到原子和分子的大小,人们不可能看到。

在物理界,情况却完全不同。虽然原子假说在气体和固体的动力学理论上取得了令人鼓舞的成功,但是一些很有影响的人,主要是那些自傲为做事严谨、哲学敏锐的人,认为原子是多余的,虽然这种说法本身没有什么害处。部分原因是没有见到过原子,部分原因是他们拒绝把化学家的虚构作为物理的基础。为此,伟大的物理化学家威廉·奥斯特瓦尔德建立一个学派,推出能量概念是所有科学研究的基础,另外一个维持时间很短的学派认为电磁理论是所有物理学的基础。据说,著名的 E. 马赫曾问向他提及原子的人:"你看见过一个原子了吗? 我不相信原子的存在。"马赫的论断使他在维也纳的同事 L. 波尔茨曼很受震动。本世纪初,波尔茨曼就意识到,面对当今的潮流,一个人的能力显得多么渺小。由于当时的敌对态度,而使气体理论被大家暂时遗忘,这将是科学的损失。为此,马赫感到很悲伤。1906 年 9 月 15 日,波尔茨曼的自杀虽然不能说是这种争论直接导致的,但是,如果科学界能给他带来快乐和认可,他会活得长一些的。

爱因斯坦认为马赫和奥斯特瓦尔德对原子理论的否认很有意思,可见,即使是智力超群和思想敏锐的研究人员,由于哲学偏见,也可能不正视现实。这些实证主义者坚持这样的信条:事实本身,无须创造任何概念,就可以得出科学知识。这个来自专利局来的人将使这些怀疑的实证主义者最终接受原子的存在。

远在爱因斯坦念大学时,他就认为原子的存在是毫无疑问的。某种意义上,他的五篇文章是关于自然现象中原子理论的不同侧面。他的博士论文是找出证据,说明原子或分子存在。当然,爱因斯坦也无法让大家看到原子或分子。直到 1950 年,通过场离子显微镜才真正看到了原子和分子。但是爱因斯坦发明了自己的"显微镜":通过糖的水溶液的黏度,确定糖分子的大小。

爱因斯坦两年前就想出了这个方法。当时他对贝索说:"通过假设分子是球形的，并且足够大，这样可以适合黏性液体流体力学方程，你是否能算出离子的绝对大小？我想自己亲自做，但是缺少文献和时间；你也可以从中性盐分子的扩散中看出些什么。如果你不明白我的意思，我乐意更详细地写给你。”看来，爱因斯坦确实需要详细解释，所以他这篇论文好像是在兑现对贝索的诺言，同时也打算说服E.马赫原子是实际存在的。

爱因斯坦的讨论不是从气体理论，而是第一次从液体表现开始的，因为在爱因斯坦看来，与气体理论不同，液体分子动力学原理将面临不可逾越的困难，他要从简单模型入手。这个模型是一种分子比水分子大得多的物质的水溶液，这样合理估计溶剂分子的尺寸，水就可以看作没有结构的介质；为了简便，把溶剂分子视为球形。物质溶解到水中，黏度会增大，并且可以测量。首先，爱因斯坦建立黏度变化与溶解分子数目的关系。虽然简化了模型，但仍然需要计算和进行大量研究。其次，这个问题虽然在数学上很容易，在物理方面却很棘手。爱因斯坦研究分子的扩散，得到扩散系数，再通过实验得到的数值，得出分子的大小。结合实验取得的溶液的性质，如黏度和扩散等，爱因斯坦发明了一种天才的“显微镜”。虽然人们不能用它看到分子，但是可以用它测定分子的大小。

这样的理论需要实验验证，爱因斯坦采用糖的水溶液，因为这方面有现成的数据。通过这种方法，他测出糖分子的直径是一微米，这是个新的结果。同时，作为验证，他又确定阿伏伽德罗常数，在数量级上，爱因斯坦的结果与通过其它方法得出的数值非常相符。这种方法的可靠性和分子的存在同时得到了验证。

苏黎世大学的评委们对爱因斯坦得到的结果非常满意，但是年鉴的编辑P.德鲁得却不这样认为。1905年8月，得到博士学位后，爱因斯坦把他的论文寄给德鲁得；但是这篇论文并没有像往常一样在八周内发表，而是在大约六个月后。爱因斯坦以前的文章从没有发生过这种现象，其后再也没有发生过。德鲁得显然知道糖溶液的结果，所以要求爱因斯坦提供一个小的补充，修改阿伏伽德罗常数的结果，爱因斯坦于第二年年初交上了补充部分。

接下来的四年一切都很正常。爱因斯坦关于布朗运动的文章引起强烈轰动，而他的博士论文却很少有人提及。1909年，巴黎索邦大学的年轻教授J. 伯兰利用高超的实验技巧研究过布朗运动,题目与爱因斯坦的一样。1909年秋天,已经成为苏黎世教授的爱因斯坦,终于有机会让伯兰注意他的博士论文。伯兰的一位同事J. 班色林通过实验研究这个题目。他并没有采用溶解物质的方法,而是把已知大小的一点点乳滴悬于水中。爱因斯坦的大部分理论被班色林的实验证明了,但是却存在一定的差异。爱因斯坦重复计算,没有发现错误。在实验上也没有发现错误,他请苏黎世工业大学的助教L. 霍普夫检查一下他的论文。在圣诞节期间,爱因斯坦给霍普夫写道:"我重新检查了我以前的计算和讨论,没有发现错误。如果你再仔细检查一下我的研究,对这个题目将是很大贡献。"霍普夫发现了数学家布克哈德特遗漏的错误,一个不太重要的小错,但却导致计算结果的差异。爱因斯坦给年鉴寄去了改正后的文章,感谢班色林和霍普夫的工作,终于得到阿伏伽德罗常数的更好结果。

完成学位论文九天后,爱因斯坦下一篇文章也准备就绪。1905年5月11日,年鉴的编辑收到了这篇文章。题目过分装饰:《根据分子动力学理论,悬浮在静态液体中的粒子运动》。他应该起一个更简洁的名字,如关于布朝运动。但是在文章的开头,爱因斯坦解释自己的做法时说:"我只能假设这里要研究的运动与'布朗分子运动'一样。同时我所知道的数据很不准确,对此,我不能下明确意见。"

1828年,植物学家罗伯特·布朗在伦敦发表了一篇文章,题目是《简要论述关于植物花粉粒子,以及有机和无机体中普遍存在的活动分子的显微镜观察,于1827年6、7、8三个月进行》。布朗描述了借助显微镜观看到花粉粒子的不停运动,认为这是雄性生殖细胞的主要特性。他的杰出之处在于通过观测水中微小的无生命粒子来验证他的推测。他发现研磨得非常细的玻璃和花岗岩碎片也有这样的不规则运动,烟尘粒子也是这样。这种现象不是生命物质所特有的,"布朗运动"从植物学家或者生理学家的手里传到物理学家的手里。

在十九世纪后半叶,一些物理学家提出分子动力学模型解释布朗运动,他们认为,悬浮粒子的不规则运动是由于液体分子的碰撞引起的。这个想法很有道理,但是这个理论存在严重缺陷,因而经不起实验的检验。同时,理论方面仍然存在混乱和矛盾。

即使爱因斯坦熟悉这些先驱们的工作,并且了解有关布朗运动的所有事件,他的理论解释也是辉煌的成就。没受原有知识的束缚,爱因斯坦选择了完全不同的最基本的道路。他想知道,根据分子动力学原理,分子的无规则运动是否能产生可以观察到的现象。使爱因斯坦惊奇的是,他发现可以在显微镜下观测到他的理论预测的波动,进一步测量这种波动,就可以揭示原子的微观结构。这是第一次通过理论解释布朗运动及波动现象性质。人们观测这种现象近百年了,却不了解其中的原因。

爱因斯坦观测的不是溶液中的分子,而是在显微镜下可以观测到的直径一微米的悬浮粒子,这个微小的粒子对于动力学理论,仍然是庞然大物了。与他的先驱们不同(他并不知道他们),爱因斯坦显然一开始就意识到粒子的速度可以直接观察到。经过简单计算,它们的速度大约是每秒十分之一毫米,或者说每秒钟,粒子运行了它自身直径的100倍远。在显微镜下,这样的粒子会像鬼魂一样飞出视野的。但是由于液体和分子间的碰撞,粒子的速度会慢很多。两种效应的结合产生的结果非常不规则,这是一种轨迹和速度都不能直接测量的运动。但是可以在显微镜下观测它们的平均平方位移,这就足够了。

爱因斯坦首先提出一项非常大胆的革新——“渗透压”。根据经典热力学,渗透压只能存在于溶液中,现在却扩展到悬浮的“巨大”球体或粒子中。其次,与他的博士论文手法相似,他得出了球形粒子的扩散公式,并且检验出扩散和液体分子不停碰撞的相互作用是统计过程。依靠可测量的或者熟悉的数值,他最终得到了粒子平均位移表达式。通过这种方法,爱因斯坦能够算出悬浮在水中的一千分之一毫米的标准粒子每秒钟移动不到一千分之一毫米,一分钟一千分之六毫米。如果确定出位移和时间,就可以得到阿伏伽德罗常数了。

这条建议使实验物理学家大吃一惊:对于小的球形粒子,依靠显微镜和时钟,就可以数原子了。爱因斯坦把问题简化成对错实验。如果他的预测是错误的,热学分子动力学概念就存在疑问。在文章的结尾,他画了个大的惊叹号:“希望研究人员不久能成功地确认这里提出的问题,这是热学理论的关键问题!”

这次爱因斯坦没有什么可抱怨的了。他的文章于1905年7月18日发表不久,H. 希登托普夫就从德国耶拿给他写信,认为他的论文中所说的现象可能是布朗运动。在卡尔蔡司工厂工作的希登托普夫正在努力发展1903 年 R. 季格孟底发明的超级显微镜。这个仪器利用侧面光照射观测物体,通过拦截散射光,可以使人观测到比光波波长更小的物体。越小的物体,布朗运动就越激烈,这种新显微镜可以使我们能研究更小的粒子的热振动。季格孟底把他所观察到的胶体金的悬浮现象与阳光下一群粒子的跳动进行比较,可惜他没有进行测量,否则的话可以和爱因斯坦的精确预测进行对比。

爱因斯坦显然很喜欢这个题目。1905 年圣诞节前夕,他又给《年鉴》寄去了一篇文章,这次的题目是《关于布朗运动原理》。在这篇文章中,爱因斯坦以更精美的形式介绍了理论,并进一步发展,还特别讨论了有效时限:不超过十万分之一秒。这篇文章的更大价值在于他计算出人们还不知道的布朗自旋,也就是悬浮粒子的不规则自旋运动。如果可以测量自旋运动,那么通过它也可以确定阿伏伽德罗常数。

人们对布朗运动的兴趣越来越大,爱因斯坦收到很多科学家的来信,还接待了一个来访者。苏黎世大学的法医药学教授 H. 章格对布朗运动很感兴趣。当章格在显微镜下计数遇到困难时,力学教授 A. 斯托多拉告诉他去拜访伯尔尼的爱因斯坦。这次会面虽然对布朗运动本身没有产生什么新思想,但却是两人一生友谊的开始。

在瑞士的无普萨拉,一位年轻的物理学家斯维德巴里正在用超级显微镜进行实验。非常不幸,他没能观测到速度和平均位移(这些是惟一可以观测到的量)之间的区别,爱因斯坦不得不为他进行一点修正,但只是改正最严重的错误,因为爱因斯坦不想伤害斯维德巴里博士的工作热情。其它研究,包括法国人 V. 亨利采用电影摄像胶片的研究,也没有成功地验证爱因斯坦的理论。直到 1908 年,在巴黎自己的实验室里,J. 伯兰进行了一系列出色的实验,终于证明了爱因斯坦理论的各个方面。爱因斯坦十分高兴:“我从没有想到布朗运动能够得到如此精确的验证;你能够理解并研究,是这个理论的幸运。”通过一种复杂的在细小的乳状球粒上加标签的方法,伯兰甚至能够测量出爱因斯坦计算的布朗旋转,这使爱因斯坦很吃惊:“我绝没有想到可以测量自旋。因为对于我来说,旋转只是一种消遣而已。”这是对爱因斯坦理论的最终证明。

与此同时，爱因斯坦非常热心宣传普及。1907 年 3 月 23 日，他在伯尔尼自然科学学会作关于布朗运动的报告，第二年，在工学院化学教授理查德·洛伦兹的建议下，针对化学家写了一篇文章《布朗运动的基本理论》。此外，爱因斯坦还在密切注视其它宏观上可以观测到的波动现象。早在写第二篇文章时，爱因斯坦就开始考虑电线圈，并简单讨论了后来所说的“噪音”。这引发了爱因斯坦自己通过实验研究布朗运动，他是在电子学领域研究电容器电压的波动现象。爱因斯坦首先发表了一个理论概念，之后与哈比希特兄弟一起研究测量微弱电量的仪器。关于这个“小机器”的事，我们以后将详细介绍。

收到第一位诺贝尔物理学奖获得者威廉·C. 伦琴的信，爱因斯坦一定十分感动，虽然伦琴认为布朗运动不适合热力学第二定律。非常遗憾，爱因斯坦的回信丢失了。爱因斯坦从来没有彻底研究过这个棘手的问题，但是在他第一篇文章的第二段指出，“在观测布朗运动和所期望的规则时，即使是对于微观世界，经典的热力学也不再是绝对适用的。”这是爱因斯坦的猜测，也是他关于物理基本问题的一贯思想。二十五年后，L. 西劳德才证明出不可能建立一个利用悬浮粒子的动能工作的机器，也就是说不可以从溶液中提取能量。

爱因斯坦从来没有透露第一次看到布朗运动是在什么时候。在伯尔尼，爱因斯坦有机会观看布朗运动，如果在这以前没有观看过布朗运动，那么 1909 年 9 月在萨尔茨堡的德国自然科学家和物理学家学会的年会上，他一定会观看这个实验的，当时，亨利·希登托普夫作了有关演示。几年以后，爱因斯坦写道，布朗运动的伟大之处在于其中不规则的基本运动可以直接观测到。也就是说，在显微镜下，人们可以直接看到一部分热能表现为运动粒子的机械能。这是一个引人入胜的断言，而且与伯兰的精确测量吻合得很好，在消除对于原子存在的怀疑上起了重要作用。

1913 年，在邀请爱因斯坦来柏林时，马克斯·普朗克在一份专家意见中强调，除了其它许多方面外，爱因斯坦对于物质运动学理论的贡献，对不同领域的实验研究方面具有潜在的影响，特别是精确完美地测量了布朗分子运动，这在很大程度上要归功于爱因斯坦的工作。

1926 年，三位布朗运动研究的先驱在斯德哥尔摩会面了。J. 伯兰获得了诺贝尔物理学奖。S. 里查德和季格孟底获得诺贝尔化学奖（里查德是1926 年化学奖，而季格孟底是 1925 年化学奖）。早在 1910 年，当奥斯特瓦尔德第一次提名授予爱因斯坦诺贝尔奖时，在诺贝尔评选委员会的内部报告上就提到了爱因斯坦的布朗运动理论。在以后的几次提名中，多次提到爱因斯坦的布朗运动理论；但是爱因斯坦最终获得 1922 年诺贝尔奖，却是因为具有传奇色彩的 1905 年发表的另外一篇文章，1905 年 3 月完成的关于光量子的文章，是系列文章的第一篇。

第 8 章 “非常革命”的光量子

阿尔伯特·爱因斯坦从不认为物理学是由一系列科学革命组成的,也不认为自己是革命的。事实上,在描述发现或原理时,他都非常小心使用“革命”的字样。在他对物理学的所有贡献中,我们只见到他用过一次革命这个词。1905 年春天,在给 C. 哈比希特的报告中,在提请哈比希特注意他许诺的四篇文章中的第一篇时,他说:“它是关于辐射和光能性质的文章,你将看到它是非常革命的。”这种自信的评论不是年轻人的夸张,这种说法在当时是非常准确的,回过头来看,更是这样。在这篇文章里,爱因斯坦向普遍接认可的光的波动性,以及在什么情况下都适用的麦克斯韦电磁理论提出质疑;同时,他发明了光的粒子结构——光量子:含有电磁辐射的粒子。这个激进和大胆的建议使年轻的作者成为量子物理之父。

在文章中,爱因斯坦并没有提出类似理论的东西,只是关于光的发射和传播的“启发性观点”。这对年鉴的一些读者来说似乎是多余的:在本世纪初,“启发性观点”不能成为理论物理的一部分。这是一种既不肯定也不否定的概念,需要将来进一步验证,因此只能是一种假说;如果在实践中证明它的价值,则可以进入原理之列。可能是在学习哲学过程中,爱因斯坦接触到“启发性观点”的,或者是在学生时代,在阅读康德时,受康德经常采用的“启发性原理”的影响。与康德的“启发性原理”一样,爱因斯坦的“启发性观点”的目的是论述,或者是创造一种断言,从中推导出我们熟悉的事实。一开始,爱因斯坦集中讨论,直到文章结尾才出现所要提出的问题:实验观测到的光电效应的奇怪现象和其它在麦克斯韦理论框架中不可解释现象,可以通过参考关于光量子的“启发性观点”,轻而易举地得到解决。爱因斯坦非常认可 M. 普朗克引入物理学的量子假设，而他同时代的人，包括普朗克本人多年来一直不愿意接受爱因斯坦这激进的一步。

1900 年 12 月 14 日，在柏林德国物理学会会议上，M. 普朗克提出了著名的辐射公式，其中包括运动量子，后来以他的名字命名。回顾历史，这是一项重要的革新，标志着微观世界现代量子理论的诞生，这个理论给二十世纪物理带来全新的面貌，所有与量子无关的物理统称之为“经典”物理。

当时，普朗克没有意识到自己工作的激进性。四十二岁，正处在事业的顶峰，在科学上，他本性平静，不愿意冒险。他变得不愿革命，并且不惜一切代价，避免自己的研究与“经典”物理分开，当然他本人并不承认这点。

普朗克追求的不是物理上的革命，而是解决 1860 年 R. 科克霍夫提出的与辐射有关的古老问题。所有的人都知道，加热的金属会发光，开始是红色的，高一点温度时变成黄色，最后几乎变成白色。每种情况的辐射都是不同频率的混合，它的光谱超过可见光，进入高频率的紫外线和不可见的低频率的热辐射——红外线。以抽象的热力学为基础，科克霍夫推导出一系列关于发射和吸收、对所有物质都适用的论述。这些推导中，起重要作用的是理想物体——黑体，即对所有辐射完全吸收的物体。与物质性质无关的理想黑体辐射是一种假设的洞，其中的辐射完全由温度决定，与墙壁的物质保持辐射平衡。如果让这个“黑体辐射”的一小部分通过小孔传出，我们可以观察并研究它的频率光谱。

科克霍夫成功地总结了已知事件，声称对于黑体辐射量，一定存在完全依赖温度和频率的方程，当前最重要的是发现那个方程。虽然这个总结从实验上看很正确，但通过实验确定却遇到了很多困难。无疑这是一个很简单的公式，与个体性质无关。科克霍夫论述的每一部分都很正确，包括那难以克服的实验困难。他去世后的 1887 年，测量技术和实验技巧有了很大提高，可以把理论推导出来的辐射公式与实际测量的结果相比较。但是，所有的公式都存在很大缺点：其中最好的维恩公式在处理低频的红外部分失败了，而 I. 雷利公式的失败发生在高频部分，P. 埃伦费斯特后来称之为“紫外线的灾难”。

科克霍夫在柏林大学的继承人 M. 普朗克认为：“黑体辐射的频率分布是绝对事件。对我来说研究绝对事件是最好的研究工作，我满腔热情地从事这项工作。”1894 年，在普朗克专心研究这个问题期间，一些杰出的实验物理学家也对此很着迷。例如，F. 帕森认为科克霍夫的问题非常重要，可以不作教授也要研究这些问题。在汉诺威工业大学自己的实验室里，他制造出一个图表，通过它改进维恩公式的数学因子。两三年来，人们都把这个图表当成答案，但是最后证实是错误的。

在柏林德国物理技术研究院，当时世界装备最好的实验室，O. 拉默尔和 E. 普林西姆进一步提高了测量技术，特别是在长波的红外部分。通过卢本的静态辐射方法，H. 卢本和 F. 科尔巴姆取得了更精确的结果，把光线中的短波部分弱化，这样在高温条件下，可以得到波长非常长的红外光的可靠测量结果。所有的结果都与维恩的公式发生矛盾。正是这些矛盾才提供了通往新物理学的钥匙。

新的量子理论诞生的时间相当明确。1900 年 10 月 7 日，星期天，卢本和妻子拜访普朗克。在他们的谈话中，卢本告诉普朗克，德国研究院最新的测量结果显示，在长波部分，辐射能量强度与温度成正比。这个信息一定使普朗克很震动，因为当天晚上，朋友刚离开，他就开始工作。不负多年努力，他从卢本那里得到的信息开始结果了。当天晚上，普朗克提出了一个辐射公式，与所有的数据相当吻合。这个公式有两个常数：一个是普朗克所说的一个分子的气态常数，后来命名为波尔茨曼常数（虽然，严格来说与波尔茨曼无关）；另一个是当时物理界不知道的、决定运动尺度的数。

通过实验和改正错误而得到的公式，不论如何精确，都需要理论解释。这是接下来的几周，普朗克所关心的事。根据“经典”物理，所有的能量将通过墙壁进入洞中，不可能建立平衡。改变过去否认原子理论的观点，普朗克最终被迫解释这种辐射是单个原子的发射，并把它们定义为“共振”，是周期性过程的最简单模型。他采用 L. 波尔茨曼的统计方法处理这些“共振器”，后来发现这种方法不可行。普朗克后来描述整个过程是不顾一切的，显然是指被迫利用原子概念。通过这些方法，从物质和辐射平衡角度，能量一开始就是某种量的结合。

1900 年 12 月 14 日，普朗克把他关于辐射公式的理论解释在物理学会大会上提出，并特别强调它的新意：“我们因此认为，这是整个计算过程中最重要的一点，能量是由确定数目的相等的小包裹组成，为此引用了自然常

数 $h=6.55\times10^{-27}$ 尔格秒。”虽然有确定大小，但是这个常数小得不可想象。这表明放弃了“经典”物理的连续性概念，成为新的物理学基础，这是后来才意识到的。普朗克认为：“量子一开始就是纯粹的假定，我并没有太多考虑它，只是想不论在什么情况，付出什么代价，我都要得到积极的结果。”爱因斯坦消除了普朗克的不安，因为只有在对共振器的统计计数过程中，能量子才起作用，同时，与麦克斯韦的理论一样，辐射仍被理解为以太中的连续波。

普朗克和他的听众都没有想到，一个全新的微观物理学正展现在他们面前。事实上，大约十年时间，普朗克致力于把量子 h 引入经典物理的框架中，其他的物理学家，包括英国的 L. 雷利和杰姆斯·耶恩，荷兰莱顿的 H. A. 洛伦兹也在做类似的工作。这些聪明人认为这样微妙的问题是物质的振动器与以太的相互作用结果，从没有对麦克斯韦理论的可靠性提出疑问，所以也没有对光的波动性提出疑问。只有一个人与众不同，他看出能量子将给物理学带来一场革命，他就是伯尔尼专利局的“异教徒”。

上大学时，阿尔伯特·爱因斯坦就对热辐射感兴趣。大学二年级时，在 E. 马赫的著作中，爱因斯坦接触到科克霍夫的工作，并开始研究它。第三年，韦伯教授提出了自己对热辐射的测量，同时给出一个经验公式，可能是这个讲座，引导爱因斯坦进行更深入的思考。

两年后，在寻找工作的困难时期，爱因斯坦至少研究了《年鉴》中普朗克的文章，这是他在发现正确的辐射公式之前看到的。对于普朗克文章中所反映出的保守本性，爱因斯坦当时的感觉很复杂。爱因斯坦可能没有看到《物理学会年报》中的报告，但他一定看过普朗克在 1901 年 3 月在《年鉴》上发表的综合文章，因为他的第一篇关于毛细现象的论文就发表在这期上。对于爱因斯坦对普朗克辐射公式的反应，我们没有发现有关记录，只有耐克罗格提到了一些情况。根据耐克罗格的记载，爱因斯坦很早就意识到普朗克推导的辐射方程与它所借助的力和电磁基础相矛盾。确实，普朗克的热力学论述，特别是他抽象地把光分成独立的份数，似乎在避免讨论能量子的作用。总结早期的研究，爱因斯坦说：“事实上，这个推导已经暗示能量是以大小为 hν 的独立量子振子的形式吸收和发射的，这样振动的能量，包括辐射能量，只能转换成这样的量子，与力学定理和电磁学根本不同……普朗克这篇文章发表不久,我就意识到这点。”

爱因斯坦对光电效应的兴趣,也有助于他产生这种认识。1888年,在研究电磁波传播的实验过程中,H.赫兹发现这种效应。一个偶然的机会,他注意到在紫外线照射的电火花缝隙,火花亮度增大。当时还没有意识到这个观测结果的重要性。直到1895年发现了X射线和两年后发现了电子,这件事才得以澄清。不久,人们认为光电效应是由于紫外线的照射,激发气体分子和金属表面的电子逃逸产生的。这种刚确认的粒子后来称为阴极射线。麦克斯韦的理论使人想到,如果提高光的强度,电子的数目和能量将会提高,但是事实并非如此。

进一步的实验,特别是赫兹以前的助手P.莱纳德的实验,显示出电子的能量不是由光的强度,而是由频率决定,或者说是“颜色”决定的,这对于不可见的紫外线和X射线同样适用。在通常情况下,当光的强度增加时,产生的电子数也随着增加,但是对于任何金属,都存在一个频率,不论激发多么长时间,强度多么大,频率低于它,就不会产生电子。超过这个临界频率,即使是非常弱的光,也会产生电子,所有这些结果与我们形成的理论是矛盾的。这种矛盾很对爱因斯坦的胃口,从给米列娃的信中可以看出:“我刚读了莱纳德关于通过紫外线产生阴极射线的美妙文章。我觉得有必要与你一起分享这种快乐。”虽然米列娃曾告诉爱因斯坦她怀孕了,但爱因斯坦只在文章的最后才提及这件事。

从爱因斯坦的一些信中,可以看出他也在通过实验研究光电效应。大学三年级后,他打算与来自阿劳的绅士C.瓦斯特一起工作。这位阿劳地区的校长,物理学家瓦斯特正在实验室里从事X光实验。我们不了解他们合作的细节,但他们至少进行过辐射实验。大学时代,爱因斯坦就认为以太是多余的,打算探索电磁波的内在本质,并且认为只有在真空状态下,才能解释电力。所以,可以相信,早在1901年,研读完莱纳德和普朗克的文章后,爱因斯坦就开始思考光在以太介质中的传播不是以波的形式,而是以粒子束——“光量子”在真空中传播。

在文章的开始,爱因斯坦突出介绍原子论的支持者们已经习以为常的矛盾,这是爱因斯坦特别喜爱的写作方式。在重要论文中,爱因斯坦尽量采取这种方式。在这篇文章里,爱因斯坦阐述的是物质的原子结构和电磁现象,包括光在太空连续数学函数的论述上存在的巨大矛盾。认为物体的能量是由原子和电子数决定的,所以不能分成任意数目和任意大小;但是根据光的波动原理,一束光的能量是连续分布的。不久,爱因斯坦提出了光的粒子结构解决这种矛盾。

自然,爱因斯坦承认,在描述纯光学现象上,波动理论证明是很有价值的,是其它理论无法取代的。他指出,光学观察是大量波的时间平均值,所以可以理解光的理论,即依靠连续空间函数的理论,在应用到光的发射与传输时,会遇困难。经过这些准备,爱因斯坦声明:"假定光能在太空中的分布是不连续的,那么很多现象就会很容易理解。"这种惊雷般的"启发性观点"具体如下:

"假设一束光线在传播过程中,在太空中能量的分布是不连续的,它由分布在太空各点的具有一定数目的能量子组成,并且不可以再分,只能以实体形式吸收和传播。"这就是二十世纪物理学家爱因斯坦写的"非常革命"的句子。

虽然经过系统组织,爱因斯坦的论断还是临时的,只是一个"启发性"的假设。它的价值和用途取决于它解释物理现象的能力。我们将要看到,它确实很好地解释了很多物理现象。爱因斯坦论文中剩下的十五页就是努力让人们理解这种观点及其重要性,或者至少能赞同这种观点。

因为爱因斯坦没有什么重要的原理要提出,在开始的几段,描述了整个争论的全貌。他从普朗克的"黑体辐射"开始批评,指出在推导过程中,普朗克用了两个彼此矛盾的公式。接下来讲述普朗克的黑体辐射公式确定了阿伏伽德罗常数。(几周后,在他的统计论文中,爱因斯坦将提出两个更好的方法确认普朗克的重要常数。)这里,他想表明的是普朗克建立的基本量子与他的"黑体辐射"理论无关。换句话说,不用接受爱因斯坦所认为的错误推导和解释,仍然可以使用能量子和普朗克的黑体辐射公式。

爱因斯坦接着叙述的是关于辐射熵的热力学表示。爱因斯坦集中考虑维恩公式适用的高频部分,得出在单色低强度辐射下,熵与体积的关系式。他这样做的原因是,在一年前写的一篇有关辐射的能量波动的文章中与体积有关的问题起了很大作用。爱因斯坦第一次把他关于光的表达式称为"波尔茨曼原理",根据这个原理,一个系统的熵与系统状态的或然率有关。

接下来,在气体和稀释液体情况下,他得出同样的表达式。

爱因斯坦道出了讨论不同事件情况的真正目的:他总结道,通过类比可知,像气体是由原子组成的一样,辐射应该看成是由自由粒子组成。从热学原理角度来看,低强度的单色辐射(在维恩辐射公式的有效范围内)行为似乎说明辐射是由 hv 大小的彼此独立的能量子组成。

他的同时代人可能认为这只是一种发疯,但没有害处的理论实践。毕竟,这并不影响观察洞内的辐射情形。接下来就出现了题目所说的“启发性观点”。对于爱因斯坦来说,现在似乎有理由检查光的发射与传播定律是否可以证明光是由这样的能量子组成的。由于当时的争论,为了推导出辐射公式,普朗克被迫提出能量子概念;而爱因斯坦在另一方面把量子解放出来,用它来解释其它的所有现象。他通过一些例子进行描述。

爱因斯坦的“启发性观点”最有趣的结果是光电效应定律,并且因此获得 1922 年的诺贝尔奖(鉴于阿尔伯特·爱因斯坦对理论物理的贡献,特别是发现了光电效应定律,皇家瑞士科学院特此授予诺贝尔奖)。根据爱因斯坦对光电效应的解释,后来称为“光子”的光量子像一枚微小的导弹穿入金属,与电子相碰,把它所有的能量转移给电子。在向表面运动过程中,电子以光子的形式释放出获得的部分能量。通过光电效应激发的电子的最大能量只与激发光的频率有关,并且是最简单的公式 $E=hv-P$,P 是光电激发函数。

这是量子的“第二形式”,但却是走出黑洞的第一形式,因此,可以清楚地预测:与频率紧紧相连的能量应该是一条直线,它的斜率是一个常数,与辐射方程中的量子一样。这是实验人员要做的工作。

根据莱纳德的测量,爱因斯坦得出,通过光电效应激发的电子的能量只与激发光的频率有关,而与激发强度无关,也就是与激发光的“数量”无关。由于存在各种各样的干扰,特别是静电的干扰,光电效应的定量研究非常精妙。在“激发频率”方面,取得了很好的结果。在这种临界情况下,被激发的金属并不失去电子,但是只要稍微提高频率,电子就会释放出来。关于“激发频率”方面,爱因斯坦得到的结果在大小数量级上与莱纳德的结果完全一致。但是,他得到的数据不足以证实能量与频率的线性关系。因此,爱因斯坦只能有所保留地说:“在我看来,与莱纳德的观测并不矛盾。”

爱因斯坦下一步讨论的是斯托克斯的发光定律,根据这个定律,发射光(再次发光)的频率永远比激发光的频率低,此外还讨论了紫外线气体电离现象。这两种现象都与光的波动理论相冲突,但是可以通过光量子很好地解释。

大约一年后,爱因斯坦又推导出光压效应和光电扩散的关系。在《光的发射与吸收理论》注释的空白处,爱因斯坦继续他的关于普朗克辐射原理的争论。开始时,爱因斯坦认为普朗克的原理是自己的“启发性观点”的对手,但是,他后来指出,普朗克辐射原理的理论基础与麦克斯韦原理和电子原理的基础不同。具体地说,在普朗克原理中,他无意中采用了上面所说的光量子假设。

根据爱因斯坦的论述,普朗克公式首先假定基本振动子的能量值是 hv 的整数倍。这说明由于吸收和发射,振动子的能量变化只能是跃迁式的,应该是 hv 的整数倍。量子被赋予了新义,为正确的普朗克辐射原理提供了一个临时的理论基础,这并不是普朗克所希望的经典物理,而是刚刚出现的量子物理。普朗克当然对此不喜欢。

如果科学上的“革命”特点是,同期的人拒绝接受,经过千辛万苦才最终得到他们的认可,那么爱因斯坦的“启发性观点”一定是“非常革命”。事实上,他的论文显然没有经过任何刁难就被《年鉴》接收了,这说明作为理论文章的责任编辑之一的 M. 普朗克思想开明。开始时,普朗克认为没有必要讨论光量子。1906 年夏天,文章发表一年后,普朗克的助手给伯尔尼的爱因斯坦写信说:“我没有与我的主编讨论过你的‘启发性观点’,可能在这个问题上,我与他的观点不一样。这种情况是经常发生的。”从现存的给爱因斯坦的一封信中可以看出,1907 年夏天,他的“主编”给出了非常不同的意见:“我不是在寻找非真空中基本动量子的意义(光量子),而是寻找它在吸收和发射方面的意义,我相信麦克斯韦方程已经精确地描述了真空中的过程。至少,我认为没有什么必要抛弃这种假设,对我来说,这是最简洁的,它明确地表达了以太与物质之间的区别。”

1909 年,很长时间不愿意接受这种观点,包括接受普朗克辐射公式的 H. 安顿,曾经打算把动量子与以太的自由限度联系到一起。1913 年,普朗克异常大度地提名爱因斯坦为柏林普鲁士科学院成员:有时,例如在光量子假说中,爱因斯坦可能在思想上走了极端,但这对他来说无可厚非,因为在科学中没有偶然的冒险,不会取得真正的变革。

爱因斯坦虽然没有目睹这个提名,但是他意识到了普朗克的好意。几乎同时,通过一种虚构的对话,作为对普朗克的报答,爱因斯坦提到了辐射公式的艰辛路程。以一种欢快的语调,爱因斯坦评述说:"如果我们衡量一下理论物理学家为这个普遍函数的祭坛所做出的巨大牺牲,那将是一种振奋。这种重大的牺牲还没有尽头!"经过大约十年时光,在新的量子力学出现前,光量子的观点才被接受。

为什么前后花了整整二十年时间,爱因斯坦的"非常革命"的量子概念才被普遍接受?这在二十世纪物理学上可以说是史无前例的。一方面,不容怀疑,由于数以千计的实验证明了光的波动理论的正确性,抛弃它不可想象,所以产生了这种顽固的对抗心理。但是,也存在其它方面因素,有些与实验有关,有些与爱因斯坦本人有关。首先,我们来回顾一下实验方面的情况。

虽然爱因斯坦的光电效应公式很简单,但是想通过实验方法去验证或否定它却十分困难。所以这一直是十年来讨论的焦点。由于 1905 年秋天的阴极射线实验而获得诺贝尔奖的莱纳德,在爱因斯坦"启发性观点"文章发表后不久,曾与爱因斯坦合作过。莱纳德甚至把自己的一个单行本寄给爱因斯坦,爱因斯坦以崇敬的心情去研究这个单行本。但是,作为实验物理学家的莱纳德坚持以麦克斯韦电力学为基础的共鸣理论,认为没有必要深入研究光量子。比爱因斯坦小三岁的鲁道夫·拉登堡在 1909 年的六十页回顾中,比较了两种观点,明确肯定了爱因斯坦光量子理论的优越性。由于当时的实验数据不够,他无法确定能量与频率的线性关系是否正确。

大约从 1905 年开始,芝加哥大学的罗伯特·米离堪着手从事光电效应方面的工作。开始时,与其它方面的工作一起做,当时也不知道爱因斯坦的方程。从 1912 年开始,他花了大量精力打算否认爱因斯坦的方程。1915 年,与预期的想法相反,他被迫声称,准确的实验结果表明了光的量子性,尽管不可理解,而且似乎与我们所知道的光的干涉现象相违背。在 1916 年发表的文章中,米离堪还是没有犹豫地批评经过实验认证了的方程,似乎是来自空想的局外人,而不是当时著名的物理学家。在一篇准备在德国发表的综合性文章中,米离堪第一次给爱因斯坦带来了好消息。他说:“爱因斯坦方程精确地解释了电子发射的能量比辐射光的能量低。但这个方程的理论基础却靠不住。”无论如何,在量子方面,米离堪的结果与普朗克的结果完全一致,最后,他总结道,他的发现是目前所得到的关于普朗克 hv 的物理实际的最直接的、最强有力的证据。

米离堪的测量结果验证了爱因斯坦的光电效应方程,而不是他关于光量子的“启发性观点”。直到 1922 年,瑞士科学院强调他的杰出成就时,有意避开容易误解的术语,以发现光电效应定律的名义授予爱因斯坦诺贝尔奖。第二年,当授予米离堪诺贝尔奖时,同样是小心谨慎地斟酌词句。突破几乎是同时发生的,1923 年,电子的光散射表明光确实是由分散的能量包组成的。

可能是由于爱因斯坦的语言表达方式,使得人们很难接受光量子。他从来没有明确声明光量子的存在,而是喜欢用模棱两可的字眼。关于单色光辐射,他说这似乎说明它是由独立的大小为 hv 的能量子组成。这个“似乎”的说法不可能说服物理学家放弃已经证明了的光的波动理论。即使在后来,爱因斯坦所称的“光量子假说”和“光量子理论”,也只是对普通用法的让步,或只是形式上的让步。总的来说,他坚持他的“启发性观点”,甚至强调这个辅助概念是临时的。所有这些,只能使他的同事们拒绝接受光量子。

爱因斯坦从不仔细斟酌字句,文字的运用完全以所认为的正确理论为中心。引进量子只是为了说明已有的理论存在缺陷,而不是为了解释第一定律而创造的一种新概念。这也就是为什么爱因斯坦一直坚持他那临时的“启发性观点”。1906 年底,爱因斯坦提出了一个新的、更重要的应用,把量子概念应用到新的领域,一个实验结果已经完全证实的领域。这是量子的第三次出现:这次与辐射问题无关,是关于物质活动状态的比热理论。这是关于固体的第一个量子理论。

1820 年,法国人 P. 杜隆和 A. 皮狄特,在研究固体热行为过程中,观测到一个非常有趣的现象。如果考虑到原子量的因素,物体温度升高一度所需要的能量是个确定的常数。对许多金属,从铜到镍,到金,以及硫,它们的比热是一样的。他们的惊人发现不仅指明了物质的原子构成,而且说明所有简单物体的原子具有同样的热容量。但是,杜隆和皮狄特定律缺乏理论根据,直到五十年之后的1876年,L.波尔茨曼通过基本统计物理的“平均分配定理”,才证实了两个法国人的关于物质运动学的经验规律。

这种现象在物理学上经常发生,理论刚刚建立不久,就发现越来越多的实验结果与其存在矛盾。1870年,柏林的年轻人韦伯在研究各种不同物质在不同温度下的比热时,发现实验结果与杜隆—皮狄特定律有很大偏差。只有在高温情况下,物质的比热才与预想值相符;而在低温情况下,物质的比热减小。对于金刚石、硼和硅这三种物质,即使在常温下,比热值也很低。作为韦伯的学生,通过韦伯的讲座、自己的实验室工作以及自己的学位论文,爱因斯坦非常熟悉比热的这种异常。

第一次灵感的产生是在火车上。1901年夏天,当时爱因斯坦正乘车赴米兰看望他的父母。他向米列娃报告说:“我得出一个有趣的想法。对我来说,固体或液体的潜在动能可以看成与电子共振器的能量一致。”可能是一年前,通过研究普朗克的工作,使他产生了这个想法,正好在量子提出之前。根据物质微观物理概念,爱因斯坦把物质的热学和光学性质联系起来了,比热和固体的吸收光谱存在某种联系。他马上让米列娃到图书馆查找文献,因为他想知道玻璃在这方面的光学性质。

不管米列娃当时发现了什么(如果有的话),这个问题需要几年的孵化和思考,特别是普朗克的辐射公式,直到1906年,爱因斯坦在《普朗克的辐射和比热讨论》中才解决了这些问题。

在这篇文章中,爱因斯坦重新研究了普朗克振动器的平均能问题,结果清楚地显示出它与分子力学的关系。他同时提出了波尔茨曼方法的变换方式,与普朗克的过程不同。从这初步研究,其中包含一项二十年后还会再现的有趣数学革新,爱因斯坦得出了关于原子或分子与电磁辐射关系的力学变换。在微观世界里,爱因斯坦第一次清楚地提醒人们,所有的事物都将与我们通过感官感受的经验不同,也与基于日常经验建立的“经典”物理不同:

> 直到现在,分子运动还被认为与我们感受的物质世界的运动遵循相同的定律。我们现在不得不承认,分子可以假定的各种形态比我们想象的少。

能量的传送不是连续的，而是由量级为 hv 的分散的能量包裹组成。爱因斯坦想知道这种想法是否可以应用到由热的分子理论确定的其它振荡系统里，也就是固体的原子里。答案不久就出现了。

爱因斯坦只是观察简单模型：一种同位素的晶体，其原子具有单一的振荡频率。开始时，爱因斯坦认为电磁力是产生这种振荡的原因，因此认为他的模型只是代表由重的离子和轻的电子组成的导电物质。文章发表后不久，他才意识到没有理由把它局限在导体上。他在《更正》中修改了自己的错误。这是相当重要的一步，因为第一次在机械振动中引进了量子理论，完全超越了电磁辐射的局限。应用量子公式，爱因斯坦推导出比热公式，在高温情况下，它与杜隆—皮狄特定律一致；而在低温情况下，比热逐渐减少，直到绝对零度。这个公式适用的最低临界温度后来称为“爱因斯坦温度”，它完全由原子的振荡频率决定，显示出晶体的光学特性。对于碳这样的氢原子，爱因斯坦温度相当高，金刚石大约是 1000 度，所以在常温下就能显示出与杜隆—皮狄特定律的偏差。可见，美丽项链上的尊贵钻石晶体也具有量子的特性。

爱因斯坦把自己得到的量子理论公式与韦伯 1875 年发现的有关金刚石的数据进行比较，发现理论图表与实验结果惊人吻合，这种新观点将显示出它的价值。同时，爱因斯坦意识到，这个新的理论不可能完全与事实一致，因为自己所采用的模型太简化了，特别是他假定振荡只与温度有关，这无疑是很难令人信服的。虽然如此，这个观点仍将显示出它的价值。

与爱因斯坦关于光量子的“启发性观点”不同，他的固体量子理论不久就成为科技界的焦点。与普朗克无关，对量子概念的这种应用他一直保持缄默，是他的同事，柏林的物理化学教授 W. 能斯特使得爱因斯坦的固体量子理论得到重视。1905 年，能斯特得出了热力学定律的普遍假说，根据此定律，不是物体的热，而是物体的熵，包括引出的比热，在绝对零度时完全消失了。从此，能斯特以火一样的激情，研究这个定律在极低温度下的实验结果，得出热力学第三定律。

1875 年，韦伯不得不推迟他关于雪溶化点的实验，而现在空气液化，甚至是氢气液化都已经实现，可以使温度降到接近绝对零度下 273 摄氏度。能斯特因此建立了一个液化氢气厂，在他的研究院里，一大群合作者正忙于在更大的温度范围内,测量各种物质的比热。

这个研究计划里,能斯特不能忽视爱因斯坦的新的比热量子理论。爱因斯坦的文章发表三年以后,1911 年,在一篇综合性文章中,能斯特说:"显然,整个来说,这些观测结果极大地证明了普朗克和爱因斯坦的量子理论。"从此,在讨论固体运动行为时,都要提及量子理论,并且,正如我们见到的,爱因斯坦争取了一位很有影响的支持者和保护人。但是,虽然是量子理论的强有力的宣传员,能斯特不知道应该把爱因斯坦的概念作为一种数学工具,还是作为全新的物理基础。

1910 年春假,能斯特在瑞士拜访了爱因斯坦,他们讨论了这个问题和其它很多问题。能斯特向一位同事介绍了爱因斯坦的理论,似乎也接受了这具有诱惑而不被认可的事件中:

> 爱因斯坦的量子假说可能是所想到的最奇怪的假说。这个假说如果正确,它将给所谓的以太物理和所有的分子理论开辟了一条新的道路。如果是错误的,它也将永远是一个"美丽的回忆"。

这个理论是正确的,至少原则上是正确的,但是它并没有成为"美丽的回忆"。至于能斯特所说的以太物理,爱因斯坦已经永远地抛弃它了。1905 年,在爱因斯坦发明的光量子理论中,他已经无意识地抛弃了以太;狭义相对论发表三个月后,他已经明确抛弃了以太。

第9章　相对运动:生命中的七年时光

事情发生在1905年5月中旬,爱因斯坦刚刚寄出关于布朗运动的论文。爱因斯坦记不清楚到底是哪一天,只知道那天天气非常好,在拜访同事和朋友M.贝索时,他们一起讨论了一个难题。十七年以后,爱因斯坦报告说:“我们讨论了这个问题的各个方面。突然,我找到了解决问题的钥匙。”带着一些数学问题和许多遐想,这个夜晚他一定过得非常愉快。在与贝索谈话过程中,爱因斯坦突发灵感找到了金钥匙,神奇般地开创了所有物理学理论的全新面貌。第二天,忘记了任何问候,爱因斯坦就滔滔不绝地给朋友讲解这种新想法:

> 谢谢,我现在完全解决了这个问题,是从分析时间概念上找到答案的。时间并不是绝对的,时间和信号速度之间存在密不可分的关系。

爱因斯坦的分析是这样开始的,对于两个不同的地方,应该怎么理解同时性的概念。人们发现他做着手势向同事和朋友们解释,一会指着伯尔尼的一个钟楼,一会又指向附近乡村的一个钟楼。他先后向M.贝索和J.索特解释,正确理解分置两地的时钟的同步性而引起的问题,将会引起时间概念的深刻变革。而现存的空间概念和物理学中的许多问题不论发生什么改变,不论看起来多么令人激动,也只是简单的逻辑推理结果。

6月底,所有的论文都写完了,共花了五六周时间。6月30日,柏林《年鉴》的编辑们准确地记下了收到手稿的时间。这篇文章共三十页,三个月之后出版了,标题是《关于运动物体的电动力学》。这是一篇前无古人,后无来者的文章,在内容上是最伟大的科技成就之一,在形式上是最杰出的文章之一。当然,后来对这篇文章进行了一些增补,有些是爱因斯坦自己增加的,有些是其他人增加的,但是所有这些增补只能作为这个理论的附录,因为摆在大家面前的论文已经非常完整,合乎逻辑了。几年以后,人们把这篇文章称为“相对论”,又经过几年,人们又把它改称为“狭义相对论”。

二十六岁的爱因斯坦终于实现了自己的梦想。这个电力学相对性原理曾经酝酿了十年(如果加上在阿劳的读书时间),并且迷惑了至少七年。爱因斯坦后来声称“这是他一生的七年时光中最主要的事”。他发现很难回顾那段时光,追述这种思想的发展历程。要理解这种思想,必须从头开始思考现代物理的整个观念体系。让我们主要集中在前二百五十年吧。

在现代物理的萌芽时期就讨论过相对性原理。伽利略在1632年出版的《关于两个重要世界系统的对话》中首先提出了相对性。按照当时的时尚,伽利略提供了一个多彩的背景。在《对话》中的第二天,伽利略的密友萨尔维提把朋友们集中到一艘大船的大房间里,房间里装有蠓和蝴蝶,还有鱼缸。接下来吩咐在天篷上悬挂一个水桶,让水从桶中流下,滴入下面窄口的容器里。最后,也是为了科学,让朋友们每人向前、向后跳跃,记下各自跳跃的距离。

这个舞台是为了比较船在静止和运动中的情况而设计的。现在让这艘船以任何速度行驶:只要它的运动是协调一致的,不左右摇摆,你就会发现上面看到的所有现象没有发生任何改变。蚊蚋和蝴蝶仍然飞行如常,而鱼的游动也没有发生什么不同。不管人们是沿着船运行的方向,还是沿着与它运动相反的方向跳跃,他们跳跃的距离并没有发生变化。可能最有说服力的是所有落下来的水滴都一点不差地落到下面的窄口容器里,没有一滴水落到容器的后面,虽然当水滴还在空中落下时,船已经行驶了一段路程。

伽利略打算通过这个实验说明地球是运动的。同时,他声称如果两个相互关联的参照系沿着直线一致运动(例如匀速运动),力学方法是没有办法判断哪一个是在运动,哪一个是静止的。

五十年后,艾萨克·牛顿在他对现代物理具有重要意义的《数学原理》中,再次提到了这个想法。它不是以公理的形式出现的,而是作为推论五的补充形式:“在给定的空间里,物体的位置保持不变,不论这个空间是静止的,还是沿着直线不含任何转动地运动着。”非常清楚,在这个推论中,牛顿并不关心等价参照系，只是相对于绝对空间，谈论给定空间是运动的还是静止的。同时。牛顿的“绝对空间”概念是指永远保持相似和静止，没有任何外部影响的空间。完全类似一种无所不含的大容器，在其中可以确定一致运动的参照系的优先状态。牛顿需要用它解释惯性以及旋转运动的客观性质。

牛顿的“绝对空间”的概念并不是没有遇到任何阻力就被接受了，但是它在力学上的巨大成功最终平息了所有的反对意见，最后这个概念成为他的思想的一部分。非常尊敬牛顿的I. 康德在自己的哲学分析中，认为这种空间概念是“纯粹先验”的，因此成为一切知识的先决条件。重新描述牛顿的推论五，康德声称：运动的空间称为“物质空间”或“相对空间”，而所有的运动都是想象出来（也就是没有运动）的空间称为“纯粹空间”或“绝对空间”。对于物理学家和哲学家来说，非常显然，等价参照系或“相对空间”相互之间沿着直线一致地运动并没有被看成是一个问题。相对论就是这样非常自然地存在于力学之中，以至于失去了自己的名字。

十九世纪末，进一步研究力学的基础知识，为相互之间协调一致运动的参照系统赋予一个现代名字——“惯性系统”，而从一个惯性系统到另一个惯性系统的简单运算被称为“伽利略变换”。相对论原理可以简单地解释为，在所有惯性系统中，力学定律是一样的、相对于伽利略变换是不变的。

这种说法虽然在力学上是非常明显的，但是在电磁理论上却不是这样。电磁波理论是描述所有电子、磁场和光学现象的不变理论，麦克斯韦的理论并不适合力学的相对性原理，因为它的基本方程显然不是相对于伽利略变换不变的。而以太是一种优先参照系。

爱因斯坦之后，以太被彻底从物理学中清除了。事实上，应该肯定以太在物理学上的重要作用，十九世纪的物理学家几乎都与它紧密相关。事实上，一百年前，以太曾经像空气、光或海岸线那样认为是真实存在的。在解释光学实验时，即使是最聪明的研究人员也认为他们用手指真正地接触到以太了。十九世纪物理学最大最感人的贡献——麦克斯韦的电磁学，实际上把以太作为所有物理思想的中心。因此，H. 赫兹认为：

> 把电从这个世界拿掉之后，光就消失了；如果把以太从这个世界里拿去，那么电力和磁力就不能在空间传播了。

电磁场和波，以及光波是以太的横向振动，与它们的传播方向垂直；对于赫兹和他的许多同事，只有深入研究这种介质的力学模型才能正确理解它。1895 年，当威廉·C. 伦琴发现了一种“新的射线”时，实验物理学家和理论物理学家早已经准备好他们的解释了：X 射线并不是新东西，只是我们早已怀疑的以太的纵向振动，与它的传播方向相同。

以太物理非常迷人，并且需要惊人的智力去理解，但是在许多方面与力学发生冲突。而作为所有物理学的基础力学，应该能够解释以太。这种不参与物质运动，并且充满整个空间的介质是光的传播的自然的首选参照系。并且只有在这个参照系中，光的传播速度是 30 万公里/秒。因为地球相对于以太不是静止的，因此通过光学效应可以观测到地球在宇宙中的运动。以每秒 30 公里的公转速度围绕太阳运动的地球，它所产生的效应应该在可测量的 V/C 的第一个数量级上（V = 速度；C = 光速），例如百分之一；但是并没有观测到这个结果。

1881 年，不到三十岁的美国人阿尔伯特·亚伯拉罕·迈克尔逊很大程度上提高了测量的精确性。在亥姆霍兹的热心支持下，在柏林建立了一个双臂干涉仪，可以测量 V^2/C^2 数量级，例如万分之一。这台设备如此灵敏，即使是在物理研究所外行驶的马车也会妨碍它的操作，为此，要搬到僻静的波茨坦天体物理天文台里去做。1881 年发表的测量结果很令人失望：没有观测到地球相对于以太的运动。六年后，迈克尔逊和同事爱德华·W. 莫雷在克里夫兰又重复了这个实验，这次的灵敏度更高，但是这个实验只是再度确认了波茨坦的惊人发现。1907 年，迈克尔逊成为第一个获得诺贝尔奖的美国人（不是因为他的以太实验，而是类似的光学仪器），当时他安慰自己道：“我必须承认，为了研究这个课题虽然发明了干涉仪，但这个实验的结果是否定的。”

但是没有人愿意回到哥白尼以前的地球中心说的观点上，或者认为从迈克尔逊—莫雷的实验可以推导出地球是相对静止的。相反，杰出的理论家正致力于证明不可能观测到的相对于以太的相对运动。在这些努力中，H. A. 洛伦兹的理论为我们提供了非常有价值的参考：虽然洛伦兹的理论仍然是致力于解释以太，但是它已经非常接近相对论了。对于爱因斯坦来说，运用通用定理重新组织洛伦兹的理论，就成为自己时空概念的试金石。

1877 年,当时不到二十五岁的洛伦兹应邀赴荷兰莱顿大学任新设立的理论物理学主席。在十九世纪九十年代,经过十五年的艰苦工作,他又发展了一种新的电动力学,“电子理论”。他在这个理论中所采用的术语不断变换,反映出在十九世纪的后十年,物理知识的迅速发展:在 1892 年,他只是简单地提及“带电粒子”;在 1895 年,在他的综合性文章《运动物体的电力和光学理论的尝试》中,他把这种带电粒子称为“离子”;而 1899 年以后,发现带电轻粒子两年以后,他把这些轻粒子叫做“电子”。在以太中,场存在于带电粒子之外,并且通过发力给带电粒子反作用于物质,这种力被称为“洛伦兹力”。在这个基础上,洛伦兹建立了一个包括当时所知道的所有电磁和光学现象的理论,即使对于新现象,这个理论也有它的自身价值。

1896 年,洛伦兹的助手,编外讲师 P. 季曼成功地观测到磁场的分散光谱线。这个结果是洛伦兹理论的伟大胜利,因此,洛伦兹和他的助手获得 1902 第二个诺贝尔物理学奖。即使在晚年,每当提到洛伦兹的理论,爱因斯坦都表现得十分积极:“这是在以经验为基础的科学上所取得的一项非常富有逻辑性、简明和完美的成果。”

的确,在洛伦兹的理论中,相对性原理不能通过力学的伽利略不变找到表达式。从伽利略的角度来看,他的理论反映了某种相对论,即在统一的直线运动中,实验人员没有办法辨别他们是静止的,还是处在协调一致的运动中。但是即使这种论述也需要花费很大力气。洛伦兹用他的“相关状态”原理解决了相对于以太运动的问题。通过巧妙的手法,他成功地把运动的惯性系统中电磁波的数值与麦克斯韦方程严格适用的系统——静止的以太联系起来。为此,他在运动系统中引入了辅助解释,称为“当地时间”,而“绝对时间”是由空间坐标决定的。在物理学理论中,这是第一次调整时间参数,十分具有挑战性。对于洛伦兹来说,“当地时间”只是数学技巧,对传统的时间观念没有什么影响。总之,他只是发明了一种技巧,使理论与观测到的结果相符,巧妙地解释了第一数量级的实验结果。

对于像迈克尔逊—莫雷实验的第二级效应,洛伦兹必须求助于另外一个假说,乔治·斐兹杰惹也同时独立地提出了这个假说。根据这个假说,一个在以太中运动的物体的大小在其运动方向上缩短了,大小是与速度有关的因子:$1/(1—v^2/c^2)^{0.5}$

洛伦兹认为这种收缩是由力产生的,是由带电粒子与以太之间的相互作用产生的压缩引起的。

洛伦兹因此提出了在光速范围内,以任何速度运动的系统中电磁现象的一致性原理。这是他 1904 年的综合论文,克服了早期的估计和近似,对于所有 V/C 的任何数量级都适用。洛伦兹成功地发展了麦克斯韦的理论,对所有的物理学家产生了巨大影响,特别是在德国,这个理论被看成是抛弃以传统力学为基础的物理学。包括力学在内的所有物理学现在都要在"世界的电磁图像"框架中进行重新修正。

亨利·庞加莱是当时世界上最著名的数学家,在基础理论和应用方面具有划时代的贡献,特别是在物理学上。庞加莱非常欣赏洛伦兹的理论,但是同时批评洛伦兹为所有新的实验结果建立了一个又一个假说。他不仅鼓励洛伦兹去修正自己的理论,与此同时,庞加莱自己对于洛伦兹理论中的关键分析和数学结构做出了重要贡献。

1900 年,在庆祝洛伦兹获博士学位二十周年时的一本纪念文集提供了一个非常好的机会。在庞加莱的祝贺文章中,除了一些其它事情外,他指出洛伦兹的"当地时间"可以理解为等价于一个与光信号同步的时钟过程。四年后,在美国圣·路易斯的世界展览会期间举行的具有真正美国风格的艺术与科学国际大会上,庞加莱提出了洛伦兹的"当地时间"与时间测量之间的有趣联系。因为庞加莱是国际上的知名权威,他应邀作专题报告《关于数学物理的现状和未来》。

在相对论原理部分(这是第一篇含有这个名字和主题的文章),庞加莱解释了他的同步过程,这种同步过程的结果是在不同的惯性系统中,各个时钟的时间不同。庞加莱也沿用了洛伦兹的"绝对时间"概念:"这样同步的时钟显示的不是系统的绝对时间,而是所称的'当地时间',所以在参照另外一个时钟时,这个时钟就慢了。但是这并不会产生什么影响,因为我们没有什么办法确认这种差别。"因为所有的事都是精心安排的,所以实验者根本不能确定他们是在运动中,还是处在相对静止状态,这就是相对性原理所论述的现象。

这个报告还暗示未来物理学的一些其它发展。实际计算和实验明确反映出,电子的质量不是恒定不变的,电子的质量是由它们的速度决定的。

如果能够验证这些结果，将会产生一个全新的力学，其特点是任何速度都不能超过光速，就像任何温度不能低于绝对零度一样。对于处于某种变换中的观测者本人来说，毫无疑问，任何速度都不会超过光速。

这是第一次指出不仅在光学和电磁学，而且在力学原理的构造之中，光速具有非常重要的作用。

在第二年出版的《电子力学》中，庞加莱没有采用这个影响深远的假设。从物理学的角度讲，这篇文章并没有超越洛伦兹的理论，只是把其中的数学结果进行了发展。庞加莱在三维空间坐标上又加上时间坐标组成一个"四维矢量"，可以用传统的欧几里得几何学研究这些结构。洛伦兹原理的变换方程一方面协调"当地时间"和绝对时间，另一方面通过洛伦兹收缩与空间坐标发生关系，现在把这个方程推广到四维空间。庞加莱同时证明，所说的"洛伦兹变换"在形式上类似于数学上的"群"，它的主要特征是，两个连续的洛伦兹变换产生一个可以容许的变换。具体地说，速度的增加不是简单的数学过程，应该是两种速度的结合，得到的结果永远比光速小。

这是在以太物理中，洛伦兹和庞加莱所能够得到的电磁学结果。但是，现在有两种形式的原理摆在人们面前。一个是关于物质、力学的物理学，包含强有力的相对论和伽利略变换不变原理；另一个是关于以太、电磁学的物理学，为了解释无法观测以太的运动而引入了洛伦兹变换。理论学家们早已意识到这种冲突，但是他们默认了。本世纪初，除了亨利·庞加莱的一些预言性概览外，在所有讨论中从来没有明确指出这种冲突。

这种冲突是在专利局工作的三级专家爱因斯坦科学研究的中心。1905 年 9 月，庞加莱《关于电子的动力学》文章在巴黎发表时，爱因斯坦也准备出版他的关于这方面的理论和其它问题的文章。这篇文章就是出人意料的相对论。

从爱因斯坦这篇文章的原理结构上，看不出智力投入，只是经过一些蜿蜒曲折的道路，最后得到了答案。这篇文章不需要任何脚注，在许多方面这篇文章都是举世无双的，文章中没有引用一篇参考文献。从 1903 年到 1905 年仅存的几封信中，没有发现爱因斯坦是怎样想到相对论的，所以对其思想的任何再现只能来源于现存极少的文献，或者爱因斯坦的科技论文中的罕有的暗示，当然也包括爱因斯坦自己的回忆。在 1946 年自己写的讣告中,爱因斯坦指出:“现在六十七岁的人与五十岁、三十岁和二十岁的人不同。所有的回忆都被现在的我歪曲了,换句话说被骗人的观察角度歪曲了。”在去世的前两周,爱因斯坦告诉一位年轻的科技史学家说:“我经常发现自己对有关思想的起源了解很少。”虽然爱因斯坦的这些回忆是不连贯的,有时甚至是相互冲突的,但是爱因斯坦的回忆一直是我们最好的,显然也是最有趣的信息来源。

爱因斯坦经常描述他十年思想孕育时期的开始:在阿劳学习期间的一次脑力实验。他曾经描述一位追赶光线的观察者,这位观察者所看到的现象应该与一位冲浪者在浪花中见到的情景一样,即发现两个浪锋是相对静止的。由此类推,对于光的情况,空间振荡的电磁场是相对静止的。

但是不论是在经验上,还是根据麦克斯韦方程,这样的事情似乎并不存在。但是在直觉上,一开始似乎就很清楚,对于这样的一位观察者,他所见到的情况应该完全符合相对于地球静止的一位观察者目睹的情况。但是第一位观察者怎么能够感知,或者发现自己是处在迅速的协调运动中呢?

这个悖论清楚地指出在物理学基础上存在的缺陷。一方面是力学,根据力学原理,一个观测者以光的速度,或高于光的速度行驶都是可以理解的;另一方面是电力学,根据电力学理论,这个观测者所见到的现象显然是不存在的。这就是为什么一位观察者,或者任何物体都不能达到光速,即对任何观察者,在任何惯性系统中,不管这位观察者行驶的速度多快,他的速度都是有限的。回顾过去,爱因斯坦认为那个悖论中已经存在狭义相对论的萌芽了。他后来说,这个脑力实验一直伴随着他,就像一个内部磁盘一直指引着自己去揭示物理学的重要内涵。

在工学院三年级的暑假期间,在给米列娃的一封信中,爱因斯坦再次提到这个老问题。借助于亥姆霍兹和赫兹的理论,这位年轻人非常自信地写道:

> 我越来越认为今天一直沿用的运动物体的电力学与事实不符,应该存在一种简单方法描述它。我认为这样的问题是由于“以太”引起的,这种介质的运动没有任何物理意义。

一个月以后,显然与斐索的著名实验有关,爱因斯坦想出一个好主意,研究一个相对于发光以太作相对运动的物体对光在透明物体中的传播速度的影响,并且得出了一个原理。从某种意义上讲,爱因斯坦终于找到了事物的根源,尽管他怀疑自己关于以太运动的描述有什么意义。作为一位出色的实验专家,他打算通过观测解决这个问题。

几乎同时,爱因斯坦设计出另外一个实验。虽然他不了解迈克尔逊—莫雷实验的细节,但是他的这个实验与之很类似;由于他的“老板”韦伯对这个实验持怀疑态度,因此这个实验没有进行下去。失望之余,爱因斯坦转向阿琛的威廉·维恩。我们不知道爱因斯坦是否收到过维恩的回信,或者得出什么结论,但是在工学院的最后一年,他十分关心相对运动的问题。

考试结束以后,在找工作期间,爱因斯坦满心希望能完成这篇关于相对论的文章。我们不知道这篇文章的内容是什么,也不知道爱因斯坦曾经设想的另外一个实验是什么。他告诉老朋友格罗斯曼说:“我现在想出一个非常简单的方法研究物体相对于发光以太的相对运动,这个实验完全基于普通的干涉实验。只要无情的命运给我足够的时间和平静就好了!”1901年底,他又重新研究这个理论:“我正在紧张地研究运动物体的电动力学,这是一项非常重要的工作。”他曾经怀疑过自己的思想,但是后来发现只是一个非常简单的计算错误破坏了整个工作,因此又兴高采烈了:“我现在比以往更加自信了。”但是我们还是不知道他对什么自信。

爱因斯坦一定向苏黎世大学的克莱纳教授谈过他的主意,这位经验丰富的物理学家对他的主意很感兴趣,并建议他发表有关运动物体上光的电磁理论和实验方法。爱因斯坦向米列娃总结他与克莱纳教授之间的谈话说:“他认为我提出的方法是最简单的和最方便的。我对此感到非常高兴。在几周之内,我一定会写成这篇文章的。”然而,他可能又一次过于乐观了。

在书写自己的想法时,爱因斯坦一定遇到了什么困难,因为他不仅没有发表这篇文章,反而决定重新学习洛伦兹和德鲁得关于运动物体电力学的文章。以前的一位同学,现在是一位助手的雅各布·埃拉特为爱因斯坦提供有关文献。不论爱因斯坦读了多少文献,但是他并没有得出什么可以发表的结果。一年后,在伯尔尼专利局工作时,爱因斯坦又一次全面研究电子理论。

爱因斯坦现在根本不相信以太的说法了。即使在学生时代,他就认为电力学可能成为电力和磁场在真空中传播的运动理论。根据索络文的描述，庞加莱在他的《科学假说》里已经把以太看成是一种假说，只是为了容易解释现象而引用的工具，他甚至预言，总有一天，以太会因为没有必要而被抛弃。爱因斯坦可能会把这个预言理解成是一种建议，但是那时的爱因斯坦已经比这位伟大的数学家更认为以太是多余的了。

当时在专利局的同事 J. 索特打算与爱因斯坦谈论自己关于麦克斯韦理论的力学以太模型，爱因斯坦对此一点也不感兴趣，并且一再声称自己是一位异教徒，索特可能从中感觉到爱因斯坦的这种倾向。对于辐射理论的深入研究使爱因斯坦更加深信，麦克斯韦的理论不能描述辐射的微观结构，因此也就不是普遍适用的。这种想法使爱因斯坦最终产生了关于光量子的"启发性观点"，并且彻底抛弃了以太。

在去世的前两个月，在回答发展相对论原理时自己的知识状况时，爱因斯坦说道："在 1905 年，我只知道洛伦兹在 1895 年发表的论文，而不知道洛伦兹后来的工作，也不知道庞加莱的工作。从这种情况来看，我 1905 年的工作是独自完成的。"非常可能，爱因斯坦在伯尔尼见不到洛伦兹 1904 年发表的文章，这篇文章发表在阿姆斯特丹科学院的会议纪要上，第一次以普遍适用的形式提出了"洛伦兹变换"，但是爱因斯坦所了解的一定比洛伦兹 1895 年的论文内容多。

在伯尔尼工作期间，爱因斯坦对《年鉴》的热情似乎并没有减少，而且还是一位经常的撰稿者。虽然他曾经抱怨在空闲时间，图书馆是关闭的，但是他应该没有什么困难坚持阅读其中的文章。而且在他的工作中，有时也需要到市或者大学的图书馆查阅资料，所以除了电器工程的文章外，他可以阅读物理杂志。此外，格鲁纳教授一定还借给他许多出版物的摘录。

如此看来，爱因斯坦似乎不可能没有看到哥廷根的编外讲师马克斯·亚伯拉罕的七十五页论文《电子的力学原理》。他一定读过亚伯拉罕 1904 年发表的文章《关于辐射和辐射压的理论》，至少读过其中的注解，因为在爱因斯坦写论文时，可以找到这些文章。在同一年，爱因斯坦可以读到威廉·维恩在《年鉴》上发表的文章《运动物体电力学的微分方程》，其中包含许多最新的参考文献。他一定读过维恩与亚伯拉罕随后的争论，争论中不仅引用了洛伦兹当年的著作，并且对它进行了全面概括。杰出的斯特拉斯堡的理论学家 E. 科恩也在《年鉴》上发表了他的现象学反映《关于运动物体的电磁场》,这是另外一种形式的洛伦兹原理。

那些年实验方面的最重要的贡献是 W. 库夫曼在电磁场中测量了电子的偏转,测量的结果发表在 1900 年创立的《物理杂志》上,这份杂志当时在伯尔尼可以见到。事实上,爱因斯坦一定非常积极地探讨过用亚伯拉罕和维恩理论处理过的问题。

在这篇文章中,讨论了光速是电子运动速度的极限,同时,维恩声称,要超过光速需要无穷的能量。具体地说,电子的质量随着速度的增大而增大,是所有物质电磁场的发源地,更重要的是这个观点与“电磁世界图像”和力学变换形式相符合。

尽管这些科学家在物理学上具有高超的技艺,在数学上具有很高的鉴赏力,对于爱因斯坦来说,本世纪初提出和讨论的理论还是不完善的,因为他们仍然坚持把以太作为静止的参照系。同时,对于人们习惯的电力学中的不对称性,使爱因斯坦很不开心。这个实验与 M. 法拉第的经典实验有关,对于爱因斯坦来说,这是一个非常重要的实验。关于这点,我们可以从爱因斯坦文章的字里行间里感受到。这篇文章是爱因斯坦在 1920 年给英国期刊《自然》撰写的相对论专刊文稿。准备好这份手稿后,爱因斯坦向他的翻译人员抱怨说:“很不幸,这篇文章太冗长,我非常担心它是否能在《自然》上发表。”事实上,《自然》上刊登了这篇伟大文章的删节本。我们非常幸运地得到了这份三十一页的手稿。

在十九页客观教诲的说明和展述之后,爱因斯坦抛开纯粹单调的科学论述,向人们展示出他那惊人的洞察力:

> 在狭义相对论的建立过程中。不是以前提到的思想,而是后来的法拉第电磁感应思想起了非常重要的作用。
>
> 根据法拉第的电磁感应定律,当磁铁相对于闭合线圈进行相对运动时,就会产生感应电流。至于是磁铁运动还是线圈运动没有什么区别,只要是相对运动就可以了。而根据麦克斯韦—洛伦兹原理,对于这两种情况的理论解释却是十分不同。
>
> 如果是磁铁在运动,空间存在一个随时间变化的磁场,根据麦克斯韦理论,产生了闭合电力线,一个物理上真正的电场;这个电场作用于

导体中的自由电荷,产生了电荷的运动,形成电流。

如果磁铁是静止的,而电线圈是运动的,那么就不会产生电场。相反,导体中产生的电流是由于线圈在相对于磁场相对运动过程中,产生了洛伦兹假设的电力作用在导体上电荷的结果。

爱因斯坦在这里所描述的是法拉第在1831年发现的,在统一电场和磁场的道路上的一个里程碑。除了原理的重要性外,法拉第实验还有许多应用成果:它引起了发电机的出现产生电流,同时发明了电动机利用所发出的电。作为电器工程公司世家出身的爱因斯坦,一定从他的叔叔雅各布那里了解到有关电器设备的知识。对于理论解释中存在的困难,在苏黎世工学院学习期间,爱因斯坦一定在麦克斯韦理论的教科书中遇到过。在这本教科书的第五章《运动导体的电动力学》中,弗普尔从相对论的角度分析了磁铁和导体的各种运动。

爱因斯坦的朋友和同事贝索认为是他在谈话中首先提出了相对论问题,所以参与了相对论原理的形成。作为一位电器工程师,贝索知道麦克斯韦理论在电磁感应方面表现为电力形式,电力的产生取决于交流发电机的感应器是静止的还是转动的。在学生时代,爱因斯坦就意识到这个问题,所以,他与贝索的谈话只是给出相对论一个非常清晰的轮廓而已。

让我们仔细研究一下,爱因斯坦从法拉第实验的不对称性描述中得出了什么结论:

> 对我来说,很难让人接受这是两种完全不同情况的说法,我坚信两者之间的不同只是观察者所选择的观察角度不同而已。如果从磁铁的角度看,当然没有电场存在了,但是从电线圈角度来看,电场显然存在。根据所采用的坐标系的运动状况,电场的存在只是相对的。只有把电场和磁场结合起来,而不考虑观察者或坐标系统的运动状态,这才是确定的客观实在。这种电磁感应现象使我想出了相对论原理。

从上面论述的脚注中,我们可以看出爱因斯坦并没有认真考虑过麦克斯韦—洛伦兹原理的变化形式:“最难克服的困难是真空中光的速度不变问题,开始时我曾经打算放弃这个观点。”这是爱因斯坦仅有的几次打算抛弃光速不变,去研究固有理论。光速不变只是相对于位于光源的观测者而言,而与光源作相对运动的观测者会测出不同的光速值,这个值取决于观测者相对于光源的速度。这种说法不仅值得称赞,而且与爱因斯坦的光量子理论一致。

爱因斯坦又重新回到内容丰富的洛伦兹原理上,光速与光源的运动状态无关,这将是未来所有理论的主要部分,虽然这种说法与力学中的相对论相冲突。这种冲突再一次使爱因斯坦陷入以前的矛盾之中。后来,他把这种进退维谷的处境总结如下:

> 从力学角度来讲,所有的惯性系统是等同的。根据经验,这种等同性也应该对光学和电磁学适用。但是在电磁学理论中,这种等同性似乎并不存在。在早期,我认为这是由于理论系统的不完善造成的。找到并去除这种不完善的想法使我心里很紧张,经过了七年的探索,我终于通过修改时空概念,找到了解决方法。

"普通科学"所熟悉的方法不能去除这些"不完善",即使在水准很高的《年鉴》上,也没有文章能够解决这个问题。在一篇悼念文章中,爱因斯坦描述了当时是多么强烈地意识到这些困难,并且执著地寻找答案:

> 根据所掌握的事实,通过创造性的努力,我对发现真理越来越感到失望。我越是倍加努力,越是确信,只有发现一个真正普遍适用的规律,才能使我们得到可靠的结果。我认为热力学是一个模型。在关于它的定理中,叙述了一个普遍规律:自然规律具有这样的特性,不可能创造一种永远的运动(不论是第一种形式,还是第二种形式)。但是怎样才能发现这样的一个原理呢?

在爱因斯坦还没有发现这个普遍规律之前,他已经知道,由于自己潜意识承认时间和同时的绝对性公理,注定解决这些似是而非的问题所做的努力是失败的。在爱因斯坦修改时间之前,从潜意识过渡到意识阶段,时间到底是什么?

很久以前,不是第一位被时间困扰的人,圣·奥古斯丁就提出同样的问题:"时间是什么?如果没有人问我时,我知道它,但是让我解释时,我又不了解它。"现代物理之父牛顿却不是这样的,他不太关心时间的内涵,而是非常关心行星系统的规律和力学的逻辑性。他认为一个绝对、真正和数学的时间(或者叫做日期)是以不变的方式飞逝的,与任何外界事物无关。牛顿自己一定意识到他的这种解释是循环的。这种独立于物质世界之外的绝对时间是恒定的,也就是在任何地方都不能测量的。我们所测量的只是另外的不同东西:是一种相对的显而易见的普通时间。根据牛顿定律,这种时间是敏感的,是运动过程的外部测量(不管测量的结果准确与否),用像小时、天、月和年的普通时间广泛地取代了绝对时间。人们对于时间概念的不规则认识,当时时钟的不精确,以及地球的公转给自然界最好的计时设备带来的微小误差,这些显然强化了牛顿认定绝对时间和相对时间的区别。牛顿甚至想到,如果没有运动,普通时间会被测量得更准确。但是这并没有影响绝对时间的存在和恒定;接近绝对时间是一项科学任务:真正或者稳定前进的绝对时间是恒定不变的。

绝对时间,虽然不像以太那样是一种物质,但也被认为是客观"事物",存在于空间但独立于空间、物质,以及它们的运动状态。如果有人在伦敦确定时间"现在",那么这个"现在"不论在汉堡还是北京都是一样的,并且对于月亮和天狼星都是一样的。这种观点不仅与人们的时间观念一致,而且与牛顿力学一致。根据牛顿的引力原理,引力在太空中是同时传播的,所以掉在地球上的一块石头一定"同时"影响着月球,虽然这种影响太小,无法测量。这就是为什么几百年来所有的人,特别是数学家和物理学家对牛顿时间非常满意。爱因斯坦后来讽刺这种思想是一种只有魔鬼才可以感受到的永恒的统一,而他们是无所不在的。

学生时代,爱因斯坦就从马赫那里了解到"绝对时间"没有任何意义。在《力学》中,马赫指出绝对时间在任何地方都是不可以测量的,所以也就没有实际意义和科学价值;没有人一定要强调自己了解绝对时间,这是一个没有用的"形而上学"概念。马赫的强硬语言一开始对物理学并没有什么影响,但是这种批判的思想对这位具有反叛心理的学生却产生了很大影响,这位学生可能还记得,除了时钟记录和确定的时间跨度之外,时间本身并没有时间。

在研究庞加莱的理论时,爱因斯坦认为只是为了方便才发明了时间。在《科学假说》中,庞加莱不仅反对"绝对时间",同时也反对不同地方的即时性:"我们不仅没有两个时间相等的直接经验,我们甚至也没有发生在不同地方的两个事件的同时性的经验。”1898 年，庞加莱在一本哲学杂志上发表的文章《时间测量》中提到了具体细节。物理学家们很少能读到这份杂志。

根据索络文的描述，奥林匹亚科学院的成员们如饥似渴地学习庞加莱的书。如果当时他们没有见到过那篇论文，这实在令人吃惊。庞加莱总结到，在测量时间之前，我们首先应该定义时间，不是以专横武断的形式，而是以自然规律的最简单形式。对于两个事件或他们的连续事件，时间等同概念的定义应该符合自然规律的最简单形式。换句话说，所有这些规则，所有这些定义只是无意识的乐观主义结果。

这种无意识的乐观主义在人们头脑中产生很大影响，因为天真的时间概念和牛顿引力理论汇聚于此。通过引入变换了的“当地时间”$t'=(t-vx/c^2)$作为相对于以太运动速度为 v 的参照系，洛伦兹的电力原理把这种时间概念升华到乐观主义的程度。但是洛伦兹仍然坚持“绝对时间”，而把“当地时间”看作是一种数学形式。

通过光信号校准时钟的方法，庞加莱给出了洛伦兹的“当地时间”的物理解释。作为创建相对论原理非常重要的方面，爱因斯坦也同样引用过这样的程序。这说明庞加莱的思想已经非常接近相对论的思想了。事实上，与洛伦兹一样，庞加莱从来没有打算进一步修改时间概念，认为通过光信号校准的时钟显示的不是绝对时间，而是所称的“当地时间”。就这样，庞加莱没有摆脱洛伦兹理论的框架，从而使相对论被另外一个人发现了。

爱因斯坦在 1905 年的文章中没有显示出他的天才之作的当时背景，后来他抱怨说，这篇文章写得太简短了。关于这方面的背景介绍出现在 1907 年底给《放射性与电子年鉴》写的一篇回顾文章中（简称为“年鉴文章”）。“现在看来只有精确地定义时间概念，我们才可以克服这些困难。我们所要做的就是把 H. A. 洛伦兹引用的辅助术语‘当地时间’定义为‘时间’，这样最纯粹和简洁。”

爱因斯坦后来的评论文章更加简短。1920 年，他写道：“经过多年研究，我意识到困难的主要原因是对于基本力学概念的武断。四年后，通过修改同时性概念，重新赋予它具体形式，我得出了相对论原理。”没有进一步的细节说明。当人们谈论相对性原理的起源时,爱因斯坦用一种奇怪的方式表达,把相对性原理产生的时间叫做"步骤"。由此,我们了解到相对论产生的确切日期是那个美丽的5月之夜,当时爱因斯坦正在与贝索讨论困扰贝索的问题,而且我们知道爱因斯坦是通过分析时间概念得到答案的。但是,他们两个人讨论了些什么,这个重大的想法是怎么出现的,不久爱因斯坦又是怎样解决这个问题的?所有这些都消失在5月这个夜晚的黑暗之中了。

爱因斯坦在与贝索的讨论中可能发生什么呢?可能当时摆在这两个朋友面前的是庞加莱的文章,文章描述了庞加莱的相对于洛伦兹"当地时间"的时钟同步方法,也可能是1904年在圣·路易斯的讲座,或者是洛伦兹纪念文集中的文章。一年后,在另外一篇文章中,爱因斯坦曾经引用过这篇文章,所以他在伯尔尼一定研究过这篇文章。至于庞加莱的讲座《数学物理的现状和未来》,爱因斯坦可以在当时广为传阅的杂志,刚刚出版的文集《科学价值》中,或者它的复印件中找到。可能在爱因斯坦与贝索的讨论过程中,他们发现了庞加莱自己没有意识到的方面。两位当时都对"绝对时间"持怀疑态度的朋友可能要问这样的问题,如果庞加莱所定义的时间不是洛伦兹"当地时间"的一种数学形式,而是物理学家可以想象的有意义的概念的话,那么结果会是什么样呢?无疑,这会得出每个惯性系统都有各自不同的"时间",但是对于任何一位观察者,光速的恒定将隐含在庞加莱的同时性定义之中,通过辛苦的修正理论可以得到它。

这个大胆的思想后来一定正中要害,因为爱因斯坦轻而易举地从这个修改的概念中得出"洛伦兹—斐兹杰惹收缩"。而为了解释这种现象,洛伦兹在自己的原理中不得不引入一个完全独立的假说。爱因斯坦没有借助任何假说,就得出了当地坐标变换。作为经验丰富的电力学家,爱因斯坦仔细研究了这些变换中麦克斯韦—洛伦兹方程的表现形式。通过整夜的计算,爱因斯坦得出这个方程保持不变,并且,从这些变换中可以得出电子论中引入的独立假说"洛伦兹力",至此所有的问题都成功地得到了解决。相对性原理和光速恒定的普遍性,麦克斯韦原理和洛伦兹变换:这几个方面以非常巧妙的方式结合在一起,第二天早晨,爱因斯坦高兴地告诉他的朋友贝索,自己"完全"解决了这个问题。

这个发现无疑是爱因斯坦最强烈的体验。准备这篇文章所需要的五周时间对爱因斯坦来说,是最快乐的时光。事实上,他的快乐心情无法言表。对他的同事索特,爱因斯坦只说了一句话:“我无法表达我的快乐。”

第10章　相对论:时空理论的变革

从爱因斯坦的文章《关于运动物体的电力学》的结构和形式上,我们可以看出,作者不仅希望这篇文章发表在《物理年鉴》上,而且要使它在历史的长河中永存。作者非常细心工整地写出了这篇文章,结构新颖、明了。

纲领性介绍之后是"运动学部分",接下来是"电力学部分"。每一部分又分成五个小节。爱因斯坦向老朋友C.哈比希特许诺说:"你一定会对其中的运动学部分感兴趣的。"事实上,运动学部分的前两节只有五页,却包含了新的时空概念的所有主要内容。这部分的后三节,是通过纯粹推理得出的影响运动学时空结构的结果。电力学部分是刚刚建立的理论的实际应用,以一种全新的形式展示电力学的中心问题。

文章偏重于运动学,不仅对正在进行的争论是新的贡献,而且将要修改物理学的概念基础。

"运动学"是抛开力的因素的物体纯几何运动原理,当引入了力,就变成了物理学家所说的"动力学"了。同期的名人都在研究动力学,认为动力学理论的发展会给运动学带来一点修改。爱因斯坦的文章:《关于运动物体的电力学》,形式与内容并不完全一样。这篇文章提出并得出了一个新的运动学,因此开创了新的物理。

与关于光量子的"启发性观点"的文章一样,这篇文章也是通过列举矛盾开始的:众所周知,当把麦克斯韦的电力学应用到运动物体时,产生了一种似乎与现象矛盾的不对称性。爱因斯坦并没有指出这个原理是错误的,只是说其解释是错的。但是,这足以产生本质差异,因为在这种恰当的解释中,暗示在理论上这种现象应该是对称的。这种矛盾终于引发了传统概念的伟大变革。

事实上，大多数人都认为没有必要讨论这种不对称性，所以，文章开头只是概括地说："众所周知……"爱因斯坦通过多年思考的法拉第电磁感应实验来解释这种现象。虽然感应电流大小和方向是由导体和磁体的相对运动决定的，但是根据这个理论，运动磁体和静止的导体，以及静止磁体和运动导体这两种运动方式产生的结果应该是不同的，而实际上并没有发现这种"不可容忍"的不对称性。

接下来，爱因斯坦建立了这种"不可容忍"的不对称性与实验之间的惊人联系，提出了一个似乎完全不同的问题：类似的实验，以及验证地球与"轻介质"之间相对运动实验的失败，使我们必须承认，不仅在力学，而且在电力学中，没有一种现象的性质与绝对静止的概念相符合。

初看起来，导体与磁体的感应实验的理论描述与以太的漂移实验没有什么联系，所以能够找出它们与相对运动问题的紧密联系将是天才之作。麦克斯韦理论很难解释感应现象，只有相对论原理才是指明解决这些问题的灯塔。

一个包含绝对静止的系统将产生"不可容忍"的不对称性，但是以太漂移实验和其它方法都观测不到这种不对称性，应该把这个没有任何意义的形而上学怪物驱除出物理原理的大门。为此，爱因斯坦接着写道：

> 正如第一数量级所证实的那样，在力学方程适用的所有坐标系统中，电磁学和光学定律同样适用。

这个说法可以说是伽利略船的新形式，在统一、直线运动的伽利略船中，船上的人不管从事什么力学、电磁学和光学实验，都无法判定他们是在运动还是处于静止。

紧接着，爱因斯坦把思维的整个过程，从阿劳学生时代的脑力实验到复杂的麦克斯韦—洛伦兹理论，压缩成隐含整个问题答案的一个句子：

> 我们必须把这个推测（它的内容将称为"相对性原理"）上升到一种假设，这种假设看起来似乎与前面的假设不相容，它的内容是，在真空中光的传播速度 v 恒定不变，与发射源的运动状态无关，光速对于任何观测者都是一样的。

这两个假设都与牛顿力学不相容。爱因斯坦的主要任务是证明这种不相容只是表面的。与此同时，爱因斯坦明确声称将证明“发光以太是多余的”，统治整个十九世纪的以太概念将被抛弃。在结尾处，爱因斯坦指出他的原理是以刚体运动学为基础，因为只要这方面的问题明确了，那么其它有关刚体、时钟和电磁方面的问题也就解决了。至此，爱因斯坦指出他的“新想法”将在具体测量时空距离方面重新解释时空，因为测量理论是所有物理学必要的、先决的理论。

没有人会认为这样简单的东西有什么必要。尽管洛伦兹原理十分复杂，测量时间的方法却是人们思想中根深蒂固的。即使是庞加莱，虽然在几个方面对洛伦兹理论提出批评，也没有取得突破性进展而修改时空。

在讨论爱因斯坦新的时空观念之前，有必要先研究一下他提出的两个假设——相对性原理和光速恒定的实验水平。这两个原理都与经验有关，但它们不是直接经验的结果。“相对性原理”是力学所固有的，不是以以太为基础的电力学所固有的。通过哲学思考和经验的结合，爱因斯坦把它发展成为普遍适用的假设，这是经验知识的一大进步。

根据假定的原理，在第二个假设方面，爱因斯坦的处理方法更加明了。事实上，光速与光源的运动速度无关只是经验的，可能是错误的。两年半以后，在《年鉴》的一篇文章中，爱因斯坦重新回到这个问题上：这个假设虽然具有一定真实性，但是否真实地反映自然界的本质，至少对于确定的运动状态中的坐标系统是正确的，而不是想当然的。实验已经验证了静止以太的洛伦兹原理。本世纪初，对于爱因斯坦的假设，还不能得到直接的实验证据，所以他的假设不可避免地与经验相冲突，必须通过实验验证。爱因斯坦认为，以麦克斯韦静止物体原理为基础，从这两个假设足以得到一个关于运动物体的简单而相容的电力学。通过这两个假设，借助于热力学模型，爱因斯坦找到了得出可靠结果的方法。

爱因斯坦迈出的关键一步是“修改”时空，更确切地说是仔细研究度量时间间隔的意义。时间的定义与这些假设一起建立了一个基础，据此，可以得出所有包含“狭义相对论”原理的推论。

产生这个原理的系统阐述鲜为人知。后来的阐述，包括爱因斯坦本人提供的，所强调的部分都有些不同，其它的教科书，以及非常热销的普及读物也都是效仿的。但是这种“新想法”清楚地体现在爱因斯坦1905年的文章中，特别是运动学部分的前几节。开头的论述是必不可少的，后面的几节只是简要地勾勒出主要部分。

这篇文章第一节的题目是《即时性的定义》。这听起来似乎并不重要，因为所有的人都认为自己清楚即时性是什么意思。但是爱因斯坦对即时的理解更深刻，并且把这个定义表达得更加明确。他从人们习惯的三维欧几里得空间和迪卡尔坐标系的“静止系统”出发，在此系统中，物体的运动可以通过它的坐标与时间的函数表示出来。许多读者一定要问，为什么要提及这种常规方法。爱因斯坦接着陈述道：“要给这样的数学表达赋予物理意义，我们首先必须澄清对于‘时空’的理解。”在此需要说明的是，这里所指的“时空”并不是过去所说的“时空”，通过庞加莱对于习惯的时间理解的批评，爱因斯坦指出我们有关时间的命题一直是同时事件的命题。为了使大家注意这个断言的重要性，在《年鉴》文章中，爱因斯坦非常谦虚地描述道：“例如，我们所说的‘火车七点到达’，意思是时钟的时针指向七点的位置和火车的到达是同时性事件。”

这样就定义了一个“时间”，虽然开始时是指时针指向的位置。任何一位考虑过时间的人，不管是否是物理学家，都可以把这个定义和似是而非的“时间”理解推广到整个宇宙，认为伯尔尼火车站时钟指针指示的“绝对时间”不仅是日内瓦和苏黎世的时间，而且也是月亮和天狼星上的时间。如果信号的传播是即时的或者传播速度无穷大，那么这种说法是正确的。

爱因斯坦所关心的是运动物体的电力学，这就是为什么在这里介绍光的速度问题（这个问题在麦克斯韦—洛伦兹原理中具有举足轻重的地位）。光的速度虽然极大，但还是有限的。这就是为什么爱因斯坦强调他所定义的即时性只适用于时钟的指针位置。当把发生在不同地方的一系列时间联系在一起时，特别是对于时钟距离很远的地方发生的事件时，就出现了问题。必须通过特别的时钟和实际的物理过程对不同空间的时间分配进行定义。

通过提出与庞加莱一样的同时性过程，爱因斯坦得出了时间分配原则。把两个完全相同的时钟分别置于不同的地点A、B，相对应的时间分别是“A时”和“B时”。

通过定义光从 A 到 B 所需要的时间与它从 B 到 A 所需要的时间相等，可以确定同一时间。假定一束光线离开 A 地的时间是 tA，在 B 地把光反射到 A 地时 B 处的时间是 tB，回到 A 地时 A 处的时间是 t′A。如果得出 tB-tA=t′A-tB，则两个时钟是同步的。

通过这个定义，处于任意位置 B 的所有时钟，根据 tB=1/2(t′A+tA)，可以由 A 处的时钟确定。

对于“静止系统”，我们从中得出了初步结果，根据经验，与麦克斯韦—洛伦兹理论一样，可以得出光在真空中的传播速度恒定不变。爱因斯坦这里的时间概念在本质上与牛顿的理论不同。根据牛顿的理论，“A 时”与“B 时”一样适用于整个宇宙。即使对关于静止以太的洛伦兹理论，这种新的时间定义也很有价值，基本上等同于洛伦兹的当地时间。庞加莱意识到了这点，但是没有深入揭示其本质。

另一方面，从这个看起来具有书生气的表达中，爱因斯坦得出了相当重要的结论。在下一节里，通过研究刚体、时钟和观测者的相对运动推导出这个结论。

在第二节《关于时空的相对性》的开头，爱因斯坦再次尽量精确地表述这两个假设原理。之后，他突然写道：“例如一个静止的杆，通过静止的量杆测量，让我们假设得出的长度是 L。”现在假定杆处于匀速 v 的运动状态，关于这个运动中的杆的长度，爱因斯坦叙述了怎样通过两个完全不同的方法确定它。

为把握起见，爱因斯坦提出了一个在静止系统观测杆的静止和运动状态。这种表达类似于洛伦兹理论所采用的静止以太，事情从此变得复杂了，即使是细心的读者也会迷失方向。为了避免发生这种情况，我们采用两个参照系的方法：这可能与爱因斯坦的文章有所区别，但并不影响论证结果。事实上，在下一节里，爱因斯坦自己也采用了这种介绍方式。

假定两个参照系 k 和 K，其中设有量杆和同步时钟，开始时都是静止和协调一致的。杆与 x 轴平行，在两个参照系中的长度是一样的，为 L。让杆与参照系 k 以速度 v 沿着 x 轴相对于参照系 K 匀速运动，杆在参照系 k 中处于静止，而相对于参照系 K 的速度为 v。杆在参照系 k 中的长度可以通过以下两个步骤得到。

首先让观测者确定静止在 k 中杆的长度。根据相对性原理，这个长度应该与相对于 K 静止的长度一样，为 L。任何的偏差都将破坏这个系统的等同性，也就违反了相对性原理。至此，即使没有相对性原理，也没有人会想到会有什么不同的事情产生，但第二步马上给人以一种惊奇。

在 K 中的观测者，杆相对于他的运动速度为 V，通过同步时钟可以确定杆端 A、B 两点以确定的速度运动。如果用 K 中的量杆测量 A、B 两点之间的距离，把得到的距离称为杆的长度，这就是运动杆在 K 系统中的长度 rAB。爱因斯坦声称，根据他假设的两个原理确定的长度与长度 L 不同。

这与我们几百年来已经验证了的物理学基本常识：杆的长度应该与它相对于观测者的运动状态无关不同。在《年鉴》文章中，爱因斯坦采用“几何形状”的术语代替相对于杆静止的观测者用量杆量取的长度；运动杆的长度是“运动学形状”。很显然相对于惯性系 K 静止的观测者，只可以确定相对于 K 的运动学形状，而不是几何形状。

为了确定在 k 中静止，而在 K 中运动的杆的运动学性质，假设一个时钟分别置于杆的 A、B 两点，这个时钟与 K 系统的时间同步，所以与 K 系统中的时钟显示的时间一致。另外，假设对于每个时钟，存在一个相对论观测者，这个观测者采用第一步骤中的同时性标准。在时间 tA，一束光从 A 发出；当时 B 处的时间是 tB，回到 A 的时间是 t′A。在脚注上爱因斯坦指出所有的时间都是系统 K 的时间。设在 K 中光速是不变的，去和回来的时间差为：

$$C(t_B-t_A)=r_{AB}+V(t_B-t_A)$$

$$C(t'A-t_B)=r_{AB}-V(t'A-t_B)$$

所以 $t'A-t_A=r_{AB}/(c+v)+r_{AB}/(c-v)$

如果 k 中的时钟是同时的，那么对于与杆一起运动的观测者，方程 $t'_A-t_A=2r_{AB}/c$ 成立。在 K 中 A、B 两处的时钟是同步的，但是对于 k 中的观测者来说却不是这样。爱因斯坦因此指出：“我们不必给同时性概念以绝对的意义，在某个特定坐标系中观测到的两个同时性事件。在相对于它运动的另一个系统中观测时，就不一定是同时的了。”有多少个惯性系统，就可以观测到多少个不同的“时间”：这是无穷的。这是爱因斯坦时间概念的主题，也是同时相对性的证明。

在第二节,爱因斯坦提到了空间的相对性,他提出在测量长度 r_{AB} 时,发现测量结果与 L 不相同,论述到此为止。从整个文章来看,在校对过程中可能丢失了一、两段。如果认为这是爱因斯坦留给读者自己去思考的话,那他显然没有把自己这种意图表达清楚。关于这段空白的原因一直没有令人信服的解释,既然已经描述了时间的相对性,空间的相对性就是显而易见的了。

总而言之,在前两节中,爱因斯坦基本上没有用太多的数学知识。

只有发现时间和空间的关系,承认所有惯性系统都有自己的时间,不同惯性系统有各自不同的时间,对物理学才有贡献。这是爱因斯坦这篇文章第三章“坐标和时间变换原理”的任务。没有借助其它任何物理假设和原理,完全依靠爱因斯坦提出的两个假设原理及时间定义,他提出了一个纯运动学推理。爱因斯坦这种抛弃其它假设,说明他打算使自己的理论成为普遍适用的理论。

假定两个参照系 k 和 K 有共同的 x 轴,参照系 k 以速度 V 相对于 K 运动;那么 K 相对于 k 的运动速度为 -v。在经典运动学中,根据伽利略和牛顿的时空观念,伽利略变换将是简单的关系式 $x'=x-vt$ 并且 $t'=t$,其中带′的坐标代表参照系 k,而不带′的代表参照系 K。如果在 K 中,光速大小为 C,那么根据伽利略变换,在 k 中,光速的值为 c-v。这个结果违反爱因斯坦的第二条假设原理:光速恒定不变原理,因此,应该有另外一个正确变换存在。

爱因斯坦通过光信号校准时钟的方法,在静止的 K 系统中,时间为 t,在静止的系统 k 中,同步时钟记录的时间为 t′,我们要找出 t 与 t′,x 与 x′的关系。经过很长的变换推导(共用了三十四页,与“运动学部分”一样,使用的全都是基本的数学知识),爱因斯坦得出:

$$x'=(x-vt)/(1-v^2/c^2)^{0.5}$$

$$t'=(t-v/c^2x)/(1-v^2/c^2)^{0.5}$$

这是洛伦兹一年前提出的关系式,庞加莱当时把它称为“洛伦兹变换”。但是,爱因斯坦当时既不知道洛伦兹1904年的文章,也没有看到庞加莱1905年6月的文章。因此,他可以声称1905年的文章是独立推导的。除此之外,对于这些变换方程的解释以及完全不同的论述也是爱因斯坦所特有的。

在文章的开头,就可以看出爱因斯坦推导的目的。在推导的过程中,没有任何的提示和解释,只有当最后的谜底出现时,人们才明白他的用意。这种推导方法使他的推理过程失去了一些优雅和严谨,所以很难令人相信爱因斯坦真的是通过文章中所采用的推理方法得到这个公式的。事实上,爱因斯坦后来再也没有采用这种笨拙的方法。

不管这种推导是否令人信服,爱因斯坦并没有遇到任何困难和使用什么花招就证明了方程的正确性,而且这些方程与光速的恒定不变性相符合。把洛伦兹变换应用到时空坐标系中,从坐标系 K 中发出的球形电磁波在坐标系 k 中也表现为球形波,并且是以光速运行的。因此,爱因斯坦解决了看起来似乎存在的矛盾,并指出这两个原理是相容的。

在《年鉴》的文章中,爱因斯坦从相反的方向开始,假设一个惯性系统的球形波传播到任何一个惯性系统都表现为球形波,推导出洛伦兹变换。这是当时盛行的手法。并且,几年后作为“经典”方法进入教科书中。

时间变换方程为:

$t'=(t-vx/c^2)/(1-v^2/c^2)^{0.5}$

这个公式比空间坐标方程更能说明爱因斯坦推导的公式是从牛顿的运动学开始的,这个变换公式把时间和空间紧密地联系起来了,是相对论四维世界的物理基础,其中的时间坐标作为第四轴。三年后,爱因斯坦以前的数学教授赫尔曼·明可夫斯基夸耀这个变换方程说:“从此,单独的空间和单独的时间都消失了,只有把它们两个紧密结合在一起,才能保持各自的自由。”明可夫斯基的表达不仅优雅,而且十分有价值,这种表述在教科书里经常见到。另一方面,明可夫斯基巧妙地把时间当作第四维空间,使误解的公众更加相信,相对论原理的数学方法十分复杂,作为如此深奥的天才创造,人们必须经过特别深入的启迪才能理解它。当然,事实并非如此,看到爱因斯坦如此简洁地表达出自己的思想,我们应该感到宽慰。

在第四节里,爱因斯坦利用洛伦兹变换,轻而易举地推导出关于运动刚体和运动时钟的结果。对于静止的观测者来说,以速度 V 运动的量杆在其运动方向上缩小为 $(1-v^2/c^2)^{0.5}$。洛伦兹原理已经得出过这个结果,只不过在洛伦兹原理中,这种收缩是由于以太相互作用而产生的电力效应,所以

“洛伦兹收缩”是不对称的，只适用于相对于以太运动的量杆。而在爱因斯坦的原理中，很明显，对于一个“静止”系统的静止物体，从协调运动的角度观测到的结果都是一样的。这是爱因斯坦的理论与洛伦兹的理论的重要不同。

对于爱因斯坦来说，这种收缩是纯运动学效应，是由于光速的有限性引起的，与任何力都没有关系。更主要的是，这种收缩是对称的：如果两个观测者A、B作相对运动，那么在B中相对静止的量杆对于A观测者来说变短了，而在A中相对静止的量杆对于B观测者来说也变短了。人们经常不解地问，这种收缩是否是“真的”或者是“显而易见”的，这种迷惑显然是漏掉了主要问题：我们可以测量的只是运动状态，对于任何相对于观测者运动的任何量杆来说变短了。

到目前为止，熟悉洛伦兹收缩的物理学家只需习惯爱因斯坦的纯运动学的对称解释就可以了；但是，即使是爱因斯坦本人也认为从运动时钟得到的结果是很“怪异”的。一开始，根据时间变换公式，通过简单表达和更简单运算，爱因斯坦发现与“静止”系统中测量的时间相比，运动的时钟变慢了。时间落后了$1-(1-v^2/c^2)^{0.5}$。

这种“时间膨胀”是洛伦兹原理中所没有的，那里只存在一个时间——“绝对时间”。这就是为什么爱因斯坦推导的结果，以及同时的相对性证明对于同行们是一个打击，至少是惊奇。爱因斯坦进一步推广、完善了这个“惊奇”。

假设一个系统由静止的时钟测量它的时间，如果A点的时钟以速度v向B点运动，所需时间为t，那么这个时钟到达B点时所指示出的时间，与B点同步时钟所指示的时间是不一样的，慢了$1-(1-v^2/c^2)^{0.5}$。由于任何数目的多边形都可以看成是由直线连接而成，不停地增加直线，直至在A、B两点间形成闭合曲线。关于时钟沿着一条直线运动的情形，可以延伸到沿着多边形运动，再把这些多边形近似成为圆滑曲线，爱因斯坦提出了一个令人吃惊的论述：“如果在A处有两个同步时钟，其中一个时钟沿着闭合曲线运动，最后回到A点，所花费的时间是t秒，那么当时钟到达A点时，将慢$1/2tv^2c^2$秒。”作为一位出色的物理学家，爱因斯坦又提出了一个实验方法：“置于地球赤道上的一个平衡轮时钟指示的时间一定比置于地球两极的相同的时钟所指示的时间慢一点点。”

根据爱因斯坦的时间定义和关于洛伦兹变换的观点，对于直线运动来说，时间膨胀简单而具有说服力，但是对于闭合运动的情况却不一样。在闭合运动中，两个时钟显然不完全相等，因为沿着闭合路径产生的加速度会破坏相对论所要求的对称性。因此，不仅拒绝接受爱因斯坦理论的人，即使那些相对论主义者，也由于这个难题而反对爱因斯坦那似是而非的结果。

这方面最著名的是“双胞胎悖论”。双胞胎悖论是以生物过程为根据，尽管规律性不充分，但是从物理学方面考虑，可以看成是一种时钟。1911年1月16日，在苏黎世自然科学协会的报告上，爱因斯坦首先讨论过这种思想，但当时并没有引起太大注意。几个月后，1911年4月，在博洛尼亚哲学大会上，法国物理学家P.朗之万在这方面进行了引人注意的描述，并引起了很大轰动。著名的H.柏格森是其中的一名听众，他像反驳爱因斯坦一样，受爱因斯坦思想的鼓舞。

朗之万讲述了一个设想的实验：一对双胞胎，一个留在地球上，另外一个乘坐火箭到太空旅行。飞行速度接近光速，在太空旅行的双胞胎回到地球时只不过两岁，而他的兄弟早已死去了，因为地球上已经过了二百年了。

这个双胞胎的反论与我们形成的时间观念相抵触，不论在当时还是在现在都很难理解。因为当时没有直接的时间膨胀证据，因此反驳相对论主要集中在时间的相对性上和违反直觉的结果上。五十年以后，在宇宙射线的某些基本粒子中，首次发现了时间膨胀是孤立的效应。1971年，在环球飞行的客机中携带的精确的“原子钟”显示出令人信服的时间膨胀效应。那时，相对论早已成为物理学的支柱了，因此这个结果只是进一步确认爱因斯坦在1905年就是对的。

在“运动学部分”的第五节和最后一节，爱因斯坦推导出“速度相加原理”。在伽利略和牛顿力学中，两个同方向的速度 v 与 w 的结合只是简单的数学相加 $U=v+w$。但是根据相对论原理，这两个速度的相加是另外的一种形式，光速在其中起了特别的角色。经过简单明了的讨论，爱因斯坦得出了有些复杂的表达式

$$U=(v+w)/(1+vw/C^2)$$

这个公式证实了整个理论所依据的爱因斯坦提出的两个原理中的一

个:光速的重要性及光同步时钟。还在研究洛伦兹变换的物理解释时,爱因斯坦就提出光速是不可超越的极限。现在,爱因斯坦更清楚的描述,比光速c小的两个速度v和w,根据相对性原理,它们的合速度永远不能超过光速c。并且,光速与其它速度叠加,结果也是不变的。即:

$$u=(c+w)/(1+cw/c^2)=c$$

最后,爱因斯坦推广到三个速度的相加,一直推广到数千个速度的叠加。爱因斯坦总结整个证明过程说,本应该是这样,时空坐标变换在数学结构上表现为群。

至此,在这篇文章的前十六页,爱因斯坦推导出符合两个原理的运动学的主要要素,构成了相对论原理的完整基础。文章剩下的部分是具体应用,进一步说明新的相对论观点的功效、文雅和深奥。

在文章的第二部分,"电力学部分",爱因斯坦首先研究麦克斯韦方法在真空中的变换形式。为此,爱因斯坦采用了习惯的列举公式方法,虽然表述笨拙,但思路清晰、计算简洁。文章不仅包括电磁场方程的洛伦兹不变,而且指出如果一个场相对于电荷是静止的,那么对这个电荷就没有作用力,并且可以解释独立公理"洛伦兹力"。

尽量减少一个原理的公理数一直被认为是智慧的胜利,爱因斯坦通过一篇措辞谨慎的物理论文取得了这种胜利。爱因斯坦认为洛伦兹力仅仅起到一种辅助概念的作用,引入这个力是因为电力和磁力不能独立于坐标系的运动之外而存在。爱因斯坦一口气写道:"当考虑磁体和导体相对运动而产生的电流时,文章开头提到的不对称现象消失了。"同样原因,在单极机器中所激烈争论的电力"位置"问题也就迎刃而解了。

在下一节,爱因斯坦把同样的方法应用到两个光学问题上:多普勒效应和星光异常。整个一节都是有关光线能量转换问题,同时提出光线在反射面上产生光压的理论。似乎三个月前没有写过光量子的文章,爱因斯坦采用"经典"方法处理电磁辐射,可能是不想让"非常革命"的光量子妨碍初次出现的相对论原理。经典物理在相对论原理的新情况下取得胜利,同时也说明相对论作为计算工具具有很大的应用潜力。

对于作用在镜子上的光压,爱因斯坦只用不到三页纸就得到了与经验和其它原理相符的表达式。一年前,通过现成的方法和四十多页稿纸,数学高手马克斯·亚伯拉罕在《年鉴》上解释过这个问题。

与电力学的大多数结果一样,爱因斯坦并没有声称自己发现了新东西;只有他的相对论方法是新的,在强调相对论方法的功效时,他说:“它把运动物体的光学问题变成静止物体的光学问题。”通过这种方法,可以比以往的方法更加清晰、明了和完美地解决有关问题。

在第九节,也就是倒数第二节,爱因斯坦描绘了有关运动电荷麦克斯韦方程的洛伦兹不变等,例如所说的电子理论基础。从中得出了重要结果,在洛伦兹变换下,电荷不变:电荷的数量和电性在任何坐标系中都是一样的。

这个重要的结果同时也是最后一节:关于电磁场中电子的电力学的开始,这样相对性原理应用到力学上了。这是一个蹩脚的失误,普朗克不久对此进行了更正,但是这个失误并没有影响接下来的讨论。爱因斯坦发现质量和动能与速度有关,同时光速是所有速度的极限,超光速是不可能存在的。

在文章结束时,爱因斯坦列举了电子运动的三个性质:速度和电子的磁场偏转率之间的关系;速度和静电场产生电压的关系;磁场中的曲度半径。关于快电子的实验已进行多年了,爱因斯坦至少应该知道其中的一些结果,但是他并没有提及这些结果,可能是认为它们与这里所提出的原理相矛盾。

这篇文章的结尾很新颖:表示谢意。爱因斯坦的文章没有参考书目,引用的名字只有麦克斯韦、赫兹和洛伦兹,代表相应的原理和陈述。这篇文章的结尾是这样的:“我的朋友和同事 M. 贝索在我研究这些问题时,一直支持我……对于他给予我的宝贵建议,我非常感谢。”

1905 年 9 月 28 日,相对论基础理论即将通过《年鉴》亮相于物理世界时,编辑们收到了爱因斯坦的一份补充。在不同寻常的标题《物体的惯性与它的能量是否有关?》下,爱因斯坦提出了最著名、最辉煌的结论:质量和能量是等价的,他的回答相当肯定。

可能是在文章的最后一节中,从质量的速度依赖性中,爱因斯坦已经意识到了这个问题,并产生了初步想法,但是他喜欢暂时保持沉默。他曾告诉老朋友 C. 哈比希特说:“关于电力学的文章,我又想到了另一个结论。”

结合相对性原理和麦克斯韦基本方程,爱因斯坦提出质量是一个物体所含能量的直接度量,光传播能量。由于辐射的原因,质量显然应该缓慢地减少。这个想法非常具有诱惑力；“但是上帝是否真的在微笑，并且引导我走向正确的路——我无法知道”。

这是第一次，但不是最后一次，爱因斯坦提及上帝。爱因斯坦并不是因为虔诚而提到上帝，而是隐喻我们需要去发现这位世界创造者的创造计划。爱因斯坦后来曾多次以不同的形式再次提到上帝。

当时已经有很多人在研究质量和能量的关系问题。至少在定量上，实验已经证实电子的质量取决于它的运动速度，这已经成为当时流行的理论。同时，“电磁世界图形”的拥护者们正在考虑质量是一种电磁效应，质量是电子电磁场的“固有”能量。哈森诺尔指出，封闭在真空中的辐射显然具有质量，并且与封闭的辐射能成一定的比例关系，并于 1904 年，获得了维也纳科学院的奖励。爱因斯坦应该看到哈森诺尔在《年鉴》上发表的获奖文章，但是他并没有提到这篇文章。

爱因斯坦处理问题的方式与众不同，得到的结果十分完美，并且具有很大的适用性。在这篇补充文章中，爱因斯坦考虑在两种相反的情况，处于静止和匀速运动系统中发出辐射的物体。爱因斯坦只用了不到两页的稿纸，就成功地推导出辐射能量变换的特性公式：“如果一个物体以辐射的形式释放能量 E，它的质量将减少 E/C^2。”考虑到物体释放出的能量没有必要一定要变成光能，他接着总结说：“物体的质量是其能量的量度；如果能量变化大小为 E，那么质量变化大小为 E/C^2。”

关于通过实验证明公式 $E=mc^2$，爱因斯坦有自己的想法：“利用能量变化比较大的物体（例如镭），或许可以通过实验证明这个原理。”爱因斯坦并没在意这个实验的可行性。

对于爱因斯坦来说，惯性质量和能量的关系非常重要。1906 年 5 月完成的第一篇关于相对性原理的文章主要是解决这个主题的理论方面。在这篇文章中，质量恒定原理被解释为能量原理的特殊事件。一年后，1907 年 5 月，爱因斯坦更加深入地验证 1905 年提出的这种假设的必要性和正确性。

1907 年秋，在《年鉴》上的一篇综合性文章中，爱因斯坦更加详细地论述了质能相互依赖关系，并且全面地讨论了它的实验方面。但是不论采用什么方法，所需要精确的测量手段在当时显然是不可能的。

考虑到当时的知识水平，可以理解为什么爱因斯坦把他的注意力集中到放射性分裂上。1911 年,原子核第一次在物理学中出现,而原子核的束缚能量不久就解释为“质量缺陷”。由于质谱仪的出现,并且在 1932 年发现了原子核的第二块基石中子,这些发明和发现使得人们想到,可以通过原子核的束缚能量来验证爱因斯坦的公式。几年以后,通过一系列核反应,十分精确地验证了爱因斯坦的质能公式。1937 年,质能关系被认为是实验确认了的物理学基础理论。

1945 年 8 月 6 日,爱因斯坦得知原子弹摧毁了日本城市广岛,当时,他一定会回想起四十多年前,在《年鉴》的一篇文章中写的:在放射性过程中,原子质量的很大比例转化为各种各样的辐射能,要比镭的辐射强度大得多。

第 11 章　接受、反对和称颂

在艺术和科学中,大家普遍认为,天才的特征是一个人的成就一直没有被他同时代的人认同。正如一次马克斯·普朗克所说的:“一个新的真理流行起来的过程,通常并不是它的反对者相信或者被说服了,而是反对者逐渐消失,年轻的一代开始熟悉这个真理。”如果这是普朗克这位学术界杰出科学家的亲身经历的话,那么对于伯尔尼专利局这位年轻的局外人,这种说法更加贴切。

但是,爱因斯坦没有什么理由可以抱怨的,事实上他对自己一年来发表的惊天动地的文章没有反应或认同从没有抱怨过。物理学家们对于他的理论一直是很含蓄和保守的,并且表示怀疑。当然也有一些人因为无法理解而表示反对,但是整个科技界接受了突然出现的天才思想,一些物理学家表现主动,一些物理学家犹豫,还有一些物理学家拒绝接受这个思想,但是绝对没有人忽视这个思想。

爱因斯坦的“非常革命”的光量子已经引起了很大关注和争论。1905年秋,专利局这位不知名的人非常荣幸地收到菲利浦·莱纳德的一个单行本。莱纳德是实验物理学家,1905 年诺贝尔奖获得者,他的光电效应测量是爱因斯坦“启发性观点”的基础。爱因斯坦非常感激莱纳德,告诉他自己怀着无比尊敬的心情研究收到的这个单行本。

从 1906 年 6 月 2 日普朗克的助手马克斯·封·劳厄给爱因斯坦的信中,我们知道这不是他们之间的第一封信;似乎普朗克给爱因斯坦写过信,因此爱因斯坦刚发表不久的光量子理论观点与这位著名的实验学家和最受尊敬的理论家的观点完全一致。正如我们所看到的,虽然爱因斯坦的文章得到同情的注意,但并不是接受,关于光量子理论,爱因斯坦独自一人坚持了近二十年,而他关于布朗运动的统计学解释很快就得到了同行们的认同。那么这些著名的物理学家对相对论的提出有些什么反应呢?

有关发明者被误解的老生常谈被妹妹玛雅清楚地再现出来了。爱因斯坦的文章发表二十年后,玛雅描述了相对论文章发表后,爱因斯坦的思想状态:“这位年轻的科学家曾经认为他在受人尊敬的广泛阅读的杂志上发表的文章将立刻引起关注……但是他痛苦地失望了。文章发表之后出现的只是冰冷的沉默。下一期杂志对他的文章也只字没提。”事实上,真实情况并不是这样。

显然爱因斯坦是一位意气用事、没有耐心的年轻人。作为《年鉴》经常的投稿者,他应该知道,从投稿到发表之间有两个月的间隔,因此 1905 年 9 月 28 日发表的文章,即使期间有人要说什么的话,也很难在圣诞节前出现有关评论。事实上,11 月底,在电子束实验的说明中,W. 库夫曼首次在柏林普鲁士科学院《年报》中提及了爱因斯坦的论文,爱因斯坦可能没有看到这份杂志。爱因斯坦的文章发表后,几位著名物理学家都非常关注他提出的概念,可能爱因斯坦没有及时知晓这些情况。

不管怎样,1906 年 5 月初,爱因斯坦可以心满意足地说:“我的文章得到很大程度的认可,并且引发进一步的研究,关于这方面普朗克教授刚刚给我写过信。”到那时,爱因斯坦的文章发表仅七个月。七年后,爱因斯坦对普朗克表达了自己的感激之情:“主要是由于他坚定而热诚地支持这个理论,才使这个理论很快引起这个领域的同行们的极大关注。”

我们不知道普朗克是什么时候开始给爱因斯坦写信的,也不知道信的内容是什么。虽然这些信件出自于这个领域的领袖人物,爱因斯坦显然认为自己有比保存信件更重要的事要做。同时,爱因斯坦给普朗克的信,大多数同普朗克的房子一起在第二次世界大战的空袭中毁掉了。尽管如此,无疑普朗克对相对论的支持和拥护起了决定性作用。

作为《年鉴》负责理论的编辑之一,普朗克在物理学界具有举足轻重的地位。他非常开明地从事这项工作,只是在很少的情况下,拒收要求发表的文章;对于“小有名气”的作者,除了明显的胡言乱语的文章外,极少拒收。对于已经发表了五篇文章,并且审核《年鉴》副刊的爱因斯坦,他的文章根本不存在发表的问题,可以完全由自己决定是否发表。虽然这篇文章的内容与自己的概念相冲突,普朗克还是毫不犹豫地接受了爱因斯坦关于光量子的《启发性观点》。6 月底收到的关于相对性的文章更是与众不同,即使在外观上也是如此:这是一篇很长的散文,更适合于哲学杂志,在叙述令人吃惊的想法过程中夹杂着一些几乎是讨厌的琐碎字句;文章最后是文雅但有些晦暗的电力学问题说明,没有什么东西超越洛伦兹的新理论。如果编辑拒收这篇文章,一定没有人怪罪他。

作为一位伟大的物理学家,马克斯·普朗克的伟大之处还表现在他处理这篇文章过程中并没有感到为难,反而特别加以注意。1905 年秋天,普朗克的助手马克斯·封·劳厄来到柏林时,他听到的第一个讲座就是普朗克关于爱因斯坦新发表的文章《关于运动物体的电力学》。在维尔茨堡也是如此:爱因斯坦的文章刚刚出版,一天早晨,威廉·维恩教授走进正在准备博士论文的学生教室,让雅各布·J. 劳伯马上召开学术讨论会讨论这篇文章。劳伯回忆说:“讨论相当生动热烈,非常明显,大家很难理解和接受新的时间概念。”

尽管存在这些困难,对相对论的兴趣仍在不断扩大,虽然不是像野火一样迅速燎原,但是在持续、稳固地扩展着。1906 年 9 月,伟大的伦琴屈尊向爱因斯坦索要了一篇单行本,他正在准备一个关于电子运动方程的讲座。1906 年,《年鉴》的编辑 P. 德鲁得在其光学权威新版书《物理学手册》的一篇有关光学的文章中,提到了爱因斯坦的文章。1907 年,爱因斯坦在工学院的前数学教授,现在的哥廷根教授赫尔曼·明可夫斯基和大卫·希尔伯特正在准备一个关于运动物体电力学的研讨会,因此向爱因斯坦索要一篇单行本。

年轻一代的物理学家也对爱因斯坦的思想很感兴趣。在柏林,在普朗克手下获得博士学位的 F. 力克把这个新理论带给布莱斯罗、M. 玻恩、鲁道夫、拉登堡和 S. 劳拉,并组建了一个由年轻人组成的活跃的相对论小圈子。当拉登堡向爱因斯坦要一篇单行本时,爱因斯坦非常高兴,并且马上寄去了三本,一本给拉登堡,剩下的两本给另外两位年轻人。

在慕尼黑,当时仅有的几位理论物理教授阿纳德·索末菲好像是在完成家庭作业似的。1906 年底,在给维恩的一封信中写道:“我现在正在研究爱因斯坦的理论，这些理论给我留下了深刻印象。”一年后，索末菲的思想产生了奇怪的变化，公开给洛伦兹写信说：

> 现在我们大家希望你对爱因斯坦这篇文章的整个思想状态进行评价。虽然它们是天才的杰作，对于我来说，这个不可理解、无法预见的教条主义似乎包含某些不健康的东西。一个英国人绝不会提出这种理论；这个理论可能体现的是犹太人的抽象概念特点。我希望你能用真正的物质生活成功地填充这个概念的框架。

不知洛伦兹是否回信，但是索末菲这样优秀的物理学家并没有停止这种出自“健康的民族常识”的攻击。事实上，几天后，他似乎直接给爱因斯坦写了一封信，并寄去了几本单行本，当然没有反犹太人的言论，1908 年 1 月，两个人仍然保持通信，但他们之间绝对没有忠诚可言。

许多年以后，或许这个事件产生了某种影响，关于索末菲，爱因斯坦写道：“对于这个人，上帝知道他骨子里在想些什么，对于我并不十分忠诚。”我们不知道是否洛伦兹给爱因斯坦看了索末菲的信，还是告诉了他什么？

1905 年以后，在相对论建立过程中最重要的人物是马克斯·普朗克。他不仅把相对论推荐给他的助手马克斯·封·劳厄和未来博士生库尔德·封·莫森格尔，而且首先发表有关爱因斯坦思想的文章，并进一步发展。

在这篇文章中，普朗克证明物理学基础之一的“最小作用量原理”在爱因斯坦的概念下仍然正确，使相对论与理论物理的先进思想联系起来。这个证据可以说明，普朗克在形成这个理论过程中做了具体贡献，而他的亲身参与提高了相对论的地位。

这种地位的提高是爱因斯坦所需要的，有两个方面的原因。首先，相对论与洛伦兹理论在电力学结果上没有什么区别，所以，即使是乐于助人的物理学家在抓住这两种观点的重要区别之前，也需要几年的解释工作。其次，爱因斯坦关于电子运动的结论与当时的实验结果相矛盾。与所有的物理学家一样，爱因斯坦认为实践是检验一个原理价值的标准。考虑到理论与实践的关系，在他的《讣告》中，爱因斯坦评论说：“虽然这个假设刚刚出现，它的应用还难于描写。”可能意识到在发展相对论过程中出现的冲突。在文章的最后一部分，爱因斯坦强调说，他推导出的三个公式是“这些规律的完整表述,电子的运动应该遵循这里提出的规律”。这是一个大胆的提法,因为在他写这几句话时:电子的运动遵循完全不同的规律。

1897 年起,哥廷根的编外讲师、后来波恩的教授 W. 库夫曼就从事电磁场中快电子行为的实验。1902 年,他指出电子的质量随着运动速度的增加而增加。这是对牛顿神圣的质量不变原理的惊人反驳,并且对于许多理论学家来说,这是对“电磁世界图像”的有力支持,特别是库夫曼的测量结果与哥廷根的同事马克斯·亚伯拉罕的世界图像完全一致,而亚伯拉罕认为质量是固有电磁能量的结果。

1904 年,洛伦兹发表了杰出的完整电子理论,从物理学的角度来看与亚伯拉罕的不同。年底之前,阿尔弗莱德·海恩瑞克提出了第三理论,介于洛伦兹和亚伯拉罕的概念之间。由于三位作者得到三种不同的电子运动规律,库夫曼最迷人的任务是通过强有力的实验决定这三个对立的理论。当他正在致力于在可见光范围内精确测量时,爱因斯坦提出了相对论,并且附有与洛伦兹理论中一样的电子轨迹公式。

1905 年 11 月,在漫长的等待中,库夫曼在普鲁士科学院的《会议报告》中发表了一篇有关实验结果的初步报告,也就是在这篇文章中,首次提到了爱因斯坦的相对论。1906 年 1 月,在《年鉴》中刊登了详细报告。不管库夫曼怎样解释他的实验结果,这些结果都与亚伯拉罕的理论符合最好,其次是布霍勒的,最后是洛伦兹和爱因斯坦的理论。库夫曼总结说:“他的测量结果与洛伦兹和爱因斯坦的基本假设不相容,因此把所有物理建立在相对性原理基础上的努力失败了,大家需要进一步证明绝对静止的以太的存在。”如果真的像科学的经验主义哲学家们所说的那样,实践是唯一真正的检验标准,那么洛伦兹和爱因斯坦的理论将就此夭折。事实上,当洛伦兹得知库夫曼的实验结果时,他自己也感到智穷计尽了。

1906 年,在斯图加特召开的德国科学家和物理学家学会的年会上讨论了这个问题。当时最重要的不是电子运动的正确公式,而是决定两种“世界图像”:一方面是“电磁学图像”,另一方面是以相对论为基础的图像。像往常一样,马克斯·普朗克在他的报告中谨慎地分析了库夫曼的数据,没有发现其中的错误,但是并不是没有疑问,所以他建议:“既然所测量的数据与理论解释还有一定差别,首先应该消除这些差别,才能用这些结果作出正确的决断。”在讨论过程中，库夫曼仍然坚持除非观测中有重大错误，否则洛伦兹的理论就是错误的。不用说，同它一起夭折的还有爱因斯坦的理论。普朗克再次提议暂时等待，并继续研究，直到得到的实验结果最终完全支持这个决定。鉴于库夫曼的实验结果，这是他惟一可做的，因为相对论的吸引力并不是充分的理由。

爱因斯坦对这个争论有什么反应呢？人们似乎没有征求过这位三级专家的意见，他自己也没有主动提出他的意见，至少没有公开提出。1907 年秋天，在为《电子和放射性年鉴》撰写一篇综合性文章时，爱因斯坦明确地表达了自己的立场。

开始时，爱因斯坦十分公正地描述了库夫曼的实验准备，强调“十分仔细”的测量，之后比较库夫曼得出的图表与相对论的结果。爱因斯坦并没有赞赏这个实验夸张的精确性，而是认为如果实验出现的偏差是在系统错误允许的范围的话，那么“证据是充分”的。处在当时的情况，爱因斯坦的结论与普朗克的一样，请求推迟判定，并进一步实验：“系统偏差是由于某些不知道的错误导致的，还是相对论的基础与事实不符，只有得到更丰富的实验数据，才能最后裁决。”

从爱因斯坦接下来的理论评论中，我们可以看出他的真正想法。他坦率承认：“亚伯拉罕和布霍勒电子运动理论提出的图表与从相对论中导出的图表相比，前者更接近于实验得到的结果。在我看来他们理论的正确性很小，因为他们关于运动电子的基本假设不是得自于更加普遍的理论体系。”

爱因斯坦不打算拿出证据（也不可能）证明亚伯拉罕和布霍勒理论是错误的。他只是认为它们不可能正确，因为其中的一些基本假设是孤立和武断的。同时，基本假设应该包括很大的范围，最理想的范围是整个物理界，而不应该对于特定事件。只有这样，一个人才能真正体会到实现复杂现象大统一的令人惊喜的感觉。从爱因斯坦的科学信条上看，这个理论应该从原理中得出，而不是从特定的假设中得出。

大约过了一年，通过改进库夫曼的实验，布霍勒最后验证的不是自己的理论，而是洛伦兹和爱因斯坦的公式。布霍勒在给伯尔尼的信中说：“通过精确的实验，我无疑证明了相对论原理的正确性。”爱因斯坦回了一封“非常友好的信”感谢他。爱因斯坦虽然没有欣喜若狂,但显然是心满意足,人们终于肯定自己是正确的。

这些电子轨道的测量并不能判断爱因斯坦和洛伦兹理论,因为对快电子运动它们具有相同的规律。只需进一步检查爱因斯坦理论预测的结果就可以了。正如爱因斯坦在他“$E=mc^2$”补充中建议的,一种可能的方法是考虑在放射性过程中,质量转换成能量事件。另一种是测量1907年爱因斯坦预测的时间膨胀,这是唯一由相对论推导出的结果。很显然,无论是任何一块怀表,还是精密的计时计都无法测量运动时钟的变化。原子的发射光谱线是一种非常准确的时钟,并且可以加速到很高速度。爱因斯坦因此提议用带电的加速原子作实验,称为“阳极射线”,根据爱因斯坦理论,它的振动频率是可以改变的。

虽然当时已经做过阳极实验,特别是J.斯塔克做的阳极实验,但是这些实验的精确性不足以验证时间膨胀。爱因斯坦并没有就此放弃。1911年,他宣布:“现在的主要事情是进行更准确的实验验证最重要的事情。现在的任何思考都不会取得什么结果。”但是这需要耐心的等待。直到1930年,在研究原子核反应时,才最终确认了质量可以转换为能量,1938年才证明了时间膨胀。那时,任何一位物理学家可以自愿选择洛伦兹理论或爱因斯坦理论。相对论迅速获得承认并不是因为令人信服的实验,而是由于其公理、基本性质以及理论自身的优美。

在现代物理中,可能没有第二个理论像相对论那样要等二十五年,才得到直接的实验证明,也没有一个理论在得到实验验证后这么平静,因为没有人认为会出现相反的实验结果。

在晚年,爱因斯坦清楚地表达了“原理性理论”与“创造性理论”的差别。创造性理论是努力从简单的基本形式解释比较复杂的现象,例如,通过假设分子运动可以创造性地解释物质的微观结构。而原理性理论以实验发现的自然过程的基本性质为基础,以数学表达准则所接受的个体过程及其理论解释所遵循的原理为基础,例如电力学和相对论。每种形式的理论各有其优点:创造性理论具有完整、适用性强和简洁的特点;原理性理论具有逻辑完善、基础可靠的特点。事实上,可能是因为其众多的应用价值,爱因斯坦认为创造性理论更重要些。但是,很显然他最喜爱的是原理性理论,这与学生时代专心于寻找事物根源的嗜好相符合。

虽然爱因斯坦是相对论的创立者,但他并不是这个名字的创造者。在《关于运动物体电力学》的文章中,他只提到"相对性原理",接下来的几年,他一直沿用这个名字。在斯图加特的会议上,在讨论上面问题时,普朗克首先提出"相对的理论",通过布霍勒和其他人,最后变成"相对论"。在与其他物理学家辩论或者评价他们的工作过程中,爱因斯坦渐渐地、不情愿地接受了这个新术语,虽然在自己文章中,他仍然继续沿用"相对性原理"。1911年,他终于屈从,第一次采用了当时已经很普遍的名字,相对论。但是仍然用引号把这个词引起来,以示保持距离。爱因斯坦以这种加引号形式的无效对抗一直持续了几年。

爱因斯坦对这个术语感到不安是正确的,因为一个原理不是理论。一个原理是在表达任何一个理论中应该时刻铭记在心的,是发现正确理论的有用暗示,但显然不是理论本身。按照自己对相对性原理的逻辑状况的理解,爱因斯坦应该把这篇伟大文章写成"启发性原理",而不使用三个月前关于光量子的文章中所采用的那个术语。

第一次世界大战结束后,爱因斯坦的名字和他的相对论变成了社会上引人注目的中心,他的理论最后不可避免地浓缩成一句话:"所有的事物都是相对的。"这种说法同样适用于道德、政治习俗等。对于蒙昧主义者,相对论似乎是一种应该谴责的、导致社会衰败的犹太人的贡献。

不用说,即使在物理界,也存在这种胡说:"所有事物都是相对的"。马克斯·普朗克对爱因斯坦的文章十分着迷,因为这篇文章指明了一种"发现绝对的、普遍适用的、不变的"自然规律的方法,例如,光速恒定不变。在明可夫斯基1908年提出的"四维空间"中,通过洛伦兹变换群推导出了自然规律的不变性。在明可夫斯基看来,相对性假设似乎是"不变的假设"。于是,早在1920年,在相对论中爆发出一场荒谬的争论。一些物理学家认为应该把相对论重新命名为"不变理论"而把相对论解救出来。爱因斯坦认为这个名字表示的只是方法,而不是这个理论的物理内涵。同时,即使新的名字有些优点,但是人们已经普遍接受了相对论的叫法多年了,现在改变名称只会引起混乱。相对论因此仍然保留了原来的名字。

不管相对论是一个"原理",还是一个"理论",大家认为相对性代表一场科学革命，可能是整个科学的革命。那些相信这种观点的人是完全正确的，并且有许多人支持这种观点。与其它许多事情一样，对于科学的革命，爱因斯坦有自己的看法。

爱因斯坦每次提到革命时，都很小心，并且是指非常重大的事件，例如：麦克斯韦理论中的远距离转移作用。他毫不犹豫地称光量子是“非常革命的”，当然他的这种描述是在一封私人信件中提到的。对于爱因斯坦来说，科学上的“革命”显然是指打破传统的一种全新的开始，诸如十九世纪的场的概念和二十世纪的量子物理。

另一方面，爱因斯坦不认为相对论属于“革命”的范畴。在给C. 哈比希特的信中，爱因斯坦称他的光量子“非常革命”，而把后来大家所称的相对论叫做运动物体的电力学，显然认为对时空的修改不是理论。在晚年，对于相对论，爱因斯坦从来没有用“革命”这个词，或者相关的同义词，而且有时当别人用这个词时，他会发出大笑的。

这绝对不是谦虚，对于这个美德爱因斯坦没有什么嗜好。像艾萨克·牛顿所说的：“如果我比别人看得远一点，那是因为我站在巨人的肩膀上。”对于爱因斯坦来说：

> 在科学技术的发展过程中，只有不停地建造，而没有推倒……如果新的一代不是在上一代取得的成就上建造的话，就没有科学。如果相对论像一个专横的统治者推翻另一位统治者那样，抛弃早期的力学，那将是一件可悲的事。相对论只是在几百年科学进化过程中向前走了一步，在过去发现的理论基础上深入发展，并添加新的东西而已。

当爱因斯坦第一次访问美国时，他向如饥似渴的公众说：

> 在广大公众中普遍流传一种错误观点，认为相对论与伽利略和牛顿时期发展起来的理论截然不同，这种观点显然极大地违反了相对论的推理。反过来才是正确的……伽利略、牛顿、麦克斯韦、洛伦兹四人创建了物理基础，在此基础上，我才得以创造自己的理论。

因此，爱因斯坦认为相对论只是麦克斯韦和洛伦兹电力学的系统发展。在他的诺贝尔颁奖讲话中，爱因斯坦把相对论描述为物理学基础理论在麦克斯韦—洛伦兹电力学的应用。除此之外，爱因斯坦作了许多引述，其中的一个是爱因斯坦晚年与《纽约时报》的一系列文章的有关引述:“读者们会产生这样的印象,每隔五分钟,科学上就发生一场革命,就像某个不安定的小共和国的政变一样。”

但是爱因斯坦的同事是怎样想的呢?1907年夏天,第一位到专利局拜访爱因斯坦的德国物理学家马克斯·封·劳厄认为:“这是一场革命。在我们谈论的前两个小时,他推翻了整个力学和电力学,所有的这些都是根据统计学基础完成的。”在打碎经典物理学基础的过程中,爱因斯坦可能认为辐射理论起了关键作用,因此称它“非常革命”。

相对论还是被看成是一种革命。1908年春天,保守的马克斯·普朗克在谈及爱因斯坦的时间定义时,给相对论定了调子,虽然他把政治上令人反感的“革命”换成了德语的同义词(大胆的):

> 在大胆方面,相对论超出了玄妙的自然科学和哲学认识理论所取得的成就;与其相比,非欧几里得几何学只是小孩子的游戏。

对普朗克来说,在范围和程度上,相对性原理所引起的“物理世界图像”革命,只有哥白尼引入的世界系统所产生的变革可以与之相比。不久,爱因斯坦的老师和顾问、苏黎世的克莱纳教授在评论相对性原理时,也认为它是“革命”的,这种观点显然反映了大多数物理学家的观点。

这种观点和爱因斯坦自己的观点都有各自的理由。事实上,相对论,包括1905年的狭义相对论和1915年的广义相对论,只是进一步的深入,而不是一场革命。爱因斯坦只是“经典”物理学的完善者,而不是革命者。虽然如此,时间概念几百年来一直认为是先验的,这个概念的改变理所当然是一场革命,而且是科学史上最大的一场革命。虽然按照自己的标准,爱因斯坦更倾向于这是一种修改。

相对论越来越为物理学家和数学家所周知,并且被大部分人所接受。曾经为相对性原理的创造和分析做出很大贡献的庞加莱和洛伦兹一直远远地避开。

对于庞加莱,我们不能说他拒绝爱因斯坦的理论,他只是简单地忽视了它。很难相信,熟悉德文的庞加莱没有读过爱因斯坦在《年鉴》上发表的文章。其中的一些如通过光信号同步时钟或洛伦兹变换,对他来说是否似曾相识？他是否在这篇文章的脚注中寻找过感谢的话？对于没有找到感谢的话是否很生气？是否认为在1905—1906年的文章中，他已经通过完整、无比优美的数学形式提出了相对论所需要的各种条件？因为他是一名数学家，并且是世界上最著名的数学家，而不是一名物理学家，他是否对这个理论的进一步发展感兴趣？

庞加莱对这些问题一直保持缄默，没有人知道他的态度和想法。但有一件事是清楚的，在晚年时，每当提起相对论，他都避免提及爱因斯坦的名字。他后来发表的文章说明他不仅拒绝爱因斯坦的名字，而且还包括他的原理：他一直坚持自己1905年提出的概念，认为相对论只是电动力学的一个结论，而不是物理学的普遍公理；同时认为洛伦兹收缩是独立的假设，而不是推导出的结果。在洛伦兹收缩现象的背后仍然是以太，即绝对静止的系统。

爱因斯坦与庞加莱只见过一次面，是1911年在布鲁塞尔召开的第一届苏尔维大会上。这次大会并不成功，像爱因斯坦对一位朋友描述的一样："庞加莱（对相对论）相当消极，他虽然有很高的悟性，但对其情况也不甚理解。"庞加莱没有机会参加第二次会议：年仅五十八岁的庞加莱于1912年去世了。

与庞加莱对爱因斯坦保持缄默一样，爱因斯坦对于庞加莱以及读过的庞加莱的有关著作也保持缄默。十分明显，爱因斯坦得益于庞加莱的很多建议，几乎可以肯定包括时间的定义。在表述相对论时，爱因斯坦是否一方面拒绝庞加莱，另一方面又忽视他呢？是否后来认为这种做法很笨拙，所以在晚年时，爱因斯坦完全拒绝庞加莱？庞加莱死后很久，当爱因斯坦再次提及庞加莱的名字时，内容却大不相同。在柏林普鲁士科学院的一次《几何学与经验》的讲座上，爱因斯坦提到了"思维敏捷、思想深邃的庞加莱"，虽然他指的不是庞加莱的同步时钟，而是关于物理学与几何学关系的传统分析。不久，在巴黎日报头版的一篇记者访谈中，爱因斯坦说他非常尊敬庞加莱。此后是三十年的沉默，直到老年，在一封信中，爱因斯坦简单地列举了对他的成长产生影响的人物，其中提到了庞加莱，以及哈姆和马赫。

接下来的一年，围绕爱德华·惠特克的《以太和电子理论的历史》的第二卷，发生了一场小题大做的风波。惠特克的书在许多方面是杰作，但是有关相对论的一段却十分奇怪。这一段的标题:“庞加莱和洛伦兹的相对论”指出惠特克的目的;他声称爱因斯坦的贡献是枝节的。爱丁堡的马克斯·玻恩教授努力说服这位同仁改变这个怪念头,但没有成功。因此玻恩提示爱因斯坦,一位广为尊敬的科学家将要出版的这本书。对此,爱因斯坦非常愤怒:

> 我本人一直从我的辛勤劳动中获得快乐,但是我不认为把自己的一点点成果作为一种个人的财富而保护起来是明智的,像一位吝啬鬼守护着辛辛苦苦刮削的几个铜板。我并不是要反驳……毕竟,我不会去读那无聊的文章。

不管怎样,这个插曲给爱因斯坦留下了深刻的印象。四周后,他给准备庆祝相对论五十周年纪念的伯尔尼写信说:“我希望同时要适当地感谢 H. A. 洛伦兹和 H. 庞加莱的功绩。”过了将近五十年,爱因斯坦第一次在相对论问题上提到庞加莱。

在爱因斯坦逝世前两周,在与一位年轻的科技史专家座谈时,他们谈到了自负。爱因斯坦告诉来访者:“很多科学家都存在这种现象。你知道,伽利略一直没有承认开普勒的工作,这一点一直使我感到伤痛。”

爱因斯坦去世后,亚伯拉罕·佩斯向爱因斯坦的秘书询问自己以前借给爱因斯坦的书。几年以前,他曾问爱因斯坦,庞加莱 1906 年关于电子电力学的伟大文章对其文章有什么影响。爱因斯坦以前没有见过这本书,一个偶然的机会,佩斯在一家古旧书店意外地发现了一个单行本,并把这本珍贵的小册子借给了爱因斯坦,但是爱因斯坦一直没有还给他。现在这位秘书也找不到这篇文章。庞加莱的文章永远地丢失了。

庞加莱和爱因斯坦两人像两只在黑暗中行驶的船,尽一切努力相互躲避。

爱因斯坦的相对论对于洛伦兹来说是一种奇怪的体验。用了将近十年的时间,这位荷兰的物理先驱打算用电力学证明相对于以太的运动是观测不到的。经过复杂的争论和无数的假设,他终于成功地拯救了相对性原理。而伯尔尼一位不见经传的人简单地把这个问题变成了一个原理,并且成功了。1906 年,满怀惊讶、略带忧郁的洛伦兹评论道:“对于我们从电磁场基本方程中得到的，费了很大力气并不令人满意的结果，爱因斯坦只是简单地假设这种结果而已。”这只是一面之词，因为另一方面，爱因斯坦轻而易举地从他的两个假设的原理中推导出洛伦兹不得不在原理中引入的特定假设，包括从洛伦兹常数到洛伦兹力。以此为基础，爱因斯坦同时建立了整个物理界适用的原理和运动学，而洛伦兹从来没有考虑过这点。

因为当时通过实验无法判定两个理论，洛伦兹认为选择哪个理论只是根据个人的嗜好，一个人追随哪种思想只是他自己的事。编辑这些讲稿并准备出版的马克斯·玻恩认为这种观点是荒谬和反动的。

1913年，在荷兰哈伦的一系列讲座中，洛伦兹认为：“原来的介绍更令人满意，根据这个理论，以太更加充实，时空彼此绝对分开，可以不加任何限制地定义即时性。”承认绝对同步将暗示速度是无限的，他批评那种认为光速是所有速度极限的大胆断言。

与玻恩不同，爱因斯坦表示出对洛伦兹的某种理解。第二年，洛伦兹的讲座印成文章后，第一次作为有关相对论著作的评论人员，爱因斯坦没有提及洛伦兹对以太、时间和光速的观点，而是认为所有的事情都被洛伦兹清楚、明了地解释了。他建议说：“对于这个题目感兴趣的人不应该错过阅读这本小书的机会。”

没有人认为洛伦兹对十九世纪以太的绝对忠诚与他在事业上的虚荣自负、对自己的成就过度骄傲和顽固有关。洛伦兹广受尊敬，不仅是一名权威和理论物理问题的精神舵手，而且是一位具有合作意识的人。他对相对论的许多评论也证实了这一点，爱因斯坦和洛伦兹的友谊更进一步说明了这一点。

爱因斯坦一直认为自己是站在洛伦兹这位巨人的肩膀上，虽然这位巨人不愿意尽量看得远一些。这种智力崇敬产生了令人愉快的个人友谊。1909年，两个人开始合作，虽然保持一定距离，但爱因斯坦的表现非常热情：“我比任何人都尊重那个人，我可以说是敬爱他。”这种无限的崇敬在个人的交往中得到报答、确认和巩固。在爱因斯坦的晚年，尽管在事业上存在不同意见，洛伦兹经常以父亲般的形象、受人尊敬的辉煌典范出现。

在习惯的相对论评论中，有一个奇怪的观点：认为相对论的产生与迈克尔逊—莫雷的以太漂移实验有很密切的联系。一个典型的例子是罗伯特·

A. 米离堪的一篇论文。这篇文章是在爱因斯坦七十岁生日时出版的《现代物理问题回顾》的特刊上发表的。米离堪认为狭义相对论主要是在总结迈克尔逊的实验基础上产生的。这种观点绝对不是正在庆祝生日的爱因斯坦的观点,但是这个观点代表物理学家们曾经一段时期持有的观点。1911年,在马克斯·封·劳厄写的第一本关于相对论的书中,曾清楚地表明了这种观点。在这本书中,劳厄认为那个实验是相对论产生的主要实验,从此这个观点成了物理学民间传说的主要内容。

虽然当时认为迈克尔逊—莫雷实验直接导致了相对论的产生。但是,只要看一眼爱因斯坦 1905 年发表的文章,就会发现其中从来投有提及过这个所说的至关重要的实验。这就出现了一个问题,对于这个实验,爱因斯坦到底知道些什么,这个实验对他的思想产生过什么影响?这不仅是传记作家感兴趣的问题,同时对相对论的起源和证实也相当重要。

1950 年,自认为是迈克尔逊科学继承人的物理学家罗伯特·S. 沙克兰德问爱因斯坦(当时年纪已很高了),他是在什么时候开始研究迈克尔逊实验的。开始时,爱因斯坦随意地回答说是从洛伦兹的文章中得知的,但具体时间是在 1905 年以后,否则在这篇文章中会提到这个实验的。这个信息可能不太准确。两年后,经过一些回忆,爱因斯坦调整自己的回答说:“回想起具体时间不太容易,我不能确定我是什么时候开始知道迈克尔逊实验的。我没有感觉到这个实验在相对论的七年时光中有什么直接影响。我想,我只是想当然地认为它是正确的。”

爱因斯坦是在七年的相对论时光的第一年听到这个实验的,当时他还是个学生。在三、四年级的暑期,爱因斯坦向米列娃报告说他读到了威廉·维恩的一篇非常有趣的文章。这篇文章包括十三篇通过以太证明地球运动的实验,其中包括迈克尔逊—莫雷实验。洛伦兹在 1895 年的《实验》中,详细地介绍了这个实验并讨论其中的实验结果,对于洛伦兹的这篇文章,爱因斯坦已经仔细研究好几遍了。受迈克尔逊—莫雷实验的影响,通过假设体积收缩,洛伦兹推导出非常重要的电子理论,爱因斯坦不可能没有意识到这点。但是这是否说明这个实验对于爱因斯坦的相对论发展非常重要呢?

爱因斯坦 1905 年发表的那篇论文的结构并没有显示他对于解释以太漂移实验或迈克尔逊—莫雷实验特别感兴趣。在提出问题之前,他只是略微概括了当前电力学概念结构的不对称性，接下来概括论述了所有探查地球相对于“轻介质”运动实验的失败，仅此而已。以这两种讨论为基础，爱因斯坦把“相对性原理”从假设发展成一个先决条件。这些“失败的实验”中包括迈克尔逊的实验，尽管这个实验具有很高的精确性，对洛伦兹的理论具有重要意义，但它只是这些实验之一。爱因斯坦告诉沙克兰德，星光异常和斐索实验都是自己理论产生的实验基础。像法拉第的电磁感应实验一样，这两个实验都是众所周知的，爱因斯坦在努力寻找一个综合性的原理解释这些现象。

如果迈克尔逊—莫雷在爱因斯坦的论述中起了一定作用的话，这种作用也是间接的，像洛伦兹的部分理论一样，爱因斯坦显然知道只有通过自己的理论，才能正确解释体积收缩。事实上，一些物理学家发现爱因斯坦从问题到理论的思想方法很有吸引力：在人为设计的洛伦兹假设中，为解释迈克尔逊实验而发明了洛伦兹收缩；但是在相对论中，从爱因斯坦的原理可以得出这种收缩只是一种运动学结果。爱因斯坦的这种理论解释给他的同事留下了深刻印象，他说：“如果不是迈克尔逊—莫雷实验把我们推到了进退维谷的地步，没有人会认为相对论是一种补救。”“这种补救”显然提高了“相对论基本实验”的知名度。虽然在他的智力发展过程中，相对论基本实验没有起到重大作用，但是爱因斯坦有时会用系统表达的方式赞扬这个实验，而不是通过智力过程的再建。

与多数关于这个话题的评述一样，虽然是要发表，爱因斯坦的最后一句话也不是很精确：

> 在我发展相对论的过程中，迈克尔逊的实验结果并没有起到很大作用。事实上，我回想不出来当我写这篇文章（1905）时，是否知道这个实验。原因是，对于怎样与我们的电力学知识相符，我有明确的想法。所以可以理解为什么迈克尔逊实验没有在我奋斗过程中起到决定作用。

这显然是一个诚实的表达，但也显示出记忆力的衰退；年轻时，爱因斯坦无疑非常熟悉这个实验，虽然他认为在确认相对于以太运动的所有实验中，迈克尔逊实验只是其中的一个。

人们经常推测,如果不是爱因斯坦发现了相对论,相对论是否能够被发现,或者什么时候能够发现。在晚年,爱因斯坦认为在自己年轻时,只不过从知识之树上采摘了一个成熟的果子罢了。在他逝世的前两个月,他又写道:“如果回顾相对论的发展过程,无疑在1905年,狭义相对论的发现已经成熟了。”早在1906年,爱因斯坦就认为:“如果光速恒定不变的问题引起了物理学家们的注意,如果当时的思想能像年轻人一样清晰、敏捷的话,那么马赫将有可能发现相对性原理。”

为什么是爱因斯坦,而不是其他人迈出了这关键的一步?如果在科学上革命的成就独立于牢牢禁锢着人们的强大传统之外,可能是因为专利局的工作是处于科学的外围,因而爱因斯坦的自由思维方式没有受到太大的束缚,至少部分原因如此。

爱因斯坦的成功显然说明,在科学的边缘方面努力工作不仅不是一个障碍,可能还是一个明显的优势。他在伯尔尼的“尘世修道院”生活并不是智力孤立,通过广泛阅读,爱因斯坦了解当时正在进行的讨论,同时又不至于被科学风尚或学术上的限制所影响。我们深感吃惊的不仅是爱因斯坦表达问题的深度,而且还有他兴趣的广度。只有把深度和广度结合起来,才使他惟一在1905年爆发出这种创造力,发现了相对论。

除了1905年3月“非常革命”的文章外,再也没有其他人发现电力学的结构与辐射原理有如此密切的联系:只有爱因斯坦一人认为可以抛弃电磁波载体(以太)的观点。正是这种自由思想使得爱因斯坦把H.A.洛伦兹的电动力学原理与当地时间概念和体积收缩结合在一起,产生了精美的相对论,实现了亨利·庞加莱预言般的洞察,把问题发展成原理。发现相对论的时机可能已经成熟,但是在1905年只有一个人发现了它。

第12章　二级技术专家

1905年,在物理学上创造历史的消息很快传遍了学术界,但是在伯尔尼市这种传播却没有那么快。除了老同学贝索和索特之外,只有格鲁纳教授有可能意识到爱因斯坦已经取得了不同寻常的成功。因此,爱因斯坦的生活并没有发生什么改变。大家惟一知道的是,爱因斯坦现在已经是爱因斯坦博士了。在庆祝获得博士学位时,爱因斯坦说:"博士学位对我来说很有用,根据我的经验,获得博士学位的最大好处是它能增进我与人们的关系。"

在给瑞士联邦委员会关于爱因斯坦的提职申请中,老板F.哈勒只提及了爱因斯坦的博士论文,而没有提到他的其它文章。申请中说:"他已经非常熟悉技术了,现在可以非常成功地处理复杂的技术专利申请,同时他也是专利局非常受人尊敬的专家之一。"1906年4月1日,爱因斯坦成为二级专家,工资增加了600瑞士法郎,现在每年4500瑞士法郎。在这一级别的职员中,爱因斯坦的工资还是低的。虽然据说在发工资的日子里,爱因斯坦曾经诙谐地问道,他到底该怎样使用这么多钱呢?事实上,他对于这些工资并不满意,并且曾经几次打算在邮电局董事会里找个好一点的工作。后来,他略带满足地说:"老朋友和资助人、联邦议员路德维希·福雷尔发现几年前邮电董事会竟然没有接纳我为一名官员而大发脾气。"

爱因斯坦仍然是一位出色的专利雇工,为专利局尽自己的义务,而专利局反过来对他的科学工作也很有贡献。鲁道夫·拉登堡在伯尔尼之行的报告中,叙述了爱因斯坦曾经拉开办公桌的一个抽屉说,这是他的理论物理系。爱因斯坦在专利局的工作并不需要很多时间,所以每当有空闲时间,他就钻研自己的科学问题。不用说,爱因斯坦并不打算公开这个秘密。

即使是爱因斯坦的弦乐四人组,虽然整个冬天他们每周都要相聚一次,其中一位还是伯尔尼一所高中的物理教师,但他也不知道他们的第二小提琴手到底是什么人物。这些音乐伙伴只记得爱因斯坦是"一位充满激情的音乐家,一位迷人的伙伴和一位谦逊的人",绝对没有一位新哥白尼的感觉。爱因斯坦喜欢这样,直到1909年秋天,在离开伯尔尼之前,所有事情依然如故。当苏黎世大学要聘请这位二级技术专家作教授时,专利局的一些人,包括外面的一些人都觉得很难相信。

在伯尔尼的七年时间里,爱因斯坦一共搬了七次家。我们不清楚这种不安定的、非瑞士生活方式的原因,但是爱因斯坦开始租用的几个公寓都是为了方便搬动而装饰的。即使是在爱因斯坦的科学创作高峰时期,当时关于布朗运动的论文刚刚完成,爱因斯坦一家又准备搬家了。1905年5月15日,爱因斯坦一家离开了老城中的克莱姆街19号公寓,搬到了城郊曼特号夫地区的白森驰尔维格28号。这个地方的惟一好处是爱因斯坦的好友米歇尔·贝索就住在附近,这样爱因斯坦可以和他一起步行十五分钟去他们的办公室,毕竟,两个人还有很多重要的事情要商讨。从贝索那里得到灵感,到1905年6月底完成相对论论文,大约花了五六周时间。在克莱姆街49号,爱因斯坦曾经居住过的公寓拱廊柱子的标牌上写着:爱因斯坦在"这所房子里创作出相对论的重要论文"。我们应该原谅这种疏漏。

1906年春天,爱因斯坦告诉老朋友索络文说:"我又搬家了。"在他们结婚生活刚刚开始时,爱因斯坦全家又一次来到克辰菲尔德。他们租了一所具有典型当地风格的小房子,可以一览伯恩奥伯兰德山的美景。这座在阿格尔坦街53号的公寓可能是爱因斯坦第一所有自己家具的公寓,去苏黎世之前,他们一直住在这里。

与老朋友索络文的分离,使爱因斯坦感到非常遗憾:"自从你离开,我再没有私下见过任何人。现在与贝索在回家路上的谈话也结束了。"这种抱怨可能有些夸张,但这是爱因斯坦对伯尔尼社会派系的反应,无疑也是对米列娃明显地对别人不信任的反应。在家里,爱因斯坦现在有个小伙伴,这就是他的儿子汉斯·阿尔伯特,小汉斯在三岁时所显示出来的智力水平很令父母欣慰。带着骄傲而不是批评,这位父亲说:"这个男孩已经长成了一位非常粗心的小伙子。”而母亲也满足地说:“我丈夫业余时间经常待在家里,与孩子玩。”

爱因斯坦的收入足以维持资产阶级的生活方式。米列娃一万法郎的丰厚嫁妆被储存起来,一直没有动用。如果说爱因斯坦的生活比同事的生活窘迫一点,那是因为他要抚养与妹妹凡尼和妹夫鲁道夫·爱因斯坦居住在符腾堡海赤根的母亲。虽然如此,他们还是有足够的钱进行旅行。1905 年 8 月,爱因斯坦夫妇拜访了住在贝尔格莱德的学生海伦·沙维克,这次拜访的目的可能是想询问一下女儿的情况。接下来,他们与米列娃的父母在沃维迪恩待了一周。第二年假期是在伯尔尼附近度过的,先后待在度假村、希曼特尔、维拉斯和伯恩奥伯兰德。

1905 年 3 月到 6 月,爱因斯坦以一种令人怀疑的,甚至是令人敬畏的节奏连续完成了四篇创世论文,现在却无法保持这种节奏了。这样的结果对爱因斯坦来说应该是幸运的,因为再以这种强度继续工作将注定要损害身体的。但是真正的原因不是身体的消耗,而是创作主题的短缺:“一个人并不是一直都有成熟的主题去思考的,至少没有一个主题使人一直振奋。”爱因斯坦具有一种很强的本能,不仅知道什么样的问题值得思考,也知道什么问题可以一带而过。就光谱线问题,他曾说:“当然存在光谱线的问题,但是我认为这些现象和已经得出的结果之间的联系太复杂,所以就目前来讲,这个问题不会成功。”这是一个明智的判断,因为当时对原子的内部结构还不了解,原子核还没有发现,并且直到 1913 年,N. 玻尔才提出原子的量子理论模型。即使对于爱因斯坦来说,1905 年光谱线的工作也只限于现象论。爱因斯坦没有尝试这种努力,说明他精于取舍,善于寻找现象之间的联系。

在爱因斯坦自己开创的领域中,还有很多可以解决的问题。1905 年 9 月,他发表了第一篇关于质量和能量等同的论文,这是相对论最辉煌的结果。第二年,他推导出 $E=mc^2$ 公式,并建议通过实验判定各种相匹敌的理论。虽然这个建议在理论上非常重要,但是实验者们却选择了不同的路。爱因斯坦同时总结并进一步发展了关于布朗运动的理论,特别是关于光量子的“启发性观点”。11 月份,爱因斯坦终于建立了一个新的里程碑,完成了第一个固体量子理论。米列娃曾经骄傲地说:“我丈夫现在没有一点空闲时间和孩子玩了。对他来说,科学工作是他除专利局的正常公务外惟一的职业;他写的论文堆积得像小山一样高。”1906 年是爱因斯坦收获颇丰的一年,一共发表了六篇论文,每一篇都非常重要。

这样多的科学产出即使是对爱因斯坦这样的天才也不是一件容易的事。即使已经形成了创造性思想,但是除了专利局的工作之外,爱因斯坦还有很多日常工作要做。而且所有的思想都必须按照出版要求的格式整理好,数学方法必须清楚明了,文字必须书写工整,才可以寄给《年鉴》的编辑,送到印刷厂印刷。谨慎的作者还要保留一个副本,以便在校对时参考,或者以防邮寄过程中手稿丢失。爱因斯坦可能省略了这项工作,他完全依靠自己的笔注和记忆力。正常情况,从印刷部门寄来的校正本要一个多月才能寄到,所以可以在这段时间修改错误。收到单行本后,爱因斯坦就把所有的手稿、草稿和笔注都扔掉了。这些单行本一直是科学家们通用的交流形式。一位作者会给他的同事寄去一份单行本,以便使自己的工作引起注意;一个杂志的读者为了表示兴趣和尊敬,也向作者索取单行本。正如我们看到的,早在 1905 年,爱因斯坦就卷入这种非正规的物理学家们的信息网。开始时通信很少,后来逐渐多起来。有些询问信上写着爱因斯坦教授,并寄到了伯尔尼大学。这些读者后来一定很吃惊地发现,文章的作者不是在大学,而是在专利局工作。一些收到爱因斯坦回信的人,特别是那些知名教授,一定会吃惊地发现,爱因斯坦的回信经常写在从习字本上随意撕下来的带有毛边的草纸上。

当时的物理学家有这样的习惯,建立了一定的通信关系后,接下来就是交换照片。爱因斯坦也不例外,很多的年轻同事都收到了一张优美的照片,上面是一位穿着整洁的格子西服、一只胳膊放在写字台上的举止文雅的爱因斯坦。

虽然爱因斯坦早期的信件都丢失了,从后来发现的证据表明,对科学话题,他非常热心。从保留下来的与威廉·维恩的通信信件中,我们可以看出一些端倪,1906 年,P. 德鲁得不幸早逝,维恩成为《年鉴》的编辑,他也是当时德国很有影响的科学家。整个 1907 年夏天,包括在希曼特尔度假期间,爱因斯坦用书信轰炸了这位无比尊敬的教授,写了很多长长的信,寄去了无数简短的明信片。爱因斯坦也感到太多了,因此不得不请求维恩说:“不要因为我一下子给你写了这么多信,而怪罪我。”

这些信件是有关光速是所有信号速度极限的难题。在激烈的争论中,爱因斯坦有时也犯错误,虽然是年轻人,他并不因为这些错误而感到烦恼和忧虑。一次他给维恩写信说:“经过仔细研究,我不幸发现我上封信告诉你的所有事情都是错误的。”最后是与相对论相容的麦克斯韦理论消除了信号速度超过光速的可能性,但是这个结果并没有发表。

学术研讨会是面见世界上最有影响教授和步入学术领域的良好机会。爱因斯坦没有抓住这样的机会,或许是有意避开吧。当时物理学家没有自己的学术会议,只是在德国科学家和物理学家学会年会过程中,组织一个特别的讨论会进行交流。1906 年,在斯图加特召开的会议对爱因斯坦来说应该是一个与这个研究领域的领袖人物相见的很好机会,因为斯图加特离伯尔尼很近。爱因斯坦应该从《物理杂志》上看到马克斯·普朗克准备讲有关《库夫曼测量……它们对电子动力学的重要作用》的讲座,这篇文章应该引起《运动物体电力学》作者的注意。尽管如此,会议还是在作者缺席的情况下讨论了相对论。

第二年,会议在德国的德累斯顿举行,爱因斯坦又一次缺席了。1908 年,他终于打算到科隆参加这次会议,但是又没有去,而是利用这短暂的时间疗养去了。专利局每年两周的假期实在不是太长,但是如果爱因斯坦真的打算参加会议的话,他总会多挤出几天时间的。可能他对这个会议根本就不热心。与作公务服务的报酬相比,作助教的微薄工资没有一点吸引力。此外,他相信总有一天自己会成为名人的。的确,在接下来的一年,1909 年,爱因斯坦作为特别嘉宾参加了萨尔茨堡举行的年会,并且应邀作主题报告。

我们不知道是格鲁纳教授,还是苏黎世大学的克莱纳教授鼓励爱因斯坦这样做的,还是爱因斯坦自己决定的,他再一次申请编外大学讲师资格。不论如何,1907 年 6 月 17 日,爱因斯坦把申请书交给了伯尔尼州教育主任。申请书中包括他的学位论文和博士证书,以及只有九行的履历,还有在理论物理领域发表的十七篇文章。

可能在申请之前,爱因斯坦已同 P. 格鲁纳商量过,因为和上次一样,这次爱因斯坦在申请中没有附加一篇特别要求的资格论文;根据学校的规定,如果有其它方面的杰出贡献,可以省略这个程序。无疑格鲁纳打算说服物理学教授艾枚·法斯特,爱因斯坦提交的单行本远远超过了一般水平的资格论文,但是爱因斯坦又一次失败了。

爱因斯坦的申请马上在全体员工中传阅。到7月10日,所有的人都阅读过了。他的申请之所以没有及时列入暑假(7月10日)前的议程中,说明有些教授对于爱因斯坦没有提交资格论文感到不高兴。10月28日,才讨论爱因斯坦的申请。只有名誉教授格鲁纳对爱因斯坦的申请作了积极的肯定:鉴于爱因斯坦的重要科技成果,这篇特殊的资格论文没有必要。系主任法斯特教授建议按照常规程序收下爱因斯坦的申请。经过漫长的讨论,最后决定,除非爱因斯坦博士提交一篇资格论文,否则拒绝申请。爱因斯坦第二次打算成为教授的希望破灭了。

毫无疑问,像四年前第一次申请时一样,爱因斯坦再次嘲骂这个肮脏的地方,而且理由更加充分了,同时相信,大学之门不久就会向他敞开。晚年回忆这小插曲时,爱因斯坦说:"在一些小系,经常发生这种情况,像我们现在一样,几个老顽固聚在一起当家掌权。"

当时的主要科技出版社已经开始注意爱因斯坦了。第一个找到他的出版社是莱比锡著名的特伯纳公司,1907年9月,它的负责人向爱因斯坦承诺说:"如果你有什么出版计划的话,我的出版社将随时听候你的调遣。"第二年,S.黑泽尔公司提议爱因斯坦以一种轻松、但并不是大众化的手法写一本小型的关于物理化学方面近期发展的专论,以便化学家和物理学家都可以学习。显然这个主意对爱因斯坦来说很有吸引力,尽管工作已经很繁重了,他还是打算做这项工作。两周以后,爱因斯坦改变了主意:"非常不幸,我不能写那本书,因为我实在没有时间。"

当E.威德曼建议爱因斯坦写一本关于相对论的书,在布罗斯维格的威维格出版社出版时,经过很长时间的权衡,爱因斯坦婉言拒绝了。这次不仅因为时间问题,还有题目的原因:"我不知道怎样使广大公众接受这个话题,理解这个问题需要在抽象思维方面的一些基本训练,而大多数人并不具备这种知识,因为这对他们没有必要。"

即使是在晚年,出版商们也发现很难从爱因斯坦那里得到手稿。虽然爱因斯坦发表了无数文章,但他只写了两本书:《相对论通俗解释》和从学术上关于同一题目的四篇讲座的修改稿。他从没写过教科书,以及关于特定研究领域的权威专论。爱因斯坦的兴趣不是书写大家已经熟悉的知识，而是追求自己还不知道的东西。

1907年9月，当伯尔尼大学还在讨论他的编外讲师资格申请时，爱因斯坦答应写一篇关于相对论的综合性文章。开始只是委托的工作，后来却变成了天才的杰作，可能是最伟大的。爱因斯坦的这篇文章将要发表在格立夫斯沃尔德的约翰斯·斯塔克教授1904年创立的《放射性与电子学年鉴》。爱因斯坦非常高兴地接受了这个约稿，但是要求斯塔克帮助他查找文献，因为在他的空闲时间，图书馆总是关闭的。而且除了自己的文章外。他只熟悉H. A. 洛伦兹的一篇文章，E. 科恩的一篇文章，茅森格尔的一篇文章，普朗克的两篇文章。爱因斯坦所列举的文章可能是指他得到单行本的文章，因为他阅读的文章一定比这个数目多。查阅杂志并不像爱因斯坦所说的那样困难，因此这个目录反映的绝对不是爱因斯坦的知识水平，而是爱因斯坦对文章的选择水平。

爱因斯坦有两个月的时间准备《年鉴》文章。一个月后，他告诉斯塔克自己的构想，所有的人都会发现相对性原理及其应用很容易理解。通过清晰而简化的数学过程，他十分小心地使这篇文章更具吸引力。尽管时间压力很大，他还是非常成功地完成了这篇文章。

这篇《关于相对性原理以及由其推导的结论》文章极好地概括了电动力学、力学和热力学等有关原理的基础和应用范围。在爱因斯坦的诺贝尔演说中，他十分清晰地概括了这篇报告中叙述的原理所取得的巨大进展：

> 它把力学和电动力学有机地结合起来，减少了逻辑上不相关联的假设的数目。它增强了对基本概念的认识。它统一了力学定理和能量定理；它证明了质量和能量的基本统一。

可是，与相对性原理不相适应的是所有物理学的典型模范：牛顿的万有引力理论。当然也存在其它问题，但主要是与认识论和美学有关的问题。

我们不知道在1905年至1907年期间，爱因斯坦是什么时候开始感到在《关于运动物体的电动力学》中描述的相对论并不是最后的理论。其中的一个原因是在对这个问题的进一步思考时产生的：这个理论只局限于惯性系统，即相互之间彼此匀速一致运动的参照系。正如爱因斯坦后来所说的，与只有一种运动状态的发光以太理论相比，这种限制更让人难以忍受，因为以太理论至少提出了一个真正原因，也就是发光以太。对于爱因斯坦来说，抛弃了以太之后，自然需要一个更加普遍的理论。但是他所说的"对推广的需求"并不充分；还存在另外一个障碍：只有能够在这个理论上成功地解释万有引力，才能真正肯定狭义相对论只是发展的第一步。

我们不知道爱因斯坦到底是什么时间开始这种努力的，他的思想有多么精深，但是我们知道爱因斯坦是什么时候实现突破的，那是在 1907 年 10 月或 11 月期间。当时爱因斯坦的《年鉴》文章完成了一半。11 月 1 日。他还不能肯定自己是否解释了万有引力，否则他一定会把这个情况告诉编辑的。12 月 1 日，整个《年鉴》报告完成了，前四部分主要是概括，接下来的第五部分只有九页，却包含了全新的内容。

在"相对性原理和万有引力"的标题下，爱因斯坦把两个方面结合起来，一方面概括总结所有参照系，另一方面用相对论处理万有引力理论。以两个有争议领域的不可思议的融合为基础，他提出了一个纲要性的概括，而不是一个公理，标志着一个漫长的发展历程的开始。八年后，产生了广义相对论。这个概括非常大胆，甚至是一场革命。如果 1905 年的相对论是一场革命的话，那么这场革命远远超越它。刚刚建立起来的光速恒定不变原理现在"修改"为光的速度和传播方向受引力场影响。当他的同事们还在努力消化他 1905 年提出的新思想时，爱因斯坦又在大步前进了。这就是爱因斯坦的命运和伟大。

1907 年的圣诞节对于爱因斯坦来说不是节日。他是犹太人，在其塞尔维亚东正教教堂，人们在 1 月庆祝基督的诞辰，所以爱因斯坦利用这段时间写信。他告诉 C. 哈比希特说："在 10 月和 11 月期间，我正在忙着准备有关相对性原理的文章，一方面准备报告，另一方面研究新问题。我现在正在考虑有关万有引力的另一个相对论，我打算通过这个新理论解释一直没有破解的水星近日点的奇怪变化。"虽然这种变化很小，但它却是牛顿万有引力的一个很大障碍，爱因斯坦现在正在集中研究这个问题。在随后简短的附言中，爱因斯坦继续写道："……但是前面的路途还很遥远，不知道什么时候才能解决这个问题。"经过八年时间的艰苦劳动，1915 年 11 月 15 日，广义相对论终于出现在爱因斯坦的面前。

第 三 部 分

新 哥 白 尼

第13章　从“蹩脚的笑话”到教授先生

“我必须承认，对于你能够一天八个小时坐在办公室里，我感到十分惊奇！但是，历史往往是由充满讽刺的笑话构成的。”这是威廉·维恩在维尔茨堡的合作者约翰·雅各布得知受人尊敬的爱因斯坦博士不是在大学而是在专利局工作时的反应。

1906年任慕尼黑大学理论物理正教授的A.索末菲也有同感。1906年1月初，他给爱因斯坦写了一封信，爱因斯坦高兴地说：“没有哪一位物理学家如此直率、热心肠地对待我。”同时，对于索末菲的恭维，他谦逊地答道：“我只是非常幸运地把相对性原理带入物理学，您和其他人就这样过高的估价我的科研能力，我很受震撼。”

想到爱因斯坦还在专利局工作，那些已经看到爱因斯坦工作前景的物理学家们一定更受震撼。他现在享有一定声誉，在大学里占有一席之地只是时间问题。

早在年初，爱因斯坦就考虑过更换职业，可能与雅各布·艾拉特谈过这件事，艾拉特于圣诞节后从苏黎世来到伯尔尼，也想成为专利局的一名“专家”。对马塞尔·格罗斯曼，爱因斯坦说：“我非常希望在稍好一点的环境里从事研究工作。”对于爱因斯坦来说，过去的三年不仅是智力，而且是体力的考验，在《年鉴》上连续发表二十五篇文章。同时还要处理大量往来的科技信件，再加上专利局的工作，所有这些一定会使他精疲力竭的。

经过一段时间的校务工作后，爱因斯坦的“救命人”马塞尔·格罗斯曼于1907年正式成为苏黎世工业大学教授。爱因斯坦征求他的意见，没有打算在学术界占有一席之地，而是令人倍感地谦逊准备在温特图尔技术学院当一名教授。1901 年春天,格罗斯曼曾在这所学院作了两个月的代课老师。爱因斯坦说:"我现在想知道:我该怎么办?是否应该找到有关人士,告诉他我是多么希望成为一名教师?我这犹太人的外表和缺少瑞士德语腔口音是否会给他们留下不好的印象?如果同时再介绍一下我发表过的科技论文,是否会有些用处?"

我们已无从得知爱因斯坦是否向温特图尔申请过教师职位,但是他可能从格罗斯曼那里得知,苏黎世中学有个新的空缺。于是与校长联系,商讨过有关工资的事,并于 1 月 20 日提出申请:"见到您招聘数学和画法几何教师的广告,我特此申请应聘,另外补充一句,我还可以做物理教师。"爱因斯坦同时寄去了学位论文,以及所发表的科技论文。一共有二十一人申请这份工作,最后剩下三位候选人,爱因斯坦不在其中。由于根本没有有关讨论过他的记录,可以猜测校方根本没有考虑过他的申请。

爱因斯坦还有另一件事情要做,那就是他的"资格"论文。他一改早期对拘泥形式的反对,开始按要求准备论文。1908 年 2 月 11 日,他告诉格鲁纳教授说:"在市图书馆与您的会谈,以及几位朋友的忠告,使我改变了主意。我准备补交资格论文,在伯尔尼大学试一试我的运气。为此我把资格论文寄给了系主任。"办事一向拖沓的伯尔尼人突然加快了速度。有些教授认为,因为没有资格论文而把这位伯尔尼唯一的物理学家拒之门外,会对系本身产生不良影响,因为这位申请人在瑞士内外已名声远扬了。所有的一切都在按部就班地紧张进行着。在 2 月 2 日全体教职工会议的记录上记载着爱因斯坦上交的论文《有关辐射构成的黑体辐射能量分配定理的总结》。福尔斯特教授书面建议接受爱因斯坦的资格论文,并请他准备试讲。2 月 28 日,星期四,爱因斯坦开始试讲《关于经典热力学的实用范围》,与此同时,召开了一个学术讨论会,全体员工一致推荐聘请爱因斯坦作为理论物理的编外大学讲师。第二天,伯尔尼州教育主任起草了相关文件,与文章一起寄给了爱因斯坦。从文章题目看,这只是爱因斯坦的前期工作,旨在为明年发表文章做好准备。

在正式试讲之前,爱因斯坦告诉格鲁纳教授自己的想法时说:"我将充分利用讲座时间,比如调整讲课内容等,以满足学生的兴趣和知识需求。"教授和爱因斯坦很快就讲座内容和课程的时间安排达成一致。1908 年夏天，开始上第一节课，爱因斯坦只有三位听众，来自专利局的忠实朋友，M.贝索和H.申克，还有邮电管理局的L.沙万。每周二和周六，他们都早早起来，爬上格罗斯城堡来听爱因斯坦早上七点钟的课（热的分子理论），这样八点钟可以回到专利局上班。从沙万的笔记上看，他一节课也没有耽误过。

冬季，爱因斯坦把课程安排到晚上六点到七点。讲课的题目是辐射理论。除了这三位朋友外，又增加了一名真正的学生，从立陶宛来的M.斯特恩；但他不是物理学家，而是对自然科学感兴趣的学习保险的数学系学生。1909年夏季，三位老朋友不再来听课了，只剩下这位学生，爱因斯坦因此取消了这门课。

新任命的大学讲师中，不久又增加了一名新朋友，雅各布·劳伯。他于1908年3月来到伯尔尼，无比骄傲地成为爱因斯坦的第一位合作者。劳伯生于奥地利，在哥廷根完成学业，在维恩指导下在维尔茨堡获得博士学位。维恩教授把劳伯引向相对论，到1907年他已经在《年鉴》上发表了两篇关于相对论的文章，属于普朗克所称的真正的相对论代表之一。比爱因斯坦小三岁的劳伯介绍说，相对论在哥廷根、慕尼黑和维尔茨堡引起了很大争论，爱因斯坦对此感到很高兴。

在闲暇时间里，劳伯和爱因斯坦一起讨论如何在相对性原理指导下定义力的概念。1908年，他们合作发表了一篇《运动物体的电磁基本方程》文章，但是年底前不得不又提交一篇更正文章。接下来他们着手解决力对电磁场中相对静止的物体的作用课题。为了简化问题，他们只考虑基本电荷的运动，这样可以用自己的方法计算。一年后，对于这个问题又必须增加一个补充。爱因斯坦后来说："我不理解这两篇文章为什么这么糟，必须进行修改才行。不过，一份带补丁的衣服终究比全是破洞强。"然而这个更正也是不彻底的，十年后，爱因斯坦给苏黎世大学从事相似工作的将要毕业的学生写信说："众所周知，我和劳伯得出的数据是错误的。"

5月中旬，离开伯尔尼的劳伯写信感谢好友爱因斯坦说："我在您的房间里度过了美好时光。现在回到了维尔茨堡，我仍旧回想起在伯尔尼我们精彩谈论带来的快乐。"他们继续保持书信联系。劳伯后来与伯尔尼的莱纳德合作，并到各地讲学旅游，成为爱因斯坦在德国科技界重要的信息中心。

他们合作发表的两篇文章是爱因斯坦第一次与人合作发表的文章,也是他三年相对论研究发表的最后一篇文章。爱因斯坦把目光转向了辐射理论,更确切地说是在改进一种测量极小电量的仪器。从下面的叙述中,我们可以看出爱因斯坦不仅是一位发明家,同时还是一位实验师和零杂工。

在 1907 年从事研究时,爱因斯坦就打算发明这个“小机器”。当时他正试图把热力学中关于分子运动波动现象的分析推广到微量电荷飘移分析上来。需要通过观察电容器电压的波动来了解与布朗运动相似的静电,但是这要求测量电压精度在千分之一伏以上,而当时最灵敏的静电计也只能测量千分之几伏,因此急需一种更精密的测量仪器。爱因斯坦设计了一种由许多电容器连接在一起的仪器,以低压高容形式充电,以高压低容形式放电。恰巧 C.哈比希特的弟弟保尔在沙夫豪斯建立了一个小型仪器制造公司。爱因斯坦写信告诉 C.哈比希特说:“保尔正按照我给他的样子制造小的静电机器,我焦急地等待奇迹的出现,对此我满怀希望。”爱因斯坦曾想申请此项专利,但是没有成功,他说:“我放弃专利的申请,主要是因为制造商们对它不感兴趣。”但这并没有减弱他的热情,比获得专利更重要的是这个“小机器”与他的两篇伟大论文的诞生息息相关。在论文中,他提出了一种方法,不仅可以通过实验证明静电的波动性,而且可以测量其放射性,此外还可以验证从相对论推导出的质能互换关系。因此他兴高采烈地建议慕尼黑的索末菲,让他的助手完成实验任务:“为了精确测量,需要装入一个小的静电仪器……如果你们感兴趣的话,我将很高兴为你们进行详细介绍。”在论文中,爱因斯坦进一步指出:“对于放射性研究来说,提高静电测量的灵敏度至关重要,我将非常高兴地告诉大家我的一些想法。”

在离伯尔尼只有三十公里的弗莱堡大学,宇宙物理学教授对这个静电仪很感兴趣,在工作中,他们经常要测量大气中的微量电荷。5 月 10 日,劳伯离开伯尔尼不久,爱因斯坦就到果克尔的实验室访问。因为果克尔打算自己也制造一个“小仪器”,因此他们之间进行了多次交谈,一起研究许多疑难问题,诸如触点应该是水银的还是金的等等。

这件事进展很顺利。爱因斯坦写信告诉劳伯说:“我在这里找到了一位技术熟练的技师,他现在正根据我提供的数据生产这个小静电器,几天后就可以完工。我想亲眼目睹最后的结果怎样。不知道它是否能为解决令物理界困扰的触点问题提供一些帮助。”当时整个伯尔尼都没有静电计，爱因斯坦只好自己动手造了一个静电计和伏特电池。他告诉劳伯说：“如果你看到我经过笨拙的修补而创造出的辉煌成绩，一定会感到快慰的……我得到了一些令欢欣鼓舞的实验结果。”几周以后，他又为自己造了一个同样的小静电器。爱因斯坦和果克尔是在伯尔尼当地中学的物理教室和爱因斯坦的家里进行实验研究的，哈比希特兄弟时常在闲暇时来访。爱因斯坦颇为骄傲的是，在测量电量方面取得了前所未有的精度，希望不久就可以毫无障碍地通过实验来证实由分子原理确定的静电的有效范围。但是，他有时也抱怨作为研究人员，自己还要做这些外围工作：“对于一个没有时间的人来说，这不是一件小事，并且在经济很紧张的情况下，还要经常自己掏腰包制造这些仪器设备。”值得庆幸的是，经过 P. 哈比希特的精心设计，不久就开始小规模经营这台小机器了。这无疑给爱因斯坦教授带来一丝慰藉。

爱因斯坦还在家里进行其它方面的“修修补补”。汉斯·阿尔伯特一直不能忘记，爸爸曾用火柴盒给他造了一个小缆车，并回忆说：“这是我当时最好的玩具之一，它一直运行很好。只用一条细线和几个火柴盒，他竟然能造出这么有趣的玩具。”可能是受妈妈的教育，汉斯四岁时就喜欢在信上写自己的小名布伊奥，例如在给索络文的信中。汉斯·阿尔伯特回忆说：“家庭教育与学校形成鲜明的对比。”爱因斯坦曾努力培养儿子的音乐兴趣，但是儿子却没有一点反应。如果孩子有时表现不好，他也会像那个时代的其他父母一样，行使父亲的特权，把汉斯痛打一顿。

爱因斯坦的妹妹玛雅有时与他们待在一起。1905 年，从阿劳教师进修学校毕业以后，作为女子大学教育的先锋之一，玛雅来到柏林作为“客座学生”学习罗马语言文学，因为直到 1908 年，普鲁士的一般大学才开始招收女学生。1907 年夏季，玛雅来到伯尔尼大学做关于古老法语手稿的博士论文，第二年去巴黎待了几个月，在图书馆查阅资料。1909 年圣诞节前夕，获得了伯尔尼大学博士学位。哥哥离开后，她仍然留在伯尔尼，1910 年与阿尔伯特“第二父母”的一个儿子、在伯尔尼学习法律的保尔·温特勒结婚。1911 年，同丈夫一起搬到琉森。

1908 年 8 月份，爱因斯坦度假来到伯尔尼奥伯兰德，在姆林和伊森夫拉各待了一周。8 月底马克斯·普朗克也来到附近度假，使爱因斯坦感到失望的是,他并没有像一年前答应的那样,来找爱因斯坦。普朗克给爱因斯坦写信说:“因为所有的计划都受天气制约,所以很难确定时间和会面地点……如果我们在科隆的自然科学家会议上见面,是否会更可行些?我一定会参加那个会议的。这样我们会有更多的时间进行科学讨论。”

爱因斯坦早就打算到科隆参加会议,但是并没有成行。“我非常遗憾不能到科隆参加会议,因为我感到非常有必要利用这几天时间松弛一下。”如果他来到科隆一定会看到关于相对论的精彩宣传,当然他是否同意这种宣传则是另一回事。

1908 年 9 月 21 日下午,随着具有渲染色彩的鼓号曲,数学物理组会议召开了。著名数学家赫尔曼·明可夫斯基向观众们说:“先生们,我将要向你们介绍的时空概念来源于实验物理的土壤,那是它们的根。时间和空间本身都没有意义,只有把两者结合起来,才能保持各自的独立性。”在苏黎世工学院时,爱因斯坦从没有听过他讲的课,但却非常欣赏他的分析力学课,认为是真正的理论课。1902 年,在大卫·希尔伯特的坚持下,明可夫斯基应邀到哥廷根任职。明可夫斯基与哥廷根另外两名数学大师 F. 克莱因和希尔伯特一致认为,对于物理学家来说,物理学基础知识很难,可以由数学家来解决。

明可夫斯基非常重视爱因斯坦《关于运动物体电动力学》的文章。在 1907—1908 年期间,他与希尔伯特一起组办了几个关于电动力学新发展的研讨会,并在哥廷根做了一个讲座,同时发表了几篇高质量的论文。对于爱因斯坦的这篇文章,明可夫斯基对他的助手说:“我真的没有想到爱因斯坦会写出这么好的文章!”马克斯·玻恩说,当明可夫斯基看到爱因斯坦的文章中得到的结果时,大为震惊,因为他也得出同样的结果,但没有发表,因为他想先全面解答出它的数学结构。没有任何证据说明存在这种“同样的结论”,只能说明明可夫斯基有混淆数学与物理的趋向。他是否独自或在爱因斯坦之前发现了类似的相对论很值得怀疑。

但是明可夫斯基在相对论中提炼出来的数学结构却是非常伟大的。明可夫斯基不仅提出一个新的、特别优美的爱因斯坦理论结构,同时他那独特的言辞,会使物理学家或更大范围内的人们注意相对论。例如他所说的,各种各样的“世界点”组成“世界”,在其中,不间断的具体的点构成“世界线”。爱因斯坦的相对性原理被当成绝对世界的条件。相对论第一次通过四维空间非常简单地揭示了事物的内部结构。在这种神秘的令人激动的四维空间中,时间作为想像中的一个坐标。

明可夫斯基以明白无疑的折中态度结束了他的讲话:“我很愿意相信,关于世界假说的绝对适用性是世界电磁图像的真正核心,是洛伦兹首先提出的,爱因斯坦在此基础上进一步完善和发展,并展示在人们面前的。”虽然并不是所有的听众都能明白他那纲领性介绍和总结的目的,但是他们一定会有这样的印象,这里产生了一个新物理,而且正如明可夫斯基使他们相信的一样,这个新物理与实验无关,完全依靠数学和物理之间的协调产生的。

只有少数听众感到相对论有被剥夺物理基础的危险,雅各布·劳伯是其中之一。劳伯在研究相对论的发展,在回维尔茨堡途中进一步熟悉了明可夫斯基的工作后,对人们所表现出的巨大热情非常吃惊,特别是数学家M.坎特。他给伯尔尼写信说:“就物理解释而言,我们会发现自己同样赞同明可夫斯基的时间变换方程,对洛伦兹来说,至多赞同他的‘当地时间’。”

从物理学上看,与爱因斯坦的理论相比,甚至是与洛伦兹的理论相比,明可夫斯基滔滔不绝的讲话和他的四维时空概念并没有什么新内容。把时间当成假想的坐标只是一种数学手法,使时间与三维空间形成四维欧几里得空间。甚至是明可夫斯基所极力强调的时空统一也只能相对的看,因为变换方程要求不能混淆时空:时间坐标永远是时间坐标。

几个月后,爱因斯坦看到了《物理学杂志》二月期上刊登的明可夫斯基的讲演稿,并没有感到什么新奇,并且认为四维的说法是多余的博学。他曾经叹口气说:“自从数学家突袭相对论,我自己已越发不理解了。”后来,爱因斯坦开玩笑说:“四维的说法有些像剧场里的鬼怪。没有比认为我们熟悉的世界是一个四维时空的连续区的看法更平庸的了。”

如果明可夫斯基的四维说法只是流于形式,那么早就应该抛弃不用了。但是,1912 年,在发展相对论的过程中,爱因斯坦发现四维说法不仅很优雅,而且很有用途。他再也不认为明可夫斯基的“四维”是多余的博学。这个重要思想很有贡献,没有它,就不会有广义相对论。爱因斯坦不能亲自向明可夫斯基表达这种敬意,因为赫尔曼·明可夫斯基在四十四岁时死于阑尾炎。

科隆会议结束后,大家都想知道伯尔尼"讽刺的笑话"会持续多久。爱因斯坦以前的学生寇勒洛斯回忆说,早在科隆大会之前,1908 年 4 月,在罗马国际物理学家大会上,洛伦兹和明可夫斯基都认为,这位二十六岁的科学家的思想很重要。明可夫斯基在科隆大会上所作的报告进一步证实了这一点。爱因斯坦应该在大学里工作,而不应该在专利局工作,但是当时最大的困难是在这个研究领域内没有空缺。

二十世纪的前十年,理论物理在学术界还没有形成气候。大多数大学的理论物理教授只是准教授,在行政管理上,他们被当作正教授,但地位比"正"物理学教授低,工资待遇也是中等水平。除了正教授外(在物理领域称为实验物理学教授),极少有学校提供真正相当于正教授的理论物理学教授职位。只有柏林和哥廷根有理论物理学正教授,1906 年,A. 索末菲曾被任命为理论物理教授。伯尔尼年轻的大学讲师应该是理论物理学教授的理想人选,但是在整个讲德语的国家总共只有不到二十四个这样的职位,并且所有的职位都满了。苏黎世大学有些不同,但只是个虚缺,还需要向当局申请设立这个教授职位。经过激烈的争论之后,这个职位才确定下来,并邀请爱因斯坦填补这个空缺。

多年来,苏黎世的阿尔弗雷德 · 克莱纳一直想聘任一位理论物理学家,以便减轻他的教学压力。当时,州教育当局极力反对。1906 年,保尔 · 格留耐尔应邀来到伯尔尼作准教授,克莱纳再次燃起希望,苛刻的苏黎世当局现在应该意识到需要一位二级专家作物理教授了。

当时,克莱纳已经有一位候选人,他以前的助手弗里艾德瑞克 · 阿德勒,现在在慕尼黑德国博物馆从事一项有趣的工作。克莱纳说服阿德勒回到苏黎世,并且帮助他于 1906 年 12 月获得大学讲师资格认证。虽然教育委员会的社会民主党成员非常希望阿德勒同志回到大学,但是整个程序进展得很慢。1908—1909 年冬,克莱纳被选为大学校长,看起来这个新的教授职位有希望马上批下来。

阿德勒是多面手,一直在物理学家、哲学家和政治家上游移。他父亲希望他成为物理学家,而他本人却偏爱另外两个职业。即使被任命为物理学教授,阿德勒也要坚持他的哲学。克莱纳似乎意识到阿德勒并不能全身心地投入物理研究，所以不能像所希望的那样减轻自己的负担。1908 年 6 月 19 日，经过反复商谈，教授最后告诉阿德勒，他不是合适的人选。

可能有人建议克莱纳应该考虑另外一位科学家，他最近发表的文章引起了很大轰动，在当天给父母的一封信中，阿德勒提到了那个人的名字：

> 我忘了告诉你谁最有希望得到那个职位，根据他的理论和人们的观点，不应该是我，而应该是这个人应该得到这个职位；如果他能够得到，我将为他高兴。这个人叫做爱因斯坦，是我的同学，我们曾一起上过课……有关人士一方面因为过去慢待了爱因斯坦而感到良心的谴责，另一方面，像爱因斯坦这样的一位科学家竟然待在专利局，这在整个德国都将是一个丑闻……客观地说，如果一切如我们所期望的，这是一件好事，经过这么多的困难，爱因斯坦终于成为一名教授。这也说明一个人可以做他想做的事。

几天后，爱因斯坦的热学分子理论课又增加了第四位听众，他以前的教授克莱纳。克莱纳是来检查的，正如爱因斯坦告诉劳伯的："那天我的课讲得不是很好，部分原因是我自己没有准备好，部分原因是被人检查而感到神经紧张。"关于爱因斯坦的教学水平，克莱纳作了几次关键评论，候选人普遍赞同。爱因斯坦认为大学根本不想邀请他，对此，克莱纳教授很受刺激，这根本不是他的想法。F. 阿德勒把从克莱纳得到的消息告诉了父亲，爱因斯坦很难马上成为教授。情况发生了变化，爱因斯坦步入大学的大门又关闭了。得知这件事后，爱因斯坦坚定地说："我没有机会成为教授了，即使没有我，也不缺老师。"

当得知，克莱纳对他讲课的评价通过学术界传到维尔茨堡，爱因斯坦再也不能容忍了："关于传播不利于我的谣言，我在一封信里狠狠地责备了克莱纳，这些谣言使我的处境更加艰难。这样的谣言会彻底打碎我进入大学教学的希望。"但是我们从 F. 阿德勒那里了解到，克莱纳认为必须把爱因斯坦排在第一位，才能通过提议，否则爱因斯坦仍然会没有职位。因此，克莱纳通知爱因斯坦，如果能够展示他的教师才能，苏黎世将非常欢迎他。

按照爱因斯坦的要求，试讲安排在苏黎世物理学会。1909 年 2 月中旬，爱因斯坦接受"考试"。爱因斯坦非常高兴，同事艾拉特及其母亲愿意在考试期间邀请他到家里居住,这是他的生死关头。这次讲课得到大家的认可。爱因斯坦把整个过程总结之后告诉劳伯说:“我很幸运,完全改变了以前的坏习惯,这次我讲得很好。”回到伯尔尼,爱因斯坦给艾拉特写信说:“很有希望我们会经常坐在一起,因为周五我给严肃的克莱纳打电话,他非常仁慈地告诉我考试的结果,暗示好戏不久就会出现。”克莱纳马上向爱因斯坦要课程表,并询问爱因斯坦下学期是否可以开始上课。爱因斯坦马上作出肯定回答。虽然没有得到正式的通知,但这只是时间问题。爱因斯坦的任命没有准时在1909年夏天发出,因为苏黎世当局要花费一些时间争取反对者的同意。

克莱纳教授很快起草了一份对爱因斯坦的评论,特别强调这位候选人是当今最重要的理论物理学家之一,大家都很欣赏他的相对论文章。克莱纳对于爱因斯坦论文的评论很有独创性,他认为爱因斯坦的论文在概念和思想的追求上十分敏锐,牢牢地抓住了基础。在许多方面具有自己的语言风格,文章清晰简洁,这对于一位三十岁的人来说,是独立和成熟的象征。爱因斯坦不仅聪明伶俐,而且愿意接受他人的正确意见,作为教授,爱因斯坦有其价值,但是对于爱因斯坦的教师才能,克莱纳不愿意作最后的定论。

教职工委员会收到了关于这位新的准物理学教授的推荐信。一共有九位候选人,没有F.阿德勒。委员会比较倾向于哥廷根的编外讲师W.里茨,因为他是一位瑞士人,并且克莱纳认为他具有特别才能,可以说是位天才。之所以没有聘请里茨,是因为他患有不可治愈的结核病,因此只剩下爱因斯坦了。

1909年3月4日,哲学系自然科学二部的正教授们举行不记名投票,十名教授支持爱因斯坦,一名弃权。投票结果和关于爱因斯坦犹太人出身的一些必要说明,一起寄给了苏黎世州教育主任。对于学术界所特有的反犹太人思想,教授们表现得非常谨慎,他们显然在极力消除这种情绪。克莱纳在他的评论中强调,有关爱因斯坦的人格问题,认识他的人对他的评价都很好,希望他能够很快成为自己的同事。系主任、人类学家斯托尔教授为此写了一个说明:

> 我们的同事克莱纳是在多年私人交往的基础上说这番话的,整个来看,这对于全体教职工和委员会来说更有价值,因为爱因斯坦博士是

犹太人，更确切地说是学者中的犹太人，他们有各种各样的令人不愉快的古怪性格，如鲁莽、冒失，以及在学术上的店小二思想（在许多情况下，并非完全没有原因）。然而，犹太人之中也会有一些令人愉快的优秀的人，因此，仅仅因为犹太人的原因就贬低他的人格是不合适的。人们有时会发现，即使不是犹太人学者，他们的商业观念以及在对学术职业的利用中也会含有被人们认为是典型的"犹太人作风"的东西。因此，整个来看，委员会和全体教职工都认为对高职位采取反犹太人政策是不合适的，我们的同事克莱纳所提供的关于爱因斯坦博士的性格说明，使我们完全消除了疑虑。

尽管对爱因斯坦的提议准备得非常详细、充分，但是由于政治原因，这个提议在教育董事会上仍然遇到很大阻力。掌握州行政管理的教育董事会的社会民主党对大学的提议感到非常失望，因为提议的候选人不是他们的同志 F. 阿德勒。阿德勒现在的处境非常尴尬，教授和学院不欢迎他，而管理层的政界朋友却希望他能够出任大学教授。认为这个持续一年多的事件应该有个了结，为此，阿德勒四处奔走宣传说，这个来自伯尔尼的阿尔伯特·爱因斯坦博士是最好的物理学家，应该得到教授职位。

关于爱因斯坦的工资仍然存在问题。按照传统习惯，苏黎世当局准备支付给这位副教授的工资比中学教师的工资还要低，是爱因斯坦在专利局工资的一半。在这一点上，爱因斯坦决不让步，并最终获得了成功："我的工资和专利局的工资差不多。他们一开始打算给我的工资相当低，但是我明确表示，如果这样的话，我就会礼貌地拒绝这个职位。"与此同时，爱因斯坦一周要上 6—8 个小时的课，而根据苏黎世教育法，副教授只上 4—6 小时的课。

1909 年 5 月 7 日，暑期学年已经开始了，苏黎世州政府委员会正式任命爱因斯坦博士为期六年的副教授，工资四千五百瑞士法郎，外加按照规定的"听课"和"考试"费用。1909 年 10 月 15 日，爱因斯坦开始正式上课。对于这件拖了很久的烦心事，爱因斯坦辛辣地总结说："现在，我终于成为婊子协会的官员了。"如果他了解整个事件的幕后细节，他的批评一定会更辛辣。

在爱因斯坦成为教授之前，他还获得了一个名誉博士学位。关于这件事还有一个小插曲，具有一丝无知和喜剧色彩。四十年后，爱因斯坦回忆这件事说："一天在专利局，我收到了一个大信封，里面华丽的信纸上写着特别的字（我甚至认为是拉丁文），认为里面的内容与我无关，同时又不感兴趣，就把这封信扔到废纸筐里了。"后来，他才知道那是一份邀请，邀请他7月8日赴日内瓦庆祝加尔文创办日内瓦大学三百五十周年，在庆祝会上，将授予他名誉博士学位。因为一直没有得到爱因斯坦的回音，日内瓦人让爱因斯坦的同乡路易斯·沙万说服他来日内瓦，对于将在日内瓦发生的事件，爱因斯坦一无所知。

> 我按时出发了，当天晚上在我们居住的旅馆餐厅里见到了一些来自苏黎世的教授……每个人都在谈论他们此行的目的。因为我一直保持沉默，他们就问我同样的问题。而我必须承认，我对此一无所知。其中了解内情的人简单地向我作了介绍。第二天，我们要列队而行，而我只戴了一顶草帽和穿了一身便装。我准备遛边的请求被严肃地拒绝了，就我所知，仪式的整个过程很有趣。

举行仪式那天雨下得很大，庆祝队伍沿着古城狭窄的街道向圣彼得大教堂走去，当时的情景对记者来说像葬礼的侍从队，非常宁静。没有人提及这位夹杂在这些来自世界各地、穿着典雅队伍中的戴着草帽的爱因斯坦。接下来的仪式在维多利亚大厅举行，这是装潢华贵的日内瓦音乐会大厅。在举行的一种类似学术弥散洗礼过程中，有一百一十多人被授予名誉博士学位，他们之中有像玛丽·居里和威廉·奥斯特瓦尔德等科技界著名人物，也有某位厄斯特·扎恩、一位方言诗人兼戈申恁火车站餐厅经理，当然阿尔伯特·爱因斯坦也在其中。这个学位可能是爱因斯坦从日内瓦从事射线速度依赖性的查尔斯·E.古耶教授那里获得的第一个名誉博士学位。

爱因斯坦是这样描述那天的仪式的：

> 庆典之后是非常丰盛的宴会。我对身边的一位贵族说：你是否知道，如果加尔文在世的话，他会怎么做？他摇了摇头，问我有什么高见。我说：他会建一个非常大的火刑柱，把我们这些贪食的人烧光。那个人再也没有说一句话，我关于纪念庆典的回忆也就到此结束了。

1909年7月6日，在去日内瓦之前，爱因斯坦向专利局递交了辞职报告,10 月 15 日生效。哈勒描述说:“这位二级专家提供了非常有价值的服务,他的离开是专利局的一大损失。但是,爱因斯坦博士认为教学和科学研究是他真正的事业,为此专利局局长没有打算通过改善待遇而把他留在专利局。”

爱因斯坦对自己的事业应该感到满足。3 月中旬,一位叫桑木的日本人专程从柏林来伯尔尼拜访他。自从 1907 年,这位日本人就在最著名的物理学家手下学习,他认为必须亲眼见到爱因斯坦博士,才可以回日本。这次会面一定非常成功,因为在桑木回程经过巴黎时,爱因斯坦让索络文给予关照,并说:“我相信你与他见面一定会很开心的。”未来的福冈大学教授桑木是爱因斯坦见到的第一位日本人,不久,日本的物理学家为相对论的认可做了很大贡献。

爱因斯坦拥有教授职位、名誉学位,名声越来越大。现在他没有遗憾地全身心扑到辐射理论上,伴随他的无疑是那台“小机器”。在给与海德堡的菲利普合作的劳伯的信中,爱因斯坦说:“我非常关注辐射的构成。量子问题相当重要和困难,每个人都值得去研究它。”

爱因斯坦并不是惟一一位持这种观点的人。1908 年 4 月,在罗马国际物理学家大会上,洛伦兹第一次在自己的报告中提出普朗克的辐射公式与麦克斯韦理论相矛盾。普朗克不承认这种“太革命”的思想,接下来的几年,一直不愿承认他的公式标志着经典物理的结束,新的物理的开始,特别是爱因斯坦的观点。1908 年,普朗克的思想开始动摇了,虽然在文章里没有丝毫迹象,但是从他与洛伦兹和维恩的紧密合作中,我们可以感觉到这种变化。

在专利局工作时,爱因斯坦就写了一篇纵览文章《关于辐射问题的近况》,而加入了这场争论。收到这篇文章的单行本时,爱因斯坦马上给莱顿的 H. A. 洛伦兹寄去了一份,并附言道:“这仅仅是我这几年思考的结果,我还没有成功地了解辐射的本质。”尽管爱因斯坦对普朗克很尊敬,仍然批评他很难和人合作,并且对自己上一篇辐射文章持一种完全否定的态度。洛伦兹的回信可能充满同情,并且引发了他们之间极为有趣的通信,同时,洛伦兹成为爱因斯坦的科学之父的化身。

整个夏天,爱因斯坦在一直研究辐射理论。他对约翰斯 · 斯达克抱怨说:“你很难相信,为寻找量子理论令人满意的数学形式,我付出了多大辛苦。到现在为止,我还没有成功。”因为9月份爱因斯坦将作这个方面的讲座,因此他打算得到一些确定的东西。虽然最终没有彻底突破量子理论,但是在萨尔茨堡自然科学家大会上现身,不仅确定爱因斯坦是年轻一代最重要的物理学家,同时也是物理学史上一件令人难忘的事。

以前只有几位年轻的同事到伯尔尼拜访过爱因斯坦,现在所有的物理学家,包括著名人物都有机会一睹爱因斯坦的尊容。同样,爱因斯坦也可以和他的通信者,如广为尊敬的普朗克和索末菲,以及一些年轻的科学家面对面了。爱因斯坦对那精彩的开幕词很喜欢,在开幕时,耶拿的亨利·斯德托夫利用刚刚发明的超微方法把布朗运动投影到墙上,使大家能够亲眼观看布朗运动。大会的兴趣焦点是辐射问题和相对性原理。

大家一致认为爱因斯坦是相对性原理的创造者,同时按照学术界的习惯,爱因斯坦应该在相对性原理方面做一个综合性讲座。事实上,普朗克曾经邀请爱因斯坦作这样的一个报告,但这不是爱因斯坦的风格,不论在萨尔茨堡,还是在将来类似的场合都是这样。用马克斯·玻恩(他自己的讲座是《关于相对论运动学中电子的动力学》)的话说,爱因斯坦现在把相对论留给了“少数的先知”。

爱因斯坦自己选择了所有人都应该研究的《辐射的性质和结构》。9月21日下午,爱因斯坦开始他的报告:

> 我们现在正处于现在还不能解决但无疑是最重要的发展的开始时期。我要向大家提出的只是我个人的意见和思考结果,还没有进一步证实。我之所以在这里提出,并不完全是因为我对自己的观点十分自信,而是希望你们中有人能够注意这些问题。

这些话给我们的启示很多:在爱因斯坦典型的谦虚中,掺杂着他对现在还处于大学之外,处于科学外围的感慨,同时反映出大家普遍忽视他在辐射和量子理论方面的工作。但是,同时也反映出爱因斯坦打算给他的同行们指明方向。

一开始,爱因斯坦就认为光线不仅仅是波动现象,应该同时具有粒子结构:“不能否认,存在许多与辐射相关的现象和事实,通过牛顿的辐射理论观点很容易解释光所具有的这些性质，而通过光的波动理论解释就相对难一些。”爱因斯坦接着进一步大胆预言：“理论物理的下个发展阶段将证明光是波动理论和发射理论的统一。”这是第一次宣布光具有波动性和粒子性，随着量子力学的发展，这种解释后来称为“波粒二象性”。爱因斯坦这次讲座的目的是想说明这种关于光的性质和结构观念的深远变革是不可避免的。

当然，爱因斯坦也提到了相对论，只是为了说明放弃光的波动理论不可避免。他说：“相对论对于以太的抛弃已经改变了人们对光的性质的看法，不再认为光是假想介质的一系列状态，而是像物质一样独立存在的。”从质能相当原理中，爱因斯坦提出第二个结论，这个像物质一样独立存在的东西具有粒子性，并且把惯性质量从发射地传到接收地。

经过这些准备，爱因斯坦正式转到辐射理论问题上，不仅辐射的吸收具有方向性，而且辐射的发射也具有方向性。这个观点与麦克斯韦理论认为的辐射是以球形发射的观点截然相反。爱因斯坦进一步说，不仅能量子的概念可以推导出洛伦兹的辐射公式，而且从辐射公式的适用条件也可以得出辐射的量子结构。因此，麦克斯韦方程不再是严格正确的。

几乎没有人能够像爱因斯坦理解得那样深刻。在接下来的讨论中，爱因斯坦惟一的支持者是约翰斯·斯达克。代表多数人意见的普朗克虽然很尊重爱因斯坦的成就，但是不愿意抛弃麦克斯韦方程，而承认光是由粒子构成的，他认为这一步没有必要。

虽然爱因斯坦对未来辐射理论的大胆概括没有说服当时的权威和年轻的同事们，但是他首次在众多的物理学家面前的亮相是成功的。马克斯·玻恩认为，在云集萨尔茨堡的世界上众多的科学家面前，爱因斯坦的成就得到了认可。几十年以后，爱因斯坦在萨尔茨堡的演讲被看成是理论物理发展过程中的一个转折点。

第14章　执教苏黎世

10月中旬，在新学期即将开始时，爱因斯坦和米列娃，以及他们的儿子汉斯·阿尔伯特来到了苏黎世。搬家的兴奋使他们忘记了因为换了不同的州而要到警察局和军队要办的手续，因此不得不把“服务书”和居住许可证寄给L.沙文，请他告知伯尔尼警察局和当地军队总部自己居住地点的变更。在给伯尔尼一位朋友的信中，爱因斯坦写道：“一切事情都在正常进行着，我很喜欢这个新岗位，但这是一项费力的工作。”

爱因斯坦一家搬到苏黎世堡茂森街12号，住在斜坡上一个三层楼的第二层，向下可以俯视整个城市。住处紧挨着工学院的物理研究所，离坐落在莱米街69号的苏黎世大学的研究所也很近，只有几百米远。搬进新居后，爱因斯坦吃惊地发现，阿德勒家也住在同一幢楼。F.阿德勒告诉他父亲说：“我们和爱因斯坦家相处得很好，他家在我们楼上，我们是最要好的同事。像我们一样，他们也保持波希米亚的生活方式。”汉斯·阿尔伯特和阿德勒的女儿阿信卡成为好朋友，经常一起在庭院里玩，或者到街里与八九个同龄的其他孩子们玩。吵闹声实在太大时，为了免受干扰，父亲们经常躲到阁楼里继续交谈。在同一封信中，F.阿德勒继续写道：“与爱因斯坦交谈次数越多，我就越发意识到自己对他的评价是非常正确的。在当今物理学家中，他不仅是一位条理清晰、思想自由的物理学家，并且在许多事上，我们有相同的观点，而大多数物理学家对此甚至都不明白。”

在爱因斯坦暑假休假期间，阿德勒任临时系主任，而系主任接任了校长。阿德勒给新生讲实用课程，并且进行相关实验，所以说，现在这两个邻居是同事了。爱因斯坦所教的课程有四学时的《力学入门》，有十七名学生听;二学时的《热力学》,有十九名学生听;一学时的关于当前研究问题的《物理研习班》,有十二名学生听。

爱因斯坦告诉雅各布·劳伯说:“我非常喜欢我的新职业,与学生们相处得非常融洽,我希望他们能从我这里学到点什么。”同时这位新教授发现需要做的事情太多了。爱因斯坦非常重视自己的讲课,所以要花费很多时间去准备。一周六个小时教学,外加一个晚上研习班,虽然听起来不是很糟,但工作量确实很大。在给伯尔尼的贝索的明信片上,他说:“我真正的自由时间比在伯尔尼时还少。当然,我也从中学到了不少东西。”他有点后悔地对索末菲说:“新岗位的工作量比我预料的要重。主要是因为我的记忆力不好,同时,对于这门课我到现在还是个业余者。”这听起来似乎有点沽名钓誉,实际上爱因斯坦只是想说,在过去,他只把物理当成一种嗜好,就像他拉小提琴一样。12 月 11 日,爱因斯坦开始了正式就职讲座《原子理论在新物理学中的作用》。这是他第一次,但不是最后一次作这样的讲座。

虽然在伯尔尼做讲师时给几位朋友上过两门课,但是那根本算不上是大学授课的前期准备,因此可以说爱因斯坦是第一次站在讲台上。他本人也清楚地意识到这一点,所以从没有想过写一本关于相对论的教科书:“因为我几乎没有教学经验,只有当我非常熟悉这个新职业后,才能进一步履行义务。”至于爱因斯坦在信中所说的花了很多时间备课,他的学生显然没有这样的感觉。汉斯·泰厄后来回忆说:“爱因斯坦所携带的讲课教案只是一张会客卡大小的纸片,上面概略地写着他的讲课提纲。”泰厄是爱因斯坦惟一的一名博士生,爱因斯坦在苏黎世大大小小所讲的课,他几乎没有落下几节。

泰厄认为,像爱因斯坦那样在讲义上作很少的注释是一个优点,这样人们就可以当场学习爱因斯坦是怎么组织讲课内容,直接洞悉他的工作技巧……大家经常见他最后通过奇怪的方法得到了结果。对于习惯于有章法、有条理教学的学生来说,很难自觉地加入这种科学的创造过程;爱因斯坦没有教授架子,与学生的关系非常融洽,因此帮助学生解决了许多难以理解的问题,这也正是他答应索末菲教授的。爱因斯坦鼓励学生,上课时如果哪里不明白,可以随时提出。实践证明这种方法很有效。泰厄说:“不久,我们不再为提出愚蠢的问题而感到羞愧了。”

温特图尔的一位教师、曾经就读于阿劳州立学校的爱因斯坦的学生阿道夫·费希尔回忆说:"爱因斯坦总是极力教给学生一些具体、新奇的东西。他不停地问大家是否听懂了。休息时间,他总是被一群急于提问的男女学生包围着,而他总是耐心热情地回答他们提出的问题。"晚上研习班结束后,气氛更加轻松、融洽。从第一学期开始,爱因斯坦就养成了一个习惯,课后到贝尔街的泰勒斯咖啡馆继续谈论,直到闭店为止。对这位年轻的教授,A.索末菲应该感到满意。

爱因斯坦与同事的关系也极其融洽。他发现原来的博士导师、现在的上司阿尔弗雷德·克莱纳并没有在他的道路上设置障碍,因而感到很宽慰。他给贝索写信说:"克莱纳很特别,但可以忍受。"对劳伯,爱因斯坦甚至说:"克莱纳是一位非常好的人,他像朋友一样待我,对我没有什么成见。"两个月后,他又给劳伯写信说:"虽然研究院的头头不是一位出色的物理学家,但却是位非常完美的人,我很喜欢他。"与聚集在萨尔茨堡的科技精英们会面后,爱因斯坦对克莱纳又有了新的评价:"看起来科学上的成就和人品并不都可以兼得。对于我来说,和谐的人际关系比先进的公式和系统的发明者更重要。"爱因斯坦与克莱纳的关系是一种职业的上下级关系,与同事中的朋友关系不同。

与马塞尔·格罗斯曼的重新团聚令人高兴。学生时代开始,格罗斯曼就是爱因斯坦的"救命人",他现在是工学院的几何教授。爱因斯坦与阿道夫·赫维茨的关系也有了很大改进。学生时代,爱因斯坦经常不听赫维茨的讲座,曾经想当赫维茨的助手,但没有成功,因此他俩早年的关系相当冷淡。现在对音乐的热爱使他们走到了一起。每个周日,他们都在赫维茨家演奏室内乐。蒸汽和气体叶轮机权威、波希米亚人阿莱·斯托德拉经常来听爱因斯坦讲课。还是在工学院学习时,爱因斯坦就见过斯托德拉,现在他们从相识发展成为真正的友谊。1929年,斯托德拉退休时,爱因斯坦在纪念文集和苏黎世日报分别为斯托德拉撰写了一篇综合性文章。在报纸的文章中,爱因斯坦回忆说:"当斯托德拉高大的身躯出现在新任教授的关于理论物理与发展的课堂上时,我感到非常高兴和迷惑。他来听课部分原因是出于对纯粹知识的爱好,部分原因是这门课很有用。每当讲课结束后,斯托德拉经常会抓住主要要点,以新的方式提出一些深奥、正确的问题。"

爱因斯坦最亲近的朋友是医务人员亨利克·章格,比爱因斯坦大五岁,是国际知名的大学医学院院长,“灾祸医学”的先驱,瑞士政治和学术界都非常看重他的观点。章格是在1905年见到爱因斯坦的,当时他正在吃力地处理陌生的数学问题。A.斯托德拉建议他向伯尔尼的爱因斯坦请教,爱因斯坦确实对他帮助很大。作为医学部主任,章格曾支持过爱因斯坦在苏黎世任职。爱因斯坦到来后,两个人成为好朋友。爱因斯坦后来记述说:“他的兴趣相当广泛;我甚至可以和他一起讨论物理问题。”在爱因斯坦发表的文章里,至少有一篇是来自章格的原动力。爱因斯坦还认为:“与章格对于人生和事物的高深见解相比,自己的专业知识显得微不足道。”在对付伯尔尼联邦政府和苏黎世的瑞士当局,章格很好地发挥了自己的优势,他一直是爱因斯坦忠实的拥护者。后来,在爱因斯坦与米列娃分手时,章格一直是两人之间最有耐心的调解人,帮助他们两人解决遗留的各种难题。

除了少数的几位物理学家和数学家外,包括章格在内,几乎没有人会想到这位新任命的教授将成为这个领域的巨人。对于大多数同事来说,爱因斯坦的形象可能与学生时代没有什么两样,仍然是语言尖刻、笨拙古怪,身着破旧的服装、非常短的裤子,加上他那钢表链,根本不是瑞士教授的形象。不仅同事们这样看他,连他的学生和助手也这样认为。

3月春假,科学界的绝对权威、因为能斯特灯而富裕闻名的W.能斯特来到苏黎世拜访爱因斯坦,这使人们对爱因斯坦的看法发生了显著变化。能斯特曾经把自己的专利卖给AEG的埃米尔·拉特诺,获得一百万马克。当时联邦工大物理化学研究所的助手乔治·海沃斯回忆说:“能斯特的拜访使爱因斯坦声名大震。爱因斯坦刚到苏黎世时还默默无闻,能斯特到来后,苏黎世人说:‘伟大的能斯特从柏林专程到苏黎世找爱因斯坦谈话,那么爱因斯坦一定是位聪明人。’”

爱因斯坦在苏黎世见到的第一位来访的物理学家是能斯特,他之所以对爱因斯坦感兴趣,是因为他认为爱因斯坦在1906年发表的固体比热的量子理论解释的文章很有价值。结合爱因斯坦的思想,能斯特在后来称为热力学第三定律的关于接近绝对零度的热力学大小行为理论的基础上,又添加了一些新内容。在柏林大学物理化学研究所,能斯特制定了详细计划,准备通过实验研究其中的关系,实验物理学家亨利克·卢本也参与了这项研究工作。1909 年,能斯特认为爱因斯坦的固体理论与实验结果和自己的定理符合得很好,爱因斯坦对此相当高兴。除了普朗克外,爱因斯坦现在又增加了一位相对论拥护者能斯特。确切地说,能斯特并不太明白爱因斯坦的相对论,(与普朗克不同)他理解爱因斯坦的量子思想,虽然只是局限在自己的特定领域,而不是普遍的辐射原理上。

爱因斯坦对于这次来访非常满意,能斯特刚离开,他就通知雅各布·劳伯说:“我关于比热的预测似乎已经被精彩地证实了。能斯特刚刚访问过我,告诉我卢本正在从事实验证明工作,我们不久就可知道结果如何。”在比热方面,金刚石的数据符合得很好,但是经过对其它材料的进一步研究,发现金刚石只是一个特例。几年来由于能斯特对这个问题的关心,使得量子理论成为科学讨论的中心,并逐渐被大家所接受。因为爱因斯坦为这个领域奠定了基础,因此又一次名声大震。

虽然如此,在教学上,爱因斯坦发现自己要付出很大的心血;1910 年夏季学年,除了正常的讲课和研习班外,爱因斯坦还要负责高年级学生的实验课,共有十二名学生。对于一位理论学家来说,这是件伤脑筋的事。他对汉斯·泰厄承认说:“我不敢碰实验装置,生怕它爆裂。”对于索末菲,他抱怨说:“现在终于证明我对实验室存在恐惧。”现在,爱因斯坦终于有位助手帮他分担部分工作了。这位助手是路德威格·霍普夫,纽伦堡人,比爱因斯坦小五岁,刚在苏黎世的索末菲教授那里拿到博士学位。爱因斯坦和霍普夫在萨尔茨堡自然科学家大会上见过面,并且发现除了物理方面外,他们在音乐方面也有共同语言。霍普夫是位很有实力的钢琴家,和他一起演奏二重奏对爱因斯坦来说是一种享受,特别是当时的爱因斯坦正紧张思考量子理论这个累人的不解之谜。

能斯特来访后,爱因斯坦兴高采烈地说:“我完全相信量子理论。”但量子理论只是对于固体和比热是正确的,同时这个理论还不令人满意,因为它暗示力学的不适用性。所有通过分子力学解释这些实验的尝试都失败了。对于辐射量子原理,情况更糟。在上个世纪末,普朗克发表第一篇辐射公式论文时,爱因斯坦就开始注意这些问题了。1909 年末,爱因斯坦给劳伯写道:“关于光量子方面,虽然我发现了很多重要事情,但我还没有得出结果。我在等待是否可以得出什么新想法。”十周后,他又写道:“关于量子方面,我发现了很多有趣的东西,但并没有得出什么结果。”爱因斯坦所说的是其中有一个关键问题:辐射的粒子性与波动性是否相容。1905年他就开始注意这个问题了,直到1909年,他一直犹豫不定。关于这件事爱因斯坦在给索末菲的信中再次提到“上帝”和先知:“是否能将量子与海更斯原理结合在一起?虽然表面看它们互相矛盾,但是上帝知道解决方法。”

索末菲打算期末来苏黎世拜访他,爱因斯坦对此感到非常高兴,但并不是很振奋:“因为关于量子问题,我还没有得出什么有价值的东西。”但这并没有妨碍索末菲的来访。慕尼黑研究所的同事们一定非常惊奇,学期还没有结束,他们的新教授就急于去苏黎世疗养。在爱因斯坦给雅各布·劳伯的一封信中,我们知道了疗养的真正目的。爱因斯坦与索末菲在苏黎世待了一周时间,一起讨论光的问题,并交换关于相对论的一些观点。这是非常快乐的一周,在量子问题上,爱因斯坦又增加了一位令人尊敬的同盟者。与普朗克不同,索末菲在很大程度上支持爱因斯坦的统计学观点。

虽然他们一起做了很大努力,但是一周的交谈并没有产生什么突破性结果。爱因斯坦回忆说:“对于光的构成,我没有取得什么进展。在现象的后面一定存在非常本质的东西。”这种怀疑十五年后得到了确认。与此同时,爱因斯坦成功地与路德威格·霍普夫一起发表了两篇辐射的量子理论的文章,彻底地抛弃了经典物理。沃尔夫冈·泡利说:“这个结果对于那些仍然顽固地希望只要改变一下统计设想就可以推导出普朗克公式的人,一定会感到大失所望的。在微观领域,必须彻底摆脱经典思想,才可能得出普朗克公式。”

秋天,爱因斯坦认为已经看到了胜利的曙光了:“现在抛开光量子的假设,我很有希望解决辐射问题。我正在注视着结果是怎样出现的。”通过这种不仅是革命而且是彻底的鲁莽方法,爱因斯坦打算放弃普遍证明的神圣的物理学原理:能量原理。但是一周后,爱因斯坦以上帝的敌对者总结自己的艰苦努力说:“我又一次没有得到辐射问题的结果,魔鬼只是跟我开了个玩笑。”非常遗憾,爱因斯坦的笔记到此为止,否则的话,我们会看到他是怎样通过修改或放弃能量原理,重新设计物理的,那一定非常激动人心。

虽然相对论使爱因斯坦获得了名誉和教授职位,并且爱因斯坦时而还会思考这个问题,但是关于这个方面没再发表什么文章,在讲课或学术讨论会上也没有提到它。关于相对论的惟一一次讲座是5月初,在给自然科学家学会讲课时提到的。据说当时爱因斯坦在一块小黑板上写满了粉笔字,讲解同时性概念,报告结束后,突然问道:“现在到底是几点了?我没有表。”

通过L.霍普夫,爱因斯坦发现,物理界之外的人也对相对论越来越感兴趣。L.霍普夫不仅对物理感兴趣,而且对心理分析同样感兴趣。霍普夫一到苏黎世就给心理学家C.G.荣格打电话,并把爱因斯坦介绍给他。爱因斯坦曾经几次应邀参加荣格的宴会,在那里见到了国际著名伯格霍斯利心理学院院长伊根·布鲁勒,以及其他对相对论感兴趣的医学界人物。荣格回忆说:“爱因斯坦努力向我们解释一些当时争论的主要问题,但是因为我们是心理学家而不是数学家,所以很难理解他的解释。”爱因斯坦自己也感觉到与心理学家交流有些困难,因此,他们的交谈也就到此为止了。荣格对与爱因斯坦交谈的印象是:一个人很难想像数学家和物理学家在智力上有多大不同。一个走到定量的极端,另一个走到了定性的极端。显然,荣格不仅犯了当时普遍犯的错误,认为数学是物理学的重要方面,同时也没有把握创造性自然科学的直觉内含。

不用说,爱因斯坦教授非常关心他那可爱的“小机器”,这个小机器现在运行很正常。仪器制造者谢夫豪森来过几次,他的兄弟、爱因斯坦奥林匹亚科学院的朋友C.康莱德现在是格瑞森州希尔的数学教师,也来到了苏黎世。他们两人与爱因斯坦一起在大学的实验室里进行实验、修补。春假期间,爱因斯坦热情地邀请他们对这台小机器作最后的检测实验。他们三人非常努力,并且获得了成功,并为这台“小机器”申请了专利。爱因斯坦这位倡导者除了接受原文的引用权和必要的答谢外,拒绝接受著作权,对此他感到非常满足。这台新机器达到了预期要求:可以测量小于千分之一伏的电势,所以可以用它测量单一辐射基本过程……

爱因斯坦对这台“小机器”的未来更感兴趣,哈比克特在柏林物理学会展出了这项发明,并且获得了很大成功。爱因斯坦告诉贝索说:“人们兴致勃勃,我非常高兴。哈比克特已经收到了一些订单。”但是,爱因斯坦认为这台“小机器”的未来很有前途的想法是错误的。首先,它的精确性有待提高,另一方面,几年后,它被一种新的电子放大技术取代。1948年,P.哈比克特去世时,爱因斯坦在给康莱德的慰问信中写道:“回想过去我和你们兄弟俩一起研制这台很有影响的测量微小电压的小机器,那是件非常有趣的事,虽然最终没有什么用途。”

与思考难解的量子问题相比,这台“小机器”对于爱因斯坦来说只是一种业余爱好,并不需要投入太大的精力。关于经典物理中波动的文章也是如此。这篇文章又一次围绕分子实在,以及天为什么是蓝色的,这个问题虽然有点孩子气,但决不是愚蠢的问题。爱因斯坦的出发点是 1869 年第一次描述的“延德尔效应”:当一束光穿过介质时,气体或液体中出现有点蓝的乳样色调。这种“乳色”似乎是由于光的散射造成的,但是不清楚是什么东西使光发生散射。延德尔一开始认为这种散射是由于空气中的细小杂物引起的,但是洛德·瑞利通过数学方法证明这种散射是由于空气中不均匀分布的分子引起的。这种观点直到 1908 年才被人们接受,当时 M. V. 斯末路彻瓦斯基指出,如果这些波动必须在小于光波长的微小容器中发生,那么这种光的散射是由于气体或液体中的波动强度引起的。

爱因斯坦十分尊敬斯末路彻瓦斯基,认为他是最敏锐的理论家,打算发展他的思想,并且得到了横向散射光强度的精确公式。1910 年夏天,他通知老朋友劳伯说:“我现在正在写一篇有关气体或液体乳色现象的文章。关于斯末路彻瓦斯基理论的定量研究,我已经完成了基础部分,这是一个非常严谨的理论。”爱因斯坦 10 月份寄给《年鉴》的文章非常复杂,包括公式的数学推导过程,解释为什么白天天空是蓝色的,而早晨和黄昏却是红色的。爱因斯坦认为取得的主要成就是他的公式可以精确测定分子绝对大小常数 N。他给出了另一种确定阿伏伽德罗数的方法。并且通过解释天为什么是蓝色的,他终于说服了对物质的原子观点的最后怀疑者。多年来的努力并没有白费。

斯末路彻瓦斯基对于爱因斯坦的“天才计算”非常高兴,认为他关于乳色的文章是科学的一大进步。但是通过实验证明爱因斯坦的公式却很难,因为无边无际空气中所见到的宏伟现象很难在实验室的条件下模拟。尽管在第一次世界大战期间,波兰克莱库大学的工作条件非常艰苦,通过改进测量光度方法,斯末路彻瓦斯基终于证明了这个定量的表达式。斯末路彻瓦斯基于 1917 年去世,只有四十五岁,爱因斯坦在讣告上哀悼说:“他不仅是一位杰出的研究人员，还是一位灵巧、敏锐和慈祥的人。”

关于乳色的严谨理论文章是爱因斯坦在经典力学上发表的最后一篇文章，也是在苏黎世大学作为临时教授时写的最后一篇主要文章。

从1910年4月开始，爱因斯坦就有一种“待命”的感觉。与期望的一样，不到六个月，这种感觉更加明显了，这种“特别”教授对他来说只是中间站，他正等待着更合适的机会出现。这个机会来自布拉格的德国大学，如果不是因为任命程序耽搁得太久，爱因斯坦在苏黎世也许只待了两个学期，而不是三个学期。

可能是在1910年3月，布拉格曾经非正式地询问过爱因斯坦是否准备到那里工作，因为3月30日，F.阿德勒曾告诉父亲有人问爱因斯坦是否愿意到另外一所大学任职的事。4月29日，爱因斯坦告诉与妹妹、妹夫一起待在柏林的妈妈说：“我可能不久将应邀到一所有名的大学做正教授，工资要比我现在的高很多。我现在还不能说出是哪所大学。”但是他却告诉了F.阿德勒，这所大学是布拉格的德国大学。在所有的理论物理学家候选人中，爱因斯坦名列前茅。

布拉格早在1月份就开始这项准备工作了，因为F.李培希准备在1910年夏季学期退休。系里为此组建了一个委员会，成员中包括爱因斯坦在萨尔茨堡自然科学家大会上见到的数学家G.匹克和实验物理学家安通·兰姆帕。4月21日，系里批准了委员会的建议，数学物理学家的职位改为理论物理学家，数学物理学委员会随着变成了理论物理研究所。同时批准了任命建议书，爱因斯坦排在第一位，建议书马上被送到维也纳教育委员会。为了增加推荐的力度，系里请普朗克提供专家意见。普朗克描述爱因斯坦是最主要的物理学家之一，相对论的创造者，对于他的量子理论，现在还不能肯定是否正确。非常幸运的是，1910年春天，普朗克刚刚出版了一本书，书中评论爱因斯坦的相对论与哥白尼的学说具有相似之处；这足以给大臣们，包括皇帝F.约瑟夫留下深刻印象。下面是普朗克的评论：

> 大胆地说，相对性原理超过了玄思的自然科学以及哲学认识论所取得的任何成就；与它相比，非欧几何只是小孩子游戏。非欧几何只是关于纯粹数学的，而相对性原理还含有实实在在的物理意义。这个原理给我们的世界物理图像带来了一场革命，不论在深度还是在广度方

面，只有哥白尼创建的世界体系可以与之相比。

4月底，A.兰姆帕通知爱因斯坦布拉格方面的进展情况。接下来的一段时间，不论是布拉格还是维也纳都没有任何消息。后来传来一些不利的消息。7月份，爱因斯坦给索末菲写信说："我去不了布拉格了。据我所知，教委为此事制造了困难。"对劳伯，他更无话不说："只有系里提议我，但教委没有接受提议，因为我是犹太人。"很难说反犹太人思想到底起了多大作用，但我们知道教委确实希望任命排在第二位的奥地利人，波诺技术学院的教授高斯塔夫·约曼。在奥地利的君主体制中，这样不重视大学推荐决不是少见的。一年前，系里曾经提议J.斯塔克，但是最后任命的却是奥地利人A.兰姆帕。兰姆帕现在提议外国人爱因斯坦，显然没有成功。在皇帝F.约瑟夫谦恭的让步中，顺从的教育大臣评论道："虽然大学教授考虑到爱因斯坦在现代理论物理领域的杰出成就，而特别强调任命爱因斯坦教授，我还是认为首先应该考虑排在第二位的约曼。"至此，任命手续的第一部分告一段落。

虽然爱因斯坦还要等待一段时间才能得到正教授和"高薪"的任命，但是布拉格提供的机会对他在苏黎世很有好处。由汉斯·泰厄发起，他的学生们起草了一个请愿书，由十五人签名，寄到了苏黎世州教育委员会，要求他们尽最大努力留住这位杰出的科学家和老师。请愿书上说："爱因斯坦以令人惊奇的方法，把理论物理的难题讲解得非常清楚明了，听他讲课是我们最大的享受；同时，他与听众的关系非常融洽，我们深信，这样的教学方法对我们大学具有很大益处。"

教育董事会对此表示赞同，虽然苏黎世已经知道维也纳拒绝了爱因斯坦，三周后还是把建议书提交给政府委员会。政府委员会评议委员会陈述道："由于奥地利最高国家当局的消极态度，爱因斯坦教授离开苏黎世的危险暂时消除了。教育委员会认为应该改善爱因斯坦的条件，使他继续留在大学里。因此，如果1910年10月15日以后，爱因斯坦仍继续留在苏黎世大学讲课，他的工资将从四千五百法郎增加到五千五百法郎。"这个时间被准确地记录下来了，因为两周后爱因斯坦第三次做父亲，他的第二个儿子爱因斯坦·爱德华于7月28日出生了。

虽然爱因斯坦和米列娃都很喜爱苏黎世，但爱因斯坦清楚地意识到作为副教授,他的地位与其他教授们并不平等。虽然他的经济状况会有明显好转,但他已下决心,抓住下次机会,彻底改变现状。布拉格的情况急转直下,这个机会终于来临了。

1910 年夏天,G. 约曼听到了维也纳教委准备提名他担任布拉格德国大学的教授,但学校的教授们却把他排在第二位,为此,他很为恼火,并说:“我与这种无视真正功绩而追求时尚的学校没有什么关系。”约曼的过分要求冒犯了教委,随后的协调也失败了。教育大臣没有别的选择,只有聘请外国人爱因斯坦了。

9 月 20 日,爱因斯坦收到邀请讨论任命条款,9 月 24 日爱因斯坦来到维也纳。他的薪金是八千六百七十二奥地利银币,按官方牌价约九千瑞士法郎,比苏黎世的工资高很多。作为奥地利教授,他必须是哈布斯堡王朝的臣民,这件事并没有使爱因斯坦为难,因为当局已经有所准备,爱因斯坦保持瑞士国籍的要求对他们来说并不棘手。

最大的困难是宗教问题。在瑞士,爱因斯坦一直声明自己是无宗教信仰的人,但是这种做法在 F. 约瑟夫的帝国行不通。按照传统的君主制观念,一个没有宗教信仰的人是无法想像的,没有忠诚可言的。为了回避这个矛盾,爱因斯坦简单地说他是犹太人。爱因斯坦对奥地利当局的这种让步,并不是说他重新信奉他的前辈们的宗教,这只是爱因斯坦为了得到正教授之职,而出的权宜之策。他本人并没有因此遇到任何干扰。1912 年,在推荐他的朋友埃伦费斯特作自己在布拉格的继承人时,埃伦费斯特拒绝为此作出让步,爱因斯坦感到很难理解,并说:“你因为没有宗教派别而发怒,这使我很担心;为了你的孩子,为什么不可以暂时做些让步? 此外,如果你做了这里的教授,你还可以重新回到以前的奇怪嗜好上去。”

虽然所有的障碍都清除了,爱因斯坦还要等待一段时间。12 月,爱因斯坦写道:“很显然,我要离开苏黎世了。许多地方都传闻,我受聘到布拉格。我已经接受了这个邀请,但是正式任命到现在还没有下来。”12 月 16 日。教育大臣康特·斯德哥克把建议书承交皇帝,1911 年 1 月 6 日正式批准。1 月 20 日爱因斯坦向苏黎世申请学期末解除他的义务。2 月 10 日政府委员会批准了他的请求,并写道:“非常遗憾大学失去了一位杰出学者,州当局没有机会想办法把他留下来。”

不清楚爱因斯坦为什么不要求苏黎世为他提供布拉格相同的待遇和条件，毕竟布拉格德国大学不是一所有名的大学，同时也不是物理研究的中心。事实上，当时布拉格的德国大学正在日渐失去其重要性。可能是爱因斯坦认为苏黎世不会再为他提供什么了；也可能他与系里存在某种冲突，从克莱纳给一位同事的信中，爱因斯坦知道，在系里他不能指望任何个人契约。不管怎样，一切都已准备妥当，春天爱因斯坦就要到布拉格任正教授了。

在苏黎世的最后一个学期，爱因斯坦正在等待维也纳的任命时，他得到了一个令人高兴的惊人消息。11 月初，他收到了柏林著名化学教授埃米尔·费希尔的一封信，信中写道："你关于热力学理论的伟大文章在科技界引起了很大震动，我们经常谈论这些文章，特别是能斯特教授开始通过实验证明你关于杜隆—普蒂定律的结论。"真正惊人的消息是，费希尔是爱因斯坦与化学工业一位巨商的中间人，那个人高兴地表示："像你、普朗克、能斯特这样的德国科学家，能够成为这个领域的带头人，德国富人有责任为这项伟大的工作提供一点物质支持。"这是非常慷慨的支持，一共捐助一万五千马克，分三年支付，每年五千马克。第一年的五千马克马上兑付，另外两部分分别在 1911、1912 年兑付。收款人可以自行安排使用这笔钱，并且没有任何附加条件和限制。

十五年前就已放弃德国国籍的爱因斯坦并不反对把自己算在德国科学家之列。他首先向 E. 费希尔表示感谢，并说："这些表扬使我受宠若惊，每天看到科学上有那么多亟待解决的问题，我清楚地感到自己是多么无能为力。"同时他也感谢那位准备给予物质支持的人，并许诺自己一定会尽责地使用这笔钱的。

这个慷慨的赠款人是弗朗兹·奥本海姆先生，当时著名的爱克发（股份公司）的合创人和股票持有者，居住在柏林万湖王宫般的大厦中，完全可以自认为是富人之一，是德国化学学会的财政总管，也是最大的资助人之一。爱因斯坦乐意接受自己的捐赠使他感到非常高兴，并请求中间人费希尔不要暴露自己的身份，这样对爱因斯坦更合适。至于爱因斯坦怎样使用这笔钱的，我们无从得知。

1911 年 1 月，爱因斯坦不仅收到了布拉格任职的最后确认，同时也接到了 H. A. 洛伦兹的热情邀请。爱因斯坦给他的科学之父写信说:"你很难想像我多么希望见到您。把理论物理带到莱顿是一件好奇的工作,但我丝毫没有恐惧感,我相信,和您以及您周围的人一起,我们会建立一种友好的气氛,而不是严厉的批评。"

米列娃的母亲碰巧来苏黎世看望他们,可以顺便帮助照顾两个孩子,爱因斯坦夫妇因此可以一起去旅行。2 月 8 日,他们登上火车,在中间站巴塞尔站给 F. 阿德勒发了一张明信片,上面写道:"如果房子着火了,或有其它意外事件发生,请让莱顿的 H. A. 洛伦兹教授转交。"第二天,他们抵达莱顿,洛伦兹接待了他们。当天晚上爱因斯坦与洛伦兹进行了长谈;接着,爱因斯坦与几位杰出的同事如 H. K. 奥厄斯和 W. H. 基桑继续长谈,晚上又与洛伦兹座谈。周日,爱因斯坦夫妇离开莱顿到安特卫普。回家前,他们拜访了舅舅凯撒·科赫。

一回到苏黎世,爱因斯坦就写信感谢洛伦兹:"现在我虽然回到了书房,脑海里仍然回荡着几天来与你在一起的美好日子……从你身上,我感受到了亲切和人情温暖,在整个访问期间,我从来没有自己不应享有这种亲切和荣耀的自卑感。"这次访问之后,洛伦兹给爱因斯坦的印象更加伟大了,当爱因斯坦后来拒绝荷兰乌特勒克大学的聘任时,他向洛伦兹道歉说:"我的心情十分沉重,像做错事的孩子一样。"洛伦兹去世后,爱因斯坦仍然对他无限崇敬。在他的墓地旁,爱因斯坦指出:"他是一位亲切、大度、富有正义感的人,对人们和环境具有很强的直觉和洞察力,这使他在任何地方都能成为领袖。每个人都愿意跟随他,因为他从不驾驭别人,而是一直为他人服务。"在晚年,爱因斯坦记述道:"对于我个人来说,洛伦兹是我一生中最重要的人。"

在动身去布拉格之前,爱因斯坦准备整理一下书桌抽屉,并且完成了几篇文章,寄到了《年鉴》,同时还寄去了很多更正,包括博士论文中的错误,这是他的助手 L. 霍普夫帮助他校对改正的。接下来,他还要关照一下他的博士生汉斯·泰厄,他还没有完成气体运动学理论的论文,爱因斯坦帮他在布拉格大学找了个助教的位子。泰厄不仅是爱因斯坦的第一个博士生,也是最后一个。至于自己这个副教授的职位,爱因斯坦希望阿德勒能够接替它。1910 年 4 月,阿德勒开始做社会民主党《民族日报》的主编,只在冬季学期上了一课时的《物理学认识理论介绍》,最后决定一生从政。

在去布拉格途中,爱因斯坦在慕尼黑稍做停留,拜见索末菲,并且在那里认识了索末菲的助手、荷兰人皮特·德拜,后来成为爱因斯坦在苏黎世的继承人。

4 月 1 日,爱因斯坦到达布拉格。在离开苏黎世时,爱因斯坦曾答应苏黎世的朋友,如果苏黎世可以提供更好的机会邀请他,他会再回来的。

第15章　时间短暂的布拉格正教授

“这是一所非常豪华的研究院，在这里工作我非常开心。”刚到布拉格，爱因斯坦就表露出什么是他所最关心的事。在史密克夫地区，一条河的左岸，在几排刚刚建完的中产阶级公寓楼中，爱因斯坦租用了底层一套宽敞的公寓。米列娃的母亲和他们住了一段时间，此外还有一位女用人凡妮，一位年轻的母亲，因为没有找到合适的去处，而和孩子一起留在爱因斯坦家。公寓设有一套客房，是专为瑞士的朋友们准备的，因为布拉格是个美丽的观光城市。

爱因斯坦现在住在具有悠久历史和神秘色彩的古老城市，在巨大的哈勒达堪尼城堡中，波希米亚的国王们曾经统治过这片土地，并且有三个皇帝统治过德意志帝国，但是爱因斯坦发现待在布拉格并不舒服，并且抱怨当地的“捷克语、臭虫、用水等”。对于他去布拉格之前的焦急心情，人们曾感到很惊奇。到达布拉格后，他叙述说：“虽然德国人与捷克人之前的抵触情绪似乎很大，但捷克人比人们想像的要好。”虽然爱因斯坦不自觉地对德国人寄予希望，并且与他们复杂地混在一起，但是对他来说，德国人仍然是生疏的：“他们是没有感情的人，他们态度冷淡，并且夹杂着势利和奴性，对自己的同胞们没有丝毫慈善。炫耀自己的奢侈，但与此强烈对比的却是沿街的贫困。他们思想贫乏，没有忠诚可言。”爱因斯坦似乎对布拉格并不满意，并且不打算长待。几周以后，从他的报告中就可以看出，爱因斯坦有一种搁浅在文明世界之外陌生的沙滩上的感觉：“除了有一种陌生人的感觉外，这里的生活也不像瑞士那样令人愉快，这里的水必须煮沸才能喝。大部分人不懂德语，言谈举止中反映出对德国人的敌意。”

爱因斯坦发现自己无意中卷入了种族冲突，这种冲突最终导致哈布斯堡帝国的解体。在布拉格，90%的人口是捷克人，但是他们的政治、经济和社会生活却被只占10%的讲德国语的人控制着，由此而引起了在爱因斯坦看来是充满"敌意"的抵抗情绪。不仅捷克人拒绝讲德语，就连德国人也拒绝讲捷克语。为了方便起见，爱因斯坦也像那里的德国人一样讲德语。他没有下功夫去学捷克语，与捷克人也没有什么接触。

从某种意义上讲，爱因斯坦的这个职位也是种族冲突的结果。1348年，波希米亚国王卡尔四世创建了卡罗林纳布拉格大学，是德意志民族神圣罗马帝国的第一所大学。这所大学与博罗尼亚和巴黎的古老大学一样，享有各种特权。在五百多年的发展过程中，宗教的争端经常扰乱学术研究。到了十九世纪，民族和语言冲突更加激烈，1882年，由皇帝判决，这座古老的学院分成捷克分校和德国分校。布拉格德国大学的首任校长是爱因斯坦非常尊敬的E.马赫，虽然早已退休了，但仍然在维也纳工作。除了这两所大学外，还有两所工业大学，也是由于民族和语言冲突而分开的。布拉格拥有四所大学，人们一定会认为那里的学术气氛非常浓厚，但是由于大学之间的嫉妒和不和谐，使他们不可能有创造性的交流，因此在学术界这四所学校也就默默无闻了。

如果爱因斯坦真的想在学术上有所收获的话，那么他在布拉格一定会大失所望。1912年春天来到布拉格，在爱因斯坦手下学习的O.斯特恩回忆说："爱因斯坦在布拉格感到非常孤单，虽然那里有四所大学，但是没有一个人可以与爱因斯坦进行有意义的讨论。"和爱因斯坦一起来到布拉格的得力助手L.霍普夫，因为那里的工资低廉，待了几个月就到亚琛的工业大学去了，后来成为那里的水力和空气动力学教授。爱因斯坦的同事兰姆帕推荐高等数学的学生埃米尔·诺亥尔代替了霍普夫，但是诺亥尔并不能完全代替霍普夫的位置。爱因斯坦和霍普夫一起并没发表过什么，在信中也从没提起过他，同时我们也不知道诺亥尔对科学做出了什么贡献。诺亥尔是位好助手和谈话伙伴，但这些决不是爱因斯坦的兴趣所在。爱因斯坦对美丽的校园和丰富的图书馆非常满意，因为一有机会就可以不受干扰地沉浸在科学思考中。

当人文学的教授们还在老城区卡罗林纳和克莱门的华丽建筑里工作

时，在新城的边缘，新建了一座自然科学大楼。在第三层楼上，爱因斯坦拥有一间非常宽敞明亮的书房，四个大窗户面对着石墙围绕的无人打扰的美丽花园。爱因斯坦所选择的公寓离学院不太远，同时步行上班也是一件非常愉快的事。沿途穿过河上的帕莱克桥，河的右侧是著名的哥特式艾默斯修道院（比大学早一年建造，其中一个房间，三百年前 J. 开普勒曾经在此居住和工作过），穿过宫殿和教堂就可到达学院。

爱因斯坦给贝索写信说："我非常喜欢现在的职位和学院。"但是在他们的通信中不免流露出一丝苦痛。与苏黎世不同，当时布拉格的哲学系没有分成人文学部和数学及自然科学学部，因此所有问题都要在大约由四十名正教授组成的系大会上讨论。爱因斯坦对教授们之间争名夺利感到的不是烦恼，反而认为很有趣。爱因斯坦告诉他的接替人菲利普·弗朗克说："参加这样的会议，我就可以不用去剧院了。"使爱因斯坦感到烦恼的是在奥地利君主制时期非常风行的令人讨厌的烦琐官僚文字事务。他对格罗斯曼抱怨说："我每天都要无休止地填那些最无用的表格等废物。"对慈父般的朋友 A. 斯特恩，爱因斯坦激动地说："这种浪费笔墨的事何时才能终止？"

爱因斯坦对自己的"力学"和"热力学"课也感到很失望，认为学生对这些课程不感兴趣，同时也没有瑞士学生用功。经过一年多徒劳无功的教学，爱因斯坦表达自己的观点时说："学生们对我教的这门课缺乏兴趣使我非常痛苦。在我的研习班里只有一名男生，以及两三名女生。当然在这种特殊的情况下这也是十分难得的了。实验物理研究所更可悲，整个所里没有一点学术动力。"六个月后，又出现了新的机会，爱因斯坦可以很快地离开这个半野蛮的布拉格，对此他非常高兴。

与到达苏黎世时的情形不同，爱因斯坦一到布拉格，就举行了很大的庆典。《布拉格日报》等报纸都刊登了爱因斯坦的任职，并且着重强调他在确定"相对论、电子理论、热力学和分子大小理论"等方面的成就。5 月 24 日，在德国科学家和物理学家学会的波希米亚分部的月会上，爱因斯坦的公共讲座变成了社会活动。一位从工业大学来听爱因斯坦讲座的数学家回忆说："布拉格所有的知识界人物都云集于此，巨大的会议室里挤满了人。爱因斯坦的言谈举止非常谦虚，他征服了所有听众的心……通过自然的夸张，以及幽默的问答方式,爱因斯坦的报告非常生动、明了。每个听众都有这样的感觉,相对论原来如此简单。”

在布拉格的知识界,这样光彩照人的学术生活不可能永远孤独。不久,爱因斯坦就是波沙·凡塔沙龙中十分受欢迎的客人。凡塔对音乐十分热爱,并且在老城区拥有一所中世纪的楼房和同名的宫牌药店。这一群年轻的犹太人经常聚在罗浮莱咖啡馆里一起谈论哲学和文学问题。其中包括著名作家马克斯·布劳德,他的朋友不喜交际的弗朗茨·卡夫卡(很少来),以及哲学家和犹太复国主义者、波沙·凡塔的女婿 H.伯格曼。

虽然在老犹太教区,有几座犹太大会堂,早在十五世纪就有的墓地上耸立着两万多块墓碑,但是爱因斯坦的观点并没有受凡塔沙龙和布拉格的犹太环境的影响。哲学研究生和克莱曼图书管理员 H.伯格曼经常作为客人出入爱因斯坦的研习班,并且经常陪爱因斯坦到河对岸的公寓里。但是在伯格曼的记忆里,没有发现爱因斯坦在 1911—1912 年期间参与谈论过犹太人方面的话题。

马克斯·布劳德正在写一篇关于伟大的天文学家第谷·布拉最后一年生活的历史小说;布拉曾因精确地测量出行星的运动,而被皇帝鲁道夫二世带到布拉格作为宫廷天文学家。开始是第谷·布拉的助手,后来成为这位宫廷天文学家继承人的 J.开普勒,从第谷的测量结果中,推导出行星运动规律,并以他的名字命名。马克斯·布劳德想把第谷描写成为一位长者和上帝的追随者,一直坚持他的“体系”,虽然最后科学和生活都失败了。完全从历史事件出发,布劳德把开普勒描写成为受命运偏爱的年轻天才,布劳德认为从爱因斯坦身上发现了开普勒的影子。他说:

> 我经常充满惊叹和感激,看到爱因斯坦在谈论中非常自然地改变观察点,时而采用相反的观点,从新的完全不同的角度观察整个问题。在勇敢地探讨各种不同的处理方法过程中,他感到非常快乐;他从来不约束自己的思想,不断地利用各种技巧和可笑的方法,从不回避各种复杂情况,并且一直保持这种信心和独创的理解力。

布劳德笔下的开普勒是一位只知道工作而没有其它野心的人,其实就是对爱因斯坦的精确描述。1915 年,当马克斯·布劳德的《第谷·布拉的通往上帝之路》发表后,人们马上在现实生活中找到了这位伟大科学家的化身。据说 W.能斯特告诉爱因斯坦说:“这个开普勒就是你。”

爱因斯坦后来从同事那里借来布劳德的书,并饶有兴致地读起来。他接受了布劳德的描写,至少没有反对,认为这本书的写作手法很有趣,刻画了一个十分熟知人类灵魂真谛的人。但是对于作者和布拉格圈子里的人们,爱因斯坦的评论有些保守:“我认为自己在布拉格见到过这个人,他似乎属于哲学和复国运动圈子里的人,时常与一群类似于纯朴中世纪的大学哲学家们在一起。”显然,在几次的拜访中,爱因斯坦给凡塔圈子里的人留下的印象比他们留给自己的印象要深。

在研究所的书房窗外是一个精神病院的公园,爱因斯坦经常把来访者带到客厅,指着那些在古树下漫步的住院者说:“看看这些病人们,他们不会操心量子理论。”为了避免压力过重而引起精神失常,爱因斯坦现在只好放弃量子之谜,他给贝索写信说:“我不再问自己量子是否存在了,也不再去解释它们,因为我发现自己的头脑已经无法承受这负荷了。”当然这并不是说爱因斯坦完全放弃了量子理论,他只不过是暂时不去费力理解量子的性质,而是直接应用自己证明了的“启发性观点”而已:“为了了解量子概念的适用范围,我正在仔细地研究各种各样的结果。这可能是对经验主义的倒退,然而能斯特的实验结果与我的预测结果大体相符,比热的理论已经取得了实质性胜利。”

爱因斯坦还在继续研究量子理论,因为 1911 年 6 月中旬,他收到了比利时工业家 E.苏尔维邀请他参加秋季大会的通知,会上将讨论辐射和量子理论的现状。在给能斯特的回信中,爱因斯坦说:“我很愿意到布鲁塞尔参加会议,并完成指定给我的文章。整个会议安排都很对我的胃口,无疑你是真正策划者。”他的推测是对的。

早在 1910 年春天,W.能斯特和工业家苏尔维就在筹划举行一次高级科技会议。由于出色的苏打经营,苏尔维拥有极大的化工企业,非常富有。他不仅博爱而且具有科学爱好,还创造了关于引力和物质的奇特理论,并且广为传播。因为他的富有,所以很少遇到反对,但是却没有人喜欢听,为此苏尔维询问能斯特怎样能使其思想引起像洛伦兹、普朗克和和爱因斯坦这样杰出的物理学家们的注意。能斯特抓住这个机会,建议组织一个高级科技会议,讨论物质的运动学理论和辐射理论。

必须指出,普朗克完全赞成并接受邀请参加高级物理学家的会议,虽然对其可行性深表怀疑。他建议能斯特把会期推迟一年,因为几乎没有物理学家认为这个理论需要改造,并且担心许多打算参加的人可能来不了。普朗克回信说:“从您提供的名单上看,我认为除了我们之外,只有爱因斯坦、洛伦兹、W.维恩和拉莫尔对这件事感兴趣。”普朗克的判断是错的。在能斯特建议下,苏尔维亲自签发的邀请于1911年6月发出后,所有的人都像爱因斯坦一样,愉快地接受了邀请。

会议定于10月29日至11月7日在布鲁塞尔召开,会期一周。预计有十八位与会者,其中十二位提交论文,为了使会谈更有成效,会前可以先研究这些论文。能斯特请爱因斯坦提交总结性文章《关于比热问题的现状》。

整个夏天,爱因斯坦打算一直待在学校,他需要在这个假期进行工作。隔了三年时间,他重新从相对论的角度思考引力问题,并且发现可以观测到引力对光的传播造成的影响。发展1907年形成的思想在激励着他,并且这也是广义相对论的起点,接下来的几年,他将投入全部精力发展这个理论。在这种情况下,他发现写这个报告很分散精力,特别是发现自己根本没有时间回信。准备到布鲁塞尔大会上的发言在折磨着他。9月底,他开始了三个月的旅行,首先去卡尔斯鲁厄参加自然科学家大会,在那里认识了F.哈伯;之后去苏黎世工业学院作八次讲学,这是他在去布拉格之前已经答应的。10月28日,他从布拉格乘坐夜车,取道科伦去布鲁塞尔,晚上6点钟到达。正好赶上会议开始的庆祝仪式,他称这天为“巫师的安息日”。

E.苏尔维把这次会议安排在布鲁塞尔市中心的都市大酒店,使客人们享受帝王般款待。除了提供旅行费用外,每个人还有一千比利时法郎的礼金。对爱因斯坦来说最为重要,也最为自然的是,他可以步入欧洲著名物理学家的圈子。他早已经见过德国著名学者能斯特、普朗克、索末菲、卢本、维恩和沃尔堡,以及两个荷兰人洛伦兹和K.奥纳斯。但是在这里,他第一次见到英国科学家杰姆斯·H.琼斯和E.卢瑟福,以及从巴黎来的物理学家H.庞加莱、P.朗之万、简·佩林和玛丽·居里。在按照国家分类的与会者名单中,爱因斯坦被分在奥地利那组。大会的科技秘书由英国来的F.A.林德曼担任,后来成为V.沙维尔和W.邱吉尔的科技顾问,当时在柏林是能斯特特的得力合作者,M. 布劳格力也一起担任秘书工作。

会议由受人尊敬的 H. A. 洛伦兹主持,当然这样做还因为洛伦兹来自于中立国家。爱因斯坦热情地描述他的父亲般人物说:“H. A. 洛伦兹以无比的机智和无以言喻的技巧主持大会。他同时使用三种语言,具有敏锐的科技思想和精巧的机智,是一件活着的艺术品。”另一方面,爱因斯坦感到满意的是,许多报纸都提到了他的早期工作,但是另一方面,会后他抱怨说:“这次会议我没有更深的收获,因为我所听到的东西都是早已熟知的。”

爱因斯坦的报告被特意安排在结束时,他的演说超出了分派给他的主题,扩展到非常重要、但现在还没有彻底解决的问题:怎样修改力学,使它适应辐射公式和物质的热学性质?至于是否需要新的量子热力学,不论在会前和会后,与会人员都没有达成一致看法。在向贝索总结物理状况和布鲁塞尔会议时,爱因斯坦说:“庞加莱虽然头脑机敏,但却不了解当时的处境,一直持否定观点。普朗克无疑有点偏见……没有人真正了解什么。整个会议对恶毒与虚伪的教父来说是一件快乐的事。整个会议只是耶路撒冷废墟上的哀歌,没有产生什么积极的东西。”他的个人收获是,由于学术上的造诣,而被公认为是著名人物,同时与其他科学家进行了非常积极的接触。“我大部分时间与简·佩林、P. 朗之万和玛丽·居里夫人待在一起,深深地被这些人吸引,居里夫人答应要和她的女儿们来看望我们。”

像洛伦兹一样,除了在老练方面不如洛伦兹外,爱因斯坦也给与会者留下了很深印象。正如会议记录上所显示的,在讨论自己的思想时,爱因斯坦显得非常自信,以出人意料的直率积极参与讨论;会议刚结束,F. A. 林德曼就给他父亲写信说:“我和爱因斯坦相处得很好,除了洛伦兹,他给我留下的印象最深刻。”后来林德曼回忆说,他的同事 M. 布劳格力认为爱因斯坦与普朗克分别代表各自的领域。

会议得到了出版界的普遍重视,但他们最感兴趣的不是科技讨论,而是 11 月 4 日在巴黎报纸上披露的“居里—朗之万事件”。当时居里和朗之万还在布鲁塞尔作客。一篇戏剧性的文章指责玛丽·居里打算勾引朗之万离开他的妻子和四个孩子,报纸上说这就是为什么他们两人私奔到布鲁塞尔。E. 苏尔维认为这件事很无聊,爱因斯坦则冷静地评论这件事说:“大家都知道朗之万早就打算离婚了。如果他爱居里夫人,居里夫人也爱他,他们没有必要私奔,因为他们在巴黎有很多见面的机会。同时我也没有发现他们两人之间有什么特别的事发生,只不过他们三人(还有一位珀林)经常在一起消遣。我也不相信居里夫人会做这种事,她是一位普通诚实的女人,富有责任感。她非常聪明,尽管感情丰富,但却没有特别的吸引力,给别人带来危险。”

尽管新闻界的讨厌骚乱,同时会议也没有产生什么辉煌的科技成果,但是大会还是非常圆满的。E. 苏尔维分别捐款给物理学、化学和社会学的研究所,并且宣布这样的会议每两年举行一次。在最后的闭幕词中,苏尔维希望在1913年第二次大会上将讨论自己的引力——物质理论。从此以后,苏尔维会议就成为物理学家的高级会议。但是如果爱因斯坦没有来(二十世纪二十年代曾发生两次),他的一些同事就感觉像三军缺少了统帅似的。

在布鲁塞尔停留期间,爱因斯坦看望了他的舅舅凯撒·科赫,在回程途中取道去了荷兰的乌特勒克去商讨工作上的事。

三十二岁的爱因斯坦已经是名人了,虽然按照当时的标准,对一位正教授来说,三十二岁太年轻了。他有如此声望,因此不会在所说的“半野蛮”的布拉格待太久的,第一封征求信于苏尔维大会的前两个月来自乌特勒克大学。太阳日冕研究的先驱威莱姆·朱利斯教授首先非正式地给爱因斯坦提供一个刚刚空出的职位。虽然遭到了爱因斯坦的拒绝,朱利斯并不承认失败,他们之间又多次通信沟通。虽然爱因斯坦对能够到乌特勒克访问感到愉快,但是11月15日,爱因斯坦从布拉格写信明确表示拒绝。乌特勒克事件加速了爱因斯坦回到苏黎世的进程。

爱因斯坦对他的朋友描述乌特勒克提供的机会时说:“薪金六千荷兰盾。我必须承认这对我很有吸引力,而且K. 奥纳斯和洛伦兹就在附近……你认为苏黎世的事情会不会很快定下来?”当爱因斯坦在苏黎世工学院讲学时,就与格罗斯曼和章格探讨了来此做正教授的可能性,并且认为很有希望。工学院刚刚升格为瑞士联邦工业大学,享有授予博士的所有权利。作为重组的一部分,准备加强基础研究工作。爱因斯坦曾经学习过的6A部现在变成了独立的第8部,M. 格罗斯曼任系主任。

当爱因斯坦还在苏黎世时,章格就动用了他的政治网上书联邦大臣L. 福雷。虽然福雷掌管邮政和铁路部,不负责大学的任命,但他答应说服内务部的反对人员支持爱因斯坦。为了使他的论述更有说服力，章格向福雷解释工业大学急需一位爱因斯坦这样的理论物理学家做正教授，而他的任命很简单，因为他不需要实验室和助手。章格所作的最重要的事是消除人们对爱因斯坦教学兴趣和能力的怀疑。他给福雷写信说："关于这一点，请允许我表达一下个人看法，因为当爱因斯坦在苏黎世时，我每周都听他讲几个小时课。"章格的评价对爱因斯坦是公正的：

> 对于那些头脑懒惰，只知道记完笔记，之后背下来应付考试的人来说，爱因斯坦不是一位好老师，他讲话略微迟缓；但是对于那些打算真正学习创造性物理思想、仔细研究各种前提、怎样发现陷阱和问题的关键，追求思想的可靠性的人来说，爱因斯坦将是第一流的老师，因为所有这些都呈现在他的讲座过程中，迫使大家自觉地进行智力参与并发现问题的全貌。

当爱因斯坦从苏尔维会议回来时，发现苏黎世没有任何消息，他有些坐立不安了。职业选择和等待使爱因斯坦很烦恼："我像海涅笔下的驴一样，在两捆稻草上不停地抉择是有害的；如果完全听从命运的安排，可能会更好过些。"他打算自己清除这些障碍，他告诉章格说："我刚刚拒绝乌特勒克的邀请，除了你以外，可爱的苏黎世人也可能骗人的。"

刚刚寄出这封无法控制的信，爱因斯坦就收到了格罗斯曼的一封信，告诉他苏黎世方面有了很大进展。爱因斯坦回信说："我打算在你们工学院担任理论物理学教授，对于能够回到苏黎世我感到非常高兴。这种想法使得我在几天前拒绝了乌特勒克大学的邀请。"与格罗斯曼的看法一样，爱因斯坦认为工学院8系学生所学的现代知识太少了，希望能够帮助他们弥补这段差距。爱因斯坦对将要担当的职务做了一定的准备，从教学方面考虑，希望能在新学期开始时工作。事情看起来并不那么紧急，但是不久情况发生了变化。

当洛伦兹写信询问苏黎世工学院的事情进展怎么样时，爱因斯坦马上意识到问题的严重性，万一洛伦兹重新邀请他，那将无法拒绝。他马上把这种担心告诉格罗斯曼："除非苏黎世任职之事已经明确，否则你可以想像，我是很难拒绝洛伦兹的。我希望你关照一下这件事……十分抱歉给你施加这么大的压力，但我的处境如此棘手，我不知道该怎么办好。”

一收到这封信，忠诚的格罗斯曼马上采取行动，并告知住在苏黎世的瑞士教育委员会主席鲁道夫·格莱姆。现在最明智的办法就是加快步伐。章格同时道出维也纳刚刚抛出的一条长线给格莱姆施加压力，使他意识到自己的责任。格莱姆可能准备到布拉格与爱因斯坦亲自商谈，但年底积压下来的工作使他无法脱身。通过电报安排妥当后，爱因斯坦在圣诞节前来到了瑞士，由全球活动家章格陪着前往伯尔尼。虽然回来时，爱因斯坦口袋里没有合同，但是他相信这只是履行手续罢了。

由于 P. 维斯的协助，所有的手续办理得非常迅速。1902 年，杰出的物理学家维斯接替了曾经谴责爱因斯坦“缺乏应用能力”的皮尔耐特教授的工作，现在他代替年老体弱的韦伯教授，负责办理任命手续。P. 维斯显示出他的远见，征求玛丽·居里和 H. 庞加莱的专家意见，因为他们的知名度会给伯尔尼的政治家们留下印象的。玛丽·居里的研究领域与爱因斯坦的兴趣相距甚远，并且也不很理解相对论，但她仍然为爱因斯坦提供了一个很好的专家证明：

> 我非常欣赏爱因斯坦发表的有关现代物理问题的文章。我相信数学物理学家会承认那些文章是高水平的。在布鲁塞尔，爱因斯坦和我一起参加了会议，使我能够有机会欣赏他的思维敏捷、信息广博和知识深奥。考虑到爱因斯坦还非常年轻，我们应该对他寄予希望，在将来他一定会成为出众的理论学家。我相信一个科研部门为他创建一个职位，为他提供所需要的工作条件，不仅会给其本身带来荣耀，无疑对科学也是巨大的贡献。

虽然在布鲁塞尔，爱因斯坦留给 H. 庞加莱的印象不深，但他同样推荐这位年轻的同事“是我所见到的最有创造思想的人之一”，并且像居里夫人那样慷慨地赞扬爱因斯坦。即使是保留的说法也很有趣：“我不敢说他的预测能否经受得起实验的考验，假设有一天这些实验可行的话。他探索了各种各样的路，可以想象，他的许多努力有可能会走进死胡同，但是人们知道，如果他所选的路中有一条是正确的，也就足够了。”此外，在给瑞士教育委员会的建议书中，还包括许多现代作品中的摘录，例如 M. 普朗克把相对论比作哥白尼的世界系统学说(布拉格物理系已经给维也纳教育委员会留下了很深印象),以及索末菲在卡尔斯鲁厄自然科学家大会上的声明:“相对性原理不再是局部问题。虽然只有六年(爱因斯坦的文章是1905发表的),它现在似乎成为物理学的有机组成部分。”

对于爱因斯坦这样特别的人,在教学安排上也应有所不同。学校不再要求他给一大批学生讲普通物理知识和指导实验工作,这位新的教授只需教高年级的学生,这一点很符合他的性格。这一小群具有一定基础训练、目的明确的学生,一定会从爱因斯坦身上学到很多东西。还需要解决的一个问题是现在的爱因斯坦已非常“昂贵”了,并且不愿因为回到苏黎世而有任何经济损失。在布拉格,他的年薪已经达到一万瑞士法郎,是苏黎世的最高工资。为此瑞士政府从授权管理的特别基金中每年支出一千法郎作为补充,同时根据有关规定,爱因斯坦可以享有学校费用和出场费用。1912年1月22日,在教育委员会大会上讨论了鲁道夫·格莱姆的报告,爱因斯坦被选为瑞士联邦工业大学物理学教授,任期十年,这是瑞士正教授惯常的任职期限,并把推荐信寄往联邦委员会。一周内得到了联邦委员会的答复。1月30日,章格把这个好消息告诉布拉格的爱因斯坦。2月20日爱因斯坦写信感谢尊敬的联邦总理:“对于不久能够到瑞士从事教学工作,我十分高兴。”我们保留下来一张同一天寄给老朋友阿尔弗莱德·斯特恩的明信片上写着:“两天前,我受命到瑞士工学院工作,我已经收到通知并准备启程。我们夫妇及两个孩子都非常高兴。”

对于苏黎世提供的优惠条件,爱因斯坦非常高兴,同时再也不必为选择职业而苦恼了,他现在可以拒绝任何其它机会。E.沃尔堡在柏林的德国物理技术研究所为爱因斯坦提供了一个职务,维也纳也提供了一个特别的机会。爱因斯坦给章格写信说:“考虑到已经在苏黎世安定下来,我拒绝了这些邀请。用这种不正当方法出卖自己是不道德的。”纽约的哥伦比亚大学邀请他像普朗克和洛伦兹一样,于1912年秋天或1913年春天作为客座教授来美国作一些报告,但他拒绝了。对爱因斯坦来说,物理学比穿越大西洋的待遇丰富的短期旅行更重要:“非常不幸,我现在的工作特别繁忙,不能考虑接受邀请。”他对老朋友章格透露了另外一个原因:“我对这种公开讲座之类的事不感兴趣。”

对于荷兰的担心被证实了。2月份,爱因斯坦得知洛伦兹12月份来信询问爱因斯坦是否已经确定了苏黎世的事,并不是邀请他到乌特勒克作教授,而是请他作自己的继承人。洛伦兹虽然只有五十八岁,但决定放弃现在的职位,全身心地投入科学研究和国际事务中去。当爱因斯坦意识到这位慈父般的人打算让自己作他的继承人时,他写信告诉章格说:"非常幸运我现在到苏黎世工作了,否则我一定会去那里的。"使整个科技界感到惊奇的是,莱顿的显赫职位落到了P.埃伦费斯特身上。

如果洛伦兹是爱因斯坦的慈父化身,那么埃伦费斯特可以说是爱因斯坦最好的朋友。他们的友谊始于1912年2月,当时埃伦费斯特来布拉格拜访爱因斯坦。爱因斯坦在埃伦费斯特的讣告上回忆说:"八个小时,我们就成为朋友,彼此的抗争和热望使我们走到一起。直到去世,我们一直是最亲密的朋友。"

埃伦费斯特给我们留下了他们第一次见面的印象,在2月25日的日记中,他写道:"终于到了布拉格……天气阴沉。下车,走到出口。爱因斯坦(嘴里吸着烟)和妻子站在那。直奔咖啡馆……谈论维也纳、苏黎世、布拉格……在去研究所的路上进行辩论。街上下着雨,到处泥泞……一直在谈话。从研究所、讲谈厅、到楼上理论物理系……继续和爱因斯坦辩论。"

在布拉格,爱因斯坦终于有了一位对话伙伴,他们都喜欢用激烈的语言,所以爱因斯坦所说的"争论"是对他们之间谈话的最形象说法。埃伦费斯特待在爱因斯坦家,晚上他们先听演奏会,半夜回到家里,喝茶到凌晨两点半,与爱因斯坦辩论,很晚才上床休息。第二天早晨一到研究所,我们就开始争论……爱因斯坦后来介绍了他关于重力的文章。

接下来是星期天,他们一起弹奏钢琴,演奏勃拉姆斯小提琴奏鸣曲,大家十分高兴。下午到外面漫步,埃伦费斯特说:"爱因斯坦穿着一件有破洞的衣服,迈着大步,推着婴儿车,经常在小孩子能听得见的地方说难听的话。"这样一直持续了四天,田园生活和进行到半夜的争论交相辉映。星期二晚上,埃伦费斯特给数学学会作了一个关于辐射理论的报告,对这次讲座,爱因斯坦早已在同事中广为宣传。准备星期四离开布拉格,埃伦费斯特记述这一天说:"爱因斯坦和我一起去小饼店,之后沿着威尔特瓦大街走……不停地抱怨哥特式建筑,在城市观光,然后一起去车站。在车站里,爱因斯坦帮着提东西，沿着列车走，一直到达包箱，最后分离。爱因斯坦非常热情和真诚。大家都不知道将来会发生什么事。”

复活节期间，爱因斯坦第一次来到柏林，与几个月前参加布鲁塞尔苏尔维会议的柏林代表团成员能斯特、普朗克、卢本、沃尔堡、哈伯和一个天文学家的座谈。参加会谈的还有新建的物理化学与电化学皇家威廉研究所所长、著名化学家 F. 哈伯，以及柏林附近的贝尔斯堡大学天文台的助手、正努力通过天文观测验证爱因斯坦关于光通过引力场发生偏转预言的 E. 弗里德里希。似乎德国科技界的重要人物都在想方设法挽留爱因斯坦。早在 1909 年，能斯特就提醒奥地利当局给爱因斯坦提供个职位。在一张比较私密的明信片上写道：“我询问过爱因斯坦的事，但是还没有消息。此外，这件事与爱因斯坦现在生活是否好些没有关系。”

在去柏林之前，爱因斯坦拒绝了沃尔堡德国物理技术研究所的邀请；考虑到柏林各种可能的条件，能斯特显然认为，必须提供一个使爱因斯坦无法拒绝的机会才能留下爱因斯坦。事实上，两年后，爱因斯坦真的到了柏林，并且是与全家人一起搬来的。

在访问柏林期间，爱因斯坦又见到了他的表姐艾尔莎，自从离开慕尼黑后，他们再也没有见过面。她现在的名字叫罗文塔尔，离婚了，与两个小女儿居住在柏林一幢舒适的公寓楼的顶层。楼下住着她的父母：爱因斯坦富裕的舅舅鲁道夫，以及阿姨凡尼。爱因斯坦的母亲波林和她的亲属们于 1910 年从海赤根来到柏林。由于冲突的根源消除了，爱因斯坦在家里的感觉似乎温暖了。此时的爱因斯坦才接受母亲的观点，与米列娃的婚姻虽然不能说是一种灾难，但却是错误的，并从此开始了分居，最终导致离婚。

爱因斯坦的儿子汉斯·阿尔伯特，当时并不清楚整个事件的原因，后来认为父母的分离是由于父亲认为家庭生活占去了他太多的时间，而他自认为有责任全身心投入到工作中。的确，爱因斯坦那时的信件都显得有些上气不接下气。在疯狂地研究引力问题时，他经常抱怨时间实在太珍贵，只能像狂人一样工作。但这是他惟一喜爱的生活方式，米列娃不得不耐心忍受着。

爱因斯坦在晚年列举了当时存在的其它问题：米列娃的态度一直非常冷淡，对我交往的人都不信任。除了个别人外，即使是爱因斯坦的男性同事和朋友,她也怀疑;如果是相识的女性,虽然完全是一般的社会接触,她都像着了魔似的。一次在苏黎世,当爱因斯坦与曼特曼斯坦"天堂"饭店老板的女儿、当时已经结婚的安娜利一起回忆年轻的往事时,为了应付妻子制造的丑闻,爱因斯坦吃了不少苦头。米列娃这种压抑的心情越来越严重了,而远居布拉格并没有使事情好转,她没有归属感,希望回到瑞士。同时,米列娃与爱因斯坦母亲的紧张关系几乎到了敌视的地步,这无疑也促使爱因斯坦与第一位妻子分手。

可能那时爱因斯坦就已经明白,这种出于责任而不顾父母反对的婚姻是不幸的,带着内心的不愿,自己做了一件力所不及的事。另一方面,他的表姐艾尔莎也在他们的分手上起了一定作用。爱因斯坦回到布拉格不久,就收到艾尔莎的一封信,是寄到他的单位而不是家里。他开心地回信说:"我是这样喜欢你,这些天来,我都不知道该怎么向你表达。一想到我们一起去万湖的短游,我就有一种幸福感,我有很多值得回忆的东西。"并答应学期结束后再到柏林去看望她。为了艾尔莎,爱因斯坦宁可放弃苏黎世而去柏林。虽然爱因斯坦当时感到去柏林的希望不大,然而为了安慰艾尔莎,他说:"我有足够的理由认为自己是个令人满意的男人,或许有机会向你证明。"

一周后,爱因斯坦不得不承认自己无法摆脱婚姻的束缚,为自己不能去爱一个女人,哪怕只是看上一眼而感到苦恼。为了避免事情的复杂化,他不得不屈从于不可挽回的事实。两周以后,爱因斯坦又一次提出再见。"这是我最后一次给你写信了,然后回到不可避免的错误上。"但是这次再见并不彻底,因为他答应告知艾尔莎新地址,以便可以继续保持通信。两年后,爱因斯坦在柏林接任了更有声望的职务,和米列娃分手已经不可避免。三年多来,爱因斯坦的地址与留给艾尔莎的一样:柏林,威尔末斯道夫,哈伯兰德街 5 号。

与献身科学相比,婚姻危机和恋爱事件在爱因斯坦心中处于什么位置呢?这些丝毫没有影响他从工作中获得的快乐。1912 年春天,在布拉格的最后一个学期,爱因斯坦找到了一个很好的交谈伙伴:刚刚在布勒斯劳获得物理化学博士学位的二十四岁的 O. 斯特恩,希望学一些热力学知识,而前来投奔爱因斯坦。

斯特恩印象中的爱因斯坦应该是留着大胡子的学者。在研究所里没有发现这样的人，直到最后，他才发现桌前坐着一个人，不穿西装、不系领带，穿着一件类似意大利养路工人穿的衬衫，后面还有个大三角口子。这个人就是爱因斯坦。

年轻的 O. 斯特恩非常幸运，在爱因斯坦那里获益匪浅，了解到量子理论的许多问题。因为爱因斯坦只有这么一个交谈伙伴，他别无选择。

如果 O. 斯特恩的记忆不错的话，爱因斯坦当时正在绞尽脑汁思考放射性衰变规律，思考的内容类似于发射与吸收的量子理论，但是在这方面没有发表一篇文章。在此期间，爱因斯坦发表了一篇关于光对化学反应影响的文章，并且提出了一个从热力学原理推导出的光化学等量规律，与 1905 年关于光量子的“非常革命”的文章的最后一段有些联系。与他认为热力学是普遍适用的“原理的理论”观点一致，现在的量子假设不是光电等量规律的前提，而像续集一样，可以从热力学解释中得出这种假设。这篇文章曾经引起约翰斯·斯塔克为了保护自己的知识产权而进行的愚蠢攻击。爱因斯坦十分平静地反驳斯塔克，认为自己的争论是有根据的，而斯塔克只是把自己 1905 年发表的东西占为己有罢了。一个物理单位以这篇文章的作者命名了，这篇文章也随着不朽了：一克分子光量子的能量叫做一爱因斯坦。

爱因斯坦离开布拉格引起了很大轰动，又一次名声大震。5 月 21 日，F. 约瑟夫皇帝同意爱因斯坦博士于 9 月底离开他的教学岗位。两天后，这份声明刊登在《布拉格日报》上。因为爱因斯坦现在是知名人士，所以消息中夹杂着对他这么短时间就离开布拉格的各种猜测。虽然爱因斯坦其实是去瑞士，但是人们却把奥匈帝国研究水平的衰退与德国的现状相比较，认为由于爱因斯坦是犹太人，维也纳教育当局因此待他不好，所以要离开奥地利。虽然爱因斯坦不喜欢布拉格，但爱因斯坦还是觉得这些说长道短很恼人。他十分真诚地给维也纳教委写信解释，这封信丢失了，所以我们无从考证其内容，但无疑与发表在布拉格《每日新闻》上的评论相似。负责此事的官员曾对爱因斯坦的继承人菲利浦·弗朗克吹嘘道：“作为一名官员，我很少收到这样一封精彩的信，我经常想起那封信。”《布拉格日报》对有关内容作了转载：

我必须强调，我在布拉格没有理由不满意。在我的任命过程中，教育部很支持我。在布拉格任职期间,我与教育当局也没有发生什么不快。我决定离开布拉格完全是由于在我离开苏黎世时,曾经答应过他们,如果条件许可,我将非常高兴回来。布拉格的条件……并没有什么影响和干扰。我从没经历过或发现过所说的任何宗教偏见。

虽然如此,爱因斯坦还是没有等到学期结束就离开了。1912 年 7 月 25 日,爱因斯坦一家离开了布拉格。

爱因斯坦在布拉格停留的十六个月期间,最重要的收获是,在理论物理研究所安静的环境下,有充裕的时间重新在相对论下思考引力问题,并进一步发展。后来在他关于相对论那本大受欢迎的小书的捷克版前言中,爱因斯坦表达了这种感激之情。爱因斯坦回到了苏黎世,不仅实现了多年的夙愿,而且对科学也是一件幸事。从 1907 年秋天在伯尔尼专利局,爱因斯坦就开始研究广义相对论,这是一条漫长而艰苦的道路。让我们再次回到那"尘世的修道院"。

第16章　通往广义相对论之路

爱因斯坦是在1907年10月底或11月初开始走上广义相对论之路的，当时他正在写一篇《年鉴》文章。爱因斯坦清晰地记得当时产生这种思想的“突破”：“在写这篇文章过程中，我突然想到除了引力规律外，所有的自然规律都可以在狭义相对论的范畴内解释。我打算找出其中原因，但是这件工作并不容易。坐在伯尔尼专利局的办公室里，头脑中突然涌出一个念头：如果一个人自由落下，他应该不会感受到自身重力的存在，这种想法把我吓了一跳。这个简单的脑力实验给我留下了很深的印象，使我走向了引力理论。”

这番论述使我们想起了万有引力的开始。根据牛顿自己的回忆，1666年，年仅二十三岁的艾萨克·牛顿坐在故乡沃尔斯特普的花园里沉思着，“苹果落地”使他很受启发，牛顿认为吸引苹果落地的力应该和使月亮在其轨道运行的力是一样的，这个力的大小与距离的平方成反比。根据伽利略的力学和开普勒的行星运动规律，这种启发终于在1687年产生了结果：《数学原理》，并成为纯粹科学的里程碑，多年来一直是所有物理学的基础。

二百四十一年后，通过自由落体，又激发出一种新的灵感和启迪，但是现在的落体是想像出来的自由落下的人，一个致力于实验的物理学家。如果这位自由落下的物理学家再抛下其它物品，他将发现，这些物品相对于他是静止的，或者说在协调运动着。从伽利略那里我们知道，所有的物体是以同样的速度落下的；所以物理学家可以认为这种状态是静止的，并且一定感觉不到重力的存在。

模样奇怪的宇航员已经在电视里向全球观众表演了失重现象。对于爱因斯坦来说,仔细分析这个脑力试验,可以把相对论推广到任何一种坐标系中,形成万有引力理论。虽然最终得到的是令人吃惊的抽象结果,但是它的起点却非常简单。后来,爱因斯坦在一篇因为篇幅问题而没有出版的文章草稿上写道:“对于一位从房顶上自由落下的观察者,他感觉不到重力的存在。”经过多年的探索、求证和艰辛,这个理论终于形成了,爱因斯坦认为当初的起点是这个理论的关键。

爱因斯坦的相对论发表以后,几位理论学家如 H. 庞加莱和 H. 明可夫斯基打算把牛顿的万有引力理论也融入这个新的运动理论中。这个问题初看起来似乎很简单,其实存在很多障碍,因为牛顿的万有引力理论认为引力在空间的传播是即时的,没有任何时间耽搁,但是在相对论中,光速是所有物体运动速度的上限,因而使问题变得复杂起来。这个新的相对性万有引力原理意味着要打碎作用力和反作用力等价公理,质量和惯性等价规律等理论支柱。

在不了解这些著名同事的工作情况下,爱因斯坦也走上了这条道路;但是与其他人不同的是,爱因斯坦在这方面没有发表什么文章,因为他对这些研究结果表示怀疑。不论从哪个角度处理这个问题,得到的结果都违背过去的经验:在万有引力场中所有物体的加速度都是一样的。

这个“过去的经验”就是伽利略的辩论,在牛顿力学中变成了重力质量和惯性质量相等。“惯性质量”简称“惯性”,是物体对于施加的力所表现的抵抗力;“重力质量”或“引力质量”或简单地说“质量”是两个物体之间的吸引力的大小。牛顿不仅详细讨论了对质量的两种定义是同一的,并且觉得有必要通过实验论证。正如爱因斯坦意识到的一样,像 H. 赫兹和 E. 马赫这样的批评家已经深入分析了这种等同性;匈牙利男爵罗兰·尼缶也把一生的几十年时间投入到实验验证这一等同性上来(爱因斯坦当时并不知道)。对于大多数物理学家来说,这种等同性理所当然,并不是问题。当爱因斯坦后来发现过去的力学已经“注意”到这个重要的定理,只是没有解释它,对此他很是赞许。事实上这个定理并没有被“注意”,只是默默地接受了。对于爱因斯坦来说,这个定理提供了一个新的机会,不必在相对论中引入引力,只要结合万有引力和相对加速运动的坐标体系,就可以给这个问题带来新的转机。在《年鉴》文章的第五和最后部分,爱因斯坦解决了这个问题。

爱因斯坦当初的想法是:相对性原理是否可以适用于彼此做加速运动的系统?任何研究相对性原理应用的人都会想到这个问题,他把这个脑力实验发展成为适于在物理杂志上发表的抽象形式,并且清楚地说明为什么引力场和相关的相对加速运动的参照系在物理意义上是完全等价的。五年后,他将把这个假设发展成"等价理论"。爱因斯坦马上指出"这种假设的启发性价值",这种统一的相对加速运动的参照系统只是取代同类的万有引力场,在某种程度上只是一种理论处理。

"某种程度"的说法是指这里提出的不是作为"理论处理"的一个理论,即对于各种难题的精确思考和数学辩论。首先,由于在相对论中时间和空间的定义只适用于没有加速运动的参照系统,严格地说不能转换到加速运动的系统。爱因斯坦通过处理三个参照系统解决了这个问题,两个匀速运动系统,一个加速运动系统,它们的零点在某刻相交。借助这个巧妙的方法,他把相对论的方法转移到加速运动的系统,虽然是经过复杂的辩论,并且存在一个重大的限制:即在很小的光程范围内,仍然采用光速不变原理定义即时性。通过改变程序,从加速运动的系统推导到等价的引力场上,爱因斯坦得出了一个非常令人吃惊的结果。

首先他指出万有引力场影响时钟,具体情况是这样的,发生物理过程地方的万有引力势越大,时钟的运动过程或普遍来讲的物理过程就会越快。这种差别很小,只有重力质量相差非常悬殊时才可以感受到。在地球上无法通过实验验证,但是在星际系统中可以找到:处于太阳上的时钟要比它在地球上走得快。爱因斯坦把计算细节留给读者,只是给出了一个至少在原理上可证实的结果:存在一种分置在不同万有引力势中的"时钟",它的速率可以十分精确地控制,这就是光谱线"发生器"。根据上面的理论可以得出,来自太阳表面的这种发生器产生的波长比地球上同样物质产生的波长要大。

爱因斯坦并没有花费时间考虑这种现象是否可以观测到(后来把这种现象描述为引力场中的红向移动),他马上进入下一步:引力对电磁过程的影响,也就是在万有引力场中处理麦克斯韦方程。采用第一个例子的方法,他得出在加速运动的系统中,麦克斯韦方程与匀速系统一样保持不变,虽然光的速度变成了含有引力势的表达式。从中可以得出,在引力场中,光线发生了弯曲。爱因斯坦开始只是在地球上寻找这种现象,后来不得不忧伤地承认:“非常遗憾,根据我的理论,地球上引力场的作用非常小,理论预测的结果和实验得出的数据无法比较。”最后是威廉通过实验证明了这个预测。

在文章的最后一页,爱因斯坦简要地讨论了加速运动系统中的能量守恒问题,并得到“一个伟大的结果”:“在引力场中,任何能量,包括电磁能,都有一个固有能量,等于质量的大小 E/c^2。因此公式 $E=mc^2$ 不仅适用于惯性质量,也适用于引力质量。”这从另一个角度说明了质能等同概念。确定了这个概念的普遍适用性,文章至此戛然而止。

对于爱因斯坦来说,这是第一次在时间的压力下工作。投往杂志的稿件,可以随时发表的,但是 J. 斯达克要求爱因斯坦的《年鉴》文章发表在 1907 年 12 月 1 日那期。11 月 1 日,爱因斯坦已经完成了第一部分:“我现在正抓紧仅有的空闲时间写第二部分,当然希望能在这个月底把手稿寄给你。”12 月 4 日,斯达克收到了手稿。从最后的九页关于《相对性原理和万有引力》上可以看出,爱因斯坦在最后期限即将来临的情况下,一直在努力解决这些新问题。这些论证是纲要性的,对于物理问题的讨论也不彻底。事实上,爱因斯坦当时并没有可行的严格方法,只是一些笨拙的不必要的复杂概述,而且适用范围也不清楚。与 1905 年的相对论文章和其它的主要文章相比,这九页失去了完美性。

产生这种情况的原因并不是由于时间的限制,事实上爱因斯坦无法完整地提出他的理论,而只能对未来理论做概述,他也无法猜测最终的形式是什么样。最令人敬佩的是它的勇气,他敢于修改刚刚创立两年的相对论原理,使其同时适用于质量与惯性等价原理。作为一名物理学家,这是一次直觉的胜利,是伯尔尼专利局创造性灵感的进一步完善,最终实现相对论的扩展,得出明确的万有引力理论。

爱因斯坦的同事们没有注意到这个大胆概述的重要性。只有 M. 普朗克在一封信中提出需要一些清楚的阐明;除此之外,不论是在发表的文章中,还是爱因斯坦的通信中,都没有发现对这篇文章有什么反应。他的同事们可能还在热衷于理解光速不变和相对性原理,没有兴致讨论这个新的、生僻的思想。

寄出这篇文章后,爱因斯坦仍在绞尽脑汁思考万有引力原理。1907 年圣诞夜,他给 C. 哈比希特写信说:“我正在用相对性原理检验万有引力定理,希望可以解释至今无法理解的水星近日点的奇怪变化。”这是天文学家在牛顿世界图像中发现的惟一缺憾,爱因斯坦现在正专心研究它。1938 年,爱因斯坦才通过完备的理论成功地解释了这个问题,同时第一次证明了这个新理论的适用性。

水星近日点问题是爱因斯坦最后一次谈到万有引力理论,接下来的三年时间关于这个问题他再也没有发表什么文章,虽然在一些信中,他时而表现出对加速运动参照系感兴趣,但从没有提到万有引力。部分原因可能是他正在致力于辐射理论的研究,虽然同时思考两个问题,对于爱因斯坦并不是难事。后来他说起了 1909 到 1912 年间:“我一直在苏黎世和布拉格教理论物理课,不停地思考这个问题。”但是没有人知道他思考的具体内容,1911 年 6 月 21 日刊登在《年鉴》的文章中也没有透露出一点信息。

1911 年 5 月,刚刚到达布拉格不久,爱因斯坦就完成了关于固体分子运动的长篇文章。在布拉格期间发表的第二篇文章是《关于万有引力对光线传播的影响》。

正如他在文章开头解释的,他在回顾 1907 年的一个题目:

> 因为我对早期关于这个问题的研究并不满意,更重要的是,我现在意识到可以通过实验证明那个分析的最重要结果。特别是,根据我将要提出的理论,由于万有引力的影响,途经太阳附近的光线发生了偏转,所以处于太阳附近的一颗恒星,它的角距离将增大,接近于 1 秒弧度。

这是一个伟大的预测,爱因斯坦在这里提出的问题与 1907 年的一样,所用的手法也大同小异。两篇文章的主要公式也是一样的,但这并不是说爱因斯坦抄袭了以前的文章。有些讨论内容如红移是新的,有些讨论更加清楚和具体了。他称 1905 年的理论是“普通相对论”,暗示有必要修改其基本概念,爱因斯坦明确表达说:“在这个理论构造中没有体现出光速不变原理,而这个原理曾经是普通相对论的基础。”

爱因斯坦对这个问题的处理水平已经超过了 1907 年的文章,现在,他得出在不同引力场中,光的速度是位置的函数。在文章的最后一部分,通过光在介质中传播存在折射常数的类比方法,爱因斯坦推导出在任何引力场中光的偏移。对于光线经过太阳附近这个特殊例子,他得出偏移角度为0.83秒弧度。这个角度非常小,相当于一枚硬币在五公里外所显现的样子。尽管如此,在日蚀时,如拍摄太阳后面的天空照片,并与在普通黑夜下拍摄的照片进行对比,还是能够显示出这个小的偏差的。在文章最后,爱因斯坦总结道:"虽然这里提出的现象很难证实,甚至有些冒险,但我非常希望天文学家能够研究这里讨论的问题。"

通过天文学家证实光的弯曲,这种想法激励着爱因斯坦。早在9月份,在这篇文章发表前,他已和布拉格的天文学家讨论过这个问题,并得到当时德国大学宇宙物理研究所的"示范表演者"L. W. 帕拉克的很大关注,他找到柏林皇家普鲁士天文台的助手E. 弗里德里希,从此开始了通过天文实验证明爱因斯坦预测的工作。爱因斯坦给弗里德里希写信说:"我十分高兴你能承担这项工作。我清楚地知道这不是一件简单工作,因为存在太阳大气折射的干扰,但有一件事是十分肯定的:如果不存在这样的偏移,那么这个理论假设就是错误的。必须记住虽然这个假设本身看起来似乎很有道理,但仍是一个相当大胆的假设。"

适合天文观测的下次日蚀将于1914年9月出现在俄国南部,这对爱因斯坦的耐心是一种很大的考验,他并不想就此等待。他非常赞同弗里德里希的建议,用汉堡天文台早期拍摄的照片进行比较:"我十分高兴你如此热情从事这份工作,我焦急地等待从这些照片中会得出什么结果。"什么结果也没有产生,这些照片没有用。另一个可选方法是研究最大的行星——木星。爱因斯坦在他的文章中曾讨论过木星引起光的偏移,但它产生的影响是太阳的几百分之一,根本无法观测到。爱因斯坦悲伤地说:"如果我们有比木星更大的行星就好了,但是自然界并没有因为我们要发现规律而如我们所愿。"没有其它选择,只有等待下次日蚀的出现再进一步深入研究这个理论。对爱因斯坦来说,这种光的速度与地点有关的想法是一个非常好的起点。

爱因斯坦的概算方法已详细地解释了协调加速运动系统与引力场等价原理的适用范围,没有必要再深入研究了,但是他从中看到了新的机会。在关于光的偏移的文章发表之前,爱因斯坦给雅各布·劳伯写信说:“用相对论的方法处理万有引力遇到了严重困难,我想光速不变原理只有在恒定引力势的空间中适用。”虽然以前在自然扩展情况下研究光速不变时发现它与引力势有关,但是光速在不同引力场中随着位置的变化而变化的观点无疑是一个大胆的思想,因为这样时间的定义也不再是“普通相对论”中的定义了。

接下来的几个月,爱因斯坦十分繁忙,到卡尔斯鲁厄参加自然科学家大会,到苏黎世讲学,到布鲁塞尔参加物理学家高级会议,进行职业洽谈。圣诞节期间,他告诉L·霍普夫说:“我正在像驾辕的马一样艰辛地工作着,可是这个马车经常是一动不动。最终终于得到了结果……我现在非常严谨地推导出静态场中的万有引力理论,结果非常优美和简洁。”在1912年2、3月期间,他给《年鉴》寄去了两篇文章,在静态引力场随时间不变的前提下深入研究光速变化。因为光速与位置有关,爱因斯坦把经典物理中的引力势换成光速,结果,有些方程看起来似乎是牛顿理论的推论,惟一不同的是与位置有关的光速代替了引力势。因此在某种程度上可以说,在这些文章中时间是弯曲的,而空间一直是平直的,也就是欧几里得定律。

这些文章并不像爱因斯坦告诉霍普夫那样“优美和简洁”,它们相当复杂,是从光速不变理论的“老的相对论”向新的理论变革过渡中的探索。虽然爱因斯坦自认为这条道路是正确的,但是并不清楚路的尽头在哪里。第二篇文章寄出后,爱因斯坦终于有时间给老朋友贝索写信了:“我最近正在疯狂地研究引力问题,现在完成了静态情况下的问题。对于动态场的情况,我并不清楚,下一步将讨论这个问题……每一步都十分困难,我现在只是得出最简单部分的结果。”但是他已经了解了很多光与引力的关系问题,并且有了下一步设想:用数学语言来说,新的动力学理论将是“非线性的”。在加速运动的系统中不仅光速,就连时间都是“弯曲”的。但是这需要借助于一种新的数学工具才能解决。

在学生时代,爱因斯坦并不太喜欢数学,只是对自认为有必要的方面感兴趣。即使到了布拉格,他的这种看法仍没改变。在1911年秋天的苏尔维大会上,当他说自己只具备一点数学知识时,同事们都大吃一惊。爱因斯坦并不是哗众取宠,在数学上,他绝对不能与H.庞加莱或A.索末菲这些人相比。但这并不意味着他像人们所想像的那样,是位很差的数学家。事实上,他的有些文章涉及到很复杂的数学问题,如关于“关键的乳色”文章,但是对于爱因斯坦来说,数学至多只是一种工具。可是数学家并不这样认为,H.明可夫斯基告诉哥廷根的学生:“爱因斯坦精妙理论的描述在数学方面是很高深的,我之所以这么说是因为他的数学是在苏黎世时从我这学的。”对于这种笨拙的恭维,爱因斯坦的报答是,明可夫斯基的四维表达式是“不必要的博学”,并对O.斯特恩表达了对自己数学水平的怀疑:“你知道,当你开始计算时,在你知道之前就已经陷入困境了。”

在布拉格,爱因斯坦终于意识到有必要扩充他的数学知识了。他经常跑到楼下的数学研究所请G.匹克教授帮助解决数学难题,请求匹克给他推荐一些书籍。他之所以非常热心学习这些知识,是因为他非常关心明可夫斯基介绍的相对论以及有关的数学问题。通过A.索末菲在《年鉴》上为物理学家所写的两篇具有教诲意义的杰出文章,爱因斯坦终于接受了这种“博学”。当然他也阅读了1911年出版的第一本关于相对论的书,这本应是他1908年为E.威德曼的丛书《科学》写的一本书,但是当时他拒绝了。马克斯·封·劳埃通过四维介绍提供了一个概览,代他完成了这本书。爱因斯坦十分赞赏这本书及其作者:“这是一本杰作,其中的一些内容是作者自己的知识产权。”

爱因斯坦现在怀疑明可夫斯基关于直线和直角的欧几里得几何学不能适用于自己未来的理论。毕竟在引力场中,时间是弯曲的,对于作相对加速运动的参照系,空间关系会变得很复杂。在2月份的一篇文章中,爱因斯坦已经暗示古老描述的周长与直径的关系数值在相对论的世界里不再适用。根据洛伦兹收缩,圆的周长会变短,所以对于不变的直径,这个比值不再是常数了。但是如果具有两千多年历史的欧几里得理论、这本在少年时代曾经激励过他的“神圣的小几何书”不再适用,那么接下来应该怎么办呢?完全放弃几何理论是不可行的。1922年12月14日,在京都,爱因斯坦向他的听众解释了自己是怎样走出这个迷宫的:

> 抛开几何学去解释物理规律就像不用语言来表达我们的思想一样不可想象。我们需要语言表达我们的思想。我们要用什么方法描述我们的问题?直到1912年,这个问题一直没有解决,我突然想到K.F.高

斯的表面理论可能是解决这个问题的钥匙。我发现高斯的表面坐标系非常适合解决这个问题……我碰巧还记得C.F.盖泽尔讨论高斯理论的课。我发现在这个问题上,几何学的基础具有深奥的物理意义。

高斯于1828年在哥廷根提出的表面理论可以描述为,在弯曲的表曲每次测量一小块面积最后得出整个曲面的结果。为此高斯引入了推广了的坐标系,它的坐标轴不再是成直角的。把这种方法推广到四维,爱因斯坦终于在这些坐标中发现了寻找多时的语言,用它可以描述光的弯曲轨迹和引力质量路程。但是通过推广灵活的高斯坐标系获得这种新的自由,爱因斯坦需要付出一定的代价。在"平面"欧几里得几何学中,距离的定义非常简单,并且对明可夫斯基相对论的四维世界仍然适用,而现在必须由一个十分复杂的表达式所取代。这个表达式称作"度量张量",由十个部分组成。

这个张量满足了新理论的许多要求,因此成为爱因斯坦思考的中心。通过它可以描述任何一个加速运动的参照系,它决定着测量时钟和标杆,也就决定着"弯曲"的四维时空;同时也描述了弯曲时空中的引力场和引力质量路程。这样一个简单的牛顿理论的数学函数变成了一个由十个部分组成的彼此关联的复杂结构。从这个"度量张量"推导出场论方程和运动定律是十分困难的,根据"度量张量",物质的分布决定着空间的曲度,也就决定着物体的路程,而物体的运动反过来改变空间的曲度,这种相互关系在数学上称为"非线性",是一个非常难于处理的规律。

在布拉格期间,爱因斯坦的理论发展就陷入这些数学问题中,特别是在推导运动定律过程中。在离开布拉格的前六周,爱因斯坦给L.霍普夫写信介绍自己关于静态引力的工作时说:"我对结果很有信心,但是它的推导却十分困难。"两个月后,在苏黎世的报告中,爱因斯坦却显得十分欣喜:"关于引力事情的进展十分顺利,现在我发现了一个非常普遍适用的方程,除非所有的一切都骗了我。"

爱因斯坦全家是7月25日离开布拉格的,几天后到达苏黎世。接下来是找房子,安顿下来。但是直到8月10日,他们才到"居民管理处"登记。因为爱因斯坦当时还有其它事情要做,所以一到苏黎世,就跑到了老朋友M.格罗斯曼家,并说:"格罗斯曼,你必须帮助我,否则我会发疯的。"爱因斯坦没有失望,虽然作为数学家的格罗斯曼对物理学持一定的怀疑态度,但是他马上全力以赴帮助爱因斯坦。

格罗斯曼所起的作用只是一位数学家的作用,爱因斯坦已经把整个引力问题简化成纯粹数学问题。对于任何一种非线性坐标变换,有关度量张量的偏微分方程是否仍然保持原来形态,换句话说,是否关于这些变换不变?这样的微分方程应该是二阶的,在低速和低密度情况下,可以毫不费力地与牛顿理论联系起来。

格罗斯曼虽然不精于偏微分方程,仍然能够帮助爱因斯坦,再一次成为爱因斯坦的“救命人”。他可能给爱因斯坦推荐 B. 黎曼发展的几何学,并且告诉爱因斯坦这个几何学非常难,因为黎曼方程是非线性的。可能行李还没来得及打开,爱因斯坦就愉快地去验证这些可能性,并且很快得到了非常满意的结果。8 月 16 日,他向 L. 霍普夫汇报整个事情的进展情况,一切进展顺利,并且得到“一个普遍适用的方程”,他有点高兴过早。还要经过九个月的艰苦工作,他才最终完成这篇文章。

爱因斯坦从此对任何事情都不感兴趣。当 A. 索末菲邀请他到哥廷根做一系列关于量子之谜的讲座时,爱因斯坦告诉他:“对于量子问题,我没有什么新的内容可谈。我现在正在专心研究引力问题,我相信,在这里的数学朋友帮助下,我会克服所有困难的。但是有一件事是可以肯定的,在我的一生中,我从来没有这样劳累过,同时对数学越来越敬佩了,而以前我曾把最精妙的表达认为是多余的!与这个问题相比,以前的相对论只是小孩子的把戏。”索末菲把这封信转给了 D. 希尔伯特,同时附加一个深表遗憾的便条说:“爱因斯坦已经深深陷入引力问题中,对任何事情都不感兴趣了。”

爱因斯坦所指的数学朋友当然是 M. 格罗斯曼。根据爱因斯坦的回忆,格罗斯曼非常愿意合作,但是前提条件是,对任何物理论断和解释不负责任。

接着的几个月对于爱因斯坦来说是高强度的工作和精力的消耗。他向埃伦费斯特讲述了自己在引力问题上付出的超人努力。经过无数艰难曲折的路,问题终于解决了。1913 年 5 月,这篇文章终于可以发表了。爱因斯坦说:“在心灵深处,我完全相信自己得到了正确答案,但是文章发表后,一定还会出现愤怒的抱怨,这只是几周内的事。”与以前的作法不同,这篇文章首先单印成册,几个月后才在杂志上刊登。

在他们合作过程中，根据格罗斯曼的要求，爱因斯坦负责物理部分，格罗斯曼处理数学问题。因此在第二部分，标题是“数学部分”，格罗斯曼签上了自己的名字；而第一部分“物理部分”签上爱因斯坦的名字。这篇文章的题目是《相对论的推广以及引力理论草案》，尽管爱因斯坦有时充满热情，但是这个题目也反映出他无法摆脱的疑虑。虽然一些熟阐释者责怪两位作者所犯的错误（一个是由格罗斯曼引起的数学错误，另外是爱因斯坦引起的几个物理错误），事实上，这个经过两年多努力完成的理论只有些微的失误。如果这些确实算作是大错的话，那么爱因斯坦有理由得到原谅。最严重的问题是，在有限的微弱的静态引力场中，第一级近似应该推导出牛顿理论。从爱因斯坦的笔记本上可以看出，他当时找到了“正确”方程，但却放弃了，原因是它并没有得出预期的概算。为了有所突破，爱因斯坦甚至牺牲了场论方程的“普遍协变”，即在任何坐标变换过程中，这些方程保持不变。这说明他是不顾一切了，因为这种牺牲会对原理的基本问题提出疑问。似乎这些还不足以说明问题，通过更激烈的争论，爱因斯坦指出，场论方程并不是协变的。所有这些表明爱因斯坦并没有完全理解微积分的精妙。后来，爱因斯坦说：“这些错误思想浪费了我两年多时光。”刚一开始，爱因斯坦主要考虑线性变换，所以在数学和物理原理的谜宫里奋战。这个“草案”理论的结果基本上与他在布拉格的文章联系起来了：在弱场的有限情况下，例如在星际系统中发现的弱场，空间又是“平直的”，只有光的路程是“弯曲的”。由于太阳引力场引起的偏移应该是0.83秒弧度。

对于这个新理论，马克斯·玻恩写了一篇非常热心的回顾。即使实验没有证明，即使预测的光的偏移证明是不存在的，他相信爱因斯坦的“大胆理论也是值得尊敬的。那些没有被这个复杂公式所吓倒的读者，一定会对作者这里所显示的抽象和综合能力印象很深”。

当爱因斯坦读到这篇文章时，他已经完全掌握了整个理论。在所有的创造热情中，爱因斯坦一直是自己最好、最严厉的批评家，他的“草案”原理发表后不久，爱因斯坦给洛伦兹写道：

> 我非常高兴你这样热心地研究我的文章，但是非常不幸，这些事还有些不完善，同时我对这个理论的可靠性信心不足。这个草案只考虑了引力场对物理过程的影响，因为对于任何替代，纯粹微积分建立的方

程都是协变的。引力场似乎是所有问题的焦点。但是非常不幸引力方程本身并不是普遍协变的,只是对线性变换协变。整个理论的基础是确认一个加速运动的系统等价于引力场。除非除了线性变换外,这个理论的方程系统允许其它变换,否则这个理论的起源就站不住脚,也就失去了基础。

带着这些疑虑,爱因斯坦还要毫不犹豫地面对各种批判。1913 年 9 月 9 日,在弗罗因费尔德的瑞士自然科学协会的年会上,爱因斯坦与格罗斯曼合作作了一个报告。这次年会也是德国科学家和物理学家学会在维也纳年会的预备会。

他的同事中没有几人读过爱因斯坦最近的文章,更不用说研究过数学高深的"草案"了,但是许多人读过《年鉴》上马克斯·亚伯拉罕批评爱因斯坦的文章,散布谣言说爱因斯坦提出了一个完全不可理解的新理论。9 月 23 日,上午 9 点,在维也纳物理研究所巨大的演讲大厅里挤满了人,爱因斯坦发布了《关于引力问题的现状》纵览,并且承认还有很多不完善的地方,这个草案只能算作"科学摇篮中的襁褓,还没有一个完全可靠的基础"。为了非物理领域的科学家的利益和兴趣,他提出了一个非常有趣的演示,两个物理学家"从大醉中醒来,发现他们在一个封闭的不透明的盒子里,并且配备了各种仪器。尽管他们作了各种努力,也无法证明这个盒子是静止在地球这样的天体上,还是由于外力的作用而进行协调的加速运动。"以非常公正的态度,爱因斯坦首先介绍了 G. 诺德斯托姆在赫尔辛基发展的理论,之后是自己的理论,并且谦虚地认为自己的理论"更自然":"必须承认,方程非常复杂,但是方程本身需要的假设很少,并且非常符合惯性相对论的需要。"

非常遗憾许多杰出的德国科学家没有来。"不仅普朗克和索末菲没来,亚伯拉罕和诺德斯托姆也没有出席"。格列弗尔德的 G. 米出席了会议,并且对"生动的讨论"非常生气,因为发言者根本没有提到他的理论。爱因斯坦解释说:"没有提到米理论的原因是在这篇文章中,并没有严格研究质量和惯性的等价问题。对于我来说,提到某个假设,而最终没有遵守它是不合逻辑的。"米威胁地反驳道,他将发表一篇文章,证明爱因斯坦的理论与质量和惯性等价问题矛盾。爱因斯坦因此建议"推迟讨论这个问题,直到米关于这些疑虑的文章发表后”。事实上，米写了一篇非常具有争论性的文章，但是爱因斯坦从积极的角度看待这篇文章：“我非常高兴我的同事这样关心我的理论，虽然只是打算把这个理论扼杀掉。”爱因斯坦一直没有获得支持者，几个月后他说：“对于我的这篇文章，物理界的态度都很消极。”爱因斯坦惟一的同盟者、这个理论惟一的决定者是自然界本身。最后的证据只能来自“在日蚀过程中拍摄的靠近太阳的星星的照片，我希望1914年的日蚀能做出最后的重要抉择”。从他的个人言论中，我们可以看出爱因斯坦最终希望的不是确认他的理论，因为他自己非常坚信光线是弯曲的。

爱因斯坦在焦急地等待着，给柏林天文学家E.弗里德里希写了很多信，感谢他对这个问题的兴趣，并督促他加快速度，并向他解释这个问题的重要性：“在理论上求证不会得到什么结果，只有你这个天文学家，在明年会对理论物理提供一个无价贡献。为了进一步证实这个理论的正确性，我们需要得到一个可靠的证据，否则，我们这个理论就会夭折。”

为了尽量缩短这种难熬的等待时间，弗里德里希想出了一个办法，爱因斯坦马上表示赞赏：“对于你提出的在白天观察靠近太阳的星星计划，我非常感兴趣。1913年9月，弗里德里希和妻子度蜜月来到了苏黎世，爱因斯坦和他谈话的主要内容就是弗里德里希的计划。但是不久，苏黎世天文学家莫特教授告诉爱因斯坦，弗里德里希的计划不可行。爱因斯坦并没有灰心，10月份他又向加利福尼亚州威尔逊山天文台的创建者和台长G.哈勒提出这个问题，“尽你的最大努力，在白天看到明亮恒星的可能性有多大(没日蚀)？”为了强调这种询问是发自一位精神正常的人，莫特加上了几句友好的话，并且加盖上瑞士工业大学的印章。与想像的一样，哈勒认为在白天观察不到这种现象，只有等到日蚀。

爱因斯坦别无选择，只有等待下一次日蚀的出现，使得弗里德里希能够远征到俄国南部。他给普朗克写信建议考虑这件事，但是没有得到普鲁士科学院的同意。他告诉弗里德里希：“如果科学院不同意合作，我们将通过私人方面筹集这点钱……如果所有的努力都失败了，我将从我微薄的积蓄中支付费用，至少是先期的两千马克。经过仔细安排后，马上去订购底片，不要因为钱的问题白白浪费时间。”这里要提前补充一下：爱因斯坦不需要也没有动用他的积蓄，也没有动用通过E.费希尔从F.奥本海姆那得到的一万五千马克。(爱因斯坦现在还不知道赠款者的身份)。最后,爱因斯坦再次感谢E.费希尔,在德国埃森的克鲁伯公司承担了这笔费用。

在等待日蚀期间,爱因斯坦再次从各个角度考虑这个理论,没有发现其它问题,对这个理论更有信心了。与此同时,他更深一步地研究这个理论。在同格罗斯曼合作发表的文章中,至少有几个重要问题已经突破了"草案"理论的线性变换限制。在与荷兰人A.D.福克尔共同合作的文章中,爱因斯坦成功地尝试了一种新技术。在3月初,爱因斯坦又一次请求贝索"不要责怪我这么长时间毫无音信,我曾像疯子一样工作,终于获得了成功。"

从某一坐标条件开始,爱因斯坦与福克尔现在终于成功地解决了引力问题,并且严格遵守协变要求。他把这个"从没有听到过"的消息告诉朋友章格:"我们已经成功地证明了引力方程对于任何运动的参照系统都是成立的,因此,从广义上讲,加速运动和引力场等价的假设完全正确。从这个理论中包含相互补偿的协调关系上看,我对这个理论的正确性不再有任何疑虑。我现在对整个系统非常满意,不管日蚀的观测结果如何,我对其正确性不存在任何怀疑。"爱因斯坦是这样兴奋,甚至认为这个理论不再需要实验证明了。对于老朋友这种反常举动,贝索一定感到非常奇怪,爱因斯坦以前可以说是一个完全的经验主义者。这种信心对爱因斯坦来说也是不同寻常的、全新的。在他写这番话时,还没有任何实验数据;即使在原理上,他也没有特殊证据,有的只是对深奥而简单的假设分析而得到的信心。虽然爱因斯坦已经走对路了,但最重要的一步还没有迈出,虽然已经接近目标了,但毕竟没有达到。

可能爱因斯坦自己也觉察出这个理论还缺少一些重要的东西。从爱因斯坦给老朋友章格解释自己的处境时所用的明喻上,我们可以感觉到这一点。他说:"自然界只是让我们看到了狮子的尾巴,但不容置疑这是狮子的尾巴,虽然由于体形巨大而不能观其全貌。我们现在所见的一切就像坐在狮子上的寄生虫所看到的一样。"十八个月后,爱因斯坦终于看到了狮子的全貌。

在苏黎世瑞士联邦工业大学任职的三个学期,对爱因斯坦来说,最重要的事情是万有引力理论。当然在此期间也发生过其它事情,这是我们接下来将要讨论的。

第17章 “我不知道，我还能不能下蛋”
——从苏黎世到柏林

1912年7月底，爱因斯坦一到苏黎世，就有一种回家的感觉。爱因斯坦全家又住在苏黎世堡的充满阳光的斜坡上，但这一次稍往上一点，靠近弗朗特恩的一所教堂。公寓是新建的双拼房，一共有六个房间，配有暖气和所有现代化设施。两年前，每年两千六百法郎的租金会占去爱因斯坦工资的一半，现在，作为工资很高的正教授，他不必再节俭地生活了。可见爱因斯坦这次布拉格之行是大有收获的。

在工学院的物理研究所里，在南侧入口的上方，爱因斯坦有一间宽敞明亮的办公室，从这里可以纵览全城，一直望到尤特利贝格。还在布拉格时，爱因斯坦就有点笨拙地描述苏黎世发生的各种变化：“愤怒的韦伯已经死了，所有的事情都将令人愉快。”阿尔萨斯人皮埃尔·维斯现在是研究所的所长，爱因斯坦与他的关系非常好。除了做领导的M.格罗斯曼，爱因斯坦从前的另一位同学L.考尔罗斯现在是画法几何的教授。1905年那个班的五位毕业生中，有三位回到了苏黎世任教授。爱因斯坦感到受罪或者干脆不上课的那些老教授们，只有数学家盖泽尔和赫维茨仍然在位。不久，像两年前一样，他们又在赫维兹家演奏音乐了。

在大学里，克莱纳仍然是编外讲师。使爱因斯坦失望的是，自己副教授职位的继承人P.德拜离开了苏黎世，到爱因斯坦曾谢绝的乌特勒克任职。但是10月份，马克斯·封·劳埃来到大学。爱因斯坦对他的到来十分欢迎，劳埃的到来不仅对大学有好处，同时与劳埃交往也是令人愉快的事，爱因斯坦十分尊敬劳埃。在爱因斯坦等待任职的过程中，劳埃在慕尼黑索末菲研究所工作,并且通过单晶拍摄出第一张 X 射线散射照片。当劳埃把这张照片寄到布拉格,爱因斯坦马上祝贺他说:“祝贺你取得了这么大的成绩,你的实验是物理学上的最好实验之一。”现在可以抛开布朗运动间接观看原子和分子的方法,可以更加直接地观看,爱因斯坦对此感触很深。他给霍普夫写信说:“这件事非常伟大,我可以看到单个分子的散射,通过这样的设计终于可以直接看到分子和原子。考虑到热运动的影响,拍摄的照片比想像的要清楚得多。”它同时也提供了一个重要证据,像光一样,X 射线是电磁波。当然,多年前爱因斯坦就已经这样想了。

两年后,劳埃因为这个成就获得了诺贝尔奖。爱因斯坦和 P. 德拜分别于 1922、1936 年获得诺贝尔奖,对于苏黎世的任职政策来说,这是一张十分惊人的成绩单。这三位物理学家当初在 1909 年到 1912 年期间都是作为副教授开始其学术生涯,但是最终都摘取了科学的最高皇冠。A. 克莱纳可能不是一位杰出的科学家,但他无疑是一位伯乐。

爱因斯坦继续原来的教学工作,三学时分析力学课,两学时热力学课,以及一个研习班。根据 O. 斯特恩的回忆,这些课程讲得“都非常好,但并不适合初学者”。这与教育委员会的打算完全一致:给高年级的学生提供一些特别的东西。因为爱因斯坦讲课前很少准备,即使是高年级的学生有时也感到很难理解。但这就是爱因斯坦,即使有时是胡乱摆弄,也十分有趣。他经常用非常高深、特别的物理方法处理问题。

在每周的讨论会上,爱因斯坦感到非常自如,M. 封. 劳埃和几位学生前来参加讨论会。与两年前的情况一样,他们经常在饭店或特莱斯咖啡馆中继续这种研讨会。讨论的主要话题是辐射和量子理论,所谓的零点能量的存在,电磁现象的理论解释等。

还有另外一个原因,使爱因斯坦成为研究所学术交流的中心人物,这个原因与物理学没有任何关系。P. 维斯颁布了一条禁烟令,要求整个大楼禁烟,并且要大家严格遵守。不用说,爱因斯坦可以例外,结果他的办公室成了吸烟者之角。任何想吸烟的人都可以到爱因斯坦的房间,而打算看爱因斯坦的人,只要说想吸支烟就可以如愿以偿。

对于引力理论,在苏黎世,只有 M. 格罗斯曼可以与爱因斯坦交谈,但仅限于数学方面。劳埃是第一批相对论支持者之一,并且对相对论做了很多很有价值的贡献,劳埃回忆在这个问题上与爱因斯坦进行过多次争论,但是在推广这个理论上,劳埃并不太热心,这一点使爱因斯坦很失望。爱因斯坦总结对劳埃的了解时说:“劳埃不愿意进行更重要的思考。”

虽然并不十分热心公共活动,爱因斯坦还是接受了法国的邀请,于3月末到巴黎参加法国物理学会年会。米列娃同行,两个孩子留在苏黎世,由米列娃的母亲照看。爱因斯坦的法国之行不仅是调换一下环境,他还打算看望一下他的法国同事,以及他的作家索络文,并且打算一起逛一下巴黎。“如果在法国不需要用法语作那该死的报告就好了。”他把1911年3月27日的报告看得很简单,当然不仅仅是因为语言的问题,而是对于量子理论,爱因斯坦没有什么新的东西要讲,同时他也不想介绍引力理论。现在的“草案”已经基本完成,所以他选择在布拉格时最后一篇很具吸引力的文章《关于光电化学等价定律》作为这次报告。这当然不是广大听众所期盼的。

在巴黎,P.朗之万认真听了爱因斯坦介绍他在研究引力理论过程中所经历的艰辛。爱因斯坦与朗之万和玛丽·居里讨论了一个精妙的证据,在放射性衰变过程中,质量的变化充分地说明了“质量和惯性的等价性”。回到苏黎世,爱因斯坦感谢玛丽·居里“花了几个小时与我座谈”,并且提醒她计划的学期末的“大山之行”。

8月初,玛丽·居里和两个女儿及女家教来到了苏黎世。爱因斯坦与他的儿子汉斯·阿尔伯特及客人们一起出发到恩加丁长途跋涉。虽然爱因斯坦说法语有些困难,而玛丽·居里几乎不懂德语,但是他们之间的交流似乎没有什么困难。在母亲的传记中,艾维·居里描述了这次远足:年轻人在前面雀跃前行,他们对这次旅行非常开心……在飞行中,有时他们会听到非常奇怪的话。爱因斯坦全神贯注地穿过裂缝,没有意识似地吃力地爬上陡峭的岩石。突然他停了下来,抓住玛丽的手臂大喊道:“你明白,我想知道的是在升降机落下时发生什么样的事。”这样激动人心的入迷使年轻的孩子们大声叫喊着。那年夏天,与汉斯·阿尔伯特·爱因斯坦一样,艾维·居里也是九岁。

夏天学年结束前,P.朗之万和T.埃伦费斯特从莱顿来到苏黎世待了几周。他们住在供膳的宿舍里,但是埃伦费斯特花了很多时间与爱因斯坦在一起。在埃伦费斯特的日记里只有一次记录:“没有爱因斯坦的一天”。对于这两位物理学家来说，这是一个很好的机会加深在布拉格开始的友谊。他们一起演奏音乐，游览苏黎世附近的山峰，并且以他们特有的刻薄语言讨论物理问题。性情多变的埃伦费斯特是本来已经非常生动的研讨会中的又一个催化剂。甚至在晚年，马克斯·封·劳埃回忆说："在一大群物理学家前面，爱因斯坦和埃伦费斯特大踏步地走着，爬上苏黎世堡，埃伦费斯特突然迸发出胜利的大喊：'我现在明白了。'"

当时，大家正在激烈地讨论N.玻尔春天刚提出的原子模型，爱因斯坦无疑从埃伦费斯特那了解到情况。当同事们正在争论玻尔的模型是否具有物理意义时——O.斯特恩和马克斯·封·劳埃一定会被吓了一跳——使斯特恩吃惊的是，爱因斯坦说："你知道，我也曾经考虑过类似的问题。"但是引力理论占去了爱因斯坦太多的时间，在其它问题上，他不可能更加积极地参与。两年前，爱因斯坦已不再考虑量子问题，所以在原子物理诞生的激动人心的过程中，他只能是一位观察者。

10月底，和马克斯·封·劳埃，以及P.维斯一起到布鲁塞尔参加第二次苏尔维会议时，爱因斯坦也显露出相似的保留。爱因斯坦非常感激地接受了邀请，同时强烈要求不能提供文章，因为他实在太忙了。总的说来，对于物质结构，爱因斯坦并没有什么新的东西要说，但也没有学到什么新东西，因为R.卢瑟福——玻尔的原子模型并不在会议讨论之列。从集体照上可以看出爱因斯坦的名声大增：1911年，他只是站在最后一排，而现在却站在中心。

与苏黎世大学和后来的布拉格一样，作为工学院的教授，在第二学期结束之前，爱因斯坦又一次考虑调换工作。1913年7月12日，M.普朗克和W.能斯特来到苏黎世，他们在柏林为爱因斯坦提供一个很好的职位。能斯特在1910年就曾打算邀请爱因斯坦去柏林，1913年1月，哈伯就与教育部商量，是否可以在他领导的研究所为这位杰出的人物设立一个职位。普鲁士科学机构很清楚科学院所要追求的几个目标：为这个领域多产的研究人员提供最好的工作条件；使已经很有影响的柏林科技界更加多彩迷人；最后还有普鲁士科学院的最高荣誉奖赏。在这个方面，爱因斯坦决不是他的德国皇帝的理想人选——考虑到爱因斯坦是犹太人，没有服兵役，并且自愿要求放弃德国国籍，虽然只有符腾堡公民权——所有这些都被宽恕了。在选择知识奇才时，普鲁士人很开明，对于任何一个打算成为“新哥白尼的人”，最好不要问及他的任何动机。

J. V. 霍夫的去世，给爱因斯坦带来了无法拒绝的好机会。自从1886年，霍夫就在普鲁士科学院任职，享有工资待遇，并且获得了第一个诺贝尔化学奖。科学院只有两个这样的职务，因为它只是杰出学者的俱乐部，而不是研究所。会员具有很高的荣誉，每年只给予大约九百马克的荣誉金。当霍夫死后，这个院士职位决定授予第一个物理学诺贝尔奖获得者威廉·C. 伦琴。但是六十七岁的伦琴考虑到自己年龄太大，不愿搬家，宁愿待在慕尼黑，所以婉言谢绝了。这使得爱因斯坦有机会获得这个职位。

由F. 哈勒提出，事先已经与当局协商好了，除了给爱因斯坦应得的荣誉外，他将得到普鲁士教授的最高工资：每年一万二千马克。工资的一半由科学院支付，另一半来自工业巨头L. 考帕尔。这个职位包括弗里德里希—威廉大学的教授称号，以及所有权利，但不含任何义务。如果愿意，爱因斯坦可以上课并办研究班。似乎这些还不够，皇家威廉学会将要设立一个理论物理研究所，爱因斯坦将出任所长。所有这些都完全出乎爱因斯坦的预料，同时爱因斯坦惟一的义务是生活在柏林，参加普鲁士科学院的所有会议。

1913年6月12日，M. 普朗克提出正式建议，建议爱因斯坦当选为科学院正式会员，年薪一万二千马克。这个建议显然是普朗克起草的，同时签字的有W. 能斯特，H. 卢本和E. 沃尔伯。通过普鲁士人的夸大之辞，普朗克得到这么多支持者，所以他的一点保留不能对此有什么减损：他指出爱因斯坦有时在他的思考中走极端，例如他的关于光量子的假设；但是人们不应因此而指责他，“因为有时如果没有一些冒险，即使在自然科学中也不会有真正的创新。”普朗克认为爱因斯坦的引力理论在将来会有所公断——我们将会看到，一年后，他将用这种赞美欢迎爱因斯坦来到科学院，同时也反映出了他对相对论发展的疑虑。

委员会同意了这个建议，7月3日送到了普鲁士科学院物理数学分部进行不记名投票。根据传统方法投票用黑白球进行，投票结果是二十一个白球，只有一个黑球。几位敏感的院士建议，如果爱因斯坦一旦得到其它正式收入的话，他的从私人方面得到的工资应该分配或弃用。其他人对私人参与科学院新成员的任命表示疑虑,认为"科学院应单方面给爱因斯坦一万二千马克,这样不仅对爱因斯坦,同时对科学院也是一件体面的事。而考帕尔的六千马克可以以一种捐款的形式转送给科学院"。

一切已经准备就绪,为此 M. 普朗克和 W. 能斯特来到苏黎世拜见爱因斯坦,爱因斯坦虽然了解到柏林对自己的兴趣,但对提供的详情仍然很吃惊。普朗克和能斯特虽然急着回柏林复命,但是按照爱因斯坦的要求非常巧妙地留出一天时间让爱因斯坦考虑。这两个使者到苏黎世湖畔的里极山上观光,并且与爱因斯坦商量好,如果他拒绝到柏林工作,那么当他们从山上回来时,爱因斯坦拿着一束白花到车站见他们。如果接受邀请,那么就拿一束红花。爱因斯坦是拿着一束红花去车站的。

1913 年 7 月 24 日,科学院常务会议批准了这个建议,由教育部通过官方渠道递交德国皇帝、普鲁士国王威廉二世。虽然这只是形式问题,但需要时间。8 月份,能斯特给林德曼写信说:"爱因斯坦将在复活节搬到柏林,我和普朗克刚到柏林见过他,科学院已经推举他了;我们对此满怀希望。"

似乎开始的时候,爱因斯坦对柏林提供的机会和他本人的接受一直处于保密状态,否则不久来到苏黎世的埃伦费斯特会在他的日记中提到这件事。爱因斯坦只是把这令人高兴的消息告诉了艾尔莎,但要求她暂时保持沉默:"不要把这件事透露出去。还需得到科学院常务委员会的批准,如果在此之前走漏风声是很不好的。"7 月 22 日,在给雅各布·劳伯的一封信中,他再次提到了这件事;那时劳伯已经是遥远的阿根廷教授了。"我准备在复活节搬到柏林作为科学院的成员,像一个老妈一样,没有任何义务。我一直盼望这个难得的机会。"对这个抉择是否正确,爱因斯坦仍很犹豫。

爱因斯坦为什么接受柏林的邀请一直是个谜。他从来没有回到德国的打算——可能反而有些越远离开越好的感觉。在阿劳,爱因斯坦还是个小学生的时候,"爸爸"温特勒就给他灌输了瑞士共和党人根深蒂固地对"北方这个大州"炫耀武力的威胁和"力争显要地位"的不信任。爱因斯坦根本不了解柏林,只是 1912 年 3 月来过一次,但是他必须知道作为一个"地道"的犹太人,在心理状态上,他更加接近于南方德国人,对生活无比热爱,而不是普鲁士人那种强硬的举止和严肃的道德责任。他已经逃离了巴伐利亚的训练馆,现在更糟,他的两个儿子将要进入普鲁士学校。

但是,是德国首先承认他是一名科学家——M.普朗克,W.能斯特,W.维恩和A.索末菲——这一点他永远不会忘记。1913年冬季学年,普朗克当选为柏林大学校长,一位新创办的杂志《自然科学》的编辑请爱因斯坦写一篇评论文章,他抓住这个机会表达了对普朗克支持相对论的感谢:"大家可以看到,这个理论之所以这么快就被广大的科学家们认识,主要是因为普朗克对这个理论的坚定信心和热情支持。"但是在接受普鲁士科学院的邀请时,爱因斯坦给贝索写信说自己"带着某种疑虑,看着柏林的冒险越来越近了"。他认为普朗克和劳埃对相对论的推广缺乏兴趣,这反映了整个德国特有的限制:"成年德国人失去了自由、无拘无束的凝视目光了。"那么爱因斯坦到底为什么要去柏林呢?

高收入很难算是一个原因。爱因斯坦自己的花费并不多,在苏黎世做特别教授的收入,显然能够保证全家生活得很舒服,不会为经济问题而担忧。确实,他在柏林的工资比现在高三分之一,可以说很有吸引力,但决不可能影响他的抉择。同时,这个工资在普鲁士学术界并不特别高。虽然只有为数不多的教授可以得到一万两千马克的高工资,但是加上讲课和考试费,许多基本工资比较低的人的实际收入会远远超过这个数。爱因斯坦的工资处于正教授的平均水平。例如,完全从事理论研究的皇家威廉研究所的所长们的工资是一万五千马克,作为没有额外收入的补偿。对于医药学教师,由于很多私下工作,这样低的收入他们一定不会感兴趣,更不用说像W.能斯特这样杰出而有才干的人了。

比工资更重要的可能是爱因斯坦不幸的经历,教学工作使他没有时间研究引力理论。在给劳伯的信中,他暗示这两项工作很难协调:"在过去的一年里,我被工作占去了大量时间,我到底应该怎样抉择呢?"8月份,大家都知道爱因斯坦要去柏林,可能是从柏林的学术长谈中传出的,爱因斯坦认为这次离开的主要原因是工作任务太重。洛伦兹写信祝贺爱因斯坦入选科学院,爱因斯坦回信说:"我不能拒绝这样一个职位的诱惑,我从此不必再有任何义务,可以专心从事我的研究工作了。"当埃伦费斯特略带讽刺地祝贺爱因斯坦即将到来的"柏林之行"时,爱因斯坦仍持相似的理由,"我接受这个奇怪的闲职,是因为讲课使我的神经紧张,而在柏林我不用再讲课了。"对于一位七年多,每周六天在专利局工作的人,仍然能有时间进行思考的人,这个理由有些奇怪。

当然,爱因斯坦不是一位热心教学的老师,但是有时,当他的理论思考没有什么结果时,他会发现教学是一条老老实实的谋生之路。有一次,在从物理研究所回家途中,他告诉布拉格的 H. 伯格曼说:“在我的研究过程中,经常发现自己所研究追求的一些想法,最终一直陷在迷宫里。……几周追逐幻影的时间白白浪费掉了,我也没有讲课,所以一点有用的事都没做。”但是,这个可以完全投入思考的机会对他来说仍然很有吸引力,虽然这是柏林普鲁士科学院给他提供的。

苏黎世的朋友和同事对于爱因斯坦将要到“柏林冒险”的反映是,一部分人感到惊奇,另一部分人感到失望,同时也深信,如果有人可能得到这个职位——没有任何义务和忧虑——那么这个人非爱因斯坦莫属。当爱因斯坦告诉 A. 斯托德拉,普鲁士科学院邀请他的事,斯托德拉被感动了:“我非常激动,眼里充满了兴奋的泪花,因为在这个地球上还是存在理想和正义的。”

还有一个原因,爱因斯坦当时并没有透露给任何人。两年后,在给章格的一封信中无意识提到的,这似乎是主要原因:“我对生活感到压抑,虽不能说孤独。非常感谢我的一位表姐的关心,是她使我决定来到柏林。”我们不知道爱因斯坦什么时候把苏黎世工学院物理研究所的地址给他表姐的,但是我们知道,1913 年 3 月 14 日,在爱因斯坦三十四岁生日时,艾尔莎给他写了封信。爱因斯坦非常高兴“你还记得我”,但是这封信和以后的几封信中并没有流露爱意。毕竟,爱因斯坦早已决定向不可避免的事实屈服。能斯特和普朗克来访后,一切发生了变化:“最迟明年,我将到柏林长期待下去,”他高兴地写道:“对我来说,这是极大的荣誉……我正在盼望着我们将要一起度过的美好时光。”到此暂时停止。艾尔莎对这种变化非常高兴,为了加快进程,她甚至给当时正决定着爱因斯坦在科学院命运的 F. 哈伯打电话。“这种大胆对哈伯直言是典型的艾尔莎。你是否把这件事告诉了其他人?还是悄悄地自己解决了?我希望自己当时也在场。”

自然科学家大会结束后,爱因斯坦看望了他的表姐。回到苏黎世,爱因斯坦给她写信说他“不再是以前的人了。我现在有了一个人,每当想到她时都充满欢乐,并且为她生活”。像以前与米列娃一样,他期望一个联合的

“小吉卜赛家庭”。艾尔莎的文学知识激发了爱因斯坦“反庸俗”的奇想：“我们两个人都是旅人，注定在一群势力小人中站在高架线上跳舞。虽然不是在真的电线上，只是在人类疯狂的喜气洋洋的高度上！我多么想跳舞。”同时，他拒绝听从艾尔莎的建议，养成一个好的卫生习惯。仍然不太照顾自己：“我早已经是要死之人，当死神来临时，不需要任何医疗帮助，只是遵守我心灵的意愿：像烟筒一样吸烟，像水獭一样工作，不加思考地选择饮食，按照自己的习惯走路，也就是睡觉无规律等。”几年以后，艾尔莎不得不承受那种生活习惯的后果，她不得不在柏林照顾爱因斯坦，并为他准备特殊的食谱。

1913 年 9 月，在爱因斯坦访问柏林期间，俩人的关系已经很密切了，艾尔莎觉得爱因斯坦应该进行一些卫生保健学习，并且准备驯服这位固执的人。当时爱因斯坦有牙刷，从真正科学的角度考虑，他抛掉了牙刷：“猪的毛可以钻穿一颗钻石，我的牙齿怎么能承受得了。”当艾尔莎再次警告这种卫生的作用，他大发雷霆：“如果我成为自己的仆人，我就不是我自己了……如果我这样不对你的胃口，你可以找个更对你胃口的人。我要保持我的性情，并且很有好处，许多‘性情古怪的人’不敢碰我一下。——带着一声咒骂，远远地避开，你这个诚实肮脏的阿尔伯特。”在下一封信中，爱因斯坦感谢艾尔莎没有因为自己的大发雷霆而“不再理睬这个不可改正的脏人，一致认同在这种痛苦中，我们会照亮各自的生活”。

这个痛苦当然是指爱因斯坦长期不幸的婚姻，根据当时的法律，他不能违背米列娃的意愿离婚。他向艾尔莎抱怨说：“当一个人并没有发现另一个人有罪时，你是否认为离婚很简单？”虽然怀疑自己的妻子有不正当的关系，但他没有证据可以诉诸法庭，可能自己也没有信心。并且“我像对待雇员一样对待我的妻子，我只是不能提出离婚。我有自己的房间，并且避免与她单独在一起”。在家庭问题上，即将到来的搬家对爱因斯坦来说很合适：“我妻子不停地向我抱怨对柏林和对家庭的恐惧，并且害怕，感到受伤害了；她认为 3 月底是她最安静的时光。这种说法大部分是有道理的。”

圣诞节过后不久，米列娃自己首先来到柏林，在 F. 哈伯，也可能 C. 埃默尔沃尔的帮助下找到一间公寓。哈伯在研究所给爱因斯坦留了一个房间，与 1911 年皇家威廉学会建立的所有研究所一样，它坐落在达莱姆，在柏林西南的乡郊,这里曾是帝国统治区。在离哈伯研究所步行十分钟的地方,米列娃租了一间非常大的公寓。她的恐惧真的证实了:她在那所房子住的时间很短。

11 月底,爱因斯坦收到了普鲁士科学院的正式来函,通知他,提议“已经于 11 月 12 日被尊敬的皇帝和国王批准了”。他有两周的时间措词准备接受这个邀请:“每当我想到每个工作日都反映出我思考的弱点,我只有怀着一丝不自信,接受给予我的最高荣誉。”对于 O. 斯特恩,他把接受邀请变成自己的话,他说:“在我看来这些柏林人似乎是一群急于得到稀有邮票的人。”

在推举爱因斯坦的过程中,一个非常奇怪的事是从没有人问及他的国籍,而普鲁士当局通常都是非常细心的。对于能斯特和哈伯,爱因斯坦表示出他希望仍然保持瑞士国籍,没有听到任何不同意见。因此,他认为自己一直是瑞士公民,普鲁士人并不要求自己成为德国人,就这样他来到了柏林。只是很多年以后——与获得诺贝尔奖有关,德国和瑞士间发生了外交混乱——爱因斯坦才被官方正式确定为“德国人”,并且是 1914 年在科学院任职时获得的。在这之前爱因斯坦和德国当局都没有意识到这点。

2 月 9 日,在苏黎世物理学会的报告中,爱因斯坦评述了在工学院三个学期来的科学工作,概要是引力理论。在王冠饭店举行了一个很丰盛的告别宴会,在回家的路上,爱因斯坦对同事考尔罗斯说:“柏林人似乎把我当成可以获奖下蛋的鸡,我不知道自己还能否下蛋。”与三年前出发去布拉格不一样,这次没有再提回来的事。瑞士不能再提供像柏林那样的职位。这次分别是永远的。

当所有的家具装上车后,米列娃和两个男孩到洛加诺待了三周。三岁的爱德华整个冬天都在生病,需要到提契诺这样温暖的气候恢复一下。爱因斯坦于 3 月 21 日离开苏黎世。首先和福克尔(爱因斯坦曾打算把他带到柏林作助手,但没有成功)一起到莱顿。在莱顿,爱因斯坦介绍了刚刚完成的引力理论并与埃伦费斯特一起讨论量子理论的最新进展,并且和埃伦费斯特到哈伦拜访了洛伦兹。到达柏林之前,爱因斯坦感谢埃伦费斯特在荷兰“这难忘的一周”。4 月初,爱因斯坦全家来到了达莱姆公寓,开始了新生活,像“活着的老奶奶”一样。

爱因斯坦给埃伦费斯特写信,描述对这里的第一印象:“在柏林,一切事情都很好,一套很好的房间,以及一位非常有趣的同事哈伯。除此之外,我还没有看到其他物理学家。”几周以后,他向苏黎世报告说:“我非常顺利地安顿下来了,除了服饰上需要一定训练外。我必须尊重几位叔叔的意见,以免引起周围人的反感。这使我平静的思想有一丝波动。”这“叔叔”们显然是指他的那些院士们,爱因斯坦是在每周会议上认识他们的。

普鲁士科学院在柏林市中心也有房屋,位于普鲁士国家图书馆的两侧——爱因斯坦可以很方便地从莱克特菲尔德乘万湖列车到达。每周大约五十人左右的“普通会员”聚集在全体会议室或其中的一个讲堂,“哲学历史”或“物理数学”讲堂。讲堂的事务由两位“终身秘书”打理,他们同时也参加科学院的管理工作。

爱因斯坦对这些会议并不十分热心——对于位于这群学术元老之中,只有三十五岁的爱因斯坦来说,这并不奇怪。对他来说:“科学院类似于大学的一个系。似乎大多数的会员在这个过程中习惯了装腔作势;如果不是这样,他们都会很有人情味的。”显然他觉得那种循规蹈矩,恪守传统风俗习惯的做法很可笑。在全体大会上,每个会员都遵照事先安排好的所谓“阅知卡”上的时间要求作报告。但是由于诸如亚洲学者对化学家的论谈不感兴趣,或者不能理解其内容等原因,一些听众不可避免地打瞌睡。任何改变这种方式的建议都被一一拒绝了。这个科学院是由里伯利茨先生建立的,老弗雷德里克根据法国科学院的模型进行改革,成为现在的科学院,并且已经这样存在二百多年,爱因斯坦渐渐习惯这种生活了。他成为一个非常顺从的院士,几乎参加所有的会议,并且遵守条例,研究结果都在会议记录上发表——这大大地增加了这个杂志的知名度。

爱因斯坦评论这种都市生活说:“我还没有找到时间演奏音乐,因为每天都有太多的事情要处理。”他和天文学家弗里德里希计划的小提琴四重奏一开始就成了牺牲品。对于柏林人的自信和众所周知的自大,爱因斯坦不含任何同情地说:“我现在终于感觉到了德国人的自鸣得意。外表上太自大了,而没有意识到身处逆境时内心可悲的空虚。”但是不久,在给埃伦费斯特的信中,爱因斯坦又过分表扬这“非常振奋”的气氛,只凭这一点,他认为这次柏林之行很值得。柏林拥有 M. 普朗克,H. 卢本和 W. 能斯特工作的大学；由杰出实验学家 E. 沃尔堡领导下的物理技术皇家研究所；由哈伯和 E. 费希尔领导下的在达莱姆的两个皇家威廉研究所——这种科研机构的密集度和研究质量是其它地方无法比拟的。许多很有天赋的年轻人，如 L. 迈因泽，O. 哈恩，J. 弗兰克和 G. 赫兹，都为此来到柏林，并且在那里成为世界名人。

保尔和 T. 埃伦费斯特也打算亲身体验一下这种生活，5 月底，他们为此来到爱因斯坦的新居待了一周。他们一起讨论物理问题，到市场观光，带着孩子去动物园。埃伦费斯特发现与十岁的汉斯·阿尔伯特玩很有趣，但是对米列娃的忧郁心情很不理解。

无疑，埃伦费斯特猜到了米列娃忧郁的原因，因为爱因斯坦到达柏林几天后，给他写信时提到"和这里的亲戚在一起很高兴，特别是和与年龄相当的表姐在一起，小时候就相处得很好。主要是由于这个原因，我才能容忍这个大城市，否则我一定会非常厌烦的"。米列娃与这些亲戚没有任何接触，可能也不知道哪个表姐。这无疑引起他们之间的冲突，并最终导致离婚。可能是在 1914 年 6 月，M. 贝索来到柏林，准备把朋友无助的妻子和两个孩子带到瑞士。当爱因斯坦陪同米列娃、儿子和老朋友贝索去火车站时，F. 哈伯也一同前往。哈伯说："爱因斯坦从车站回来时，眼里含着泪水。"

对于爱因斯坦来说，那次分手是早已注定的。另一方面，米列娃多年来一直在希望和失望之中挣扎。很长时间，她不能接受分手的事实，并一直坚持着。爱因斯坦也承受着与两个儿子这种隔阂的折磨，他曾对两个儿子尽了无穷的父爱。特别是汉斯·阿尔伯特认为这些年的分离是"最伤心的时光，因为那时没有人知道将来会怎么样"。离婚五年后，这种隔阂才消除，爱因斯坦可以和儿子一起旅游，到苏黎世去看望他们，或邀请他们来柏林。

爱因斯坦来到柏林的头几周，他又开始研究相对论，是以一种新的尝试——一部为普通大众读者而做的论述。当时爱因斯坦本人和他的理论已经在科技界之外引起了很大关注，一家水平比较高的柏林日报的编辑请爱因斯坦写一篇文章。爱因斯坦开始了他的第一篇新闻文章："我非常高兴接受你的邀请。虽然必须经过很大的努力，才能真正理解相对论，但是能够让外面的人理解理论研究这一分支的方法和结果，也是一件很有意义的事。"4 月 26 日，他的文章《关于相对性原理》出现在周日增刊上，占用了两个长长的专栏,文章主要是围绕狭义相对论的。在结束这篇文章之前,他简单地提到了新的推广,同时指出在这个发展的理论上,“即使承认相对论价值的物理学家对此也是有分歧的。”“虽然这个理论在认识论上相当令人满意,但是需要未来证明这个推广了的相对论能否与现实相符。”

爱因斯坦煞有介事地谈起意见的分歧时有些掩饰的意味。事实上,只有哥廷根的编外讲师 M. 玻恩和天文学家弗里德里希同意和支持他的理论——这两人只是有前途的年轻人而不是科技界的权威。在普鲁士科学院庄严的就任仪式上,可以看出在广义相对论方面,爱因斯坦还没有得到公认。1914 年 7 月 2 日,按照传统,在纪念科学院创立者的“莱布尼兹日”举行了公众大会。在会上的任职演说里,爱因斯坦总结了他的理论物理方法,认为最大的任务就是发现自然界的普遍规律。他描述了热辐射理论的困难,认为这些困难由于“缺少应有的理论处理现实中复杂情况引起的”。相比来说,相对论是基于“原理”的理论典型。这个“普通”理论已经获得了很大成功,他同时强调了推广这个理论的目的和必要性。

另一方面,从理论的角度上看,这个理论还不尽如人意,因为刚刚提及的相对性原理只是适于协调运动。从物理学角度上看,协调运动没有什么实在意义,现在就出现了一个问题,为什么不把这个论断推广到非协调运动上。如果一个人从这种扩展的意义上看待相对论,那么他必定要推广相对论。这就要首先考虑引力的普遍理论,其中包含动力学。到目前为止,我们没有数据可以验证这个原理的正确性。

物理—数学讲堂的秘书 M. 普朗克欢迎这位新成员,认为他是一个这样的人:“在真正的热爱中,个性可以自由表现,想象力可以自由驰骋,一个科学家可以完全沉浸在舒适的感觉中,认为自己不是其他科学家可以轻易取代的。应该承认,在黑暗的征途,或没有预料到的艰难矛盾中他也可能遗失自己。”过去,普朗克对爱因斯坦的光量子解释持反对意见,现在对于相对论的推广他也不能例外。

普朗克在科学院公众大会上的反驳,使爱因斯坦意识到在相对论推广方面,他是孤单一人。但是这并没有影响爱因斯坦和普朗克之间的互相尊敬。带着一丝骄傲,普朗克指出:“在自然科学中,尤其在物理学上,总是通过个人之间的尊重和真正的友谊解决彼此之间的意见分歧。”不管怎样,在庆典上,普朗克的不同看法还是令人吃惊的,特别是筹备 8 月 21 日到俄国南部观察日蚀来解决这场争端。由于第一次世界大战的影响,这次观测没有成行。

第 四 部 分

战争的喧嚣和宇宙的大小

第18章 “在疯人院”——普鲁士的和平主义者

“真是难以置信，整个欧洲在妄想中失去了控制”，在第一次世界大战爆发之际，在给当时是中立国荷兰的一位朋友埃伦费斯特的信中，爱因斯坦这样总结说。1914年8月初，对于爱因斯坦来说，当时的情况就像英国外交官所说的那样，“整个欧洲已经失去了光明”。对于所看到的社会各个阶层，包括社会民主主义者和他们的敌党，甚至他的教授们所表现出的对战争的狂热，爱因斯坦感到迷惑不解。在爱国动员的呐喊中，在初次胜利的欢呼声中，他感到孤独和陌生。

在这种时候，忽然意识到自己竟然属于这么一个可怜的动物种群，爱因斯坦体验到一种悲哀和嫌恶。“我在这种沉思默想中昏昏欲睡”。对于他来说这是一种灾难，这种对战争的普遍狂热，使爱因斯坦清醒地意识到，是自己的和平主义和国际主义使自己与大多数人持有的政治观点格格不入。

爱因斯坦的和平主义观念是一种与生俱来的、基本的、本能的观念。其实根本不用这样强调与生俱来的，因为这种反对暴力和军国主义不需要任何理由；对于爱因斯坦来说，这种理念就像呼吸空气和在思考中所感受到的愉悦一样自然。这种观念后来发展到对一切存在竞争的事物的抗拒——不仅仅是对武器、死亡威胁的抗拒，而且还包括跟体育竞赛相似的，甚至是那种表面看来比较和平的游戏，比如象棋等，都具有的抗拒心理。他既不玩也不喜欢象棋，因为即使是在这种智力游戏中，他也总是感受到那种力的争夺和竞争所带来的压迫感。

爱因斯坦到达柏林并不是没有不安的，当看到皇家威廉化学学院的角楼有着一个传统的普鲁士头盔形状、代表着普鲁士荣耀的塔尖时,他可能会笑出声来。现在,随着战争的爆发,同事们可怕的普鲁士人天性狂热地显露出来了。马克斯·普朗克平时很明智,现在却表现得特别狂热,利用校长的权力,用“正义战争”的幌子游说学生们参加战争,“德国已经失去忍耐力了,拔出利剑,对准那阴险背叛的发源地。”机智的 W. 能斯特因为戴着一副眼镜而被取消了服兵役,但是他并不甘心落后于自己的学生,作为一位狂热的驾驶员,他在五十岁时加入了志愿司机兵团,在妻子的指导下,在自家的房子前,他很快地熟悉并掌握了一些军事基本事项,比如正确的行进和敬礼。在私家车周围包上橡胶栓,以防油箱被敌军刺破。他来到第二军司令部做了一名参谋特使,恰好赶上赴巴黎的急行军,他和军队一直深入到夜晚可以看到巴黎灯光的地方。

德国的军事领导者就是这样使用这个国家最好的科学家的。同时,他们对皇帝的宣告深信不疑,相信战争很快就会结束,他们的军队会赶回来过圣诞节的。然而,急速进军之后紧接着是麦特尼战役和迅速的败退。到9月底,军队开始怀疑西线这看来似乎四年也结束不了的壕堑战到底会有什么结果。于是教授们开始了“文战”,他们的演讲和文章在开始的几周里成为战争喧嚣的重要装饰品,别具特色。现在的任务是德国民众精神的再武装和对德国侵略它国的支持,因为德国对中立国比利时的侵略给德国的形象造成了很大影响。这些行为最初的、也是最不幸的产物是《告文明世界书》,这是一部由不太出名的作家路德维希·法尔塔起草,并由德意志帝国九十三位著名学者签名的作品。这篇文章于10月4日在德国各大报纸上刊登,并翻译成十种语言在世界范围内发行。在这篇文章中,德国学术和知识界的代表们对“我们的敌人在试图诬蔑和中伤德国在这场生死战争中的纯洁理由,因此,我们对其所用的谎言和中伤”进行抗议。这篇文章包括六点,每一点都是以“这不是真实的……”开始。作者否认德国对战争负有责任——这一点作为宣传来讲,可能是有争议的。但他们还否认在攻打比利时这个中立国问题上是有罪的——这一点,按照德军参谋总部的计划,在某种程度上,这种侵略是否有罪也是有争议的。他们进一步辩论说:“我们的战士根本没有侵犯一位比利时公民的生命和财产。”——这一点,从德军残忍地攻陷鲁文,以及对城池的残酷破坏来看,完全是一种谎言。这份抗议宣称，任何“无修养的残酷”都不是德国人的战争行为，应该谴责的是英法与俄罗斯和塞尔维亚的联合行为，并向世界公开展示不光彩的白种人对蒙古人和黑人的歧视。在结束这篇爱国颂词时，他们向世界表示，“作为有修养的国家，歌德、贝多芬和康德的遗产就像家庭和土地一样神圣。”

如果爱因斯坦看到10月4日发表的《告文明世界书》，他一定会不信任地揉揉自己的眼睛，其中原因很多。首先在同一天的报纸上，整个头版都是关于德国在安特卫普进行屠杀的戏剧性报道，所以完全可以肯定，“在比利时连一个比利时人的生命和财产都没有碰一下”的说法完全是谎言。这也是爱因斯坦个人所担心的事，因为他可爱的舅舅凯撒·科赫就住在安特卫普。同时，九十三人的签名也给他带来很大打击。除了文化界的著名人物，如画家马克斯·利贝曼、诗人G.豪普特曼和导演马克斯·赖因哈特外，还有十五位科学家的名字。其中包括保守的民族主义者菲利浦·莱纳德和威廉·维恩并不令人吃惊，但是签名的人中还有普朗克、能斯特、哈伯和费希尔，这使他很痛心。由于爱因斯坦是一名瑞士公民而没有要求他签字，所以也就避免了很多冲突。但是，考虑到同事们盲目的沙文主义和这篇《告文明世界书》对科技界的国际合作的破坏，并且这种破坏会远远超过战争的期限，他决定参与撰写另外一篇文章，这是爱因斯坦一生中签署的第一个政治宣言。

《告欧洲人书》的发起人是医生兼生理学家乔治·F.尼古莱，是柏林大学的“临时教授”和著名的心脏问题专家，出于对德国文化的尊敬和理解，他感到有责任声讨《告文明世界书》这篇文章。尼古莱起草了一份反驳的宣言，并把它寄给了具有“同样思想的朋友阿尔伯特·爱因斯坦”。他们俩共同合作的这篇文章与《告文明世界书》及其签名者显然划清界限，保持一定的距离：“对于这种态度，绝对不能出于感情而原谅，这是世界文化的堕落，如果它成为知识界的普遍财产，那将是一种灾难。”

尼古莱和爱因斯坦指出这场战争最终“没有一个胜利者，可能全都是失败者”，并且劝说“所有国家的知识界人员”至少应该做到使“现在争取和平而提出的条件不要变成未来战争的根源”，“欧洲应该成为一个有机整体”。这是比较温和、友好地向知识界人士发出的呼吁，没有谈及犯罪，以及对战争根源做任何分析。这个反驳的宣言至少是为了避免侵略，为欧洲建立一种长久的和平体系。在这硝烟弥漫的情况下,这显然是激进的,同时只能勉强通过军人们的检查。

这个宣言似乎是故意表达一种普遍的、不十分精确的概念,以便争取更广泛的支持。但是如果是为了这个目的的话,那一定是令人失望的。从10月中旬开始,虽然这篇文章在柏林大学的员工中传阅,但是正如尼古莱回忆的,这篇文章"只引起了友好的赞同",但是没有人签字。在《告欧洲人书》上签字的只有年长的天文学家威廉·弗斯特纳,他曾经在《告文明世界书》上签字,现在可能后悔了;还有一位不知名的签字者O.拜克博士。在这种情况下,任何公开的行动都没有必要。尼古莱总结说:"十分伤心,我们意识到了我们是孤立无援的。"1916年,作为尼古莱的书《战争的生物学》的一部分,这个《告欧洲人书》首先在巴黎出版了。虽然这本书的标题看起来似乎是达尔文的通俗作品,它实际上是对现行那种认为战争不仅是正常的、不可避免的,而且是令人向往的政治观点的强烈抨击。

在德国,这个反驳的宣言只引起了一小部分和平主义者的重视,除此之外非常平静,虽然这篇文章足以毁掉尼古莱的学术生涯。对于爱因斯坦,这个宣言的结果是他获得了政治古怪的名声,之所以对爱因斯坦这样宽宏,主要是因为他是一位外国人,同事们和当局对他网开一面。爱因斯坦充分利用了这一点。在柏林最杰出的教授中,他显然是惟一一位参加反战,并且公开表达自己观点的人,虽然只是局限于传统的文明范畴。在给中立国的朋友的信中,爱因斯坦的表达更加直率。1914年底,他给埃伦费斯特写信说:

> 作为一位国际主义者,对于国际上的大灾难,我心情十分沉重。生活在这个"伟大的新时代",很难理解一个人会堕落到这种地步,可以为所欲为。如果真的存在仁爱和理智的地方就好了;在那里,我一定会是一名热情的爱国主义者。

尽管爱因斯坦是一位坚定的和平主义者,但是在柏林他并没有成为孤立的局外人。可能是第一次,爱因斯坦可以施展难得的天赋,把自己的生活分成几个部分,以便使政治信仰与科学工作和个人关系相协调。他无法接受那些教授们所表现的无条件的爱国主义思想。事实上,他鄙视这种爱国主义思想,他的同事们也意识到他的这种态度,至少,有些同事已经怀疑这一点。但是,爱因斯坦是因为德国拥有的这些科学家而来到柏林的,所以他们与爱因斯坦仍然友好相处,而爱因斯坦对他们的同情与热爱的报答也超越了纯粹科学的范畴。

对于科学来说,就像一位忠诚的普鲁士人一样,爱因斯坦与之无法分离。这种在德国物理学会中的爱国主义喧嚣,可能会使爱因斯坦因此辞职,但是1914年,他却被选为学委会成员,并且从1916年5月开始连续两年,他一直作为这个学会的主席。作为一名瑞士共和国公民,他轻蔑和嘲笑霍亨佐伦王朝那种沙文主义的豪华排场,但是,他却成为皇家物理技术研究所的董事会成员。尽管是"情绪社会主义者",他仍然同意科学院的工资从银行家和工业家L.考帕尔的捐款中间接地支付,当考帕尔为军事工程科学的发展设立皇家威廉基金时,爱因斯坦并没有觉得这对他从考帕尔那里领取工资有什么影响。作为皇家威廉物理研究所所长——由于战争的原因,这个研究所直到1917年才正式开始运作,但规模很小——他不得不在管理上与"商业大臣们":L.考帕尔和威廉·封·西门子等"枢密院大臣们",以及这个社会阶层的代表们保持协调一致,而在其它场合,他还要为这些威廉们有害的意识形态负责。

如果是其他人,一定会努力想办法摆脱这种矛盾,但是爱因斯坦却微笑地忍受着,或者根本不予理睬,或者用早期的幽默自嘲。1915年初,爱因斯坦向章格描述当时的心理状态时说:"我尽量避免参与到与狂热的广大公众有关的事情中,因此,在现在的疯狂的骚乱中,我渐感适应。作为这个疯人院的仆人,为什么不生活得快乐些?毕竟,要把这些疯人院里的疯子当人看待。人们只能在一定程度上选择研究机构,这些研究机构之间的区别也没有我们原来想象的那么大。"

如果存在一位快乐的反战人员,那么这个人就是爱因斯坦。1915年参加在瑞士召开的涉及非常严肃的关于战争悲剧的座谈会后,在一篇日记里,法国作家罗曼·罗兰对爱因斯坦进行了这样的肖像描写:

> 爱因斯坦很年轻,个子不太高,脸庞宽而长,高高的前额上长着微微卷曲的深灰色的头发,鼻子丰满而高傲,嘴不太大,嘴唇很厚,下巴圆圆,两颊饱满,短短的胡须修剪得十分整齐。他讲法语很吃力,夹杂着一些德语。他活泼爱说笑;偶尔用幽默的方式讲述最深刻的思想……

> 爱因斯坦在德国自由发表自己的言论和对德国的看法，其他任何一个德国人都不会像他那样自由地谈论。在这个充满恐惧的年代，每一个处在他这样位置的人都会由于精神上的孤立而感到痛苦，然而，爱因斯坦却不这样，他经常大笑……我问他在德国朋友面前，他是否一样自由地发表自己的观点。他说不。而是采用苏格拉底的方式，为了扰乱他们的思绪，他不停地问许多问题。爱因斯坦最后补充说："人们并不喜欢这种方式。"

签署了这份宣言后不久，爱因斯坦第一次加入了一个政治组织，即新祖国联盟，它是由各种不同背景的人组成的一个协会。战争已经进入了第一阶段的短暂平静，没有新的侵略，所以这个协会现在的目标就是尽快实现没有领土要求的正义和平，创建制止未来战争的国际组织。这个目标得到爱因斯坦的全力支持，所以在 1914 年 11 月 16 日这个组织成立时，他是其中的创始人之一。这个协会的成员很多，从有影响的银行家 H. 西蒙，战争结束后他成为普鲁士的财政部长，到左翼的激进记者 E. 卢特，他在这个组织中担任类似秘书的工作，后来成为著名的社会民主人士和东柏林的常务市长。

这个新祖国联盟不像是一个党派，更像是一个政治俱乐部。所有成员每周一晚上聚到一起，谈论时政，起草传单，散发各种和平主义文章，制定各种方案，帮助陷入困境的同情者，他们的活动经常是接近或超越法律范畴。一位曾经在苏黎世工学院听过爱因斯坦上课的女士，现在更了解爱因斯坦还是一位"乐于尽自己最大努力支持和帮助任何一个人的人"。这位年轻的女士说："对于任何危险的事情，他都不会躲避。在对抗军事当局时，他几乎是带着顽皮的快意。每次当我们成功地把信件偷送到一个监狱时，他都会开心地大笑。"

作为一名国际主义者，爱因斯坦十分担心国际间的科技交流会被战争的瘟疫所破坏，希望在战争中能够保持这种交流联系。"未来世纪的人们是否会说，我们三百多年来最广泛的文化工作不仅没有把我们这个世纪向前推进，反而从宗教的狂热发展到国家的狂热？"1915 年春天，爱因斯坦给罗曼·罗兰写信时这样说。使爱因斯坦最为伤心的是他的同事们的堕落："即使是其它国家的学者们的言行举止，也似乎像八个月之前他们的脑子受到伤害似的。”显然，他没有意识到，在前线双方都在进行着“文战”，特别是法国教授并不比他们的德国对手的沙文主义宣言差。但是爱因斯坦并不能因此而感到安慰，他伤感地对埃伦费斯特说：“我非常希望能够做些事情，使不同国家的同事们联合起来。那些很有思想的人们只是对祖国有严肃的感情吗？那些人的观点只是位置的函数，只受地域限制吗？”

在柏林的家里，爱因斯坦的举止有些像苏格拉底，努力使他的同事们认识到自身的错误，不应该在《告文明世界书》上签字。在这方面，他确实取得了一定成功。他向洛伦兹报告说：“这里所有头脑冷静的人都已经对在《告文明世界书》上签字感到后悔。他们当时签名时表现得很草率，有的人甚至根本没有读过这篇文章。例如：普朗克和费希尔就是这样的人，他们现在非常勇敢的站起来，维护国际间的科技交往。”洛伦兹表示希望德国科学家能正式地与《告文明世界书》保持一定距离，但是对于这个观点，爱因斯坦不得不提醒洛伦兹：

> 我将不能接受正式谴责这臭名昭著的宣言，虽然已经越来越清楚地意识到这个宣言是一个不幸的、欠考虑的行动。我一直认为最重要的是，所有思想正直的人应该团结起来，进行那些真正对未来有重大意义的事情。放弃并不表示悔悟。

为此，爱因斯坦甚至号召理解他的德国同事们，包括理解他们的错误，如果这些错误不是太坏的话。同时，爱因斯坦发现与他关系最密切的同事们都是“具有严格的国际思想的科学家”，相反，历史学家和哲学家们大多数是头脑发热的沙文主义者。

虽然爱因斯坦对战争进行无情的批判，但是对发生在眼前的战争另一个方面，他却视而不见，保持沉默，这就是自然科学家与军事的结合。这种结合可以追溯到两千多年以前，如果人们相信传说中的阿基米德在公元前215年，为了不使希腊叙拉古落入罗马人的手中，为这个城池的防御人员建造了抛石机和燃烧镜的故事。事实上，战争是现代物理发展的催化剂：N.塔它格列和伽利略的抛物线弹道理论就是为了计算炮弹弹道的需要而发展起来的。随着现代科技的发展，这种传统一直在延续，并且越来越具体了；而且在第一次世界大战期间，这种结合达到了新的紧密程度，因此也出现了一种新的道德标准。

军方和科学家都认为科学家应该为胜利尽一份力，这是一种自然的爱国主义表现。例如在苏尔维会议的与会者中，爱因斯坦的朋友 P. 朗之万就在现场研究潜艇的方法，同时，能斯特最喜爱的门徒 F. A. 林德曼也作为一名飞机设计师和敢死队飞行员在自己故乡英格兰的英国皇家空军基地工作。这些活动对于具有国际主义思想的科学家来说还是可以接受的，但是在柏林的那些活动，绝对不能说只是进行一些军事研究工作，特别是在化学战的问题上。

战争刚刚开始时，德国的军官们不太愿意让这些生活在象牙塔里的市民干预他们的事情。但是当迅速进攻之后，接下来的却是同样速度的败退，特别是军队已经在挖战壕准备进行持久战了，在这种情况下，像 W. 能斯特这样的人就不能仅仅作为一名志愿司机了。

在柏林，所有为军方效力的教授中，最积极、最狂热的是爱因斯坦的"好同事"F. 哈伯。与爱因斯坦一样，哈伯也是犹太人，但是他接受了基督教的洗礼，并且特别热衷与当地人同化，甚至在外表上，他也戴着一个单眼镜，因此在脸上留下两道斑痕，很像一位普鲁士人的讽刺画。哈伯的行为完全符合他的座右铭，"在和平时期为了仁爱，在战争时期为了国家"。战争一爆发，他就重新组织他的皇家物理化学研究所从事与战争有关的工作。

不论在何种情况下，哈伯的国家都应该感激他，因为，还是在战争爆发之前，完全出于和平的考虑，当时还在卡尔斯鲁厄的技术学院任教授的哈伯就取得了在德国战争中比任何军事计划都重要的研究成果。在能斯特的反应动力学工作基础上，有时是在与能斯特不友好的竞争中，哈伯把在高压条件下，以大气中的氮气为原料生产人工合成氨的方法进一步发展，实现批量生产。并且与卢特威克斯芬的 C. 波希一起实现了大规模工业生产技术。1907 年，当哈伯刚刚开始氨的合成研究工作时，当初的目的仅仅是为了经销化肥，因为自从本世纪初，智利的天然硝酸钾就面临枯竭的危险。而在战争中，硝酸盐还有另外一个重要用途：它是炸药的组成部分。战争爆发不久，这些将军就发现他们的计划只能打一个非常短暂的战争。由于英国海军严重地破坏了智利的硝酸钾供应，因此在 1915 年，将军们被迫时刻作停战的准备。他们之所以没有停战，而且还在继续使用自己的武器，在一定程度上要归功于哈伯和波希的贡献，由于他们两个人的技术，1913 年底，第一座合成氨厂开始运行。以此为模式，在战争中先后建立了许多大型工厂。因此，至少在硝酸盐的供应方面，对于皇家海军来说，德国的研究人员应该说取得了胜利，而且这个胜利比任何一场海战的胜利都重要，但是也正是由于这个胜利，使悲惨的战争又延长了许多时日。

新学期刚刚开始，W. 能斯特从前线赶回研究所准备继续从事炸药研究工作时，作战部把他找去，询问他是否可以设计一种方法把敌人从战壕中赶出来，以便在战争的进程中德国可以重新收复失地。能斯特觉得这项工作很有吸引力，因为它完全与自己的观点一致，在现代科技左右的战争中，最重要的不是杀死敌人，而是使敌人失去反抗能力。因此，在实验室里他第一次研制出催泪弹，接着研制出可以使敌人麻痹，却不至于引起永久伤害的刺激物。对于能斯特的人道主义成果，将军们并不感兴趣，他们需要更快更有效的解决办法。F. 哈伯是此方面最合适的人选。

在将军们中间，哈伯被尊称为“硝酸钾保证”的知识分子领导，因为在战争所需要的原材料方面，是依赖哈伯的工作才使得化学工业迅速发展，从而弥补了将军们考虑不周的计划。此外，他还及时地为汽油、柴油机和润滑剂研制出了防冻添加剂，确保即使是在俄罗斯那样寒冷的冬天，车辆仍然可以照常运行。现在哈伯又开始研究炸药和毒气。能斯特提出的刺激物被认为没有效果而被将军们拒绝了。哈伯选择了氯，原因很多：化学工业可以很容易地大量生产；在高压的容器里可以用液态保存，所以相对容易运输；同时由于氯的比重比空气大，它可以像浓雾一样，沿着战壕扩散，从而产生致命效果。

1915 年 1 月，在达莱姆的实验室里完成了试验工作。1915 年 4 月 22 日，在俄罗斯进行了小规模的现场试验。当生产出足够的氯气后，大约一百六十吨，在哈伯的监督和指导下，在比利时的外普莱斯前线七公里的法国战壕上释放了这些氯气。五千人因此丧生，由于呼吸道的严重腐蚀，一万多人的健康受到了严重损害。F. 哈伯开始了毒气作战。将军们对此很满意，这种新式武器的巨大威力，使他们大吃一惊，以致于在前线由于毒气所形成的缺口处，他们根本就没有做好冲锋的准备。当第二次使用毒气攻击时，已经研制出防毒面具。虽然毒气攻击使战争变得越来越残酷，但它终究不能在战争的进程中起决定性作用。

在对普莱斯作战中使用毒气违背了1907年的海牙协定，这个协定规定禁止在战争中使用窒息性气体。德国曾在这个协定上签字，但是哈伯对于违反这个协定似乎并不在意。据说，在他被晋升为上校时，他曾高兴得落下了幸福的眼泪。在作战部，哈伯成为作战办公室的主任，并雇佣了许多年轻的科学家作为合作者，其中包括O.哈恩。

在坐落在达莱姆的哈伯研究所里，以芥子气和光气为基础，研制出许多新的更致命的毒气。在研制过程中也发生过事故。1914年12月17日，实验室里发生了可怕的爆炸，哈伯最亲密和最有工作能力的合作者O.沙克教授在此次试验中丧生。《物理杂志》上刊登了这位年轻、极有天赋的科学家的讣告，形式完全与在战争中牺牲的科学家的讣告一样："他为了他的祖国而献身。"

所有的一切都发生在爱因斯坦的眼皮底下。能斯特和哈伯都是他的好朋友，而爱因斯坦自己的办公室就在哈伯的研究所里。爱因斯坦是否把这两位开创化学方法作战的先驱排除在他所说的"具有国际思想的人"之外呢？我们并不清楚。可能是与同事们之间的团结使得爱因斯坦产生了这种偏见，并且把科学家看成是智慧的人，从而忽视了他们的过错，而这些过错如果发生在其他人身上，爱因斯坦一定会大加讽刺的。也可能爱因斯坦并不想因此破坏与这两个人的友谊；或许他认为毒气只是这可怕战争中的微不足道的方面。为什么爱因斯坦首先在人性中发现了"头脑发热的沙文主义"，这一直是一个谜。即使不去考虑道德和战争所采用的方法，能斯特和哈伯的所作所为至少破坏了德国知识界在敌国和中立国家中的声誉，它的破坏程度与历史学家和哲学家们的战争贩子式的讲话和文章的破坏程度不相上下。

必须承认，我们不知道爱因斯坦每周几次去达莱姆城法拉第路8号的哈伯皇家威廉研究所的工作室。毕竟，他现在可以不受干扰地在家工作。爱因斯坦给埃伦费斯特写道："我非常安逸舒适地待在自己的公寓里。"一开始，米列娃和两个儿子暂时居住在苏黎世火车站大街的一处供膳的宿舍里。当在苏黎世堡找到一间公寓以后，爱因斯坦把大多数的家具都运到了瑞士，而自己则搬到一间小的公寓居住，离市中心很近，靠近克弗斯特丹姆。

在那里，爱因斯坦似乎过着不太舒服的单身生活。一名学生从瑞士来看望爱因斯坦，并向他要三篇文章时，发现爱因斯坦穿着袜子，花了很长时间寻找其中的一篇文章，并且抱怨不知把它弄到哪里去了。他一个房间一个房间地走来走去，站在书架前束手无策。这个公寓显得很荒凉，显然是一个人居住，没有一位家庭主妇料理家务。实际上，爱因斯坦对这种生活方式很满意，经过十年的婚姻生活，他对家庭生活已经感到厌倦了，虽然对儿子还是割舍不下。爱因斯坦给贝索写信说："对于这种分离，我感到十分满足。只是只能偶尔听到儿子们的消息。头脑的安静和和平对我很有益处，特别是我与表姐的关系十分宜人、令人愉快；只要避免结婚就可以长久保持这种关系。"艾尔莎住在贝利斯沃泰尔的一间公寓里，离爱因斯坦的住处步行只需十五分钟。

持续的战争对爱因斯坦的科学进程产生了非常直接的影响，虽然这些科学的结果都是和平的。在战争爆发的第三周，爱因斯坦写道："我出色的天文学家弗里德里希不仅没有在苏联观测到日蚀，反而成了那里的俘虏，我很为他担心。"从 1911 年开始，E. 弗里德里希就致力于爱因斯坦引力理论的天文观测证实工作，他终于成功地（或者勉强地）得到波茨坦—贝伯尔斯堡皇家天文台主任、政府教育大臣赫尔曼·斯特威的同意，筹备远征到俄国观测 8 月 21 日的日蚀。这次远征的目的是拍摄日蚀照片。根据爱因斯坦的预测，这些照片可以显示出在引力场中存在光线的偏移。整个远征需花费五千马克，普鲁士科学院出资两千马克购买仪器和照相底片，克虏伯基金会捐资三千马克，作为旅行和运输费用。

1914 年 7 月 19 日，弗里德里希与他的同事 W. 苏黎恩，以及卡尔·蔡司公司的一位技师一起离开柏林。经过一周的跋涉，到达了克里米亚的弗多希亚，在那里，他们得到了装备精良的阿根廷考德帕天文台的热情招待，并且可以使用他们的仪器。为确保在仅有的两分钟最佳观测时间里能够拍到几张有用的照片，弗里德里希一共准备了四个天体摄像机。阿根廷远征军的领导、杰出的天文学家查尔斯·派林在日蚀的照相观测方面具有丰富的经验。实际上，派林当初的打算是拍摄一个猜测的靠近太阳的小行星——火山星，早在 1859 年，J. 拉维瑞就假设它的存在，并用它解释水星运动轨道的无规则性（以后将会看到，爱因斯坦不久就用天文学家不可想象的方法彻底解决了这个问题)。在弗里德里希的请求下,1912 年在巴西观测日蚀时,就已经把光的偏移包括在他们的工作中,但是乌云和大雨使四周不合时宜地黑了下来,他们没有观测到天空中发生的日蚀,但却经历了另外一种日蚀。

这次战争一开始就干扰了科学。准备工作刚刚开始,一夜之间弗里德里希和他的德国同事就成为敌对的外国人,被拘禁在集中营里,仪器被没收。而阿根廷的天文人员也没能及时安排补救办法观测 8 月 21 日的日蚀,特别是由于战争的影响,派林没能及时到达目的地。其实即使他们及时到达目的地也不会有什么不同,因为在日蚀的最佳时刻,天空中出现了云彩。同样由 W. W. 坎贝尔率领的加利福尼亚里克天文台的美国日蚀观测远征队也没有成功,他们是在基辅南部的一个地方观测的。虽然作为中立国的美国人没有被拘禁,但是在关键时刻,坎贝尔的仪器上方也出现了云彩。坎贝尔女士在她的日记中写道:“完全失败了,在日蚀的黄金时刻出现了浓云,而日蚀过后却是万里晴空。”美国人可以不受任何干扰地离开俄罗斯,但是他们的仪器四年后才取回来,因此在这四年期间,没有办法到世界其它地方进行日蚀观测。

爱因斯坦不必为“出色的天文学家”弗里德里希担心。虽然一开始弗里德里希被当作类似于战犯,但几周以后,他与另外几位德国人一起与投入监狱的俄罗斯官员进行了交换,9 月底回到了柏林。爱因斯坦对自己的引力理论深信不疑,耐心地等待通过天文学观测证实自己的预测,同时利用这段动荡时期全面地总结自己的理论所取得的成就。

1914 年 10 月 19 日,在普鲁士科学院的全体会议上,以及十天以后的物理数学专题会议上,爱因斯坦第一次作这方面的报告;会后的专题会议纪要用了五十多页纸对这个理论作了一个综合性的概览。在报告中,爱因斯坦以轻松的评论开始,评论自己所写的关于相对论推导的这些文章,以及与 M. 格罗斯曼合作的文章说:“这些文章对于那些研究只是一个启发性的总结,是物理和数学知识的结合,所以从正统物理学观点入手,只凭借那些文章是不容易理解和把握这个理论的。”可能主要是这个原因和差距,爱因斯坦才着手写这篇综述性文章,同时作为那些感兴趣同事的一种教科书;这篇文章的题目是《广义相对论的正式基础》,这说明当时的爱因斯坦对于这个理论已经有了一个非常确定的形式。

那时,爱因斯坦在数学上已经非常独立了,完全可以不用依靠格罗斯曼的数学指导和建议,同时还为物理学家提出一种张量演算,可能是新的抽象微分学的简单推导。爱因斯坦希望读者不用阅读任何数学论文,就可以理解这个理论。因此在这个基础上,他提出几个新的、完美的结论,以及引力方程新的推导;这些仍然是早期"草案"文章中的非共变方程的奇怪杂合,但是爱因斯坦对于这些结果十分满意。毕竟,他的新推导显示出所建立的不仅是一个引力理论,而且是所有物理结构框架中推广了的相对论。牛顿的理论只是一种近似的理论,而光的偏移和红移是现已接受的习惯形式;但是在诸如方程的普通协变方面等关键之处,爱因斯坦并没有取得进展。

爱因斯坦公开讨论他的理论中存在的一些困难,并且承认还有许多重要问题尚未解决,或者还不能明确阐明。在科学院会议纪要里,可以看出爱因斯坦的语气与平常不同,他承认说:"虽然还存在许多问题,但我禁不住看到读者脸上充满同情的微笑。"

亲切的感谢之后,爱因斯坦首先向读者解释欧几里得几何学并不是大家所认为的纯粹的公理性数学,而是与现实世界有关的一种物理性科学,因此,它的定理存在正误之分。爱因斯坦甚至暗示说,他对于明可夫斯基的非欧几里得几何学所作的弱场坐标体系和小距离的限定是最简单或最直观的可能性。一年以后,爱因斯坦又回到这个"最简单、最直观"的可能性,最终完成了他的理论。

爱因斯坦的德国同事对于他的理论一直持怀疑态度,或者认为根本不值得看。如果爱因斯坦来到柏林的目的仅仅是希望在相对论方面有所收获,交换意见的话,他的失望是不会太大的。他感到的只是吃惊,并评论说:"将来,人们会吃惊地发现,相对论思想曾经在这里遇到这么大的阻力。"无论如何,会议纪要上的长篇文章引起了国外知名同行的注意。他们是埃伦费斯特和洛伦兹,以及两位意大利人:罗马的 P. 斯特诺、M. 贝索的同学、同事;和帕多瓦的数学家 T. 利维 · 西维塔,他是爱因斯坦和格罗斯曼在苏黎世曾经一起学习过的经典积分文献的作者。

利维 · 西维塔对相对论的兴趣给爱因斯坦带来了很大快乐,在答复来自帕多瓦的第一封信时,爱因斯坦写道:"你完全可以想象到,如果一个人是完全批评地面对一些事物,他是很难对这些事物如此关心的。”利维·西维塔向爱因斯坦指出了理论中存在的几处不清楚的地方,以及几个数学错误。对此,爱因斯坦十分感激,特别是为了不伤害爱因斯坦,利维十分巧妙地指出错误。但是,他们之间的交流只是局限在数学的细节上,因此爱因斯坦觉得没有必要重写这个理论。爱因斯坦在期待着证实他的理论。在战争爆发的第一个冬天,他扮演了一个陌生的角色——实验员,自从关于他的“小机器”的工作结束后,爱因斯坦再也没有做过实验。这就是爱因斯坦的典型特点,即使是实验工作,也是围绕物理学的基础问题。

“在我年龄越来越大时,我越发热爱实验了”,第一次观测到后来称之为“爱因斯坦—德哈斯效应”时,爱因斯坦给他的朋友贝索写信说。爱因斯坦是在德国物理技术研究所作为 E. 沃尔堡的客人时进行这个实验的,是与 H. A. 洛伦兹的女婿、荷兰人 W. J. 德哈斯合作进行的。德哈斯比爱因斯坦大一岁,开始曾作过公证人,到了晚年,才发现自己对物理学的兴趣。1912 年,他在莱顿获得博士学位后来到柏林,1914 年,在德国研究所任助教。

这个实验是爱因斯坦很久以前设计的,这段历史要追溯到在苏黎世中学的物理实验室所进行的物理实验。现在爱因斯坦又重新做起这个实验,可能是因为它能够使人们了解到物理学的许多方面:磁场的起源、量子理论的零点能量,以及两年前玻尔提出的原子模型中电子沿着轨道运行而没有辐射等问题。实际上,这个实验说明,即使像爱因斯坦这样的物理学家也需要用实验去验证自己理论所期望的结果。

这个实验中暗含的思想大约有一百多年的历史了:A. M. 安培曾经提出磁场是由运动的电荷产生的,特别是永久磁铁的磁场可以解释为是由磁体内隐含的电流产生的。爱因斯坦把这个思想发展成为一个假说,原子的永久磁力矩是由于电子以原子核为中心沿着闭合轨道运行时产生的循环电流产生的。所以,电子不仅产生一个磁力矩,也产生角动量,或称转矩。根据这个假说,爱因斯坦可以确定磁力矩对角动量的比率,并指出这个比率与电子轨道的半径和运动速度无关。从此,习惯上把这个“回旋磁比率”写成 g。如果爱因斯坦的假说是正确的,这个结果将是 $g=1$。

为了验证这些思想,爱因斯坦和德哈斯把一个铁棒通过一条细线悬于一个线圈里。当线圈通电时,在磁场中的铁棒上的铁原子的磁力矩应该指向确定方向,角动量也是如此。但是由于角动量遵守能量守恒定律,为了平衡这个角动量,弥补磁场产生的改变,这个铁棒将产生一个扭曲运动。如果这个磁场的方向不停地迅速变换方向,这个铁棒就会像转子一样旋转起来,而这种旋转是可以观测到的。这个实验的思想听起来似乎很直观,事实上,据说在柏林时,爱因斯坦就和两位老师发现"突然改变电流的方向时,铁棒就会像施加力一样产生旋转"。但是在这个实验中 g 的定量却是十分困难、复杂,而且需要很高的技巧,这在当时几乎是不可能的。

实验中存在无数误差因素,例如,为了弥补地球的磁场,要采用十分大的线圈,当然这只是一个最简单的问题。首先,实验者非常吃惊,这个铁棒在磁场中产生了"非常可怕的运动"。通过一条坚硬的玻璃丝悬挂铁棒,并采用一个非常先进的共鸣方法,他们成功地消除了几个干扰因素,并且成功地定量和定性地显示出磁场产生的角动量。至于回旋磁比率,实验测定的结果与爱因斯坦假说的理论值一样:g=1(精确地说是 1.02)。考虑到实验的艰难,得到这样的结果已经很难得了。在发表他们的结果时,爱因斯坦和德哈斯写道:"虽然这么好的吻合,但只能是偶然的,因为我们必须指出这个结果有 10% 的不可靠性,这个实验显然证明了,至少是近似地定量和定性证实了我们一开始建立的电子轨道理论。"

1915 年 2 月 19 日,爱因斯坦向物理学会报告了这个实验及其结果。4 月份,德哈斯回到了荷兰,这两个合作者从此各自独立地改进他们的设备——爱因斯坦在德国研究所,而德哈斯在莱顿,实验结果并没有产生明显的差异。整个 1915 年的夏天和秋天,爱因斯坦一直在实验室、磁体、线圈和镜子之间忙碌着。1916 年 2 月 25 日,在完成他的广义相对论之后,爱因斯坦向物理学会提出这个实验的一个简化了的变换形式,并准备向他的同事们报告这个伟大的效应。

爱因斯坦无疑是充满信心的。甚至在第一个结果出版前,他就向贝索狂喊道:"一个美妙的实验,很遗憾你不能亲眼目睹。我只是在通过实验验证时,才发现自然界是多么的狡猾。"爱因斯坦的"狡猾的自然界"的看法是正确的,因为他得出的实验结果并没有保持很久。至于"零点能量",1911 年马克斯·普朗克曾经引用过这个概念解释某些固体在低温情况下的比热异常现象,但是普朗克由此引发的问题比所解决的还多。爱因斯坦也进行过零点能量研究，取得了不求甚解的成功，1915 年，他精确地描述当时的情况说："没有一位理论家在提到'零点能量时'，脸上不带着半尴尬半讥讽的笑容。"在非常低的温度，甚至是接近于绝对零度时，磁场仍然存在；因此，爱因斯坦总结道，即使在低温情况下，电子仍然沿着轨道运动，这个结论是正确的。但是他又进一步总结道，他的实验因此证明了零点能量的存在，这个结论却是有点鲁莽了。十二年以后，零点能量被证实为是一种量子力学效应，与低温情况下磁场力矩的连续性无关。

此外，自然界比爱因斯坦想像的还要狡猾，这表现在他所测量的回旋磁比率上。关于这方面，我们长话短说：由于爱因斯坦—德哈斯效应对物理学的基础问题十分重要，在接下来的几年里，其他物理学家们也在重复这个实验，其中包括值得信赖的苏黎世工学院的 E. 贝克，以及美国、瑞典的研究人员。他们得到的结果不是爱因斯坦和德哈斯得到的结果 g=1，而是它的两倍：g=2。当时没有任何理论可以解释，直到 20 世纪 20 年代，量子力学、电子自旋和以电子自旋为基础的 W. 海森伯的磁铁学才解决了这个问题。因此，爱因斯坦的简单假说过时了，磁铁性完全是一种纯粹的自旋效应，安培的分子电流对这个现象没有任何作用。关于爱因斯坦—德哈斯效应，量子力学理论得出了回旋磁比率 g=2，除了爱因斯坦和德哈斯的实验外，其他人得出的结果都是 g=2。

爱因斯坦不愿意承认这个失败，虽然大家都普遍接受了 g=2，他自己仍然提出应该仔细检查磁自旋效应，因为这在数学方面还不确定。这似乎有些固执了，著名的爱因斯坦曾经毫不犹豫地更正自己文章中出现的错误，但在这个问题上却没能做到这一点。

1915 年夏天，爱因斯坦准备到瑞士旅行。他给章格写信说："除了一些与我无关的事情外，我在这里生活得很安逸，但我非常盼望再次呼吸一下瑞士的空气。"事实上，"这些事情"完全与他有关，而且关系很大。显然，关于这次旅行，爱因斯坦在 3 月给生活在瑞士的法国作家罗曼·罗兰写过信，罗曼·罗兰现在正眼睁睁地看着自己毕生的工作：对法国和德国的文化进行调解，被战争毁灭了。通过新祖国联盟，爱因斯坦得知罗兰坚定的和平主义思想，以及为了消除法国和德国之间的致命误解，勇敢地投身到这个伟大事业中去。爱因斯坦说："我热忱地向你表达我的无限仰慕和敬意……我愿意尽我的微薄之力听你调遣,不论是我现在的居住地,还是我与德国内外科技界的联系,你如果认为我能为你效劳,那么我将尽力去完成您所交付的任何工作。”

在收到这封信之前,罗曼·罗兰可能还不知道爱因斯坦这个人,他马上回信说:“你热情、慷慨的信使我很受感动。”在爱因斯坦的建议下,他们通过苏黎世的 H. 章格保持联系,直到爱因斯坦有机会去瑞士。

与此同时,爱因斯坦接受一个邀请去哥廷根待一周时间,在大卫·希尔伯特和 F. 克莱纳的要求下,爱因斯坦将在那里就推广了的相对论作六次两个小时的报告。在庞加莱去世后,希尔伯特无疑是世界上最著名的数学家,从 1914—1915 年冬季学期开始,他正准备一个物理学基础研讨会,特别要研究 G. 米和阿尔伯特·爱因斯坦的理论。对于哥廷根的物理学家对自己的理论感兴趣,爱因斯坦感到十分高兴,像他对索末菲所说的那样:“我非常高兴,他们完全明白我的理论的每一个细节,我对希尔伯特很满意,他真是一位伟大的人。”爱因斯坦之所以这样评论希尔伯特还因为希尔伯特认为战争是恐怖的错误,以及希尔伯特(不像 F. 克莱纳)曾拒绝在《告文明世界书》上签字。当然,爱因斯坦并没有向索末菲提及这些,因为他知道即使是最愚蠢的爱国主义呼吁,索末菲也会在上面签字。(虽然,爱因斯坦还不知道索末菲曾对洛伦兹在《自然科学》上发表的文章表示强烈抗议,并且认为最好把洛伦兹的女婿德哈斯从德国的研究所赶走。)

到瑞士旅行的最主要原因当然是希望见一见儿子们,但是,这方面存在困难。爱因斯坦给章格写信解释自己推迟访问瑞士的原因时说:“事实上,我的儿子给我寄来了一张非常唐突的明信片,坚决拒绝与我一起游玩。我甚至不能去看我的孩子们,因为我的妻子要去旅行,或许现在她已经去旅行了。”这就是为什么爱因斯坦与他的表姐艾尔莎、她的女儿们、可能还有艾尔莎的父母一起去柏林富人经常度假的波罗的海上的吕根岛。

9 月初,爱因斯坦终于开始了瑞士之行。米列娃希望爱因斯坦能够重新回到这个家里来,但是爱因斯坦只想看看儿子们,并与十一岁的汉斯·阿尔伯特多次一起散步、远足。9 月 16 日,爱因斯坦与章格一起去日内瓦湖的斐维去拜访罗曼·罗兰。在自己的日记里,罗曼·罗兰记下了他们在茅斯宾馆阳台上进行的长谈;这些谈话比爱因斯坦在柏林所写的任何信件,以

及在德国所发表的任何评论更有戏剧性,罗曼·罗兰的评论详细地介绍了爱因斯坦是怎样认识战争和出生的国家的。罗曼·罗兰写道:

我从他那里所听到的话语并不是令人振奋的,因为他指出如果不首先消灭战争,就不可能与德国建立长期的和平。爱因斯坦说在他看来,现在的处境比几个月前的情况更糟了。对于与俄国作战取得的胜利,更唤起了德国人的自大和胃口。对于爱因斯坦来说,"贪婪"这个词是对德国最形象的描述。到处都在扩散强权意识、对军队的崇拜以及征服和吞并的野心。政府比它的人民稍有节制,想从比利时撤兵,但却不能这样做,因为军官们威胁要叛乱。大银行家、工业家和商业公司的势力十分强大,他们要求政府补偿他们所付出的牺牲,皇帝只是他们和军官手里的工具……至于大学里的知识分子,爱因斯坦明显地把他们分成两个派别——数学家和物理学家,这些自然科学的人们是宽容的;历史学家和哲学家的谈话却像疯子一样,完全是国家狂热。整个国家的大多数人是驯良和"驯服的"(爱因斯坦很喜欢卡尔·斯皮特勒的这个词)。爱因斯坦主要谴责教育,指出主要是由于教育的原因才把大家引向了国家骄傲和对国家的盲目屈从。他并不认为种族对此负有责任,因为像二百多年前作为难民来到德国的法国新教徒,现在也具有同样的特性。在一定程度上,社会主义是惟一自由的组织,但是他们只是聚集在伯恩斯坦周围的少数民族。新祖国联盟取得的进展太缓慢,并且只有少数人追随它。

爱因斯坦并不期待德国进行自新,它本身没有这个能力,而且这个建议也太胆大妄为了。他希望联军能够取得胜利,这样可以粉碎普鲁士和这个朝代的权力欲望……爱因斯坦和章格希望德国分成两个部分,一方是南部德国和奥地利,另一方是普鲁士。但是德国出现这样的失败,实在令人吃惊。在德国,所有的人对胜利都深信不疑;官方的预测这个战争至少还要持续6个月。但是爱因斯坦认为消息灵通人士已经意识到德国的处境日益恶化,如果战争再持续下去的话,处境会更加艰难。最短缺的可能不是食品、粮食问题,而是战争所需要的关键化学产品。确实,德国科学家令人羡慕的发明为德军提供了一种化合物作为这种短缺物资的暂时替代品。爱因斯坦认为人们在不相信随之而来的组织管理能力，其中包括所有有能力的人物在内。大学所有的自然科学教授都在从事军事订购或执行军事任务，只有爱因斯坦拒绝合作。

我们谈到了德国人存在的盲目和不正常的心理状态。在放声大笑中，爱因斯坦说，每次柏林大学讨论会结束后，所有的教授都在一家饭店里聚会，他们不可避免地要谈到这样的问题："为什么世界上的人都痛恨我们?"这样的讨论每次都在进行，每个人都发表自己的见解，但是他们全都在极力小心地避开真正原因。

第二天早晨，爱因斯坦乘火车去伯尔尼，罗曼·罗兰到火车站送行。作为一位和善的和平主义者和德国文化的崇拜者，对于爱因斯坦对德国的评论和偏见，罗曼·罗兰感到不开心，甚至有些被激怒了。他在日记中总结道："从爱因斯坦身上可以看出，就像很少一部分摆脱奴役心理的人一样，出于对这种奴役心理的反抗，爱因斯坦习惯于揭露他的国家的阴暗面，像他的国家的敌人一样严厉地谴责他的国家。"

回到柏林不久，就有人请爱因斯坦发表对德国人及其战争的看法，不要使检查人员或广大公众受到太大的打击。一个和平但决不是和平主义的文化组织：柏林歌德联盟要求爱因斯坦为他们计划出版的爱国主义纪念册写一篇文章。1915 年 10 月，爱因斯坦完成了三页标题为《我对战争的看法》文章，并且认为可以被柏林歌德联盟和德国公众所接受。从心理学角度，爱因斯坦评论战争的根源是"雄性动物生理上所决定的侵略性"。他认为没有任何必要去寻找战争的目的和根源，如果激情需要，总是能找到了。爱因斯坦一直反对任何性质的战争，呼吁按照新祖国联盟设计的路线建立一个政治制度：

> 所有时代最有思想的人都会承认，战争是人类发展最大的敌人，应该尽一切努力阻止战争。尽管当前我们处于无法表达的悲哀环境里，但我一直相信，在不远的将来，在欧洲一定会出现一个政治组织，像德国现在消除了巴伐利亚和符腾堡的战争一样，它会消除欧洲的战争。任何一个思想开明的朋友都会支持这项工作。

这就是柏林歌德联盟要发表的，而不是爱因斯坦对市民中把爱国主义作为情绪依托圣堂的辛辣讽刺，包括残忍的愤恨和大屠杀的野蛮道德。为了使这篇文章能够通过审查,他顺从地把这些内容拿掉了。爱因斯坦建议这个爱国主义圣坛应该换成一架钢琴或一个书箱。另一段认为不适合印刷的是爱因斯坦所表现的爱国主义思想:“一个人或一个人类组织与我的关系怎样,完全决定于他们的意图和能力。在我的感情生活中,我作为公民的国家对我没起一点作用;我认为一个人与国家的关系完全是一种经济关系,很像一个人与人寿保险公司的关系。”

为了证明这种判断标准,爱因斯坦说:“在和平时期对战争的荣耀,以及所有在和平时期进行战争准备的心理和意识形态,任何人类进步的真正朋友都会强烈反对的。这包括所有以‘爱国主义’名义所做的任何坏事。”不管怎样,爱因斯坦最终还是同意发表节选后的文章。即使是节选后的文章,也是当时德国所发表的最勇敢的反战文章。

这篇文章对于爱因斯坦来说一定非常重要,因为它是在“我一生中最激动、最严苛,也是最成功的时刻写成的。”他所为之辩护,而柏林歌德联盟官员们想要删去的两段文字是 1915 年 11 月 11 日写成的,就在这一天,他第二次准备就推广了的相对论作四个报告,标志着广义相对论的完成。

第19章 “我一生中最大的幸福”——广义相对论的完成

“在科学上的努力是一件奇怪的事:没有什么比意识到哪里没有必要花费时间和精力更为重要的了。另一方面,一个人不要追求很容易达到的目标。同时应该培养一种直觉,知道什么是通过努力可以取得的。”这是爱因斯坦在给苏黎世工学院学生的一封信中,描述在纷繁复杂的自然界中一位物理学家所遇到的困难。从对1915年春天活动的评论中,我们可以看出他对自己追求的目标和主题的态度。对于曾经被热烈描述的环动罗盘效应实验,爱因斯坦现在认为这是任何一个傻瓜都可以做的事。这种明显诋毁的说法并不是贬低一个实验者的工作,而只是一种衡量标准。他衡量自己的广义相对论说:“广义相对论却不同。我现在终于实现了这个目标,这是我一生中最大的幸福,虽然在这个领域,没有一个同事能意识到这条道路的深奥和必要。”

爱因斯坦是1915年5月份写这些话的,他的信心显然来自6个月前在科学院的会议记录上发表的一篇关于这个理论的综合性文章:《广义相对论的真正基础》。所有迹象表明,在接下来的几个月,爱因斯坦在这篇文章的基础上得到了这个理论的正确形式。6月底,哥廷根的数学家们已经完全了解这个理论了;两周后,爱因斯坦打算写一本特别的书作为相对论的入门篇,其中的处理方法一开始就瞄向了广义相对论。8月底,爱因斯坦感到非常骄傲,他已经说服了哥廷根的F.克莱因和大卫·希尔伯特。

天文学家E.弗里德里希使爱因斯坦充满信心。由于战争和浓云的影响,没有办法证明光线经过太阳引力场发生偏转的现象。一回到柏林,弗里德里希马上采用另外一种在实验上很困难的方法,通过引力场中光谱线的红移来验证这个理论。早在 1907 年,刚刚开始思考引力理论时,爱因斯坦已经算出了百万分之二的红移值,在这个理论更深入的版本上还会发现这个数值。虽然这个结果可以测量,但是非常小,而且太阳外层无法估计的混乱状况带来的干扰也会使估计结果含混不清。除了太阳光外,弗里德里希还研究了具有很大数量级的双星光谱,经过几个月的艰苦工作,他肯定有迹象证明存在引力红移。

这个消息使爱因斯坦非常高兴,1915 年 2 月,他给贝索写信说:“我现在得出一个大致定量的证据,与我计算的结果十分相符。”5 月,爱因斯坦认为这个理论已经被很好地证实了。但是,他的高兴还是早了一点:在估量恒星的质量时,弗里德里希犯了一些明显错误。几位天文学家严厉地斥责了这位助手,但是爱因斯坦对他还是无比信任的,最后是爱因斯坦开始怀疑自己的理论了。

可能是从苏黎世归来不久,爱因斯坦就意识到他的引力公式可能是错误的。10 月初,他意识到以前的论证是错的。这种想法曾使爱因斯坦难受了一段时间,特别是当他发现自己过去关于引力场的方程都是不正确的。经过了七周的拼搏,终于克服了所有的困难,爱因斯坦向索末菲介绍这种疑虑的产生过程时说:“首先,我发现即使在非常简单的协调旋转参照系中,引力场也与场方程不一致。其次,我关于水星近日点的计算结果太小。”

第一个论述对他来说一定像雷击一样,它违背了旋转对称性。直到 1914 年秋天的伟大综述性文章,爱因斯坦一直认为这种旋转之间的不变性是显然的事,没有深入研究。1915 年秋天,爱因斯坦在进行计算时发现这些方程是错的。

第二个论述很奇怪。早在 1907 年,爱因斯坦就开始计算水星的近日点。自从 1859 年 U. 利维列尔在完美的牛顿天体力学中发现这个缺陷后,最优秀的天文学家也无法完成这项工作。离太阳最近的水星的运行轨道不是一个封闭的椭圆形,而是围绕太阳附近的一点缓慢地做花瓣一样的运动。虽然与完美的椭圆形只有一点点的偏差,一百年小于一分弧度,但这种近日点的旋转却是一个相当重要的问题,在牛顿力学中,无法找到令人满意的解释。

刚刚开始考虑引力的相对性,爱因斯坦就着手解释这个谜。1915 年 11 月 28 日,在给索末菲的一封信中,爱因斯坦提到了早年的计算,他在过去得到的结果只是 18 秒弧度,而不是天文学家观测的 45 秒弧度。他是在新的理论版本通过了试验时,承认这件事的。借助这个新理论,1913 年 5 月,爱因斯坦又回过头计算以前的问题,仍然没有成功。

1915 年 10 月,似乎是爱因斯坦发奋工作的日子。10 月 4 日,他在普鲁士科学院全体大会上做了一个讲座《关于广义相对论》。一周之后,在特别会议上,继续讨论这个问题。带着漠不关心的直率,爱因斯坦以一种科学院空前的方式,简要介绍出现的错误和经过的曲折:

> 在过去几年里,在包含不统一运动的相对性前提下,我打算建立一个广义相对论。事实上我相信已经发现了引力的惟一定律,与逻辑上可以想像的相对论广义前提相符,在去年会议记录上我发表了一篇文章说明那个结果的必要性。一个新的批判性检验显示出那个必要性根本不能证明,这是由于推导过程中的一个错误导致的。

爱因斯坦列举一个简单的数学反例说明选择任何一个特殊的坐标条件的努力都是无益的。他继续说:“这个原理使我对提出的方程失去了信心,应该寻找一种减少可能性的自然的新方法。三年前,我与老朋友格罗斯曼一起寻找一个更普遍的场方程协变,但却怀着沉重的心情放弃了。事实上,我们已经接近答案了。”从爱因斯坦现存的笔记本上,我们发现他当时差不多得到了正确的方程,但由于因果关系和不二义性等原因又否定了。

现在,爱因斯坦重新思考三年前否定的普遍协变理论,应用黎曼的弯曲张量,得出一些公式;在近似情况下,这些公式可以得出牛顿的运动学方程,并且对于任何变换保持不变,这个结果这样自然和符合逻辑,爱因斯坦认为:“任何一个真正理解它的人,都会认为这个理论十分迷人。”

11 月 8 日,爱因斯坦再次出现在普鲁士科学院全体大会上,进一步肯定这个最重要、最彻底的相对论。从这个理论中,不需要其它特别的假设,就可以从定性和定量两方面解释利维列尔发现的水星在其运动轨道方向的奇怪转动现象,并且可以计算出一百年 45 秒的弧度值。虽然爱因斯坦还不能提供一个完整、正确的场方程,其实也没有这个必要。

爱因斯坦发现,虽然第一次逼近得出牛顿运动学方程,但由十个部分组成的度量张量不能减少到牛顿引力势。这说明即使在弱场情况下,也存在空间弯曲。在引力场中没有红移结果,但它会使经过太阳的光线发生偏转。由于存在空间弯曲,爱因斯坦预测光线偏移 1.7 秒弧度,是 1911 年得到数值的二倍。这个结果虽然十分令人振奋,但与第二次逼近相比,微不足道。第二次逼近得出了水星的近日点运行方式与观测的结果十分相近。

爱因斯坦写信告诉索末菲说:“我对于得出的水星近日点的运算结果非常满意,我终于发现天文学的观测结果是多么精确!而我过去却错误地一直取笑他们所得到的结果!”爱因斯坦的方程终于经过了火的考验,自然界终于肯定了他八年的奥德赛生活,跨过引力的深渊,他终于取得了成功。爱因斯坦高兴地给埃伦费斯特写信,描述这个一生中最深刻的体验:“想像一下,对于普遍协变的实用性,以及方程正确地解释了水星近日点的运动,我是多么高兴。几天来,我高兴得不知如何是好。”后来他告诉他的荷兰朋友,这个发现使他心悸,似乎体内有什么东西在燃烧。

不足为怪,在 1915 年 11 月的报告中,仍然存在一些缺憾甚至是错误。爱因斯坦对索末菲承认说:“在这漫长的奋斗中,最后的一些错误不幸在科学院的文章中不朽了,我不久会寄给你。”即使在爱因斯坦的场方程中,也存在一些不正确的地方。当发现 11 月 18 日对逼近方程所做的必要修正,并没有影响所得的结果时,爱因斯坦如释重负,关于光的偏转和水星近日点的结果仍然正确。11 月 25 日,爱因斯坦没有任何沮丧地面对物理数学讲堂,只用了三页打印的手稿,爱因斯坦就正确地论证了引力场方程的正确性,八年前开始的工作终于完成了。在科学院论文集中,爱因斯坦写道:“我终于合乎逻辑地完成了广义相对论。以最基本的方式提出了相对论,从物理上没有任何联系的时空坐标,令人信服地推导出非常确定的引力理论,并可以解释水星近日点的运动。”

爱因斯坦把科学院演讲的单行本寄给他的朋友和同事。在信的开头,他欣喜若狂地对章格说:“这个理论无比优美。”爱因斯坦热情地请索末菲研究一下这些方程:“你一定要仔细看看它们,这是我一生最有价值的发现。”对贝索,他写道:“我大胆的梦想终于实现了,”落款是:“你心满意足的,但十分不安的阿尔伯特。”不久,爱因斯坦又给贝索写信说:“你一定要读一读这些文章！这是从苦境的彻底解放。”爱因斯坦很快乐，并且还自己编了一个小幽默：“对于那个爱因斯坦来说，这是非常容易的事，每年他都取消上一年所做的工作。”他知道这次不会再发生这种情况了。

在当时的关键时期，爱因斯坦还有个同事，虽然这位朋友给他带来更多的是苦恼，甚至要威胁他对这个理论的首创权。爱因斯坦向章格抱怨这种剽窃行为说：“只有一位同事真正理解它，但他现在打算巧妙地占有它。”这位同事是大卫·希尔伯特，即便如此，爱因斯坦和他在一起仍感到十分高兴。使爱因斯坦感到烦恼的是希尔伯特比爱因斯坦早几天发表了正确的场方程。

1915 年 11 月 25 日，爱因斯坦在柏林提出他的场方程，但是五天前，11 月 20 日，希尔伯特在寄给哥廷根皇家科学院的文章中推导出爱因斯坦一直寻找的场方程。怎么会发生这种情况呢？

大卫·希尔伯特多年来一直专心研究物理学，读过所有关于电子、物质和场的文章，1915 年 6 月底，他邀请爱因斯坦讲授相对论。可想而知，爱因斯坦和希尔伯特在一起的一周时间，一定是从早到晚讨论物理问题。事实上，希尔伯特比爱因斯坦的目标更高：这个目标是严格的，关于整个物理世界、物质和场、宇宙和电子的理论。

11 月，沉浸在引力理论中的爱因斯坦主要与希尔伯特通信，把自己的文章寄给希尔伯特。11 月 18 日，爱因斯坦写信感谢希尔伯特为这篇文章提出的草案。在写这封信前，爱因斯坦一定收到了那篇文章。是否是爱因斯坦从希尔伯特的草案文章中发现有些术语正是自己的方程中所缺少的，而“占用”了希尔伯特的思想？这当然不可能，根据 F. 克莱因的记述，希尔伯特的文章十分复杂和混乱。一个人除非完全掌握整个题目，否则无法理解。虽然不能排除希尔伯特的文章使爱因斯坦意识到自己的方程中存在的一些弱点。不管怎样，爱因斯坦最终得出的方程是他早期理论的逻辑发展，除了数学问题外，物理定律占主要地位。而且爱因斯坦得到这些方程的方法与希尔伯特的完全不同，爱因斯坦的成果才是真正可信的。

几周来，爱因斯坦与希尔伯特之间的关系有些不快；至少，我们知道爱因斯坦认为希尔伯特可能不经意地剽窃了他在哥廷根所做的讲座以及一些其它思想。当他看到希尔伯特已出版的文章时，他的恼怒有些平息了。在文章的开头，希尔伯特高度赞扬爱因斯坦提出的伟大问题，以及为解决这个问题而采用的方法，这些是物理学基础理论新突破的先决条件。三十年后，爱因斯坦告诉他的助手厄斯特·斯特劳斯，同样三十年后斯特劳斯告诉亚伯拉罕·匹斯说："希尔伯特给我写了一封道歉信，告诉我说他已经不记得那个讲座了。"如果事情真是那样的话，爱因斯坦一定感到高兴，因为圣诞节前，他给希尔伯特写信说："我们之间曾经出现过不快，我不想再深入分析其中的原因，我成功地摆脱了这种失望的感觉，我又一次把你当成真正的朋友，希望你也同样地对待我。客观地说，在这个不公的世界上，两个苦苦工作的人如果不能彼此发现快乐，那是一种悲哀。"他们两人和好如初，再也没有出现任何摩擦。与其他的同事一样，希尔伯特认为爱因斯坦是相对论的惟一创始人。

1917 年 5 月，在哥廷根学习数学的瑞士人鲁道夫·雅各布·哈姆到柏林拜访爱因斯坦，提到了希尔伯特准备从引力理论推导量子理论。爱因斯坦做了一个淘气的怪相说："这不可能，虽然引力理论是很普遍的理论，但相对论思想只能推导出引力……这种通过想象力构造一个世界的想法很好，可能会得到什么结果……看到还有这么多的事情我们仍无法了解，因此建立一个成熟的世界图像的想法是一种大胆尝试。"几年以后，爱因斯坦采用另外一种方法也瞄向了希尔伯特的目标，而且是沿着自己的路走向统一场理论。

广义相对论已经完成了，现在需要对已建立的理论进行综合评述，F.克莱因评论爱因斯坦理论的发展过程和他的引力思想时说："没有理性，只适宜于天才。是一种哲学需求、强大的物理直觉，以及深奥数学知识的混合体。"这些从爱因斯坦的文章中可以看出来。它们大部分类似于临时的工作报告，有时是建立在另一个基础上的，有时是改正或取消早期出版的文章。

爱因斯坦清楚地意识到这一点，并且打算写一篇综合性文章。但是，他发现自己很难起步，因为自己对这些事情没有兴趣。但是如果不做这方面工作，将很少有人懂得这个理论，这个理论会一直是现在这个样子。洛伦兹完全理解这个理论，并且向爱因斯坦表示祝贺，因此爱因斯坦给他写信说："我的引力方面的文章虽然靠近了目标，但却是由一系列的错误组成的。

这就是为什么基本公式是好的,而整个推导过程是混乱的,首先有必要消灭这些缺陷。”通过胆怯的暗示,爱因斯坦打算说服语言大师洛伦兹从事这项工作。因为觉得自己非常不幸,没有语言交流的天赋,因此,虽然所写的东西是正确的,却没有人能够理解。洛伦兹显然没有接受暗示,爱因斯坦没有办法,只有自己写这篇综述。事实上,最后这项工作进展得相当快。1916年3月完成了这篇五十页的论文,并在《物理年鉴》上发表了。杂志的出版人J. A. 巴特把它单印成册,这是爱因斯坦的第一本书。

从那时起,爱因斯坦理论的整个术语明确下来:爱因斯坦1905年的理论不再标以“普通”或“一般”的字样,而成为“狭义”相对论,作为与“广义”相对论的区别,虽然这个名字混淆了这个理论与引力的紧密联系。很长一段时间,1916年的这篇《广义相对论的基础》一直是这个新理论的权威文章,被收录在相对性原理文集中,并且译成外语。

早在1916年2月,为了使大多数物理学家,特别是实验科学家能够理解包含纯粹微积分问题的抽象理论,M. 玻恩发表了一篇综合性的综述文章。爱因斯坦非常感激。几个月后,E. 弗里德里希又写了一本小册子,同样简略了数学问题。在简短的前言中,爱因斯坦赞扬说:“它使任何初步了解纯粹科学推理方法的人都能够理解这个理论的基本思想。”

可能是由于这些原因,特别是玻恩成功的文章使爱因斯坦自己打算写一篇尽量少包含数学的文章。1916年底,这篇文章完成了,第二年年初由布罗斯维格的威维格出版社出版成书,名字是《关于狭义和广义相对论通俗读本》,以后又变换了几种版本,并被广泛地翻译成其它文字。

这样,面向所有受过物理和数学教育的读者传播的条件已经成熟了。但是对感兴趣的门外汉来说,这还不够。爱因斯坦承认他的那本小书基本上无法理解,并且赞同M. 普朗克的评论:“爱因斯坦认为如果他时而加入一些‘亲爱的读者’,他的书不久就会为人所理解。”

如果用我们自己的话概括一下这个理论在哪方面难于理解,并解释爱因斯坦为什么认为这个理论是他最优美的发现,这可能会更有用处。

为了正确评价爱因斯坦的成就,人们必须以爱因斯坦继承下来,并作为范例的牛顿物理学为起点。两百多年来,它在物理学中一直具有重要地位,它把整个世界看成是根据简单定律工作的一个大机器,具体来说是由两对概念组成:时间和空间;物体和力。空间,在牛顿看来是“绝对”空间,是所有物体运动的容器。换句话说,它们的位置随时间而变化。同样,时间也是一种“绝对”时间。如果没有力的存在,物质将作协调直线运动;如果有力的作用,根据原理可以计算出物质运动的轨迹。

这个理论框架在很多领域经受了考验,在天体力学上几乎是奇迹般的准确预测,而在气体中声音的传播上也取得了成功。后来的人们可能忽略了牛顿当时已经意识到的一些概念上的缺陷。一个缺陷是物体间的吸引——引力,当时认为引力在空间的传播速度是无穷大的,更确切地说,它的传播与时间无关。另一个缺陷是物体与空间的不对称性。“绝对”空间对物体的作用是以对加速度的惯性阻力的形式存在的,但是物体对空间没有作用。这样的不对称不是优先而是无理的,从认识论角度来说,对于E.马赫和H.赫兹这样爱提问题的人显然不是令人满意的;而对于爱因斯坦来说,这种“绝对”空间类似于舞台上的幽灵,与他的直觉相抵触。

尽管狭义相对论已经深入修改了时间概念,但并没有解决这些问题:由于传播效果的即时性,牛顿的引力理论只有在存在疑问的假说下,才能与狭义相对论合而为一,才能成为物理学的框架。初看起来,这些起点相互之间似乎没有什么关系,但是爱因斯坦认为它们彼此相联,并且沿着这条路一直走下去。

其中一件事,爱因斯坦把相对论推广到任何一个加速运动系统。对他来说,这一步很显然,但是几百年来,物理学只是局限在惯性系统中,所以这显然是大胆的一步,即使是M.普朗克也是很长时间以后才接受这种观点。接下来,爱因斯坦认为惯性和质量是同一的,但是没有进一步解释。这是物理学上最重要的观点。设想一个从房顶上自由落下的人不能感受到重力的存在,爱因斯坦意识到至少在某些情况下,加速度和引力是一致的。这种等价说明一个推广了的相对论同时也是引力理论,反过来,一个令人满意的引力理论只能在扩展了的相对性假设的框架中形成。

这意味着放弃经典物理的优先参照系——惯性系统,包括狭义相对论。广义相对论的基本特点是时间和空间坐标没有物理意义。借助于数学上的纯粹微积分,爱因斯坦把经典物理上应该彼此区别的空间和重力、几何和引力完全统一起来。质量不再按照力学定律相互作用,而是使空间产生弯曲。

通过推广毕达哥拉斯定理,几何是一种可变的向量张量,由物质的分布决定,同时决定测地线这些物质运动的最短路程。因此空间不再是所有物质的容器,而是一个具有内在动力学的物体。空间的性质和物质的运动可以通过场方程描述,在场方程中,向量张量,黎曼张量和能量脉冲张量彼此关联。这些都是由纯粹微积分推得的,是自然的,没有任何专断的。

第一次,抛开诸如牛顿理论的“绝对空间”等任何外界概念,建立了一个物理理论。这个理论本身就可以看出广义相对论的意义。爱因斯坦对自然界产生了一种新的理解,成为今后的模型。

爱因斯坦的崇拜者认为广义相对论是思维的胜利,而不是经验的胜利。这种误解使爱因斯坦“很生气”,他说:“这个理论的发展告诉我们完全不同的内容:一个理论如果要使人信服,必须以可以总结的事实为基础。”广义相对论中的“惯性与质量等价”就是这样的事实。对于爱因斯坦来说,事实不仅是他的理论的起点,也是验证这个理论的拱心石。我们已经看到当他用这个理论正确推导出水星近日点的运动时是多么高兴。现在他特别希望有人从事这个理论的另外两个方面的证实工作。

在《年鉴》的伟大文章中,爱因斯坦不仅计算出太阳光线偏移 1.7 秒弧度,同时也得出水星的 0.02 秒弧度。虽然第二个计算结果很小,但有足够的理由去验证它。由于战争的原因,近期没有可能远征观测日蚀,爱因斯坦急于通过木星验证光线的偏移,早在 1912 年,他和弗里德里希就讨论过这种方法,但是由于偏移的效果太小,而放弃了这个实验。

作为权宜之计,弗里德里希又重新拾起这种方法,并且认为现在有点希望。完成为普鲁士科学院所写的相对论系列文章后,爱因斯坦就召集教育部的最高官员,向他们介绍相对论可证实的结果。爱因斯坦写道:“光线偏移的结果不仅是所有结果中最有趣和最令人吃惊的,同时也是这个理论最具特色的方面,虽然这个结果还没有验证……通过仔细研究可行的观察方法,弗里德里希认为可以通过行星木星证明光线弯曲效应,虽然这个实验需要最先进的照片测量技术和经过无数次的观测。”为了满足爱因斯坦的请求,弗里德里希暂时放下他的日常工作,毫无干扰地投入到这个理论的验证工作中。

贝尔斯堡天文台台长,弗里德里希的上司,枢密顾问官员斯特拉夫认为爱因斯坦通过教育部进行私人干预,不明智地影响了天文台的研究计划,虽然如此,他们很愿意把弗里德里希赶出去,因为他总是忽视日常工作。因此,斯特拉夫不仅坚持而且洋洋得意地拒绝了木星计划:“即使是一位专家型的观察者,经过多次最先进的测量也不会得到什么有用的结果,这只是一种不必要的浪费。浪费时间和精力,更不用说这个观察者不是专家了。”爱因斯坦不愿接受这个事实而抱怨说:“由于这些可怜人的计谋,使得这个最重要的验证这个理论的实验无法进行。”木星的观测最终没有进行。爱因斯坦不得不等到下一次日蚀的出现,它将于1918年6月8日发生在芬兰。

引力场中光谱线的红移是天文学家间争论的焦点。弗里德里希认为自己已经验证了这个效应,但是在自己发表的文章中犯了几个错误,因此受到猛烈攻击。特别是慕尼黑巴伐利亚科学院院长、天文学家H.R.希灵格。每个人都非常清楚,虽然鞭挞的是弗里德里希,而真正的目标却是爱因斯坦。爱因斯坦一直忠诚地站在弗里德里希一边,对于他来说,这些结果至少是定性地确定了光谱线的移动。另一方面,斯特拉夫认为这种完全表面的研究根本没有证明这种现象。

希灵格和斯特拉夫的看法更进一步。虽然他们对爱因斯坦关于水星近日点的计算没有异议,但是他们否认这种计算可以证实相对论,认为牛顿的引力理论也可以解释这种运动,并试着提出了一种解释,但是必须借助不可能的假设,爱因斯坦反驳这是一种“已经取得了胜利,还要继续打没有意义的仗”。但这并没有改善爱因斯坦与德国重要天文学家的关系。

爱因斯坦在理论物理学上取得的成功,弥补了他对天文学家的烦恼。使爱因斯坦感到欣慰的是,顽固多疑的M.普朗克也开始认真考虑这个问题了,虽然有些犹豫。不久,普朗克放弃了对立立场,认为广义相对论满足了纯粹结构的需求。爱因斯坦给从哥廷根来到苏黎世的数学家H.维思写信说:“如果现在这个理论还存在许多反对者,下面的情况使我得到安慰:拥护这个理论的人以绝对优势超过反对者。这是对这个理论自然特点的客观证明。”

波茨坦天文物理天文台的聪明台长卡尔·施瓦茨希尔德对于这个理论的首次成功应用,使爱因斯坦得到一些安慰。施瓦茨希尔德同时精于天文学和天体物理学,爱因斯坦之所以没能与他合作,是由于早在1914年他就自愿应征入伍了,在俄国前线计算炮兵弹道问题。在收到爱因斯坦提交给普鲁士科学院的报告时,施瓦茨希尔德就准备在球形引力场的大质量情况下提出第一个场方程的完美答案。通过逼近方法,爱因斯坦精确地解决了水星问题。代替缺席的施瓦茨希尔德,1916 年 1 月 13 日,爱因斯坦把他的计算结果交到科学院。施瓦茨希尔德的精确计算与爱因斯坦通过逼近得出的结果完全一样。

一个月以后,爱因斯坦把施瓦茨希尔德从俄国前线寄给他的另一篇文章交给科学院。在这篇文章中,借用广义相对论工具,施瓦茨希尔德研究了像我们见到的太阳和其它星体的物质球形积累。认为星星是个液体球,这是对真实状态的一种极大简化,但是正是这种简化,使他能够精确地解决这个问题,并且从计算中得出一些令人吃惊的结果。如果一个星体的质量聚集到一定半径的球体大小空间,即后来所说的施瓦茨希尔德半径,那么空间的弯曲大到星体发出的光已无法跑出。因此外面的观察者无法观测到施瓦茨希尔德半径内发生的任何事情;同样的,在施瓦茨希尔德半径中,无法与外界进行各种接触。如果太阳被压缩成半径为 3 千米的球,那么就会有这种奇怪的现象出现;对于地球来说,施瓦茨希尔德半径比一厘米还小。这样的物质密度实在太大了,以致于很长时间,包括爱因斯坦在内的相对论理论家在这方面没做什么工作。只是很久以后,关于引力坍缩的恒星动力学的原子核物理提供了新知识,人们才意识到事实上施瓦茨希尔德计算出五十年以后才知道的"黑洞"的第一个简单模型。

1916 年 3 月,施瓦茨希尔德回到柏林,他患了一种少见的不可治愈的皮肤病,病得很重。在医院里住了两个月,死于 1916 年 5 月 11 日。6 月 8 日,爱因斯坦在普鲁士科学院为这位四十二岁的同事写了一篇纪念文章。

不用说,最美好的发现——场方程完成后,爱因斯坦并没有因此而高枕而卧。通过物理改进,他发展了一些值得注意的方面,打开了物理研究的整个领域,使物理学家们一直忙到今天,并且可能还要继续忙下去。这些结果与宇宙学和引力波等空间问题有关。

1916 年 6 月,出现了第一个关于广义相对论的有趣应用。通过这次应用,爱因斯坦根据广义相对论证明引力场的传播速度与光速一样。用同样的方法,H. 赫兹从麦克斯韦方程中推出加速运动的电荷产生电磁波,而爱因斯坦从场论方程证明出引力波的存在和主要性质，以及引力波是由于彼此相互运动的物质导致的，虽然只是理论上的，没有实验证据。

不久，爱因斯坦开始对这篇文章不满意了：认为自己对这个问题的描述不太清晰，并且被遗憾的计算错误损害了。1918 年 2 月，他重新研究这个问题，改正了错误，得到了一个关于力学系统能量辐射的所谓“四极公式”。直到今天，我们还在讨论这个公式。

与容易发射且容易测试的电磁波不同（这些是整个工业的基础），引力波一开始就很难证实，因为它对力学系统的作用实在太小了。曾有一段时间，它被认为是数学上的一种人工制品，只是头脑构造的，没有任何物理实在可言。直到二十世纪六十年代，人们对这个理论构造才有了信心，物理学家们已经具备足够的实验技术设计一种物理仪器，测试诸如超行星等宇宙大灾难引起的引力波。即使到现在，无数研究人员千方百计的努力还是白费了。虽然，先进的天线对银河系中的超新星能够产生反应，但是这种现象并不是经常出现的：上次是在 1604 年。在遥远的星系中，大约每隔一个月就有一颗超新星出现，但是对于这些超新星，天线的灵敏度还是太低了。1987 年 2 月，错过了一个好机会，在离我们星系很近的麦哲伦星云中，1987A 超新星突然燃烧起来。完全可以通过它证实引力波的存在，但是在完全没有预料的情况下，三台测试仪碰巧全部关闭了，而正常情况下，它们是应该运行的。

虽然如此，实验相对论者从天空中收到了另外一个意想不到的礼物——脉冲双星。这是一个包括一个脉冲星和一个重的物体的旋转系统。脉冲辐射是一种非常好的时钟，精确地观测这个天体时钟可以发现脉冲星旋转速度的变化大约为每年十万分之一秒。1978 年的这个结果，与根据爱因斯坦 1918 年公式计算出的由于引力波辐射而导致脉冲双星能量损失的结果精确相符。

这样，花了六十年的时间，才确认至少在脉冲双星上存在引力波。又花了很长时间，才在地球上直接证明了引力波的存在。

1916 年春天，爱因斯坦提出了另外一些问题——宇宙的结构和惯性的起源。他向贝索描述自己的努力时说：“在引力方面，我在无涯之中寻找限制条件，去证明这个有限的世界到底有多大，这是一件有趣的事。诸如一个自然的有限世界，其中所有的惯性都是相对的。”

对于爱因斯坦来说，牛顿的“绝对空间”不存在惯性。惯性只是物质之间相互作用的结果。这种由于E.马赫对力学基本概念的批判性分析激发出来的信念，与等价原理和推广了的相对性论断一起代表广义相对论的第三个主题。1913年春天，在《广义相对论纲要》中，爱因斯坦指出这个理论符合马赫的大胆思想，惯性是由于一个质量点与其它质量点相互作用产生的。这意味着一个物体的惯性是从它与宇宙中所有物质的相互作用得到的，所以从物理学角度上可以说，一个保龄球手克服一个保龄球的惯性过程是与整个宇宙紧密相联的。

虽然可以明确表达“马赫原理”，但确定它在形成的理论中的地位却很困难，特别是当时只知道用牛顿的引力理论无法解释其中存在的内在矛盾，同时对宇宙中的物质分布一无所知。经过六个多月的思考，1917年2月，爱因斯坦把他的新发现寄往普鲁士科学院，并对埃伦费斯特说：“在这个引力理论上，我又一次面临进入疯人院的危险。我希望莱顿没有疯人院，这样我可以安全地去拜访你。”

爱因斯坦知道，他的同事对此事会有很大反应，特别是通过这个大胆的设想，从无限空间的问题中，他似乎走回到了以前的有限空间。爱因斯坦告诉那些吃惊的同事说：“事实上，我这里所提出的引力场方程需要一些修改，以便在广义相对论的基础上，避免在应用牛顿理论时所出现的这些主要困难。”通过解释，他把读者引向自己设计的不太直接但平坦的道路上，因为只有这样，人们才能对最后的结果感兴趣。

经过广泛讨论牛顿世界图像的矛盾，以及在一个无限宇宙中，从相对论的角度无法缓解的矛盾，爱因斯坦把失望的读者轻轻地领到了另一个可行的方法上。这是一个静止的、物质均匀分布的闭合空间世界，不随时间而改变。现在的场方程不能解释这样的结构。为了找出解决方法，爱因斯坦在他的场方程中加入了“宇宙学术语”，既不影响广义相对论的论断，同时也不影响小范围情况下的结果，如水星近日点的运动，而且在大范围上可以得出关于整个宇宙的满意答案。

根据这个模型，宇宙是无限的，虽然在体积和大小上是有限的。宇宙类似于一个两维的气球表面存在于三维的空间系统，没有空间界限，但却存在一个非常清晰的确定面积。物质的球形协调分布形成了大范围的空间弯曲，而局部的密度波动，例如太阳和其它星星，导致了弯曲的增加，使行星束缚在其中。在这样的宇宙中，光线应该返回起点。换句话说，如果不是宇宙空间太大和星光太暗，我们可以在另外一个相反的方向上同样看到星星。

不用说，验证遥远星星的"双见"现象希望很小，所以也就不能通过天文观测确定爱因斯坦的模型。用当时最好的望远镜，天文学家只能看到一万光年的距离。而根据当时可以接受的星体分布数据，爱因斯坦计算出宇宙的半径比我们能看到的大一千倍。与这个模型的基本结构相比，爱因斯坦认为具体数值没有什么作用，所以并没有写到他的文章中。现今，我们得到的宇宙距离比爱因斯坦计算的大一百万倍，与其相比，爱因斯坦的数值似乎太小了。但是直到 1920 年，大家一直认为银河系就是宇宙。直到发现了仙女座星云是个独立的星系后，我们才意识到空间是由数以十亿计的星系组成。居住在这样小的宇宙空间中，爱因斯坦却能指明通往整个宇宙科学的路，这是十分值得赞赏的。

爱因斯坦知道自己建立的宇宙模型有些牵强。他之所以要采用这个模型，是因为用物质平均密度设想的静态模型，离开"宇宙常数"，场方程只能解释一个收缩的或一个扩张的宇宙。在文章的结尾，爱因斯坦特别指出，这并不影响整个宇宙观点的主要部分，如果不引入这个术语，也会得出空间弯曲。

如果他去掉后面的说明，用当初的答案预测一个膨胀的宇宙，之后坐等天文学家们的发现就好了！那么爱因斯坦一定会被当作天才的预言家了。十多年以后，在加利福尼亚州威尔逊山上用 100 英尺的反射望远镜发现了宇宙的逃逸速度，从而猜想到宇宙的膨胀。事实上，爱因斯坦不得不取消对场方程所采取的"应急"修改；后来，他把引进宇宙常数的作法称为自己一生中所犯的最大错误。

虽然经过宇宙常数的迂回，但爱因斯坦的有限无界宇宙的思想还是保留下来了，并轻松地解决了牛顿关于物质在无穷远处消失的困难，为几百年来的惯性之谜提供了一个物理基础；并且，再次回到当初的场方程，爱因斯坦为天文观察所提出的宇宙动力学理论扫清了道路。虽然爱因斯坦提出的第一个宇宙模型不完全正确，但是这些"宇宙观测"很好地说明："与一个没有意义问题的正确答案相比，一个重要问题的错误答案具有无法比拟的重要意义。”从这方面考虑，“观测”不仅是相对论的令人鼓舞的应用，同时也是关于宇宙结构的迷人构想，可以与哥白尼的革命相比。

从相对论角度来讲，1916 年似乎并没有太多产出，爱因斯坦再次关心量子理论，可能是认为广义相对论可以深入理解原子的微观结构。六年前，他曾经放弃了量子问题，对玻尔的原子模型，电子沿着固定的轨迹运动非常感兴趣。爱因斯坦完全被玻尔和索末菲的光谱线理论所吸引，这个理论解释辐射的吸收和发射是由于电子从一个静止轨道跃迁到另一个静止轨道引起的。他认为这是一场“革命”，急于知道上帝到底给它施加了什么压力。自然，许多主要问题并没有得到解决，例如，根据麦克斯韦理论，电子围绕原子核做旋转运动，应该发射电磁波。在分析引力波的时候，因为不同质量的物体包括电子都要发出引力波，爱因斯坦因此考虑到原子的稳定性问题。虽然这种效应无法测量，可能永远也无法测量，但它必然破坏原子的稳定性。由于原子内部的电子运动，原子不仅发出电磁波，而且发出引力波，只是这种波非常小。现在看起来似乎不仅要修改麦克斯韦电磁理论，还要修改引力理论。

当时爱因斯坦已经开始考虑统一量子理论和引力理论。星体的量子理论能否解决这个问题，只有未来才知道。同时，爱因斯坦提出了普朗克公式和新的原子理论之间的新联系。他向贝索介绍他的新论文说：“关于辐射的吸收和发射，我想出了一个非常好的主意。从普朗克公式得到了非常简单的推论，所有的事情都是代数形式的。”

爱因斯坦称赞普朗克 1900 年的推导是大胆的推导。因为不仅问题本身，就连所根据的假设都含有矛盾。在两篇文章中的第一篇中，爱因斯坦消除了那个缺陷。比推论本身更有趣的是，爱因斯坦所采用的方法具有普遍性。爱因斯坦从已经广泛验证的 N. 玻尔的基本假设开始：电子在原子中具有许多不同的离散能量状态，通过辐射的吸收和发射，可以从一种状态变到另一种状态。结合辐射场和原子间的热平衡假设，就可以得到普朗克公式。这个只有两页纸的概要性论述还包含辐射场的受激辐射，所以这些公式已经暗含了五十年后才出现的激光理论。对爱因斯坦来说，最重要的是这个假设的简单性和产生这个假设的方法的普遍性。他认为这很可能成为未来理论表达的基线。

在第二篇文章中,爱因斯坦指出光线不是以球形波的形式发射的,而是具有一定方向的针状发射。由于这种发射辐射,导致分子向相反的方向移动一个确定的距离。这种观点很像爱因斯坦 1905 年的"启发性观点",光线是一串粒子。

在这篇文章中,爱因斯坦基本上推导出光子的所有性质:辐射量子或光粒子。虽然爱因斯坦尽量使这个术语符合当时的习惯,但他清楚地意识到,只有他一个人坚持辐射的量子假设。六年后,美国物理学家 A. 康普顿通过实验验证了爱因斯坦提出的公式,不久整个科技界都在谈论"量子"。但是早在 1916 年夏天,爱因斯坦正写这篇文章时,就指出,基本过程使得建立一种完全以量子为基础的辐射理论不可避免,因此完全可以肯定光量子的存在。

虽然这两篇文章对于量子物理十分重要,但是与爱因斯坦关于广义相对论的艰苦工作相比,这两篇文章似乎是一种消遣。它们之所以成为天才手笔是因为爱因斯坦认为这个理论的弱点是:它们把时间和基本过程的方向都归结为"概率"。

这是爱因斯坦极少使用引号的一次。一方面,在他的理论中,很显然时间和单个光量子的发射由统计概率决定,另一方面,在自然过程中,他不愿相信"概率",因此认为它是这个理论的弱点。爱因斯坦可能怀疑基本粒子的偶然性在量子理论中是否可以占有一席之地。十年后,随着量子力学的发展,在这个观点上发生了意见分歧。大多数物理学家并不认为"概率"是量子理论中有疑问的原理,而爱因斯坦一直到老都无法接受概率。

1915 年 1 月到 1917 年 2 月,这是爱因斯坦一生中最有收获的时期。在这十五个月中,他一共写了十五篇科技文章,包括关于量子理论的两篇非常重要的文章;广义相对论的辉煌成就;考虑到新发现的可能性,建立了科学宇宙学基础。

爱因斯坦是在他一生最艰苦的时期:家庭危机和战争喧嚣中创造出这些成就的。虽然爱因斯坦具有很强的与世隔绝的天赋,但最终还是不能避开。

第 20 章　战争中的柏林

爱因斯坦给苏黎世工学院以前的一位同学写信道:“在这可怕的时候,作为一个瑞士人应该感到高兴和骄傲。”除了本身的骄傲外,对他来说,瑞士国籍和小小的红色瑞士联邦护照都十分重要,1906 年在苏黎世申请瑞士国籍时,爱因斯坦根本没有意识到这一点。作为一名中立的外国人,他可以避免与同事、柏林军事当局发生冲突,并且可以随时到中立国去旅行。

为了实现他年初再回一趟瑞士的愿望,爱因斯坦打算 1915 年 9 月去瑞士。但是,即使是持有效护照的人,前线对他们也暂时关闭了,由于旅行没有得到批准,以及工作的过度劳累,爱因斯坦把瑞士访问推迟到春天:“我非常想呼吸一下瑞士的空气,以便减轻我的烦闷。”同时,爱因斯坦也希望再次看一下他的两个儿子以及他的朋友章格和贝索——贝索现在已经到苏黎世定居了。

1916 年复活节,爱因斯坦的愿望终于实现了,但是他的瑞士之行却引发了一场灾难。爱因斯坦与表姐艾尔莎的结婚是不可避免的,作为一个前提,爱因斯坦打算通过离婚使与米列娃不可补救的分离合法化。而米列娃从没有想到过要与爱因斯坦分手,甚至私下希望丈夫会回到她和儿子身边,因此根本不可能同意离婚。资本主义婚姻解体具有灾难性后果,从爱因斯坦与章格和贝索的通信中我们可以看到:他下定决心,不再见他的妻子,同时他必须面对这样的现实,两个儿子再也不能和他在一起了,而十二岁的汉斯·阿尔伯特甚至不再给他写信了。更糟的是,米列娃病得很重,所以章格和贝索必须面对非常棘手的问题:照看两个孩子。在这方面,他们得到了律师艾米尔·苏黎克的大力帮助,律师也住在格罗肯街 59 号,与米列娃在同一幢楼，离工学院的物理研究所不远。

对于爱因斯坦来说，这些朋友并没有掩饰他们认为米列娃的彻底崩溃是由于爱因斯坦打算与她分手的原因造成的，同时他们对爱因斯坦的婚姻并不同情。运用感情丰富的词语，爱因斯坦为自己辩解，他再也不能与米列娃生活在一起了；爱因斯坦感到不能强调米列娃的问题。同时，他相信她不缺少任何东西："她有自由自在的生活，拥有两个天真活泼的儿子，居住在非常好的环境里，她是自己的主人，并且处于无辜被抛弃的光环里。"只是当医务人员章格表示担心米列娃的病可能永远不能治愈时，爱因斯坦才感到有些自责："如果不是您和贝索的帮助，在这种悲惨的处境里，我一定会昏了头。我非常对不起这个女人，我相信她之所以对我感到厌倦，部分原因是由于她的重病。"几周后，米列娃的身体有了些好转，爱因斯坦感到很宽慰，并且让贝索告诉她，他"不再用离婚折磨她。我们家庭之间的战争已经结束了，我已经学会了忍住眼泪"。

从这个许诺中，人们可能感觉不到他忍受了很大的痛苦。毕竟，这确保了他与表姐的美丽关系，但是不能有结婚的念头。同时，他也不能面对回到苏黎世的事实，因此，爱因斯坦决定实行另一个长期打算：访问莱顿。

在物理以及其他方面，爱因斯坦感到洛伦兹和埃伦费斯特一直非常理解他。爱因斯坦经常笔墨未干，就把他的论文寄往莱顿，但是通信到底不如面对面的交谈。1916 年春天，刚刚完成了广义相对论的文章，爱因斯坦就决定放弃一切工作，到荷兰访问，但是由于战争的影响，使得这次访问一直推迟到夏天。那时当局还是制造了很多困难，爱因斯坦几乎绝望了："我可能去不了荷兰了，因为旅行问题出现了不应有的困难。我想只有等到和平时期了。"但是第二天他就应召到外交部去，通知他，如果是莱顿大学的正式邀请，他还有希望去荷兰。洛伦兹马上发出了正式邀请，但是爱因斯坦还要提供在苏黎世居住的证明原本，又经过几道官僚主义阻碍，9 月 27 日，他终于离开了柏林。

对于爱因斯坦来说，莱顿这个小的荷兰大学城是和平、人道和幸福的绿洲。爱因斯坦与埃伦费斯特家一起住在罗森街，保尔和塔塔纳以及他们的孩子们都很喜欢他。像第一次在布拉格见面时一样，爱因斯坦又与老朋友表演音乐。第二天和主人一起驱车去十英里的哈莱姆去拜访洛伦兹。爱因斯坦早已知道洛伦兹非常理解他的广义相对论的细节,他正期待着这位父亲般人物的祝福。

吃过晚饭,洛伦兹邀请他们到书房,每个人发了一支烟后,以一种教诲的方式,简单介绍了爱因斯坦克服了各种困难,才得到这个原理的最后形式。十二年后,埃伦费斯特回忆说,在洛伦兹的总结过程中,爱因斯坦吸烟次数越来越少,当洛伦兹精妙的阐明结束时,爱因斯坦的烟全灭了。爱因斯坦聚精会神地伏在洛伦兹写满公式的纸上,手指无意识地摆弄着头发。当爱因斯坦陷入深思时,洛伦兹微笑地望着他,像一位父亲对着深爱的儿子一样,相信他一定会克服这个难题,紧张地看着怎样解决。一会儿,爱因斯坦高兴地抬起头,他"已经解决了"。对于一个小的误解的几次反复之后,现在完全清楚了,看到这个理论的丰富内容,两个人的眼睛放出了光彩。

除了洛伦兹和埃伦费斯特,天文学家 W. 德西特也对广义相对论感兴趣,并且根据它精确计算了行星的运动。爱因斯坦把 1916 年的权威文章《广义相对论基础》单行本分赠给莱顿的朋友,德西特把其中的一本送给了 A. S. 爱丁顿,英国皇家天文学会的秘书,由于战争的原因,那里没有德国出版物。爱丁顿马上意识到爱因斯坦文章的重要性,并且开始学习他不熟悉的"纯粹微积分",并让德西特在皇家天文学会的《每月启示》上为他的英国同事撰写新的理论,特别是它的天文学含义。德西特现在可以直接从爱因斯坦本人那里得到最新信息,虽然他们两个人都没有想到,在 1917 年发表的第三篇文章中,超越了当初的打算,德西特提出了爱因斯坦宇宙模型的另一种形式。他们没有一个人想到,三年后,《基础》的单行本会引起这么壮观的效应。

莱顿之行对于爱因斯坦的科技创作具有重大意义:"广义相对论已经在那里有了生命力,不仅洛伦兹和天文学家德西特在研究这个理论,许多年轻的同事也在研究。在英国,这个理论也生了根。"爱因斯坦高兴地对贝索说。

回到柏林后,莱顿的两周似乎是一个"美梦"。爱因斯坦非常激动地感谢他们:"不论在身体上,还是精神上,荷兰之行都给我带来很大好处。一个人只能在一定程度上忍受孤独。"一周后,他向贝索介绍在荷兰的"好日子":"我和埃伦费斯特,特别是洛伦兹一起度过了难忘的时光,不仅令人振奋而且清新。总之,我觉得与这些人特别亲近。”

在柏林的战争环境中艰难地度过一个月后,爱因斯坦给洛伦兹写信说:“我一直非常感激令人振奋的荷兰之旅。不仅是由于与您这样令人尊敬、具有同样兴趣的人会面使我感到高兴,同时在许多非科学的问题上,我们具有同样的观点。”在爱因斯坦目前的工作环境中,他很难发现有人与他具有一致的观点。战争的第二年,德国军事主义已经渗透到国家和社会的各个领域。1916 年 2 月,禁止了新祖国联盟的活动,连谈论战争的目的都不允许,更不用说商讨和平的事了。德国惟一的目标就是更大地扩张领土。使爱因斯坦感到最难过的是,不仅政府和将军们这样,整个国家都持这样的态度,包括他那些教授和院士同事们。

大多数物理学家都在为战争尽力:年轻人作为初级军官,提供气象服务,在炮兵,或在毒气部队服役;年龄大的人在实验室里进一步优化杀人武器,他们时常沉浸在愚蠢的“心理战争”中。诺贝尔奖获得者威廉·维恩还起草一份传单,反对“英国狂”:在将来,在不可回避的情况下,背信弃义的英国只能在脚注中加上引号出现。甚至爱因斯坦最尊敬的同事和信友索末菲也“高兴”地在传单上签了名。

不管怎样,1916 年,爱因斯坦当选为德国物理学会主席,任职两年。是否是希望确保至少在学术领域不会听到沙文主义的长篇大论,还是其它原因,使爱因斯坦接任这个职务,我们对此一无所知。对于一位“国际主义者”和一个自称为和平主义者来说,这是一个微妙的职务。在给朋友章格的信中,爱因斯坦已暗示出这一点了:“必须承认,我在这里都不错,并且飘到了‘上层’,但对我自己来说,似乎是漂在水上的油滴,与我生活的态度和观念截然不同。”至多,爱因斯坦希望减少这种影响,而且只能与那些由于自己巨大的科学贡献,从而可以接受这位没有国家的爱因斯坦的奇想的人进行谈话。如果爱因斯坦想在这个位置上为和平做些什么工作,那么他一定很失望。

在爱因斯坦看来,由于战争引发的学术界混乱似乎是一种精神病。他向贝索描述当时柏林的气氛说:“当我与人交谈时,我可以感受到他们头脑中的病态。这使我想起了女巫的考验和其它的宗教异常。在生活中最负责任、最无私的人往往是最教条、顽固的人。社会的心态已经危险地偏离了轨道。如果不是亲眼看到,我可能无法想象。”在其它信中,爱因斯坦也表示了类似的观点,当然这些信不是寄给他的德国同事。他向洛伦兹总结了自己的诊断:“我相信这是一种流行的精神病,只有十分独立的人才能摆脱这种流行观点的左右,科学院中似乎没有这样的人。”

虽然在信中很少提及,但爱因斯坦目睹了科学和技术在战争中所起的令人担忧的作用。他对埃伦费斯特说:“我们的主不再需要沥青和硫磺像雨一样落下,他已经变成了机器,并且可以自动操作。”他非常悲伤地给章格写信说:“我们整个令人赞扬的技术进步和文明,现在变成了精神病犯人手中的斧子。”爱因斯坦虽然具有这样的态度,但在一定程度上,作为机翼的设计者,他也参与设计了这把斧子。

可能是爱因斯坦在苏黎世大学的助手 L. 霍普夫引起了爱因斯坦对飞行的兴趣。霍普夫从阿劳的工业大学来到柏林,在阿德索夫飞机设计中心任职,作为一名水力动力学专家,他现在正学习相关的空气动力学。这是当前非常迫切的工作,因为英国和法国已经建立了十分有效的空军。

一个关键的问题是机翼的形状,传统的机翼是一个铁板,当飞机倾斜转弯时,这种形状的机翼经常发生事故。虽然我们不知道,作为理论家爱因斯坦是什么时候开始研究机翼的。但我们知道在 1916 的夏天,他发表了一篇短文《水波和飞行的基本理论》,其中说明为什么要在高中课本中增加飞机飞行问题。在这篇文章的第一句,爱因斯坦提到了所有飞机设计者所追求的模型,“鸟在空中滑翔”,之后,根据一定理论探讨,他提出了一种驼背形的机翼。但是爱因斯坦制造机翼的工作并不十分成功,所以在他晚年,爱因斯坦一直对这个插曲保持沉默。

接下来,爱因斯坦开始尝试军事技术领域的另一项技术——旋转罗盘。正好在海战的时候,特别是潜艇战时期发明了这个聪明的仪器,它是由名叫赫尔曼·安术茨-卡姆普夫发明的。受 J. 沃耐的鼓舞,安术茨把继承的一部分钱用于潜艇进行北极探险计划。这个计划需要解决一个非常困难的航海问题,因为一方面,磁性罗盘在两极地区不准;另一方面,像潜艇这样的金属壳产生的屏蔽作用,使罗盘无法感受到地球磁场。

航海不是安术茨的专业(他开始学习药学,后来学艺术史,论文是关于十六世纪威尼斯画家们),但是他意识到高速旋转的顶部可以有效地代替传统罗盘。由于纯粹的力学作用,它的轴可以与地轴保持水平;这样即使在潜艇里,也可以保持固定的方向。当得知基尔的克拉普德国造船厂很有可能派一艘潜艇到北极的水域中去时,安术茨-卡姆普夫正在研究旋转罗盘。1904 年他申请了第一个德国专利,他的发明使海军上将们很受影响。1905 年,他在基尔建立了一个公司,为德国海军提供这种旋转罗盘。

这个罗盘的基本设想不是来自安术茨。1815 年让-伯纳德·福柯首先在他的酒窖里,后来在巴黎的先贤祠用钟摆向人们展示了地球的自转,一年后,发明了旋转机。虽然建造一个可行的旋转罗盘存在很多技术困难,但是很多企业,特别是美国的 E. A. 斯普利旋转机公司,以及欧洲的一些小公司都在这个领域竞争。很自然,这引起了无数专利上的诉讼。

1914 年 11 月,在安术茨和斯普利旋转机公司的专利纠纷中,柏林当地法院指名爱因斯坦作为专家。爱因斯坦似乎很喜欢这个角色,不仅因为法院支付给一千马克,同时因为这件事使他想起了专利局的日子。

安术茨公司指控斯普利公司侵犯它的两项专利。斯普利的代理人认为安术茨的原始专利违背了 1885 年授予荷兰人 V. 德布斯的专利,所以这个原始专利无效。在这种复杂的境况下,爱因斯坦开始也有些搞不清了。他认为,根据授予 V. 德布斯的专利,无法取得旋转罗盘的功能。但是法院对爱因斯坦的口头说明并不满意,需要一个书面的专家意见。所以在 1915 年 8 月 10 日,爱因斯坦在基尔的德国海军基地实地检验了斯普利的罗盘。在附着的说明中,爱因斯坦明确指出,首先在法律上安术茨的专利有效,其次斯普利违反了安术茨另外一个专利。安术茨获胜。

在第一次世界大战期间,很少有人知道爱因斯坦与安术茨之间的密切关系。但是 1918 年 7 月,战争的最后一年,爱因斯坦为安术茨提供了一个"私人专家意见"。战争结束后,安术茨与爱因斯坦频繁接触,在改进旋转罗盘方面,他们进行了非常亲密的合作。二十世纪三十年代,除了英国和美国,世界上几乎所有的海军都装备上安术茨公司的旋转罗盘,而这个罗盘的制造中也包含爱因斯坦的一个专利。

对任何一位声称是爱国主义的物理学家来说,机翼和罗盘是非常合适的工作。但是对于爱因斯坦这位绝对和平主义者来说,这些却是一种奇怪的追求,特别是他认为令人赞扬的技术进步……成为精神病犯人手中的斧子。爱因斯坦一方面非常鄙视精神错乱的德国人没有耐心等待潜艇加入战斗；另一方面，为这种仪器的发明者和制造者提供专家意见，使潜艇战成为可能。虽然这些活动可能被看作是一位伟大的物理学家的一种技术游戏，特别像他的“小机器”，但仍然很奇怪，作为一个坚定的和平主义者，爱因斯坦没有注意到这项工作的军事意义。

从莱顿回来不久，爱因斯坦就得到老朋友F.阿德勒的消息：报纸介绍，1916年11月26日，阿德勒枪杀了奥地利总理卡尔·G.斯图克。就是这个G.斯图克，作为教育大臣，因为爱因斯坦是犹太人，而在他的布拉格任命过程中制造了很多困难。自从1912年，斯图克成为政府首脑：他建立了一个严格、独裁的军事帝国，并且解散了议会。曾经是爱因斯坦喜欢的苏黎世接班人阿德勒，放弃了大学工作，1912年回到他的祖国奥地利，成为积极的社会民主党政治家、作家和记者。10月20日，他组织了一个公众游行示威，要求重新组建议会。G.斯图克粗暴地阻止了这次示威；第二天下午两点，阿德勒走进著名的米斯尔沙登宾馆，G.斯图克经常在这里吃午饭，阿德勒走到他的餐桌前，喊道：“打倒专制主义！我们需要和平！”在他头部连开三枪，杀死了他。阿德勒没进行任何反抗就被他们逮捕了。

虽然爱因斯坦也需要和平，但他不能理解阿德勒的举动，特别是经过监督的新闻界只报道了暗杀的结果，而没介绍整个事件的背景。但是，爱因斯坦仍然决定尽自己的最大努力帮助他的朋友。他给阿德勒的妻子卡特雅写信说：“你和你尊敬的丈夫的不幸使我感到很悲伤，这是我在这个艰难世界上所经历的最大不幸。阿德勒是我所认识的最杰出、最纯洁的人。我不能判定他的行为，因为我不能构想出他此行的动机，但是我知道他的行为不是鲁莽的，他对自己的行为一向十分尽责，如果我能为他和你本人做什么事，请记得我，并给我写信。”

当爱因斯坦可以给狱中的阿德勒写信时，他提出了一个特别的请求：“当你的事件送上法庭时，我愿意作为一个证人；你可以大胆提出你的要求，不要认为这没有意义。”当审判日期已经定下来，在一个特别审判之前，爱因斯坦急着请苏黎世的朋友给他以前的同事帮点忙，他给章格写信说：“我对他的感情复苏了，我想为他做点事情，这里没有人了解他，但是可以相信，在苏黎世、他以前工作过的地方，可以对他表示一些同情。我以自己的名义请求你在苏黎世物理学会采取一个紧急行动，向有能力的当局提出一个宽赦申请。”对于贝索，爱因斯坦特别说明申请中应该强调阿德勒是“一位无私、沉静、勤劳、热心、负责任的人，并且受到普遍尊敬。我们强烈希望，为了他的事能够进行一下调解”。

苏黎世的物理学家可能认为，爱因斯坦打算把一位谋杀者从死刑中救下来的行为是十分荒谬的，但是经过激烈的争论，他们还是写了一份申请。贝索向柏林的爱因斯坦报告说：“整整花了一个酷热的晚上才完成。”大家所起草的申请在内容上基本与爱因斯坦的建议一致，并且小心地把它写成一个典型的表彰书，评论苏黎世的阿德勒“是一位完全有责任的，具有很高科技天赋和哲学理性的人……多少年来，他一直热衷于他的科学”。

在狱中，阿德勒又回过头来研究科学，并且使很多物理学家，包括爱因斯坦陷入困境。2 月 17 日，阿德勒向卡特雅报告说：“星期六，我醒来时，对于多年来一直困扰我的钟摆实验问题，终于找到了答案。”阿德勒把想到的答案写成了一篇文章，这是一篇反对相对论的文章。4 月底，爱因斯坦收到了手稿，并且吃惊地说：“阿德勒带着预言家的信念，提出了没有价值的细微差别，以至于我都不知道对他说什么好。他正在骑着马赫的老马，直到耗尽最后的力气。”

当弗里德里希·阿德勒的父亲维克多·阿德勒把这个手稿当成拯救儿子的一线希望时，情况变得更加复杂了：他想用这篇文章证明弗里德里希神经不正常。法庭邀请心理学家和物理学家提出专家意见，他们也发现自己处在进退两难境地。因为弗里德里希·阿德勒坚持他是在清醒状态下枪杀 G. 斯图克的，是出于政治需要，并对此负有责任。阿德勒宁可面对行刑队，也不愿让精神病专家来救自己；并且他确信他的论文是一项科学成就，而任何把它当成精神病的证据都深深地伤害了他。事实上，这篇文章并没有什么精神不正常，只是一篇错误的文章罢了。

F. 阿德勒坚持对这件事负全部责任，与他反驳相对论的事无关。F. 阿德勒当时有能力不用爱因斯坦的证词，因为他收到一个暗示。通过他父亲的努力，同时受到帝国哈伯斯堡宫尊敬的奥地利社会民主党领袖的许诺，将会赦免他的罪行。通过维也纳的关系，在审判之前，爱因斯坦已经意识到大家的意见对阿德勒没有太大威胁。1917 年 5 月 19 日，进行了宣判，阿德勒满意地看到自己反抗战争、争取民主的抗辩词全文发表在奥地利社会报上，甚至德国报纸也转登了摘要。他被判处死刑，但是他知道这并不是真正执行。

为了使他的朋友在公众面前有个好的形象，为了维也纳法庭的申诉法庭，爱因斯坦与《福斯报》的记者会谈。判决宣布几天后，发表了会谈的部分摘要。在摘要中，爱因斯坦讲述了在苏黎世为了自己的原因，阿德勒撤回了副教授的申请，描述了阿德勒是位值得信赖的物理学家，力求头脑敏锐，思路清晰。会谈中没有提到政治和暗杀事件，但是作了暗示，因为爱因斯坦认为阿德勒科技工作的客观性左右着他的行动。这对爱因斯坦和新闻报纸来说都是勇敢的事。

与知情人预想的一样，虽然没有明确指出战争后将特赦，申诉法庭把死刑减到十八年拘禁。事情的发展也是这样的。

在拘禁过程中，阿德勒把他早年的手稿整理成书。爱因斯坦与他一起合作，并且试着指出其中的错误，他给阿德勒写信，询问如果他来到维也纳，是否可以到监狱看望他，爱因斯坦说："非常不幸，我们不能长时间讨论这些事情，我想知道我们两人谁先征服另一个人，怎么能知道呢?"1920 年，阿德勒获得了自由，并出版了这本书，包括一个长长的华而不实的标题，爱因斯坦可能没有读到这篇文章。但是在晚年，爱因斯坦写道："奥地利人没有判暗杀斯图克的 F. 阿德勒死刑，这给他们带来了永不磨灭的名誉。"

刚到三十八岁的爱因斯坦不得不开始为他所说的"摇摇欲坠的身体"担心。1917 年初，他病得很重。2 月 6 日，他向普鲁士科学院提交了《宇宙观察》文章，一周后，他不得不放弃已经计划好的荷兰之行。他向埃伦费斯特解释取消这次旅行的原因是，他需要严格的饮食和休息，以便治疗他的肝病。3 月份，爱因斯坦的医生通知他患有胆结石："需要多饮水，坚持严格的饮食……我现在的感觉很好，身体也不再疼痛了，看起来不错。"这只是接下四年来一系列强度不同的疼痛的开始。

高强度的工作、不好的食物以及无规律的单身生活，所有这些都损害了爱因斯坦的健康，可能还伴有大学时代及毕业后两年困苦生活所致疾病的复发。米列娃认为爱因斯坦长期的消化不良，可能是由于他奇怪的饮食习惯造成的。

现在,不是学生时代没有规律的生活,而是战争时代的艰苦条件使营养成为爱因斯坦的一个问题,更不用说合理饮食了。1916 年的大灾,使普鲁士连土豆都没有了,接着是声名狼藉的“萝卜冬天”,只有“代用面包”和其它可行的非常规食品来充饥。只能依靠南部德国亲属寄来的食品包裹,特别是苏黎世朋友章格的帮助,爱因斯坦才能保持他的特殊饮食,当然,也有艾尔莎的高超烹调技术。爱因斯坦的医生 O. 朱利斯伯格是位积极的反酒者,他和章格建议爱因斯坦到恩加丁的塔拉斯普进行治疗。爱因斯坦给贝索写信说:“我发现很难同意这个建议。”他同意医生的看法,酒会使人神经错乱,但他不相信朱利斯伯格提出的矿泉疗养地有什么益处。虽然医生坚持,他的病人还是不能接受这样的度假生活……另一方面,爱因斯坦严格地按照医疗要求去做。最后,这位病人还是坚持自己的治疗方法,虽然没有去矿泉疗养地,但也逐渐恢复了健康,虽然只是暂时的。

除了健康方面的担忧外,爱因斯坦最担忧的是来自苏黎世的坏消息,米列娃的健康并没有恢复。专家们初诊怀疑是脑结核,但最后认为是瘰疬,一种淋巴腺的疾病,当时认为与结核病的遗传有关。这个诊断对爱因斯坦的儿子爱德华犹如晴天霹雳,爱德华刚到上学年龄,可能是由于母亲的遗传原因,经常得病。章格从苏黎世传来的预诊消息使人感到压抑,爱因斯坦悲伤地说:“我对小儿子的状况感到很苦恼,这说明他完全不可能长大了。天知道,在懂事之前离开这个世界是否是一件好事。”根据现代医学观点,这种担心是完全没有根据的。瘰疬与结核病的关系,即它们的遗传特性,根本不存在。但是爱因斯坦还是遵照苏黎世杰出专家的医疗意见,非常重视儿子的预诊。他对贝索倾吐了心声:“是我的错误,把他带到这个世上,在我一生中,我第一次责骂自己,认为对此有责任。”他又说:“我不了解瘰疬的病因,我也不知道孩子有遗传患结核病的危险。事实上,坦率地说,我根本不知道瘰疬,因此也就没有十分注意我妻子腺体的肿大。现在不幸的事终于发生了,这是注定的。”

我们不清楚爱因斯坦是否知道他的担心和自责是由于误解导致的。但是无论如何,爱因斯坦非常高兴,他的儿子没有像预诊的那样,爱德华长成了一位纤弱,但健康的年轻人。二十岁时,又一个不幸袭击了他:他得了精神分裂症。

身体康复后，爱因斯坦感到身体和智力都十分疲劳。“科技生活几乎是停止的，我的头脑什么也不想。”他向章格抱怨说。健康情况有了好转，爱因斯坦可以主持德国物理学会的会议；星期三，他出席物理研究所的传统研讨会；星期四，他参加普鲁士科学院的会议；他甚至开始讲两课时的相对论课了。

在柏林，一件使爱因斯坦感兴趣的事是他可以上课。在柏林的第一年爱因斯坦从没走上讲台，但是1915年暑期学期，他开始上两学时的相对论课，1915—1916年冬季学期，他又开始教授统计力学和波尔茨曼原理。在他研究广义相对论的过程中，爱因斯坦似乎认为自己选择的这个义务是错误的，所以接下来的两个学期，他一直远离学校。但是1917年夏季学期，他又重新开始讲他那两学时的课，交替讲授相对论和统计力学。

学生不多，因为大多数年轻的男人都在武装部队，只有几位不适合现役服务的，或者是受伤的男人分散在空旷的演讲大厅里。如果不是因为1908年，普鲁士当局禁止妇女入学的话，一定还会再有几位学生的。爱因斯坦的亲密同事中，有人在服丧，能斯特的两个儿子都战死在战场上；普朗克的大儿子战死，小儿子成为战俘。所以更多的时间大家都在哀悼，而不是进行科技交流。虽然战争已经持续了三年，但这种屠杀仍然没有尽头。爱因斯坦给埃伦费斯特写信说：“万能的主还活着，不幸的是他在打击无辜的人，而且漫无目的地打击无罪的人。它是从哪里获得惩罚和粉碎的权力的？可能得自于残酷的暴力吧？我已经变得非常宽容了，但是我的基本观点一点也没有改变。”

比爱因斯坦大三岁的M.玻恩成为他的好朋友。1914年底，为了减轻M.普朗克的工作压力，柏林大学设立了一个新的职位，聘请玻恩作为特别教授。虽然玻恩应征入伍，他依然来到柏林，到炮兵检验委员会。1916年初，玻恩给《物理杂志》写了一篇关于广义相对论的文章。就是这篇文章使爱因斯坦高兴地认为：“我最好的一位同事完全理解和承认这个原理。”因为玻恩会弹钢琴，所以他们也一起演奏音乐。玻恩的妻子回忆爱因斯坦第一次到他们公寓拜访时说：“爱因斯坦握住我的手说：‘我听说您刚有了一个小孩！’说完，就放下他的小提琴，脱下这个节俭男人松松的硬袖口，扔在某个角落。他们一起演奏爱因斯坦那段时间非常喜欢的海顿。”

爱因斯坦抱怨在柏林感到孤独，这可能是他自己的观点，因为他不可能像信中所说的那样与世隔绝。爱因斯坦的名声很快就传到科技界之外，虽然没有出现二十世纪二十年代关于相对论那样热烈的场面，但是知识界的人们已经感到他们之中生活着天才，并且打算认识这位天才。已经恢复闺名的艾尔莎·爱因斯坦非常高兴听到陌生人谈论她的名字。确实，这还产生了爱因斯坦与物理学家汉斯·马沙姆的终生友谊。

一个由不太出名的作家组成的“文学会”邀请爱因斯坦到布里斯托宾馆参加他们的每周会议。在那里爱因斯坦可以喝酒、吸烟，一直玩到深夜。其中一个文人想知道“势、不变因子、反变式、能量张量”以及其它术语的意思，爱因斯坦作了一个难忘的回答：“那些是技术术语！”哲学家们也开始对相对论原理感兴趣，并且打算写一本包括新物理各个方面的书。心理学家、大学讲师，以及格式塔心理学创始人之一 M. 韦特海默打算从著名的物理学家中发现“创造性思维”的秘密。许多年以后，他回忆从 1916 年开始的美好日子，多少个小时他幸运地与爱因斯坦一起坐在书房里，听他讲述相对论的戏剧性发展。

爱因斯坦甚至与最高权力接触，当然不是最保守的贵族们，而是像 W. 拉铁诺这样巨大的电器工业财团 AEG 的董事会主席。当曾经计划的“短暂、快捷”的战争变成了没有休止的战争时，拉铁诺为此在国防部建立了一个原料分支机构。从拉铁诺和哈伯那里，爱因斯坦了解到德国的军事前途没有希望了，虽然前线已经深入敌人腹地，但是对大海的封锁迟早会使这个国家走向失败。

1917 年春天，爱因斯坦的胆结石病有了很大好转，他非常急于到瑞士旅行。但他不得不等到 7 月初，并解释说：“因为我的课程和物理学会的工作，我不能再提前了，同时也由于我不小心弄破了脚趾。”爱因斯坦于 6 月底离开柏林，到德国南部看望与哥哥雅各布一起生活的母亲；7 月初到达苏黎世。因为身体的原因，爱因斯坦并没在苏黎世待很久。同样的原因，他也没有去见罗曼·罗兰。爱因斯坦和他的长子去了阿罗沙，最后他在琉森的妹妹玛雅及妹夫保尔·温特勒家里休息。

9 月初，爱因斯坦途经沙夫豪斯回到德国。在边境经过很长时间的复杂手续，以及费力的检查后，爱因斯坦首先住在本津根，一个靠近西格马灵根的小村庄。回到柏林,爱因斯坦并没有回到维尔夫巴赫街的单身公寓,而是搬到哈伯兰德街5号的一个公寓里,在艾尔莎的对门。在爱因斯坦离开时,这个公寓已经空出来了,在本津根的停留期间,艾尔莎马上采取行动租下这个公寓,并帮他搬了家。爱因斯坦通知贝索说:“我现在的地址是哈伯兰德街5号,据说家已经全部搬完了。”艾尔莎现在可以帮助他更加彻底地康复了。

当爱因斯坦回来时,一个新的职务正等待着他。1917年10月1日,他成为一个研究所的所长。1913年在爱因斯坦的任命中,除了科学院的职务和教授外,还包括了将要建立的“皇家威廉物理研究所”所长职务。因为这关系到普鲁士财政部,因此研究所的建立一直推迟到战争结束。爱因斯坦从来没有抱怨,他不需要研究所,没有助手和秘书,而是一个人在简陋的公寓中工作,所有的东西都是手写的,爱因斯坦对没有任何行政义务感到非常满意。

但是,这个研究所还是有私人赞助的,主要的赞助来自K.L.考帕尔的口袋;根据规定要用这些钱建成这个研究所。由工业学家和个人参赞威廉·封·西门子作主席,组建董事会及管理会,爱因斯坦担任主席,而哈伯、能斯特、普朗克、卢本和沃尔堡作为顾问。这就是那个研究所:虽然战争仍在继续,但是拥有一个办公楼,图书馆,甚至一位看门人还是没有问题的。事实上,设在公寓的研究所充当一个基金研究所的角色,大学的科学家可以申请补助费。爱因斯坦每年得到补助金五千马克;但没有迹象表明,他从学院的工资中扣除了这一部分。

各种各样的小事必须以书函的形式解决,因为没有堂而皇之的头衔,爱因斯坦无疑被称为“(出身)尊敬的”,他的妈妈对此一定很高兴。由于爱因斯坦的申请,第一次给他派了一位秘书,每周工作三天半,一个月工资为五十马克。这项工作由艾尔莎的二十岁的女儿伊尔瑟担任。开始伊尔瑟用手写;1919年,由于研究所的业务有了很大发展,作为研究所的第一笔投资,买了一台打字机。在所有的皇家威廉研究所中,这个家庭研究所是最小的,也是最不寻常的。爱因斯坦在柏林期间,研究所一直是这个样子,可能因为他本人没有太多的需求。

爱因斯坦马上利用这个新职位,进一步深入他的科学研究;他终于能够使天文学家 E. 弗里德里希从哈伯斯堡天文台中获得自由。研究所提供资金使弗里德里希可以集中全部精力研究相对论的天文预测。不久,作为特殊情况,对这种安排进行了调整,聘用弗里德里希作为研究所的科技工作者。

爱因斯坦还必须学会行政管理。爱因斯坦关于研究补助金的典型例子是他打算马上批准 P. 德拜申请的例子,因为他认为:“我们不可能很好地使用我们的钱……在我眼里,等待是不值得考虑的,因为我们只有一个德拜。”普朗克不得不指导这位新所长懂得什么是正确的管理程序。虽然如此,爱因斯坦仍然指示董事会应在 7 月 27 日批准德拜月初递交的申请。关于这件事建立了几个文件,使我们有幸得到后来四位诺贝尔奖获得者的笔迹和签名,有时是出现在同一张纸上。也有申请者本人后来获得诺贝尔奖的事,例如 P. 德拜事件。

出于健康的考虑,爱因斯坦必须减少自己在研究所的工作,以及其它工作。事情似乎有了好转,12 月初,他向章格报告说:“我身体现在非常健康,从夏天到现在,我增加了四磅重,这要感谢艾尔莎的精心护理。她亲自为我做各种食物,现在证明很有用。”但是 1917 年底,又出现了新的剧烈疼痛。一位肠胃炎和肝病专家,采用新的 X 光技术,诊断出疼痛主要是由于十二指肠溃疡导致的,爱因斯坦必须卧床数周。

可能并不完全是疾病的原因使爱因斯坦耗尽精力。他给章格写信说:“一个人只有在年轻的时候,才能发明一点新的东西,后来变得越来越有经验,越来越有名,也就越来越愚蠢了。”他在病床上向贝索述说,在科技工作上,他仅做了一些微不足道的小事,同时还阅读和学习很多没有用的东西。虽然如此,躺在病床上的这段时间,在关于引力波的第二篇文章中,爱因斯坦推导出四极柱公式,并于 2 月 14 日提交科学院,这绝不是一件琐事。

之后,确实有一段时间,爱因斯坦没有发表高水平的文章,但是工作上却不是这样,他每天都要处理皇家威廉研究所不断增加的信件。作为德国物理学会主席,爱因斯坦负责准备 4 月 26 日 M. 普朗克六十岁生日庆典。庆典的成功与否对他来说很重要,因为他非常敬重普朗克,能够出于喜爱和尊敬而为他工作,是一件值得高兴的事。爱因斯坦发表了一个《研究动机》演讲,效果非常好,演讲中述说了虽然政治观点不同,但两人却建立了深厚的友谊,并且出于这个原因,尽管存在战争和孤独,爱因斯坦还是留在柏林。

爱因斯坦给朋友章格写信,表示他对当时处境的矛盾心理:"在这个领域里,我的同事非常狂热地接受了广义相对论,为什么这个热爱文化和教育的时代这样没有判断善恶的能力呢?"在新年时,他给洛伦兹写信说:"对于我们要承受的无限悲哀,我一直感到非常忧虑,甚至时常躲到物理中也无法摆脱。"普朗克的新年回信不仅包含了希望爱因斯坦能够彻底恢复健康,同时也含有一丝训诫:"我希望今年,你能对德国方面表现一些同情,我们也随时准备和平,虽然我们在军事上比以前好了。"但这并没有伤害爱因斯坦对普朗克的感情。

爱因斯坦放弃了和平主义活动,因为他觉得没有意义。当G.尼克莱准备采取另一个行动时,爱因斯坦感到很难拒绝G.尼克莱,因为他根本不理睬爱因斯坦的拒绝。

虽然如此,军事当局已经把爱因斯坦包括在居住在柏林及附近的三十一位"著名和平主义者"名单中了,他们必须得到最高指挥部的批准,才可以到国外旅行。爱因斯坦可能没有意识到这一点,因为这个法律生效后(1918年1月),爱因斯坦没有到任何国家旅行。

与战争开始时一样,爱因斯坦不愿参加任何社会活动,因为他现在越来越相信,如果要使情况有所好转,战胜德国的最好办法是进行和平谈判。他给罗曼·罗兰写信说:

> 由于1870年的军事成功,以及工业和贸易的成功,这个国家形成了一种强权信仰。这个信仰几乎统治着所有有学识的人,几乎完全取代了歌德和席勒时代的理想王国……
>
> 我非常相信只有严酷的现实,才能消除这种头脑中的错觉。人们必须懂得非德国人也是平等的人。为了生存下来,德国必须得到其它国家的信任,一个残酷暴力和背信弃义的人不可能达到自己的目标。

1917年8月,在瑞士度假期间,爱因斯坦写的这些话,同时要确保德国检查人员没有读到它的危险,但是仍然存在罗兰把这些观点公布于众的危险。如果柏林的最高指挥部从别的渠道了解这种情绪,这位中立的外国人爱因斯坦将被驱逐出境,而他尊敬的同事普朗克会认为这种做法是理所当然的。

1918 年 4 月,爱因斯坦又一次打算让大家听到理性之音。他为德国同事起草了一种宣言式的传单,可能是与 1915 年来到柏林的神学家兼哲学家 E. 特勒尔奇磋商,并受他的激励而写的。德国刚与俄国建立了布莱斯特—利托夫斯可"胜利的和平",提出大量的土地等补偿;他们现在相信,今年夏天会赢得西部前线的决定性胜利。公众的心态十分狂热,没有人意识到当时的情况其实十分不利,失败只是时间问题。在传单中,爱因斯坦并不关心德国通过和平谈判避免失败,而是关心在和平时代怎么恢复国际科技交流。在给无比尊敬的同事们的长信中,爱因斯坦说:

> 在整个国家普遍错觉的悲剧年代中,无数次,研究科学和艺术的人们发表的公开声明,极大地伤害了追求更高、更自由目标的人们的团结感,而在战前,这种团结感曾有了很大发展。目光狭窄的教士,以及强权纪律奴仆的空洞叫嚣声非常大,整个新闻媒介故意误导公众,导致了没有希望的混乱,那些具有美好愿望的人不敢发表自己的言论。
>
> 在这样严重的境况下,那些通过成功的科技成就而得到文明世界公认的智力工作者,肩负不容回避的责任,作为支持和安慰那些虽然孤独,但对道德没有失去信心的人们,他们应该发表一个公开声明。

爱因斯坦也打算编一本由知名学者文章组成的书。为了增强它的国际性,作者将包含参战国以及中立国家的人。苏黎世拉斯尔出版社对他的计划很感兴趣。因为不邀请任何一位"声明沙文主义的人"参加,爱因斯坦的请求只能寄给几位德国教授。除了托尔茨克,还有慕尼黑的经济学家 L. 布兰塔诺、马尔堡的律师 W. 沙京、海德堡的社会学家 A. 韦伯(当然没有马克斯.韦伯!)和哥廷根的大卫·希尔伯特。在给希尔伯特的信中,爱因斯坦还附加了一个手写的附言:"在数学家和物理学家中,我只能向你提这件事。"希尔伯特积极地回信说:"不用说,你信中的想法激起我的同情心。"但是他要与朋友商量。商量的结果是,他赞同爱因斯坦的想法,但不同意采取特别行动。总结他在哥廷根大学周围询问的结果,希尔伯特写道:"这样的声明等价于自责,只能给研究领域中我们的敌人带来快乐。甚至你的名字也不能给我们以保护;毕竟,'国际'的字眼影响我们的同事关系,他们现在非常容易激怒。”希尔伯特建议等到战争后,起草一个“无懈可击的请求,来说明科学是什么,科学的义务是什么”。

一个月后,爱因斯坦不得不承认“时机还不成熟,因为我认为重要的人国际感还不强”。爱因斯坦只能做自己力所能及的事,虽然这只是忧郁的英雄主义行为。在一些和平主义者,以及具有国际思想的人中,爱因斯坦享有一定声誉。现在他只能等待战争的结束,并且需要时间恢复他的健康。

第21章　战后喧嚣和革命

1918年,情况变得很糟。尽管爱因斯坦尽力往好的方面想,他的十二指肠溃疡还是开始威胁他的生命。1月初,他向贝索报告说:“一躺在床上,我就感觉很好了。我将很高兴再在床上待四周,或更长时间,从暖气不足的角度考虑,这还是有益处的。”为了维持严格的饮食而准备的特别食品是德国南部的亲属和瑞士的朋友们寄来的。

但是,六个月的卧床休养并没有使他的健康有明显的好转。虽然在病床上,爱因斯坦完成了引力波的第二篇文章,但还是情绪低落,不能下床活动。渐渐地他可以下床了,但是绝对禁止任何体力劳动。由于拉了几个小时的小提琴,爱因斯坦又感到身体不适。5月份,爱因斯坦的肝脏又开始疼痛了,并且出现了黄疸。直到夏天,爱因斯坦的体力才有些恢复,他说:“现在,我的身体真的比去年好多了。艾尔莎不辞辛苦地给我做煮鸡饲料吃,我自己只能静静地待着,大部分时间在阳台上。每个人都说,我从来没有这么健康过。”但是那只是骗人的假象,爱因斯坦接着抱怨说:“我还要依靠照顾,因为我的肚子有时疼。它为什么不像大脑那样呢?”

鲁道夫·厄尔曼被请来诊视爱因斯坦的病情。他是一位胃病专家、尼克林医院的医疗主任,和爱因斯坦同岁。在剩下的时光里,爱因斯坦不仅是一位病人,也是他的朋友。纳粹掌权后,厄尔曼不得不离开德国到美国纽约工作;在那里,每当病情需要,他都会来普林斯顿看望、诊视爱因斯坦。不久,厄尔曼发现他这位病人喜欢医务人员,而不是医药。爱因斯坦不仅不信任医药,而且也怀疑新的X光诊断。一次,爱因斯坦说:“我所相信的惟一诊断是事后诊断,否则什么也不相信。”

为了康复,6 月底,爱因斯坦和他的女眷——艾尔莎及两个女儿,来到波罗的海阿兰术普待了八周。这是罗斯托克附近的岬角上的静静的小渔村。爱因斯坦认为这里"非常好,没有电话,没有义务,绝对地安静……每天可以像鳄鱼一样躺在沙滩上晒太阳,从来不读报纸,也不用咒骂这个世界"。这八周时间对他的健康很有好处,身体也不再疼痛了,但是他还是必须绝对禁止长途走路和突然的剧烈运动,同时严格遵守饮食规定。终日懒散在沙滩上,整天光着脚,这给爱因斯坦带来了很大乐趣,他高兴地向玻恩建议说:"如果我们能把这个最后的可爱习俗介绍到柏林去就好了!"去美国之前,爱因斯坦就沉浸在这种习惯中,成为著名的"不穿袜子的男人"。

但是,即使是在阿兰术普,爱因斯坦也没有完全摆脱烦恼。假期结束前,从苏黎世寄来的一封信给爱因斯坦带来了非常棘手的问题。这封信来自大学的物理学教授、阿尔弗莱德·克莱纳的接班人 E. 迈尔。由于亨利克·章格的努力,苏黎世大学和工学院联合授予爱因斯坦一个特殊的教授职位,完全是按照爱因斯坦的个人需要安排的。这个荣誉可能给他带来一时的高兴,但实际上给他带来的却是"痛苦的尴尬"。

这个荣誉使爱因斯坦很感动,他甚至激动地称苏黎世是他的"故乡"。但是他禁不住想起,"如果十八年前能作为助教"该是多么高兴的事;古老的伤口还在流血。这件事也说明,瑞士的政治和其它条件比德国具有更大的优势和吸引力。并且,战后德国的政治体制几乎是崩溃的,因此瑞士法郎比德国马克更坚挺。虽然如此,爱因斯坦并不打算离开柏林,但是他也不可能同时待在两个地方。"应该怎么办?我每天都在痛苦地思考斟酌着,我甚至梦见自己用剃刀割开自己的喉咙。"

爱因斯坦告诉贝索留在柏林的原因。"我与这些同事的亲密融洽关系(特别是普朗克),这里的每个人都为我尽了最大的努力,并且还在进行这种努力;可能你还记得,完全是出于他们的理解,才使我的文章被大家接受,那么你就会明白,我为什么不能下决心离开他们。"这似乎有些夸张,不是因为与普朗克和其他同事的融洽关系,而是因为在柏林他可以找到特殊的知音,而使爱因斯坦留在柏林。自从施瓦茨希尔德去世,在柏林除了爱因斯坦之外,没有人再研究广义相对论。但是除了柏林,不是还有莱顿、哥廷根和慕尼黑吗?并且赫尔曼·维尔还是当时苏黎世最多产的相对论专家吗?

同时,战后爱因斯坦为什么没有发现在瑞士更容易恢复与敌对国家的接触,与英国、法国和意大利的科学家们的接触?

显然还有其它方面的考虑。爱因斯坦曾说过:“我再回到瑞士虽然能够离我的两个孩子近一些,但还存在很多困难。我过去的几次瑞士访问并没有特别激励我回去。在柏林每个人都与我保持一定的距离,所以生活中并不会发生什么摩擦。”简而言之,爱因斯坦被忠于自己“故乡”,还是留在柏林的科技环境这两种选择折磨着,当然也包括在艾尔莎和米列娃之间的抉择。在这两个抉择中,爱因斯坦更偏向于柏林。

但是爱因斯坦不想使苏黎世方面失望,并且感到说不是相当痛苦的,这是他自己所不愿做的事,因此只好选择了妥协的办法。于是爱因斯坦向 E. 迈尔提议他每年到苏黎世去两次,每次停留 4—6 周时间,进行十二个讲座。这些要求不需要一个正式的任命手续,只要签订一个讲座合同就可以了。他本人也不想通过此事挣钱,只要求补偿他的旅费和生活费。经过学校与苏黎世教委的商量,同意了这样的安排,爱因斯坦在答复教委的询问时说,他将非常高兴地“无偿授课,以示对同胞的感激”。主要是由于战争的艰苦条件,爱因斯坦才要求补偿他的旅费和生活费,约一千二百法郎。他非常高兴“又一次加入苏黎世大学的科技生活中”。

苏黎世方面还有其它方面的进展。无疑是经过贝索和章格不停地沟通,米列娃终于意识到她的丈夫不会再回到家里来了,因此同意离婚。他们两人之间的冲突缓解了。爱因斯坦可以再次收到儿子的来信了,并且米列娃写信的态度也十分友好。律师 E. 苏黎克作为两人的代理人,帮助解决经济问题,这当然不是一件简单的事。

1914 年夏天,当爱因斯坦让全家回到苏黎世时,他完全有理由认为他在柏林普鲁士科学院的工资非常容易供养她们在苏黎世的生活。他每年给她们寄七千马克,比工资的一半还多。如果需要,他还会多寄;事实上,经常有这种需要。1916 年底,他给贝索写信说:“非常幸运,我得到这个职位,否则,我会完全被经济问题拖垮。”剩下的钱对于爱因斯坦来说足够了,由于生活非常节俭,他甚至还存了一些钱。

尽管很节俭,但是他的经济状况还是变得越来越困难了。一方面,米列娃和爱德华经常生病,经常同时待在疗养院,花去了很多钱;另一方面,由于战争的影响,马克对瑞士法郎的比值下降了三分之一。在战争前,一百瑞士法郎值八十三马克,而到 1916 年,一百瑞士法郎值一百零六马克,1917 年达到一百三十五马克。结果,在 1917 年,爱因斯坦必须给瑞士寄一万二千马克,这是他在科学院的全部工资。因此,他号召瑞士方面节俭:将来,按照现在的汇率,他只寄六千法郎,或者八千五百马克,不再多了。即使这些也比他刚作教授时的工资高,足够过舒适的生活了。

一个奇怪的主意使得离婚后,米列娃和儿子们的经济保障问题变得容易解决了。我们不知道这个主意是谁先提出的,它与诺贝尔奖奖金有关。由于战争的影响,从 1916 年开始,诺贝尔奖停止了授奖,但是一旦恢复授奖,那么爱因斯坦获奖只是时间的问题。奖金数目非常大,而且瑞典克朗像瑞士法郎一样是硬通货,所以只靠利息就可以生活得很舒适。1918 年夏天,最终同意米列娃享有这笔假定的诺贝尔奖金,但是必须首先征得爱因斯坦教授的同意,才可以处置这些财产。

1918—1919 年冬季学期,爱因斯坦一直讲授他的两课时的相对论,主要是基本理论。9 月 9 日,在他的讲课日记中写道:“因为革命的原因,课程取消了。”爱因斯坦非常高兴,德国终于瓦解了。10 月 3 日,德国政府向美国总统 W. 威尔逊发出一份停战与和平的请求,美国的答复是德国必须实行民主。这使得当时还自认为是杰出的胜利者的德国人很吃惊。军队已经崩溃,11 月 4 日,海军水手们发生兵变,反叛像野火一样迅速蔓延。11 月 9 日,烈火烧到了柏林,并引发了一场革命,工人和战士委员会举行了大规模罢工。人们拥向街头,向德国议会走去,要求马上停止战争。同一天,爱因斯坦取消了早晨的课程,下午,共和党发出宣言,晚上皇帝放弃了王位,流亡到荷兰。

所有这些对于爱因斯坦恢复元气很有帮助。为了纪念这个历史,他向世界各地寄明信片,宣称他亲眼目睹了这项伟大运动。革命后两天,他给琉森的妹妹和妹夫写信说:“这里发生了一项伟大的事件,试想一下,我亲眼看到这件事!目睹了这样的快事,就是破产也不是一件大事。军国主义和枢密院在这里已经被彻底清除了。”和弟弟雅各布·科赫一起住在苏黎世的爱因斯坦的母亲,也在当天收到了同样的消息:“不要担心,一切事情都进展得很顺利,令人鼓舞……现在,我感觉非常好。瓦解带来了奇迹。在学术界，我是一位近乎激进的赤色分子。”波林·爱因斯坦又一次为儿子感到高兴。

爱因斯坦希望军制的传统体系被彻底消除，应该剥夺贵族、地主、军官和官方派系的权力，使德国走上民主之路。与以前相比，爱因斯坦现在对普鲁士科学院的会议感兴趣了；对于枢密院同事们精神的崩溃，他只是表示轻蔑而不是同情：“这些老顽固多数感到迷失了方向。他们认为这个新时代是悲伤的狂欢，仍然怀念过去的秩序，而这种旧体制的消灭对于我们这样的人是一种解放……对赤色分子的称号我感到很开心。这些昔日的英雄们向我摇尾乞怜，认为我可以帮助他们摆脱心灵的空虚。多么可笑的世界！”

按照工人和士兵委员会的模式，在柏林建立了一个学生委员会；这个委员会的第一次革命行动就是把大学的校长赶下台，接下来遭殃的是系主任们，他们全部被扣押起来。

这位“高级赤色分子”似乎对革命产生一定影响，他试图把关押的教授们释放出来。通过电话叫来马克斯·玻恩和心理学家马克斯·维特海默，在他们的帮助和陪同下，口袋里装着准备好的演讲稿，爱因斯坦一行人乘坐公共汽车来到枢密院大楼。对于这三位教授的到来，武装的革命者一时不知道该怎么处理；但是当有人认出爱因斯坦时，他就成为三人的通行证了。

在枢密院的一个会议室里，学生委员会正在开会，爱因斯坦和他的朋友们只好一边等待，一边听他们争论。最后，对于争论的问题，他们征求爱因斯坦这位著名人物的意见。爱因斯坦不太赞同刚刚决定的革新，并且即席提出了一个小小的请求：保留科学院的自由，他认为：“科学院是德国学术研究最有价值的地方。你们的新法规似乎是废除一切，取而代之的是精确的法律。看到古老的自由没有了，我感到非常难过。”关于释放教授们的事，首先是一段无言的尴尬，接下来他们向爱因斯坦解释说，学生委员会无权释放校长，这是新政府的事。

于是，三位教授来到威廉街的德国官邸。那里也被革命者控制了，但是有人马上认出了爱因斯坦，因此得以面见 F. 艾伯特——刚刚宣誓任职的德国总统。比起释放几位关押的教授来说，艾伯特有更多更要紧的事要处理，但是他还是指示有关大臣马上解决这件事。

爱因斯坦根本没有机会发表他事先准备好的演说。根据现存的手稿，爱因斯坦将向他的“同志们”自我介绍，接下来是关于民主的短课，其中包括警告旧的右翼暴政不要被左翼暴政所取代，不要让复仇感冲昏了头脑，一个暂时的无产阶级专政不能剥夺自由，暴力只会带来痛苦、仇恨和反抗。

二十五年后，在给马克斯·玻恩的信中，爱因斯坦追忆了这个插曲。回顾过去，他提到了在二战期间人们的错觉，“在把那些人转变成诚实的民主人士过程中，我们可能起了一定作用。作为四十岁的人，我们当时是多么天真。一回想到这件事，我就会发笑。我们两人都没有意识到这种思想早已根深蒂固了。”

在当初的几个月，爱因斯坦完全欢迎新的共和国。对于德国人的悲惨命运，爱因斯坦深表同情，并且与他们一起承受这种痛苦，他似乎又把年轻时放弃的国家看成自己的祖国了。他甚至决定利用1918年12月的瑞士之行，取道去巴黎，请求他们把这群饥饿的人们从痛苦中拯救出来。经过这么多谎言，很难让人相信真理，但爱因斯坦认为以自己的名誉担保，会取得他人的信任的。这无疑是一个大胆的想法。然而爱因斯坦虽然去了瑞士，巴黎之行却没有实现。

12月中旬，爱因斯坦与艾尔莎离开柏林去瑞士，去那里签订讲课合同和办理离婚手续。自然的，他也打算看望一下儿子们，并与老朋友见面，尽管是冬天，爱因斯坦的身体还是有了些恢复。他发现瑞士风光如画，饱暖的居民没有什么可畏惧的。德国翻天覆地的变化，仍然在爱因斯坦的头脑中回旋：“上帝知道，我喜欢这些哀愁的人们，他们的明天还不知道在哪里呢。所有的事件该怎样发展？我的思绪离不开发生巨变并且还在改变的柏林。”

12月23日，苏黎世教育委员会谨慎地通过了所有手续，批准了爱因斯坦的讲座合同，冬季学期开始生效。由于煤炭短缺，圣诞节过后，大学就开始放假了，一直放到1月份。在这段时间，爱因斯坦和艾尔莎去了阿罗沙和琉森，2月初回到苏黎世讲课。爱因斯坦每周上两课时的课程三次，总共二十四课时。有四十五名注册学生和一百零五名旁听生。像索末菲写信说的那样，爱因斯坦几乎竭尽全力尽自己的义务。

2月14日，当地法院解除了爱因斯坦与米列娃的婚姻，理由是“外遇”、“性格不合”等，儿子的监护权判给米列娃。考虑到诺贝尔奖金的利息，爱因斯坦每年支付给米列娃八千法郎。并且,根据当时的瑞士习俗,作为有责任的一方,爱因斯坦两年内不许再结婚。

1919 年 3 月 14 日,爱因斯坦四十岁生日时,他回到了柏林。与所希望的一样,这一天过得很平静;感谢上帝,除哈伯兰德街 5 号以外,没有人知道这里有重要活动。德国不安定的政治局面已经平静下来了,至少表面上是这样的,但是爱因斯坦的乐观主义仍然在高涨。对于德国的发展状况,以及凡尔赛和约战胜方对德国的不妥协态度,爱因斯坦感到非常失望。在给埃伦费斯特的信中,爱因斯坦说:“那些国家,我曾经认为他们应该在战争中取胜,现在看来他们有些不道德,政治上极不诚实,借助革命的面具,干不可告人的勾当。”虽然如此,爱因斯坦对柏林还是很满意的。除非有特别情况发生,否则绝不离开这里。

爱因斯坦的政治同情心显然是左倾的。虽然有一段时间,他曾经相信俄国模式的共产主义,但这绝对不是他离开德国的原因,没有什么比回到以前帝国主义德国的情况更糟的。3 月底,为社会主义学生团募集资金,爱因斯坦做了一个关于相对性原理的讲座。

对于爱因斯坦来说,与德国变革同等重要的是国际间的和解。为了增强外国对德国刚刚诞生的民主的信心,他加入了一个委员会。这是一个没有任何官方参与的组织,完全依靠六位成员的财政资助。他向洛伦兹介绍这个委员会的目的时说:“这个委员会的职责是详细调查所有对德国在战争中行为的指责,即国外已经报道并且证实的报告,工作方式是通过研究德国或国外的官方文件,并发表研究结果。”这个委员会的第一项工作是通过文件证明德国军队在法国里尔城的暴行。

爱因斯坦并不经常参加委员会的活动,因为他经常要到外面去旅行,同时对这份工作本身也不满意。1919 年 9 月准备出版的第一本小册子,使爱因斯坦吓了一跳:因为他担心这种没有技巧的介绍和粗略的证明可能有害无益。第一版因此作废了。1920 年 1 月,经过爱因斯坦的同意,出了第二版。虽然在出版之前,遭到很多批评,但爱因斯坦向洛伦兹解释说:“人们渐渐地相信德国犯了大罪,对于引起的仇恨,德国不能逃脱罪责。”

大多数外国科学家拒绝与德国的同事们接触,不论是个人,还是通过国际科技组织。爱因斯坦认为外国人的封锁不会给德国带来太大的害处,反而这样会使德国人意识到他们也必须依赖别人。对于爱因斯坦来说,虽然遭受了可怕事件,但是在“文战”中德国教授的谴责有些苛刻……整个国家的居民都是劣等的,这简直不可理解。德国人拥有爱因斯坦这样执着的拥护者,并且是柏林惟一一位期待得到外国信任和同情的人,虽然如此,爱因斯坦并不想成为德国公民。他是一位瑞士公民,并且一直是瑞士公民。

4 月和 5 月,爱因斯坦又来到了苏黎世,看望他的两个儿子和朋友,并且履行他的讲课合同。现在大家对这门功课的兴趣明显下降了:只有十五名学生和二十二名旁听生听这门课,注册费是十法郎。以往一直吝啬的教育委员会认为这样不行,指出在我们的大学再也不需要重复这样的合同了。但学部坚持延续爱因斯坦的讲课合同,并最终征得同意。虽然如此,爱因斯坦第二学期在苏黎世作为合同讲师也是最后一次了,当然并不完全是由于当局的吝啬, 而是由于自己没有时间和兴趣。

不管爱因斯坦当初的打算是什么,以及苏黎世法院强加给他的两年内不得再结婚的规定,1919 年 6 月 2 日,爱因斯坦径直走到柏林婚姻登记处与他的表姐艾尔莎结婚了。可能哈伯兰德街 5 号以外的人都不知道这件事,毕竟这只是履行手续而已。艾尔莎的女儿伊尔塞和玛格特已经继承了爱因斯坦的姓,并且称他为“阿尔伯特爸爸”,虽然在其他人面前,仍然称“阿尔伯特”。可能是在结婚前,爱因斯坦就已经从他的“临时”公寓搬到了艾尔莎的住处了。

他们的公寓处在一座外表并不引人注目的楼房最高层,四楼,楼厅装饰华丽,并且有一位看门人和电梯,这是德国典型的上等家庭生活方式。公寓共有七个房间,最大的房间采用当时认为华贵和舒适的阴郁风格装饰成起居室,此外还有图书室和饭厅。经常来此拜访的菲利浦·弗朗克回忆说:“爱因斯坦生活在漂亮的家具、地毯和壁画之间……但是一踏进这个房间,人们就会感到在这样的资本主义家庭里,爱因斯坦一直是位局外人,一个游历世界的人暂时在此休息一下,是资本主义家庭的一位狂放不羁的客人。”

艾尔莎比爱因斯坦大三岁,是一位迷人、快乐和勤劳的女人,对自己的社会地位较有意识,并且爱惜爱因斯坦的名声。根据菲利浦·弗朗克的回忆,柏林的科技圈对艾尔莎不太满意,因此与这样的评价不一致。有的人对艾尔莎的“水准”挑毛病;其他人指责她过于保护自己的丈夫,似乎爱因斯坦是她的私有财产;还有的人认为她太追求名利。但是艾尔莎显然是在为爱因斯坦创造一种环境,这样可以改善他的健康,促进他的工作。

爱因斯坦自己拥有宽敞的书房和卧室,住在顶层公寓的惟一好处是,不久他们就能够租用房顶上的两个阁楼,并把它们改成书房。这个由倾斜的墙壁构成的"阁楼房间"像僧侣的住处一样简洁:里面的书架上摆满了各类书籍、杂志和单行本;在窗前的平台上放了一张桌子和一把椅子;墙上挂着艾萨克·牛顿和米歇尔·法拉第的像。这里是爱因斯坦的王国,任何人不许整理这个房间,只允许小心地打扫灰尘。爱因斯坦在这里工作、接待来访者,这里也是皇家威廉物理研究所的总部。

1921 年 3 月,一位美国记者爬上爱因斯坦的书房,书房的整洁、书柜上无数的英文书籍,以及墙上牛顿的画像给他留下了深刻印象。爱因斯坦穿着破旧的裤子和套头毛衣,这位来访者记不清爱因斯坦是否有带着领子和类似徽章的标准的资产阶级服装。爱因斯坦大部分时间都穿着这样舒适的衣服待在他的"阁楼书房",而不是公寓里。

爱因斯坦意识到自己对婚姻生活才能有限,与艾尔莎结婚以后,他再次证实了这点。不久,他就给贝索写信说:"婚姻对于我的耐心是一种考验。"甚至在公共场合,他也表示对快乐的婚姻生活表示怀疑,他曾说过:"除了与妻子之间不可避免的战争外,我反对任何战争。"他显然非常高兴,与以前的妻子不同,现在的妻子对科学一无所知。当普林斯顿的犹太学生问他对犹太人与非犹太人之间婚姻的看法时,爱因斯坦回答说:"那是很危险的,但是任何婚姻都是危险的。"

可以想象艾尔莎跟爱因斯坦生活一定也受了不少苦,由此可见,天才并不是完美的,艾尔莎这样安慰自己:

> 人们不能仔细分析他,否则人们就会发现他的"缺陷"。任何天才都是这样,难道人们真的认为他各个方面都没有过错吗?自然界绝不会这样做的。当一个人在某一方面特别强大时,在其它方面就会缺少些什么,这就是有缺陷的地方!我们应该"全面"地看待他,而不能把他放在某种框框或模式中去,否则人们一定会感到失望。但是上帝已经赐予他这么多美丽的东西,我认为他很出色,虽然在某些方面,他的生活充满艰难和曲折。

在一封晚年所写的信中,爱因斯坦忧郁地总结了两次婚姻。当他的毕生挚友米歇尔·贝索去世后(不久他自己也去世了),他给贝索的儿子威罗和妻子写信说:“作为一个人,我最敬重的是这么多年来,他不仅与妻子和平相处,并且生活得十分和谐,非常羞愧,我自己的两次婚姻都是失败的。”这并不是说爱因斯坦认为有必要在女方寻找过错。

1919年夏天,刚结婚不久,爱因斯坦又回到了苏黎世疗养,并看望他的母亲,她现在得了不治之症——癌症,同时考虑接受一年前曾拒绝的,来自苏黎世的邀请。爱因斯坦之所以这样做是因为凡尔赛和约以后,马克对瑞士法郎的比值急速下降,他现在无法履行对米列娃和儿子应尽的义务。

当有关爱因斯坦去瑞士之行意图的谣言传到柏林时,像对待爱因斯坦第一次来柏林任职一样,马克斯·普朗克马上采取行动。普朗克给爱因斯坦写信说:“你可以想象出我的感受。这件事对我们的科学院和德国科技界都十分重要,决不是经济问题所能比拟的;换句话说,科学院或者德国应该为你提供所需要的经济资助,以便使你能够留在柏林,如果这是你所希望的。”F.哈伯也从个人、政治和历史的角度干预这件事。

其实哈伯没有必要花这么大的力气,因为在柏林几乎没有人能够左右爱因斯坦,他的命运完全交由马克斯·普朗克支配。在柏林这些年来,尽管他们之间的政治观点不同,但是几乎与洛伦兹一样,普朗克成为爱因斯坦父亲般的人物。爱因斯坦给普朗克的回信丢失了,但是在给埃伦费斯特的信中,他说自己已经答应普朗克不离开柏林,除非环境迫使他认为离开柏林是自然的、必要的和正当的。对此,哈伯欢迎他说:“我非常高兴,你能够与我们在一起。”

普朗克和哈伯同时与教育部和K.L.柯培尔协商,使爱因斯坦的工资增加了一万马克,其中一部分来自财政,另一部分来自柯培尔的腰包。按照德国当时的生活水平,这是相当大的数目了,但是如果从外汇折算的角度来看,这只是很少的一部分,并且正如爱因斯坦所预测的一样,马克贬值的速度比工资调整的速度快。但是他仍然恪守诺言,直到命运多舛的1933年,普朗克自己也认为爱因斯坦“惟一的出路”是从科学院辞职。

在暑假剩余的时间里,爱因斯坦几乎每天都在从事帆船运动,他可能是在外科医生莫里兹·卡茨斯坦教授的船上。在今后的日子里,爱因斯坦经常与他一起在勃兰登堡的水域中共度假期。帆船运动成为爱因斯坦最喜爱的运动,但是第一次进行帆船运动却是失败的,非常不幸,在爱因斯坦充当水手时,胃出了问题,不得不在床上待几天。

这时,爱因斯坦收到了朋友埃伦费斯特一封独具特色的长信,告诉爱因斯坦,在荷兰所有的人都决定把爱因斯坦留在莱顿。埃伦费斯特打算用一条金链子轻松地把"爱因斯坦拴住"。荷兰当时的最高工资七千五百古尔登是爱因斯坦的最低工资。为了孩子和本人,爱因斯坦完全有理由收下这笔钱,同时这个教授职位不附加任何义务。爱因斯坦可以根据自己的意愿随意去各地旅行,只要他在莱顿定居或者在附近就行,这样人们就可以说:爱因斯坦在莱顿,莱顿有爱因斯坦。以感人的热情,埃伦费斯特向最最敬爱的爱因斯坦描述如果他来到莱顿的话,他将得到的同情和爱戴,这是真正的爱。在典型的附言里,埃伦费斯特又补充道:"对于这件事,你无需多言,我们会为你提供最好的条件,只等待你的决定!"没有等到爱因斯坦的答复,他马上又寄了一封快信到柏林说:"我们这里没有别的,只有热爱你以及你的思想的人民。"

柏林也有这样的人民,这次爱因斯坦没有感到良心的谴责,他已经下定决心待在柏林,当然在向莱顿解释时却十分小心:"当我实现了自己的政治愿望时,由于外界的诱惑而背离热爱我的人民,那将是十分卑贱的,在这种遭受屈辱的时刻,我的离开会给他们带来加倍的痛苦。你不能想象我是多么被温情笼罩着。"对爱因斯坦来说,没有一个充分而必要的原因而离开柏林等价于恶意违背对普朗克的诺言,是不忠诚的表现。在信的结尾,爱因斯坦也加上了一个典型的附言:"我感觉自己像是修道院中的遗骨,没有一点用处……"

埃伦费斯特教授把爱因斯坦这封拒绝信转交给洛伦兹,同时说:"当我刚收到这封信时,我感到很羞辱。但是很快,对这样的信,我感到温暖和骄傲。如果有人能够解决爱因斯坦的经济困境就好了!诺贝尔奖?!"但是这个奖要等到三年以后。

埃伦费斯特另外一个愿望很快就满足了。爱因斯坦答应到荷兰看望他的老朋友,他已经三年多没有看到他们了。如果他的胃许可,冬天到来之前,他会去荷兰。不论爱因斯坦是否作报告,莱顿大学都将承担他的全部费用,而埃伦费斯特的家为爱因斯坦提供了一个健康、舒适和安静的住处。9月底,爱因斯坦从驻柏林的荷兰大使馆回来后,他马上要求他的荷兰朋友们进行干预,以加快办理签证的速度。三周后,10 月 19 日,爱因斯坦给母亲写信说:“我明天早晨就动身去莱顿访问。”

莱顿的两周时光是和谐与快乐的。爱因斯坦与埃伦费斯特一家待在一起,与埃伦费斯特家的四个孩子们一起玩,当然他们也谈论物理方面的事。对给予的热爱与关怀,爱因斯坦非常感激。临别前,根据接待者的性别、习惯和气质,从小男孩瓦西克到塔雅那婶婶,爱因斯坦与每个人吻别。他已经与大家难解难分了。

使爱因斯坦离开柏林的希望破灭了,埃伦费斯特现在又想出了另外一个好方法:以访问学者的身份,爱因斯坦可以每年来莱顿待 3—4 周。对于“莱顿彗星”这个建议,爱因斯坦非常赞赏:“如果可以的话,我当然接受。”第二年,爱因斯坦成为莱顿的客座教授。

不用说,爱因斯坦在与埃伦费斯特和洛伦兹在一起时,特别是与天文学家威莱姆德·西特在一起时,主要是讨论物理学。11 月初,洛伦兹看到了伦敦的正式声明:实验证明光线在引力场中的行为与爱因斯坦预测的一致,偏移的数值也与爱因斯坦的计算结果一致。

这个发现当然是爱因斯坦访问的高潮,他的宿愿终于实现了。能够与这位预言家待在一起,他的荷兰朋友和同事非常高兴。爱因斯坦理论的这种确认将给他的一生带来深远影响。在物理学家们眼里,爱因斯坦早已经是本世纪的天才了;现在在普通人眼里,他也是本世纪的天才。

第22章　确认光的偏移：一夜扬名的爱因斯坦博士

1914年8月21日，日蚀发生时的坏天气以及残酷的战争，实际上挽救了爱因斯坦，使他避免听到坏消息：如果当时测出在太阳的引力场中光线发生偏移的话，测量出来的结果将与爱因斯坦预测的结果不一致。直到1915年11月，借助完整的理论，爱因斯坦才得出正确的结果，光线偏移1.7秒弧度，是以前计算结果的两倍。在此一周之前，他已经正确地计算出水星近日点的运动，因此，即使没有观测到光的偏移，他也非常肯定他的理论是正确的。由于这种信心完全是基于这个理论的内在逻辑性，爱因斯坦非常希望能够通过实验验证。爱因斯坦为弗里德里希提供了合理的工作条件，并且兴高采烈地庆祝弗里德里希关于红移的不成熟结果。对于1919年得出的结果，爱因斯坦马上给贝尔斯堡天文台寄了一张热情洋溢的明信片："热烈祝贺你得到的新结果，我个人现在非常肯定红移的存在。"但是，根据文献记载，只有爱因斯坦与弗里德里希相信存在这种现象。

应该指出，红移和光的偏移不是同等条件下的相等效应。红移遵循等价原理，而光的偏移遵循引力原理的特殊形式，也就是空间结构。为了达到真正满意，爱因斯坦需要确证这两种结果，为此，在战争期间，英国天文学家登台了。

据了解，威廉·德西特把爱因斯坦发表在《年鉴》上的伟大文章寄给了英国，因此在英国皇家天文学会的《每日公告》上接连出现三篇文章介绍爱因斯坦的新理论。剑桥年轻而极有前途的天文学教授A.S.爱丁顿后来说，德西特寄来的爱因斯坦论文是在战争期间英国或美国可以得到的原本，爱因斯坦本人也通过瑞士渠道散发他的理论,并让贝索把他的一些文章寄给伦敦的天文学家洛德维哥·希伯斯坦。

虽然爱丁顿本人作为爱因斯坦理论在英语国家的传道者,发布了一个综合性报告,使这个圈子里的人注意爱因斯坦这个理论,但是并不是他发起日蚀远征的。事实上,爱丁顿是这样相信这个理论,认为任何远征都没有必要。在战争期间,号召验证爱因斯坦预言的人是皇家天文学家和格林威治天文台台长弗朗克·戴森。早在1917年3月,戴森就指出1919年5月29日的日蚀,为观测光的偏移提供了惟一的机会。因为日蚀将发生在金牛星座的一群亮星,在毕宿星团的前面。但是在地球上的观测位置没有天上那么好,因为日蚀观测地带处在热带地区,在赤道附近几度之内。戴森申请并得到一千英镑的资助进行两个日蚀观测远征。

最后,确定由和平主义者爱丁顿负责其中一个远征。爱因斯坦非常欣赏爱丁顿的和平主义思想,以及为科学的献身精神。作为一名和平主义者,爱丁顿决心不为军队服务。1912年,军队应征入伍年龄放宽,三十五岁的爱丁顿也得入伍,他工作的剑桥三一学院的老师们沉不住气了,采取积极行动避免重复以前B.罗素因为拒绝服兵役而引起的麻烦。他们以爱丁顿作为一名科学家比作为一名士兵对祖国的贡献更大为理由,极力为爱丁顿争取推迟服役。老师们最终获得了成功,爱丁顿只需在一封信上签个字就可以了。但是,倔强的爱丁顿在签名后又评论说,无论怎样,他都不会为军队服役的,因此与当局发生了冲突,皇家天文学家们不得不再次进行干预。幸亏爱丁顿与海军上将关系不错,才得到原谅,但作为交换条件,爱丁顿必须全力以赴准备日蚀远征计划,同时如果战争及时结束,由他率领其中的一支远征队。

仪器制造商们正在忙于应付军队的订单,根本没有时间考虑造一台新的天体照相机,所以只能用格林威治现有的仪器完成这项新任务。战争及时结束了,1919年2月,两只远征队伍同时出发,留出两个月时间在现场做准备工作。爱丁顿和E.T.考汀汉姆选择当时由西班牙控制的,位于西非几内亚湾的普林西比小火山岛作为观测地点。他们的同事查尔斯·大卫松和A.C.D.克劳米林则穿过大西洋,到巴西西北的索伯拉尔进行观测。

与此同时,在英国,观测光的偏移行动已经成为爱国行动的一个方面。

在《光学》的附录中，牛顿曾为未来的研究人员总结了几个问题，在十六个“疑问”中的第一个就是：“在远距离上，物体对光线是否有作用，使光线发生弯曲；这种作用是否随着距离的减小而增强？”牛顿认为光是由一串微小的粒子组成，因此这似乎是一个合理的问题。就像彗星的运行轨道受引力的影响一样，太阳或行星的引力将影响光的传播。当然必须赋予这些光粒子以质量，因为在牛顿时代，没有质量的粒子是不可想象的。到了十九世纪，人们提出光波是以太振荡的假说，认为牛顿提出的“疑问”是过时的，而被大家渐渐遗忘了，但是爱丁顿认为有必要进一步深入研究这个问题。借助于爱因斯坦的 $E=mc^2$，爱丁顿给电磁波赋予了一定的质量，根据牛顿力学和牛顿的引力定律，他得出了光线偏移0.87秒弧度。1911年，爱因斯坦曾经根据等价原理精确计算出这个数值。

爱丁顿的程序并不太合理：牛顿引力定律所描述的电磁场和引力之间的关系并不那么简单，只是完全偶然，使他产生了似乎合理的结果。爱丁顿把自己得到的数值称为“牛顿值”。不幸的是，他没有深入研究爱因斯坦根据等价原理的计算与他以牛顿原理为基础的计算之间的本质区别。纯属偶然，使得爱丁顿得到了同样的结果。

爱丁顿面临的新实验将产生三种可能：第一，光沿着直线前进，太阳的引力场并没有使之发生偏移。第二，光发生了偏移，偏移的结果与“牛顿值”0.87秒弧度相同。第三，光线将偏移1.7秒弧度，与广义相对论提出的数值一样。可以想象，在英国，光线的偏移观测被看成是艾萨克·牛顿和阿尔伯特·爱因斯坦之间的赌注。爱丁顿自己则更倾向于认为爱因斯坦的结果希望最大。

虽然普林西比连续几周干旱，但日蚀那天却是阴云密布，下起了雨。当日全蚀开始时，透过云层，爱丁顿可以看到美丽的日冕环绕着月亮圆形的轮廓，但是却没有办法按照原计划进行日蚀观测、拍照，只能寄希望在日蚀结束之前，云层能够露出些空隙。大家在紧张地进行日蚀拍摄工作。爱丁顿回忆说：“上面天空中的景色非常壮观……我们周围的一切都披上了奇异的半光，四周一片寂静，只有观测者的喊声，以及节拍器的滴答声，日蚀一共进行了302秒。”日蚀拍摄工作完成后，爱丁顿马上给伦敦发电报说：“穿过云层，有点希望。爱丁顿。”

爱丁顿和考汀汉姆并没有完全失败，由于云层的原因，十六张曝光的底片中，大部分都没有用，但是在日蚀即将结束时，云层终于散开一片，至少有一块底片记载下这些星星的位置。为了对比，在1月份，用同样的仪器，格林威治已经拍下了这块天空，当然是在太阳处于不同的位置时拍摄的。在普林西比把这惟一能用的照片与参考照片进行对比，用一个千分尺测量。这是一项非常精细的工作，因为一秒弧度的偏差在底片上的反应是六十分之一毫米，各种各样的错误，诸如温度给仪器带来的偏差，热带气候引起的乳剂膨胀等，都可能导致最终测不出这个差别。这张惟一的照片成功地显示出了明显的偏差，十分符合爱因斯坦的理论值，因此否认了牛顿的预言。

但是暂时还不能公布这个结果，因为还有四个特殊乳剂的底片不能在炎热的热带冲洗，只有等到远征队回到英国后，才能进行冲洗、测量和比较。此外，还有一支队伍在索伯瑞尔。他们非常幸运，日蚀那天天气很好，但是他们还需要在当地作底片对比，因此还要等两个月，在太阳离开前景后，可以在夜晚的黑暗中拍摄到毕宿星团。因此，包括回程和计算所需的时间在内，至少要等五个月，两支队伍的合作结果才能公布于世。

这次壮观行动的主角爱因斯坦当时在柏林和苏黎世，他也别无他法，只能等待。可能在战争结束前，爱因斯坦就知道英国计划的这次远征了。1919年4月中旬，在柏林《关于相对论基础》的讲座中，爱因斯坦提到了这次远征。通过《沃斯克日报》的报道，广大公众了解到这次远征行动。5月29日，日蚀这一天，这家报纸发表了一个长篇专论，题目是德国人A.文·查米索的名言《太阳将告知一切》，道出了这次远征的目的。爱因斯坦可能把这篇文章寄给了住在琉森的妹妹，给已经非常骄傲的母亲再提供一些素材。

爱因斯坦可能从洛伦兹或埃伦费斯特那里得知，尽管由于云层的影响，这次日蚀观测还是成功的，因为6月份，爱因斯坦给母亲写信说："据荷兰的一份报纸报道，两个远征队都非常成功地拍摄了日蚀，六周以后，会知道观测结果。"荷兰报纸的报道是转发英国杂志《自然与观察》上的报告。7月21日，《福斯报》摘录下荷兰报道的这条消息，向德国读者作了一个简单介绍。爱因斯坦曾经希望8月份观测结果会出来，但是他还要耐心等待一段时间。

1919 年夏天,从美国传来另外一些消息,并且是很令人失望的消息。天文学家威廉姆.W.甘贝尔,1918 年在美国西海岸发生日蚀时拍下了几张照片,但是从这些照片中,并没有得出任何结论。失败的原因是甘贝尔准备采用的改进仪器于 1914 年被扣留在俄国,当时正在从日本运往美国的途中,不能派上用场。在研究过程中,与一些早期日蚀的底片比较,结果得出在强引力场中没有发生光线偏移现象,“爱因斯坦效益”不存在,并且公布了这个实验结果。

红移现象的证实也有了结果,但是也是消极的。分光学家查尔斯·爱德华·圣·约翰,在加州威尔逊山太阳观测站精确地测量了十分清晰的太阳光谱线,根据测量结果,他认为自己已经把广义相对论预测的效应排除在外了。除了爱因斯坦对弗里德里希的结果感到鼓舞外,大多数天文学家对从星体上得到的结果表示怀疑,通过实验验证广义相对论的事进行得并不顺利。当马克斯·玻恩问爱因斯坦,如果没有得到预测的结果,他该怎么办?他十分平静地回答说:“我将十分吃惊。”

9 月中旬,英国远征队测量的结果早就应该出来了,但是整个夏天没有任何消息。在一封长信中,爱因斯坦故意装成随便地询问埃伦费斯特,光的偏移事情进展如何:“你是否听到英国日蚀远征队的情况?”9 月 22 日,莱顿给爱因斯坦发了一份电报答复爱因斯坦的询问:“爱丁顿发现,在太阳边缘的星星的位置偏移了 0.9—1.8 秒弧度。洛伦兹。”洛伦兹是从莱顿的一位同事那里得到这个信息的,这位同事刚刚参加 9 月 13—16 日由英国科技进步协会在伯恩茅斯举办的会议。在不十分引人注目的讲座里,因为还要等待最后的评估结果,爱丁顿非常谨慎而含混地表达了自己的意见。事实上,洛伦兹告诉爱因斯坦的数据并不十分准确,这个数据显然不能区分“牛顿值”0.87 秒弧度和爱因斯坦预测值 1.7 秒弧度。得到这个信息后,如果爱因斯坦对于这个数据是否完全确认自己的理论感到怀疑的话,显然不久,爱因斯坦就消除了这种疑虑。爱因斯坦把刚刚收到的电报给一位博士生看,但他并没有被这位学生所表现的兴奋所打动,因为他一直认为这个理论是正确的。几天后,他给母亲写信说:“今天得到了一个好消息。H.A.洛伦兹打电报告诉我,英国的远征已经证实了光的偏移。”在同一天寄给一位物理学家的信中,爱因斯坦表示了这种肯定:“……测量结果在 0.9—1.8 秒弧度之间，而理论值是1.7秒弧度。无疑，仔细评估会得到更精确的结果。"

不用说，爱因斯坦也通知他的柏林朋友们，他的理论被证实了，因为在10月初，马克斯·普朗克热烈地向他表示祝贺："洛伦兹电报带来的好消息，终于证明了你那具有魅力的理论。你本人一直对这个结果信心十足，现在事实扫除了其他人的疑虑，这是一件好事。"

爱因斯坦不仅把这个好消息告知他的母亲和同事，也告诉了像亚历山大·莫斯科瓦斯基这样的记者。因此整个事情变得复杂了，1919年10月8日，在《柏林日报》上发表了一篇优美的文章，声称测量出来的结果证明光的偏移"在误差范围内等价于爱因斯坦预测的数值。这说明爱因斯坦的广义相对论表达了宇宙的真正结构。"这篇文章有些夸大其辞，但很对爱因斯坦的胃口。于是他马上给好朋友《自然科学》的编辑阿纳尔德·柏林厄寄去一个九行的简要说明。在这个说明中，爱因斯坦十分大胆地说，英国"已经在太阳边缘证明了光的偏移，与广义相对论预测的结果一样"。

去莱顿访问之前，爱因斯坦终于可以肯定自己的理论被证明了。10月23日，到达莱顿两天后，爱因斯坦收到一封英国的来信。他马上给普朗克写信说："今天晚上，赫兹斯巴格给我带来A.爱丁顿的一封信，信上说精确测量底片后，得出的结果与理论值完全一致。感谢命运的怜悯，我能在有生之年见到这个结果。"两天后，在一个星期六的下午，爱因斯坦应邀参加阿姆斯特丹科学院的会议，他向母亲报告说："为了使我高兴，洛伦兹在会议上介绍了广义相对论和英国远征的结果。现在测量结果已经明确，完全验证了我的理论。"但是洛伦兹并不是在公开场合正式讲这样的话的。对于这个结果，伦敦将要安排一次活动公开发表。

11月初，当爱因斯坦回到柏林，他发现已经有很多祝福在等待着他。这些不太成熟的祝福包括来自柏林大学心理学家和普鲁士科学院会员卡尔·斯达姆夫的，他热情赞扬爱因斯坦的伟大成就："对于你的引力理论取得的新的伟大成功，我觉得有必要向你表达我真挚的祝福。经过军队和政治崩溃，德国科学家却能取得这样伟大的胜利，我们和你一样激动，并且为你感到骄傲。"爱因斯坦一定感到很吃惊，竟会把他当作德国英雄，因此爱因斯坦实事求是并且谦虚地给这位年长的绅士回信说："如果这些是伟大的成就的话，这些成就也是在七年前取得的。最近，我并没有取得什么特殊的成就,因此不值得你表示祝福。”

最引人注目的祝福来自苏黎世的朋友章格,他说:“在我们共度的时光中,对于我来说,你对于光线经过太阳必须弯曲的自信和信念是一种极大的心理体验。你非常肯定你的信念会产生强烈的影响。”

A. S. 爱丁顿事实上对爱因斯坦的这个理论从没有采用科学的怀疑态度,而是带有明显偏向爱因斯坦的偏见。但是在确认这些测量结果时,他和他的同事们也经历了一些曲折。

在普林西比测量的一个底版,以及四张在英国冲洗出来的底版中,发现在非常大的误差范围内,测量的结果与爱因斯坦的理论值一致。他希望索伯拉尔拍摄的底版效果会更好,但是克劳米林和大卫松直到 8 月底才能从巴西回来。他们用一台大的天体摄影望远镜拍的底片首先冲洗出来了,使爱丁顿吃惊和害怕的是,测定的结果不是爱因斯坦预测的数值,而是其一半,即“牛顿值”。正是因为这种差异,在 9 月中旬的伯恩茅斯会议上,爱丁顿只作了含混的表达。9 月 22 日,洛伦兹把这个不准确的数据通过电报告诉了爱因斯坦。可能是由于定目镜过热的原因,使底版上的图形发生了扭曲,因为这个目镜是由一系列镜子组成的。

还剩下在索伯拉尔用辅助仪器拍照的七张照片,是用一个十厘米镜片的望远镜拍摄的。为了测量这些底版,首先要改进测量仪器,因此把时间一直拖到 10 月份,测量结果十分准确地显示出爱因斯坦预测的值。爱丁顿承认在这件事上,他的思想不够开明,有些偏向爱因斯坦,但是,现在他可以长舒一口气了。大家一致认为产生“牛顿值”的那些照片存在很多缺陷,不值得考虑,因此爱因斯坦的数值是正确的。

11 月 6 日,星期二,伦敦皇家学会最古老、最受尊敬的英国科研机构与皇家天文学会联合会议确定召开。会议将在位于匹克迪利皇家学会的老家,柏林敦召开,会议议程只有一项:确定和讨论两个日蚀远征队的测量结果。在英国物理学和天文学有点地位的人都出席了会议。

专程从剑桥来此的阿尔弗雷德 · N. 瓦尔特海德后来回忆说:

整个会议的气氛像希腊戏剧那样有趣,我们在揭示这项伟大性事件过程中,评论命运的规则。这个舞台还有些戏剧味道:传统仪式,在其背景后面的牛顿画像使我们想起,经过二百多年,这个最伟大的科技总结第一次得到了修改。这并不是由个人的意愿决定的:思想上的巨大冒险终于成功了。

让我提醒一下,悲剧的主题并不是悲伤的,它包含在无悔为此工作的庄严中。只有人的生命才可以谱写这个乐章……物理定律是命运的法则。

除了瓦尔特海德理解的戏剧性外,这个事件本身对英国人来说是一种赌注:牛顿对于爱因斯坦,或者代表他们的 O. 洛吉相对于 S. 爱丁顿。

第一位发言人是皇家天文学家弗朗克·迪松,在战争期间,由于他的远见、推动和国际主义态度,使得远征的计划得以实施。迪松描述了远征的目的、仪器设备、艰难的测量过程,最后宣布:“经过仔细研究底版,我将毫无疑问地说,它们符合爱因斯坦的预测值。根据爱因斯坦的引力定律,光线发生了偏移。”接下来克劳米林公布从索伯拉尔得到的测量结果,而爱丁顿公布从普林西比得到的测量结果。测量到的数值是,在索伯拉尔拍摄的底版上得到的结果约为 1.98 秒,在普林西比拍摄底版上得到的结果约为 1.63 秒(由于云层的影响)。这两个结果都否认了“牛顿值”,它们的平均值几乎等于爱因斯坦预测的 1.74 秒弧度。

两位主席,皇家学会的 J. J. 汤姆逊和皇家天文学会的 A. 福勒,支持迪松和爱丁顿得到的结论。在接下来的讨论中,每个人都在等着 O. 洛吉的发言,他曾经公开打赌说不会发生光的偏移,或者如果有,也只是符合牛顿的引力定律;并且在他的书中,一直坚持早已经放弃的以太理论,同时还计算出以太的质量为每立方厘米几千吨。洛吉什么话也没有说就离开了会场。最后,只有 L. 希尔伯斯坦怀有疑虑。借助某些理由,希尔伯斯坦指出,经过对太阳光谱线的精确测量,没有发现红移现象,所以应该由红移现象决定爱因斯坦理论的正确性,几乎没有任何道理,他认为这里测得的光的偏移可能是由于太阳大气的屈折导致的。带着一些戏剧性味道,希尔伯斯坦指向牛顿的画像说:“我们认为有必要说明,这位伟大的人十分谨慎地修改了他的引力理论。”

在讨论中,无疑主要是因为迪松和爱丁顿的权威,普遍流行的观点是,正确地解释了水星近日点的运动以后,证实了光的偏移预测就是证实了广义相对论,也就是爱因斯坦的理论。继牛顿之后的皇家学会主席 J. J. 汤姆逊认为这种观点是客观的,并表达了自己的意见,也是大多数人的意见。他不仅赞扬了爱因斯坦,而且也称颂了伟大牛顿:“这个结果不是孤立的,它是整个科学思想的一部分……这是自从牛顿引力理论时代以来所取得的最重要的结果，在皇家会议上，应该说，这与牛顿是紧密相联的。这个结果是人类思想的最伟大的成就之一。”

这个人类思想最伟大的成就似乎也是最难理解的。在讨论过程中，汤姆逊承认：“如果没有完备的不变理论和变分法知识，是很难理解这个新的引力定律的。”据传言只有三个人真正理解相对论。会议结束时，相对论专家希尔伯斯坦走到爱丁顿跟前，对他表示祝贺：显然认为爱丁顿是这三人之一。爱丁顿没有说话。“不要这样谦虚！”希尔伯斯坦接着说。爱丁顿回答说：“事情根本不是这个样子的。我也正在想谁是第三个人呢。”

《快乐的死亡》，《上帝对人们的召唤》，《休战日的庆典》，《工作暂停两分钟》，这些都是1919年11月7日伦敦《时报》上的标题。在同一页，在一篇两栏的文章中，还有一个标题《科技革命——宇宙的新理论——推翻牛顿的理论》，这是对一天前皇家学会会议的报道。这篇文章分成两个小标题《重要声明》和《空间弯曲》。在这篇文章中，J. J. 汤姆逊提到了“人类思想中最伟大的宣言之一”。文章继续介绍说，爱因斯坦的理论说明：我们必须彻底改变宇宙构造的观念。相反，报纸对这位著名的物理学家没做任何细节介绍，没有给出他的年龄、名字，也没有提及他住在刚刚战败的敌人的首都柏林。

但是，从那时起，英国的报纸上经常出现有关相对论的文章，特别是《时报》。爱丁顿给爱因斯坦写信说：“整个英国都在谈论你的相对论。”在剑桥，爱丁顿给拥挤的人群做报告，外面还有几百人徒劳地叫喊着要进去。能斯特以前的助手A. F. 林德曼告诉爱因斯坦说：“我非常高兴看到他们把你当成几个国家的人……他们把你看成波兰人或瑞士人等，最重要的是，他们认为你是没有在那不幸的信中签字的人。”这是指在战争的第一年，德国九十三位知识分子签名的宣言。并接着说：“公众发生轰动的主要原因是，你的理论粉碎了牛顿的理论，世界不再是我们习惯认识的世界，而且整个欧几里得几何学不再正确，空间是弯曲的。自然，这伤害了我们的民族荣誉感，给整个世界带来了很大混乱。”另一方面，爱丁顿认为这种混乱具有积极的政治效果，对于英国和德国的科技交往是一件好事。

《自然科学》的编辑A. 柏林厄把维也纳物理学家罗伯特·W. 劳森的一

封信交给爱因斯坦。1913 年 9 月，劳森曾听过爱因斯坦在自然科学家大会上的报告，在战争爆发时，劳森被捕并关押在奥地利，但是允许他在维也纳放射研究所继续工作，现在回到了英国。在信中，劳森写道："在这里大家只谈论爱因斯坦，如果他现在来到这里，我相信他一定会像凯旋的将军一样。越来越明显，英国人确认了德国人提出的理论，给两国的重新合作带来很大可能性。因此，这个鼓舞人心的理论除了具有较高的科学价值外，爱因斯坦还对人类做出了不可估量的贡献。"

在相对论引起的混乱波及到德国之前，他首先给美国带来了无法想象的喧嚣。那里的人们对爱因斯坦一无所知，出于美国人的现实主义，美国物理学家对相对论不感兴趣，认为它是典型的德国形而上学思想。对于天文学家来说，光的偏移主要是对实验技能的一种挑战，而不是关于自然界理论的挑战。事实上，对于这个理论，美国人知道的很少，因为美国没有爱丁顿这样的预言家，以自己的伟大智慧和顽强意志去传播这个理论。

直到 1919 年 11 月，美国人还不太知道爱因斯坦这个人，但是自从那天以后，几乎没有美国人没听到过爱因斯坦的名字。《纽约时报》索引中认为第一次出现爱因斯坦的名字是在 11 月 9 日，显然编辑人员没有注意到，早在 1918 年夏天，在 W. W. 甘贝尔日蚀观测的论述中就提到了爱因斯坦的名字。11 月 9 日，出现了一个简短的介绍，主要是根据伦敦《时报》的第一篇文章而来的；第二天刊登了一篇长文章，带着六个耀眼的标题：《天空中所有的光线都是弯曲的》，《科学的人们对日蚀观测结果所表现的兴奋》，《爱因斯坦理论的胜利》，《星星不再是我们所看到和计算的，但是不要担心》，《十二位智者的书》，《爱因斯坦说，整个世界都不理解它，但是大胆的出版社接受了它》。

因为记者们对爱因斯坦的理论不明白，因此他们抓住了这个理论的不可理解性，一直到最后一段，他们都是这样评论爱因斯坦的："当他把最后的重要工作交给出版商时，他警告他们说，在这个世界上，最多不超过十二个人理解这个理论，但是出版商甘于冒险。"只有美国人相信这样的故事，认为《纽约时报》不能发表一个捏造的故事。在这块民主的土地上，任何人都有权利听到任何事情。所以不发表这个虚构的故事有损于这一智慧创造。

在 11 月 13 日的编者按中,《纽约时报》自己表明了这个观点:“需要两个皇家学会的两位主席介绍这个声明的合理性、可理解性,因为光具有重量和宇宙有边界的观点不是一种好的征兆。对于一般人,或者高级数学家来说,这是不可能的,仅此而已。最使人感到不安的是,只有学识丰富的人才有能力理解这个理论。由于太阳的作用,改变了直线运动的光线,这至少应该说光有一定重量……很难避免这样的疑虑,如果这些专家可以多做些什么的话,应该把他们的理论写成文字,以便我们可以仔细考虑一下。如果我们放弃,当然不会有什么害处……但是如果认输,我们有一点不安。”

事情就这样进行下去。11 月 13 日,编辑考虑请求当时美国最著名的物理学家,因为编辑认为:“虽然非常热情地解释了这个理论,但是当人们得知自己不可能理解这个新理论时,会感到有些不快。如果 R. A. 米离堪能够评论爱因斯坦推导的理论的可靠性,人们一定会感到一些满足的。”11 月 16 日报道评论说:“这些人可能是伟大的天文学家,但他们不是出色的逻辑学家。好批评的门外汉已经指责那些认为宇宙有边界的科学家,他们有义务告诉我们边界之外是什么。”同一天,发表了与哥伦比亚大学天体力学教授查尔斯·普尔的访谈。这位老实人认为这个经历了战争、罢工和共产主义反叛的不安定时代说明,根深蒂固的精神不安定已经深入到科学之中。似乎是对伽利略宣传哥白尼系统评论的迟来的共鸣,12 月 7 日在编者按中讨论了这种焦虑,标题是《对绝对的轰击》:对于时空反叛呼声的高起,使一些人至少起初担心这将损害所有人类思想的基础。

几个月来,《纽约时报》的读者感到任何不能理解的东西都是非美国的,应该拒绝。但是渐渐地这种态度改变了,不可理解的东西带上了光环:它变成了超自然的,不久爱因斯坦也包括在这准宗教的概念中。1921 年 1 月 31 日,《纽约时报》发表了一个编者声明:“对于时间、空间、数学、宇宙这样的虚构之事,我们应该仁慈些。不管是怎样虚构的,我们完全相信爱因斯坦,因为他思维敏锐、语言表达清晰而富有技巧。”

一位英国传记作家曾经写道:“在柏林,1919 年 11 月 7 日,爱因斯坦醒来时发现自己一夜之间成为名人。”如果爱因斯坦是生活在英国会发生这样的情况。但是在柏林,当爱因斯坦醒来时,只发现一份来自洛伦兹的电报,告诉他那天伦敦的公开声明,他的广义相对论原理被证实了,这个消息对于爱因斯坦来说不是什么令人吃惊的事。

其中的原因是,与英国和美国不同,在德国,人们已经非常熟悉爱因斯坦的名字,远远超过其他科学家。从普鲁士科学院的特别邀请开始,爱因斯坦就出名了,并且一直在名声大增。1918 年 3 月,汉堡的哥廷根大学哲学部授予爱因斯坦 O. 维尔布罗克奖,包括奖金一万一千马克,有十家报纸和杂志报道了这项活动(爱因斯坦怀疑是希尔伯特提议的,并对他表示感谢)。罗斯托克大学授予爱因斯坦名誉博士,虽然这并没有什么新奇,但是根据枢密院的标准,这个荣誉对一个年轻人已经很不平常了。最能说明爱因斯坦在公众中地位的文章可能是《福斯报》上的一篇文章,标题是:《一位物理学家的世界观:爱因斯坦教授关于研究的动机》。虽然文集中也包括沃尔堡、索末菲和劳埃的演讲稿,并且严格地说,马克斯·普朗克的演讲应该占据中心位置。所有这些事情都发生在相对论引起的混乱之前。

德国报界也详细地报道了英国的远征,但是没有像后来英国和美国报界那样渲染爱因斯坦与牛顿的冲突。事实上,早在 11 月份,10 月 8 日《柏林日报》上的一篇文章,以及一周后的《福斯报》上,已经提到了爱因斯坦的预言被证实的事。因此与英国和美国不一样,德国报界没有那种振奋,使马上扬名的爱因斯坦博士变成公众的焦点。

直到 11 月 18 日,《福斯报》才发表了一篇很理智的报道,是关于皇家学会和皇家天文学会在柏林敦屋召开的会议报道。11 月 30 日,E. 弗里德里希就此事写了一篇文章,《阿尔伯特·爱因斯坦:关于相对论的胜利》。在这篇文章的开始,弗里德里希说:“在德国,一个非常杰出的科技活动没有得到应有的承认。”接下来的一段时间里,德国的主要报纸再也没有谈论这件事。《法兰克福日报》请马克斯·玻恩写一篇有关评论文章,因此,11 月 23 日,在这家报纸的头版出现了标题为《时间、空间和引力》的文章。爱因斯坦认为这篇文章“很好”。根据通俗科学的传统,这些是事实性报道,没有任何轰动性。高水平的科技讨论周刊《自然科学》直到 1920 年的第一期才出现有关报道,但是只是限于评论英国《自然》杂志 11 月 6 日对柏林敦屋会议的报告。

与此同时,伦敦《泰晤士报》开始寻源:请求爱因斯坦向英国公众介绍一下他的理论。爱因斯坦以为什么答应这个请求开始了他的文章:

在学者们以前建立的国际关系遗憾破裂的时候，我非常高兴和感激地借此机会，与英国的天文学家和物理学家进行交流。这是出于英国的科技崇高而令人骄傲的传统，才使得英国科技人员花费时间和人力、英国科研机构提供物质条件去验证他们的敌对国家在战争期间完成和发表的理论。

接下来，爱因斯坦可能不完全令人理解，但非常明晰地论述了两个相对论，以及它们与经典物理的关系。关于"爱因斯坦相对于牛顿"的观点，爱因斯坦在结束时，对牛顿表示了尊敬：

这个理论和其它任何理论一样，都不能有一丝抛弃牛顿伟大创造的想法。牛顿清晰、宽广的思想永远辉煌，永远是现代自然哲学概念的基础。

对于当时来自英国的报道，爱因斯坦在结尾加了一个低格调的附注：

在《泰晤士报》中关于我和我周围环境的描述大部分是作者有趣的想象。为了使相对论更适合读者的胃口，今天在德国，我被称为"德国学者"，在英国，我是一个"瑞士犹太人"。如果我是一位不受欢迎的人，那么这样的描述就会反过来，对于德国人，我变成了"瑞士犹太人"，而在英国我就会变成"德国学者"。

根据同版的编者按，《泰晤士报》对这种说法并不感到好笑。认为这篇对英国科学家表示敬意的文章是"出于好意的，只是有些话语太多。至于其中的附言，我们认为没有什么好笑的。但是我们应该看到，除了理论中的广义张量外，爱因斯坦博士并没有提供有关自己的绝对描述"。

几乎同时，《纽约时报》柏林记者访问了"突然成名的爱因斯坦"。自然问及了爱因斯坦关于理解他的理论的"十二个人"的故事，爱因斯坦博士和蔼地笑了，但是仍然坚持说，门外汉是很难理解这个理论的，显然记者本人也不能理解这个理论。因为在他的报道中，把产生广义相对论的想象中的实验描述成为具体的实验：1915 年，一位真人从柏林的真正的房顶上掉下来，落到一堆保护物上，幸存下来。从窗口看到此人落下的爱因斯坦马上跑下来，询问这位奇迹般幸存的人的感受。那个人告诉爱因斯坦，在他掉下的过程中,没有感受到重力的存在。终于发现了打开广义相对论的钥匙。现在一直存在这样的疑问,是因为完全不理解这个理论,而使作者写出这样的故事,还是爱因斯坦本人故意这样来骗这个来访者的,这种情况并非不可能。

可能是受英国和美国新闻界的花边新闻影响,1919 年 12 月 14 日,《柏林画报》报道了这件事。画报的首页是一张漂亮的爱因斯坦肖像,旁边文字说明:"世界历史上一位新崛起的巨人:阿尔伯特·爱因斯坦,他的研究工作推翻了我们关于自然界的观点,与哥白尼、开普勒的发现齐名。"广义相对论引起的混乱终于到达爱因斯坦工作的地方了。

当时的爱因斯坦根本不会想到,从物理学的天才变成公共崇拜的偶像会给他的生活带来什么影响。几周以后,他知道了。对于他来说,这种变化带来的是"令人眩目的烦恼"。

第 五 部 分

辉煌与名誉重负

第23章　聚光灯下的相对论

1920年，当爱因斯坦惊奇地发现自己成为瞩目的中心时，他的反应是："这个世界是一个奇怪的疯人院。现在就包括马夫、侍者在内的人群都在争论相对论是否正确，而一个人对这个观点的信念取决于他属于哪个政治党派。"之所以如此，主要是因为德国政治的巨变，以及二十世纪新出现的媒介作用。德国人热衷于旗帜般的标题和耸人听闻的语言，因此，新闻媒介牢牢地抓住了阿尔伯特·爱因斯坦，使他无法逃脱。

爱因斯坦的第一位传记作家千方百计地斟酌字句，表达当时公众对他的狂热：

> 在此之前，从没有发生过这样的事情。惊叹的浪潮席卷整个欧洲大陆。一生中从来没有忧虑过光波或重力的人们现在争相加入这个浪潮，并进一步推高，即使不明白，但也努力去理解。从一个默默的学者的智力工作中，可以寻找探索宇宙的出路……当时，没有一个人的名字那样多次地被提及……这是一位追求星星的人，研究他的理论可以忘记俗界的烦恼……
>
> 甚至是在我们之间有位哥白尼的想法也有一定的升华作用。任何对他表示敬意的人都有一种超越时空的感觉，在这个贫乏的时代，这种敬意很有吸引力。

关于爱因斯坦神话的出现可能与人们对和平的渴望和星系的象征性有关。星空一直是亘古之谜，现在出现了一位智者，站在神的位置发出了一条新的几乎难以相信的消息。对于经历战争劳累的人们，这像是世俗的圣诞信息。经过巨大的财力物力,英国人证实了柏林创造的理论,对于德国人来说,这似乎是真正和平的象征。在国外,人们发现爱因斯坦没有在“九十三人宣言”中签名,他反对战争,他是位瑞士人,而不是德国人。而对于德国人来说,他是康德假说中的“高高在上的星空和道德规范”的化身。不理解他的理论,更增加了他的神秘感,伟大的预言家一直是很难让人理解的。

以前曾经出现过一次这种狂热,那是 W. C. 伦琴发现的 X 光。1896 年新年那天,伦琴把《关于一种新的射线》的文章单行本寄给一位同事,其中包括一张手的 X 光射线照片。1 月 5 日,在《维也纳报》的头版报道了这种新射线,标题是《一个轰动的发现》。1 月 7 日,德国和英国报纸转载了这条消息,1 月 9 日,德国皇帝给伦琴发了份电报:“如果这个报道是真的,我将向你表示祝贺,感谢上帝把这种科学上的新胜利赐予了我们德国。”皇帝要求伦琴亲自介绍一下他的发明。伦琴马上从维尔茨堡出发来到柏林,1 月 12 日,在皇宫演示了他的射线实验。在不到一年的时间里,关于这种射线及其应用的文章就出现了上千篇。

在性质上,爱因斯坦和他的相对论与 X 射线不同。空间的弯曲和光不是沿直线传播没有具体的可见效应。当速度接近光速时,世界的奇怪结构在普通生活中的低速情况下是无法想像的。更糟的是,一般人很难理解这个理论,所以写手和摄影师们只有把爱因斯坦当成偶像或者圣像来描绘。

这个事件发生的几个月后,爱因斯坦抱怨说:“自从宣布发现光的偏移以后,我体会到一种崇拜,感觉到自己像一个偶像。但是看在上帝的分上,这种现象最好马上消失。”但是他彻底错了,这种狂乱变得更加严重。1942 年,在回顾过去时,爱因斯坦说:“我一直不明白,在概念和问题上与现实生活相差甚远的相对论,为什么会在广大公众中引起这么生动、长久的充满激情的共鸣……是什么原因产生了这么持久的心理效应? 对于这个问题,我从来没有听到令人信服的答案。”C. 卓别林不仅没有提供答案,反而作了更聪明的嘲弄。1931 年 1 月 31 日,他邀请爱因斯坦参加在洛杉矶的《城市之光》首次公演。据说卓别林当时说:“他们欢迎我,是因为他们了解我,他们欢迎你,是因为没人理解你。”

爱因斯坦从没有让人感到他讨厌有关“相对论的趣事”,虽然它给人们带来愉悦,但经常给自己带来的却是烦恼。然而,如果不是爱因斯坦的时而参与,媒体本身不会持续狂乱,甚至过度兴奋。并不是名声使爱因斯坦冲昏了头脑,因为他十分精明,并且远离日常生活。同时,个人崇拜与他的民主信念相冲突。所以他下面的说法,并不是简单的谦虚,在一篇报纸上,爱因斯坦说:

> 如果少数的几个人被赋予超人的智慧和特性,这是不公正的,令人讨厌的。我现在的命运正是如此,在人们赋予我本人真正能力的时候,却存在着奇怪的矛盾。如果不能得到一些安慰,那么意识到这种奇怪的状态将是无法容忍的:在我们所谓的唯物主义时代,把目标完全放在精神和道德领域的人变成英雄是一个好的现象。

对于爱因斯坦来说,这种安慰是存在的:他可以利用日益高涨的名声为和平主义、民主和国际间的相互理解而工作,为犹太人的悲惨命运请愿,这是他后来才意识到的。

爱因斯坦很乐意与记者接触,可能认为这样可以转变知识界给人留下的僵化印象。他除了自己写文章外,还出席了很多座谈,并且照了很多照片,照片如此之多,作为"摄影师的模特",他有时不得不放弃了他的事业。

二十世纪二十年代,出现了电影,这种有声的新闻纪录片突然捕住了这位头发直立,吸着烟袋,拿着小提琴盒的爱因斯坦。1930 年 9 月,在柏林,照相机全部各就各位,面对巨大的人群,爱因斯坦发表了一个广播讲座。他号召所有在场和不在场的人们不要忘记像麦克斯韦、赫兹这样的人,是由于他们的研究成果才出现了收音机。从爱因斯坦在美国访问的影片中,可以充分反映出他非常喜欢由自己而引发出的大惊小怪。例如,1930 年 12 月 31 日,到达圣地亚哥港口走下舷梯时,爱因斯坦被拉拉队长领着走下舷梯时,欢迎的人群有节奏地高呼"爱因斯坦! 爱因斯坦!"在记者的怂恿下,他把帽子抛向空中,并用"低廉的笑话"回答一般的问题,同时自己也为此放声大笑。只是到了后来,他才学会利用新闻媒体实现自己的目的,而不至于自己被它们利用。

除了"相对论的趣事外",作为自从牛顿以来最伟大的物理学家,爱因斯坦像福尔特尔或左拉这样好战斗的知识分子一样走上了舞台。在自然科学家中,爱因斯坦是很有特色的,具有政治倾向的知识分子,因此在同事或德国人中,冲突和恶意的敌视是不可避免的。爱因斯坦对自己的行为也不满意:“我的悲剧是,为了保持庄重,必须没有差错地表演好分派给我的角色,我甚至不能鼓起一点自信。”在爱因斯坦出名的头几年,他有时失去了沉着冷静,有时甚至大发脾气。

第一次浪潮始于1920年初,爱因斯坦的《相对论简介》讲座成为当地的胜景,一个旅客在看过宫殿和勃兰登堡门之后,就是听爱因斯坦演讲。在这些旁听者中,真正的学生却很难找到座位。当这些旁听者满足了自身的好奇心之后,会在讲座结束前的大约15—30分钟离开,因此带来了混乱,交了学费的学生要求校长禁止这些非法参观者。只有爱因斯坦不反对这些参观者,他甚至要求任何人都可以听他的讲座,为了这些好奇的人,爱因斯坦宣布休息几分钟,以便他们能够有秩序地退场。由此引发了一些反对意见,校长告诫爱因斯坦遵守学校纪律,爱因斯坦接受了教训,并于2月12日与观众们(包括正式许可的人和其他人)讨论这个问题。学生会的代表们建议归还学生注册的费用,爱因斯坦的讲座应该是对公众免费的,爱因斯坦同意这种智慧的解决办法。

在此之前,曾进行过激烈的讨论。学生会的成员抱怨提到了“人类遗弃的东西”,左翼人员认为这是“反犹太人学生动乱的暴行”。校长马上声明没有一个字与犹太人和反犹太人有关;教育部的政务秘书打电话告诉爱因斯坦,教育部为此已经发表了一个新闻声明。《柏林日报》总结这次运动说:“这种抗议与政治无关,特别是没有反犹太人的性质。”在一个官方的声明中,爱因斯坦有所保留地说:“对于昨天发生的所谓丑闻没有什么问题,只是说明存在一些对我有敌意的意见。虽然没有说一句反犹太人的话,但是其中的含义可能会使人这样理解。”

由于战争的失败,以及共和国诞生的剧痛产生了一些野蛮攻击犹太人的行为,至少在“受教育的人中”,存在很强的反犹思想和过火行动。是否因为这种紧张的气氛使爱因斯坦在大学的纷争中感觉到了反犹思想?在反犹运动发现爱因斯坦这个靶子之前,是他自己的这种举动,第一次公开地把自己的名字与反犹思想联系在一起。

无论怎样,柏林人还存在其它忧虑。几周后,3月中旬,在柏林发生了激进的左翼反叛,迫使政府逃离城市几天。爱因斯坦向苏黎世的章格报告说:“这里的情况非常混乱,到处是堕落和军事独裁,军队乱杀无辜,一连串的悲剧,野蛮行径实在可怕。”由于大规模罢工,反叛组织崩溃了,政府又回到了柏林,但情况还很不正常:“整个国家像一个反胃的人,还没有完全吐净”。在这种环境下,由于政治极端主义者的影响,一些人认为攻击爱因斯坦和相对论是他们成名的好机会。并且德国毕竟是德国,这些人甚至还建了一个俱乐部。

“德国捍卫科学纯洁自然科学家工作协会”的创始人和代言人 P. 威兰德,是一位具有政治野心的新闻杂志记者和高级工程师,他是这些处于动荡时代多疑的人们在公共生活中的奇怪典型,开始是在暗中,后来却公开反对犹太人。根据劳埃介绍,威兰德属于大骗子,他可能受雇于躲在幕后的人,而且显然有足够的金钱收买物理学家,使他们公开反对相对论。8 月初,威兰德在《每日展望》上发表了一篇文章,声称相对论是“科学式的大众蛊惑”和“一个最大的愚弄”,并指责爱因斯坦剽窃,从此开始了战役。随着发生的争论,证明了他的真正目的:1920 年 8 月 24 日,威兰德租用音乐学会大厅,举行公共会议。除了威兰德,物理学家 E. 格尔克也在大会上发言。

格尔克是皇家物理技术研究所高级官员,无疑是一位出色的实验物理学家;他是卢默—格雷克片,以及质谱中一些非常有用技术的发明人,但是他不理解爱因斯坦的理论思想,并把这种迟钝变成了战斗的动力。自从 1911 年,格尔克就写文章攻击相对论。1913 年,当这个领域的专家都在研究相对论时,他在《自然科学》杂志上反驳这个理论,认为它是物理学中非常有趣的蛊惑群众的东西。M. 玻尔马上起草一个反击,但没起任何作用。

因为没有人相信他的“反驳”,1916 年,格尔克开辟了第二战场。他发现了泡默瑞尼校长 P. 格伯的一些研究。在上个世纪末,格伯试图利用过程解释水星近日点的运动,由于完全是专断,天文学家们拒绝了这种解释。格尔克在《年鉴》上重新刊登格伯的文章,并加上自己的评论,暗指爱因斯坦首先是剽窃者,其次,在相对论之前,近日点运动问题已经解决了。在一般情况下,发现与自己势均力敌的对手,爱因斯坦是不会拒绝“纸战”的。但这次,他告诉杂志的编者他“不理睬格尔克无谓的表面攻击,任何一位有理智的人都会这样做”。但是,一年后,当格尔克在其它地方重复这种愚蠢的评论时,爱因斯坦开始反击了。爱因斯坦的反驳简明而实际。一个尖锐、粉碎性的指责来自受人尊敬的慕尼黑天文学家 H. R. 希灵格,他指出泡默瑞尼校长抄袭了这个领域任何工人都知道的事情,而所谓的解释完全基于明显的数学错误。希灵格公开声明格尔克“不论是在现在和过去,都不理解整个事件”。

虽然可能不是反犹太人的人,只是一位感情用事的愚蠢的物理学家,但格尔克却在威兰德的协会找到了位置。

参加这次运动的 M. 文 · 劳埃说:“工作党导演的这次运动,目的不在物理学,而是与反犹太人的政治纲领有关,与在大厅走廊发放的政治诽谤性传单中的内容一样。”音乐大厅的听众们,包括爱因斯坦,首先听取了威兰德深奥的讲话,之后是格尔克所讲授的深奥的物理学。威兰德指责相对论是公开的自我宣传,是科学的达达派,并诽谤它的作者是剽窃者。接下来是格尔克的讲话。M. 文 · 劳埃记述说:“虽然他准备的是旧的废物,但是他那安静、客观的讲话方式对威兰德是一种安慰,威兰德也是一位没有良心的煽动者。”这“旧的废物”显然是指格尔克发现的格伯的文章。

在报道工作党的活动过程中,大多数自由和左翼柏林报纸对威兰德引入的争论方法感到遗憾。劳埃、能斯特和卢本在联合声明中,批评这种活动不仅引发人们来反对爱因斯坦的相对论,还会引起恶意的人反对爱因斯坦本人:

> 这里我们不详细讨论爱因斯坦通向相对论的无比高深的智力工作,这个理论已经取得了惊人的成功,进一步证实是未来的研究工作。我们这里打算强调昨天只字没提的事,除了爱因斯坦的相对论工作外,他的其它方面的工作已经说明,他在科学史上具有不朽地位。因此,他对柏林和整个德国科技生活的影响是无法评价的。
>
> 每个与爱因斯坦接触的人都会知道,没有人比他更尊重他人的知识产权,他本人非常谦虚,讨厌公众的宣传。我们认为不作任何保留地道出我们的信念是正义的要求,因为昨晚没有机会这样做,现在更应该这样做。

8 月 26 日,许多报纸都刊登了这个声明,甚至《每日展望》,威兰德的代言人也刊登了这个声明。

同时,爱因斯坦自己也陷入这种摩擦之中。他自己也写了一篇饱含争论、愤怒和恶意的文章,发表在8月27日《柏林日报》的头版:“我十分清楚这两位发言人不值得我动笔反驳,因为我完全知道他们的动机并不是追求真理。”在两个长栏的文章中,他彻底粉碎格尔克,自由地发泄自己的愤怒,正如B.布莱希特说的,恨,曲解了一个人的形象,当时的情景决定了爱因斯坦的语气。两天后,在一次讨论中,爱因斯坦生动地总结德国的境况说:“我感觉自己是一个躲在舒适的床上被臭虫折磨的人。”

科学院的会员们从没有听到这样粗鲁的言辞,爱因斯坦的好朋友们也吓坏了。埃伦费斯特不能相信有些词句会出自爱因斯坦之口。H.玻尔担心在《日报》上的“笨拙的回答”会产生某种后果:“任何一位不了解你的人,一定对你的印象极差,这令人心疼。”索末菲总结各种不同的人对这篇文章的意见,认为这篇不高兴的文章不像是爱因斯坦的风格。

音乐大厅事件之后,几天来爱因斯坦一直思考着离开德国。他显然没有为自己的意图保密,因为8月底,所有的报纸都报道了他的意向。索末菲请求说:“你不应该离开德国。”教育部也非常紧张,甚至住在伦敦的德国事务官也向柏林报告英国报界的报道:“对爱因斯坦的攻击和对知名科学家的干扰在这里产生了极坏的印象。特别是在这种时刻,爱因斯坦首先是文化的化身,因为爱因斯坦的名字已经广为人知了。我们不能把可以用作文化宣传的人赶出德国。”当爱因斯坦从他的冷漠状态中恢复过来时,能够看到反相对论俱乐部有趣的一面,也意识到了朋友对他的关心。他给玻尔等人写道:“不要对我要求太严了,在愚蠢的祭坛上,为了神和人类,有时任何人都要做出牺牲的。我是以我的文章作出牺牲的。收到无数朋友的赞成信,在某种程度上说明了这一点。”

当然也存在支持爱因斯坦、与他团结一致的声明,如来自M.雷哈特和S.茨伟克的声明。社会民主党文化部长K.哈尼克表示说:“希望你不要因为这些没有证据的谣言,以及那些丑恶的攻击,而在我们科学的伟大装饰中,离开一直为你骄傲,一直尊敬你的柏林。”爱因斯坦马上“满怀感激地”回答说:“除了我是否应该得到这样的慈爱和尊敬外,这些天的经历,使我感到个人和科技的关系把我紧紧地与柏林联系到一起了。除非外界条件迫使我这样做,否则我是不会到外国去的。”

普鲁士科学院的执行秘书认为没有必要顺从教育部的建议,加入到关于爱因斯坦理论价值的纷争中。M.普朗克表示同意:“如果我们拿出科学院的重炮轰击这些反对者,对那些羡慕爱因斯坦名声的多疑人物实在是太给面子了。此外,爱因斯坦并不是因为这些事情而打算离开柏林(这是主要原因)。”

但是,这件事并没有彻底解决。一方面,怀疑的人并没有放弃,另一方面,在一篇文章中,爱因斯坦因为失言而处境尴尬:他曾猛烈攻击1905年诺贝尔奖获得者菲利浦·莱纳德。由于莱纳德关于光电效应的实验使得年轻的爱因斯坦想到光量子的假设,他们之间曾互相尊敬和崇拜,这样做并不是出于礼貌。而在广义相对论方面,他们发生了冲突。在1918年《年鉴》的一篇文章《关于相对论、以太和引力》中,莱纳德以他所说的“常识”提出了反驳意见。年底之前,爱因斯坦以轻松、谦恭的笔调,采用一种“批评家”与“相对论者”对话的形式对这些反对意见做了回答。

而在《柏林日报》上,爱因斯坦的表现非常具有挑战性。他说:“我仍然尊敬莱纳德是实验物理学的专家,而他在理论物理上却一无所知,对于广义相对论的反对也是非常肤浅的,现在我认为没有必要进行具体反驳。”爱因斯坦的粗暴攻击,使反对者在音乐大厅的走廊里分送莱纳德《年鉴》文章的单行本,工作党还准备采取更进一步的行动,请莱纳德作为发言人。当然这只是P.威兰德的单方面行动,没有征求本人意见就把莱纳德的名字登在海报上。

尽管完全反对广义相对论,莱纳德仍然保持一种学术姿态,但是他对《柏林日报》上的文章非常愤怒。作为物理学会的主席,索末菲急于减小冲突,请求爱因斯坦说:“请给莱纳德写些和解的话……如果你对他说,你的反击不是针对学术界,而是对于威兰德那些所谓的同志:如果有必要,你将公开声明,这样他的怒气可能会减少些。”莱纳德坚持说:“爱因斯坦应该像他发表这篇文章一样,收回他的声明,否则将不能弥补对我的不公——如果这是可能的。”爱因斯坦并没有接受索末菲的劝告,调解失败了。这对1920年9月底将要召开的德国科学家和物理学家学会大会来说不是一个好的征兆。

9月19—25日,大会在巴特瑙海姆召开。数学和物理部的联合会议将讨论相对论的有关事宜。爱因斯坦建议讨论相对论,任何敢于面对科学论坛的人都可以发表反对意见。论辩安排在 9 月 23 日,在相对论讲座结束后。

由于担心发生类似柏林的事件,大会主席进入大厅,密切注视注册参加会议的人员,并且建立了严格的控制制度,甚至请警察出面。爱因斯坦并没有发表演讲,而是积极地参与座谈,特别是赫尔曼·维尔打算统一电力与磁力的座谈。最后一位发言人是波恩的实验物理学家 L. 格莱伯,他提出了关于太阳引力场红移的测量结果;爱因斯坦对这个结果很高兴,似乎证明了自己的理论预测(与以前经常发生的情况一样,爱因斯坦的高兴还是太早了)。

中午开始了盼望已久的辩论。M. 普朗克任主席,主要人物是莱纳德和爱因斯坦。但是并没有出现一些人所担心的,而另一些人所希望的戏剧性场面。从极大删减的或者经过编者润色的报告中可以看出,大家举止都很文明。"任何个人攻击倾向都被普朗克迅速压下去了。而观众不允许参与反对和同意的论述。"许多不想错过这个机会的几家大型报纸,第二天没有什么特别情况报道。不仅爱因斯坦,就连莱纳德在讲台上发表的文章也没有。

从科学的角度来看,与预想的一样,这次讨论没有什么创造性结果。莱纳德没有指责相对论与实践矛盾,或具有逻辑错误,也没有提出格尔克认为的剽窃。他以一般的反对开始了辩论,例如"这个理论违反一个科学家的基本常识"。他描述以太的存在是必不可少的,同时图表思维也是必不可少的。对于最后那个观点爱因斯坦回答说:"对于是否用图表思维绝不是简单的事,我认为物理是概念性的,不是图表的,并且我们对于图表的观点不停地在改变,作为例子,我将提醒你,在不同的时代,伽利略力学的图表具有不同的概念。"

普朗克终于可以用一个笑话结束这个没有结果的辩论:"非常遗憾,因为相对论没有办法延长我们这次会议所需的从 9 点到 1 点的绝对时间,现在这个会议必须暂时休会了。"

那些希望会议最后应该否决爱因斯坦理论的反对者感到很失望。在报纸的一篇文章中,P. 威兰德猛烈攻击"对爱因斯坦敌人的扼杀",但是不久他的“反相对论”俱乐部消失了。甚至格尔克也认为威兰德是一位“值得怀疑的人”;莱纳德也认为威兰德最终是个骗子。那种有组织地反对爱因斯坦和相对论的尝试注定要失败的,经过仔细研究,反对爱因斯坦的反犹太人的悲惨战争只不过是早年魏玛共和国那些好奇的、无所适从的政治敏感现象。在巴特瑙海姆大会之前,惟一的反犹太人例子是在音乐大厅走廊散发的污辱性传单。在巴特瑙海姆大会后,莱纳德才开始用最令人讨厌的反犹太人的邪恶思想标榜自己反对相对论。

巴特瑙海姆会议之后,索末菲给艾尔莎·爱因斯坦写信说:“非常高兴整个危机结束了。你丈夫,以及他那和蔼和实事求是的态度战胜了危机,这是他的对手所不具备的素质。”爱因斯坦对这个会议的印象却相反,部分是由于自己的行为,这个会议在他的心里留下了苦痛;他决不希望重复巴特瑙海姆的事情,因为与坏人为伍,使自己失去了所有的幽默感。当第二年,物理学家们在耶拿召开会议时,爱因斯坦没有参加,“因为去年在巴特瑙海姆,那些大人物给我找了很多麻烦。我正努力远离那些暴徒,并且做到了。”

虽然德国著名科学家们非常骄傲他们之中出现一位“新的哥白尼”,但是他们不愿看到爱因斯坦的名字经常出现在报纸上。

M.玻恩曾经亲身体验了这种出风头而带来的暴怒。他写了一本不太流行的关于相对论的书,打算加上爱因斯坦的照片和一个简短的小传。他把这两页文字寄给艾尔莎·爱因斯坦,读了这篇文章后,艾尔莎回信说:“我应该吻它一下,请不要改变一个字。”这本书出版时,为了朋友,劳厄马上向玻恩提出抗议,他说:“许多同事和我会对照片和小传感到不快,这种事情不适合任何科技书籍,虽然这样可以得到更广泛的读者。”因此,玻恩请出版商 F.斯普灵格去掉画像和小传。斯普灵格虽然不想这样放弃,但是重新印制的单行本中还是删除了这些“个人材料”,以免引起怀疑,认为爱因斯坦爱出风头。

更麻烦的事还在后面呢。德国出版社协会的商贸杂志要出版一本书,标题很有分量《爱因斯坦——用他的思想洞察世界——关于相对论和一个新的世界体系的通俗报告——以爱因斯坦与亚历山大·摩西考斯基的对话为基础》。这本书的作者是一位记者,在战争期间,曾邀请爱因斯坦参加布里斯托宾馆的文学团体,并为《柏林日报》写过日蚀的文章。他迄今为止出版的书没有显示太多敬意,由一系列笑话和美术色彩的东西组成,标题也颇为下三滥:《世界的屁股——一种纯粹胆汁的哲学》。

爱因斯坦的朋友非常担心这样的一本书。由于爱因斯坦当时到外面旅行去了,只好由弗里德里希尽力说服作者不要出版这本书。不用说,没有成功。H.玻恩焦急地给爱因斯坦写了一封长信,请他亲自出面制止这本书的出版,并描述了如果不这样做的后果:"不仅在德国,而且在各地都会出现更糟的战役,而且由此产生的反感会使你窒息……一个刚刚四十岁的男人,仍然很年轻,却让一位不受欢迎的作者记录自己的谈话……除了你的四五个朋友外,在道义上这本书将判处你死刑,这将使大家更加相信对你的指责是有道理的,你一直在自吹自擂。"几天后,M.玻恩又征求爱因斯坦妻子的意见:"你应该摆脱这个摩西考斯基,否则的话,威兰德将会赢得胜利,莱纳德和格尔克也会胜利……你应该听取和遵守有决断力的人们的意见(而不是你的妻子)。"爱因斯坦认为对摩西考斯基的论断有些"粗糙",但他还是照办了。给摩西考斯基寄了一封挂号信,要求不要出版他的杰作。

但是摩西考斯基和他的出版商都不会那么容易地接受命令的。有人建议爱因斯坦采取法律手段,但他拒绝了,因为这会使局面更糟。总之,爱因斯坦并没有像他的朋友那样,认为即将到来的事件具有戏剧性。"所有的这些对我来说并不会有什么不同。事实上,什么事也不会发生。"冬天回到柏林,他用黑色幽默向忧虑的埃伦费斯特描述说:"感谢印刷部门的怠慢,我的朋友摩西考斯基的臭壶还没有打开。很不幸,我不能亲自为你描绘出来。F.玻恩的高涨情绪已经发展到很强程度,所以我必须用温柔的讽刺使他安静下来。"当那本"著作"终于出版时,对于那些认为有必要读这本书的人,爱因斯坦并不感到奇怪,而这些人所采用的批评或斥责却使他感到烦恼。他谴责章格说:"我不能理解,你甚至为摩西考斯基花时间;我自己没这样做,所以我可以拯救自己的灵魂。我知道愤怒只是一种商品。"

很幸运,这本书不是灾难,也没有引起灾难。因为在这之前,他的反对者就声称"爱因斯坦所有的事情都是自我吹嘘的",而爱因斯坦只是耸一下肩,接受这种判决,因为,他知道自己就像一位神话故事中的人,接触的东西都会变成金子,只不过这里变成了媒介的喧嚣罢了。媒介的喧嚣早已震耳欲聋了，而摩西考斯基的书，虽然直到1921年还再版，并没有对此产生什么影响。

晚年时，M.玻恩拿起当时曾经激烈攻击的书，发现它并没有想象的那么坏。虽然不是伟大的传记作家，摩西考斯基似乎全面地反映了这个主题，从包括近期罗瑟福的原子核变换到教育问题，具有很强的权威性。因为许多细节摩西考斯基只能从爱因斯坦本人那得知，并且是第一次与读者见面的，因此，尽管这本书有些缺陷，仍是不可缺少的素材。

此外，摩西考斯基笔下的爱因斯坦只是关于相对论的文章和出版物浪潮中的一篇。1921年仅在德国，就有五十本这样的书和手册。

第24章　相对论遨游者

1919年11月，阿尔伯特·爱因斯坦的名声传遍了整个世界，普鲁士人也不甘心落后。11月26日，在伦敦皇家学会值得纪念的大会结束后只三周，国家预算委员会成员们与德国政府协商，要求普鲁士政府在发展阿尔伯特·爱因斯坦的主要发现过程中与其他国家友好合作，支持爱因斯坦进行更深一步的研究，并为此投入十五万马克。爱因斯坦对此表示感谢，他向文化部长表示："我不能没有一些痛苦的忧虑，在这个艰苦的时期，这样的一个决定是否会引起公众的嫉妒与怀恨？"为了得到德国天文学家的支持，爱因斯坦说："国家不再需要投入特别的财力，如果天文台和天文学家能把他们的部分仪器和精力投入到这个事业中就足够了。"

爱因斯坦忠实的朋友天文学家E.弗里德里希认为，官方为他们提供了一个把科学进步和自己职业相结合的机会。爱因斯坦曾经预测了三件事：水星近日点的运动，光的偏移，太阳引力场的红移。弗里德里希早就提出，为了确认第三个预测——红移现象，应该按照加州威尔逊山的模式建立一个塔式望远镜，如果可能，应使用更大更好的仪器。国家提供的钱显然不够用，因此，弗里德里希说服W.能斯特在工业方面募集资金。

经能斯特同意，由弗里德里希起草的呼吁《阿尔伯特·爱因斯坦捐款》中提到："这是所有关心德国在世界文化中地位人们的爱国主义荣誉，尽他们的力量募集资金建立一个德国天文台，与他的创造者一起去证实他的理论。"普鲁士科学院所有重要的物理学家和天文学家，以及皇家威廉学会主席A.封.哈耐克都在呼吁上签了名。这使能斯特和F.哈伯很容易利用他们与"德国工业皇家学会"，特别是与化学工业的关系，得到几十万马克的资助，因此1920年春天，开始了“爱因斯坦塔”计划的实施。耶拿的泽斯科特公司出钱运送仪器，国家在波茨坦姆的天文物理天文台的资产中提供一块场地，聘请E.弗里德里希为科学主任。

负责建造的是弗里德里希的朋友E.曼德尔松。受弗里德里希鼓舞，曼德尔松设计出给人深刻印象的太阳天文台。当时没有人敢肯定是否能建成，或从哪里筹钱。克服了无数的技术困难，1922年，十四米高的塔终于建成了，又花了两年时间把先进的仪器安装到位。大家认为曼德尔松所设计的戏剧性结构，是表现派艺术建筑中最重要的建筑。但是爱因斯坦并不喜欢，他的艺术眼光有些保守，觉得这个结构类似于一个大型潜艇的锥形塔（这个名字对于海军上将更适合，而不应该是对和平主义者）。令爱因斯坦感到安慰的是，在天文台这样空旷的地方，这个塔不会引起公众的注意。

虽然爱因斯坦被任命为“爱因斯坦基金会”的终身主席，他根本没把这件事放在心上，并且很少参加会议，只是即兴地处理其中的事物。这是因为爱因斯坦与弗里德里希的关系日渐疏远，并且这个仪器装备的塔也并不是预期设想的。爱因斯坦一直坚信，红移现象终将辉煌地确认他的理论。由于在太阳光谱中存在很多复杂多样的线，并且与太阳大气中的激烈运动掺杂在一起，根本无法证明爱因斯坦预测的红移现象。虽然采用了一个非常特殊的望远镜，但得到的结果也只能对探索太阳表面有用。

这不是弗里德里希的过错，直到爱因斯坦去世五年后，这种确认才真正取得，它不是通过观察太阳或星光，而是在地球的条件下取得的。1958年发现了非常精确的茅斯伯尔效应，显示出地面与哈佛大学24米高的杰弗逊塔上的引力存在微小差异。这是爱因斯坦一直预测的结果，一个十分辉煌的确证。

在给文化部长的信中，爱因斯坦不仅感谢他对相对论研究的支持，同时提出了一个个人请求。在1919年底，这个请求比物理和自己的名声更重要。他想把病危的母亲从琉森的一家私人医院接到柏林，以便陪她度过余生。在已经授权的基础上，爱因斯坦请求文化部长关照房管部门在哈伯兰德街5号增加一个房间，供波琳和一位护理人员居住。这个请求没有被批准。12月底，由于癌症恶化已经瘫痪的波琳和她的女儿玛雅，以及一位女医生来到柏林，住在爱因斯坦的书房里。母亲的境况使爱因斯坦很受震动，他终于彻底明白血缘关系的意义。1920年2月底,波琳·爱因斯坦去世了。“我终于体会目睹自己母亲的痛苦折磨是什么样子,无法得到安慰。我们必须承受这种沉重打击,它们是与生命密不可分的。”

爱因斯坦也存在其它忧虑,虽不十分严重,但需要耗费很大精力,其中的一些忧虑是经济上的。由于马克的下滑,很难有足够的瑞士法郎抚养米列娃和儿子们。爱因斯坦写道:“如果米列娃和我的儿子们明天能够来到德国,这将会很有帮助。”爱因斯坦想让他们搬到卡尔斯鲁厄附近,与一位任中学校长的远房亲戚住在一起,但米列娃不同意这个计划,她不想与前夫的亲属住这么近。于是爱因斯坦提议去弗莱堡,但米列娃和孩子们希望待在瑞士。爱因斯坦十分理解他们的选择:“或许我可以筹到足够的钱让他们生活在瑞士,这对孩子们的未来有好处,为此,我有理由克服这些困难。”爱因斯坦态度的改变可能还有一部分是由于他对德国走向民主的希望破灭了。

不论爱因斯坦向普朗克怎样许诺要待在德国,或许是为了文化部长哈尼克,为了表示对柏林同事的忠诚,他拒绝了苏黎世和莱顿给他提供的机会,但是待在柏林,爱因斯坦并没有家的感觉。当M.普朗克与爱因斯坦商量自己从法兰克福搬到哥廷根时,爱因斯坦也向老朋友表达了自己的态度,认为:

> 自己不是合适提建议的人选,因为我也是无根的人。我父亲的骨灰存放在米兰,几天前我把母亲葬在这里(柏林)。我自己不停地流浪,永远是一个异乡人。我的孩子待在瑞士,由于各种复杂条件,我不能去看望他们。像我这样的人我认为,最理想的事是与最亲近的人待在一起;在这件事上我没有资格发表意见。

纽约的哥伦比亚大学给爱因斯坦提供了一个非常优厚并且没有任何义务的机会,并且保证他在美国可以更加安静地从事科学研究。爱因斯坦拒绝了,解释说:“从客观上讲,我在哪里学习和工作没有什么不同。”

爱因斯坦只是与那些具有共同科学志向的一小部分人紧紧团结在一起。1920年4月,N.玻尔从哥本哈根来到柏林进行一系列讲座,使得这个志同道合的小圈子又增添了活力。

自从1913年,玻尔发表了第一篇关于原子结构和光谱线解释的文章后,爱因斯坦就仰慕玻尔。虽然爱因斯坦没有见过这个比他小六岁的年轻物理学家,但从埃伦费斯特的介绍中,爱因斯坦对他印象很好。1919年底,爱因斯坦给莱顿的埃伦费斯特写信说:"我对玻尔很着迷,经过你的介绍,我对他越来越感兴趣。你使我意识到他是一位具有很深洞察力的人,与他在一起一定开心。"在晚年,爱因斯坦回忆自己曾对辐射理论感到失望,而玻尔通过与原子经典物理的融合,使爱因斯坦产生灵感,罗瑟福描述这种融合说:

> 以前的理论对人来说,似乎脚下的地面突然被人拽走,没有一个可靠的落脚地方。玻尔却从这种摇摆中发现光谱线、原子电子外壳的主要定律,以及它们对化学的影响,这对于我来说似乎是一个奇迹,并且一直是个奇迹。这是思想领域的最高、最美妙的音乐。

在来访时,玻尔给哈伯兰德街带来了奶油和其它营养品,爱因斯坦在一封感谢信中说:"这是来自哥本哈根最好的礼物,那里牛奶和蜜仍在流淌。"艾尔莎也在信中说:"看到这些精美的食物,作为主妇我的心都沉醉了。"两个人之间的谈论十分精彩;他们都十分关心辐射之谜和原子力学。虽然在当时物理学十分混乱的情况下,他们之间的谈话没有什么创造性结果,但是两位科学家显然从他们的互相理解中获得了极大乐趣。

对于玻尔的到来,爱因斯坦又有一次显示出具有把深深的崇敬变成亲切语言的才能。当玻尔离开后,爱因斯坦给他写信说:"在我的一生中,很少有人能够像你那样,一出现在身旁,就会给我带来极大快乐。我现在正在研究你的大作。一回想到你孩子般地在我面前微笑着、解释着的样子,我就感到开心。"两天后,他对埃伦费斯特说:"玻尔来过这里,我和你一样被他迷住了。他像一位敏感的孩子,像被催眠一样在这个世界行走。"玻尔很受感动,用不太流利的德语说:"和你见面和交谈,是我一生中最伟大的经历之一。你很难想象亲耳听到你的观点对我产生的极大鼓舞……我永远不能忘记从达莱姆到你家的谈话。"

1919年底,当发现自己成为公众的热点时,爱因斯坦写道:"从科学上讲,我现在没有什么可骄傲的,我的生活太紧张了。"这种状况一直持续着。

六个月后,他写道:“至于工作,我现在什么也没做。我的精力被分散了,有很多信件、建议、资助等问题要处理,但对这个重大的问题却没有什么进展。”这些悔恨使人想起他二十七岁时谈论的即将到来的“不变和毫无结果的老年”。

爱因斯坦现在确实很少发表什么,1920 年只有一篇文章,虽然很重要,但与“重大问题”无关。事实上,这篇文章标志着一个新的发展的开始,并且在他死后投身那一领域者还得了一个诺贝尔奖。

1920 年 8 月 8 日发表的这篇《在部分分离的气体中声的传播》文章,包括用简单方法确定快速化学反应建议的理论发展。由于当时能斯特研究所的技术条件限制,实验没有取得成功。直到二十世纪五十年代,这些思想才被哥廷根的科学家曼弗雷德·艾根实现,并于 1967 年获得诺贝尔奖。

即使是狂想,爱因斯坦也不能使他的创作高峰(1915 年至 1917 年)一直持续下去。“中年危机”的说法很贴切,当然也存在客观原因。自从 1907 年长期“孕育时期”的成果已经成功地收获后,爱因斯坦产生了江郎才尽之感。在理论物理的发展过程中,我们经常遇到这种停滞时期,这是即使是最伟大的天才也不能有所例外。在 1920 年期间,就“重大问题”而言,物理正处在这样的时期。

此外,战争时期和战后的艰苦条件,再加上个人的忧虑和一系列疾病也相继产生了破坏作用。虽然爱因斯坦描述自己是个“像个健康的家伙”,但他仍然必须限制饮食。此外,他日益高涨的名声对科研工作也不利,精力被分散了,根本无法像早年一样,全力以赴地投身到物理学中。

现在所有的事情都不同了,不论做什么,不论走到哪里,爱因斯坦都不可避免地引起公众的注意。爱因斯坦的国外旅行不再具有个人或科学的特色,而具有政治色彩,并且很有轰动性。虽然爱因斯坦认为自己的“相对论遨游者”的角色与别的没有什么关系。但是不论他走到哪里,都会引起德国使馆和柏林政府的注意。这并不完全因为“半数的外交部人员都来听相对论介绍”,而是因为这个普遍受欢迎的“相对论遨游者”被认为是完全与世隔离的德国文化财产。

1920 年 5 月,爱因斯坦再次来到莱顿。他的客座教授的身份还没有被批准,但是埃伦费斯特通过特别基金邀请爱因斯坦,并且作为安慰,聘任爱因斯坦为阿姆斯特丹科学院成员。与以前一样,爱因斯坦在莱顿非常开心,他再次热情地感谢埃伦费斯特:“你对我实在太好了,我无法表达自己的感激之情,我感觉自己是一位被纵容、过高估计的俗人,但是我从心底感激你。我们两个人在一起十分有益,因为我们是为彼此而存在的。”

与以前的来访不一样,这次访问有些官方特色。按照古老的科学礼仪,为了欢迎阿尔伯特·爱因斯坦,在古老的阿拉举办了一个《现代物理学中的空间和时间》的演讲。德国大使也出席了,并且第二天邀请爱因斯坦和莱顿的一些教授到德国公使馆共进午餐。德国使馆后来向柏林报告说:“爱因斯坦的报告很受欢迎,给拥挤的观众留下了很深的印象。爱因斯坦谦虚的举止更加深了这种印象。”对于德国的外交代表来说,更重要的是爱因斯坦的活动为德国和荷兰科技界的紧密合作做出了很大贡献。

回到柏林不久,爱因斯坦受奥斯陆大学学生会的邀请,准备出访挪威。这次访问由他的继女兼秘书伊尔瑟陪同,他回顾这个选择时说:“我只带一个女人陪我去,艾尔莎或伊尔瑟。后者更适合,因为她更健康、更有用。”在奥斯陆,爱因斯坦做了三次讲座,并且成为学生会的名誉成员。挪威的外交大臣亲自来听讲座,德国大使当然也参加了,并向柏林报告说:“一群清纯、快乐的年轻人。大家都十分崇拜这位科学家。”在爱因斯坦结束访问时,举行了一次帆船活动,尽管天气酷热,但根据北欧的习俗,大家都穿着正式的服装进行野餐。

在回程途中,爱因斯坦首先在哥本哈根稍作停留,与玻尔共叙友情,并且在天文学会做了一个报告。在来访的前一天,新闻界对这位当今世界上最著名的物理学家已经作了渲染,报告结束后,丹麦最主要报纸评论说:“爱因斯坦的工作应该是我们整个文明世界的共同财产,任何地方都应接受的财产。”德国大使的报告评论说:“虽然爱因斯坦生在瑞士,据说是犹太人血统,但他的工作是德国科学研究的一部分。”这种正误各半的说法显然代表魏玛共和国官方和公众的典型态度。

爱因斯坦是途经基尔回家的,在基尔,他给一所大学做了一个报告,并到安术茨—卡姆普夫旋转罗盘工厂促成几个专利项目合作。在柏林与能斯特亲密合作的过程中,爱因斯坦想出一个非常有趣的技术。这可能是有关一个新的冷起动过程问题,作为能斯特/爱因斯坦专利,于 1922 年授予波斯格公司，但是没有取得什么结果。

1920 年夏天，爱因斯坦待在柏林，大部分时间在他的医学朋友 M. 卡特森斯坦的帆船上，当然还存在“反相对论公司”的无聊事务的滋扰，以及在《柏林新闻》的答复引发的巨变。9 月份迎来了自然科学家的巴特瑙海姆大会，虽然后来出现了有组织的反相对论者的大混乱，但这并没有给爱因斯坦带来太大烦恼。爱因斯坦从巴特瑙海姆来到斯图加特，“为一个公共天文台布道”；之后，他来到妻子的出生地海赤根看望亲属。10 月份秋假期间，爱因斯坦在本京根城附近的小镇，牧师 C. 布兰德哈伯家里见到了儿子们。由于马克的贬值，在瑞士生活越来越昂贵了。由于爱因斯坦客座教授的职务终于批准了，他从本京根直接来到莱顿。

10 月 27 日，爱因斯坦发表了他的就职演说，又一次出现了节日场面。这次演说变成了一次冒险的行动，并且带来了混乱。为了受人尊敬，一生一直坚持以太的 H. A. 洛伦兹，爱因斯坦演说的题目是《以太和相对论》。爱因斯坦曾经认为以太是“多余”的而抛弃了以太。现在使人吃惊的是，他宣称在广义相对论中，虽然与洛伦兹的概念不同，以太的概念具有清楚的内容。“在广义相对论中，以太是没有动力和运动性质的介质，但是在确定动力（和电力）发生的事件中起作用。”

这个“介质”是用引力场描述的，所以和引力场是一样的，人们感到好奇的是爱因斯坦的新术语到底是什么意思，而不是他对父亲般人物的赞扬。贝索马上看出了门道：“你在新的领域把这个字赋予了惟一可能的意思，使相信它的人们，特别是洛伦兹不能因为两种概念存在明显的偏差而感到震惊，这无论如何是有人情味的、美妙的。”从物质的角度看，以太并不美妙，而是多余的。爱因斯坦没有让他的劲敌莱纳德和格尔克两人有机会指责他这样做是自相矛盾的，他再也没有使用这种表达方式。

作为客座教授的两千荷兰盾的酬劳虽然不够维持米列娃和两个儿子在苏黎世的生活，但还可以解决燃眉之急。由于马克的急剧下滑，硬通货成了一个长期困扰爱因斯坦的问题。爱因斯坦的国外收入不再寄往柏林，而是寄到莱顿，埃伦费斯特作为他的保管人。爱因斯坦不仅违反德国货币规定，同时向税务当局隐藏了个人收入，因此这两个人采用了有趣的密码，交换处理金融事物的信息。埃伦费斯特采用“我和你在这里得到的关于金离子纯度的结果"向爱因斯坦报告从英国和荷兰收到的钱。显然认为官方的邮政检查人员没有科技背景,否则他们不会采用非常明显的化学符号代表黄金。埃伦费斯特用不着费心去隐藏爱因斯坦的英国出版商的名字:"感谢从迈森送来的新的化学物质,以及当地生产的化学物质,纯度现在提高到 6.7×10^{-1},这是非常有用的值。"爱因斯坦显然明白,金离子浓度代表的是六千七百荷兰盾。他马上回信说:"你关于高纯度金离子的消息很好,特别是处在我们目前的研究状况,能得到这么高的纯度是非常值得的。"

在金钱方面,爱因斯坦决不像大家经常描述的那样愚笨。虽然个人需要不多,而且经常是过着苦行僧似的生活,但是在年轻时,爱因斯坦就体验过缺钱的滋味,所以钱对他来说绝对不是无足轻重的事。他知道金钱的价值,决不回避讨价还价。

对于他所写的书,爱因斯坦要求 20% 的版税。他的出版商威维格抱怨说,在这萧条时代,这么高的版税会提高书的成本,因此建议爱因斯坦按照当时惯例拿 10%,爱因斯坦却坚持说:"不仅纸张和印刷费用,就连出版社及作者为这本书所做的任何事情都应该按比例增加,并继续这样做。"对于国外的译本,爱因斯坦的态度也很强硬,并且版税都超过惯例。与此同时,爱因斯坦要求保证他的译者也得到很好的报酬。有一次,为了捷克版本的翻译者的需要,爱因斯坦甚至要求从他的收入中支付一部分。

尽管精心管理,但经济状况越来越让爱因斯坦担忧。为此他的荷兰同事给他推荐了一种不同寻常的方法。洛伦兹告诉爱因斯坦利用相对论挣钱。一家美国杂志《科学美国》发起一场比赛,要求用三千字以内的文字科学通俗地描述相对论。获胜者将得到五千美元,由一位富裕的美国人提供。洛伦兹认为:"这家杂志一定会向你索取文章,并把这部分钱付给你。我希望你写一篇这样的小文章,我相信裁判人员很有可能选择它……世界上的人们并没有因为你伟大的科技成果而使你摆脱经济的困扰,这不是你的过错。如果在柏林有什么困难的话,我可以在莱顿帮你进行英语翻译。"

爱因斯坦知道这个比赛,是《科学美国》直接通知他的。他感谢洛伦兹提供的帮助,同时说:"我已经决定不参与这个比赛,一方面,我不喜欢围绕金牛跳舞;另一方面,我也没有这种跳舞的天赋,不会赢得他们的掌声。"

虽然没有爱因斯坦参与这项比赛,这个比赛仍然引起很大的注意。除了许多显然的胡说话外,杂志社还收到二百七十五篇值得严肃考虑的文章;筛选出十七篇,其中包括爱因斯坦的两位有实力的朋友,哲学家 M. 希力克和莱顿的天文学家 W. 德西特。奖金最后由英国专利局的一名职员 L. 波尔顿获得,一位科技圈中不为人知的人。

年底,爱因斯坦认为惟一可以摆脱经济困境的办法,是说服米列娃与孩子们搬到德国来。他说:"在这里,可以为艰苦的日子节省一些钱,而现在虽然倾其所有,还是生活得很差,同时我也很难见到他们,但是他们拒绝了这个想法,在苏黎世也没有人能够把这件事向他们解释清楚。"

另一种解决办法是从国外挣钱。这就是为什么爱因斯坦以高价接受国外的邀请。对于六周的循环演讲,他出了一个十分惊人的高价(他自己也感到吃惊):是美国收入最高的科学家年薪的两倍。他说:"我向普林斯顿和威斯康星大学提出一万五千美元,可能会把他们吓跑。但是如果他们接受了,那么我可以买到经济的独立——这不是一件嗤之以鼻的事。"

在等待美国的决定过程中,爱因斯坦于 1921 年去布拉格旅行,十六年前他曾经在这里得到了第一个教授职务。为了避免引起注意,爱因斯坦并没有住在宾馆,而是住在他的继任人菲利普·弗朗克在德语大学物理研究所的暂时住所。爱因斯坦睡在曾是自己书房的沙发上。

布拉格不再是奥地利的省城,而是新的捷克共和国首都,在它的总统托马斯-马隆利克的英明领导下,从哈布斯堡帝国的废墟中崛起,正在建立一个民主的国家。现在的德国人是少数民族,也不是统治者,并且把那位伟人视为自己的领袖;一家德语日报用有趣的错误词句对爱因斯坦表示欢迎:"现在整个世界都能看到孕育爱因斯坦这样天才的种族:苏台德德意志部落,永远不会被压制。"

大家对爱因斯坦在"乌拉尼亚"科学学会的讲座抱有极高的期望。弗朗克记述:"大厅已经拥挤到危险的程度。每个人都想见一下这位把宇宙规律颠倒过来,并证明空间是弯曲的世界名人……因为观众十分激动,以至于根本无法理解爱因斯坦的讲座。他们根本不想理解,只想一睹这一盛况。"接下来是一个小型的知名人物会议,客人用各种话语恭维爱因斯坦;当轮到爱因斯坦回答时,他只是拿出一把小提琴,演奏了莫扎特的奏鸣曲,这样或许能够使人更高兴,更容易理解。晚上,在"乌拉尼亚"举行了一个研讨会，当时的哲学家奥斯卡·克罗斯想说服爱因斯坦，公众认为他的相对论是荒谬的。多亏会议主席菲利普·弗朗克娴熟的处理手法，争论的结果是令人愉快的，没有产生严重的后果。

第二天，爱因斯坦来到维也纳，与实验物理学教授 F. 埃伦哈夫特住在一起。1 月 10 日，爱因斯坦在研究所为物理学家做了一个专业性报告，接下来爱因斯坦再也没有平静过。埃伦哈夫特家整天被一群人围住，他们希望能够有机会看到爱因斯坦出现在阳台上，虽然爱因斯坦大部分时间坐在屋里，与来自苏黎世的老朋友 F. 阿德勒谈话。阿德勒刚从监狱出来，想组织一个社会党联盟。

1 月 13 日，爱因斯坦准备在可容纳三千人的音乐厅里作一个重要报告。在进入坐得满满的大厅时，爱因斯坦感到一丝不自在，请求埃伦费斯特与他一起坐在讲台上。比在布拉格时的情况更厉害，观众处于一种不正常的狂热状态，至于是否听明白这个报告无关紧要，只要能够靠近产生奇迹的地方就行。

在回程途中，有人劝说爱因斯坦在慕尼黑停留一下，并作一个报告。提及自己对相对论的努力，索末菲评论说："对你来说，这里比其它地方更有魅力，因为你的相对论福音首先是在这里牢牢扎根的。"但是爱因斯坦已经决定在德累斯顿技术大学作一个报告，并且认为"很难挤出时间在慕尼黑停留；毕竟一个人必须要用天生具有的可怜勇气安排自己的一生。"

回到柏林，爱因斯坦必须准备已支付了佣金的"弗里德里希日"报告，并于 2 月 6 日，在普鲁士科学院伟大的改革者和资助人的周年纪念上作。这个《几何与经验》报告令那些院士信服，他们之中有一位言辞科学华丽的真正大师，一位能把具体事物与感人描述完美结合的人。

一周以后，爱因斯坦又要出差了，这次是执行德国的秘密政治任务。代表来自新祖国联盟的一群和平主义者，也是现在新政府民主阵线左翼的一部分，爱因斯坦于 1921 年 2 月 13 日出发去阿姆斯特丹，参观国际贸易联盟总部，陪同前往的还有外交官 C. H. 凯斯勒。带着一丝惊奇，凯斯勒在他的日记中写道，爱因斯坦显然是第一次坐卧铺旅行，对任何东西都感到好奇。

两次出访的目的，都是为了说服国际贸易联盟干预将于 3 月 1 日在伦敦举行的补偿会议，支持德国的经济复苏，这也将有利于世界贸易发展；如果有必要,他们将采取大罢工。协商谈判主要由 C. 凯斯勒主持,但是没有取得什么结果,因为贸易联盟的人权力有限,没有可能说服法国不提出过多的补偿要求。爱因斯坦冷淡地说:“条件越不可能,就更加肯定德国人以前没有意识到这点。”但是情况十分严峻,很难保证能够顺利地从战后的混乱过渡到和平。

爱因斯坦正在计划下次旅行,春天,爱因斯坦将很高兴到莱顿执行客座教授的义务工作,并到布鲁塞尔参加苏尔维大会,这是战争结束后的第一次大会。在那里爱因斯坦将发表一篇文章,内容是澄清爱因斯坦德哈斯效应所引起的混淆。秋天,爱因斯坦将横跨大洋。但事情发生了变化。

2 月份,美国大学拒绝了爱因斯坦的高价服务。爱因斯坦有些遗憾地说:“美国人没有接受我的条件,认为我提出的要求太高了,我很高兴没有去那里。显然这不是一个很好的挣钱途径,这绝不是一件快事。”但是一周以后,事情又急转直下,明年春天,爱因斯坦将不去莱顿和布鲁塞尔,而是去美国,不是作为相对论遨游者,而是为了支持犹太人复国运动。人到中年,爱因斯坦这位没有家的人,除了物理之外,又接受了另一项义务,并且成为一生中最重要的事:他终于承认自己属于犹太人。

第25章　犹太人、犹太复国运动和美国之行

在七十三岁时，爱因斯坦回顾他的一生时说：“当我完全了解到，在所有国家中，我们的处境是不稳定的，我发现与犹太民族的关系是我最珍贵的人类关系。”三十五岁，当爱因斯坦来到柏林时，开始有了这种清醒的认识，因为只有在帝国主义的德国，非犹太人才使他清醒地意识到自己是位犹太人。这种表达显然有点戏剧化，爱因斯坦从来没有忘记自己是犹太人；他所处的基督教环境更突出了这一点，在德国这种意识更强。但是，作为一个具有资产阶级自由思想、并且相信启蒙的人，爱因斯坦拒绝承认这点。有十六年的时间，他认为自己“没有宗教信仰”。对于他来说，国家和宗教的标签似乎是一种返祖现象，对自己没有任何用处。

与爱因斯坦一样，他的老朋友 M. 贝索也不是一位正统的犹太人，也与一位异教徒结婚了，虽然人们不停地警告他，一个人很难与其出身分开，可能永远也分不开。许多年以后，贝索回顾他们曾经谈起的这件事：“我认为，可能在1908年至1909年，在伯尔尼时，我曾指出，你认为与以色列分开的想法是不对的。”当时，贝索没能说服爱因斯坦，同时他深感自责，认为自己这种为犹太教和犹太家庭辩护应该为爱因斯坦家庭变故负责，他不得不替爱因斯坦把米列娃从柏林带到瑞士。

在布拉格，爱因斯坦对犹太教的传统、犹太人团体欣欣向荣的生活、或是对犹太人复国运动都不感兴趣。对于就任誓言发生的“有趣场面”，爱因斯坦特别使用了他重新认可的犹太教“忠诚”，但这只是形式而已。使爱因斯坦感到吃惊的是，他发现在布拉格惟一吸引他的同事，数学家 G · 匹克也是犹太人。他用意大利语表达这种“血缘”关系，因为对他来说，德语意义

上的“血缘”似乎是军事的代名词。

在布拉格的经历可能撞击着爱因斯坦的心灵，标志着犹太人思想的萌发，因为两年后，即到达柏林刚五周，爱因斯坦第一次非常坚决地承认自己是犹太人。1914年日蚀时，圣彼得堡科学院邀请他访问俄国，被他拒绝了，并强调说：“这违反我的本性，去我的部落伙伴正在遭受残酷迫害的国家。”爱因斯坦发现自己属于的不是先辈们的宗教，而是他所称的“部落”感觉。因为犹太宗教对于他来说一直是生疏的，他没有提到同宗的事，而是用一个词组“部落伙伴”代表这种同一性，这对于犹太人来说也是非常奇怪的。

不仅是非犹太人使爱因斯坦感到自己是犹太人，还有那些并非因虔诚的信仰而皈依基督教，而是只为了民族一体化与同化而孜孜以求的犹太人，特别是在学术界。当爱因斯坦还在伯尔尼专利局工作时，就吃惊地看到很多来自富裕家庭的犹太人编外讲师。他们虽然经过多次迂回，但仍然认为教授是惟一被社会接受的标志。对于爱因斯坦来说，这是不体面的、卑屈的：“为什么这些通过其它方式可以过得很好的人，偏偏急于得到一个国家给钱的职位？为什么这样卑下地向国家祈怜？为什么像亚伯拉罕这样的人不体面地退出？所有这些只对国家的腰包有利。此外对付狗也比对付狼容易。”

爱因斯坦对于这些成功的犹太人中存在的缺少自尊、自信和团结很不满，为了消除这种不体面的事，他认为作为犹太人，自己责任重大，并为此感到骄傲：

> 只有三十五岁来到柏林时，我才真正明白犹太人社团的命运，我发现自己有责任尽自己最大的努力反对我的犹太人同事的不体面举止。这完全是情感的反应，而不是我们精神中固有的具体内涵落到我的头上了。

搬到柏林时，爱因斯坦认为犹太人中的同化现象，包括他的亲属和艾尔莎，是“模仿”：在多数民族的压力下，努力显出是德国人的样子，虽然多数民族并没有准备把他们当作社会上同等地位的人去接纳他们。看到有身份的犹太人不体面的模仿，爱因斯坦的心就在流血。他的朋友F.哈伯代表一个极端，一次，爱因斯坦说道：“这位可怜的人接受了洗礼。”虽然没有指哈伯的名字。从职业出发，哈伯接受了基督教的洗礼，尽管具有超人的才智，他的外表和举止都像是一个普鲁士人的漫画。爱因斯坦到达柏林不久，哈伯来拜访爱因斯坦，并建议他也接受基督教的洗礼："这样做，你就会完全属于我们了。"

这是哈伯与爱因斯坦之间互相尊敬的证明，虽然他俩对于犹太人的命运、对于普鲁士的爱国主义，以及战争上的观点完全不同，但这并没有影响他们之间的友谊。必须承认，之所以取得这样的友谊，是因为他们彼此回避矛盾。对于其他人，如果不是他眼中的优秀犹太人，爱因斯坦的反应是很粗暴的。他一次批评一个"部落伙伴"时说："很可怜，你接受了洗礼。如果不是听到好多对你人品的称赞，我一定会更严厉批评你。这种现象反映了利己思想比团体思想占优势。"

在德国，大多数犹太人喜欢同化，不管是否接受洗礼，都已经德国人化了。对于他们来说，宗教信仰是个人的事。哈伯的做法有些极端，爱因斯坦那位没有接受洗礼的犹太教同事，M. 玻恩也是如此。大家认为战争是个大熔炉，无数的犹太人，受传统的召唤，投身到战争中，和他们的德国公民一道战斗、受苦，直至献出生命。

对于爱因斯坦来说，犹太教不是一个可以加入或退出的宗教，而是一个"命运共同体"。对他来说，二十世纪二十年代的魏玛共和国信奉的德国一犹太人共生并不存在，虽然他本人是那些表面努力的化身之一。他向犹太教学生建议说：

> 我们必须清醒地意识到我们的处境，并从中得出经验教训。通过推论无法使别人相信我们具有同样的情感和智慧，因为他们的举止根本不受大脑的支配。我们应该全面地解放自己，满足我们自己的社会需要。我们应该有自己的学生团体，对于非犹太人要礼貌而有规矩。

1919 年 2 月，爱因斯坦已经是柏林最有名的物理学家（但还不是传奇人物），K. 布鲁曼菲尔德和 F. 罗森布鲁特询问爱因斯坦，是否可以到哈伯兰德街拜访他。这两位是犹太人运动的官员，他们正在寻找一位杰出的犹太人，支持他们在巴勒斯坦建立犹太人家园。一开始，不论是从地理上，还是民族主义构成上看，犹太复国运动都是十分遥远的事。但是当布鲁曼菲尔德进一步解释犹太复国运动的目的，是打算为犹太人提供内心的安全感，获得外在与内在的自由时，爱因斯坦终于找到了自己的目标。经过深入讨论，他最终答应布鲁曼菲尔德：“如果不是为了犹太人的事业，我反对民族主义。”他的这种观点在德国并不流行，更不用说那些同化了的有影响的犹太人了。

对于爱因斯坦来说，为了犹太人的自尊而斗争更加重要，比反对反犹太人的斗争更有前途。同一年，有人请他为一位犹太人数学家出面干预，由于反犹太人思潮的影响，这位数学家的教授申请被拒绝了。但是爱因斯坦并不希望再咆哮一次，并且在这种事上，他的叫喊也没有什么用。爱因斯坦对反犹主义的反应只是耸耸肩，似乎这是自然的定律，他甚至打算把整个事件颠倒过来：“必须彻底明白反犹思潮是固有的，虽然对犹太人来说这往往是令人讨厌的。如果我有选择的话，我会选择一位犹太人作我的伙伴。”这并不是说爱因斯坦对犹太人学者的命运漠不关心，他只是认为这么多犹太人竞争那几个有限的职位没有必要，并且会引起德国人的仇视。他认为只有犹太人的团结自助，才能真正改善学术工作市场，他认为犹太人自己有义务捐款为大学门外的犹太研究人员提供支持和帮助，购买教学设施。

犹太人打算在耶路撒冷建立一所希伯来大学。在发生相对论吵闹之前，爱因斯坦在布拉格的熟人，曾经跑到巴勒斯坦的 H.伯格曼，认为爱因斯坦是当今最伟大的犹太人科学家，因此向爱因斯坦寻求帮助。爱因斯坦马上向伯格曼表示，他对新侨民的任何事情都感兴趣，特别是即将建立的大学。为此，爱因斯坦准备在 1920 年 1 月中旬，在巴塞尔开个研讨会讨论这件事。会议开始那天，爱因斯坦已经成为世界名人了，因此，他参加会议显得更加有价值了。爱因斯坦发表讲话说：“我认为这件事值得大力支持。我去那里并不是因为我自己是位专家，而是因为，由于英国日蚀远征的成功，我的名字对这个事业有用，可以激励那些淡漠的部落伙伴们。”

战争结束后，为了逃避饥饿、艰辛和迫害，成千上万的犹太人从俄国东部、波兰涌入柏林。在亚历山大广场后面的地区，出现了犹太人居住的简陋的小木屋，像在俄国的居住区一样破旧、拥挤。对于已经进入柏林社会的犹太人来说，这些带着古老习俗和宗教礼仪的贫穷东部犹太人亲戚，使他们感到很不自在，希望不要与他们发生任何关联。德国的民族主义人士马上要求驱逐这些人。

在这种困难的处境下,这位刚刚成名的物理学家在报纸上宣布,他永远与东部犹太人团结在一起。与柏林大多数中产的犹太人一样,爱因斯坦没有参观这些犹太人聚集地,虽然聚集地离大学和科学院只有十五分钟路程;但是在爱因斯坦的头脑中,这些东方的犹太人仍然是他的"部落伙伴"。在文章中,爱因斯坦强调驱逐这些穷人中最穷的人是一种野蛮行为,并警告说,这种行为不利于德国恢复在国外失去的道德信任。爱因斯坦为东方犹太人提供希望,在新发展的犹太的巴勒斯坦,他们将找到真正的家园,成为犹太人自由的子孙。布鲁曼菲尔德的犹太复国主义呼吁终于找到了肥沃的土壤,但是对于正直的柏林犹太人,尽管他们尊敬爱因斯坦,但是仍然视其为一只黑绵羊,认为他的行为像他的理论一样,让人难于理解。

不久,爱因斯坦与德国犹太人信仰中央协会发生了冲突。1920 年 4 月,爱因斯坦拒绝了这个协会的邀请,去参加学术界反对反犹思想的会议。爱因斯坦对于会议的效果十分怀疑,并借这个机会给协会讲犹太教,因为他明白:

> 首先,必须通过启蒙方法,反对反犹思想,以及我们犹太人中存在的奴婢性。我们犹太人应该更加高尚和自由!只有我们有勇气把自己看成一个国家,只有我们尊重自己,我们才能得到他人的尊重,或者这种尊重会自然形成。从心理学上讲,只要犹太人与非犹太人接触,这种反犹太人思想就会存在,但这又有什么关系呢?或许我们应该感谢反犹太人思想,是它使我们的种族得以生存,至少我认为是这样。
>
> 当我读到"信仰犹太教的德国居民",我不得不苦笑,在这美丽的名字后面隐含的是什么?什么是犹太教信仰?是否没有犹太教信仰就不是犹太人了?不。但是这个名字后面,存在两种思想,具体如下:
>
> (1)我不希望与贫穷的东方犹太兄弟有什么关联。
>
> (2)我只不过是宗教团体中的一员,不希望被看成是犹太人民的孩子。
>
> 这种说法是否太坦率了?对于这种谨慎行事,犹太人以外的白种人是否感到尊敬?我不是一个德国人,也不存在所谓的"犹太教信仰"。但我非常高兴自己属于犹太人,虽然我不认为他们是上帝的宠

儿。为什么不让德国人去坚持他们的反犹思想，而我们继续热爱我们自己呢？

爱因斯坦可能想起协会的成员也是“部落伙伴”，为了弥补这封信可能带来的伤害，他在结尾加上一个请求：“对于我的公开声明不要生气，这并不含有敌意和不友善。”不用说，读到这封信的人脸色一定难看，甚至非常难看，特别是几周后，发表了这封信的摘录。只有犹太复国主义者同意爱因斯坦的观点。并不是爱因斯坦的观点，而是他的名声使得世界犹太复国主义组织的主席 C. 魏茨曼，请求爱因斯坦陪同他访问美国。

1921 年 2 月 19 日，K. 布鲁曼菲尔德前来拜见爱因斯坦，手里拿着魏茨曼签字的、来自世界犹太复国主义者组织伦敦总部的电报。说服爱因斯坦赴美国参加为犹太民族发展基金进行的宣传和募捐活动，特别是计划在耶路撒冷建立的希伯来大学。开始，爱因斯坦不太愿意参加这些活动，但是后来，屈从了魏茨曼的请求。使布鲁曼菲尔德感到十分吃惊的是，爱因斯坦似乎把这件事看成一个命令。由于健康原因，爱因斯坦坚持由妻子陪同前往。布鲁曼菲尔德马上表示同意。爱因斯坦还提出条件，不论在船上还是在宾馆里，他和妻子都住在不同的房间，以便自己能够进行工作。

对于犹太复国运动者组织分派给他的角色，爱因斯坦一无所知，但他明白：“自然地，他们需要的不是我的能力，而是我的名声，希望这个名声的公众价值能够在富裕的部落伙伴中产生预期的影响。”把自己当成诱饵，或可以吹嘘的东西这使爱因斯坦感到很烦恼，但是为了事业，他接受了。为了帮助那些在各地备受虐待的部落伙伴，爱因斯坦准备尽自己的最大能力。出发的时间定在 3 月中旬，回来时，应 2 月份曼彻斯特大学邀请，爱因斯坦准备在英国停留一下。

很快，爱因斯坦发现这次旅行的任何事情都与政治有关，并且很多是令人不愉快的。甚至爱因斯坦拒绝参加布鲁塞尔的苏尔维大会也与政治有关，对此，他自己感到有些后悔。除了爱因斯坦外，这次大会没有邀请其他德国物理学家，因为大会把爱因斯坦当成瑞士人，像厄斯特·卢瑟福所说的，人们把爱因斯坦当成国际的。由于爱因斯坦开始接受了邀请，因此，在他柏林的同事中，有两种不同的态度。能斯特大怒，认为爱因斯坦的行为有害团结；但是哈伯，与爱因斯坦一样，认为这次会议为重新恢复国际关系提供了机会，对于爱因斯坦取消参加会议感到十分遗憾。

当人们得知，应伦敦犹太人运动领袖的邀请，爱因斯坦准备访问战争时的敌对国美国和英国时，大家普遍反对，特别是犹太人。布鲁曼菲尔德向魏茨曼报告说，爱因斯坦之所以对我们的事业感兴趣，主要是因为他不喜欢犹太人的同化……德国的同化者给爱因斯坦写了很多大发雷霆的信，爱因斯坦只是一笑置之。埃伦费斯特明白，由于内心的信念，为了耶路撒冷的事业，爱因斯坦不会拒绝参加说服富裕的犹太人支持将要开创的事业；对于爱因斯坦突然取消到莱顿作为客座教授的行为，他也没有成见。爱因斯坦感谢他说："你真是一位好人、天使；对于我的冒险行为，你从不责骂我。而这里却产生了极大不满，我感到很心寒。甚至是同化了的犹太人也在为我感到悲哀，或责骂我。"

保守的德国人对此的反应是短暂而简单的，而像F.哈伯这些同化了的犹太人对爱因斯坦的行为，感触很复杂。哈伯担心爱因斯坦与敌人所表示的友善会危及犹太人在德国苦心取得的社会地位，而爱因斯坦参与的是倒退的运动：犹太复国主义运动。对于这个问题，他们交换了意见，虽然语气充满友爱，但没有取得什么具体结果。谈话的主要内容是关于两位科学家的事，以及在魏玛共和国犹太人面临的两种不同处境。

在一封四页纸的信中，哈伯发挥他雄辩的口才，提醒爱因斯坦肩负的对整个犹太人的义务："据我了解，你所做的一切事情，都发自于高尚的人性和慈善的心肠……你视人们的需要和忧虑为己任，像王子一样，发挥自己的热情、尽自己的能力。你所做的一切事情，并不是为了自己。"这不是恭维。虽然比爱因斯坦大十一岁，哈伯对他的尊敬是无限的，但是这封信也有一个目的：说服爱因斯坦不要出访美国、英国。

哈伯劝说道，德国人认为爱因斯坦的访问是对他们事业的背叛，所有在德国的犹太人应该承担这个后果：对整个世界来说，今天你是最重要的德国犹太人。在这关键时刻，你对英国和他们的朋友表示友善，这个国家的人们将认为你这种做法显然是对犹太人不忠。这么多犹太人投身战争，面临危险，变成贫穷也无怨无悔，因为他们认为这是他们的责任。他们的献身和死亡不仅没有消除反犹太人思想，反而在那些代表这个国家尊严的人眼里变成了仇恨和不体面的事。你是否希望用你的行为毁去德国犹太人用鲜血和痛苦换来的一点成就？……显然，你将牺牲在德国大学的老师和学生中的犹太人中所取得的忠诚。

哈伯显然认为这封信很紧急，让他的司机直接把这封信送到哈伯兰德街，因爱因斯坦是在当天回信的，自然地，爱因斯坦认为自己将要做的是一件正确的事。他同意老朋友哈伯的看法：出访的时间不太合适，因为在他同意这次出访时，出现这种情况，对于补偿及和平条款，战胜方的态度非常强硬。虽然如此，爱因斯坦并不打算改变自己的决定：

> 尽管我自认为是国际主义者，我觉得有义务尽自己的能力，为了我受迫害和精神折磨的部落伙伴站出来……这里所涉及的远不是忠诚与否的问题。特别是准备建立的犹太人大学使我充满希望和欢乐，因为最近我看到了对无数杰出的年轻犹太人进行的不仁不义的对待，打算剥夺他们受教育的权利。

不应该谴责爱因斯坦对德国朋友的不忠诚，因为他曾拒绝了来自国外的、很多具有诱惑力的邀请。爱因斯坦给哈伯回信说："我这样做并不是出于对德国的感情，而是出于对德国朋友的感情，他们之中，你是最杰出和最慈祥的。作为一个和平主义者，对于德国政治存有感情是不正常的。"可能意识到这些话会伤害哈伯，在结尾，爱因斯坦寻求缓和语气说："敬爱的哈伯！最近一位熟人称我是'野兽'：这只野兽非常喜欢你，如果可能的话，走之前我会拜访你。"得到哈伯的同意是不可能的。对于同化了的德国犹太人和犹太复国主义者来说，爱因斯坦是一位固执的伙伴，哈伯至多只能这样安慰自己。

在准备这次访问的混乱过程中，爱因斯坦和布鲁曼菲尔德进行了几次会谈，并接受了犹太复国主义政策的基础指导。布鲁曼菲尔德一定发现爱因斯坦是一位难对付的学生。他向魏茨曼汇报说："和你所知道的一样，爱因斯坦不是犹太复国主义者，我请求你不要说服他加入我们的组织。对于这一点，请小心。爱因斯坦不善于演讲，有时非常天真，会说出一些对我们不利的话。"因此，取消了爱因斯坦将要对美国观众所作的各种演讲。事实上，爱因斯坦没有成为任何犹太运动组织的成员。但是，正如布鲁曼菲尔德意识到的一样，"如果我们有什么特别目的需要他，他随叫随到"。

爱因斯坦对犹太复国主义政策持保留态度的主要原因是,他不喜欢任何性质的民族主义,包括犹太民族主义。虽然他认为自己是犹太人的一部分,但他不明白为什么要在巴勒斯坦建立犹太人国家。另一方面,爱因斯坦相信,在巴勒斯坦的小规模自由群体,不会成为任何战争狂。当时,大约有八万名犹太人居住在巴勒斯坦,比柏林少,比爱因斯坦要访问的纽约更少。

1921 年 3 月 21 日,爱因斯坦踏上了征途。爱因斯坦一行人首先乘火车到荷兰,在那里登上汽轮鹿特丹号,魏茨曼带领的犹太复国主义者代表团在南安普顿登船。

魏茨曼比爱因斯坦大五岁,出生在白俄罗斯的一个小村庄,在德国和瑞士学习化学,在瑞士弗莱堡获得博士学位,当时爱因斯坦刚刚获得教师证书离开苏黎世工学院。在日内瓦大学待了几年,魏茨曼在曼彻斯特大学找到了一个职位,由于发明了几项非常有用的专利,在经济上,魏茨曼获得了独立。在战争期间,魏茨曼在炸药经营中获得巨大成功。开始,他在巴尔福将军领导下的英国战斗部工作;当巴尔福就职外交部时,魏茨曼成为他在巴勒斯坦的顾问。魏茨曼在外交上的杰作是,1917 年 11 月 2 日参与巴尔福声明,声明中同意巴勒斯坦作为犹太人的家园。1920 年,魏茨曼成为世界犹太复国主义组织的主席。他是一位具有广泛兴趣的聪明人,可以把理想与现实政治有机地结合起来。虽然能够讲多种语言,但他一直喜欢他的母语意第语。

出发不久,魏茨曼从美国犹太复国主义者那里收到了一份令人吃惊的电报,电报建议他抛下这位杰出的旅伴。科技圈以外的人都知道爱因斯坦曾向几所学校索要过高的费用,所以对这次募捐活动是否有价值值得研究。魏茨曼没有意识到爱因斯坦这样做是为了赢得经济上的自由,建议他的美国追随者去平息这场风波;无论如何,他不能抛弃这位犹太人中的名人。鹿特丹号汽轮一到达纽约港,魏茨曼就发现自己的决策是正确的。“爱因斯坦热”出现了。

由纽约市长和城市议会议长组成的盛大欢迎大会正等待着爱因斯坦的到来;成群的记者、摄影师以及穿着奇怪、带着巨大设备的电影摄制人员,为了首先一睹这位改变牛顿世界的陌生而奇妙的人,纷纷涌上鹿特丹号。事实证明,爱因斯坦是一位十分吸引人和十分有利可图的媒体人物,虽然他本人一点英语也不懂。1913 年在苏黎世,他曾“慢慢地但彻底地”学习过英语,但现在看来,似乎一个字也没记得。

向爱因斯坦提出的第一个问题是,如果只用几句话,他怎样解释他的相对论。凭借多年与记者打交道经验,爱因斯坦对此很有准备,这样的答案不要太严肃,但要充满趣味,他从容不迫地说:“大家过去一直认为,当世界上所有的东西消失时,只剩下空间和时间。根据相对论,时间与空间也随着消失。”这种陈腐的话,使记者们和第二天的读者很高兴。事实上,真正机智的回答是魏茨曼做的。大家问他是否明白相对论,他是这样回答的:“在途中,爱因斯坦每天都向我解释相对论,当我们到达这里时,我发现他真的明白。”不用说,爱因斯坦成为当时的新闻人物,他的和蔼、亲切、对生活中琐事的兴趣很受记者们欢迎。特别是,为了大家高兴,他一手拿着烟袋,一手提着小提琴盒,走下舷板,俨然是一位艺术家、音乐师。

摩托车队把他们带到市政厅门前,那里有成千上万的犹太人在欢迎他们的偶像。厅内,将授予爱因斯坦荣誉市民称号,但是在最后关头,一位议员提出疑问,这个相对论到底是否是胡说八道,几天后这种疑虑才被消除,重新举行了授予仪式。爱因斯坦由 F. 沃尔堡照看,他是卡恩罗伯公司银行富有的合作伙伴,把爱因斯坦安排在舒适华丽的克默多尔宾馆居住。使爱因斯坦十分高兴的是,他在慕尼黑学生时代的导师 M. 塔尔穆德首先给爱因斯坦打了个电话;像 M. 塔尔米一样,这位导师现在已经成为纽约有名的物理学家。

募捐活动几乎马上开始,除了在豪华饭店与一群富裕的犹太人盛餐外,多数情况,爱因斯坦是与美国各阶层的犹太人,从小店主到富裕的银行家,以及时髦的医生们一起开会。这些人都想听魏茨曼讲话,看一眼爱因斯坦。爱因斯坦说:“我不得不把自己炫耀成一头获奖的公牛,在大大小小的会议上做无数次的讲话。”爱因斯坦是否在重要大会上讲那么多话,值得怀疑;魏茨曼显然接受了布鲁曼菲尔德的警告:爱因斯坦不是位好演讲家。从我们保存下来的 4 月 12 日的会议报告上,可以得知大约有八千观众参加这次会议。为了避免出现失误,在魏茨曼演讲之后,爱因斯坦只做了一个简短的说明,“你们的领导魏茨曼已经说过了,他讲得很好。为正确的事业,追随他吧。这就是我所要说的。”在小型会议上,特别是在学生会或医疗协会上，爱因斯坦可以完全自主，特别是关于在耶路撒冷建立希伯来大学的捐款问题，在这个问题上，爱因斯坦与魏茨曼的观点完全一致。

魏茨曼的美国之行不仅是为了募捐，同时也是为了争取当地的犹太复国主义者接受他的政治纲领。最高法院九个法官中的第一位犹太人、美国犹太复国运动领导人 L. 布兰戴斯与爱因斯坦一样，认为耶路撒冷是犹太人的中心，而不是犹太人的家园，更不用说是犹太人国家。对于魏茨曼和布兰戴斯之间的艰苦协商，或者与 K. 哈基索德在美国进行的有关行政工作，爱因斯坦没有必要参加，因此他有时间到几所大学做报告，费用由他的东道主自行决定。

4 月 15 日，爱因斯坦在纽约的哥伦比亚大学连续作三个讲座。这所大学曾在 1912 年邀请过他，并且在前一年，授予爱因斯坦巴纳奖章。虽然爱因斯坦讲德文，演讲大厅还是挤满了人。接下来的一周，爱因斯坦在纽约城市大学讲座，他对这所学校感到很满意，因为这所城市学校让许多贫困的犹太学生有机会在此学习。爱因斯坦的讲座被逐段译成英文，这位年轻的译者，不仅具有强大的英语才能，而且具有很强的数学才能，不久成为了几位明白相对论的人中的一个。

之后，爱因斯坦与魏茨曼来到华盛顿，魏茨曼是为政治目的，而爱因斯坦将在国家科学院的年会上讲话。尽管是官方邀请，美国首都对这位来自柏林的教授很冷淡。犹太复国主义者曾希望爱因斯坦能应邀到白宫，但是哈定总统拒绝了这项提议。直到人们耐心地解释说，爱因斯坦没有在九十三人声明中签字，并且是瑞士人，持瑞士联邦护照来访的，才消除了这种误解。爱因斯坦与美国科学院的代表们一起到白宫接受总统的接见，但是热情程度远比政治的重要性低，并且与两周以后，5 月 20 日，总统接见玛丽·居里的盛况不同，因为当时玛丽·居里是法国人。

接下来的几天，爱因斯坦待在普林斯顿大学，5 月 9 日，他被授予名誉学位。接受了华盛顿的教训，一开始就宣称爱因斯坦是瑞士人，是荷兰莱顿的教授。当然没有完全隐藏他与柏林的关系，但是对于这位新的名誉博士，官方只强调他对道德的忠诚，拒绝接受其他人宽恕德国入侵比利时的行径。

大学校长 J. 希班称爱因斯坦是科学上的新哥伦布，独自一人驶过陌生思想海洋。由于交流问题，仪式上出现了一些笑话，一份报纸描述了由 M.

布拉德编排的仪式:“当打算让爱因斯坦坐下时,他却站起来了;当他应该站起来时,他却坐下了。最后,当有人拽他的衣袖,让他接受J.希班校长手里的博士帽时,在迷茫中,这位微笑的学者却把脊背对向校长。”

当天下午,在斯坦福讲座上,爱因斯坦开始了关于相对论四个讲座中的第一讲。与预想的一样,学校最大的报告厅挤满了人,不仅有学生和教工人员,还有很多看热闹的人,他们中许多人是从远方赶来的。为了那些不懂德语的人,每个讲座之后,物理系的一位教员都做一个英文总结。与柏林发生的情况完全一样,第二天,第二次讲座时,空出了很多地方。这些讲座收录在一本书中,成为爱因斯坦的第二本书,首先在普林斯顿大学出版社出版,后来由迈森在英国出版,以便在德国重印前,使莱顿的“金离子浓度”有所提高。

在接待这位著名的科学家过程中,突然传出谣言,克里夫兰的D.C.米勒教授重新考虑迈克尔逊—莫雷的实验,通过以太测出地球的运动,不久将要发表这个实验结果。在威尔逊山上,米勒建立了一个非常大的装置,希望能比实验室里更好地观测以太的漂移;通过1921年4月的一系列实验,他认为自己已经成功地证明了以太的存在。如果米勒的结果是正确的,那么相对论的大厦将会倒塌,那么爱因斯坦的讲座只是一个美丽而不现实的梦。出于科学上的礼仪,爱因斯坦没有过分强调米勒的结果是胡说八道,所以只写了一个非常经典的摘要:“上帝是不可捉摸的,但决无恶意。”

现在米勒的测量结果已经成为历史,这些结果是错误的,爱因斯坦当时所说的这段话被刻在石头上。当时出席讲座的数学家O.外伯仑很有感触,把这句话记了下来。九年以后,当数学系新大楼完工后,他回想起当时的字句,在大厅一间普通房间的壁炉架上,用哥特式字体刻上了这些字。征得爱因斯坦的同意,外伯仑把它译成:“自然界决不虚假狡猾地隐藏她的秘密。”

在普林斯顿轻松、愉快的一周结束后,接下来便是耗费精力的旅行。爱因斯坦与魏茨曼穿过美国中西部,虽然如此,爱因斯坦仍然有时间与同事们交谈。在芝加哥,他第一次见到当时美国最著名的物理学家罗伯特·A.米离堪,在光电效应实验方面,爱因斯坦与他有联系。无疑应该在芝加哥大学做个报告,并参观一下威斯康星的耶尔克天文台。

克里夫兰是最后一站。由于几周来对于这位犹太人“新哥伦布”的宣传，爱因斯坦到达的第一天，当地大多数犹太人企业都关门了，一大群人集结在车站欢迎这两个人。一个军乐团带着由两百多辆车组成的车队把爱因斯坦和魏茨曼领到宾馆。在犹太复国主义者组织的年会上，魏茨曼成功地战胜法官布兰戴斯，推行了自己的政策。与此同时，爱因斯坦努力逃避喧嚣，到凯泽技术研究所拜访米勒教授。在回到纽约前，他们花费了一个半小时讨论以太漂移实验。

5 月底，在离开纽约之前，爱因斯坦十分疲惫但心满意足地给贝索写信说：

> 我在这里度过了十分疲乏的两个月，但是能够为犹太复国主义事业，以及建立一所大学作些贡献，我感到很高兴……这真是一个奇迹，我坚持下来了。现在所有的事情都结束了，虽然引起了犹太人和非犹太人的反对，但我很高兴，自己做了一些有益的事情，为犹太人事业英勇作战。我有更多的机会亲眼目睹，大多数的部落伙伴具有智慧和勇气。

不久发现，所募捐的钱没有爱因斯坦预想的那样成功，年底只收到七十五万美元，而不是所希望的四百万美元。

回到柏林，爱因斯坦告诉埃伦费斯特，自己重新确认犹太教身份："犹太复国运动确实代表一种新的犹太理想，给犹太人的存在带来更大的快乐……我非常高兴接受了魏茨曼的邀请。"在《犹太人评论》杂志上，爱因斯坦描述了他的强烈印象："只是我到了美国后，我才发现了犹太人民。我以前看到很多犹太人，但不论是在柏林，或德国的任何地方，我都没遇到犹太人民。我在美国看到的犹太人民来自俄国、波兰或其他东欧地区。这些男人和女人具有很强的民族感，并没有因为隔离和驱散而失掉自我。"当谈到他的"部落"时，爱因斯坦的头脑中已经有了清晰的印象。

5 月 30 日，爱因斯坦和艾尔莎又乘上了英国卡尔迪克汽船，这次是自己离开的，因为魏茨曼的使命还没有完成。6 月 8 日，他们到达英国，这个曾经进行日蚀远征的国家，在爱因斯坦眼里是理想的学术国际共和国。受这种精神的驱使，爱因斯坦接受了曼彻斯特大学的邀请，作传统的亚当森讲座。

英国并不是完全由像爱丁顿这样具有国际主义思想的人组成,更不用说和平主义了。一年前,根据成员投票,爱因斯坦将接受皇家天文学会的金质奖章。爱因斯坦被告知这项荣誉,尽管有关外交政策方面的人们对和平条约有很多争执,爱因斯坦还是开始准备这次旅行:“春天,我将到英国接受一枚奖章,从另一边看看要猴的把戏。”几天后,他收到爱丁顿的一封信,十分遗憾地通知爱因斯坦,将取消原来的邀请:在最后的确认关头,由于沙文主义者的游说,情况发生了变化。在三十年中,第一次,英国的爱国主义者宁愿不授奖牌,也不把它授予来自敌国首都的人。

爱丁顿请求爱因斯坦不要把这件令人尴尬的事记在心上,并十分遗憾地说:“这个刚开始的、很有前途的国际关系因此受损。但我仍然相信,一个好的进展正在形成。”但这种进展需要时间。直到1926年,爱因斯坦才最终得到皇家天文学会的金质奖章,而在1925年,他被授予了更加有名的、更有威望的皇家学会的考普利奖牌。爱因斯坦对此并不反感,他只是认为英国比美国还艰难,此外,他想在伦敦作一个报告。

由于爱因斯坦不懂英文,他要求母亲是英国人的E. 弗里德里希作为他的导游和翻译。爱因斯坦一到达英国利物浦,弗里德里希就马上负责安排爱因斯坦的活动。首先,爱因斯坦仍执行自己的任务,给犹太人学生协会作报告,呼吁他们支持耶路撒冷将建立的希伯来大学。下午,他在曼彻斯特大学作亚当森讲座,之后接受名誉学位。虽然爱因斯坦讲德语,但是其它方面的优势弥补了这个缺陷。《曼彻斯特救济会》评论说:“他措辞优美,在激烈的讨论中,双眼不停地闪耀出智慧的光芒,给观众留下很深的印象。”

接下来的几天,在伦敦,爱因斯坦成为哈尔登的客人。哈尔登是位具有广泛兴趣魅力人物,承认相对论,并愿意与德国和解,这无疑是爱因斯坦的理想东道主。

在哥廷根学习时,哈尔登就对德国很同情。虽然他与费边学社的左翼社会主义有联系,但他首先是英国军事大臣;并且于1912年,为了避免两个国家发生冲突而访问柏林。这次访问虽然很轰动,但没有成功。1915年,由于他与德国的关系,他不再担任军事内阁的大臣了,因此,可以集中精力进行科学研究,并出版了一本书《相对论的优势》。虽然这本书误解了相对论的哲学内涵,在书店里,它仍与爱因斯坦的书摆放在一起。

当爱因斯坦还在美国访问时,他的伦敦之行已经详细安排妥当了,包括在伦敦大学国王学院作一次报告。6 月 10 日,哈尔登来到火车站迎接爱因斯坦,并驱车直奔皇家天文学会的会场。在一个报告中,爱丁顿高度赞扬了英国对广义相对论的确认和传播所做的贡献;在伯灵顿屋,爱因斯坦能够一睹牛顿的肖像,在它的前面,1919 年 11 月 6 日,J. J. 汤姆逊曾称相对论是"人类思想史上最伟大的成就之一"。一切过后,哈尔登才把他的客人带到圣杰姆斯公园、安娜女王门的豪华住处。

晚上,哈尔登热情地为爱因斯坦举行了盛宴。这位以前的大臣希望请乔治来进餐,但是作为总理的乔治希望与柏林人保持一定距离,所以到场的客人以坎特布里大主教为主。同时邀请杰出的知识界人士,伦敦经济学校的 H. 拉斯克,以及乔治·B. 肖;还有两位客人 A. S. 爱丁顿和 A. 怀特海,爱因斯坦甚至可以和这两个人谈论物理。谈话似乎主要来自坎特布里的大主教,尽管阅读广泛,主教还是不能发现相对论与宗教有什么联系;因此爱因斯坦只能与他们谈论一些与精神有关的四维问题。周末更加宽松,与罗斯希尔德(一位有钱人)和雷利(提出辐射定律的人)这样的权威们共同进餐。

周一,由哈尔登陪同,爱因斯坦参观了威斯敏斯特修道院,并在艾萨克·牛顿墓前献上一束鲜花,站在这位巨人肩膀上的爱因斯坦对牛顿表示了无比的崇敬。下午,为了避免英国人对德国来的爱因斯坦产生敌意,在国王学院主持爱因斯坦公开演讲时,哈尔登特别强调了爱因斯坦对牛顿的敬意。海报和门票上都回避提及爱因斯坦教授的出身、现在住址、学术职位;只是指出,演讲的所有收入都捐献给"皇家战争救济基金",减轻战争给受害者带来的痛苦。尽管经过精心安排,演讲开始时,还是没有人鼓掌欢迎爱因斯坦。但是当爱因斯坦充满幽默和对牛顿无限崇拜的演讲结束时,全场起立,大声欢呼。对于德英的和解取得这样的进展,哈尔登与爱因斯坦感到十分欣慰。

在将近三个月的旅行过程中,爱因斯坦不仅是犹太人的代表,也是新的魏玛共和国无冕大使。回到柏林,他马上成为新闻追逐的中心。应德国红十字分会会长邀请,6 月 30 日,爱因斯坦做了一个报告,总统艾伯特和几位内阁成员都出席了报告会。但爱因斯坦在这里和其它类似场合所说的话语在美国引起了很大愤慨,削弱了他这次旅行的成功度。

爱因斯坦给《柏林日报》写了一篇关于美国印象的文章，其它报纸先后重印了这篇文章；除了一些热情的赞赏外，文章中还包括一些对美国批评的评断，如关于禁酒，缺少酒店，过分强调金钱，政治孤立等。《纽约时报》认为爱因斯坦这样的评论是恩将仇报，产生这种冲突的真正原因是美国人过于敏感了，而不是爱因斯坦文章的实际内容。

一个很严重的事件，一个真正的错误，是与荷兰的记者会谈时引起的，爱因斯坦在这次谈话中，既缺乏机智又欠考虑。他不仅嘲笑美国人对根本不理解的科学家过分激动；并且谴责美国人，尽管他们工作努力，但只是女人的小狗，他们花钱如流水，挥霍无度。在转登会谈的英文稿时，《纽约时报》加了一个编者按，爱因斯坦失态的原因是他对美国之行感到失望引起的，他们这次特殊使命并没有完成。三天后，愤怒的读者寄来了大量指责爱因斯坦的信件，时报上又刊登了另一条编者按，这次是真正地指责：

> 对于爱因斯坦粗鲁地嘲弄好客的主人，我们不会也不能原谅他。他们尊敬爱因斯坦是因为相信他是自己领域内的巨人。他是否与这个称号相称并不重要，因为这是许多杰出专家所共有的怪癖，但这决不能减少他们对世界的价值。

爱因斯坦马上声明，记者错误报道了会谈内容。为了减少损失，他向柏林的美国记者说了很多好话。虽然取得了一定成功，但是很长时间美国人不能原谅“小狗”的说法。爱因斯坦又一次接受了教训，应该怎样讲话，怎样在大家注目的中心保持沉默。

第26章　更多的喧嚣、漫长的道路、更多的政治、很少的物理

从美国回来以后，爱因斯坦在柏林只待了一个月。看望一下他的两个儿子，并和他们一起到波罗的海边上的一个小村庄度假，住在当地的糕点店。这种生活与爱因斯坦在美国、英国访问时的盛况形成十分强烈的对比，但是爱因斯坦对于这种简朴的生活很满意。自从与米列娃的冲突解决后，爱因斯坦现在可以开心地与儿子们在一起了，虽然与他们所希望的并不完全一样。十七岁的汉斯·阿尔伯特已经成为一位健康、自由的小伙子，自信、智慧、谦虚；十一岁的泰德尔可爱、调皮。但是使父母不满的是，他们两个人都有一些商人气息，缺乏抽象思维能力。一起度假显然对他们三人很有好处。爱因斯坦向埃伦费斯特夸耀说："他们两人很不错，我们三人一心一意。"

8月中旬，在度假过程中，爱因斯坦与儿子们来到基尔，到赫尔曼·安术茨—卡姆普夫的水滨进行帆船运动，并且专心研究一种新的旋转罗盘技术问题。爱因斯坦可能很长时间就在考虑这个技术问题了，因为1920年底，安术茨认为他的工作值两万马克现金，因为否则的话，将涉及到交税问题。

因为机械罗盘本身存在缺陷，曾经有一段时间，安术茨考虑发明一种新的罗盘。爱因斯坦设计的思路是使一个球体悬浮在磁力线中，由磁场把它固定在一定的位置，因此不存在接触和摩擦。磁场的安排是一个难题。开始的实验设计是，在球体的底部排列八个电磁铁，后来爱因斯坦想出了一个方法，把单个线圈置于球体中。

1925 年,这种新罗盘投入市场前,还需要很多提高和改进。爱因斯坦与安术茨和职员们进行了大量通信,说明爱因斯坦对这件事十分热心。安术茨在住所一直为爱因斯坦留有一个房间,所以有一段时间,基尔曾成为爱因斯坦的第二故乡。这并不只是因为旋转罗盘的原因,而是爱因斯坦非常喜爱帆船运动,此外,还有与公司老总的友谊。第一次离开基尔后,爱因斯坦在一封有关技术问题的信中写道:“在基尔的美好日子一直在我的头脑中回荡。”爱因斯坦的孩子们也给安术茨寄了一封礼貌的感谢信。

在物理方面,爱因斯坦又开始了紧张工作。他急于解决这样一个基本问题:从一个原子发出的电磁波是球形波,还是单方向的,即他以前所说的“针状辐射”,这是在 1916 年量子理论中所描述的。他给玻恩写信说:“关于光的辐射性质,我想出了一个十分有趣和简单的实验,我希望不久能够进行这个实验。”爱因斯坦认为在与折射频率相关系数有关的分散介质中,光的传播不是球形波,而是针状辐射。这种现象可以在快原子发生辐射时观测到,并且可以揭示辐射的真正本质。

后半年,即便在旅途中,爱因斯坦都在考虑这个实验。10 月中旬,受博洛尼亚大学的邀请,他与汉斯·阿尔伯特一起来到意大利。爱因斯坦第一次来到佛罗伦萨,在给贝索的一张明信片上,他谈到了最重要的新闻:“在柏林,关于光的发射的有趣实验有了很大进展。”在明信片的底下,爱因斯坦大概介绍了整个实验的设计。途经苏黎世,爱因斯坦来到莱顿,以便尽一下客座教授的义务,同时最重要的是与埃伦费斯特讨论量子问题,以及通过实验研究光的性质。

爱因斯坦并不需要自己做实验。1921 年 12 月 8 日,他把实验的理论基础向普鲁士科学院介绍之后,院长 E. 沃尔堡马上调集皇家物理技术研究所设备,派一些有能力的研究人员从事这项工作。爱因斯坦与汉斯·盖革,以及 W. 玻色一起研究实验的细节,之后,由他们两人迅速、成功地进行实际工作。爱因斯坦非常高兴,实验的结果与他从针状辐射计算出的结果一致。爱因斯坦认为传统的光的波动模型应该成为历史了。他又一次大喜,在年底告诉玻恩说:“我们现在明确证明了波动场并不存在,这是我多年来最伟大的科学实验。”

1922 年 1 月 19 日,爱因斯坦向科学院报告了这个成功的结果,但是拒绝公开发表这个报告,因为他不得不承认 M. 封·劳埃提出的反对意见也是成立的。很早以前劳埃就提出了这些反对意见,并且在科学院大会之前发表了相关结果。劳埃认为,实验本身是正确的,但并不是决定性的,因为这个实验同样可以得到波动结果。因此,并不能完全区分经典理论和量子理论。爱因斯坦向玻恩报告说,自己犯了一个非常愚蠢的错误(用阴极射线证明光的发射实验),但是必须承受这个错误,只有死亡可以避免一个人犯错误。对于埃伦费斯特,爱因斯坦描述当时的情况说:“我认为有很多事情分散我的精力是一件好事,否则,量子问题的烦恼一定会使我进入疯人院……在自然界面前,在自己的学生面前,一个理论物理学家是多么可怜。”

爱因斯坦所说的分散精力的事很多。以前他只是一位著名的物理学家,现在又是一位社会和科技活动家。同时又出现了一项新的使命,一项将为此工作十年的使命。爱因斯坦不再是一位物理学家,而是整个科学的代表,也是魏玛共和国和犹太人的代表。这给他带来了荣誉,同时也带来了敌意。

1921 年初,爱因斯坦的名字被收录只有三十人的科学和艺术功绩录中。除了爱因斯坦外,功绩录中还包括数学家 F. 克莱因、画家 M. 利伯曼以及诗人 G. 豪普特曼。四十二岁的爱因斯坦是其中最年轻的。能够收录到功绩录中是最大的荣誉,并且基本不用做什么工作。由于在公开场合,爱因斯坦不戴授予的徽章,能斯特因此谴责了他。

作为皇家威廉学会评议会成员,爱因斯坦每天都要处理不少事务,直到 1925 年离开为止。此外还有很多委员会、董事会,为了吹嘘自己,而邀爱因斯坦加入其中。在大多数情况下,爱因斯坦都理智地尽自己的义务,虽然在内心深处,对这些事情一点也不感兴趣。由于职业的原因,比爱因斯坦小三岁的威廉·外斯特帕尔辞去爱因斯坦基金会的成员职务,在一封感谢信中,爱因斯坦表达了他的遗憾,同时写下如下字句:“作为个人,我非常高兴你脱离了这个自大的环境,走回了自己所从事的科学领域。”

在柏林时,爱因斯坦就经常尽责地使自己融入科学院那些“自大的人”中,自愿参加物理学术讨论会。那些急于在柏林令人振奋的科技气氛中寻求刺激的年轻研究人员,发现爱因斯坦是位真正的民主人士,友好、容易接近、乐于助人。爱因斯坦本人十分幽默,看不到权威的架子。在学术讨论会中,他与学生和枢密院的人士之间进行的争论没有什么差别。虽然枢密院的人不喜欢这种讨论方式,但学生们却很喜爱。当时枢密院教授学生的方法是,帮助他们准备博士论文,而爱因斯坦的做法只是偶尔做个报告,很少举行研讨会。

爱因斯坦也是以这种轻松自由的方式与帝国主义德国的贵族们打交道的,这些银行家和工业家都慷慨地资助过皇家威廉学会或爱因斯坦基金。爱因斯坦经常与拉铁诺讨论政治事件,1922 年拉铁诺成为外交部长。战争结束后的头几个月,爱因斯坦收起自己的布尔什维克思想,对沃斯领导下的民主政府充满信心:“毕竟,对于当前的困难,现任的政府没有任何责任,应该负责的是那些正在大声指责的人。”

为了犹太复国主义者的工作,爱因斯坦还与高层人物、苏维埃人民外交部长 G. 辛彻林会面,据说,他像对待“上帝”一样崇拜爱因斯坦。他们是在使馆会面的,一起谈论苏联犹太人的处境,以及加快他们迁移巴勒斯坦的方法。从这次谈话中,爱因斯坦更加坚信犹太复国运动的必要性。

那些认为爱因斯坦是他们领域最伟大的人的同事们,在报纸上读到爱因斯坦的政治运动及其观点时,都吓了一跳,由此导致了一些个人关系的破裂。

例如,慕尼黑的索末菲坚信《巴黎日报》头版刊登的与爱因斯坦的会谈“从头到尾都是谎话”,因为其中没有一点德国人的优秀品行。当爱因斯坦读到这篇故事时,他一定令索末菲感到失望。虽然爱因斯坦从来没有参加过这样的会谈,但是文章的内容显然是以他在柏林一次聚会时,在餐桌上的谈话为基础的。他说:“在这篇文章中,我看出它是出自于我们的谈话。它记述了我当时的谈话,只不过经过了润色。”从这些话中,索末菲不仅了解到当初爱因斯坦为什么要离开柏林,为什么 1914 年回到柏林时提出条件要保留瑞士国籍,同时也了解到爱因斯坦对德国战败的观点:德国在战争中起了极大的破坏作用,应该得到失败。在给索末菲那封信的空白处,爱因斯坦写道:“虽然持有不同的观点,人们应该尊敬老实人。”但是,他的这种请求白费了。索末菲并没有回信,而是冬天经常待在慕尼黑的安术茨告诉爱因斯坦:“你那封信对索末菲的打击就像一颗炸弹一样。他失望地把这封信给我,对你和人类都感到失望了。”接下来的几年里,爱因斯坦与索末菲的通信几乎终止了;仅有的几封信也只是关于一些琐事,即使有关科学上的问题也是如此。

另一方面,报上刊登的会谈在法国产生了积极的影响,爱因斯坦的老朋友 P. 朗之万因此重新发出邀请,请爱因斯坦来法国大学讲学,早在 1914 年秋天他曾邀请过爱因斯坦。为了避免政治上的麻烦,爱因斯坦已经回绝了法国人权联盟以及哲学学会的邀请,现在对于朗之万表示出的友谊,他感到很难处理。心底里他很想接受它,但是他的法国同事对此很敏感,可能其他法国人对此更加敏感。法国学者把真正的战争变成了笔战,他们没有忘记不幸的"九十三位宣言",认为国际上应该抵制德国的科学家和科技组织。

考虑到这种不祥预感,爱因斯坦十分遗憾地感到应该拒绝这个邀请:"我一直认为像过去一样在舒适的房间与你、伯兰和居里夫人谈话,根据主观意愿向学生们讲授相对论是最美妙的事,"经过正反两方面仔细权衡,爱因斯坦在这封的长信结尾写道,"但是广大公众和政治牢牢地抓住了我,并且驱使我按照他们的意志办事……他们一定会问我有关法德关系的看法,而我不得不据实以告,我的回答一定会引起双方的反感……敬爱的朗之万,我为自己无法遵从你的请求而心痛,因为我也很器重你。"

虽然拒绝了邀请,爱因斯坦无法排解自己逃避困难的自责感,他的法国朋友是冒着很大的风险邀请他的。一周后,爱因斯坦通知朗之万他改变了主意及其原因:"进一步考虑,以及偶然的一次与拉铁诺会谈使我相信,虽然我的心中存在很多疑虑,我还是应该接受你的邀请。一个人不能因为一些细节而影响他为弥补战争创伤而做的努力;而你和你的同事却没有受到这些细节的影响。"

经过朗之万安排,爱因斯坦将于 3 月 28 日到达法国。这次妻子没有同行,因为他认为大家单独在一起可能更自在些。朗之万还进行了其它方面的安排,包括对住处的保密,避免私人邀请等。其中更重要的是,爱因斯坦不能与任何记者有联系,当然,如果条件许可,可以与一两位政治家座谈一下;希望在这座美丽的城市,为给这个世界带来的巨大不幸做点工作。爱因斯坦还希望再一次见到他的"密友索络文",他在巴黎做爱因斯坦的译者和出版商。为此,爱因斯坦回绝了很多其它事情,以便给自己留些时间,能够与老朋友多叙谈叙谈。

3月28日，老朋友朗之万和天文学家查尔斯·诺德曼在法国边境车站迎接爱因斯坦。当火车到达巴黎北站时，为了避开早已等待的记者们，他们没有走正常的出口，而像三位走私者一样，沿着铁路线消失在黑暗之中。爱因斯坦认为这个计策很有趣，很有道理，因为他的来访还没有被巴黎人民完全接受。法国物理学家坚持拒绝与爱因斯坦会面，并且就这个问题在科学院里展开争论，结果有三十位成员威胁说，如果爱因斯坦一出现，他们就离开大厅。

3月31日，星期五，爱因斯坦在法兰西学院开始了他的讲座，听众都是经过仔细挑选的，并为此每天都发票限制。著名的数学家，曾任军事大臣，现在是下议院议长，P. 潘尔卫作为一位慎重的控制员，控制入场券的发放。出席讲座的有居里夫人、H. 伯格森以及诺贝尔奖获得者查尔斯·吉永，没有邀请一位德国人参加。

爱因斯坦是用法语作报告的，希望自己的形象适合法国人的胃口，尽管存在一些疑虑，讲话中带着一些口音和小心，但却十分明了、简洁。朗之万坐在爱因斯坦旁边，当爱因斯坦寻找词句时，他像一位父亲照看儿子初次登上世界舞台一样帮助他。讲座的主要内容是爱因斯坦在普林斯顿发表的演讲，索络文刚把它译成法语，还没有来得及出版。

周末没有什么公益活动，下周爱因斯坦接着在法兰西学院讲学，与吉永的争论获得很大成功，周四在哲学学会进行讨论。新闻报道从友好发展到狂热，没有记者发表文章攻击爱因斯坦。正如德国使馆总结的，爱因斯坦是“这个首都的知识分子势力不能缺少的动力”。最后，爱因斯坦还冒险举行了一次会谈。此外，他还与政治家们座谈，但只限于那些没有政府官职的人员。

对于公众来说，爱因斯坦的这次访问非常成功，德国使馆觉得有必要警告柏林，不要认为“爱因斯坦在巴黎访问取得的成功而认为在科学领域，德国人已经与法国知识界恢复了从前的友好关系，并且可以在个人的基础上进一步培养”。爱因斯坦自己似乎非常乐观，他十分满意地对妻子说：“你很难想象，我在这里得到了同情和理解。对于政治上的事情，我遇到的人们都是平静理智地考虑这些事件，表现得很理解，比我预想的好多了。明天，我将乘车到战争的废墟去看一看。”

4 月 10 日，星期一，清晨查尔斯·诺德曼开车来接爱因斯坦。诺德曼、朗之万、索络文与爱因斯坦一起驱车穿过废弃的庭院、毁坏的城镇和村庄。面对这些防御设施和战壕，几年前，成千上万的人在此失去了生命，爱因斯坦十分吃惊，经过这一天的参观，晚上，爱因斯坦乘火车返回德国。

爱因斯坦取道去了基尔，在那里的法庭上，爱因斯坦成功地支持了安术茨的一项专利诉讼，并了解到旋转罗盘工作的进展情况。回到柏林，爱因斯坦给罗曼·罗兰写道："我非常高兴我的巴黎之行非常成功，我非常高兴能为人们重建友好关系尽微薄之力。"他向索络文感谢说："这些日子是令人疲劳但难忘的日子，我的神经现在还没有缓解下来。"

4 月 20 日，爱因斯坦参加科学院会议时，出现的情况与他美国回来时的情形一样，他四周的许多座位是空的，因为参加会议的人员不多，所以那些枢密院的人可以坐得离爱因斯坦远远的。

而 1922 年 6 月 10 日，在德国的德法友谊集会上，爱因斯坦却受到称颂。这次集会的组织者是德国和平卡特尔，是新祖国联盟与其它和平组织的联合体。由维克多·巴斯克教授率领的法国具有同样思想的代表团也参加了集会。德方的主要发言人 C. 凯斯勒指出："集会的场面十分感人，巴斯克、爱因斯坦和我的出席引起了长时间的掌声。"

两周以后，爱因斯坦不得不正式考虑是否应该在柏林待下去。6 月 24 日，在大街上，一个反对分子枪杀了外交部长 W. 拉铁诺。这种事件并不是第一次发生。战争结束后，"右翼方面"进行了三百次谋杀，而"左翼方面"进行了二十二次谋杀。对于爱因斯坦来说，拉铁诺的被害不仅是一次政治上的警告，也是一次痛苦的个人损失，又一次悲惨地证实了自己的观点：拉铁诺不应该做外交部长。

大约是爱因斯坦刚从巴黎回来，他与布鲁曼菲尔德还曾在拉铁诺家度过了一夜。布鲁曼菲尔德打算说服拉铁诺加入犹太复国运动，而爱因斯坦认为拉铁诺应该辞去外长之职。爱因斯坦在悼词中道出了理由："考虑到德国上层大多数人对犹太人的态度，我认为在公共生活中，犹太人骄傲地保持低调是自然的事。"爱因斯坦并没有遵守自己的诺言，反而希望作一番大事业，甚至成为一位德国狄斯累利的拉铁诺也没有遵守。一次，爱因斯坦向布鲁曼菲尔德解释他的疑虑时说："从心理学上看，拉铁诺对于自己的地位缺乏正确的理解。如果大家认为他可以当主教,他也可能会去当主教的。我相信他不会把一切事情办糟。"事实上,拉铁诺是一位出色的德国外长,谨慎地把德国引向国际大家庭。因此对手谴责他的政策是犹太人的奴态政策,而遭到暗杀。

爱因斯坦有理由担心自己也是这些死亡杀手的目标。因此,他取消了讲座,与妻子一起消失到基尔安术茨的工厂里。事实上,这是爱因斯坦自己想要这样做的,以便在一次诉讼中,作为安术茨的专家证人。

由于劝说拉铁诺的失败,爱因斯坦也开始远避政治冲突的各种领域。7月1日,爱因斯坦辞去了国际同盟知识分子合作委员会的职务。爱因斯坦是5月份应邀加入那个组织,同时加入的还有 H. A. 洛伦兹、玛丽·居里和 P. 潘尔卫,爱因斯坦是同盟中惟一一位来自德国的人。经过一些犹豫,爱因斯坦才接受邀请加入这个组织。拉铁诺的被害证实了他的这些犹豫是有道理的。爱因斯坦给日内瓦的一位朋友写道:"这里的情况是这样的,一个犹太人最好不要参与公共事务。我也必须说明,我不愿代表那些并没有选我作他们代表的人们,同时也不同意他们的思想。"

接下来,在一封信中,爱因斯坦取消了对普朗克的许诺:9月底到莱比锡的自然科学家大会上作报告:"事实上,有人警告我尽快离开柏林,特别是不能在德国任何地方的公共场合出现,对此我必须认真对待。"正如他告诉玛丽·居里的,爱因斯坦甚至考虑辞去在科学院的职务,以及皇家威廉研究所所长的职务,在没有人知道的地方安顿下来。他正在为此做准备。

爱因斯坦向安术茨诉说自己准备安居基尔的打算,像在专利局那样,通过做一些具体工作而生活,安术茨认为这是"巨大的轰动"。爱因斯坦厌倦了柏林及相关事情,打算重新研究技术。所以他首先问安术茨,是否需要他,他对公司是否有价值。在他的工厂里雇佣一位世界最伟大的物理学家,这几乎使安术茨吓了一跳:"毕竟,在整个世界人民面前作为一个吞噬巨人的人,不是一件小事。但是我认为这是一件非常令人愉快的工作,能够帮助爱因斯坦逃离柏林,来到相对安静的这里。"

1922年2月22日,安术茨公司把爱因斯坦设计的,为了避免旋转摩擦把一个线圈放入球形体的想法申请了专利,并把成果应用到航行上。无疑,安术茨十分欢迎爱因斯坦这位有价值的合作者,他评论爱因斯坦说:"他是这样喜欢这个旋转罗盘，满腔热忱地解决各种难题，对于我来说，任何时候都可以向爱因斯坦请教问题是再好不过的了。”爱因斯坦自己也在寻找新的生活，想像正常人一样安静地生活，可以在工厂里从事一些具体工作，同时还有令人向往的帆船运动。爱因斯坦早已考虑买一幢房子，他选中了一套带有荒废花园的华丽别墅，但他又马上放弃了这个想法，因为A.维多利亚女王童年时代，曾在那所房子里待了几年，他担心基尔的人们会认为，一位犹太人购买一块具有历史意义的地产是一种侵略行为，并因此进行报复。

但是，几天后，爱因斯坦又不打算搬家了，爱因斯坦通知安术茨，他准备仍然待在柏林。他用妻子作借口：她对搬家有一种恐惧，不能胜任管理一套大房子。事实上，正如艾尔莎更正的，是爱因斯坦自己最后这样认为的，在基尔安居只是一种错觉，没有任何地方能像柏林这样容易隐藏；在一个小镇，他更容易暴露目标。

在拉铁诺被杀以后，这个心血来潮的插曲对于爱因斯坦来说是令人高兴的后话。安术茨准备回到南部德国，只打算周期性到工厂待一段时间，因此在士凡汀的河岸、靠近工厂的地方建了一所房子。如果他来到基尔的工厂时，只住在上层，房子的下层面对公园的海水，装修成为爱因斯坦的永久避难所，窗外的防波堤上停放着一只船，所以爱因斯坦可以边研究旋转罗盘，边进行航海帆船运动。

尽管存在危险，7月中旬，爱因斯坦还是回到了柏林。爱因斯坦给索络文写信说：“自从拉铁诺被谋杀后，这里一片混乱。我经常接到警告，我已经取消了讲课，并且不在公共场合露面，虽然我自己仍然住在这里。反犹太人的情绪非常强。”爱因斯坦的谨慎并没有坚持很长时间，8月1日，在战争爆发的周年纪念会期间，他在柏林参加了一个大型反战集会。爱因斯坦甚至还在城外度过了一个非常奇妙的夏天。

几年来，爱因斯坦一直考虑在柏林附近的水域买一艘帆船和别墅。对于爱因斯坦来说，帆船和勃兰登堡湖是普鲁士最好玩的事物。他的钱不够买一幢乡村别墅，所以爱因斯坦并没有过高地追求美梦。在保克斯费尔德公园里，爱因斯坦租了一个小木屋。对于柏林人来说，保克斯费尔德是偏乡僻壤，虽然实际上，它处在广义大柏林的斯班德镇边缘。爱因斯坦选中的一小块地是名叫沙夫兰克的，由哈维尔河构成的一个奇怪的河湾，在那里他可以停泊帆船。那小块地比他在哈伯兰德街的客厅还小,整个小木屋也只有他书房那么大。爱因斯坦十分喜欢隐居在他的“斯班德城堡”,那里没有人打扰他。事实上,他的妻子每次在那小木屋里只能忍受两天,这很适合爱因斯坦的愿望。

1922 年夏天,爱因斯坦把儿子带到这里。爱因斯坦向曾经邀请他到基尔做客的安术茨报告说:“孩子们来到这里,和我一起住在斯班德城堡里,我在城里的住地与城堡之间往返,我和孩子们相处得很好。”当地的邻居回忆爱因斯坦是一位平静的周末来访者,而不是一位模范园工。别墅的周围野草丛生,混乱不堪,以至于 1922 年 9 月,当地的管理部门警告爱因斯坦,如果不马上把这个地方整理整洁,将把它另租给别人。爱因斯坦答应好好做,并说“我们仍然十分愿意租这块地”。

在 1922 年的整个夏天,玛丽·居里给爱因斯坦寄了许多信,说服爱因斯坦重新考虑退出知识分子合作委员会的决定,国际联盟日内瓦总部的一位代表也为此事前来拜访爱因斯坦。但是爱因斯坦还是没参加 8 月份的选举会议。爱因斯坦也没有参加莱比锡的自然科学家大会,这次会也是这个协会的百年纪念庆祝会。在大会上,M. V. 劳埃做了一个非常重要的有关相对论的讲话。因为爱因斯坦没有参加这次大会,也就使他避免体验知识分子的贫乏和恶意。与两年前的巴特瑙海姆会议不同,当时对于相对论的争论只限于科学范畴,而莱比锡会议却成为典型、粗暴的反犹太人战场。

菲利浦·莱纳德确定了反犹太人的腔调,在他的愚蠢但没有恶意的手册《关于以太与原始以太》的第二版中,莱纳德增加了一个前言《提醒德国科学家》。在前言里,他抨击那种把爱因斯坦混淆为德国科学家,把广为人知的犹太人的实际问题变成了个人的争端,号召培养健全的德国精神。这样,“这种任何与相对论有关的事物中存在的、呈现出一个黑势力的外来精神就会屈服。”莱纳德的追随者在莱比锡演讲大厅外面散布这种呼吁,反对在社会上过分强调相对论的重要性,他们还号召举行反对示威。

这种反犹太人的行动得到慕尼黑无名政治家阿道夫·希特勒的赞同,他曾在无名的《人民观察家》上咆哮:“曾经是我们最伟大骄傲的科学,今天却由犹太人来教授,对于他们,科学只是故意、系统毒害我们国家精神的工具,因此导致我们国家内部的崩溃。”事实上,1933 年这位疯子成为德国的领袖;这不禁会使人想到,在二十世纪二十年代的魏玛共和国内,在物理学方面,这种反犹太人思想起了多大的作用。

但即使像威廉·维恩这样的民族主义物理学家也不会愚蠢地通过反对相对论来表现他们的反犹太人思想,所以只有一小伙冒充内行的人支持莱纳德。使他具有同样政治观点的同事更加恼怒的不是莱纳德对相对论的反对,而是在庆祝 X 光发现二十五周年之际,莱纳德认为自己应该是同时发现相对论的人。

在莱比锡大会上,有组织反对相对论的战斗实际上是失败的。直到 1933 年,没有一位"反对相对论者"被授予物理学教授,甚至是 1919 年诺贝尔获得者 J. 斯塔克也没有成为物理学教授,在其它任何以科技名义进行的活动中,斯塔克是莱纳德的惟一同盟。由于政治原因,而不是物理方面原因,使这位相对论的作者经常陷入冲突。

爱因斯坦不用再考虑是否留在柏林的事了。他将去日本访问,因此可以远离德国半年。一个日本出版社请他参加宣传旅行。没与爱因斯坦商量,B. 罗素替爱因斯坦与改造社建立了联系。1921 年,罗素在日本为这个出版社及其进步的左翼期刊服务。当问及谁是当今最杰出的人物,也就是下一步该邀请谁时,罗素给出爱因斯坦和列宁的名字,而没有给出第三个人的名字。因为列宁比较繁忙,因此,出版社决定邀请爱因斯坦。

出版社的一名职员,当时正在欧洲旅行,马上奉命去柏林,经过日本驻柏林使馆的安排,他拜见了爱因斯坦。爱因斯坦刚刚从美国回来,对人们对相对论所表示的兴趣很吃惊。在美国访问过程中,爱因斯坦一直感到自己"像一个骗子,并没有给人们带去他们想要的东西,"爱因斯坦告诉 C. 凯斯勒说。1921 年 9 月,经过三次洽谈,爱因斯坦接受了日本邀请。他想到东亚去看一看,这里仍是一片混乱,在那里或许可以发现点什么。虽然这次旅行更主要是出于商业目的,而不是政治目的,但是爱因斯坦并不感到遗憾。

1922 年 1 月,签定了正式合同,在六周的访问期间,爱因斯坦将在公共场合为科技人员和广大公众各作六个讲座。费用很优厚,两千英镑。虽然旅费花去七百英镑,剩下的一千三百英镑也是很多的,考虑到马克的贬值,爱因斯坦可以要求科学院从 10 月 1 日停发自己的工资,停发的时间"不确定",因为在回程时,他打算在巴勒斯坦停留一下(这是他的宿愿),之后接受西班牙邀请赴西班牙访问。

10月初,爱因斯坦和妻子离开柏林时,大家都认为这是拉铁诺被害后最安全的做法。这种说法并不完全正确,因为合同早就签定了,但是爱因斯坦很高兴有机会远离柏林,这样可以不用采取任何使德国朋友和同事感到尴尬的行动,就可以避开逐渐增加的危险。

在苏黎世待了几天,在伯尔尼停留了一天,之后,爱因斯坦夫妇在马赛登上日本汽轮赴日本。爱因斯坦非常高兴地发现,乘客大部分是英国人和日本人,这些"平静、文雅"的人不会打扰他。在三周的航行中,爱因斯坦准备读几本书,做一些工作,但是他的胃又提出抗议了;虽然经过一位同行的船客、日本医生的精心治疗,但病情并没有完全好转。科伦坡,新加坡,香港和上海是很好的观光之地,虽然爱因斯坦对当地的贫困感到吃惊,认为被人用黄包车拉着是件令人尴尬的事:"对于自己也间接参与对这些人的丑恶对待,我感到很羞愧,但又无能为力。这些乞讨者成群地突袭每一个陌生人,直到讨到钱罢了。他们知道怎样乞讨,才能得到人们的同情。"这次旅行可能使爱因斯坦躲开了政治巨变,但是却带来了吵闹。有时,船刚刚驶入港口,爱因斯坦就会见到对他表示敬意的标语"德国,德国万岁",其实爱因斯坦是瑞士人。有时,爱因斯坦会卷入德国协会的社会活动中。

整个旅途最值得纪念的地方是美丽的香港,那里不仅风光优美,并且存在一个小型的犹太人团体。虽然居住在那里的一百二十名犹太人大多数来自阿拉伯国家,爱因斯坦还是马上把他们当做自己的"部落伙伴",他写道:"我现在完全相信,在过去的一千五百年中,犹太人保持了自己的纯洁,因为从幼发拉底河和底格里斯河来的犹太人几乎与我们完全一样。这种共同感十分强烈。"

11月17日,爱因斯坦到达神户,第二天到达东京。改造社已经做了周密安排,对这位客人的宣传价值十分满意。德国使馆报告说:"他的日本之行像胜利巡礼,这种狂热远远超过他在美国的任何事情。爱因斯坦一到达东京,就发现车站聚集了那么一大群人,警察无能为力,只能无助地注视着可能引起危险的人群。"

第二天,在两千多名观众面前,爱因斯坦做了第一个讲座。他讲德语,中间穿插着翻译,译员是物理学家石原纯。1910年,石原纯发表了第一篇关于相对论的文章;1912 年他与 A. 索末菲一起在慕尼黑工作,这个期间曾到苏黎世拜见过爱因斯坦。整个过程进展得很慢,据说爱因斯坦一共讲了五个小时,可能他知道,这些听众是花了三日元来听讲的,这些钱可以吃十顿午餐。

爱因斯坦的东道主山本幸子是改造社的社长,她千方百计地把爱因斯坦的访问不仅变成知识运动,而且带来一定利润:通过收取高额的入场费。12 月份,大众科学杂志《改造》出版专刊,并且很快售完并重印,同时也提高了出版社其它出版物的销售量。带着痛苦的惊奇,德国大使记述道:"这位著名人物的整个行程都带有商业行为,并且利润丰厚。这个合同,漏下了很多条款,但是仍然含有使爱因斯坦感到委屈的条款:除了规定的讲座之外,不允许爱因斯坦在公开场合讲话!爱因斯坦充满知识的话语变成了金钱,流入山本的口袋里去了。"

山本在安排爱因斯坦的旅行方面很有才能,讲座和官方活动,以及愉快的休息交替进行。爱因斯坦夫妇不仅被精心照料,而且可以欣赏景色,了解日本的文化和人民。因此,第一个演讲之后,爱因斯坦在帝国科学院待了一天,参观奇妙的花园,观看一次日本剧院的表演。第二天,出席在帝国公园的传统菊花节,庆祝皇室与人民的团结,爱因斯坦不仅是一位客人,也是大家注目的中心。不是王后,不是摄政王子,也不是皇家王子们摆出的架子,明显地,所有的事情都围绕爱因斯坦。德国使馆给我们留下了十分感人的描述:"由于爱因斯坦的原因,大约三千多名出席者完全忘记了这一天他们应该做的事情。所有的目光都投向爱因斯坦,每个人都希望至少能与这位当今最有名的人握一下手。"

为了公正起见,在东京的六个科技讲座依次在东京的各个有名的大学进行,大约有一百二十名具有物理知识的学者出席了讲座。石原纯每次讲座都出席,桑木或雄也是这样,1909 年 3 月,他曾在伯尔尼见过爱因斯坦。

与此同时,新闻界在大肆渲染有关爱因斯坦的真真假假的故事;并为伟大的导师写了不少诗歌以及漫画。使爱因斯坦享有很大名望的一个因素是"相对论"的日语写法与"爱"和"性"极为相似。内阁委员会正面临非常严重的问题,皇家大臣们不仅争论一个门外汉是否能理解爱因斯坦关于相对论的讲座,并且进一步讨论"理解"的真正含义。

在东京待了两周之后，接下来是四周的旅行：首先向北赴仙台，一首赞美诗《给伟大的爱因斯坦》欢迎爱因斯坦的到来；接着向南到名古屋和古都京都。根据合同，爱因斯坦再做四个报告就可以了，但是出版商山本说服爱因斯坦又多做了两个报告，每个报告都收取了三日元的高额入场费，并且都有很多人来听讲。在京都大学，12 月 17 日，在爱因斯坦继续旅行之前，他终于被诱哄做了一个关于他是怎样创造出相对论的即兴演讲。世界人们应该感谢京都大学的教授们和爱因斯坦的翻译石原纯，他们把爱因斯坦的讲话记了下来。虽然只是概括性的，这个讲座是爱因斯坦所描述的、为数不多的关于他是怎样面对这些问题，并介绍背景的报告之一。

旅行的最后一站是福冈，在九州的南端。在那里爱因斯坦做了最后一个报告，圣诞节期间，他给男青年联谊会表演小提琴。经过几天的休整，包括几天到林宫木家作客，这位医生在船上曾照看过爱因斯坦；12 月 29 日，作为"来自西方的伟大老师"，送别爱因斯坦的场面非常热烈的。

爱因斯坦非常高兴自己接受了东亚的邀请："日本十分奇妙。高雅的风俗，对任何事情都感兴趣，天真而聪明。在一块奇异土地上生活着完美的人民。"十分奇怪，这位独行者认为他第一次在日本见到了健康的人类社会，其中的每个成员都很团结。对于这块土地及其人民，爱因斯坦一直有着浪漫美好的记忆。1945 年 8 月 6 日，是痛苦再现的一天：当年火车曾带他穿过了日本广岛市。

爱因斯坦发现日本之行是一次非常迷人的经历，但只是对一位游客而言。另一方面，在回程途中的巴勒斯坦之行却给他今后的生活留下了很深的印象。

1923 年 2 月 1 日，爱因斯坦离开赛德港，乘火车到达利达，今天的劳德，处在 1909 年建立的特拉维夫和具有三千多年历史的大卫城、耶路撒冷之间的一座小镇。头几天，爱因斯坦在英国托管的巴勒斯坦地域的高级代表希尔伯特·撒母尔先生（后来的勋爵）家作客。与哈尔登勋爵一样，撒母尔属于对相对论十分感兴趣的英国贵族哲学家。接下来的许多年，撒母尔一直与爱因斯坦保持通信，虽然频率不是很高。当时，撒母尔是巴勒斯坦的最高权威，他用国宾的礼节欢迎爱因斯坦，其中包括爱因斯坦到达这位高级代表住地时的鸣枪礼。

第二天是安息日，爱因斯坦与赫尔伯特先生一起沿着苏利曼统治时期宏伟、高大的城墙漫步，尽情享受古城魔力，晚上拜访“来自布拉格的严肃圣人”H.伯格曼，他准备建立一个图书馆。并不是所见到的一切都使爱因斯坦高兴，他在日记中这样写道：“在庙墙（哭墙）下，愚昧的部落伙伴正在祈祷，面对着墙，前后摇摆着身体。看到这些曾经具有辉煌历史的人，未来十分渺茫，我感到很可怜。”对于爱因斯坦来说，这种带着塔穆德传统的正统犹太教还十分陌生。那些穿着黑色长袍，留着胡须，戴着大帽子的人就是部落兄弟，这是没有疑问的，但是每当爱因斯坦遇到他们，他就感到愤怒。

十分吸引爱因斯坦的是几天来他见到的犹太建筑工人、手艺人和农民。他们的存在消除了爱因斯坦当初在柏林表现出的疑虑：犹太人到底是否能在他们居留地的发展过程中保持那些技艺。现在，爱因斯坦看到那些从东欧来到巴勒斯坦的犹太人，没有经过任何实际训练，但却非常自然地操纵砌砖的抹子，打理需要下工夫才能耕种的土地。使爱因斯坦最高兴的是，他们正在实行一种社会主义，领班和助手挣同样的工资。

正是这项具体工作使爱因斯坦相信巴勒斯坦的犹太人具有美好的未来。爱因斯坦的特拉维夫之行给他留下很深的印象，这座当时已具有先驱地位的小镇，终有一天会成为犹太人的“小芝加哥”：“这里的犹太人所取得的成就几年后一定会引起整个世界的敬仰。一个具有丰富多彩的商业和知识生活的现代犹太人城市正在地平线上崛起。一个不可想象的活跃民族，我们的犹太人！”对爱因斯坦来说，一个特拉维夫镇的荣誉公民比纽约的荣誉公民更有分量。

对于爱因斯坦来说最重要的活动是情感与智慧、犹太教与科学热情的结合，这就是希伯来大学正式就职典礼。这个荣誉一直留到爱因斯坦的到来，因为没有人比这位伟大的犹太人科学家更适合的了；对于爱因斯坦的大多数“部落伙伴”来说，爱因斯坦也是他们伟大的犹太教的同时代人。爱因斯坦一直对这所大学备感亲切，并利用去日本的途中向犹太人团体介绍这所大学，例如在新加坡。现在，1923 年 2 月 7 日下午，爱因斯坦站在斯克普斯山上，亚历山大大帝在这里曾凝望伟大的耶路撒冷，提图斯曾召集他的罗马兵团摧毁了圣殿。在挂着英国托管徽章、犹太复国运动的旗帜以及十二个以色列部落标志的临时大厅里，爱因斯坦将作第一个演讲。

曾经与爱因斯坦一起赴美国的犹太复国主义者、执行委员会主席M.尤斯金做了历史性的介绍：

> 三千年前，在默里山上，所罗门王为上帝建了一所房子，而他所做的第一次祈祷的房子应该成为所有人祈祷的房子。现在，我们正在建这所房子，我们祈祷它成为整个世界科学的殿堂。爱因斯坦教授，请登上这个已经等你两千多年的讲台。

此时爱因斯坦一定十分悔恨自己在慕尼黑学生时代的懒惰和无知，没有认真学习希伯来语。他别无选择，只能请人把演讲的第一句译成希伯来语，费力地把它背下来："我也十分高兴在此发言，犹太教神谕和它的光芒照耀整个文明世界，这所房子将成为所有东方人民的科技和智慧中心。"对不能再继续用大家熟悉的语言接着演讲，爱因斯坦表示十分歉意，他接着是用法语讲的。

第二周，在许多犹太复国运动官员陪同下，爱因斯坦参观了学校、工厂、贸易联合会大会。爱因斯坦为犹太人感到骄傲，对集体主义和犹太人与饥饿、贫穷和疟疾的斗争感到十分钦佩。看到早期共产主义者的集体主义实验没有什么前途，爱因斯坦认为应该建立一个犹太教学会：

> 我十分喜爱巴勒斯坦的部落兄弟，不论是农民、工人，还是居民。整个看来，这块土地并不肥沃，但是这里将成为一个精神中心，虽然不能吸引大部分的犹太人。另一方面，我相信我们一定会成功。

在风景如画的格那扎特湖停留一下，爱因斯坦回到耶路撒冷待了一天，在拥挤的报告厅做了一个报告，他发现在整个巴勒斯坦停留过程中，人们一直问这样的问题：他是否还会来？这次是否留在这？在停留的最后一天，爱因斯坦在日记上写道："他们十分希望我能留在耶路撒冷，并且一再问我这样的问题。我的心里说要留下，但我的理智要求我离开！"爱因斯坦再也没有回耶路撒冷看一眼，他希望与犹太复国运动保持一定距离。但是他乐意接受在巴勒斯坦担任的角色，那些不认识圣人的犹太人民，带着一丝嘲弄，把爱因斯坦描述为"犹太教圣人"。

接着爱因斯坦到了法国。从那里他并没有直接回柏林，而是先到西班牙待了两周。爱因斯坦先后在巴塞罗那、马德里、托利多和萨拉哥萨停留，做学术讲座、发表讲话，各种各样的荣誉接连涌来。爱因斯坦被授予科学院成员，授予名誉学位，并被国王接见。德国大使不含任何夸张地报告说："在人类的记忆中，没有一位外国学者在西班牙首都得到这样热情、不同寻常的礼遇。"

3 月中旬，爱因斯坦回到了柏林，正好在外面待了六个月，他发现自己获得了诺贝尔奖，并且因此引出了一个非常奇怪的插曲：他同时被官方认定为德国人和普鲁士人。

第 六 部 分

分裂时代的统一理论

第 27 章　获得诺贝尔奖同时成为普鲁士人

1922 年 9 月，赴日本的船票早已经订好了，爱因斯坦收到了 S. 阿瑞尼阿斯的一封信。阿瑞尼阿斯是斯德哥尔摩皇家瑞士科学院杰出成员，诺贝尔物理学奖委员会主席。得知爱因斯坦的旅行计划，阿瑞尼阿斯十分明显地暗示爱因斯坦改变计划："很有可能你应该于 12 月来斯德哥尔摩，如果那个时候你在日本，将不太合适。"在莱比锡，阿瑞尼阿斯显然向 M. 劳埃透露过信息，劳埃马上告诉爱因斯坦："根据我昨天得到的可靠消息，11 月份将进行诺贝尔奖推选工作，可能 12 月份你要待在欧洲。"

爱因斯坦马上意识到这与 12 月 10 日授予诺贝尔奖的事有关，阿瑞尼阿斯也以科学院成员的秘密方式（他曾发誓对获奖的情况保密）暗示，爱因斯坦的缺席将影响科学院的选举，爱因斯坦并没有犹豫："因为合同已经把我与日本紧紧地联系到一起，我不能推迟我的旅行。"爱因斯坦向瑞典同事表示敬意："希望对我的邀请能够推迟，不要取消。"爱因斯坦的缺席并没有产生什么影响。当爱因斯坦在赴日本途中，处于香港和上海之间，1922 年 11 月 9 日，在斯德哥尔摩宣布爱因斯坦获得诺贝尔物理学奖。

我们不知道爱因斯坦是什么时候得知自己获得诺贝尔奖的，在他的旅行日记上显然没有记载这件事。我们也不知道爱因斯坦对这项裁定的幕后动机所作的反应。裁定是这样写的："鉴于他对理论物理的贡献，特别是发现了光电效应定律。"参照爱因斯坦 1905 年取得的工作，使瑞典科学院避免陷入进退两难的境地；那时，是科学院需要爱因斯坦获得桂冠，而不是爱因斯坦急着获奖，当然奖金除外。几年来，科学院的成员们早就意识到爱因斯坦应该获奖，但是他们不清楚应该从哪方面给爱因斯坦授奖。

1910年,威廉·奥斯特瓦尔德第一次提名爱因斯坦获诺贝尔奖,爱因斯坦曾经申请做奥斯特瓦尔德的助手,但没有成功。奥斯特瓦尔德是根据相对论的成就而提名爱因斯坦的。物理学授奖委员会的五名成员首先检查、评价提交给他们的所有提议,之后再把其中的一个送交物理部,由物理部提交科学院进行投票。讨论后,他们建议对爱因斯坦的提议暂时放在一边,等到他的理论经过实验确认后再考虑。当时,这种做法并非没有理由。

1912年以后,爱因斯坦多次被提名诺贝尔奖,不仅是根据相对论的成就,还有关于布朗运动的统计工作,以及后来的光电效应。1917年后,有更多的人提名爱因斯坦获奖,但是没有采取联合行动。从这一年后,提奖的内容还包括爱因斯坦的广义相对论的工作,以及水星近日点的工作。

相对论给评委会带来了很多麻烦,原因很多。按照A.诺贝尔的要求,一个原理或理论不是一项“发现”。诺贝尔奖的说明,以及乌普萨拉大学物理学家的实证论倾向非常严重。1908年,物理部就拒绝了评委会的提议,授予理论学家M.普朗克诺贝尔奖。因为评委会不愿再引起类似的冲突,很长时间都不考虑理论概念(1919年M.普朗克才获得1918年诺贝尔奖,提名普朗克的人中包括爱因斯坦)。评委会只是考虑“效应”,像季曼和斯达克获奖的例子,有时考虑具体的事物,如提高灯塔信号灯强度问题(1912)和合金钢(1920)。此外,在评委会里没有一位专家可以向他的同事们解释相对论的重要性。

经过1919日蚀的巨大成功后,不可避免要评选相对论。1920年,主席S.阿瑞尼阿斯亲自为评委会准备一篇详细的鉴定。虽然在物理化学方面具有很高天赋(刚刚获得1903年化学奖),阿瑞尼阿斯并不十分胜任这份工作。他没有选择地列举了文献中所有的反对意见,不仅包括正确的批评,也包括柏林的E.格尔克的荒谬评论:水星近日点的运动已经在相对论之外得到独立证明了。结果,不是爱因斯坦,而是C.吉永因为不锈钢合金获得诺贝尔奖。

第二年,A.格尔斯特兰负责准备专家鉴定。1910年,生理学家格尔斯特兰由于证实人眼是一个光学系统而同时获得诺贝尔医学奖和物理学奖。对于相对论,他只是一位热心的爱好者,因此他的文章中包含明显的误解。评委会都搞乱了,因此建议1921年的诺贝尔奖推迟到下一年。

1922 年,提名爱因斯坦的人员又在增加。还是由格尔斯特兰准备鉴定,而他的工作并没有比以前有什么进展。评委会的一名成员,乌普萨拉的物理学教授卡尔·威廉想出一个主意,根据光电效应的贡献推荐爱因斯坦,特别是米离堪已经通过实验确认了爱因斯坦的公式。因此,由奥辛负责准备这方面的第二篇鉴定。这篇鉴定十分出色,因此评委会根据爱因斯坦发现了光电效应定律推荐阿尔伯特·爱因斯坦获 1921 诺贝尔物理学奖。物理部首先采纳这个建议,11 月 9 日,瑞士科学院会议通过。根据原子结构及其引起的辐射,授予 N. 玻尔 1922 年诺贝尔物理学奖。

在判定相对论方面,评委会并没有因此而扬名,虽然当时没有人知道,但是评委会合理地选择了爱因斯坦却不是一个错误。爱因斯坦关于光电效应的"启发性观点"的解释值得获得诺贝尔奖,在其中的引述中,阿瑞尼阿斯正确地指出:"在这个领域出现了一篇纲领性文章,说明这个理论的重要价值。爱因斯坦的定律成为定量光化学的基础,而法拉第定律成为电化学的基础。"

虽然保守的瑞典科学院根据爱因斯坦自认为"非常革命"的文章,授予爱因斯坦诺贝尔奖。但是从它的一些授奖情况可以看出,科学院具有历史远见性,1918 年授奖 M. 普朗克,1922 年授奖爱因斯坦和玻尔,1923 授奖米离堪,非常类似于一种对早年的量子理论中激动人心的故事的摘要重述。

玻尔马上暗指这种结果的象征性,在给爱因斯坦的一封祝贺信中,他用感人的、不太熟练的德语写道:"你给这个世界的人们灌输了各种新思想,在给予我这个荣誉之前,首先应该承认你的伟大贡献。"爱因斯坦在从日本回来的船上回信说:"尊敬的玻尔!我刚刚离开日本就收到了你热诚的信。我敢说,不含任何夸张,它和诺贝尔奖一样使我感到快乐。特别是你害怕在我之前获得诺贝尔奖,这使我感到你更具魅力,那才是真正的玻尔。"

回到柏林后,爱因斯坦发现在获得诺贝尔奖之前的调查结果认为他是一位德国人和普鲁士人。斯德哥尔摩之所以提到爱因斯坦国籍的事,是因为不论在授奖仪式和接下来的庆典上,获奖人员都是由他所在国家的大使陪同。而且,如果一个获奖人不能亲自接受奖励,可以由他的国家代表代替他接受。

对于爱因斯坦的情况,瑞士和德国的大使都声称享有此特权。柏林科学院带着胜利感答复德国大使鲁道夫·纳多尔尼说:“爱因斯坦是位德国人。”爱因斯坦的瑞士同事们非常吃惊,因为爱因斯坦是用瑞士护照旅行的,但大度地保持沉默。接受授奖的第二天,出现一个尴尬的局面,柏林的外交部发现了一个相反的证据,证明爱因斯坦最终是瑞士人。为了避免引起外交争端,必须在柏林找出证据证明德国大使是爱因斯坦惟一的合法代表。

柏林科学院的律师们马上一起商量,并且发现 1920 年 7 月 1 日,爱因斯坦曾对德国宪法宣誓,九个月后,又面对普鲁士宪法宣誓,同时,爱因斯坦在普鲁士科学院任职,这意味着他变成了“间接的国家官员”,因此,变成德国公民,虽然没有公开表示放弃其它国籍。回到柏林后,爱因斯坦马上通知科学院,1913 年邀请他时,他曾经声明保留另外一个国籍:“我要求不要改变我的国籍,我所以接受这个邀请,是因为我认为已经答应了我提出的这个条件,事实也是如此。我认为这件事情可以从有关档案中得到澄清和证实;同时,我的同事哈伯和能斯特了解整个情况。”

事实上,德国当局一直把爱因斯坦看成瑞士公民,因此在任命爱因斯坦为皇家物理技术研究所董事会成员时,曾经提出这样的疑问,一个外国人是否可以成为这个团体中的一员,因为皇家研究所研究的问题有时涉及到有关军事的绝密问题。在送达给皇帝的请求中,虽然已经消除了这些疑虑,但是爱因斯坦的国籍问题还是说明得很清楚的:“爱因斯坦是一位瑞士公民,但是这并不妨碍他加入董事会。”

因此,爱因斯坦可以肯定自己是瑞士人,而不是其它国人。因此他要求他的奖章和证书由柏林的瑞士官员转送给他,但是德国大使纳多尔尼已经接受了奖章和证书。征得纳多尔尼的同意,诺贝尔基金会采用了一个巧妙的办法,由在柏林的瑞士大使 S. 拉米尔把奖章和证书交给爱因斯坦。

但是,仔细查询 1913 和 1914 年的各种文件和信件,没有发现任何与爱因斯坦国籍有关的证明,更不用说放弃德国国籍的文件了。显然,当局与爱因斯坦都忘记明确这件事了。1923 年 6 月,教育部的一位高级官员向爱因斯坦解释了寻找后得出的法律证明。爱因斯坦显然并没有放弃希望在文件中能够找出些什么,因为他请求先不要对外公开他的普鲁士国籍。六个月后,还是没有什么新的发现。1924 年 2 月,在给普鲁士科学院的一篇文章中,爱因斯坦声明:"教育部的有关内阁顾问坚持这种观点:我在科学院任职就说明我获得了普鲁士公民权,并且从文件中也没有发现矛盾,我不反对这种观点。"也没有人反对爱因斯坦在获得德国国籍时,仍然保留瑞士国籍。然而,在爱因斯坦获得诺贝尔奖之后,已经明确确定,自从 1914 年,爱因斯坦是一位德国人和普鲁士人。

爱因斯坦在柏林收到了诺贝尔奖的奖章和证书,但不包括奖金;由于德国的货币限制,他要求把这些奖金直接转往瑞士。这位获奖者惟一要尽的义务就是在瑞典作一次报告。阿瑞尼阿斯建议爱因斯坦不要等到下次诺贝尔授奖时的阴暗的 12 月份作报告,确定 7 月份在耶特堡的斯堪的纳维亚科学家大会上履行他的义务。虽然按照常规,获奖人员的演讲应该围绕他获奖的题目,但是阿瑞尼阿斯让爱因斯坦自由选择自己的演讲内容。他告诉爱因斯坦:"如果你能讲一下你的相对论,人们一定会更加感激的。"

因此,虽然已经回到了柏林,爱因斯坦又要继续不停地出访。整个 5 月份,他在莱顿作客座教授,7 月份准备去瑞典。7 月 11 日,在哥德堡,爱因斯坦给包括国王在内的两千多名观众作《相对论的基本思想和问题》的演讲。爱因斯坦曾经考虑讲他正在思考的统一场理论,但是他感到很遗憾,因为从通俗方面上讲,他的关于重力和电磁场基本统一的新理论还没有成形。因此,爱因斯坦只给技术大学的少数专家讲述了统一场理论。

在从瑞士回程中,爱因斯坦到哥本哈根看望了 N. 玻尔。玻尔到火车站接爱因斯坦。与往常一样,他们两个不停地谈论物理,但是这一次两人完全忘记了周围的世界。多年后,玻尔叙述说:"我们乘坐公共汽车,我们不停地激烈地讨论,以致坐过了站。只好下车,又往回坐,但是我们又坐过了站。我不知道错过了多少站,只是不停地来回坐车,因为当时爱因斯坦兴致很高。我不记得他的兴趣是否真是这样,但是不管怎样,我们不停地坐来坐去。我可以感到周围的人是怎样看我们。"

诺贝尔奖金是十二万瑞士法郎,还有利息,爱因斯坦非常感谢阿瑞尼阿斯的"资本经营"。在爱因斯坦演讲之后,这些钱直接转往瑞士。这些本可以结束经济忧虑的钱却引起了可怕的争吵。米列娃和儿子们非常失望,因为按照离婚法庭上的规定,这些钱(大约十八万瑞士法郎)存在一个不可接近的信用账户上,他们只可以自由使用它的利息。爱因斯坦抱怨说:"汉斯·阿尔伯特在整个安排过程中，写了一封丑恶而无知的信，我今年不想见到他，而妻子写信的口气也不像是给曾经为她献出一切的人写信。”这位痛苦的父亲只有取消安排好的一起度假的计划。

H. 章格和 H. 安术茨像中间人一样处理这微妙的家务事，至少努力平息爱因斯坦与汉斯·阿尔伯特的争端。1923 年 8 月末，爱因斯坦和两个儿子来到南部德国的劳特莱克城堡，到赫尔曼·安术茨家作客；安术茨买下了城堡，并进行了装修。9 月份，已经和解的父亲带着汉斯·阿尔伯特在基尔待了两周，住在安术茨为爱因斯坦提供的作为永久避难所的一间小公寓里。爱因斯坦从基尔报告说：“我与小阿尔伯特又和好如初了。我与他一起待在安术茨的工厂里，我们一起很快乐，可以一起演奏音乐和进行帆船运动。”

爱因斯坦对“妻子”的恼怒很长时间才消失。米列娃给哈伯写了很多的信，经过哈伯的调解，爱因斯坦不再对她生气了。最后用诺贝尔奖金在苏黎世堡买了三所房子；租金收入可以为爱因斯坦的第一位妻子提供永久的经济保障。

从基尔，爱因斯坦直接到波恩参加物理学家大会。这是三年前，巴特瑙海姆发生的不幸事件后，爱因斯坦第一次参加德国的大会。虽然这次大会不仅仅是科技会议，也是一次爱国主义者会议，爱因斯坦还是参加了。由于 1923 年初，为确保德国按规定赔偿，法国和比利时军队进入了莱茵省，因此，物理学家们把这次会议当作反对“生产量抵押”的野蛮政策的示威大会。

由于侵略性占有，并且因此导致通货膨胀的经济灾难，刚刚从日本回来的爱因斯坦第二次辞去国际知识分子合作委员会联盟中的职务。冒着公众和左翼虚假朋友反对的危险，爱因斯坦宣布：“国际联盟没有能力和决心开展这项伟大的工作，作为一名严肃的和平主义者，我认为没有什么必要与它发生任何联系。”

至于 1924 年的苏尔维会议，爱因斯坦根本不想参加，不仅因为德国同事们的抵制，还有工作的需要。爱因斯坦带着沉重的心情给洛伦兹写信说：“如果我参加这次会议，我就有一种支持和教唆的感觉，而我强烈地认为这是不公正的。”同时爱因斯坦还认为，“在过去的几年里，法国人和比利时人已经犯了不少罪过,他们不再是无罪的象征”。

带着对失败者的怜悯,爱因斯坦现在感觉自己与德国人站在一起了。爱因斯坦准备妥协,承认自己是德国人和普鲁士人,因而去波恩参加会议;但是爱因斯坦并没有太考虑这次会议的意图,等价于反对法国的海军示威。“狼永远改不了本性,但是人必须像同志似的与它们一起嚎叫”。

爱因斯坦不打算在波恩会议上发表论文,但是他发现这次活动很有趣,在讨论过程中,还时常发表一些意见。同事们十分感激爱因斯坦,不仅出于爱因斯坦对讨论的贡献,还由于他出席这次会议所显示的团结精神。军事的政敌消失了,科学上的反对也随着没有了。在会议结束前,爱因斯坦报告说:“我像一位圣人,但是我对这种角色并不感到舒服。”

波恩会议结束后,爱因斯坦在莱顿和埃伦费斯特一起待了两周。与以前一样,这是令人振奋的两周。不论是对于爱因斯坦的朋友,还是作为访问学者的客场演出,时间都太短了。不久,受柏林所发生的事情影响,同时为了尽自己的义务,爱因斯坦在莱顿待了六周时间。

爱因斯坦回到柏林刚刚三周,就收到了一个警告,他的生命处于危险之中。11 月 7 日,爱因斯坦马上又跑回莱顿。我们惟一的参考资料是一封普朗克寄给莱顿的爱因斯坦的信。从信中的暗示,我们得知使爱因斯坦离开的原因。从日期的关联上,可以看出对爱因斯坦生命的威胁可能与慕尼黑的政变有关,在向统帅部大厅进军时,阿道夫 · 希特勒希望推翻共和国。

爱因斯坦的名声、特别是他与政治上左翼分子的不断合作,引起了极右分子的仇恨。爱因斯坦不仅积极参与从新祖国联盟发展而来的人权联盟的各项活动,1921 年,他还参加了新俄国朋友协会,甚至成为其中央委员会的成员。秋天,几份报纸报道说爱因斯坦准备到苏维埃共和国访问;10 月 6 日,柏林日报宣称爱因斯坦已经出发到莫斯科,11 月初,甚至传说爱因斯坦在圣 · 彼得堡待了三天。

其实,爱因斯坦当时待在荷兰和柏林。不论是在 1923 年还是以后,爱因斯坦都没有访问过苏联,他只是在一定距离内对共产主义运动表示同情。我们不清楚爱因斯坦是否真的考虑过到工人阶级的天堂,这些新闻故事是否只是反映苏联科研机构的希望。不管消息正确与否,在拉铁诺被害之后,这些关于爱因斯坦与凶残的布尔什维克卖弄风情的报道,足以使爱因斯坦成为右翼极端分子谋杀的目标。

完全不同意爱因斯坦的政治活动，普朗克提醒爱因斯坦说："你现在走到左派方面去了，像你的妻子告诉我们的，你没有希望再回到我们身边。"他诚恳地催促爱因斯坦："不要再参与任何行动，以免最终回不到柏林。无疑你会收到无数很有诱惑力的邀请，因为外国早就妒忌我们拥有你这位无价之宝。但是请为那些尊敬热爱你的人们想一想，不要使他们为你与这一群臭名远扬的人在一起而感到悲伤。"

普朗克呼吁柏林当局调查对爱因斯坦的威胁，虽然仔细检查了臭名远扬、精神错乱的文件，但是没能发现对爱因斯坦恐吓的证据来自哪里。通过给爱因斯坦直接写信，或通过给埃伦费斯特和洛伦兹写信，普朗克请求爱因斯坦不要与普鲁士科学院断绝关系，他可以做自己认为有必要的事，但是必须保持柏林的居住权，并且至少每年一次参加科学院的会议，并作一次报告。

爱因斯坦并不认为事情会像普朗克说的那样具有戏剧性。12 月 6 日，爱因斯坦从莱顿写信说："你热情的信给我带来很大快乐。我认为目前没有什么理由离开柏林。"爱因斯坦在圣诞节前几天回到柏林，希望给莱顿的学术界再作几个报告。爱因斯坦随信还提交了一篇论文给《科学院年报》，似乎整个莱顿之行只是一次"愉快的流放"。在爱因斯坦的天性中，显然没有什么可怕的，刚回到柏林，爱因斯坦就给 M. 贝索写信说："我虽然经受很大的考验，但是外面的影响一直是表面的，最主要的事情还是科学。"

经过充满动荡和激动的三年，爱因斯坦现在急于寻求平静的生活，经过仔细思考，他发现这种生活更有益处。不论什么原因，对于爱因斯坦来说，在这方面柏林是最理想的地方，德国的政治动荡已渐渐平静。由于 1923 年秋天引进新的马克，以及通货膨胀因素，使爱因斯坦的微薄资产、包括妻子的大量财产都所值无几了，但是至少爱因斯坦在莱顿和纽约的外汇收入并没有贬值。德国经济显出恢复的迹象，虽然这"金色的二十世纪二十年代"只持续了五年时间。

爱因斯坦不打算在近期到其它国家访问。他向魏茨曼解释，他将一直采用呼吁、信件和演讲的方式支持犹太复国运动事业，特别是希伯来大学的建立，但是他不想出国参加各种会议。爱因斯坦拒绝了米离堪的邀请，作为加州大学帕沙第纳理工学院院长的米离堪打算把这所学院变成精美的研究机构。爱因斯坦也拒绝了到南美的访问,同时拒绝了来自德国和欧洲其它地方无数参加会议和作报告的邀请。爱因斯坦只到莱顿和瑞士进行了几次访问,当然也去过安术茨工厂的避难所。1924 年,爱因斯坦在他的避难所里写道:“政治动荡已经停止,感谢上帝,终于没有那么多人关心我了,我的生活变得平静,不受打扰了。”

但是,在居里夫人和尊敬的 H. A. 洛伦兹的极力劝说下,爱因斯坦又重新加入了知识分子合作委员会,并且参加了在日内瓦举行的第四次大会。1924 年 7 月 25 日,H. 柏格森的一首颂词把爱因斯坦介绍到这个著名的学术圈子里。爱因斯坦是以实用主义方式参与国际活动的。他首要关心的是统一物理和化学的术语标准,同时支持建立国际气象局。在日内瓦停留期间,爱因斯坦写道:“国际联盟委员会比我想象得要好,欧洲终于有些变好的希望了。”

不论在科学上,还是社会上,柏林都是激励人的地方。几年来,爱因斯坦一直被世界上政治、金融和艺术的各种沙龙作为装点门面的装饰品,其中最典型的是在柏林著名的凯撒霍夫宾馆里举行的银行家宴会,宴会上的爱因斯坦有一种局外人的感觉。C. 凯斯勒记录说:“大约有一百名‘杰出人物’来自世界的政治、银行和知识界,大部分时间是爱因斯坦一直在讲话,谈论资本主义和社会主义,主要以犹太教为基础。”

爱因斯坦经常与外交部长 G. 史特莱斯曼讨论政治;爱因斯坦还认识著名的戏剧家 G. 豪普特曼;经常到出版商撒母尔·费舍尔家作客;与指挥家 E. 克莱伯有深厚的友谊,陶醉于对音乐的热爱。许多画家都认为能给爱因斯坦画肖像是一种荣誉,爱因斯坦曾十分安静地坐在 M. 利贝曼的房间里供其作画,与他的绘画技术相比,爱因斯坦更欣赏利贝曼的幽默,认为利贝曼所画的画像根本不像自己。

与晚年在普林斯顿的头发散乱、衣着不整的画像完全不同,中年的爱因斯坦十分迷人,他的外表、眼睛、语言、即使是只露一下面都会引起很大的注意。在访问巴黎时,查尔斯·诺德曼见到了四十三岁的爱因斯坦,他描述爱因斯坦道:

> 爱因斯坦比较高(约 1.76 米),宽宽的肩膀,身材挺直。他的

头——世界的科学刚刚在其中建立起来——十分引人注意……不多的胡须短而黑，嘴唇大而红，很性感，嘴角带着永恒的微笑。但是最深、最奇怪的印象是他那令人吃惊的青春活力，爱因斯坦非常浪漫，使人不禁想起年轻的贝多芬。有时会突然爆发出欢笑，使人感觉像面对一名学生。

我们并不感到吃惊，这样的男人会给女人留下很好的印象，并且被女人们影响。同爱因斯坦一起乘船去美国的V. 魏茨曼把爱因斯坦描述为"年轻、快乐、多情。"当提到爱因斯坦的多情时，艾尔莎·爱因斯坦只是一笑了之。但是1923年，爱因斯坦从日本回来时，她不再那样相信她的丈夫了。爱因斯坦的继女伊尔瑟结婚后，爱因斯坦又请了一位年轻女士白丽·诺曼作他的秘书，并且强烈地爱上了她。与以前的两次婚姻不同，这种关系引发的情感使爱因斯坦深深地感动。1924年底，他们这种刻骨铭心的爱结束了，当时爱因斯坦给"亲爱的白丽"写信说，他必须在星星中寻找地球上没有的东西。这听起来似乎是伟大的弃绝，但这只不过是爱因斯坦十八岁时理由的一种变体，当时他与第一个恋人玛丽·温特勒小姐分手的理由。

爱因斯坦对人类荒唐的超然评论，以及与白丽·诺曼的分手，使敏感的编年史人C. 凯斯勒写下："爱因斯坦的双眼流露出一种讽刺，混杂着微笑和忧愁，并且越来越强烈。"凯斯勒认为从爱因斯坦的容貌，可以辨明这个人不仅在嘲笑人类自负的外表，而且也在嘲笑其根源。

可能是希望与自己陷入的纠缠保持一定的距离，爱因斯坦打算离开柏林，到南美洲访问了三个月。他所要做的事情就是使阿根廷、乌拉圭和巴西的科研机构重新发来邀请就可以了。三年前爱因斯坦曾拒绝了这些邀请，现在时机成熟了。1925年3月初，爱因斯坦从汉堡出发，开始了三周的航行。当船穿过赤道时，他又捡起了过去的习惯，给船上的官员们讲相对论，每天在船舱里与一些乘客和船上乐队队长表演弦乐四重奏。

在布宜诺斯艾利斯，爱因斯坦得到了阿根廷东道主和德国侨民的热情接待。这使他很吃惊，因为在三年前，同样的德国侨民代表们曾强烈拒绝邀请一位"失败主义者"，并且在战争期间把他当作祖国的叛徒，因为他宣传反对德国。这些人现在把爱因斯坦当作"德国文化的代表"，热情地款待他，因而，引起了爱因斯坦的讽刺评论："这些德国人十分可笑，对于他们，我本是一朵发臭的鲜花,但是他们时而还是要把我别在扣眼里。”

与此同时,与预想的一样,所到国家,其政治和学术上的领袖们都给予爱因斯坦无数荣誉。现在,爱因斯坦已经习惯在堂皇的环境下演讲了,在一个仪式上,他还被授予阿根廷科学院外籍会员。爱因斯坦在日记中写道:“人们经常问一些愚蠢的问题,所以我很难一直保持严肃。”他本来就没有打算从这次旅行中,在物理上有什么收获。

爱因斯坦也见到了他母亲家族粮食经营方面的亲属,包括他的表兄罗伯特·科赫,他们曾一起在阿劳的中学读过书,现在已经不是年轻人了。爱因斯坦受到他的“部落伙伴”的热情款待,他同时请求他们为耶路撒冷的希伯来大学捐款,对于这些”部落伙伴“来说,爱因斯坦是犹太人团结合作的象征。爱因斯坦对此非常高兴,因为伟大的事业有希望从犹太人的团结中开创。

在阿根廷待了三周后,爱因斯坦来到了乌拉圭,与共和国总统和政治、科学上的名人们的会面占据了整个日程,其中还包括与学生们共度美好夜晚,有吉他,伴唱,和爱因斯坦的小提琴演奏。在乌拉圭,爱因斯坦体验到一生中真正的热诚,他被这种热爱紧紧包围着,有时不得不想办法透口气。爱因斯坦发现,蒙特维多比布宜诺斯艾利斯更具有人情味,出于对瑞士和荷兰的同情,爱因斯坦认为其中的原因是国家不大。因此爱因斯坦得出结论:“魔鬼总是占有大的国家,并使它们变得疯狂。如果我有能力的话,我一定要把它们切成小的国家。”

最后一站是一个“大国家”巴西。在犹太人社团和德国人俱乐部举行了庆典。

爱因斯坦所访问的国家的每一位德国大使都一致地向柏林报告说:“爱因斯坦的访问对德国的事业很有用。”三个月后,爱因斯坦回到了柏林,他总结说:“这次访问可以说很有趣,没有什么真正收获,但在航行中至少有几周安静的日子。”

接下来的两个月,为了柏林同事的利益,爱因斯坦仍然参加科学院的会议,但是7月底,他又一次离开柏林去参加日内瓦的国际联盟会议。在苏黎世,爱因斯坦看望了米列娃和儿子们,也拜访了他的老朋友和“救命人”M.格罗斯曼,并且十分吃惊地看到老朋友得了多种硬化症。从瑞士,爱因斯坦直奔基尔，整个 8 月份，他都在海滨进行帆船运动，或在安术茨的工厂里研究旋转罗盘。

当时，物理学上出现了很多划时代的进展。同时，爱因斯坦认为自己已经向前走出了很大的一步。7 月 9 日，在去瑞士之前，爱因斯坦给科学院寄去了一篇《重力和电力的统一场理论》，与以往一样自信，认为自己“找到了正确答案”。爱因斯坦必须承认，在微观方面，这个场论是否与现存的原子和量子相容的难题还没有解决；虽然如此，他仍然相信自己找到了解释量子之谜的正确道路。

几乎同时，人们已经看到了这个答案的突破，但却是沿着完全不同的路，这使爱因斯坦很吃惊。新的量子力学出现了，这是科学上一场新的革命。对于爱因斯坦来说，这是一个死胡同，新的量子力学显然不是一个理论，至多是一个暂时有效的创造。

爱因斯坦的未来道路主要有两个主题：一方面，努力完成大统一理论的奋斗目标，在爱因斯坦看来，这最终将同时解决量子问题；另一方面，他不断地批判量子力学，这是一条没有成功的孤独的路。爱因斯坦的孤独感逐年增加，但是他以微笑对之。失败从没有使爱因斯坦失望。

事实上，爱因斯坦一生之所以顽强、乐观地沿着这条路走下去，与他对事物认识观念的变换有关，这是随着广义相对论的胜利而形成和发展的，它的根源始于战争时的柏林。

第28章 “残酷自然的冷笑”：探寻统一场理论

1923年7月，在哥德堡，爱因斯坦做有关相对论的诺贝尔获奖报告时，已经开始思考新的问题了。因为这个问题的复杂性，他认为不适合在公共场合评论，但是他想让观众们至少浏览一下他正在追求的是什么。爱因斯坦宣称：“一个寻找统一理论的人绝不能满足于存在两个性质上完全独立的场。”爱因斯坦当时并没有意识到这里所描述的正是自己余生将要苦苦追求的：寻求重力和电磁力的统一场理论。

爱因斯坦的希望一直没有实现。但这并没有影响爱因斯坦一直考虑这个统一理论；多少年来，爱因斯坦一直进行抽象思维，研究高等数学，讨论更加复杂的计算。二十多年来，爱因斯坦一直相信他能够解决这个问题。曾经有一段时间，爱因斯坦不得不承认：“在年轻时，大部分的智力都已耗尽了。”但是，爱因斯坦仍然十分乐观地继续从事这项工作，这是他命中注定的任务。

在爱因斯坦追求的前十年，还有几位科学家站在他的一边，至少，他的同事感兴趣；但是随着年龄的增长，这种孤立越来越明显了，特别是爱因斯坦一直在批判量子力学。爱因斯坦虽然完全意识到这一点，但他仍然不停地“吟唱自己孤独的老歌”。当爱因斯坦意识到自己所剩的时间不多了，他让人们把大统一理论的最后计算结果拿到病床边。第二天晚上，爱因斯坦去世了。这项没有完成的工作一直伴随他离开这个世界。

对于同时代的人，特别是年轻一代的物理学家们，这项工作不仅没有完成，并且完全没有用。即使爱因斯坦的狂热崇拜者也不反对，如果这位最伟大的物理学家一生最后三十年没有浪费的话,物理学一定会有更大的发展,这段时间大约始于 1926 年。

当然,在这期间,爱因斯坦也发表过有价值的东西,而且对于一个不太有灵感的研究人员,这些结果仍然是令人尊敬的一生工作。同样,爱因斯坦对量子力学的批评也有积极的一面,它的支持者必须不断完善量子力学,以便能满足爱因斯坦提出的各种限制条件。但是爱因斯坦的巨大热情,他的统一场理论不仅没有产生什么结果,而且也没有什么结果。它一直是一个外来的东西,对物理学没有什么作用。

是什么使得爱因斯坦,经过二十多年的创造,比任何人都极大地改变和丰富了物理学,却在中年时走上了这个死胡同,并且再也没有出来？可能的因素是创造力的消失和老年的固执,但与爱因斯坦的动机相比,这些因素就太失色了,正是这些动机指引爱因斯坦牢牢地以统一理论为奋斗目标。

使爱因斯坦走上这个孤独之路的原因,是梦想以场论为基础,建立整个物理学的基本理论。这样不仅可以统一这两个场,而且可以解释基本粒子的存在和性质,并且可以明显地推导出像基本电荷、光速和量子作用的自然常数。最终,通过推导,可以得出量子理论,与爱因斯坦对自然界的客观描述思想一致。

爱因斯坦瞄准的目标就是我们今天所说的"所有事情的理论"。广义相对论的巨大成功使他备受鼓舞,对一位理论研究人员,这项伟大的任务具有十分强大的诱惑力。爱因斯坦的这种梦想是在新的量子力学出现之前形成的:当量子力学引起物理学的彻底变革,爱因斯坦的梦想虽然不是废弃的,但至少存在问题,但爱因斯坦拒绝放弃他的梦想,大多数物理学家认为这是导致他失败的原因。另一个原因是,从二十世纪三十年代开始,又出现了新粒子、新力和新场,它们的存在说明爱因斯坦的计划是狭窄的。即使爱因斯坦完成了这个理论,它也不能成为"所有事物的理论",显然也不是微观世界的理论。因此爱因斯坦没有实现自己的目标,直到今天,也看不出有什么办法实现它,或者是否可以实现。

爱因斯坦提出的,打算从理论上理解的世界非常简单。只存在两个场,电磁场和引力场,它们都与势的位置有关,但是在强度上它们完全不同。考虑它们的强度,它们之间的比率是一个由四十个零组成的数。二者之间的另一个不同是，任何物体都有引力，是单一方面的；而电荷，不论是正电荷，还是负电荷，互相之间既吸引又排斥。

除了场以外，还存在固体物质，是由电子和比它重两千多倍的质子组成。虽然组成千差万别，但都具有完全一样的质量和电量。除了其它可能的情况外，大家一致认为原子核是由质子和电子组成，是靠极强的电力使它们结合在一起的。

在正常情况下，非常自然地人们想到要寻找“所有事物的理论”，寻找一种统一的场，使得所知道的电磁场和引力场成为它的两个特定方面。爱因斯坦不是第一位，但也不是最后一位从事这项工作的人。

早在1912年，爱因斯坦正在研究广义相对论时，当时德国的G.米教授首先尝试寻找一个综合性的理论，一个可以同时建立协调统一的物理世界图像的理论。在狭义相对论的范畴内，从电力学的“非线性”扩展人手，米希望从他的场方程中可以通过数学推导出电子和质子存在的必要性，但是，他的希望并没有实现。在《物理学基础》文章中，大卫·希尔伯特把米的理论应用到广义相对论中，但也没有得出希望的结果。

由于缺少物理方面的出发点，我们不知道爱因斯坦什么时间开始致力于统一场论问题的研究的。可能是在1916年初，当时他正在写一篇重要文章《广义相对论基础》，有些迹象表明他在思考这个问题，但没有向外透露任何信息。1918年3月，爱因斯坦一定投入很大精力思考这个问题，因为爱因斯坦给赫尔曼·维尔写了一封信，祝贺他的文章《引力与电力》，显示出爱因斯坦已经开始了统一理论的研究：“现在你实际上已经得出我没能产生的结果，用gμv解释麦克斯韦的方程。”这是从技术角度说明维尔从引力势中得出一个称为电磁场的张量术语。这是否说明在爱因斯坦之前已经解决了这个问题呢？

维尔与爱因斯坦认识。1913年，在哥廷根，只有二十九岁的编外讲师维尔应邀到苏黎世瑞士工学院访问。在那里，从同事的角度，维尔可以见到这位相对论的天才。具有强大的数学技巧，通过新发展的方法：无穷小平行转换，维尔比原来的作者更进一步发展了黎曼的几何，并且不久因此产生了“仿射联络”数学。1918年春天，躺在病床上的爱因斯坦，以很大的热情阅读维尔的书《空间，时间，物质》的校样。他认为“这本书像一篇精美的交响乐……书中的基本观念十分伟大”。

刚刚完成这本书，维尔同时完成了统一场理论，并把它寄给了爱因斯坦，请他转交普鲁士科学院，在《年报》上发表。开始爱因斯坦十分热心，但不久，他发现了一个大的错误：在维尔的文章中，存在一个不变的线性元素，从物理方面讲，这篇文章还是用以前的理论作为时空标准，例如，经过不同距离的氢原子在它们的谱线中显示出位移，这与观察的结果完全不符。

四周以后，爱因斯坦的表扬变成了善意的讽刺：“你的文章很精彩，除了与现实不符之外，它是纯粹思维的巨大成就。”维尔忧伤地向爱因斯坦抱怨说：“你根本不想知道整个事件的经过。显然这件事使我很忧虑，因为经验告诉我，应该相信你的直觉。”事实上，维尔的理论证明没有什么用；另一方面，他第一次采用的“艾琴方差”是量子力学和量子场论中十分有用的数学工具。

虽然存在异议，爱因斯坦还是支持维尔发表这篇文章，因为在战争的第四年，稿源非常缺少。虽然一些柏林院士反对，这篇文章还是在《年报》上发表了，爱因斯坦在文章的结尾简要进行了批评。

爱因斯坦与统一场理论的接触是以批评的态度开始的，维尔的思想给他留下了一定的印象，使他自己后来也走上了这条路。虽然如此，爱因斯坦还是不相信通过数学方法就可以发现自然规律。

首先，爱因斯坦打算建立一种可以解释基本粒子的广义相对论。1919年春天，爱因斯坦指出：“有一些迹象表明组成原子基本结构的基本粒子是由引力结合在一起的。”可是这篇文章发表后，这些迹象就消失了。

令人愉快的是，爱因斯坦对柯尼斯堡的数学家 T. 卡鲁查把四维世界进一步扩展的建议非常感兴趣。这种五维空间为场论的明确表达提供了新的可能性。人们认为这只是一种数学游戏，与时间和空间没有任何关系，因此，用各种有意义的附加条件加以限制，用这种方法顺利地与客观世界的四维连续性结合起来。爱因斯坦对这从五维空间迂回所取得的统一十分重视，1921 年把卡鲁查的文章寄给普鲁士科学院，自己也发表了一篇五维方法的文章。曾经有一段时间，爱因斯坦甚至相信这个主意比其它任何事物都有现实性。但是很快就发现，采用这种方法，在理论上得出的结果同样是外来事物。这个五维空间虽然在数学上是优美的，但从物理方面上讲，没有任何意义。

爱丁顿的建议也遭受同样的命运。由于证明了光的偏移,爱丁顿名声大振,现在正利用数学技巧修改、发展维尔的理论,以便满足爱因斯坦的客观标准。不久,爱因斯坦发现自己找到了问题的答案,在去日本的旅途中,他努力完善这个答案。在从日本的归途中,爱因斯坦高兴地说:“这次旅途对一个喜爱思考的人是难得的机会,像在修道院中一样可以不受干扰地进行研究。再加上赤道的温暖天气,天空懒洋洋地飘洒着温暖的雨,周围一片宁静,似乎处于遥远不为人知的植物时代。”

爱因斯坦在船上所写的文章《关于广义相对论》对他来说相当重要,船一到苏伊士运河边的赛德港,他马上把这篇文章寄往柏林,1923 年 2 月 15 日,普朗克替爱因斯坦把文章交给普鲁士科学院。这篇文章把爱丁顿的形式和哈密顿的原理结合起来,爱因斯坦高兴地认为:“这篇文章所述的理论没有武断,符合我们目前所知道的引力和电力知识,并且非常完美地统一了这两种场。”回到柏林,爱因斯坦亲自在科学院介绍了他的观点,并且又写了两篇相关文章,虽然那时爱因斯坦已经清醒地意识到,他的新思想在物理上不能出现任何有意义的结果。爱因斯坦向维尔报告说:“概括地说,对于整个问题我只能采取听任的态度。整个数学方法是完美的,但是自然界使我们走了很多冤枉路。”然而,爱因斯坦并不就此罢休,并接着说:“我们必须坚持这个思想,这是十分精美的;毕竟,面对残酷自然的冷笑,使我们产生更大的动力。”

1922 年夏天,批判地回顾过去在统一理论中的所有尝试,爱因斯坦写道:“为了取得真正进展,我认为一个人必须从自然界中找到一个普遍的原理。”他仍然寄希望从物理上得到灵感。

同时,爱因斯坦也希望电磁场和引力之间的关系在实验上取得一定进展。1913 年在苏黎世,可能不知道在半个世纪以前法拉第已经研究过这方面的问题,爱因斯坦在考虑引力效应是否与电磁感应相似。1922 年,爱因斯坦曾想说服 W. 格拉克进行实验,验证运动物体是否产生磁场。爱因斯坦的方法是测定水流或瀑布,但是,由于发现定向量子化而出名的格拉克不愿意让这个想法干扰自己的学术生涯。

这个拒绝并没有使爱因斯坦丧失信心,他把从自然界中寻找原理逐渐过渡到数学上。他的思维方式发生了很大转变,以前只把数学当作物理工具,现在却变成了认识根源,年轻时彻底的物理学家在晚年变成了孤独的寻求者。

我们已经见到,作为一个年轻人,爱因斯坦对数学家几乎持怀疑态度。直到完成了广义相对论,爱因斯坦才承认数学的微妙。黎曼几何与引力定律之间的和谐,无疑给爱因斯坦留下很深印象,但这并没有改变他对数学所持的实用主义态度。

一有机会,爱因斯坦就向数学家们解释;除非与事实相结合,否则他们的抽象艺术只是纯粹思维,而不是物理学。“在我看来,你似乎过分强调正规观点的价值,正规的观点在描述一个已经发现的真理时,很有价值,但是作为启发性帮助,它们几乎没有什么用。”1917 年爱因斯坦在哥廷根讲学时对 F. 克莱因说。在爱因斯坦给维尔的信和明信片中同样反映了他对物理重要性的信任,仍然不太重视与经验紧密相连的数学思维。

1918 年,爱因斯坦强烈地反对那种认为广义相对论超越经验的看法,他说:“我相信它的发展过程中包含一种不同的经验。并且几乎是完全相反的,那就是为了更加把握,一个理论必须以可以推广的事实为基础……没有一个真正有用、深奥的理论是靠纯粹思维发现的。”但是,1923 年,爱因斯坦已经开始转向数学思维这条路上来了。

在诺贝尔奖获奖报告中,爱因斯坦第一次指出,在寻找统一理论过程中,数学是惟一的路标:“非常不幸,我们不能像推导引力理论(重力与惯性质量相等)那样完全以经验事实为基础。必须以数学的简洁性作为判断标准,这不可避免地有些武断。我们希望得到一个普遍适用的引力方程,其中包括电磁场定律。”

爱因斯坦认为日本回程途中所写的文章多少满足了他的希望,“虽然还不敢肯定这里所得到的正式联络对物理学是否有贡献,因为还没有看出它与物理的联系。”最终也没有找出这个正式联络与物理的联系,但爱因斯坦并没有气馁。

爱因斯坦在发展广义相对论中看到希望,在他的记忆中,广义相对论是数学思维的胜利。五十岁时,爱因斯坦写道:“通过纯粹思维,从坚信现实结构合理的简洁性成功地推导出微妙的自然规律,激励我走上一条思维之路，任何敢于走上这条路的人都应该时刻注意这条路上潜伏的危险。”不幸的是，爱因斯坦不是因为数学思维的危险而有所退缩和灰心，而是完全看不见这些危险。1933 年，在牛津的斯宾塞讲座中，爱因斯坦把数学提到了真正的创造性原理的高度。几年以后，爱因斯坦把这种智力上的转变压缩成一个句子：“出自马赫类型的怀疑的经验主义……引力问题把我变成一位可信的理性主义者，变成一位在数学的简单性中寻找可靠根源的人。”

自然科学曾经以数学为基础，伽利略曾热情地宣称：“宇宙中最好的书是用数学语言写成的……如果不了解数学，一个人就会陷入黑暗的迷宫中。”从那时起，许多研究人员都体验到数学和物理之间的奇迹。确实，一位不了解数学的和谐和具有数学美感的人是不会有什么大的创造的。事实上，许多伟大的发现，都是因为理论上认为一个精美的数学结构在物理现实中一定有一个与其对应的反应。一个最著名的例子是 P. A. M. 狄拉克在理论上假设的“反物质”。

理论物理学家离开数学无能为力，同样离开现实的数学思考也没有什么价值。爱因斯坦却走向了一个极端，认为数学标准是真理的惟一可靠来源。在斯宾塞讲座中，爱因斯坦说：“在某种意义上，纯思维是可以理解现实的。”这说明他过分强调数学认识自然的能力，在他极具创造性的年代里，是不会发生这样的错误的。几十年来，爱因斯坦一直带着这种信念寻找统一场理论。

由于爱因斯坦自己的数学才能并不太高超，自从开始研究广义相对论，爱因斯坦就得到了杰出数学家雅各布·格劳么的帮助。第一次作为合作者提到格劳么是在《宇宙观察》文章中；在爱因斯坦的一些文章中，他的名字与爱因斯坦的名字同时出现在标题下，但多数情况，爱因斯坦只是在文章的结尾，表示感谢时提到格劳么的名字。最后一次提到格劳么的名字是在 1929 年 1 月的一篇文章中，这说明格劳么与爱因斯坦合作了十二年，比任何人都长。但是在爱因斯坦的信件中却没有发现格劳么的踪迹，并且在柏林认识爱因斯坦的人从没有提到过格劳么。关于格劳么的幕后存在有一个原因。

雅各布·格劳么来自一个东方犹太人家庭。我们不知道他的出生日期，也不知道他是哪一年出生的。据说格劳么是当地学校一名很有前途的信徒,打算成为一名犹太教教士。当时立志成为一名教士的一个条件是,他必须与一位老教士的女儿结婚。在这点上,格劳么失败了,不是因为他缺少犹太法典的学识,而是因为老教士的女儿拒绝与他结婚。事实上,格劳么得了一种淋巴系统的疾病,导致手足增大,被奇怪地称为象皮病。

这位失败的教士来到了哥廷根,成了一名数学家,并且发表了一篇论文。大卫·希尔伯特对这篇论文很欣赏,并且准备把它当作博士论文,但是存在一个障碍:格劳么高中没有毕业。在希尔伯特的执意坚持下,教授们终于同意授予格劳么博士学位。

可能是希尔伯特使爱因斯坦注意到这位杰出的犹太数学家,因此,格劳么搬到柏林与爱因斯坦一起工作。这并不是正式的助教职务,爱因斯坦从皇家威廉研究所在物理学上的预算、一个美国的基金会以及富裕的柏林人为爱因斯坦提供的研究基金中为格劳么支付生活费用。

1928 年,格劳么回到了家乡,在明斯克作一名教授,并且成为布尔什维克苏维埃共和国科学院的院士,死于 1933 年。

不久,爱因斯坦开始怀疑 1923 年的理论了。随着关于统一场理论发表的另一篇主要文章,1925 年夏天,爱因斯坦正式宣布:“1923 的理论并不是这个问题的真正答案,经过两年的不断探索,现在我相信自己发现了真正答案。”这种一连串的不停地用“真正的答案”取消以前的声明,一直持续到爱因斯坦的晚年。

1925 年的“真正答案”也是以仿射联络数学为基础的,但是爱因斯坦采用了一条新路。首先,他寻找适合引力场定律的最简单的术语,接下来最自然的事情是进行综合和推广。与早期的理论不一样,这次的基本张量不再是对称的了。爱因斯坦认为这是一个机会:在区分张量时,爱因斯坦把引力看成是对称的部分,而把电磁场看成是不对称的部分。必须采用新的技巧才可以重新建立麦克斯韦方程,而且必须是在弱场条件下。这篇文章只有六页,对于《引力和电力的统一场理论》这样的文章来说实在不长。这个理论的试金石是基本粒子的存在是否可以由这个理论推导出来。

虽然存在这个缺点,爱因斯坦对这个新理论仍然感到非常满意。在令人厌烦的国际联盟会议期间,爱因斯坦给贝索写信说:“这篇文章有极大的可能性与事实相符……至少在客观上,我认为它是正确的。”仅仅八周以后,这种乐观就消失了。“现在,我又开始怀疑这项工作了,”他告诉埃伦费斯特说。两天后,又说:“我去年暑假的工作完全是错的。”

但是,如果爱因斯坦对这篇文章加以正确理解,这篇文章会变成爱因斯坦最伟大的成就之一:它为反物质的存在提供了理论基础。但是鉴于 1925 年的知识水平,这种潜在的发现不仅爱因斯坦没有意识到,并且还成为他进一步思考的障碍。

可能在爱因斯坦研究广义场理论时,遇到了一个问题,开始可能忽略了,或者没有进一步研究,因为这似乎要危及到统一场理论本身。但是 1925 年秋天,爱因斯坦在一篇短文《电子与广义相对论》中提出了这个问题,这个问题与空间和时间坐标的镜像理论的基本性质有关。爱因斯坦指出,在任何的相对性场论中,一种对称张量代表引力,而电磁场由一种反对称的张量代表,由于相对空间,时间镜像不变,下面情况成立:对任何一个与正电荷的基本粒子有关的场,存在一个具有同样静态质量、带负电荷的基本粒子的场。采用后来的术语解释,这段话的意思是对于任何一个质量为 m,带电为 e 的基本粒子,存在一个质量为 m,带电为-e 的“反粒子”。

当时,物理学家只知道两种基本粒子:带负电的电子和带正电的质子。但是,由于质子的质量是电子质量的两千倍,存在带正电和负电的基本粒子的不对称性。任何假设正、负带电粒子相等价的理论都与当时的经验相矛盾。没有其它办法,爱因斯坦只能总结说,按照他的对称定理,把电力学和引力理论结合统一的努力是没有根据的。

如果爱因斯坦这样解释他的定理,在负电子的情况下,一定存在没有发现的具有相同质量的带正电的“反电子”,那么在“经典”物理的框架中,爱因斯坦以非常优雅的方式预言了反物质。事实上,这项成就属于年轻物理学家 P. A. M. 狄拉克,1930 年,结合狭义相对论与量子力学,狄拉克推导出反物质的存在。两年后,在宇宙射线中发现了反物质,是一种带正电的反电子,即正电子,狄拉克的理论被成功地证实了。

爱因斯坦的文章没有引起人们的注意,在晚年,他自己也没有提起这篇文章。这只是一个“不成熟”发现的典型例子。爱因斯坦不得不向事实低头,大统一理论的实现还有一定距离。同时,新的量子力学为微观世界提供了一个非常有前途的理论。

第29章 “宁愿做个赌场里的雇员”——量子理论问题

1925年夏天，爱因斯坦刚刚把《统一场理论》交给普鲁士科学院一周，就收到了哥廷根的M.玻恩的一封信，信中详细地介绍了海森伯刚刚完成的一篇文章，这篇文章虽然非常深奥，看起来不可思议，但却完全正确。曾是索末菲、玻恩和玻尔的学生，二十四岁的海森伯只用两个简单的应用就天才地描绘出一个新的量子理论的主要特性。这篇文章只是一个前奏，接下来的两年是富于创造、激动人心的两年，最终形成了微观领域的完整理论——量子力学，这个理论深深地铭刻在二十世纪的物理学。但是在读到这篇文章时，爱因斯坦的反应是：海森伯产下了一个非常大的量子蛋，在哥廷根人们相信它，我却不相信。爱因斯坦一直坚持他的否定态度，直到去世，也不相信量子力学。

在量子力学的创始人中，E.薛定谔是惟一理解爱因斯坦为什么对量子力学持怀疑态度的人。爱因斯坦曾经先于其他人拥护“老”的量子理论，但是自从1925年以后，这项工作由年轻人接手了，而爱因斯坦对量子力学的贡献只是批评了。M.玻恩曾写道：“我们中许多人认为这对于他是一个悲剧，使得他不得不一个人沿着自己的路子孤独地走，而对于我们来说，却缺少了主人和标准送信人。”虽然是爱因斯坦的好朋友，玻恩的评论却是错的：爱因斯坦从没有感到这种孤独是一种“悲剧”，不论是在晚年还是在青年时代，他只是孤单一人坚持光量子，在一生最后的三十年里也只是独自一人而已。

在有关量子物理的所有事情上，二十多年来，爱因斯坦一直走在时代前面,直到1925年初,新的量子力学的开始。在专利局工作时开始,提出“非常革命”的光量子概念。两年以后,提出了第一个固体量子理论。又经过两年时间,在萨尔斯堡年会上,他提出了具有远见的令同事们倍感惊奇的预测:“在理论物理的下一个发展阶段,新的光学理论将是光的波动和发射的融合。”他认为光不是连续波,也不是不连续的能量子,应该是两者的融合,一种还不知道的某种第三形态。然而,即使是最集中深入的思考,也没有使他接近实践自己的预测。

由于N.玻尔及其原子模型的影响,1913年,原子物理进入创造性发展阶段。玻尔模型和不连续量子状态,与“经典”物理的所有思想相违背,爱因斯坦的反应只是出于热心。在这个过程中,爱因斯坦只是一位观察者,因为当时他正沉浸在广义相对论中。只有完成这项任务,爱因斯坦才能回到其他重要命题上。

1916年,爱因斯坦发表了一篇十分优美的文章,用最有普遍性的量子概念描述了辐射的发射和吸收,接着成功地推导出完全由量子主宰的普朗克辐射公式的正确性;但是对于爱因斯坦来说,更重要的是电磁波辐射不是波动的,而是一串有方向的粒子,所谓的“针状辐射”,与能量一样,能量子是确定的要素——第二性质。结果,对于爱因斯坦来说,光量子的存在是确定无疑的。两年后,爱因斯坦再一次表达自己的观点:“我不再怀疑量子的存在,虽然只有我一个人相信这个事实。除非成功地发展出一种数学理论,否则现在这种状况不会改变。”

首先需要指出的是,通向量子数学理论的道路是漫长而艰苦的,因为“几率”首次出现在量子的进程中。光量子发射的时间和方式是不能预测的,从某种意义上说,一个光量子是自己决定什么时候,什么方向从原子发射出。爱因斯坦认为“这是这个理论的弱点……把基本过程的时间和方向归结为‘几率’上。”

从一开始,爱因斯坦就对这带引号的几率感到不舒服。“几率”破坏因果关系,会危及经典物理学的框架。哲学家认为因果关系是原因与结果的关系,对于物理学家来说,它有明确的实际意义。从一个给定的初始状态,一个系统以确定的规律随着时间的发展,它的未来状态是确定的,像时空系统中偏微分方程的结果一样。一个光量子的自由发射,未来状态无法预测,这在经典物理中注定是外来的。

爱因斯坦非常想抛弃这个恼人的几率，寻找量子过程的因果描述。1920年，爱因斯坦写道："因果问题使我很苦恼，光量子的吸收和发展是否完全是因果事件，或者统计支持是否存在？我必须承认自己没有勇气证实，但是我非常不愿意抛弃完全因果。"事实上，不久他就回到强调因果上了。

接下来的几年，爱因斯坦花了很多时间思考量子问题，但是，他并没有真正成为正在壮大的原子物理学家中的一员。爱因斯坦不会写，也不想写萨摩菲尔德写的书《原子结构和光谱线》。这本书1919年首次出版，并且马上成为"老"量子物理向前发展的圣经，不断修订重印。对于这个领域，他甚至不希望发表演说，告诉苏黎世学生其中的原因说："我不便就量子理论发表评论，虽然做了很大努力，但我没有真正洞察出什么……此外，我也没费力去整理细节和目前量子理论已经包含的技巧，所以我不能给出一个综合性的概述。"

爱因斯坦对细节的拼凑和技巧不感兴趣，他只对如几率的角色，辐射的波粒二象性等基本问题感兴趣。在萨尔茨堡报告十年后，他仍旧独自研究这个问题；而其他同事认为电磁波辐射的波动理论已经是最后的问题了，即使像玻尔这样多次从根本上考虑物理的人也不相信光量子。事实上，玻尔与他众多的追随者开玩笑说，如果爱因斯坦发电报告诉他已经确认了光量子的存在，我将用这个电报作为证据反驳他，因为从柏林发来的信息是由波传递的，在哥本哈根用天线接收到的。虽然大家普遍反对光量子，但这并没有影响爱因斯坦因为光电效应的解释而获得1922年的诺贝尔奖，而这种解释是以光量子为基础的。

1921年，爱因斯坦希望实验能够验证"针状辐射"是一束粒子似的结构。不久，他不得不承认，即使是他的实验计划也犯了一个大错误。无论如何，最后是实验，而不是理论探讨，使量子概念为大家接受。

1923年，在圣路易斯的华盛顿大学，美国物理学家A. H. 康普顿研究硬X射线对电子的衍射。康普顿的观察结果与X光是电磁波的意见相矛盾。他的结果非常符合像弹子球反弹的粒子特性，粒子的反射说明他们具有确定的能力和动量。理论上讲，这个实验完全可以通过神圣的能力守恒定律解释。

“康普顿效应”并没有解决争端。用爱因斯坦的话,这个实验显示了不仅能量传递,包括撞击效应,辐射行为似乎是由不连续的能量子组成,使问题更棘手了。在这里爱因斯坦又使用了“似乎”,与1905年的“启发性观点”同出一辙。

在物理学家中,康普顿的实验改变了他们的态度,人们终于接受了爱因斯坦的光量子。1926年,人们把这种没有静止质量,但是具有能量和动量的结构命名为“光子”。一年以后,物理学家们认为光子类似于电子,不再加“似乎”了。如果爱因斯坦就此享受迟来的胜利,人们不会责怪他,但这并不是他的风格。爱因斯坦对玻尔提出的,光是波动性与粒子性的“融合”很不开心,这不是他所希望的。

自从在专利局工作时,整个物理学中流行的两重性就使爱因斯坦很烦恼。所有的场论认为世界是连续的,可以通过偏微分方程进行数学描述;但是,在原子水平上,物质和辐射是由电子和光子组成,是不连续的。这种双像性通过爱因斯坦的思考,以及玻尔的原子能级模型进一步强化。1917年,爱因斯坦就怀疑,在新的情况下,被普遍验证了的经典数学物理工具是否还适用:“如果物质的分子观点是正确的,例如,如果世界的一部分是由有限数目的运动粒子组成,那么现今的连续理论包含太多的不确定性。”他怀疑其中的原因是对连续方程可能的解限定不够,“这是为什么在处理量子理论时,我们现在的描述方法无能为力。对我来说,问题似乎是怎样可以不需要借助连续时空的情况,组建一个非连续的论证……对此,非常不幸的是我还缺少数学模型。在这方面我付出了多么巨大的努力啊。”

爱因斯坦似乎不久就找到了解决问题的方法,利用他热爱的普遍验证的连续理论。这是“超定”方法,即方程的数目比变量数目多的数学状况。在广义相对论中,爱因斯坦发现在处理从黎曼几何到欧几里得世界的一些问题,“超定”很有用。在物理上,一个理想的出发点是至少包括引力场和电磁场所有方程的统一理论。爱因斯坦希望,在此基础上,加上其他条件,发现一个合适的“超定”系统方程,解决不连续问题,与量子条件和基本粒子一致。

实现这个理想就达到了爱因斯坦对现实存在的完整理论解释。量子现象可以自然地植入验证了的不可缺少的经典物理的连续理论中,并且可以从其推导出来;在理论混乱的过渡阶段,诸如几率、粒子与波动、连续与非连续二象性灾难只是暂时的障碍。

通过“超定”的方法并没有实现“所有事物的理论”的梦想,并且在物理学的发展过程中也没有起到什么作用,但这是爱因斯坦思想发展的关键。不知道这个梦想,很难理解爱因斯坦为什么固执地认为寻找统一场理论对量子理论具有这样的重要性,也很难理解爱因斯坦为什么不接受量子力学是最终的结果。

年轻的物理学家嘲笑爱因斯坦的态度是不妥协的或是反动的;但是这不是一个顽固老人的奇想,根深蒂固的求真态度使他别无选择。他是一位幻想家,认为自己至少找到了方向,需要找寻“神奇的世界”;量子力学的拥护者把几率简单地上升为原理是对“几率”的智力妥协。

1920 年 1 月,在给 M. 玻恩的一封信中,爱因斯坦第一次暗示自己正在研究“超定”,并且已有一段时间了。“我一直认为在微分方程中,一个人必须寻找这样的超定,使得到的结果不再具有连续的特性。但是怎样寻找呢??”这两个问号是有理由的:想起来容易,但做起来很难。不久他解释说:“借助微分方程,通过超定解释量子结构,我没有办法给出一个具体形态。”

几乎经过了四年时间,爱因斯坦才考虑在“超定”方面发表些什么。1923 年 12 月,爱因斯坦给普鲁士科学院寄了一篇《场论是否可以解决量子问题?》,从题目上可以看出,爱因斯坦提出的不是一个理论,而是一条路,这条路不仅没有产生什么结果,而且还产生了新的问题。几周以后,爱因斯坦承认这篇文章存在问题,但仍然坚持自己的看法:“数学方面十分困难,与经验的联系越来越不直接了,但是没有一定的牺牲怎么能精确描述现实呢。”但是没有人接受爱因斯坦的建议,他的超定方法也没有取得太大的成就。

爱因斯坦关于超定的努力没有引起人们的关注,然而同时,玻尔的原子物理世界把“旧”量子理论危机推向了顶峰。爱因斯坦的文章发表刚几周,玻尔就与其年轻的合作者们发表了没有光量子的辐射理论,与量子有关的事情都符合辐射与物质的相互作用。然而,这种通过麦克斯韦方程解释太空辐射的“拯救”要付出很大的代价:对于个别过程,要放弃能量守恒定律,因此只能在统计学方面成立。

与以往一样,爱因斯坦对玻尔的思想非常感兴趣,但是这次却不怎么热心。他写道:“那个思想与我过去想法相像,我不认为他会成功。”回想在专利局时,他曾经有此想法,后来放弃了。对于玻尔理论,爱因斯坦列举的上百个反例,多数是技术层面的,他强烈的批评玻尔不成熟地抛弃了守恒定律和因果关系。“我不会毫不反抗地背叛放弃严格的因果原理。那种认为电子可以自由决定发射的时间和方向的想法是我不能容忍的。如果真是这样,我宁愿做一个修鞋匠,或赌场里的雇员,而不做一位物理学家。”

事实上,玻尔没有光量子的辐射理论只是一个插曲,波特和盖革的杰出试验证明对于任何单一过程,能量和动能都是守恒的。同时,爱因斯坦关于量子理论的文章也取得了很大成功,虽然不全面,但是很有价值,这些是爱因斯坦高超创造力的最后贡献,文章本身就可以确立爱因斯坦在物理学圣殿的地位,他的主要兴趣还在统一场理论上。

1924 年 6 月底,爱因斯坦收到印度年轻的物理学家波斯的一封信,在达卡大学任教,自己发表的文章没有怎么引起人们的注意。“因为我们是你的信徒”,波斯认为有必要给爱因斯坦寄一篇发展爱因斯坦思想的出色文章。不要借助传统电力学,把辐射看成是含有爱因斯坦光量子的气体,类似气体是由分子组成,波斯通过修改计数方法,得出了普朗克的辐射公式。如果爱因斯坦同意,波斯请他帮助在物理学杂志上发表。

伦敦皇家学会《哲学杂志》的编辑拒收了这篇文章,波斯在信中没有提起这件事。爱因斯坦马上喜欢上了这个不知名的印度人非常有趣的推导,把文章翻译成德语,立即送去发表。可能比文章的作者更清楚,爱因斯坦意识到波斯新的统计计数方法超越辐射事件。它隐含新的量子统计学基础。

自从波尔茨曼,至少在理论上,物理学家们把原子看做是能够标数和区分的那样计数原子个数,这种思想源于我们的日常生活和经典物理。波斯的方法结束了这种计数方法:他认为,即使是理论上,同样的光量子是不可区分的,因此失去了个性。爱因斯坦把这个思想推广到诸如原子核分子的物质结构上。个性消失需要一个新的方法计数微观世界的个体,与经典方法完全不同。如爱因斯坦不久后发现的,因此产生了关于神秘自然分子间相互作用的假说,对我们观察到的现象产生同样神秘效应。

波斯的文章还在印刷中,爱因斯坦出现在普鲁士科学院展示自己的文章《单原子气体的量子理论》,基于辐射和气体的相似性,文章把波斯的方法用于物质气体分子。六个月后,第二篇这方面的文章完成了,认为量子气体和分子气体的相似性一定是完整的。三周后,作为理论基础,又补充了关于理想气体量子理论的思考,不再是主观臆断了。

爱因斯坦最重要的方法论是他把波斯的计数方法推广到适用辐射和物质的量子统计上,不久变成了"波斯-爱因斯坦统计"。波斯-爱因斯坦统计的特点是,粒子是不可分的,任何量子层级都充满众多粒子。因此,甚于经典统计,粒子涌入最低能级。这使波斯给出了关于量子气体的普朗克公式的自然解释,爱因斯坦通过类似的方法,自然地解释了所谓的关于原子或分子气体的热力学第三定律,根据这个定律,在绝对零度情况下,熵消失了。

这个新的统计学,爱因斯坦给出了在极低温度下关于物质行为的惊人预测,例如,液化气体的粘性消失。1928 年,雷顿的吉索姆发现了这种超流动性。"波斯-爱因斯坦凝聚"概念在今天还是普遍适用的。

在第二篇文章中,根据量子气体和分子气体的相似性,爱因斯坦得出一个非常深远地结论:不仅光,而且所有的物质都有波动性。爱因斯坦对波动分析的精通足以使他提出这个令人吃惊的声明;但进一步的解释,他不得不求助于 L. 德布罗意的一些思想。

1924 年春天,德布罗意把他的博士论文寄给了爱因斯坦的巴黎朋友朗之万,这篇论文突破了习惯领域。对于每一个物质粒子,德布罗意给出了动量和波长的简单关系。这是全新的对未知事物的大胆尝试,因为当时人们普遍认为粒子是物质的紧密结合,而与波动没有任何关系。德布罗意的推测只能证明是后天的,符合爱因斯坦对原子状态下玻尔量子条件的几何学解释。

朗之万对德布罗意的思想非常吃惊,寄给爱因斯坦德布罗意博士论文的一个拷贝,把爱因斯坦作为他的非正式鉴定专家。对爱因斯坦来说一定有似曾相识的感觉:他自己也发现了粒子动量与波长的关系,因为缺少试验证据,同时能量和动量理论方面存在困难,爱因斯坦没有发表这个结果。朗之万接受了爱因斯坦的建议:德布罗意获得了博士学位,五年后获得了诺贝尔奖。同时,在已经比较混乱的原子物理方面,又出现了一个新的不太容易融合的假设。

在第二篇文章,爱因斯坦认为德布罗意的物质波与他多年的波动研究非常相符,两方面的论述互相支撑,都接近事实。爱因斯坦谨慎地说:“似乎一个波动的场与每个运动过程有关,就像光波动场与光量子的运动有关一样。”

爱因斯坦对物质波非常着迷,1924 年 9 月,在因斯布鲁克的科学家与物理学家年会上,他建议实验人员在分子束中寻找反射和干涉现象。这是不可能的,在几个月后的第二篇文章中,爱因斯坦指出,这种波长比分子直径还小,这种效应不可能通过实验确认。另一方面,在慢电子上出现了希望。1925 年夏天,哥廷根的艾尔沙发现了这种波的迹象,1927 年,通过晶体上的电子散射实验确定了物质波的存在。

在气体量子理论工作基础上,爱因斯坦又一次把“老”量子理论发展到顶峰,接近于新的量子力学的开始,有些方面甚至超过了量子力学。这样,1905 年开始走的路,几乎走了一圈又走回来了,但是在新的更高的理解水准上。爱因斯坦突然意想不到地把量子假设与波动理论并列起来。二十年后,他终于实现物质粒子与波场的联系。事实上,非物质的光和物质粒子同时具有粒子性和波动性,这无疑使爱因斯坦走向“统一”的道路。

爱因斯坦很难接受两个独立的物质与波动现象。新的量子物理没有解决这种波粒二象性,在很多方面,爱因斯坦已经照亮的足迹,然而,遗憾的是二元性也是一个原理。

第30章 “不是真的雅各”
——对量子力学的批评

量子理论经过二十五年的发展，随着量子力学的突破，只用两年时间就完善了整个理论，这个理论是物理学、数学和认识论的迷人结合，虽然有些混乱，但却是物理学家集体智慧的结晶。这里提供了爱因斯坦批评的背景，同时，这在其他人看来是一条孤独的路。

我们已经看到爱因斯坦对海森伯1925年7月令人鼓舞的开场白的反应，“量子蛋”：与哥廷根的物理学家不同，他不相信它。海森伯的概念是这样彻底，其他人开始时很难理解，如玻尔，甚至包括海森伯自己。人人都知道，海森伯毫不犹豫地抛弃了现存的量子理论，认为其模型至多是碰巧正确。他建议用基本全新的量子力学替代，只包括可测尺度内的关系，这样在一个原子里，不再谈论电子的“路径”了，只需要考虑辐射过程的频率和大小。这听起来像是实证主义思想，但是它包含难以捉摸的物理和奇怪的数学。

海森伯最奇怪的创新是，乘数结果决定于乘数实施的顺序。这是以前的物理中没有的，甚至在“老”的量子理论中也没有；但是在海森伯的理论中，“不可转换性”是一个主要因素，虽然他不能说明到底包含什么样的数学结构。一位训练有素的数学家M.伯恩不久发现其学生的奇怪计算是矩阵计算，对数学家来说是熟悉的方法。当海森伯仲夏期间到剑桥、哥本哈根旅行时，伯恩和乔丹把他的物理抄写成正确的数学形式，并把他的假设发展一个粒子的位移q与动量p的可变换关系：$pq-qp=h/2\pi i$。

剑桥的狄拉克也独自发现了这个“转换器”，不仅适用于位移与动量，而且适用于所有物理量。在他的量子力学论文中,即使是最抽象的结构,只有二十三岁的狄拉克也能用新的术语表示系统的运动方程。因此,这个“转换器”标准着新的量子力学的开始,从数学角度突破了所有经典物理。

在接下来的几个月,伯恩、海森伯和乔丹提出了著名的关于矩阵力学的“三人论文”。同时在此基础上进一步发展,为新的有价值的应用指明道路。圣诞节前,海森伯在一篇文章中提出了这个理论的基本特色和数学基础。同时,使玻尔高兴的是,泡利用新方法描述了氢原子,玻尔的科学生涯与原子物理的试金石密切相关。

起初,在雷顿关于量子力学组织了一个临时会议,作为1925年12月11日纪念洛伦茨获得博士学位五十周年的一项活动。爱因斯坦从柏林来,玻尔从哥本哈根来。主人P.厄费斯特骄傲地解释他的两位年轻的学生,他们刚刚发现电子的新的特性:自旋。在理解电子方面,自旋几乎与质量和电荷一样重要,同样也讨论新的量子力学的其他方面。

在回程中,玻尔取道去柏林,这样可以在火车上与爱因斯坦继续交谈。对玻尔来说,他无法表达这种兴奋与启迪。虽然我们不知道这些谈话的主要内容,但是我们可以肯定,玻尔对新物理的热心不可能对爱因斯坦没有影响。当爱因斯坦起草1925年物理平衡表时,他也认为矩阵力学时目前理论得出的最有趣的事。他的敬佩之中含有相当的不信任:“一个真正的巫师乘法表,无限决定因素取代了笛卡尔坐标变换,非常聪明,特别复杂,使人无法反驳。”

无论如何,在接下来的几个月,矩阵力学引发了爱因斯坦的特殊热情,他对哥廷根的伯恩报告说:“海森伯-伯恩的思想很吸引人,把握了对这个理论感兴趣的人的所思所想。热切的期盼取代了无知的放弃。”他非常巧妙,没有谈及这个理论的正确与否,或许自己也不清楚这个新的发展将通向何方。

不久,爱因斯坦见到了引起他热切期盼的人,年轻的海森伯。他和海森伯已经交换了几封信件。早在1925年,在一封署名“真心敬佩的爱因斯坦”的信中,已经对其理论表示祝贺,并建议面对面商讨有关基础问题。虽然量子力学使他惊恐,爱因斯坦回想起自己的年轻时代,很喜爱年轻人反传统思想的冲动。

1926 年 4 月 28 日,期望中的会谈机会出现了,海森伯在去哥本哈根任职途中,在柏林做了一个演讲。爱因斯坦请海森伯陪同去他家,大约四十年后,海森伯后来把他们之间的谈话进行了整理,当然主要是从海森伯的角度,而不是主人爱因斯坦的角度。

以对新物理的中心问题的正门攻击开始,爱因斯坦说:“当然你不真正认为,物理理论应该只包含可观测的数值。”像伯恩和玻尔一样,海森伯答复说,他是遵照相对性理论的基本思想,因为绝对时间不可测定,因此用时钟可以测量的实际时间和同步过程替代了。但是,爱因斯坦不想理解海森伯的这种做法,相反,他认为只有理论可以决定什么是能遵守的,什么是不能遵守的。总的来说,爱因斯坦不同意海森伯谈论的“人们对自然知道多少,而不是自然真正在做什么”。物理科学应该是自然真正在做什么。

在海森伯来访前两周,爱因斯坦已经认为伯恩-海森伯的理论似乎是错误的,因而不愿意接受海森伯的意见,原因是另外一个替代出现了,与爱因斯坦自己的想法更接近。

由于“三人文章”,矩阵力学已经取得了阶段性目标,同时,完全依靠自己,薛定谔通过一条完全不同的路寻找量子之谜。薛定谔当时三十八岁,在苏黎世任教授,以前,薛定谔只是偶尔关注量子理论,爱因斯坦 1925 年的第二篇文章发表后,发生了很大变化,他开始密切关注德布罗意物质波的重要性。对于一个相对性波动方程,薛定谔做了几个实验,但是没有成功(这个最终放弃的方程后来成为科林-戈登方程)。后来,在 1925 年圣诞节期间,他发现了物质波场的一个非相对性方程,利用传统方法,他从中成功地计算出氢原子的量子层级。

1926 年 1 月 26 日,薛定谔把这个开创性发现寄往《年鉴》,标志着创造性爆炸的开始,接下来连续发表五篇文章,到 1926 年 7 月 21 日,几乎每个月发一篇。在这些文章中,他发展了新波动力学的各个方面,同样的题目《量子化特征值问题》下有三篇文章。

薛定谔的第一篇文章四月初已经被狂热地接受了。不像矩阵力学抽象的巫师般的乘数表,物理学家们看到的是熟悉的偏微分方程;氢原子的不连续能级像震动琴弦的节点一样自然而然地得出。

普朗克热情地请爱因斯坦关注薛定谔的工作,爱因斯坦非常感兴趣地研究这篇文章。事实上,他发现这是一种启示:“不是一个恶魔的机器,而是一个清晰的思想,应用上很有逻辑性。”他向作者祝贺道:“您的思想来自真正的天才。”

薛定谔这篇文章很重要,因为它在海森伯-伯恩-乔丹量子力学关系上给我们提供了信息。应用现代函数分析,如果深入到基本结构,他展示出了内容和数学方法上完全不同的两个理论,在数学的角度是等同的。这也解释了为什么应用于所有具体问题时,这两个理论的结果都是一样的。因此,可以说矩阵力学,抑或波动力学都是一个量子力学。

虽然这个合并是令人振奋的,但还是有些怪异。量子力学现在有两种形态:一种是基于可以理解的真实物质波映像建立的;另一种拒绝所有映像,宣称所有可视模型都是误导,有损内容。

就像薛定谔公开批评矩阵力学一样,现在它的奠基者开始反驳波动力学。批评者强调薛定谔的波动方程不能描述德布罗意的物质波,因为物质波分散太快了,而电子可以作为一个质量点长久存在。此外,在有关量子跃迁方面,波动力学是失败的。很清楚的,特别是在多电子系统,薛定谔的波不能在物理空间传播,与人们的期望不同;它们只能在虚构空间的抽象结构中传播。虽然充满敬仰,爱因斯坦没有忽视这个困境。1926 年 6 月,他写到:“我们都为薛定谔的量子层级理论着迷,奇怪地在 q 空间里引入一个场,这个思想的实用性是令人吃惊的。”

薛定谔的技术意味着什么?在 1926 年 6 月的第四篇文章中,薛定谔竭尽全力给出这个复杂波动方程的现实解释。同时,伯恩破解难题,把这个理论的理解向前推进了一大步。认为只有一种解释,波动方程是在确定层级发现一个电子概率的度量。因此,作为薛定谔思想出发点的德布罗意物质波变成了纯粹抽象的概率波。

伯恩的数学是概略的,校正过程中进行了修正,正确的表述是波动方程的绝对平方与概率成正比。同时,在辉煌的道路上,他走出了大胆的一步,建议在原子世界放弃确定性。

四周后,整个文章完成了,数学正确,概率概念简洁清晰,在量子力学中的概率与经典物理或彩票中的概率意义不同。在这篇文章的导论中,伯恩提到了他的朋友与同事,引述了爱因斯坦关于波动场与光量子关系的评论,波动只是指出了通往微粒量子的道路。这样,爱因斯坦成了这个新物理的助产士,包括统计解释。

事实上,在1924年,光量子就给爱因斯坦留下很深印象,虽然大量事实支持光的波动理论,但他认为光量子比光的波动性具有更高的现实意义。他没有发表这些思想,但是与同事们进行过广泛交流。例如,在因斯布鲁克的大会上,他对泡利说:"对光的波动性,我感觉有些不明确的地方。"爱因斯坦认为光的波动性质是次要的、不直接的。

根据伯恩,爱因斯坦仍然认为"导向场"是麦克斯韦现今退步的"幽灵场":"它采用特定的路,确定能量和动量载体光量子的概率,虽然这样的场没有能量和动量。"考虑爱因斯坦关于光量子和物质粒子的类比,伯恩认为有理由把德布罗意-薛定谔波看作是"幽灵场"或"导向场"。伯恩解释这种"导向场"是概率的大小,与薛定谔的方程一样,是一个系统未来状态的概率表述。他用优雅的量子力学原理总结这种矛盾状况说:"粒子运动遵循概率定律,概率本身与因果定律一致。"

文章刚刚发表,伯恩就向爱因斯坦报告说:"我现在非常高兴,因为根据你的理解,我关于薛定谔波动场作为'幽灵场'的解释证明很有用。"当然这种场不是在普通空间传播,而是在相像的空间传播。爱因斯坦拒绝作这种统计解释的教父:"量子力学值得尊敬,但是我的心声告诉我这不是真正的答案。这个理论解决了很多问题,但它并没有揭示上帝的秘密。就我而言,我认为这个理论不正确。"

1926年12月,爱因斯坦否认了玻尔的建议,第一次表示拒绝这个新物理。他的"心声"说法不是一种争辩,更像是信仰的一种表述,但是对伯恩确是沉重的打击。这两位朋友当时没有意识到,在今后的时间里,他们将一直争论这个基本问题:物理知识的真正含意是什么,在原子和量子领域可能取得什么成就?

量子力学很快解决了很多问题,但同时也引起了新的更加复杂的问题。在确定的时间点,确定一个粒子的位置q和确定的动量p时发生了冲突。这在经典物理上是很显然的问题,没人会提出疑问,但是在微观世界里却成为一个绊脚石。泡利用这样的话描述说:"一个人可以用p眼睛或用q眼睛看这个世界,但是当他双眼都睁开看这个世界时,他就糊涂了。"这个矛盾是不能解决的,因此上升为理论,产生了海森伯的"确不准"或"测不准"原理。

泡利描述的情况是有道理的,数学是量子力学的核心。必然的结果是,两个变量的波动平方总比普朗克量子大:$\Delta q * \Delta p \geqq h4л$。海森伯这个数学论述解释了所有观测或测量的实际情况。现在到海森伯得出关于自然规律的深远结论了:"在因果定律的简洁方程中,如果我们知道现在,那么可以推测未来,不是第二句话错误,而是第一句话有误。原则上说,我们不可能知道现在的所有情况。"海森伯认为任何希望求助因果定律的应用都是没有根据的,不会有任何结果的。以庄重的结束形式说:"因为所有的实验都服从量子力学……量子力学的确立,标准因果定律的失效。"

在测不准原理,和玻尔的补充定律之前,1927 年,在给柏林大学数学物理系的报告中,爱因斯坦声称自然界需要的不是量子理论,也不是波动理论,而是两种概念的综合,虽然这种说法超越了物理学家的智力能力。这碰巧是爱因斯坦 1909 年在萨尔茨堡会议上表述的观点。但是,现在的测不准,海森伯拒绝因果,玻尔的补充,都不是他所希望的合并或者合成。

1927 年 3 月,在牛顿去世二百周年纪念日的一篇文章中,爱因斯坦提到了那些放弃牛顿经典物理基础的同事们,他们宣称"不仅微分定律,还有自然科学的因果定律都失败了,甚至是关于物理事件的时空构架也存在争议"。虽然爱因斯坦认为量子力学必须经过深入探究才能步入正途,他建议大家不要忘记伟大的先驱牛顿:"现在还太鲁莽去决定是否要放弃因果定律和微分定律,这是牛顿认识自然的两个前提。"

爱因斯坦不能在量子力学中发现固有的错误,认为其统计解释是值得怀疑的。1927 年 5 月 15 日,他给普鲁士科学院发去一篇文章,题目是《薛定谔的波动力学能否完全决定一个系统的运动状态,或者只是一个统计学角度?》。在文章的第一段,爱因斯坦想展示薛定谔方程认为波动方程的每一个解都对应一个运动系统。爱因斯坦似乎决心抓住牛角,直接挑战量子力学的中心论述,证明量子力学只是暂时的,需要提高和完善。他明确表示在 1927 年布鲁塞尔的苏尔维会议上采取行动。

战后的两次会爱因斯坦都没有参加,1921 年到美国访问,1924 因为德国同事排除在外而没有参加。现在,战争结束十年了,学者们的"纸上战争”也结束了。因此,仍然担任主席的洛伦茨可以再次邀请德国物理学家来布鲁塞尔了。会议是关于“电子和光子”的,但从出席者名单看,似乎是量子物理学家的峰会。

原来的大师洛伦茨和普朗克,中间一代的代表玻尔,伯恩,爱因斯坦,薛定谔,后两人对量子物理持怀疑态度,最后是因为量子力学闻名的“孩子物理”,泡利只有二十七岁,狄拉克和海森伯只有二十五岁,但是他们已经经验丰富,创造了二十世纪的现代物理。

爱因斯坦、居里夫人和朗之万是科学委员会成员。洛伦茨请爱因斯坦就量子力学的现状做个报告。然而,1927 年 6 月,他收回了当初的许诺:

> 根据实际情况,经过反复权衡,我最后认为我不适合做这样的一个报告。原因是我没能全身心地参与到量子理论的现代发展中。一方面对其暴风雪似的发展,我参与能力有限;另一方面,我不同意这里新理论所依托的基础:纯统计学解释。

然而,那些通过书信或谣言得知爱因斯坦拒绝量子力学的人,希望他的报告成为这次活动的亮点。

从会议文献的报告中可以得知,爱因斯坦没有怎么参与其中的讨论;即使参加,他都首先声明对量子力学的本质自己的研究还不够深入。但是餐后的争论还是非常生动的。泡利和海森伯趋于不理睬爱因斯坦的反对,玻尔还是慎重对待的。他对讨论进行了全面整理,文字间充满同情,认为爱因斯坦不仅被因果定律的抛弃、基本过程的量子解释困扰,并且担心量子力学隐含的即时遥远效应与相对论相冲突。

人们经常把玻尔与爱因斯坦的争论比作是巨人之间关于宇宙之谜的战争。这两个参战对手之间实际上充满幽默和友谊。经常参与论战,并且经常与两人分别交谈的埃伦费斯特说:“每天晚上 1 点左右,玻尔都跑到我的房间,要与我说两句话,但一直说到 3 点。”埃伦费斯特向他的学生生动地描述说:“我非常幸运参加了玻尔与爱因斯坦之间的对话。爱因斯坦像一位棋手,经常棋出新招。类似于第二种永动机,打算突破测不准。玻尔经常是透过哲学迷雾,寻找工具摧毁一个又一个新招。爱因斯坦像一个玩偶盒一样,每天早晨都精神抖擞地蹦出来。噢,这真有趣。但我更同意玻尔的看法,而不是爱因斯坦的看法。他现在对待玻尔的态度就像以前绝对同时的支持者对待他的态度一样。”

和爱因斯坦同时代的人感到很悲伤,他们没能说服伟大的爱因斯坦,无可奈何,只能认为爱因斯坦的态度是“反动的”。在提名诺贝尔奖人员名单时,爱因斯坦又一次证明他的伟大。因为物质波的理论,爱因斯坦应该推荐L.布罗格列为1928年候选人,以及美国人戴维森和革末,他们的实验证明了德布罗意的预测,这样做也比较符合他的科学同情心。令人吃惊的是,在爱因斯坦的提名信中,预测每两年的获奖情况时,他建议考虑理论学家海森伯和薛定谔。经过一段时间的思考,他认为德布罗意应该更有优势,因为他的思想无疑是正确的,而名单最后两位科学家的伟大构想还存在一定问题。这种对海森伯和薛定谔的奇怪提议在斯德哥尔摩一定也是少有的。

量子力学的发展和应用带动了其它知识领域迅速发展,但爱因斯坦并没有参与。1929年6月,爱因斯坦获得普朗克奖章,带有一种思乡的情绪,他回忆自己在场论的时空连续条件下,通过微分方程的超定方法解释量子状态的没有实现的梦:“这个目标没有实现,可能也没有专家和我一样,用这种方法去揭示现实。”使用一些主观术语,他批评量子力学原理结构师“次因果的”,希望通过他的道路,物理最终达到“超因果”——虽然,听众没不知道这个概念和普通因果的区别。

没有受这些问题的影响,量子物理学家一个接一个地解决问题,从原子光谱的细节到金属的电子理论。自然,爱因斯坦被这些成功鼓舞,他公开宣称,“非常敬佩在量子力学名义下,这一群年轻的物理学家所取得的成就,并且相信这个理论含有很深的真理,我只是认为它限于统计定律是暂时的。”随后不久,爱因斯坦的评论变得残酷了,他认为量子力学是劣等的、半经验的,不可能认识事物的本质。

在这个判断上,爱因斯坦并不是一个人,虽然是少数。他最著名的同盟者是薛定谔,他发现统计解释如此惊人,以至于有时后悔创造了波动力学。

1930年10月,爱因斯坦又一次出现在苏尔维会议,像玩偶盒一样,经过非常周密深入的思考,准备反驳不确定性。设想一个充满辐射的盒子,盒子有个针孔快门,通过时钟控制开关。光线发射后,通过测量前后盒子的重量,根据时钟的精确测量,那么光的能量就可以准确确定了,这与能量和时间的不确定性矛盾。

无论如何爱因斯坦打算用这个思考实验打败玻尔的话他成功了。据目击者证实:“对玻尔来说,这是重重的一击。当时他没有解决办法。整个会议期间,他都不开心,在人群之间奔走,努力说服大家这不可能是真的,如果爱因斯坦正确,那么将是物理学的末日了。但是他没有想出怎么反驳。我永远不能忘记两位对手离开大学俱乐部时的情景,爱因斯坦,宏伟高大,静静地走着,带着一丝嘲讽的微笑;玻尔,在他身边小跑,相当不安。”

经过一夜的努力,玻尔用爱因斯坦自己的武器反驳爱因斯坦。根据爱因斯坦的广义相对论,用来测量的时钟是不准确的,因此得出时间和能量的不确定性。玻尔告知爱因斯坦,在关键点上他忽略了相对性,遗憾的是,我们无从得知当时爱因斯坦的表情。这种运气的反转给爱因斯坦留下了明显的烙印,因为他从此再也不反驳量子力学的任何论述。

他最终认为至少量子力学的一些方面是正确的。1931 年,他再次提议薛定谔和海森伯获得诺贝尔奖,这次没有任何保留,把他们排在最前面:“这两个人比其他人更应该获得诺贝尔物理学奖。我相信这个理论包含一些真理。”

虽然爱因斯坦承认海森伯成就的突出地位,这并不是说他从此与量子力学相安无事了,特别是玻尔和海森伯的“哥本哈根解释”。从此以后,爱因斯坦争论不再是量子力学解释的个体过程是错误的,而是它描述事物不够彻底。寻找对自然界的完整描述一直伴随着爱因斯坦到生命的最后一刻。

第31章　政治、专利、疾病和“非常奇妙的蛋”

经过二十世纪二十年代前期的兴奋与疲劳，爱因斯坦现在只想安静地休息一下，这样可以不受打扰地投身于物理学研究。爱因斯坦虽然没有完全摆脱干扰，但是自从1925年夏天从南美回来的几年里，应该说自己的生活接近平静了。有两个职务是爱因斯坦不想放弃的：耶路撒冷希伯来大学董事会成员，日内瓦国际联盟的知识分子合作委员会成员。在这两个团体里，爱因斯坦一直感到不舒服，最后因为不满而离开了这两个团体。

无疑，爱因斯坦感到最亲近的是希伯来大学，1923年2月在斯克普斯山，爱因斯坦发表任职讲话。同年，在柏林，爱因斯坦承担了这所新大学的第一卷《数学和物理概论》的编辑工作，还和格罗么合写了一篇不太重要的文章。由九名成员组成的学校学术委员会的成员中，除了爱因斯坦之外，还包括爱因斯坦的柏林同事、皇家威廉学会实验药学研究所所长A.华色曼。

1925年，大学的董事会设立了一个管理机构，爱因斯坦成为其中的成员。在特拉维夫成立大学期间，爱因斯坦碰巧在南美，只是1925年9月在慕尼黑的第二次会议上，爱因斯坦才意识到耶路撒冷的所有事情并不都与他所期望的一样。

爱因斯坦心中的理想大学是一个科学、严谨的研究机构，当然考虑到巴勒斯坦犹太教殖民地的特殊需要，这所大学应该是科研和教学结合，完全自主地追求更高的科技水准。这种观点只得到部分美国犹太人的理解。因为资金主要来自美国的犹太人，因此要求参与制定新大学的方针和政策，希望这所大学是一所学院水平的教学机构，他们要求决定学校的教职工任免，这样可以为富裕的美国犹太学者找到一个比较优越的职位，所以并不十分看重学术成就。

大学校长是以前纽约的犹太教教士 J. 麦格尼斯，美国利益的拥护者。从慕尼黑会议开始，爱因斯坦就与麦格尼斯发生激烈的冲突；虽然两个人都是和平主义者，但是他俩之间仍然存在隔阂，虽然多次交换意见，但无法抚慰，爱因斯坦甚至以辞职相威胁。C. 魏茨曼努力从中调停：他到柏林拜访爱因斯坦，全力阻止爱因斯坦不要因为麦格尼斯的原因而离开董事会。明智的魏茨曼认为即使建立半所大学，也比什么都没有强；而爱因斯坦不愿妥协，他坚持宁可没有大学，也不要半所大学。在爱因斯坦看来，即使是整所大学，如果是低下的，也没有意义。

对于这种矛盾爱因斯坦感到非常痛苦，于是经常使用尖刻的语言进行抨击。对于爱因斯坦来说，这种失望有点像失恋的感觉，他这样评论说："最糟的是大好人 F. 沃尔堡，感谢他慷慨捐款，然而却错误地让浪漫而无能的麦格尼斯做大学的校长。这个失意的美国犹太教士，曾经由于糟糕的业余政治活动使他在美国很有影响的家族感到不自在，因而被体面地派到这遥远的地方。这个很有野心但软弱的人与另外几个道德低劣的人沆瀣一气，不让体面的人在这里获得成功……这一群人想彻底败坏学校的风气，降低学校的地位。"

1928 年，麦格尼斯的权力从当初的财会和管理工作，合法地扩展到包括人事任免事宜上。爱因斯坦感到这完全破坏了学校的学术自由，因而辞去了董事会以及学术委员会的职务。为了魏茨曼和希伯来大学的利益，爱因斯坦是悄悄地这样做的，以免引起公众的大惊小怪。为了学校的未来，爱因斯坦答应董事会副主席 S. 布罗德茨克，他"永远把耶路撒冷大学的命运看成是自己的命运……最重要的是我们有共同的目标，即为大学服务。我希望我的方法对实现这个目标有贡献。"

至于国际联盟委员会，爱因斯坦已经辞过一次职。1924 年到 1927 年，爱因斯坦虽然觉得自己并没有什么大的收获，但还是自觉地参加委员会召开的例行会议。作为一个"国际主义者"，爱因斯坦认为有责任恢复被战争严重破坏的各国的统一，使各国之间增进理解，避免重复以前的灾难。他认为，实现这个目标是一个人不可推卸的责任，不管这个人在什么领域工作、取得多少大的成就。与 M. 居里,特别是大会主席 H. A. 洛伦兹的相见,弥补了爱因斯坦因为会议程序引起的疲劳。此外,爱因斯坦还可以利用这个机会访问苏黎世,或者能与儿子爱德华一起漫步。

虽然作为中立国的代表,爱因斯坦更感到自己是德国的代表。直到 1926 年才允许德国加入国际联盟。在团结之初,爱因斯坦曾经公开称德国为“我的祖国”。私下里,爱因斯坦更喜欢法国;战争时敌国之间的关系还没有恢复,爱因斯坦感到自己不可能看到整个世界团结在一起的日子。但是很开心看着德国和法国这两个国家的发展,根本不在意自己属于哪个国家。

在外交技巧方面,爱因斯坦感到厌倦,因此不可避免地陷入激烈的争论中。一次发生在 1926 年 1 月,在巴黎,为了使委员会拥有一个永久的基地,准备建立一个“知识分子合作研究所”。当时法西斯意大利要派遣它的教育大臣 A. 罗克进入新研究所的委员会,爱因斯坦坚持委员会的成员应该是自由的个人。爱因斯坦骄傲地与法西斯教育大臣进行了激烈的斗争,这个人至死都不会忘记这件事。爱因斯坦甚至反对罗克作为候选人,但是他并没能阻止罗克入选委员会,因为墨索里尼威胁要退出国际联盟。

除了这件事外,爱因斯坦对这个联盟并没有太高奢望。但是现在,与 1923 年他要辞去委员会职务时不同,爱因斯坦称赞国际联盟是“我们所拥有的最伟大的和平机构,我们不隐瞒对它的批评,但是我们没有权利否认我们成功的合作”。

1927 年,爱因斯坦进一步扩展了在国际联盟的工作,成为日内瓦国际劳动部“知识分子工人协商委员会”会员。但是同时,他一直参与在一些敏感的人会看来与和平努力不相适合的事情,即旋转罗盘的研制工作,这种罗盘虽不完全但主要是一种军事设备。许多朋友吃惊地记述说,当时的爱因斯坦具有摆脱任何与自己相悖的事物的奇怪天赋,就像鸭子抖掉背上的水一样。

1925 年,刚刚结束国际联盟委员会的会议,整个 8 月份爱因斯坦都待在基尔,在那里与儿子汉斯·阿尔伯特一起进行帆船运动,同时监督旋转罗盘的制作计划。对安术茨,爱因斯坦无法表达他的感激之情,安术茨为爱因斯坦在基尔建立了奇妙的隐居地。1926 年 10 月,当爱因斯坦再次顺道参观安术茨的工厂,德国海军在一艘鱼雷艇上的测试结果证明安术茨的罗盘比老式的三平衡环系统更有优越性,目前正在准备系列生产。主要是海军对这个仪器感兴趣,这似乎并没有给和平主义的爱因斯坦带来烦恼,反而是安术茨有点担心。

虽然以前安术茨就已经慷慨地酬劳过爱因斯坦,现在爱因斯坦以契约形式分享旋转罗盘的成果,获得每个仪器售价的百分之三,以及任何许可收入的百分之三。爱因斯坦的这个合同不是与基尔公司签订的,而是与荷兰的吉伦公司签订的。当初为了躲避禁止出口军事设施的凡尔赛条约,安术茨建立了吉伦公司作为分销公司。

1927 年开始,德国海军装上了这种新罗盘。法国和意大利海军的测试结果证明这个小机器优于其它系统,因此也成为他们海军的标准装备。甚至是英国舰队和美国海军也对他们买来的测试样品感兴趣,权衡利弊,最后决定使用当地产品。公司的年史中骄傲地记载着:“我们正处于向上发展的势头,除了讲英语国家的战舰外,其他国家的舰队都使用安术茨的罗盘。”

爱因斯坦也从这种发展中受益,虽然只是有限的、短暂的。从 1928 年开始,阿姆斯特丹的库普曼银行转给爱因斯坦分红:开始每年不到三百美元,后来七八百美元,不是很多,但很有价值。1939 年,二战的第一年,爱因斯坦再也没有收到过钱。1940 年,当时在普林斯顿的爱因斯坦为此寄去了一封询问信,他后来得知,1938 年,吉伦公司就清算了。基尔公司的主人 1931 年就去世了,同时由于战争的开始,也就不再需要一个荷兰分公司逃避武器控制了。爱因斯坦再也没有收到德国的汇款,也使爱因斯坦避免因此而产生不安的想法,因为他发明的仪器正在为德国的潜艇和日本的飞机导航。

旋转罗盘刚刚达到生产阶段,爱因斯坦又在思考另一个完全实用的问题:无噪音电冰箱。在哈伯兰德街 5 号的家里,爱因斯坦还在用老式的冰柜,可能是因为当时电冰箱的马达和压缩机产生很大噪音,并且制冰剂经常泄露,不太安全。与从布达佩斯来到柏林的老练杰出的年轻物理学家 L. 西劳德一起,爱因斯坦设计出一个原型的泵,不是用机械驱动,而是用电磁驱动的。在交换的电磁场作用下,一种液态金属(钠、钾或其混合物)在一个管子里来回运动,起到一个活塞的作用。由于减压,制冷剂气化,在气化的过程中产生了所希望的冷。这个设计优美的泵一定非常严密,而且几乎没有噪声。

1927 年 11 月,西劳德和爱因斯坦联合为这个新电冰箱申请了他们的第一个专利;接下的两年期间,一共申请了七个专利,或是关于感应电机的细节,或是关于这个新泵的变形,以便保护原有的专利。这个基本思想也在美国、英国、荷兰,以及伯尔尼专利局注册了。在伯尔尼专利局,爱因斯坦的老朋友 M. 贝索帮助做了一些"编者评论"。

与此同时,西劳德在 AEG 的研究实验室里思考怎样实现这个伟大构想。这并不是一件容易的事,因为不仅要在高温的条件下使碱金属一直保持液态,而且这些碱金属还非常易反应,具有腐蚀性,因此很难控制。虽然已经造出了原型,但并没有可销售的产品。工艺太复杂,而且处在大萧条时期,市场前景也不好。同时,传统电冰箱的噪声已经有效控制了,也更安全了,所以没有必要再研究替代品。如果这两位发明者想因此赚点钱的话,他们一定很失望。他们似乎只从 AEG 那里得到一点点钱。

很久以后,人们才发现爱因斯坦—西劳德泵的另一应用,不是用在电冰箱上,而是用在原子反应堆上。二次世界大战以后,在西劳德的建议下,花了很多的钱改进这种电磁泵,以便能够用于金属制冷的再生反应堆,以及熔化的钠反应堆,仍然没有获得很大成功。

1926 年,国际联盟的工作,以及专利研究工作,使爱因斯坦更有理由拒绝在莱顿的科研工作。他向正苦苦期待他再延长一段在莱顿的客座教授工作的埃伦费斯特说:"由于国际联盟的工作,以及我卷入的几项工业活动,使我几乎没有时间履行莱顿的义务。我没有什么新创造,因此不再适合这个职务。"

莱顿的教授们聚在一起商讨出一个明智的决定,埃伦费斯特高兴把这个决定转告给爱因斯坦:"非常简单,爱因斯坦可以成为我们的名誉退休教授。"这意味着:从现在起,爱因斯坦可以不必再到莱顿了。但是爱因斯坦觉得自己太年轻就得到没有责任的退休金,因此,建议只有他对莱顿真正做出贡献,才值得获得工资,否则,为了研究所或者年轻物理学家的利益,把这些工资留在学校。有关人员非常高兴地接受了这个建议。这项义举的基金可能增加,已经有很大的一笔了。爱因斯坦曾几次以个人身份到莱顿访问。1928 年 2 月,作为普鲁士科学院的正式代表参加 H. A. 洛伦兹(终年七十五岁)的追悼会。但是只有一次爱因斯坦是作为客座教授身份来莱顿的,那是在 1930 年,待了几周时间。

不用说,莱顿并不是惟一对爱因斯坦感兴趣的地方:世界各地还有很多地方争相邀请爱因斯坦。但是那时的爱因斯坦已经学会了怎样拒绝,有时完全根据自己顽皮的心境处理这些邀请。一次有人建议爱因斯坦应该参加一个国际性研究大会的音乐开幕式,参与其中一段小提琴表演(共两段),爱因斯坦回答说:"很遗憾,根据我的性感水平和音乐才能,我觉得自己并不合适接受你的邀请。"

多数情况,爱因斯坦直接表达自己的遗憾。当邀请他参加支持特莱普特公园的柏林人民天文台的活动时,爱因斯坦抱歉说:"你是否相信,我已经厌倦了作笼罩荣光的头羊到处招摇了,所以把我排除在外吧。"当爱因斯坦收到德国总理威廉·马克思的邀请时,他没有亲自拒绝,而是让秘书回信。"必须承认,尊敬的阁下,很遗憾,爱因斯坦教授不能接受你的邀请,因为 11 月 30 日晚上他已经有了一个约会"。可能是爱因斯坦不太喜欢马克思这样的天主教政治家;不管怎样,他现在极力地避免这种不受欢迎的打扰。

不久,爱因斯坦身患重病,不得不休息了。与以前一样,1928 年 3 月,爱因斯坦接受了奥斯莱姆康采恩董事会主席威廉·美因哈特的邀请,美因哈特在瑞士恩加丁的左兹为爱因斯坦提供一个小屋。在大学课堂上,爱因斯坦愉快、认真地发表了一个就职演说。目的是把几个国家的教师和学生集合在一起,增强彼此间的了解。1928 年 3 月 18 日首次开始了这样的活动。为了给这个非营利的事业筹集资金,爱因斯坦同意在自愿组织的弦乐三重奏中作小提琴手。按照计划,为了休养恢复,爱因斯坦到阿尔卑斯山上欣赏冬季景色,但回到柏林时病得很重。

在开会期间,爱因斯坦还到法庭上作了一次专家证人,是关于 AEG 和西门子之间在德国法庭上进行的专利诉讼。爱因斯坦乘火车到达莱比锡,交上他的专家意见后,马上返回恩加丁。晚上爱因斯坦到达左兹,提着一个大旅行包,在大雪中向山上跋涉了几百米来到美茵哈特的小屋。这次劳累导致了循环系统的崩溃，多年虚弱的身体更加重了病情。大家马上与他的朋友章格取得联系，章格十分精心地照料爱因斯坦，并小心地把他转到柏林。危险解除后，这位病人描述在这次旅途中的感受时说："我好像要死了，当然也就不可能遇到任何妨碍。"

在柏林，一位教授级医生 J. 普莱希负责爱因斯坦的治疗，他像爱好收集邮票的人一样专门收集杰出的病人。在患病之前，爱因斯坦一直是普莱希男士宴会上最珍贵的纪念品，其中还包括 F. 哈伯，钢琴家 A. 施纳伯尔，小提琴家 F. 克莱斯勒和外交家 C. 劳托。从艺术家 M. 斯莱威特设计的菜单上可以看出，宴会上备有精美的食物和美酒。

爱因斯坦的医学朋友，受人尊敬的 M. 卡茨斯坦和鲁道夫·厄尔曼显然很不高兴，在这种情况，爱因斯坦却把自己的性命交给这位浮华的开业者。爱因斯坦告诉章格，同时也为自己选择的医生辩护说："主要是因为人格的原因，厄尔曼强烈地反对普莱希。毕竟不可能人人都是天使，所以存在一些放纵也是可以理解的。"

爱因斯坦是一位很听话的病人，但他这样做的原因决不是对普莱希的医疗水平有信心。相反，作为一位有经验的科学家，爱因斯坦告诉普莱希说，他过去一直认为人们的原始思想永远无法了解一个活组织的复杂程度，所以只有耐心和放弃，以及对健康所表现的幽默和对自己的处境毫不在意才有可能征服疾病。

许多周以来，爱因斯坦病床布告板上的消息一直令人沮丧。他记述说："我确实感觉很糟，虽然躺在床上有十周了，我的心脏病还是没有治愈。普莱希现在怀疑我得的是心包炎，心包周围积聚了液体……我正在等待结果，看看普莱希的诊断是否正确。"除了严格卧床休息外，普莱希还制定了节食及利尿饮食，这种治疗需要时间。到了夏天，爱因斯坦才有了一定好转，可以到波罗的海进行康复。

爱因斯坦并没有回到以前经常去的小岛，这位柏林时髦的知识分子喜欢那种简朴的生活，经常一丝不挂。这次，他在卢比克海湾的一个安静的度假胜地租了一间房子。在给埃伦费斯特的一张明信片上，爱因斯坦写道："在这里，我必须懒洋洋地躺在波罗的海奇妙的山毛榉树下。我们已经在波罗的海待了几个月了，我正在康复，精力正在恢复。只有到了这里，我才意识到人们在城市里生活显得多么白痴,而在这寂静、偏远的地方,人们感到多么快乐。这里也非常适合思考。”

但是爱因斯坦的康复一直不稳定。刚到这里,爱因斯坦很高兴地说:“我感觉已经很好了。”但是到了 9 月份,事情却变得更糟了,爱因斯坦虚弱的心脏经常消极怠工。回到柏林前,他的妻子带着忧虑地说:“我的丈夫已经恢复了些力气,但是他并没有恢复到以前的活力和精力……他只能过着舒缓的生活。”

但是这种生活并不对爱因斯坦的胃口。而且,他又投身到一个令人激动的科学冒险:一个新的统一理论。爱因斯坦说:“我比以前更不相信运动的统计性质,决心利用我所剩下的时间从事我所爱好的事业,不再理会发生在我周围的喧闹。”

5 月底,还在病床上,爱因斯坦高兴地宣布:“在我患病时获得的平静中,在广义相对论领域,我得出了一个非常奇妙的蛋。从中孵化出的小鸟能否生存和长寿只能由上帝决定。我感到非常幸运自己得了这次病。”爱因斯坦想出了一个新的数学方法,作为他的伟大目标的一部分,这个目标是统一的重力和电力理论,爱因斯坦已经准备付出巨大牺牲去实现这个目标。早期的努力已经使广义相对论包含在统一理论中,或者说可以由统一理论推导出来,但是现在爱因斯坦放弃了这个标准。当认为这只“小鸟”可以生存时,爱因斯坦宣布,他最好的理论的某些主要方面虽然是成功的,但也必须扔到垃圾箱里。

由于爱因斯坦一直感到身体十分虚弱,因此不能参加普鲁士科学院的会议,M.普朗克替他转交了两篇文章:6 月 7 日交了一篇纯粹的数学前奏,一周后是它的物理应用。

爱因斯坦的数学革新是把黎曼几何与它的有限形式(欧几里德几何)综合起来。在欧几里得几何中,平行的概念对任何距离都成立,但是在黎曼的“弯曲”几何中,平行只是对无穷小的距离成立。爱因斯坦现在把他所称的“距离平行”成功地移植到黎曼几何中,因此可以在弯曲的空间中比较有限线段的方向。在“距离平行”的空时连续区内,爱因斯坦得出了一种新的张量和不变量,接下来爱因斯坦可以用它们去构造物理概念;但是在这个复杂的术语方程中,爱因斯坦并没有成功地得出与电磁场和引力有关的方程。

带着这些问题，夏天爱因斯坦来到了波罗的海，在那里他找到了可行方法，得到了他所需要的方程。

秋天，回到柏林后，爱因斯坦有很多工作要去完成，大约在年底，他才兴奋地说："经过多天起早贪黑地思考和计算，我终于得出了最好的结果，所有的内容都在标题为《统一场型论》的七页论文里。这篇文章看起来似乎是过时的，而且我敬爱的同事们将……一开始一定会目瞪口呆，因为在这些方程中没有普朗克的h。但是当他们达到统计狂的极限时，他们一定会非常悔恨地回到时空思想，那么这个方程将为他们提供一个出发点。"艾尔莎用简单的一句话分享爱因斯坦的快乐："他近来工作非常出色，解决了他一生想要解决的问题。"

1929 年 1 月 10 日，M. 普朗克再次替爱因斯坦把这篇文章交到科学院，因为爱因斯坦想要避开新闻界的注意。报纸上出现奇怪的报道，甚至比观测光的偏移来最终确认相对论正确性的报道更加奇异、更激动人心。

1928 年 11 月 4 日，柏林的《纽约时报》上首先报道，题目是《爱因斯坦处在伟大发现的边缘；怨恨入侵》。这个故事的素材是否源于爱因斯坦自己，还是出自于同事们之间的闲谈，我们不得而知；不管怎样，爱因斯坦接受了一个教训。十天以后，标题变成《爱因斯坦对新的工作保持沉默，不要太乐观》。1 月 10 日，普朗克把这篇文章交到科学院时，就引起了人们的惊愕，爱因斯坦只用了几页纸就解决了大家所称的"宇宙之谜"。普鲁士的国家内阁也被大惊小怪的新闻报道搞糊涂了，要求科学院提供"权威信息"，但是科学院回信说他们不适合评论寄给会议的科技文章。世界各地都打电报询问，而且成百位好奇的记者包围了科学院，但是所有的人都要等待 1 月 30 日，这篇文章的正式出版日。非常聪明，与往常印刷数目不同，这次印了一千册。

在大家热情期盼的几周里，人们却一直找不到爱因斯坦。他此时正舒服地待在 J. 普莱希的乡村住所，这是普莱希从一位富裕的鞋油经销商手里买下了哈维尔河西岸的大片地产。除了巨大的别墅（二战结束后，曾是英国司令官的住处，伊丽莎白女王二世在访问柏林时，也曾待在这里），还有一个整洁的休息处，爱因斯坦可以随时来这里居住。整个冬天，爱因斯坦就一个人待在这里，像一位老年的隐居者，自己做饭。使人吃惊的是，在这里，一个人会发现每天都很长、很快乐；而那些繁忙而无所事事的活动是多么没有必要。

1月30日，整个活动达到顶峰。一千份爱因斯坦的文章很快售空。马上又重新印刷，一共重印了三次，每次一千册，这是科学院会议记录所创的纪录。产生这种情况与这篇文章的科学内容无关。伦敦的爱丁顿报告说，一家百货商店的窗户上并排贴着爱因斯坦的大页文章，一大群人向前拥着读这篇文章。2月1日，《纽约先驱论坛》在第一节的最后一页刊登了爱因斯坦这篇文章的译稿。对读者来说，比这个新理论容易理解的是，对这篇文章是怎样通过电传传送过来的描述，这是非常伟大的技术成就。因为电传全是按照数字和字母的顺序组成的，《论坛》的柏林记者与哥伦比亚大学的物理学家们把公式译成电码。爱因斯坦的文章，包括译成电码的方程在柏林被键入机器，在纽约的专家对这一连串的符号进行解码，并重新组成公式，结果完全正确。

爱因斯坦并不理会这种吵闹，如果有他的朋友参与其中，他会大怒的。哲学家汉斯·瑞肯巴赫曾经于1月25日在《福斯报》上报道了爱因斯坦的新理论。与此同时，爱因斯坦自己也在写一篇通俗文章，这篇文章不是刊登在德国报纸上，而是刊登在1929年2月3日《纽约时报》的星期刊上，第二天刊登在伦敦的《时代周刊》上。无疑，爱因斯坦写这篇文章的原因，一方面是由于丰厚的稿酬，另一方面是爱因斯坦对大洋彼岸的大惊小怪采取的放任态度。

在爱因斯坦的论文发表以前，他只和一份英国报纸进行过一次会面。它的读者首先得知：现在，电子围绕原子核运动的力与地球每年沿着轨道围绕太阳运动的力是一样的，也是同样的力把光和热带给人们，使人们得以在这个星球上生存。这个论断有些过早了，直到今天我们还不“知道”；即使在当时，也认为这个新理论是小题大做。它只是一缕轻风，不久就平静了。

在这个统一场理论中，爱因斯坦提出了一系列方程，认为它们正确地描述了电磁场和引力场。但是，任何与经验知识的联系，与形成的理论之间的联系，以及与他自己的广义相对论的联系，或许都要等到遥远的未来才能找到。进一步彻底地检验场方程将得出，黎曼的度量与距离平行是否真的可以完全解释空间的物理特性还存在疑问。

1929年秋天,爱因斯坦认为自己已经解决了遗留的难题:“最后的结果这样奇妙,我非常肯定已经找到了复杂自然的场方程。”但是爱因斯坦意识到只有他自己有这种信心。虽然爱因斯坦认为自己已经完成了这美妙的理论,但是其他同事并不相信,并且强烈地反对。12月12日,当爱因斯坦把这个“奇妙的结果”寄到科学院时,情况仍然这样。

根据玻尔的回忆,1925年,当爱因斯坦第一次打算在“仿射连结”的基础上完成一个统一理论时,他的同事们认为他的目标是非常重要的,是可以实现的。但这一次,他们首先的反应是怀疑,接着就是批评,不仅因为普朗克的量子效应没有包含在这篇文章里,而且还因为爱因斯坦放弃了广义相对论所取得的成果。语言尖刻,被埃伦费斯特称为“上帝的鞭子”的W.泡利在给爱因斯坦的信中,又一次使用自己的鞭子。泡利提醒爱因斯坦以前对行星近日点运动的解释,以及太阳光线的偏移,他说,“在你的广义相对论的突破过程中,所有这些现象都消失了。但是我仍然认为广义相对论是正确的,虽然你背弃了这个理论。从你的新理论中,我看出你还不能给出所推导出方程的物理有效性,所以在众多的批评中你保持沉默!他们之中剩下的只是对你的祝贺(我最好是说表达他们的慰问),祝贺你成为一名纯粹的数学家。”这封信一直是这种腔调,最后泡利与爱因斯坦打赌说:“至多在一年内,你将放弃整个距离平行,就像你以前放弃仿射理论一样。”

爱因斯坦认为这封很有力度的信“很有趣……但是有一点肤浅”。避开所有具体问题,他用奥林匹斯山上的神灵般的亲切批评泡利:“只有以正确观点观察自然界各种力的统一的人,才能写出你这样的信。我并不一定坚持强调我选择的路是正确的,但是我必须坚持,在智力上,这是我所能选择的最自然的路。只有完全清楚了整个数学结果,才可以评论是否应该拒绝这个理论……忘记你所说的一切,把自己当成刚从月球走下来的人,没有任何成见地投身到这个问题中去吧。接着三个月内不要发表任何评论。”

泡利打赌失败了——并不是因为他错了,而是因为时间的限制。花了两年时间,爱因斯坦才放弃了距离平行。他并没有为自己辩护,1932年1月,爱因斯坦向泡利承认说:“你终于对了,你这个流氓。”

第32章　公共和私人事务

1929年1月,整个社会对爱因斯坦的关注,渐渐地由他的统一理论转移到他的五十岁寿辰上。他的生日是3月14日。报纸上刊登了来自各方面的热情祝贺。这些祝贺者有共产主义者——“革命的无产阶级……向自然科学的伟大革命的战士致敬,同无知、野蛮和反动作斗争”——以及资产阶级作家E.路德维希,他欢呼:“他像一位魔术师,他的周身都充满魔力。”

同时还出版了定量八百册的爱因斯坦诗集,其中包括爱因斯坦所喜爱的打油诗;这本诗集由犹太教书刊朋友学会出版。书中有一张正面的肖像插图,是由雕刻家H.埃森斯坦设计的,他还用铜塑造了一个爱因斯坦的半身像。这个半身像最终由普鲁士教育部购买去了。文化大臣C.H.贝克在爱因斯坦的生日发来贺电,并说这个铜像将会竖立在爱因斯坦塔,作为他的伟大成就的永久象征。

在生日当天,爱因斯坦却失踪了。他又一次舒适地躲在普莱希为他提供的休息处。爱因斯坦把艾尔莎留下来接待前来祝贺的客人,并负责处理成筐的信件、电报和礼物。爱因斯坦收到很多的赞美语言,柏林市政府赞美爱因斯坦说,他的名字“将永远与那些不朽的人物并列到一起,他们的科学发现,使人们形成了现在的宇宙观念”。

爱因斯坦通过诗歌的形式感谢大家的祝贺,这比处理他的公式更容易些。对于那些在每周研讨会上见不到的同事们,爱因斯坦补充道:“依据一个古老的格言,你永远不能把我打倒,我慢慢地恢复了,我希望能再次参加周三的仪式。”

在爱因斯坦个人的感谢信中,最有趣的一封是给S.弗洛伊德的信,他曾祝贺爱因斯坦是位“快乐的人”。爱因斯坦问弗洛伊德:“你为什么强调我是快乐的？你确实仁慈,可以洞察许多人的内心,但你却没有机会洞悉我这个人。”

在收到的众多礼物中,有一件礼物引出了一幕荒诞的滑稽剧。与柏林市市长相识、交游广泛的J.普莱希建议G.波斯市长,代表柏林市送给爱因斯坦意外的惊喜,把靠近水边的一座房子送给爱因斯坦作为生日礼物。正如他自己指出的,普莱希是背着爱因斯坦这样做的。波斯市长首先确信爱因斯坦会同意,然后又征得了市政府的同意,他相信那块地方是爱因斯坦所喜爱的(可能是从普莱希那里知道的)。在普莱希的乡下住处附近,柏林市刚刚买下一块不动产,包括一所小别墅和大公园。在公园里,靠近河岸处有一所高雅的“贵族住处”,柏林市就是要把这块宅地送给爱因斯坦。爱因斯坦并不是真正拥有它,只是拥有一生的居住权。这是一件不同寻常的生日礼物,在柏林共和党中也是先例。

当艾尔莎去查看这块地产时,一位贵族的绅士告知她“对这块不动产没有权利”。这位绅士的话是有道理的,因为以前的所有者在卖这块地产时,在合同里保留了长期居住权。柏林市不得不放弃这似乎是拥有但却无权处理的土地。只能另想办法,打算从这块土地上划出一块送给爱因斯坦,但是面对以前的合同仍然无能为力。

当报纸正在大张旗鼓地讽刺政府的无能时,柏林市长又匆匆考察了几块土地,但都不可行。其中一块土地坐落在一所马房的后面,而且还不靠近水边,而且记者很快发现这块土地存在蚊子和苍蝇的困扰,因此暂时不能使用。另一块地产靠近汽车终点站,车辆在转弯时经常发出尖锐的叫声。最后没有其它办法,只得建议爱因斯坦自己寻找一块土地,柏林市再买下来送给他,但却需要他自己花钱在上面盖房子。

报纸紧紧抓住这个折中的建议进行渲染,结果爱因斯坦的一些熟人都知道了这件事。一家名叫斯特恩的人家,住在波斯戴姆南部,特姆普林和希维多河交汇处的一个小村庄卡普斯。斯特恩家准备把他们闲置的一块土地卖给爱因斯坦,大约有三分一亩。这块土地处在森林边的一块高地上,离水边步行只需三分钟,可以远眺勃兰登堡湖的景色。爱因斯坦是在帆船运动时知道卡普斯的,他对这个地方很满意。

同时,市政府为了解决购买土地的预算资金,建议4月24日举行城市代表会议,讨论在爱因斯坦五十岁生日时准备在卡普斯买一块地产赠给爱因斯坦作为生日礼物,为此大约需要从土地获得基金中支付两万马克。由于这件事进入了政治的论坛上,因此流产了。

爱因斯坦已经向普鲁士森林委员会申请购买这块地产周围相连的土地,以便与赠给他作为礼物的那块地形成圆形的一块,同时寄去了在卡普斯建造房子的计划。此时,城市议会中的德国民族主义在野党,正在研究这件事,准备以此攻击占多数的社会民主党,坚持举行没有公众参与的辩论,因此推迟了这项决定。5月14日,《柏林日报》在大标题下写着"共和党丢尽了脸——爱因斯坦拒绝这个礼物"。

消息灵通的《柏林日报》报道说,在给柏林市长的一封信中,爱因斯坦"带有讥刺地指出生命太短暂,送给他的礼物拖得时间太长了,现在他已经不能接受这份礼物了。"很可能爱因斯坦已经意识到,把土地作为礼物送人,对于一个共和国来说,实在是太奇怪了,特别是对他这样一位有社会主义思想的人。这个计划明显地使人联想起国王或皇帝册封土地的事,虽然准备送给爱因斯坦的这个礼物非常小,无法与俾斯麦首相的地产萨克森沃尔德相比。不管怎样,爱因斯坦决定自己购买土地盖房子,并拒绝在这点上改变主意。

在寻找土地的过程中,建筑师K.沃斯曼与爱因斯坦建立起了联系,这位年轻的建筑师希望能从这位雇主的声望上得到好处。沃斯曼受雇于劳斯茨地区的木材建筑公司,在现有方案的基础上,他设计了一个线条明晰的乡村住宅,有点类似于包豪斯的风格。除了房屋的基础外,其它部分全部是木质结构,并且为了过冬的需要,还安装了暖气。

在建筑这所房子过程中,第一个夏天爱因斯坦待在卡普斯,在靠近水边、杂草丛生的公园里,租了一间几乎没有什么家具的房子,把自己的船就停泊在附近。在生日那天,爱因斯坦的一群朋友合伙送给爱因斯坦一件最美的生日礼物:一个二十平方米的小型军用舰,海豚号,这是一个由红木镶嵌的精巧舒服而昂贵的生日礼物。艾尔莎负责建屋监工。此时的爱因斯坦正在哈维尔湖上愉快地航行和思考大统一理论呢。乡村生活使他特别开心,健康状况也明显改善,他的心脏病再也没有犯过,精力和体力也恢复如前。8 月份,爱因斯坦还到苏黎世待了一周,参加世界犹太复国运动者大会。自从十八个月前得病后,这是他第一个重要的旅行。

1929 年 9 月,爱因斯坦全家搬进了这所新房子。艾尔莎描绘这所房子说:"非常艺术,非常现代!有四个卧室,一个很大的客厅,女仆房间和洗澡间。暖气系统特别先进,每个角落都有热水。"但是屋内的家具并不现代化。沃斯曼曾经说服著名的包豪斯艺术家 M. 布勒尔为爱因斯坦设计家具——当然出特别低的价格,因为这样一位有名的雇主本身对艺术就是一个很好的宣传。但是爱因斯坦看到一些设计时,他抗议说:"他不愿处在这些家具中,会使他想起机器车间或医院的手术室。"因而没有采用这些设计。负责装潢设计的沃斯曼只能眼看着他的创造被哈伯兰德街公寓里的旧式家具替换了。这样一来有效地降低了费用支出,特别是当时爱因斯坦大部分积蓄都花在房子上了,当然爱因斯坦使用的只是他的柏林帐户,没有动用国外的存款。此外,爱因斯坦并不在意这所房子内外装饰是否和谐。从艺术角度来说,爱因斯坦的欣赏水平具有中等的保守意味;这种前卫派的风格并不吸引他。

搬进之后,爱因斯坦发现在这新居的生活比他想象的好得多:"我喜欢长时间居住在这个新的小木屋里,虽然这所房子使我几乎破产了。每天可以进行帆船运动、欣赏风光、秋日独自漫步;这里十分寂静,真是一个天堂。"除了一些普鲁士科学院的大会,以及时而的一些公共活动外,比如,"为了让记者们开心,我今晚要和爱迪生直接用无线电通话。我要专门去一次柏林城",爱因斯坦几乎很少离开他的避难所。直到 11 月初,他才再次进城,出发去巴黎。

爱因斯坦到巴黎访问的真正原因是,索邦大学将授予他荣誉博士学位。与他八年前访问时相比,现在的巴黎发生了很大的变化。政治问题不存在了,爱因斯坦甚至可以住在华丽的德国使馆,就使他看起来似乎是魏玛共和国的代表。到达巴黎的第一天,爱因斯坦为 H. 庞加莱研究所的物理学家和数学家们作了一个报告,不用说,报告的内容是关于新的统一场理论;晚上,爱因斯坦见到了在伯尔尼时的老朋友 M. 索络文。

11 月 9 日,在索邦大学举行了新学期开学典礼。按照传统习惯,在典礼上将授予名誉学位。据德国大使报告说,爱因斯坦"受到长达几分钟的热烈欢迎,明显地看出他在其他获得荣誉博士人中的地位,也说明法国科技界对他十分尊敬。"索邦大学庄严的仪式结束后,是法国哲学学会和科学院的会议。走到任何地方,爱因斯坦都受到热烈的欢迎和最自然的崇敬,爱因斯坦与 L. 布劳格力 P. 朗之万,以及数学家 E. 卡尔坦和 J. 阿达玛进行了交谈。居里夫人没有露面,当时她正在美国。

报纸早已报道爱因斯坦将要成为科学院的会员,而且在他访问期间的气氛也说明了这种意图。但爱因斯坦拒绝了,因为他的朋友 P. 朗之万还没有当选。朗之万早就是皇家学会和其它学术学会的会员;而且最近,他还接替了洛伦兹作为苏尔维物理研究所所长,因此他是欧洲物理学的主要组织者。出于对朗之万的忠诚,爱因斯坦一开始就拒绝了这个荣誉:"我最尊敬的朋友朗之万还没有成为其中的成员,而我却当选科学院的会员,我会感到很痛心的。我相信你能理解我这样做的原因。"

访问结束前,德国大使正式邀请爱因斯坦到他的住处就餐,同时接受邀请的还有法国著名的知识分子。回到柏林,爱因斯坦发现巴黎之行很精彩,虽然对他摇摇欲坠的身体来说是很大的考验,但是爱因斯坦还是坚持下来了。几个月后,尽管爱因斯坦比较喜欢现在的安静,但他仍然时不时地回忆起在巴黎的美妙日子。

1930 年 4 月,爱因斯坦与妻子和女仆又搬回了乡下住处。有时,秘书海伦·达克斯从柏林来到这里;从 1928 年 4 月份开始,达克斯负责整理爱因斯坦的文章和信件,并且几乎成为这个家庭中的一员。H. 达克斯与艾尔莎一样出生在海赤根,艾尔莎亲自挑选的,确保她各个方面都很可靠。这个大家庭还包括艾尔莎的女儿,玛格特和伊尔瑟,以及伊尔瑟的丈夫鲁道夫·凯泽尔,他们在卡普斯的这所房子里各有独立的房间,因此可以在这里待上几周,甚至几个月。

住在这里的还有一位叫"计算器"的 W. 迈尔,从维也纳来的数学家和微分几何书的作者。1929 年底,爱因斯坦把他带到柏林作为自己的助手。他们的合作开始很有进展,并且联合发表了一篇文章,寄到了普鲁士科学院。爱因斯坦十分欣赏迈尔,把他描绘为"一个十分出色的小伙子,如果不是犹太人,他早就成为教授了"。迈尔也时而住在卡普斯,但不是住在爱因斯坦的房子里,而是住在附近的地方。

对柏林人来说,卡普斯确实是一个"偏僻的地方"。首先要乘火车到波茨坦,从那里还要乘坐不经常有的汽车,而且爱因斯坦那里连电话也没装。不用说,当房子正在建造时,那种寂静的乡村之夏并不长久。这位房子的主人非常好客,发出了很多邀请,并且大多数人都应邀来到这里:他的妹妹玛雅,儿子爱德华,亲朋好友,在柏林和海外的物理学家同行,以及一群知名的人物。从备受称赞的诗人 G. 豪普特曼,到著名的印度诗人和哲学家、东方神秘智慧的传道者泰戈尔等等。

正在旅行的泰戈尔不愿错过拜访爱因斯坦的机会。卡普斯的村民看到他的来访,一定非常吃惊。1930 年 7 月 14 日,泰戈尔身穿飘逸的长袍,带着一大群随行人员前来拜访爱因斯坦。两名随行的秘书,在爱因斯坦的住所忙碌地记录他们的主人和爱因斯坦的谈话。几周后,这些谈话出版了;但是东西方智慧之树并没有产生丰硕的果实,因此爱因斯坦评论说:"我和泰戈尔的对话完全是失败的,因为交流十分困难,所以根本就不应该发表这些谈话。"尽管如此,这些对话还是重印了许多次。

爱因斯坦是如此地喜欢他的乡村生活,除了在普朗克和自己提交论文时出席的会议外,他不再参加物理学讨论会,甚至于科学院每周的会议。爱因斯坦现在提交的论文也越来越少了。艾尔莎这样评论这个愉快的夏天说:"除了来来往往的许多来访者外,生活还是田园式的。阿尔伯特精力非常充沛,好像以前没有工作过似的努力工作。他已经构想出最美妙的理论,而且日臻完善。如果能证明是正确的就好了!!!"但是她的祈祷并没有起什么作用,这个距离平行理论没有产生任何结果,甚至爱因斯坦与 W. 迈尔的合作也没有产生可以进一步发表的东西。

对于柏林人来说,爱因斯坦仍然是世界上最伟大的科学家,而且还成为许多轶事的主题。例如,J. 普莱希编写了一个故事,介绍他与柏林市市长 G. 波希一起拜访爱因斯坦住处时发生的事。当时,风把附近垃圾处理厂正在处理污物发出的刺鼻味传到爱因斯坦的住处,市长感到对这讨厌的气味负有责任,向爱因斯坦提出一个很尴尬的问题,询问待在乡下时,对这气味是否感到烦恼。爱因斯坦回答说:"对于这个赞赏,时而我也回敬它。"这个故事不久就传遍了柏林。

爱因斯坦不仅是无数轶事的主角,同时也经常是幽默话题的主角。这些笑话,有的是因为他与众不同的外表引起的。夜总会和酒店的喜剧演员经常对这个想象中的精神世界教授开低级的玩笑,髦毛一样的头发和小提琴盒使爱因斯坦更像一位音乐家,而不是物理学家。

爱因斯坦害怕别人把他当成一位小提琴手。一位专业小提琴手回忆说:“爱因斯坦的弓法就像伐木工人拉锯一样。”显然,爱因斯坦很早就放弃了正规训练。此外,他还不能忍受人们对他表演的批评。出版商S.费舍尔的女儿告诉我们说,她经常为爱因斯坦进行钢琴伴奏,多次见到爱因斯坦大怒:一次演奏巴赫的协奏曲,爱因斯坦突然对另一位小提琴同伴,一位很好的小提琴手E.豪普特曼大吼道:“不要拉这么大声。”根据T.费舍尔的介绍,爱因斯坦在音乐的争论上比在科学的争论更爱激动。事实上,在达尼勒格街的犹太人会堂的音乐会上,爱因斯坦还公开演奏了巴赫协奏曲的第二乐章,这是一次为犹太人社团的福利和青年部进行的义演,所以音调的美妙与否并不重要。

尽管在卡普斯和爱因斯坦的市内公寓中充满着轻松的气氛,但是他们的客人并不是一直感到舒服。他们不会看不到这样的事实:爱因斯坦与妻子之间的关系非常冷淡,艾尔莎的存在似有似无。正如他的建筑师,以及其他许多人见到的一样,产生这种不安气氛的原因是,爱因斯坦对待妇女就像“磁铁作用于铁屑一样”,而且并不觉得这种效应讨厌。与B.诺曼断绝关系后,爱因斯坦显然并不满足于在星空中寻找欢乐。虽然爱因斯坦没有与艾尔莎离婚,但是因为他的率直和行为不忠,经常性地与艾尔莎发生冲突。

自从1925年秋天,人们就经常见到爱因斯坦与一位年轻的女人在一起,这个女人比他小一些,是位寡妇,优雅而极有魅力。这位名叫T.曼德尔的小姐,过着一种奇特的生活,拥有轿车和司机,住在万湖一幢大别墅里。爱因斯坦经常在那所别墅里待上几天几夜,有时甚至把他的船停泊在万湖。对这种关系爱因斯坦从来不做任何保密,出于妻子的容忍,在某种程度上,T.曼德尔小姐似乎属于这个广义的家庭。在劝说丈夫方面,艾尔莎显然缺少外交手段;相反,她只想恐吓爱因斯坦。一次,T.曼德尔小姐来接爱因斯坦去剧院,在下面等着时,屋里发出很大的吵闹声,艾尔莎不让爱因斯坦带着钱外出。

爱因斯坦决不是为这种场面担心的人,所以多年来T.曼德尔小姐一直是爱因斯坦去音乐会和剧院的伙伴,他们甚至一起游船。爱因斯坦的女仆回忆说,“曼德尔小姐并不是爱因斯坦惟一的朋友,爱因斯坦教授很喜爱看漂亮女人,他无法抗拒漂亮女人”。同时也不缺少喜欢在公开场合与一位天才在一起的漂亮女人。但这似乎没有影响爱因斯坦与T.曼德尔小姐的关系,他们之间的关系一直维系到1932年她离开柏林。

曼德尔小姐离开柏林时,爱因斯坦早已经有了另一位女朋友E.凯瑟耐勒波根小姐。她也有拥有自己的轿车和司机,同时还拥有一个花店连锁店。除此之外,爱因斯坦还有被称为“奥地利女人”的M.莱恩巴赫,一位年轻美丽的金发美女,爱因斯坦的妻子不能容忍她的出现。尽管艾尔莎的态度不好,“奥地利女人”仍然每周定时一次到卡普斯。根据爱因斯坦女仆回忆,在“奥地利女人”到来的这些天里,艾尔莎别无选择,只有早早地离开这里,去柏林买些东西。

虽然爱因斯坦不理睬柏林人的说长道短,很少顾及村民的愤怒,经常与妇女们一起航船,或把航停泊在芦苇中,但他仍然担心子孙的名声。虽然曼德尔小姐后来在苏黎世生活,之后在美国生活,但是在爱因斯坦的要求下,与T.曼德尔小姐之间的所有信件还是都销毁了。爱因斯坦的这些女朋友,包括“奥地利女人”,都没有为我们留下任何流露感情的字迹。爱因斯坦显然希望这些女人,像他的女儿一样,消失在历史的长河中。

任何希望写爱因斯坦传的人都清楚爱因斯坦原则,坚持个人生活个人化。他们中最值得一提的是他的继女婿、《新闻展望》的编辑,S.费舍尔出版社的顾问鲁道夫·凯泽尔。凯泽尔打算在爱因斯坦五十岁生日之际,出版一本爱因斯坦的传记。

爱因斯坦劝说凯泽尔的话可能与他后来用于劝说大卫·瑞克斯坦(另一位很有前途的传记作家)的话一样。爱因斯坦认为:“给一个还活着的人出版传记不合时宜。”至多他只能接受关于个人背景情况的介绍。最后,显然是想起了1921年明可夫斯基的书曾引起的混乱,他指出:“由于这个原因,圈子内的人们相互疏远了。他们认为我无知,爱出风头,这是十分自然的。虽然这样的观点我并不介意,但你可以想象那会很大程度上扰乱了我的生活,引起紧张气氛,而我这个人特别喜欢和谐。”

禁止他的继女婿在德国出版他的传记,但并不包括在国外出版,爱因斯坦也是同样向瑞克斯坦建议的。虽然这样做仍“欠妥当”,但爱因斯坦认为“作家们十分需要挣钱,显然不能让他们等到我死之后”。但是,当爱因斯坦读到瑞克斯坦的部分手稿时,他给作者写信说:“我的美好愿望彻底结束了。如果你在任何地方,以任何方式出版这本书,那么我们之间的一切关系都结束了。”1934 年,这本书还是在布拉格出版了,爱因斯坦对此很不高兴。

1930 年,凯泽尔所写的传记用假名在纽约出版了,其中包括爱因斯坦本人所作的简短前言,说明作者与他很熟悉。虽然爱因斯坦读过这本书,并且认为书中所有的事情都是事实,但是作者的断言却是不真实的,因为其中有几处严重错误。

像对待以后出版的关于他本人的书一样,爱因斯坦可能这次不让这本书遵守规定原则。爱因斯坦本人经常向他的传记作家建议:在国外出版。他的文章《新的统一理论》是在《纽约时报》和英国的《时代周刊》发表的,而不是在德国报纸上发表的。其中原因不仅仅是稿费的问题,而是因为他担心,在德国写一篇新闻文章介绍自己的工作会被看成是对科学礼仪的渎职。

对于他个人的一篇文章,爱因斯坦也采用了这种方法。这篇文章于 1920 年在柏林写完,却在美国出版了。文章的标题是《世界之我见》,完全是出于文字的优美考虑,爱因斯坦在这篇文章中描述从叔本华那里体会出的关于“我们地球人现在处境”的思考。爱因斯坦列举了自己的理想境界是“友善、美丽和真理”,并且认为神秘是我们所经历的最美丽的事。这些不是深奥或创见性的见解,如果有些重要性的话,那就是爱因斯坦想使艰难创造出的资产阶级新文化永存。任何教授和校长都可以写出这样安逸的文字。

在学术圈子里,爱因斯坦的这种社会正义感和民主态度,特别是在美国这篇文章中所表现出的态度,都是不正常的,时而流露出一个德国浪漫天才的狂热。爱因斯坦认为“人格”是真正有价值的品质:它本身就可以使事情变得高尚和崇高,而普通人一直是思想和感情麻木。任何反动的大学讲师都存在这种由于自身的优越感而对普通人所表现出的轻蔑。爱因斯坦对军队的态度却是十分严厉:“如果有人认为穿上军装,按着音乐行军是一种快乐,那么我看不起他;他只有健康的身体,而没有聪明的头脑。”如果这些话在德国出版，特别是在一位陆军元帅再次当选为总理之际，爱因斯坦一定会面临治罪的危险。

在这篇文章中有一段，不是关于爱因斯坦怎样看待世界，而是关于他怎样看待自己的言论，爱因斯坦分析这种矛盾的根源：他热心的社会正义感总是与缺乏同个人或团体合作形成奇怪的对比。爱因斯坦是一个真正的“独行者，从没有全身心地属于一个国家、祖国、我的朋友们、甚至我的家庭，尽管存在这种联结，但我一直有外来者的感觉，而且喜爱僻静之地……虽然受到与其他人交流、和谐共处的限制，但并不因此感到后悔”。

当然爱因斯坦并没有受叔本华的影响，他可以自由地表达自己的思想，认为在柏林的生活像“一个吉卜赛人，一个流浪者，任何事情都可以看到喜剧的一面。”这并不是什么夸张，只是反映爱因斯坦本人矛盾的侧面。一方面这位独行者十分需要自由，另一方面，他积极参与有关社会和政治的活动，诸如作为一个和平主义者参与各种呼吁。

爱因斯坦天生就是一位和平主义者，但是他对待第一次世界大战的态度只是他个人的看法，没有超越小群体意识。二十世纪二十年代晚期，因为对国际联盟呼吁裁军和阻止战争的失败的失望，爱因斯坦成为一个勇于抗争的和平主义者。当国际联盟取得了一些小成绩，例如编写福利条款和禁止使用毒气等，爱因斯坦在公开场合对此进行了严厉批评，并呼吁停止任何形式的战争服务：

> 对我来说，给战争加上某种规则和限制是没有意义和根据的。战争并不是游戏，所以也不可能按照游戏的规则进行。我们必须反对战争，只有发动广大群众起来反对和平时期的军事服务才能更加有效地反对战争。

从 1928 年初发表的第一个宣言之后，出现大量评论，和平主义者组织的成员们也收到很多祝贺，不久爱因斯坦成为好战的国际和平主义英雄。

爱因斯坦完全知道，对于这个问题，他的情感超越了理智。爱因斯坦的语言决不是和平的，经常是无情的、具有侵略性的。爱因斯坦认为国际律师和哲学家们，从格罗特斯到康德，所讨论的“正义战争”是已经解决了的难题：任何军事服役都没有例外，是在准备进行有组织的屠杀。这也是他在日内瓦世界和平联盟的《和平宝书》中所写的：

> 一个受命于当局而参与系统屠杀的人，或者受利用而参与类似的活动及其准备工作的人，没有权利称自己是基督教徒或犹太人。

人们问爱因斯坦，如果战争爆发了，他将做什么，他清楚地回答说："不管战争的起因是什么，我都将坚决反对任何直接或间接的战争服务活动，同时劝说我的朋友也这样做。"这样的评论无疑会被各国的典型代表认为是诽谤性的。由于政局的变动，爱因斯坦自己也不得不修改自己的观点。

不管爱因斯坦具有的强烈和平主义的根源是什么，这种根源与对人类生命的尊重没有关系。在关于死刑的看法上，爱因斯坦写道："在原则上，杀死一个没有价值或有害的人，我没有意见；我反对死刑是因为我不相信人类，包括法庭。我更欣赏的是人的质量而不是人的数量。"这种关于人类生命质量和数量的评价是"优秀人种"的行话，人们一定感到很受打击，这样的话竟然出自一位大家和本人都认为是仁爱的和平主义者口中。但是任何研究爱因斯坦思想的人经常会发现这种突出的矛盾。爱因斯坦显然并没有受这些矛盾影响，也许是他根本没有意识到。

在德国，尽管存在对战争的恐惧，但是所有有关军事的事情仍然很受尊敬；爱因斯坦所号召的，拒绝任何军事服役只是理论上的，因为在凡尔赛条约的限制下，德国只有极少的军队，不存在征召。但是，不论在哪里，如果一位年轻人因为拒绝服役而被控告——不论在芬兰还是波兰——爱因斯坦都会提出抗议，给大臣们和军事法庭写信。在这种事上，他决不让步。即使是瑞士这样没有侵略的国家，它的军事体系也没能逃出爱因斯坦的鄙视。四十二岁以后，爱因斯坦还为这个军事体系交过军队税。1929 年，当他的部落伙伴在巴勒斯坦的安全，甚至生存受到威胁时，爱因斯坦仍然坚持他的和平主义者原则。

尽管爱因斯坦对犹太复国运动充满矛盾，对希伯来大学的发展方向十分愤怒，1929 年 8 月，爱因斯坦仍然参加了在苏黎世举行的第十六届犹太复国主义者大会。这次活动是魏茨曼工作的顶峰，为了建立一个犹太教巴勒斯坦，应该把所有的组织团结起来，不管这些组织之间存在什么样的政治分歧。

8月11日，在星期天的开幕式上，发言者包括F.沃尔堡和L.萨米尔（以前巴勒斯坦的英国总督）这样的巴勒斯坦犹太教国家的杰出拥护者，当然也包括阿尔伯特·爱因斯坦。爱因斯坦忠心地欢迎“那些自称为犹太复国主义者的有勇气、有能力的少数民族”。犹太教的团结给爱因斯坦留下深刻的印象。晚上，在道尔多大酒店，爱因斯坦在宾馆的留言纸上写道：“今天，赫泽尔和魏茨曼的种子终于奇迹般地发芽了。在场的人没有不受感动的。”魏茨曼在这个留言纸的下面写上自己的附言，并把这个珍贵的留言一直保存到死。不久，两个人都发现这个种子是在纷争的土壤上发芽的。

爱因斯坦回到柏林不久，报纸就报道了在耶路撒冷的老城，阿拉伯人袭击了犹太人。而且这种暴行像野火一样蔓延；当英国托管的军队成功地平息了反叛时，已经有成百的犹太人被残酷地杀害了。曾经很长时间，爱因斯坦一直忽视了久居的阿拉伯人与犹太新移民之间的冲突，直至反叛暴发。爱因斯坦还是低估了这个冲突。没有正确了解事件的真正情况，爱因斯坦认为英国的“分裂与统治”政策应该对所有的事件负责。

在一份首先在英国发表，后来传到世界各地的声明中，爱因斯坦严厉地谴责了阿拉伯人的屠杀者和英国托管的失败；但是与大多数犹太爱国运动者不同，他并没号召进行报复惩罚行动，而是以双方的利益为基础，公正地裁决，“犹太人不想在英国的刺刀保护下，生活在他们父辈的土地上。他们来到这里是作为阿拉伯国家的同族。”在柏林的一次会议上，一位发言人要求按照法律惩罚阿拉伯人，爱因斯坦责备他说话像墨索里尼，缺乏和解精神。后来，发现几个阿拉伯人确实犯有杀人罪，并被判处死刑，爱因斯坦与其他拒绝军队服役的人一起请求巴勒斯坦的高级代表把死刑改成监禁。

同时，爱因斯坦呼吁魏茨曼从犹太人两千多年的苦难中觉醒，寻找与阿拉伯人“和平合作”的方法。在与一份阿拉伯杂志的一位编辑的通讯中，爱因斯坦重申，两个伟大的犹太教民族拥有一个共同的未来，他们应该通过明智的合作，找出一种消除误解的方法。他建议由四名犹太人和四名阿拉伯人组成一个秘密委员会，代表双方各自的利益，显然这是武断和不现实的。

他的同事们并不希望这个已过五十岁生日的重要科学家再有令人激动的新发现，只希望他作为学科代表，成为一位科研活动的明智的组织者。爱因斯坦一直在逃避这第二个角色，但第一个角色却很耀眼：他成为公众心中的物理学代表。从新闻影片中可以看出，爱因斯坦从这个角色中获得很大快乐。例如在 1930 年，在柏林的发射塔下，爱因斯坦参加了第七届德国广播和留声机展览会，德国所有的广播站都要转播他的讲话。穿着华丽的服装，过早变白的毛发被风吹着，爱因斯坦踏上装有麦克风的讲台，开始说道："亲爱的与会者，没有来的听众们。"爱因斯坦没有错过这个机会，他劝说上百万的观众要尊重科学和技术："当你们听广播时，试想一下人们是怎样获得这样美妙的信息工具的。因为所有技术成就的原始动力都是源于研究人员神圣的好奇心，以及为此而进行的修补和思考，同时还有技术发明者的创造力和丰富的想象力。"引用了一系列科学先驱，他向奥斯特、麦克斯韦、赫兹，以及技术先锋瑞斯和贝尔表示敬意；同时他也纪念那些不知名的技师，是他们简化了广播通讯设备，并使之批量生产，使我们今天可以利用这些发明创造。C. P. 斯诺后来所描述的"两种文化"问题，爱因斯坦只用一句话解决了它："他们将感到惭愧，他们只知道利用科技奇迹，并不理解，就像牛与植物学一样，牛只知道快乐地吃植物。"虽然爱因斯坦希望这次广播能在"国际和解"中起到独特作用，但事实并非如此；而且不到三年，德国把这次广播作为恶意宣传的工具。

自从 1923 年起，爱因斯坦再也没有在大学讲课。因此，偶尔作一个讲座，会引起很大的兴趣，但这并不是因为他的名声，而是因为他的演讲天分。F. 哈伯评论科学院学术演讲水平时说："在科学院的六十位同事中，经过准备，大多数人都能给广大观众作些指导，但是能轻易地把专业能力、表达技巧和个人朝气结合起来的人只有爱因斯坦。"

因此，当爱因斯坦讲演时，大厅里不可避免地挤满了人，不管是在容纳一千人的 122 号大厅里作《光的发射问题的理论和实验方面》的报告，还是在达莱姆能容纳四百五十人的歌德大厅里给皇家威廉学会作《关于物理空间和以太问题》的报告。这两个讲座，爱因斯坦并没有准备手稿，至多参考一下所作的几个提纲。

1920 年 6 月，在德国物理学会的庆祝会上所作的报告，充分显示出爱因斯坦高超的演讲技巧。为了纪念 M. 普朗克获得博士五十周年，M. 普朗克奖章第一次由普朗克亲自授予爱因斯坦。爱因斯坦在接受奖章时，发表讲话对普朗克表示崇敬，认为这位"受尊敬的大师"是自己科学发展的基础,爱因斯坦用量子之谜的斗争反对早已建立的统计解释,最后感谢普朗克对自己工作的鼓励与支持,并为科学界树立了正直的榜样。所有这些都说明,这种演讲成就在科学界是少见了。不知 J. 普莱希说的话是否可信,在开会前,在做鞋人账单的背面,爱因斯坦写了简短的草稿,因为担心在向这位父亲般的人物表示敬意时忘了要说的话。

爱因斯坦对"这位大师"的尊敬,使他不愿在大学中成为普朗克的接班人。自然,由于爱因斯坦的"独特地位",这个很有权威的职位应首先考虑给爱因斯坦;但是一个私密的沟通显示出,爱因斯坦不想看到与教授们现有的关系有任何改变,因为他对现在的关系很满意。爱因斯坦评论寻找普朗克接班人的漫长过程时说:"感谢上帝我躲开了,不用参与这种智者的竞赛。我一直认为参与这种竞赛有一种奴性,很像对金钱或权力饥饿的人。"爱因斯坦最关心的是保持自己的自由。那时,没有人让他严格遵守员工大会和课堂教学的工作纪律。

E. 薛定谔最终成为普朗克接班人,爱因斯坦不仅有了一位新同事,而且又有了一位新朋友。在许多方面,爱因斯坦感到自己与薛定谔有共同之处。这位接班人是奥地利人,与僵化的普鲁士人完全不同。

虽然爱因斯坦在柏林的工作使物理学得到极大丰富,但爱因斯坦却一直不热心组织管理工作。在爱因斯坦任所长的二十多年时间里,根本没有着手建立皇家威廉物理研究所(在纳粹时期,在美国洛克菲勒基金会资助下,才建成了研究所),其中的主要原因是爱因斯坦对此缺乏兴趣。

早在 1914 年,在普鲁士科学院任职时,就考虑在爱因斯坦领导下建立一个皇家威廉物理研究所,而爱因斯坦希望他的工资与皇家威廉研究所不发生关系。他说:"我并不是研究所所长以及有关工作的合适人选,所以我认为自己应该停止这项工作。"由于战争的原因,直到 1917 年,才建立了这个研究所。当时也是临时的,没有自己的楼房和员工。研究所设立在它的所长——爱因斯坦的阁楼上,当然,有资金支持物理研究。

日本之行回来后,爱因斯坦把管理工作交给马克斯·封·劳埃,并且希望一个正规的研究所建立起来后,劳埃仍然承担管理工作。在给这位不爱讲课的同事的信中,爱因斯坦说:"我非常高兴把皇家威廉物理研究所交给你,这样我可以根据自己的能力进行工作了。"但是在建立这个研究所的过程中，爱因斯坦没有做任何事情。

1929 年 3 月，与董事会一起，爱因斯坦提交了一份建立理论物理研究所的建议书。其中关系到当前的实验经费问题，并且相当昂贵。经费并没有适当调整，因为“在物理发展史上，理论物理正经历前所未有的发展，这种发展十分强劲，并取得很大成功。在整个科学史上也很难找到可以相比拟的事物。这决不是夸张说法，在过去的二十五年里，理论物理已经成为科研的中心，并带动其它领域迅速发展。”第二天，达莱姆的皇家威廉研究所的全体科技人员很受鼓舞，建议所长建立一个理论物理研究所，以便弥补“这个短缺的知识中心”。

首先，由于资金不足阻碍了这些计划的实施。一年后有了好转，1930 年 4 月，洛克菲勒基金会提供巨资六十五万五千美元建立一个细胞生理研究所和一个物理研究所。在沃尔堡的精心指导下，早在 1931 年就开始建立细胞生理研究所；但是那时，物理研究所的人员问题还没有落实呢。

1930 年底，在访问柏林时，一直认为爱因斯坦具有所长权威的美国人感到非常失望。爱因斯坦刚刚离开去美国，就谣传爱因斯坦接受了加州理工学院的任职。皇家威廉学会管理者、总裁 F. 格拉姆无法反驳这些谣言，只能承认爱因斯坦的决定很奇怪、让人难以理解，关于他什么事情都可能发生。格拉姆甚至没法提供爱因斯坦在研究所任职的有关情况，只含混地说：“爱因斯坦可能搬到研究所里，因为那是一个从事研究的好地方，但也可能待在自己的家里，他喜欢在家里思考。”

事实上，爱因斯坦喜欢在家里思考，接任阿道夫·文·哈拿克的学会主席 M. 普朗克发现用洛克菲勒提供的资金建设这个研究所并不容易。虽然存在很多疑虑，即使是纳粹掌权以后，美国基金也不想取消承诺。因此在皮特·德拜的领导下，1936 年终于建成了皇家威廉物理研究所，当时爱因斯坦早已经离开了德国。

当他的朋友们，包括他本人认为乡村别墅建完后，这位“吉卜赛人”会安居下来时，爱因斯坦又一次准备远行了。星星已经为他指向了通往加州的路，这次加州之行，完全是出于科学的原因。在卡耐基基金会资助下，采用一百英尺的巨大反射望远镜，加州威尔逊山天文台的天文学家们取得了重大发现，为理解宇宙结构迎来了新的曙光。同时，1930 年夏天在卡普斯来访的客人中有一位 A. 弗莱明，是帕沙第纳的加州理工学院董事会的主席，在米离堪的领导下，加州理工学院发展成为一流的大学。当弗莱明重新发出米离堪早期没有成功的邀请时，出于威尔逊山天文台的原因，以及像 R. C. 弗尔曼和保尔·艾普斯坦等物理学家们的杰出天文发现等原因，爱因斯坦这次接受了邀请。对爱因斯坦来说，与他们合作很有吸引力，因此答应 1931 年前两个月到加州作“助研”。美方同意支付七千美元，这是一位高级教授一年的工资，同时商谈永久合作的方式，并且会支付更高的工资。

爱因斯坦之所以很愿意接受这个邀请与宇宙之谜有关，不是因为德国政局的原因，而是为了寻找一个新方向。自从 1929 年秋天，由于世界范围的大萧条，洋格计划规定的赔款，以及对 H. 布拉宁政府的经济制裁，德国的经济状况进一步恶化，失业大军不断增加。许多青年科学家，因为缺少研究经费，而失去了工作。但是没有人，包括经常参与政治的爱因斯坦，也没有想到魏玛共和国将要倒台了。

爱因斯坦显然没有让政治氛围干扰他那快乐的夏日。在 9 月 14 日的大选中，一个以前分裂出去的、不太重要的组织：民族社会党，在他们的“领袖”阿道夫·希特勒的领导下，获得了六百万选票，反犹太人组织在议会中建立了自己的政治势力。犹太教电报机构的柏林办事处焦虑地询问：“是否有必要把犹太人团结起来进行反击。”爱因斯坦很有信心地回答说：“一开始，我认为民族社会主义运动只是暂时经济状况恶化的结果，只是共和国的小儿科。我相信，犹太人团结很重要，但是任何针对选举结果而采取的行动都是不合适的。”

一年来，爱因斯坦一直感到很安全。直到不久以前，他才意识到德国面临生死存亡的关头。

在去美国西海岸访问之前，爱因斯坦首先在欧洲待了几周。10 月 20 日至 25 日，他参加了在布鲁塞尔召开的苏尔维大会。会议的真正议题是物质的磁性质，但爱因斯坦对此并不感兴趣，而认为接下来的量子力学辩论很有吸引力，虽然他不能说服任何人接受自己的观点。接下来，爱因斯坦在伦敦待了三天。他曾经答应参加为了减轻东欧犹太人困境而举行的活动。曾经是巴勒斯坦高级代表，现在的英国邮政总长赫尔伯特·萨米尔邀请爱因斯坦到家里做客，爱因斯坦“非常愉快”地接受了邀请，并表示：“我不仅愿意接受你的邀请，同时这也是我最大的快乐。”

爱因斯坦与赫尔伯特主要用法语交流，赫尔伯特为爱因斯坦安排了几次愉快的宴会，并带他到下议院的异乡人画廊参观。在华丽的沙维宾馆，由罗特希尔德主持的慈善会特别令人满意，首先要感谢萧伯纳。七十四岁的萧伯纳发表讲话，赞扬爱因斯坦是托勒密和哥白尼式的宇宙创造者。从现存的电影的剪辑上，我们可以看到，萧伯纳的讲话充满机智和幽默，使爱因斯坦这位贵宾开心大笑。

第二天，当魏茨曼邀请爱因斯坦作客时，爱因斯坦还沉浸在沙维宾馆发生的笑话之中，当时来到宾馆的大多数客人不知道应该与谁先握手，是罗特希尔德还是“犹太教圣人”。在去火车站的途中，爱因斯坦告诉他的主人赫尔伯特，在他年轻时从没有想到会到英国参加这种公共活动，他不太习惯这样的事情。

从伦敦，爱因斯坦向苏黎世进发。为了拜访拉肯宫的“皇族”，爱因斯坦在布鲁塞尔稍作停留。去年，爱因斯坦在拜访安特卫普的叔叔凯撒·科赫时，1929 年 5 月 20 日曾接受比利时女王伊丽莎白的邀请，到拉肯宫作客。伊丽莎白是巴伐利亚皇族成员，非常喜爱音乐；爱因斯坦曾与她和一位宫女表演了一个三重奏，一起喝茶，并向她解释物理。当时国王到外面访问去了，这次爱因斯坦见到了国王。在他后来的一封信中，爱因斯坦生动地描述了第二次访问的情形：“3 点，我乘车来到皇宫，在那里我体会到了感人的真诚。这两位率直的人十分纯洁、善良，世上难找。我们首先闲聊了一个小时，接着来了一位英国女乐师，我们一起表演四重奏或三重奏（还有一位会音乐的宫女），演了几个小时，非常开心。之后，所有的人都离开了，只有我和皇族们共进晚餐。没有仆人，只有蔬菜、菠菜煎蛋和土豆，就这些……我很开心，我相信彼此都有这样的感觉。”

爱因斯坦的印象是正确的。爱因斯坦和“皇族”之间建立了不同寻常的友谊，这种友谊在他一生的关键时刻起了很大的作用。一开始，这种关系就与众不同，不是普通的皇室人员偶尔花费时间与知识界巨人的那种接触。他们对世界战争持有同样的观点，当时阿尔伯特国王勇敢地带领他备受折磨的人民奋争，而阿尔伯特·爱因斯坦在柏林勇敢地与德国沙文主义保持距离。他们对音乐和学识也有共同的兴趣。所有的这些无疑提高了他们之间的相互理解。但是爱因斯坦与“皇族”之间的友谊远远超出了志同道合。在去世前夕，在爱因斯坦给“尊敬的女王”的信中（国王死于 1934 年）可以看出他们之间存在深深的同情。

到达苏黎世后，爱因斯坦成为瑞士工业大学创建周年纪念会上的贵宾。虽然以前没有成为这所大学的助手，现在爱因斯坦却被授予名誉博士学位，这个博士学位可能比其它许多博士学位更重要，因为爱因斯坦早就不指望了。爱因斯坦还是住在原来的家里：米列娃的公寓，他的老朋友贝索前来看望他，同时高兴地见到了苏黎世的同事。在访问期间，爱因斯坦惟一不快的是对正在学习医学的儿子爱德华的健康感到担忧。爱德华天分很高，并且具有音乐天赋，但是现在却出现精神不稳定的各种严重症状。

回到柏林，离加州之行还有三周时间。这次美国之行是一次工作访问，应该不会引起太大的轰动，但是情况恰恰与此相反，对于新闻界的过分关心，爱因斯坦只能耸耸肩，无可奈何地说：“我所做的任何事都变成了自吹自擂的独奏。”其实，爱因斯坦自己确实成为一位精力充沛的独奏者，他写了一篇长篇文章《宗教与科学》，11 月 9 日星期天发表在《纽约时代》杂志的前四页。

在这篇文章中，爱因斯坦再现了富于知识、有自由思想的人对宗教的批评，强调一种高水平的宇宙宗教信仰，以自然和观念世界中奇迹般的秩序为基础，避免所有以人为中心的重述。他最后总结道，不仅自然科学与宇宙宗教信仰没有冲突，而且后者事实上是科学研究中最强和最卓越的主流。从字里行间可以看出，在某种意义上，爱因斯坦具有很深的宗教意识。

这篇文章在德国发表，并没有引起应有的注意，但是在美国，却引起了激烈的争论。虽然许多人自认为是爱因斯坦所说的“宇宙宗教信仰”，包括新犹太教、启蒙基督教、教友派和惟一神教派，但所有信仰正统思想的人都认为这个“宇宙宗教信仰”是无神论，或者纯粹是愚蠢的胡言乱语。不管怎样，此时的爱因斯坦再次成为美国人的兴趣焦点，每天在哈伯兰德街，爱因斯坦都会收到来自美国的无数电报邀请和建议，看来爱因斯坦这次访问又会掀起一次狂潮。

第33章　再见！柏林

1930年12月2日，爱因斯坦在安特卫普登上了一艘比利时汽轮比利时号，开始了加州之行。在接下来的几年里，爱因斯坦曾多次乘它旅行。同行的有他的妻子、秘书海伦·达克斯，和“计算器”W.迈尔，因为爱因斯坦打算在船上工作。在上层的豪华包厢里，爱因斯坦感到“不舒服，似乎自己是一位反面人物和间接的广告推销商”；与船上工作人员高雅、富有涵养的举止相比，他感到自己的农民举止很怪异，爱因斯坦一贯不注重衣着，即使在晚餐神圣的圣礼时也如此。在南安普顿停留期间，爱因斯坦借此机会欣赏到了英国教育的成果：“在英国，即使是记者也有约束、按部就班。一个‘不’字就足够了。”而在新世界，一切情况都将不同。

比利时号先在纽约港停留五天，开始时爱因斯坦并不想到岸上去，以免引起注意。但是《纽约时报》认为他不可能避开新闻媒体，除非把自己锁在船上司务长的保险柜里，即使这样，也会有照片——当然是保险柜的照片。

当比利时号轮船靠近纽约港时，船上收到无数电报，以致于船上的无线电工作人员忙得满头大汗，这一切预示着将有重大事情发生。到达纽约后所发生的情景比想象的还要狂热。成群的记者登上了船，德国领事也带着他的胖助手施瓦茨来到了船上。一大群摄影师像饿狼一样扑向爱因斯坦。记者们问了一些精巧而愚蠢的问题。爱因斯坦用肤浅的笑话作答，并赢得他们的兴趣。所有的事情都与十年前第一次访美时相似，只是比那时更加狂热了。

由于爱因斯坦仍然不懂英语，即使是见面时用的敬语，爱因斯坦讲的也是德语，两个广播公司在船上现场直播。爱因斯坦向美国的土地和人民致敬的方式类似于罗马教皇。

在所有的这些吵闹中,爱因斯坦的妻子一直充当着一位谨慎的经纪人角色,她安排爱因斯坦教授的约会,对每一次照像、每一次会面都收取少量的费用,但这些钱并不是为了进入爱因斯坦的腰包,而是用在了柏林的穷人和世界上拒绝服役的人身上。在这方面,爱因斯坦应该感到满意,由于艾尔莎的精明管理,他为慈善募捐了一千美元。

这里所发生的一切都与计划的有所不同,比利时号轮船在纽约抛锚的五天是激动和劳累的五天。爱因斯坦参加一个活动又一个活动,与城里的精英,以及 F. 克莱斯勒、泰戈尔(爱因斯坦早已认识这两人),和 A. 托斯克尼(与爱因斯坦第一次见面)这些路过的著名人物会面、交谈。爱因斯坦还目睹了自己的塑像被存放在哈德森河边教堂里,与世界历史上最伟大的人物们一起接受礼拜,爱因斯坦是其中惟一还健在的人。这种情景下发生一些奇怪的事情是不可避免的,诸如"爱因斯坦从记者中逃跑"等;只有晚上回到船舱里,爱因斯坦才有空休息一下,因为有警察站岗,禁止其他人进入船舱。

在一个庆祝仪式中,纽约市市长和哥伦比亚大学校长 N. 巴特勒分别发表讲话,授予爱因斯坦为纽约城的荣誉市民。爱因斯坦参加了在曼底森广场公园的庆典,并作了一次讲话,在那里爱因斯坦被当成是犹太爱国运动者中的一员。12 月 14 日,在里茨—卡尔顿的新历史学会会议上,爱因斯坦发表了一个很有争议的讲话。在讲话中,作为坚定的和平主义者,他表现出很大的政治热情。

在船上,爱因斯坦曾说过,美国人有能力战胜我们时代所面临的军国主义威胁。现在,他调整自己的立场,悲哀地说:"在现在的军事体系下,任何人都可能为了国家的名义被迫进行屠杀。"爱因斯坦认为要避免发生这种情况,就要决不妥协地反对,也就是拒绝军事服役。他说:"如果被征召的人中有百分之二的人声称他们将不服役,同时要求采用和平方式解决所有国际间的冲突,那么政府就会无能为力。"最后,他还号召建立一个国际组织和国际和平主义者基金,帮助那些因为拒绝在武装力量中服役而遇到困难的人。

几年来,这"百分之二"的演讲成为战争和和平主义的一个基本法,这个讲话被多次重印。在德国也出版了摘录，在一个表示愤怒的标题下，《爱因斯坦为拒绝服兵役的人乞讨——一位科学家在美国难以置信的宣传方法》，节选了爱因斯坦的讲话；部长把这篇文章寄给了皇家威廉学会主席普朗克和总长格拉姆，同时询问爱因斯坦教授在皇家威廉学会的表现。在美国，爱因斯坦的讲话并没有得到一致的认可，但是爱因斯坦非常高兴地看到，在街上或在校园里，许多年轻的美国人穿着具有煽动性口号“百分之二”的制服，每个人都知道它是什么意思。

12 月 16 日。比利时号轮船离开纽约时，爱因斯坦虽然对他的同胞们爱的表现方式很失望，但是他应该高兴，毕竟这次的访问取得了一定成效。

船向南通过巴拿马运河继续航行，途中的景色给爱因斯坦留下了深刻的印象，同时爱因斯坦也有机会欣赏中美洲革命的有趣插曲。这些革命的插曲再次体现了，为什么在科学上，爱因斯坦不喜欢用“革命”的字眼，他说：“在我们到达哈瓦那时，那里正在进行革命，当我们离开巴拿马时，那里也发生了革命。在这次运动中，他们的总统、苏黎世工学院以前的学生被赶下了台。”同行的船客对爱因斯坦非常感兴趣，他只能用黑色幽默自嘲来解围。爱因斯坦在日记中写道：“船上的客人越来越强求，不停地拍照，因而通过照像而募捐的钱在增多……他们对我已经达到狂热的程度。这些该怎么停止呢？”

12 月 30 日，比利时号到达圣地亚哥终点站，那里的所有安排和举动都似乎预示着一个再生的哥伦布将要踏上这个新大陆。光彩夺目的欢迎仪式持续了四个小时，包括讲话、会面等，爱因斯坦对此很高兴。回到家里，朋友们在新闻影片里看到爱因斯坦到达加州的场面，担心他完全淹没到美国人的吵闹中。H. 玻尔有点愤怒，给爱因斯坦写信说：“我感到很有趣，能在新闻影片里看到你、听你讲话。看到你在圣地亚哥受到花船和美人鱼的欢迎！世界上确实存在一些有趣的事。虽然在外界看来，这些事情似乎自我陶醉，我一直有这样的感觉，伟大的上帝知道他在做什么。”

在帕沙第纳，爱因斯坦家住在加州理工学院校园附近的华而不实的小公寓。爱因斯坦兴奋地向柏林报告说：“帕沙第纳像天堂一样，这里一直是阳光灿烂，空气清新，公园里有棕榈树和胡椒树，友好的人们微笑着索取照片。”

在爱因斯坦到来的第一周，这位著名的人物马上应邀到好莱坞参观，并看到了一个特别的影片《西线无战事》，这是根据 E. M. 雷马克的小说改编成的电影；因为它真实地描绘了第一次世界大战中的牺牲情景，在德国遭遇禁演。爱因斯坦认为禁演是德国政府在外交上的失败。爱因斯坦还应邀到 C. 卓别林家作客，卓别林在自己家建了一个日本剧院，由真正的日本女孩表演日本舞。与电影中的角色一样，卓别林是一位使人着魔的人。爱因斯坦曾经多次见到过社会批评家 U. 辛克莱，他因为无情地揭露美国人匆匆忙忙的紧张生活的黑暗面，而在美国失宠。接下来的两个月，爱因斯坦到圣巴巴拉等地方旅行。从中，爱因斯坦也了解到美国人紧张生活中快乐的一面。同时，米离堪邀请爱因斯坦一起到太平洋航行。

科学也有它的仪式。1 月 15 日，米离堪在加州理工大学的职工俱乐部举行庄严的晚会。为了感谢资助人，特地邀请二百位富有的加拿大资助人与传奇的爱因斯坦一起进餐，尽管爱因斯坦本人更喜欢与到场的物理学家和天文学家谈话。在宴会结束后的简短致辞中，爱因斯坦感谢同事们的工作，没有他们的工作，相对论直到今天也只不过是一个有趣的假想而已。在太阳的引力场中，威廉·坎贝尔确认了光的偏移；而查尔斯·爱德华·圣·约翰证实了红移的存在。

在这里爱因斯坦第一次见到了身患重病的阿尔伯特·亚伯拉罕·迈克尔逊。在宴会后的致辞中，爱因斯坦对七十五岁的迈克尔逊表示敬意。称赞他那著名的实验时，爱因斯坦说："当我还是一个只有三英尺高小孩时，是你引导物理学家走上新的道路，由于你出色的实验工作，也为相对论的发展铺垫了道路。"这是一个很巧妙的恭维，显然爱因斯坦避免谈论在相对论的发展过程中，迈克尔逊的实验是否起过作用。

爱因斯坦同时向天文台的精彩工作表示敬意，这也是他接受邀请来到帕沙第纳的原因。威尔逊山天文台的观察结果说明，现在的宇宙结构与十三年前爱因斯坦开创的宇宙研究中描述的宇宙结构完全不同。根据广义相对论，爱因斯坦描述宇宙是一个无限有界的空间，质量均匀分布，不随时间而改变。即使是追溯过去，变化也是微不足道的。当时，天文学家中知道一个星系，即我们自己的银河系，但也了解不多。通过在方程中采用"宇宙常数"的方法，爱因斯坦描述了宇宙的结构，虽然这并不是第一个描述宇宙连续的物理模型,但在接下来的五年里,几乎就是一种模型。

数学推理产生了宇宙学的第一次变革。1922 年,杰出的亚力山大·弗里德曼在圣彼得堡指出,不用“宇宙逻辑常数”也可以解答爱因斯坦的场方程;而且这些结果仍然可以得出宇宙是连续的,质量在宇宙空间是匀速分布的结论,只是宇宙不再是静止的,而是随着时间和空间在作膨胀或收缩变化。爱因斯坦曾经认为宇宙没有起点和终点,但是弗里德曼的描述说明宇宙是动力学的,有自己的历史。爱因斯坦开始打算证明弗里德曼在数学上犯了错误,但是不久却在自己的反驳中发现了错误,爱因斯坦收回了自己的批评,认为弗里德曼的文章是清晰的。天文观测证实了这两种不同的概念。

在二十世纪二十年代这多变的年代,感谢 E. 哈伯不懈地工作,1919 年,他在威尔逊山上建立了一百英尺的反射望远镜,接下来的三十年期间,这个望远镜一直是世界上最强大的望远镜。我们现在用这个望远镜对宇宙的了解,就像当时用伽利略望远镜对太阳系的了解一样。天空中一块块的星云变成了无数的星星,都是像银河系一样的星系。哈伯计算出较近星系的距离,并估算出稍远一点星系的距离,得出宇宙的距离有上百万光年。他同时测量了这些遥远世界的光谱,特别是红移现象。根据多普勒原理,这种红移应该理解为“逃逸速度”;虽然采用了同样术语,但不能与爱因斯坦根据等价原理推导出的,在一个引力场中产生的微小的红移结果混淆。

1922 年,哈伯已经收集到了足够的数据,可以发布应该是二十世纪最重要的天文论断:星系之间正以随着距离而增加的逃逸速度彼此分开。换句话说,宇宙在膨胀。通过简单计算可以确定这种膨胀的起点,算出宇宙的年龄大约是一百亿年。爱因斯坦的静止宇宙显然不能描述膨胀的宇宙,弗里德曼的答案或许可以描述出膨胀的宇宙。

而此时,爱因斯坦正在研究他的“距离平行”,不愿因为宇宙模型而分散精力,因此,开始时只是记下了这个重大的结果。不久,他发现这种宇宙模型很重要,值得亲自检查一下。因此,他经常乘车沿着弯弯曲曲的路到三十公里外的威尔逊山。还有一次,电影摄影师们与他同行,记录下爱因斯坦登上电梯,到达观测平台的过程,还有为了看清楚,而把眼睛对向目镜的情景。

哈伯和他的同事、曾改进了光谱测量的 M. L. 哈姆森,带领客人参观天文大教堂，并解释说，就是这些高精度的光谱提供证据说明宇宙在膨胀。爱因斯坦显然很受感染，他认为自己十三年前发明的“宇宙常数”是多余的，以弗里德曼的结果建立的宇宙模型是合适的。

爱因斯坦虽然与理论学家道尔曼一起讨论怎样用广义相对论去解释这种新发现，但是在加州对于这个问题并没有取得什么进展。回到柏林以后，爱因斯坦给普鲁士科学院寄了一篇文章《关于广义相对论的宇宙问题》，但也只不过是对当时研究情况的报告而已。在帕沙第纳，爱因斯坦只发表了一篇文章，是与道尔曼合作的，内容是关于量子力学上没有解决的问题。

对于爱因斯坦在纽约发布的“百分之二”讲话，米离堪感到有些吃惊。因此，为了不惹恼那些加拿大的资助人，米离堪要求爱因斯坦尽量少参与政治活动。当爱因斯坦应一个社会主义周刊安排与U.辛克莱尔会面时，米离堪非常恼火，使他特别感到恼火的是爱因斯坦在加州理工大学校园里给学生们作的讲话。

爱因斯坦以技术知识为基础，对战争与和平时期的技术应用提出疑问，因为技术把人们变成机器的奴隶。他劝说学生们不要忘记，除了专业领域，还有其它责任。他说：“对人类和自己命运的关心是所有技术进步的主要动力，同时还要关心劳动的组织和物品的分配这些重要而没有解决的问题，以便使我们的思维创造变成一件好事，而不是被人类咒骂的坏事。在你们进行图表和方程研究的过程中，不要忘了这一点。”这样的话对保守的加州人来说，是很社会主义的。米离堪认为如果认同爱因斯坦的思想，很难把加州理工大学跻身到美国科学的前沿。

两个月以后，爱因斯坦对这个充满矛盾和惊奇、让人既欣赏，又无可奈何的土地感到厌烦了。他仍然心系充满痛苦和艰辛的老欧洲，迫切希望早日回到那里，于是爱因斯坦起程回国了。首先乘火车穿过美洲大陆，在回程途中，2 月 28 日，参观了靠近峡谷的印第安人保留地，爱因斯坦不仅从印第安人那里收到华贵的头饰，而且还荣获一个有趣的双关语头衔：伟大的相对论人（另一意思是伟大的亲人）。火车在芝加哥停了两个小时，几百名和平主义者与爱因斯坦会面；使他们高兴的是，爱因斯坦给他们讲了节选后的“百分之二”演讲。

第二天早晨，火车到达纽约，汽轮“德国号”将于午夜开船，剩下的这十六个小时,整个世界都沸腾了。德国总领事记述道:“不清楚是什么原因,爱因斯坦的个性引起了群众歇斯底里的狂热,支持者中不仅有提倡和平的朋友,新建的神秘宗教团体中浪漫的梦想者,而且还包括那些头脑相对稳健清晰的人,诸如巴勒斯坦计划的美国支持者们。”

爱因斯坦刚到达纽约,和平主义者们就赶来欢呼他们的英雄归来。爱因斯坦把他们邀请到“德国号”船上,但只限四百人,并号召他们马上采取行动。这样反对军国主义的斗争将会发生戏剧性的效果,因为这将引起冲突,并等于直接向对手挑战。这些话语引起了这样的狂热神迷,很多人亲吻爱因斯坦的手和衣服,致使这位可怜人不得不退回船舱,以便结束这种行为。下午,爱因斯坦搬到宾馆,在这里他还得必须应付接连而来的记者、来访者和崇拜者。

晚上,为了巴勒斯坦犹太人的发展,爱因斯坦要参加募捐活动。由于基金越来越少,早在 2 月初,魏茨曼就请求爱因斯坦参与紧急募捐活动。这是爱因斯坦不能拒绝的请求,所以同意作为贵宾。在爱因斯坦离开前的那个晚上,美国巴勒斯坦运动者在宾馆举行了盛大宴会,爱因斯坦在会上发表讲话。每位客人要交一百美元的入场费,尽管收费这么高,而且处于大萧条时期,但是实际到来的人远远地超出了一千人的预定目标。爱因斯坦被当成“智慧王子”,特别是在宣读胡佛总统打来的电报时,会场上爆发出雷鸣般的掌声。胡佛对和平主义和社会主义并不关心,但是他不可能不对这位来访者致敬:“我希望你的美国之行很满意,就像美国人民对你很感激一样。”在他的讲演中,爱因斯坦又一次大声呼吁犹太人与阿拉伯人合作,呼吁按照瑞士的政治制度进行组织和行动。

午夜前,爱因斯坦回到船上时,和平主义者又一次聚集在码头上;当船渐渐远去时,人们齐声高呼“永远没有战争”。

在这次行程中,爱因斯坦充分了解了德国的现状,因此这次回国的感觉很复杂。在德国,所有的一切都在动荡,比这艘船的动荡还厉害。但是人们已经习惯了,当时,人们是按照布的大小做衣服的。共和国虽然还存在,但是已经摇摇欲坠了。

不管怎样,爱因斯坦不打算在柏林久住了。4 月份,他给普鲁士科学院递交两篇文章:一篇是关于宇宙问题的报告;另一篇是在去美国访问期间与

W. 迈尔合写的关于“距离平行”的理论，并指出用这种方法不可能实现自己的伟大目标。之后，爱因斯坦到英国待了一个多月，到牛津作罗德希报告。

1927 年，克拉里登实验室主任 F. 林德曼曾邀请爱因斯坦来访，并提供丰厚的费用。但由于没有时间，并且患了重病，爱因斯坦拒绝了这个邀请。但是林德曼一直坚持爱因斯坦来访，2 月份，爱因斯坦终于接受了邀请，当时爱因斯坦还在帕沙第纳。事实证明这是一个很明智的决定，5 月份爱因斯坦在牛津度过了轻松的一周。他非常喜欢基督教会大学的僧侣般的生活，林德曼在那里为爱因斯坦提供了一个房间。爱因斯坦惟一的活动安排就是参加“院长高级宴会”的神圣圣礼以及授予名誉博士学位的仪式，同时在罗德希屋作三个报告。在作报告期间，一开始大厅挤满了人，由于一些观众不懂爱因斯坦的数学，还有一些人不懂德语，所以最后只剩下一小群专家精英了。

正是由于英国人的缄默，以及牛津人对古怪天才行为的习以为常，爱因斯坦才得以按照自己的兴趣和节奏进行生活，林德曼和他的仆人，以及杂役小心地照顾爱因斯坦。没有人为爱因斯坦的行为担心，他经常与和平主义的学生团体会面，或者与国际战争服役拒绝者的代表们谈论“他的演讲在美国的传播和产生的影响”。但是所有这些并没有影响物理学讲学，所以林德曼对这位客人很满意，他这样评论爱因斯坦说：“他全身心地投入到牛津的各种科技活动中，积极参加研讨会和座谈会，引起了很大的轰动和反响，我相信他的访问将在我们这个学科的发展上留下永久的烙印。”

因此林德曼邀请爱因斯坦作为“研究学生”（一种基督教会说法，其它大学称为“同事”），每年来牛津待一个月，酬金四百英镑。爱因斯坦接受了这个五年的合同，不仅因为第一次访问给爱因斯坦留下了很好的印象，而且因为德国的环境正在日益恶化。

1931 年夏天，爱因斯坦又待在卡普斯的乡村世外桃源，但并不是作为一名隐者。他写了很多信、发表了许多评论，爱因斯坦在继续他的和平主义战役，重申只有有组织地拒绝服兵役，才能有效地防止战争。虽然已经意识到德国正在走向独裁之路，但这并没有改变爱因斯坦的看法和立场。议会的解散，经济的崩溃，纳粹分子的巷战，共和党的软弱，所有这些预示着将要到来的灾难。

在这种不安全的情况下,爱因斯坦曾想问普朗克"是否应该取消我的德国公民身份……考虑到许多人依靠我,以及我自身对自由的需求,使我不得不走这一步"。这封信并没有寄出去。爱因斯坦死后,在他的文章中发现了这封已经装入信封的信。不管怎样,1931 年夏天,爱因斯坦已经在考虑与德国断绝关系的事。

如果爱因斯坦心存一些德国能够变好的希望的话,他的这种希望可能寄托于政治上的左派。他赞同社会民主党,但并不妨碍与共产主义者接触。他非常高兴地在工人红色帮助的呼吁上签名,允许共产国际用他的名义进行宣传。在由共产党管理的马克思主义工人学院,爱因斯坦作了《一个工人应该了解的相对论是什么》讲座,而不是讨论阶级斗争问题。但爱因斯坦并不是一位可靠的同盟者,因为他曾要求让斯大林的死敌托洛茨基受德国居留法保护。他还拒绝参加和平大会,因为在那里,苏维埃和共产主义的支持者占据优势。

爱因斯坦在粉色和红色之间的波动说明他在政治事件上的混乱。1930 年,他曾在反对斯大林在苏联公审的呼吁上签字,他认为对"四十八位害虫"的审判是"走投无路的国家所进行的冒险活动,或者是集体精神病,或者两者兼而有之……面对这种残酷行动的发展而无能为力,我很伤心。"但是一年后,几位支持苏联的朋友(爱因斯坦有很多这样的朋友)说服他这些判刑的法律性和必要性,结果在一篇共产主义的传单里印有爱因斯坦的悔过:"今天我感到非常后悔在那呼吁上签字,因为现在我认为自己以前的观点是不正确的。当时我没有充分意识到在苏联的特别条件下,这样做是必要的,虽然根据我们熟悉的环境条件,这是不可想象的。"不管爱因斯坦这样做是否是受 D. 马利诺夫(一位与苏联使馆关系密切的记者,与爱因斯坦年幼的继女玛格特结婚)的鼓动,还是受共产国际的宣传主任 W. 穆森堡的游说,使他改变了自己的观点,但爱因斯坦的评论反映出他政治的局限性。

十分偶然地,爱因斯坦坚持反对莫斯科公审。由于斯大林当政,到处充满恐怖,但是与许多被定罪和处死的犹太人的团结,并没有阻碍爱因斯坦为公审辩护。在这种恐怖的顶峰,1937 年,爱因斯坦写道:"越来越多的迹象表明,俄国的公审并不是欺骗性的,但是存在一个阴谋,使人们误认为斯大林是个愚蠢的反动派，他背叛了革命的思想……开始，我也认为这是一个独裁者的谎言和欺骗武断的行动，但那是一种假象。”

爱因斯坦回到了恐怖的德国，但在加州留有一条退路，一个酬劳很高的职位在等待着他。1931 年 4 月，爱因斯坦向普鲁士教育部的一位高级官员请求为他的合作者，W. 迈尔设立一个特别的教授职位时，他威胁那个官员说，他收到了帕沙第纳的邀请，年薪三万五千美元。除非对迈尔的问题有个妥善的解决办法，否则他也将到帕沙第纳去，因为在那里，迈尔博士的酬劳是不存在问题的。

事实上，不论爱因斯坦在帕沙第纳讨论过什么，但并没有签订正式的合同，只有加州理工大学董事会主席 A. 弗莱明的口头意向，而且只代表他自己的意见。整个夏天，爱因斯坦与帕沙第纳交换了一些信件和电报，其中提到的是，爱因斯坦在加州待十周，酬劳两万美元。当爱因斯坦正等着寄来合同签字时，在欧洲访问的米离堪来到卡普斯拜访爱因斯坦，为他下次访问提供七千美元酬劳，并且商定了第二年的访问计划。

加州的这种混乱给爱因斯坦带来了很大烦恼，他首先选择到维也纳作了一个报告，在那里奥地利官方“因为他是一位犹太人，并且在政治上是左派，而采取了特别防范”。经过一周的思考，10 月 19 日，爱因斯坦写信巧妙地拒绝了帕沙第纳的邀请，他告诉弗莱明和米离堪，整个冬天他将不再进行这些使人疲劳的谈判。准备到南部欧洲去看一看。不管怎样，爱因斯坦打算离开柏林。他通知老朋友贝索，冬天可能去瑞士，因为在德国他感到越来越不自在。

但是，爱因斯坦突然改变了主意，按照米离堪的条款接受了加州的邀请，我们不清楚他这样做的真正原因；11 月 14 日，爱因斯坦把签过字的合同寄回帕沙第纳。一周以后，他与妻子一起离开了柏林。先在比利时和荷兰待了几天，12 月 4 日，开始了为期四周的远航。这次爱因斯坦乘坐的是美国汽轮“旧金山”号，这样可以直达加州，从而避免在纽约停留。

当船离开欧洲大陆的时候，爱因斯坦在日记里写下了对未来生活的最重要的决定：“今天，我决定放弃我在柏林的职位。因此，我的后半生将成为一只迁徙的鸟！海鸥一直伴着船而行，一直在飞翔。据说它们可以一直陪我到亚速尔群岛。这些是我新的同事，但是，上帝知道，它们比我更有能力。”对于其中的原因，以及他的特殊打算，爱因斯坦一直保持沉默。可能在他的头脑中，正在考虑帕沙第纳和英国这两个选择。好像是为了肯定自己所作决定的严肃性，他接着写道：“我正在学习英语，但我衰老的头脑记忆力很差。”

年底之前，爱因斯坦到达了洛杉矶。与前一年不同，这次到来比较平静（没有引起太大的轰动）。作为对于酬金问题引起混乱的小小补偿，爱因斯坦这次住在A.弗莱明在科学协会的豪华公寓里。在同事中，他见到一位熟识的相对论专家、莱顿的天文学家W.德西特，与爱因斯坦一样，他也是一位访问科学家。他们一起发表了一篇关于膨胀宇宙的文章。爱因斯坦在宇宙问题上作了几个报告，特别是他与迈尔一起合作得出的统一理论的新方法。但是爱因斯坦并没有放弃和平主义说教，同时也干预像种族歧视这样的美国内部问题，这一点使米离堪很不高兴。

对于爱因斯坦来说，最重要的、最有远见卓识的会晤是与最知名的科学管理者亚伯拉罕·福莱克斯纳的会面。福莱克斯纳很有钱，但不知道怎么用。自从本世纪初，他就对美国的学术界产生很大影响。首先在大学实施一次改革，之后对医学院进行改革，作为洛克菲勒基金的“普及教育”董事会十五年的秘书，福莱克斯纳有能力争取五十亿美元的捐款，按照自己的学术准则塑造大学。在他事业的顶峰时期，他慷慨地捐赠五百万美元，准备建立一个高等学术研究院，在那里，学者可以不受大学日常工作和责任的限制，完全投入他们的研究。福莱克斯纳来到帕沙第纳与米离堪商讨建立这样的一个研究机构，米离堪把他介绍给这位著名的客人爱因斯坦。

当福莱克斯纳与爱因斯坦第一次在雅典会面时，就确定这个新的研究机构只需满足两个条件：按照捐赠者的愿望，这所研究机构应该位于新泽西州内；考虑到巨大但仍有限的财富，学院应以理论研究为主。爱因斯坦认为科学进步来自具有创造性的个人，而不是管理方面的事情，赞成福莱克斯纳的计划，这个学院应该与一般的学院不同，要建立一个非正式的学者圣地：象牙塔。根据福莱克斯纳的记录，当时他并没有提及爱因斯坦参与这项事业；但是两个人同意明年春天在牛津继续讨论有关事宜，两个人都在期待着下次会面。

3月初，爱因斯坦又一次登上旧金山号汽轮返回欧洲，他答应明年将再回到加州理工大学,但并不同意永久地待在美国,对这种想法爱因斯坦还不太感兴趣。他向曾请他帮忙,在美国找一个合适职务的朋友埃伦费斯特解释说:“我必须坦率地告诉你,从长远考虑,我更愿待在荷兰而不是美国,我相信你也会后悔这种选择的。除了几位真正的学者外,这里只是一个讨厌和缺乏感情的社会,不久你就会感到全身发抖的。”

回到柏林,爱因斯坦马上参加普鲁士科学院的每周例会,因为他急于给科学院交上一篇补充文章,这篇文章的第一部分是10月份、在爱因斯坦离开美国之前交上的。这个补充论文的题目仍然是《重力和电力的统一原理》,但这篇文章与他1931年夏天放弃的距离平行理论没有任何关系。正如他后来总结的,“以前那个非常有趣的理论并不能描述电磁场。我费了很长时间才意识到这一点,因为当时我对这个理论的自然性太着迷了。”

对于三年多在距离平行上白费力气,爱因斯坦并没有悲伤太久。对于五维的形式主义,他“在心理上与卡鲁查众所周知的理论联系在一起,同时避免把物理的连续性扩展到五维。”连续四维时空的每一点都与五维的一个矢量对应,由此得出五维曲率,再重新推导出引力和电磁场的方程。与每个新原理开始时一样,爱因斯坦非常热心;他给埃伦费斯特写信说:“我相信这种方法完全可以解决微观领域的问题。”从微观和原子领域出发,爱因斯坦认为其中的自然补充可能有助于量子定律。

爱因斯坦的同事们却不像他那样热心,年老的保持沉默,而年轻人开他的玩笑。

在柏林待了两周,爱因斯坦又出发去了英国。他先到剑桥,在那里作了几个报告,并与爱丁顿会谈,之后去牛津履行他的闲职“研究生”。在离开牛津前,根据在帕沙第纳预安先排好的,亚伯拉罕·福莱克斯纳来此拜见爱因斯坦。福莱克斯纳计划把新的研究所设在普林斯顿,与大学联合,但独立于大学,无疑爱因斯坦对这个计划很感兴趣,福莱克斯纳也意识到了这一点。在校园操场漫步时,他们再次发现,关于新研究机构的特色,他们的观点基本一致,福莱克斯纳最后鼓起勇气问了一个关键的问题:“爱因斯坦教授,我不敢邀请你加入这个新的研究机构,但是如果你要来这里,随时欢迎,并且遵照你提出的条件。”

爱因斯坦回到柏林卡普斯的乡村桃源不久,5月底在日内瓦的联合和平委员会露了一次面后，6 月 4 日，福莱克斯纳又一次来拜见他。这次讨论了具体的条件，例如每年从秋天到 4 月份，在美国待六个月；此外还为 W. 迈尔提供一个职位，同时还谈及爱因斯坦的工资和退休金问题。当问及爱因斯坦所希望的工资时，开始爱因斯坦建议三千美元。当他看到福莱克斯纳满脸不解的样子，接着说："是否再少点？"虽然是位经验丰富的管理者，福莱克斯纳认为这是一个伟大的科学家所表现的谦虚。事实上，这对爱因斯坦来说是一个精明的办法，使得福莱克斯纳为他提供一个最理想的出价，而避免自己有贪心的嫌疑。最后敲定的酬劳是一万美元，并且由研究所支付爱因斯坦的税费和艾尔莎的旅费。对五个月的讲学来说，这是相当丰厚的酬金。这样，爱因斯坦真正变成了候鸟，而在六个月前，爱因斯坦绝对没有想到会有这样的结果。午夜前，爱因斯坦冒着瓢泼大雨，把这个来访者送上了最后一趟班车。他向福莱克斯纳保证，他对这个研究所充满信心。

几天以后，福莱克斯纳与爱因斯坦签订了正式协议，爱因斯坦衷心地感谢福莱克斯纳的慷慨。确实，他认为给自己和妻子的退休金太高了，因此建议减少一些。另一方面，他坚持迈尔的任职应该与他无关，以免当他死后，迈尔也随着失业了。爱因斯坦再次写信确认自己接受邀请，并于 1933 年 10 月去普林斯顿。在信中，爱因斯坦说："我十分高兴为了这个惊人的目标与你合作，而且我相信我们会彼此相处愉快的。"由于德国的政局越来越糟，爱因斯坦一定在不停想起福莱克斯纳的合同。春天，兴登堡又一次赢得了总统选举，但是有一千三百万的选票投向希特勒。不管怎样，刚开始，爱因斯坦还是打算待在柏林的。他的妻子说："他已完全适应了卡普斯的生活，并且不停地告诉我，没有人能够使他离开。他不知道什么是害怕。"但是艾尔莎很担心，劝说爱因斯坦不要再在任何呼吁上签字了，关心自己的事罢了。爱因斯坦则回答说："……如果我是你所希望的那样，我就不是阿尔伯特·爱因斯坦了。"

根本不理睬妻子的焦虑，爱因斯坦与艺术家 K. 科勒惠支和作家亨利希曼一起，在一个关于德国议会选举的宣言中告诫大家说："我们正面临走向法西斯主义的危险。我认为，只有在大选的运动中，两个伟大的工人阶级政党合作起来，才可以避免这场危险。"在竞选运动中，他的名字出现在海报的上面，号召社会民主党和共产党组成反法西斯战线。但是，两党并没有合作。在7月的选举中，纳粹以37%的选票获胜，成为多数党。这位新的德国总理帕彭与“贵族内阁”一起解散了德国议会，利用军队把普鲁士社会党赶下了台，并自任为普鲁士总理。

当许多公民希望帕彭的新政府所采取的行动能够恢复公共秩序，特别是作为反对国际社会主义的盾牌时，爱因斯坦则向他的同事们表达了自己的忧虑：“我根本不相信一个依靠军事力量的政府，可阻止即将到来的国际社会主义者的革命。相反，依靠军队的政府只能强奸民意。人们只能期望从右翼发动一场革命，使人们免受普鲁士贵族和军官们的统治。”

在发生政治危机的那一年夏天，爱因斯坦参与了无数的政治活动和洽谈。它们中给人印象最深、但却没有引起关注的是由知识分子合作委员会发起的，通过信件公开交换关于战争的原因和阻止战争的方法和意见的活动。爱因斯坦选择S.弗洛伊德作为他的通信对象。

在列举现存最重要的犹太人时，弗洛伊德和爱因斯坦经常被括上括号。他们于1926年第一次见面，当时弗洛伊德和儿子厄斯特一起在柏林过圣诞节，爱因斯坦与妻子拜访了弗洛伊德。描述当时的会面和两个小时的谈话，弗洛伊德记述说：“他非常宁静、自信而有礼貌，对心理学的了解就像我对物理学的了解一样，所以我们进行了一次非常愉快的谈话。”爱因斯坦最欣赏的是弗洛伊德的语言表达能力，而不是他的心理分析思想，他宁愿一无所知，而不愿进行心理分析。

在祝贺弗洛伊德七十五岁生日时，爱因斯坦说，每个星期四的晚上，他都同一位女朋友（可能是T.曼德尔小姐）一起朗读弗洛伊德的著作，永远也不能表达自己对这些著作的“欣赏。除了萧伯纳，我想没有一个人能再写出你这样的作品”。但是作为一个“厚脸的人”，他有意避免提及谈论是否相信这个理论。一年后，爱因斯坦感谢弗洛伊德说：“在阅读你的作品过程中，我度过了无数美妙的时光”，接着他又说：“我一直认为很有趣，看到自认为不相信你理论的人，在处于无意识的情况下，实际上是按照你的概念进行思考和行动的。”

在给弗洛伊德的一封公开信中，爱因斯坦并没有乞求和平，而是作为一位不带任何国家情感的个人，描绘一种理想模式，可以根据自己的意志公正地仲裁所有国家之间的冲突。国际安全的惟一出路在于各个国家之间无条件地放弃一些行动和主权的自由,似乎不存在其它的路。

对准备到美国待一年的事,爱因斯坦一直保持缄默;8 月底,报纸上报道说,普林斯顿的高等学术研究所将于 1933 年秋开始运行,爱因斯坦是它最杰出的科学家。柏林当局和普鲁士科学院对此都感到很吃惊。

9 月份,虽然与普朗克谈过此事,为了答复询问,爱因斯坦觉得有必要通知科学院他与福莱克斯纳的安排。他让教育部决定"在这些新的情况下,我继续在科学院工作是否有可能、有必要"。普朗克可能干预过这件事,以确保爱因斯坦在科学院至少度过夏季学期。爱因斯坦主动建议教育部把他的年薪减少一半。而在过去的几年里,虽然爱因斯坦经常高薪到国外访问,但他从来没有要求减少在科学院的工资。当科学院告诉他可以一起搬到美国去的时候,爱因斯坦马上更正说:"我不会离开德国的,柏林一直是我的永久居留地。"

另一方面,加州理工学院很快得知了爱因斯坦与福莱克斯纳新研究所的合作事宜。在这种情况下,爱因斯坦希望加州理工学院取消第二年冬天到帕沙第纳的访问。米离堪教授很失望,虽然没有与爱因斯坦签订长期合同,但是认为自己有权要求爱因斯坦到加州。他不希望失去这个名人,因此又一次邀请爱因斯坦冬天来访。米离堪希望在将来,爱因斯坦能把他的美国访问能在帕沙第纳和普林斯顿之间合理分配。爱因斯坦对此并没明确作答,福莱克斯纳只好默认了。

虽然大家都想邀请爱因斯坦,但是米离堪和福莱克斯纳两人都担心爱因斯坦的政治活动,他们不仅不赞成,而且为了资助人的利益,还不得不反对这些活动。自从 1930 年 12 月,爱因斯坦成功的美国访问之后,在保守派的阵营里,人们对这位陌生的教授越来越感到忧虑,爱因斯坦不仅评论学校中的事情,并且还发表和平主义和社会主义讲话,更糟的是他还评论美国内政。

当福莱克斯纳骄傲地宣布,在他将要建立的高等学术研究所里,爱因斯坦是其中最杰出的成员时,一些保守派认为,这位值得怀疑的外国人对美国将是一种威胁。一个"国家爱国议会"的董事会感到有必要发布一个警告,小心这个发表令人怀疑的理论和诽谤性意见的"德国共产党",它的妇女分支机构、美国妇女联盟还给国务院签证部发去一个正式请愿。这些爱国的妇女们用十六页纸指责爱因斯坦的和平主义运动,包括爱因斯坦支持像国际工人援助者这样的共产主义协会,这个协会其实是共产国际的一部分。这个请愿,以及认为爱因斯坦的相对论会损害教会、国家和科学的胡言乱语,最终要求禁止爱因斯坦进入美国。

国务院把这些爱国妇女们的宣传单寄给柏林的美国领事,爱因斯坦过去在这里申请签证从没遇到困难,而现在却要面临一些盘问。对《纽约时报》的柏林记者,爱因斯坦嘲笑地说:“是不是很可笑,如果他们拒绝我进入美国,整个世界都会嘲笑美国。”为了使人相信确实有值得嘲笑的地方,他即兴发表了一段讽刺性的评论:

> 我从来没有被女性这样强烈地抛弃过,如果以前发生过这种事,但也没有这次这么多人。但是她们是正确的吗?那些勇敢的女市民,为什么不接受这样的一个人?他像半人半牛的怪物吞食可口的希腊少女一样吞食顽固的资本主义,他极力反对任何形式的战争,除了与妻子间不可避免的战争外。听从你们这些聪明的爱国妇女的建议吧,请记住,强大的罗马大厦曾经被那忠实的鹅的闲聊挽救了。

美国领事并不认为这个冲突很有趣。12 月 5 日召见爱因斯坦来谈话。根据新闻报道,当领事转弯抹角地问爱因斯坦是一个共产主义者还是无政府主义者,爱因斯坦失去了耐心,以一种最后通牒的方式要求批准签证,第二天早上签发了签证。根据最近发掘的美国政府文件证明,爱因斯坦的真实做法与报道的不一样。他在要求的声明上签了字,证明他不是任何激进组织中的成员,因此扫除了加州之行的障碍。

爱因斯坦对这次访问的任何准备,都没有显示他要永远离开的迹象,并且他还告诉科学院和他的朋友,他将于 4 月份回到柏林。但是他有一种不祥的前兆。在锁上卡普斯的别墅时,爱因斯坦平静地对妻子说:“再好好看一眼吧,你将再也看不到它了。”

12 月 10 日,爱因斯坦与妻子在安特卫普登上一艘客轮,这次也是穿过巴拿马运河直达加州。使米离堪放心的是,当爱因斯坦到达洛杉矶港时,并没有引起特别的轰动。爱因斯坦显然压制自己的政治冲动,可能是出于对东道主的关照,也可能是在柏林领事馆的经历使他暂时停止了这种行动,爱因斯坦第一次与记者见面时的表现也十分含蓄。米离堪对爱因斯坦的这种讲话方式非常高兴,这可以避免为那些妄想攻击爱因斯坦,而编写奇怪、愚蠢的故事提供素材。此外,加州理工的校长急于把爱因斯坦与公共隔绝。可能他自己也感到吃惊,爱因斯坦成功地做到了这一点。

经过一个讽刺的命运转折,米离堪从费城的一个德国家族的基金、奥伯兰德信托公司为爱因斯坦争取了七千美元的酬金。作为条件,他答应请爱因斯坦作一个有助于美德关系的讲话,并于 1 月 23 日通过国家广播公司广播。

那天晚上,米离堪在科学协会举行了一个正式宴会;会后,客人们列队进入帕沙第纳市政礼堂,在这里,爱因斯坦将在“美国和世界”的研讨会上发表讲话,以一种自由的形式,爱因斯坦从服饰开始,淡淡地嘲笑社会的禁忌,批评美国用像“共产主义者”这样反面的煽动家,“犹太人”属于德国的右翼,以及苏联的“资本主义”。对于这些无关紧要的评论,米离堪感到很满意,但是《纽约时报》却不这样认为,它认为爱因斯坦的讲话并没有给黑暗的处境带来任何光芒。

与此同时,在柏林,阿道夫·希特勒正准备执政。一周以后,他被任命为德国总理。爱因斯坦的预感并没有欺骗他,他再也看不到他的别墅、柏林和德国了。

第34章　自由的流亡生活——“我可能不会再见到我出生的国家。”

我们已无从得知，在加州，爱因斯坦是什么时候知道希特勒于1933年1月30日强取政权的，以及他对此事有什么反应。2月2日，他仍在给柏林科学院的秘书写信，要求减少他的工资，好像什么事情也没有发生似的，而且原定4月返回柏林也是当然的事。在爱因斯坦很少记的日记里，也没有提到德国，都是一些关于日常工作的记录：下午，道尔曼……关于宇宙射线的实验工作。晚上卓别林。演奏了莫扎特的四重奏。胖女人，非常热衷与所有名人交朋友。但是，在希特勒上台四周后，也就是还有两周要离开帕沙第纳时，爱因斯坦已经完全知道德国发生的变化，因此，不得不作出决定，2月27日，在给柏林的“奥地利女人”M.莱巴赫女士的信中，爱因斯坦写道：“鉴于希特勒的原因，我不能再踏上德国的土地了，我已经取消了在普鲁士科学院的讲学任务。”第二天，德国议会起火了，接着就传来纳粹恐怖分子残酷迫害左翼政治家、知识分子和记者的消息。

在爱因斯坦离开帕沙第纳的前一天，在一次广为报道的公开声明中，他表示不再返回德国了：“如果我有选择的权利，我将生活在一个在法律面前所有公民自由、宽容和平等的国家……目前的德国没有这些条件。”会后，爱因斯坦把这个为之辩护的声明交给一位记者，然后步行穿过加州理工学院的校园。脚下的大地突然剧烈地颤动起来，洛杉矶发生了有史以来最严重的地震。这位记者目睹爱因斯坦平静地向住所走去，似乎什么也没有发生。

3月11日，爱因斯坦和妻子乘火车离开帕沙第纳，沿着现已熟悉的路线穿过美洲大陆。3 月 14 日，他们在芝加哥停留一天，在那里，为了庆祝五十四岁生日和耶路撒冷的希伯来大学的利益，举行了一次宴会，杰出科学家 A. 康普顿和伊利诺州州长在宴会上作了讲话。

下一站是纽约，在那里，和平运动组织每天都安排了许多招待会、集会和正式宴会，并出版了一部爱因斯坦的演讲手稿专集。为了募捐，希伯莱大学的朋友们也参与组织类似活动。爱因斯坦在这些场合发表自己对德国处境的看法，他严厉指责希特勒政府，但从没提及德国人民。他号召文明世界采取“人道干预”反对纳粹主义，同时希望德国人民知道，外国也反对这种对和平主义者、社会主义者、共产主义者，甚至自由主义者的可耻迫害，但是爱因斯坦并不想因此煽动全面反对德国。

在爱因斯坦离开纽约的那一天，报纸报道说，为了寻找武器和其它证据，纳粹分子闯入他在卡普斯的别墅。爱因斯坦认为这个行动是纳粹暴徒突然控制了警察权力的结果。后来得知这些报道是假的，人们只是希望他放弃回柏林。爱因斯坦在普林斯顿待了一天，在那里见到了高级学术研究所未来的同事、数学家 O. 维布伦，并打算找一所房子，可能已有定居的打算。

在乘坐比利时号汽轮返回途中，爱因斯坦已经决心与德国彻底断绝关系。刚刚抵达安特卫普，他就乘车来到布鲁塞尔，在德国公使馆递交了护照，宣布放弃德国国籍。在此之前，他已经给普鲁士科学院寄了一封信，非常痛苦地写道：

> 鉴于德国目前状况，我在此不得不放弃在普鲁士科学院的职务。十九年来，科学院为我提供了无数机会，使我专心从事科研工作，而没有任何特别义务。我知道我所欠的恩情太多了，我非常不愿离开这个学术团体，同时在我作为会员期间，与那里的同事建立了非常融洽和谐的人际关系。但是在目前的情况下，依靠普鲁士政府，我感到无法容忍。

虽然这并不是爱因斯坦放弃德国国籍的主要原因，但他希望这个声明可以使他的柏林同事避免与新的政治主人发生冲突。但是爱因斯坦的希望并没有实现。他从普鲁士科学院的离开将是一个可怕的收场白。

对于纳粹来说,爱因斯坦一直是他们最痛恨的人。他们上台以后,德国报界更加肆无忌惮地攻击爱因斯坦。不足奇怪在《人民观察员报》上发表了对爱因斯坦的恶毒攻击,连诺贝尔获奖者菲利浦·勒纳和J.斯达克也认为反对犹太主义的时机来到了,狂妄地声称要建立一个"德国物理"。即使是很有名望的报纸也争相向纳粹表忠心,其中的一份报纸发表了一篇文章《爱因斯坦的好消息——他不再回来了!》,摘录了爱因斯坦在美国发表的评论。

M.普朗克不知道该怎么办好,3月19日,他告诉爱因斯坦说:"在这种不安定的困难时期出现的各种各样关于你在公开场合评论政治的谣言,我感到很心痛。我并不想评论什么,但是有一件事我非常清楚,这些评论使那些尊敬你的人感到很难再为你出头说话了。"在因果颠倒、是非混淆的情况下,他认为爱因斯坦对此负有责任。爱因斯坦不仅没有改善部落伙伴的困难处境,反而使他们的处境更加艰难了。但是更糟的事还在后面呢。

3月23日,德国议会的所有党派,除了社会共和党(这些共产主义的代表或者被送进了集中营,或者转入了地下活动)外,投票通过一个"授权法律",在德国宪法上已经合法地承认了希特勒的独裁政治。这些新统治者立即合法地指示普鲁士科学院起草一份对爱因斯坦的控诉,打算驱逐爱因斯坦。

正在度假的普朗克得知这个消息时,了解爱因斯坦所采取的行动后,带着明显的解脱给爱因斯坦写信说:"对我来说,你的这个主意似乎是惟一可以保证你与科学院体面地断绝关系的方法,同时也使你的同事们避免承受过多的悲痛。"这个建议并不是大公无私的:普朗克最关心的是科学院的名誉,而不是爱因斯坦本人。同一天,他给柏林的执行秘书写信说:"采取正式行动驱逐爱因斯坦,将使我良心受到很大谴责。虽然在政治上,我们俩人之间存在着分歧,但另一方面我可以肯定,在今后的几百年里,爱因斯坦将一直是我们科学院应该感到骄傲的一颗最亮的星。"

3月30日,科学院收到了爱因斯坦的辞职信,如果不是纳粹分子急于报复,那么,驱除爱因斯坦的事已经结束了。"爱因斯坦的辞职给教育部带来的愤怒是无法描述的,"M.封·劳埃回忆说。4月1日,科学院发布了一个尖锐攻击爱因斯坦的评论,把爱因斯坦赶出科学院。

柏林科学院惟一的一位秘书、纳粹同情者厄斯特·海曼律师感到有必要进一步反对犹太人，因此代表科学院发布了一个声明，指责爱因斯坦进行恶毒宣传，并总结说："因为这个原因，科学院没有必要为爱因斯坦的辞职而感到遗憾。"

对于这个侮辱，M.封·劳埃大怒。在一个特别的常务会议上，打算让科学院谴责海曼的行动没有授权，但是，1933 年 4 月 6 日的会议对劳埃来说，是一生中最可怕的经历之一，没有人支持他的行动，甚至是二十年前极力推荐爱因斯坦任职科学院的哈伯也认同海曼的说法，并且与其他同事一起感谢海曼所采取的正当行动。在政府没有采取强制行动之前，虽然只有一名纳粹党员和一位纳粹同情者，但从这个现象可以看出，科学院早已经纳粹化了。

爱因斯坦不愿接受恶意宣传的诽谤性；虽然经过多次交换意见，也没有说服以前的同事们改变主意。他们完全效忠于国家，并且因为纳粹政党合法地上台，即使在精神上，他们也不能反对，只有一个人除外，他就是M.封·劳埃。在给普朗克的一封私人信件中，爱因斯坦陈述说：

> 特别要指出的是我并没有进行任何恶意宣传。为了顾全科学院的声誉，我认为他们是在外部压力情况下发布这样一个诽谤性评论的。但即使在那种情况下，这个评论也很难有助于科学院的信誉，并且许多正直的人已经对此感到羞愧了……
>
> 我还应该指出，这些年来，我一直在为提高德国的声誉而努力，过去，特别是最近几年，右翼的报纸有组织地攻击我，虽然没有人站起来支持我，但我并没有因此感到烦恼，现在消灭犹太兄弟的战争迫使我利用我在世界上的影响为他们声援。

在回信中，普朗克一方面列举对左翼同情者和犹太人所采取的恐怖和迫害活动，另一方面评论爱因斯坦的和平主义："两种不能共存的意识形态在此发生了冲突，我并不同情哪一方。你的意识形态对我来说很陌生，我想你会记得我们对于你所宣传的拒绝军队服役的谈话。"在普朗克写这封信时，德国不仅在抵制犹太人，并且通过公职人员重建法，把犹太人从国家岗位上赶下来，因此也就从大学和像皇家威廉学会这样的研究机构中赶出去。

爱因斯坦与普朗克的尖锐区别不再是纯政治的，而是触及欧洲文明最有价值的成就上：人权。但是这些并没有影响他们的个人关系。普朗克曾表达他的信心和希望说："虽然我们由于政治观点不同而彼此分开，但是我们个人之间的和睦关系却不会受到任何影响。"而爱因斯坦也向他表示忠诚和尊敬："尽管存在分歧，我非常高兴你仍以过去的友谊待我，即使再大的压力，也不会使我们的友谊罩上乌云，不论将来发生什么事情，这种关系永远是美好而纯洁的。"即使爱因斯坦批评普朗克，他的批评也一直是温和的。

普朗克一直没有辞职的原因是为了保存科研机构，领导其度过一时的灾难。在科学院的记录中，对于爱因斯坦事件，他已经考虑对后代有个交待：

> 爱因斯坦不仅是位杰出的物理学家，而且还是这样的一位物理学家：在我们科学院发表的这些文章，使本世纪的物理进一步深化和发展，他的重要性可以与开普勒和艾萨克·牛顿相比。我觉得有责任说明这点，以免将来一代人会这样认为，爱因斯坦的同行并没有完全理解他对科学的重要性。

如果普朗克就此停笔就好了，但是他又加上了一句多余的话，因而破坏了上面所做的努力。

> 非常遗憾，由于他的政治行为，爱因斯坦不能再做科学院的成员。

在这个声明发表的前夜，在大学和科学院门前烧毁了成堆的书籍。S. 弗洛伊德、L. 孚希特万格、H. 曼、K. 图霍尔斯基，以及许多其他人的著作在恶魔般的行动中付之一炬。但是这个恐怖的行径并没有使科学院的同仁看清，不是爱因斯坦的行为，而是德国的恐怖气氛使爱因斯坦不得不离开科学院。

此外，爱因斯坦还在无数的学会和团体中任职，因此，他请求忠实的朋友 M. 封·劳埃帮助，让这些组织把他的名字从名单中去掉，这样可以避免出现其它戏剧性结果。

当爱因斯坦到达安特卫普时，一些比利时的同事前来迎接他。因为爱因斯坦开始打算一直待在比利时，因此不久就租了一所别墅——索维亚德别墅,坐落在奥斯坦德附近的一个海滨胜地。这所别墅虽比他在卡普斯的别墅要简陋些,但是处在奇妙的沙丘中,因此是一个理想的避难所,爱因斯坦可以在这里思考他的将来。

4 月 1 日,爱因斯坦得到消息,他在柏林的银行存款被没收了。爱因斯坦并没有接受荷兰同事给予的经济帮助,因为他总是把自己的国外收入存在莱顿和纽约,所以,至少在物质方面他不用担忧。虽然从物质方面讲,爱因斯坦没有被击败,但是,他的心理已接近崩溃了。

4 月份,秘书海伦·达克斯,以及"计算器"W. 迈尔来到勒克,从此开始了全家流亡。4 月初,爱因斯坦的继女玛格特和丈夫 D. 马利诺夫逃到巴黎,只有另一位继女伊尔瑟和她的丈夫鲁道夫·瑞斯还在柏林,设法挽救爱因斯坦的文稿、藏书和家具,避免落入纳粹分子手中。5 月底,纳粹冲锋队搜查了爱因斯坦的公寓,拿走了地毯、书画和其它值钱的东西。在法国大使 A. 弗兰西斯—玻恩塞特的帮助下,所有剩下的物品,特别是爱因斯坦的文稿,通过封装的外交信袋寄到法国,然后从法国运往美国。

正如爱因斯坦预料的那样,他不得不离开德国。由于希特勒的"民族革命"使他得以解脱。爱因斯坦并不是第一次放弃德国国籍。在慕尼黑时,被剥夺了童年的天堂,他就开始决定不做德国人。

1914 年,带着复杂的心情,爱因斯坦回到了他的出生地,当时不想再次成为德国人。但是由于官僚主义的失误,他又变成了德国人。对新的民主抱有希望,爱因是斯坦接受了这个失误。但是,即使在魏玛共和国最辉煌时期,爱因斯坦也意识到自己在德国人中的危险处境,他说:"对于德国人来说,我是一枝发臭的花,但是他们时而还是把我别在扣眼里。"

爱因斯坦现在更加尖锐地批判德国人,为了避免给他的朋友带来危害,他只在私下谈论。爱因斯坦的愤怒主要指向知识界的堕落,特别是那些教授们。他号召德国高等学府的外籍成员不要认为人们甘心接受这场对自由和犹太知识分子的残酷迫害。

在给 M. 玻恩的信中,爱因斯坦说:"你知道我一直对德国没有好印象(在政治和道德上)。但是我得承认,对于他们的暴行和残忍我仍感到很吃惊。"虽然爱因斯坦意识到,许多德国人对他们的政府及其所犯下的罪行感到羞愧,但他并不认为这些人值得同情和可怜:"他们自己就在豢养毒蛇,当大难临头时不得不躲起来，不久他们就会品尝这种不负责任造成的后果。”

自视清高，并接受了洗礼的犹太人 F. 哈伯开始时曾准备待在柏林，但后来觉得他的犹太教同事并不欣赏他的特权，因此打算到耶路撒冷。虽然爱因斯坦知道，哈伯对于任何与德国有关的事都饱含感情，他明确指出，在德国没有诚实人生存的地方，哈伯对自己的离开不应感到后悔：显然，为这些罪犯工作的知识分子没有任何前途，甚至不应该同情那些罪犯。他们不必对我感到失望，因为我对他们从来没有尊敬和同情，除了几位优秀的人物。

纳粹上台几个月后，第三帝国日渐显露出它的邪恶和凶残，当大多数人还在幻想时，爱因斯坦已经完成自传的第二章：德国章节，并以下面这句话结尾：“我可能不会再见到我出生的国家。”他的这次离开并不是没有思乡之感；他一直与那些被迫害和驱逐的人，特别是他的“部落伙伴”团结一致：“对于我，最快乐的事就是能够与几位优秀的犹太人始终保持接触，几千年的文明历史毕竟是有价值的。”

在流亡的前几周，爱因斯坦收到了很多邀请，布鲁塞尔邀请他去作报告；在牛津，林德曼打算把他的“研究生身份”变成教授身份；从马德里，他收到并接受了一位权威的邀请，准备于 1934 年夏天前往访问。他也接受了朗之万安排的、法国巴黎大学提供的帮助。不久他抱怨说：“我要接受的邀请太多了，而头脑中没有这么多有用的思想满足这些需求。看到这么多邀请，魔鬼也会打哆嗦的。”

亚伯拉罕·福莱克斯纳从报纸上得知，无数的邀请向爱因斯坦涌去，因此担心这些活动会分散爱因斯坦的精力，从而忽视了高等学术研究所的工作，因此他不仅为爱因斯坦提供所需要的一切，并且建议可以整个学年来普林斯顿。爱因斯坦曾犹豫一段时间，部分原因是他不想完全放弃欧洲，另一部分原因可能是在帕沙第那为他的“计算器”W. 迈尔找个好职位。

当爱因斯坦得知像 M. 玻恩这样的难民可以在任何地方找到合适的职位，他开始担心那些不太出名的人的遭遇。“每当我想到那些年轻人的处境时，我的心就在流血”。首先帮助那些在德国无法立足的犹太教授，爱因斯坦打算与几位朋友一起为犹太讲师和德国之外的教师建立一个犹太大学，这样至少可以提供一个避难所。爱因斯坦在英国的联络人是L. 西拉德，准备建立一个学术援助委员会以解燃眉之急。

流亡前几个星期，爱因斯坦以极大热情从事建立难民大学的工作，准备发挥所有影响募集资金，这是惟一可能的帮助方法。几周后他不得不承认，存在很多无法克服的困难。事实上，像林德曼和拉塞福所组织的学术援助委员会比爱因斯坦设想的"难民大学"更有效。同时建立"难民大学"还存在一个矛盾，那就是在耶路撒冷已经有一所犹太大学了，并且宣称面向所有犹太人开放。许多犹太复国主义者，特别是C. 魏茨曼认为爱因斯坦应该到耶路撒冷。但是十年前，爱因斯坦已经指出，虽然他的心里说去，但他的理智却告诉他不去。此外，他与希伯来大学的管理部门还存在冲突。

早在1933年3月，爱因斯坦就唐突地拒绝了魏茨曼的邀请。虽然在魏茨曼的请求下，他于1932年重新加入大学的董事会，并在美国募捐经费，但他仍然认为这所大学是个肮脏的地方，必须经过彻底清洗。他向埃伦费斯特报告说，他正在采取野蛮方式强迫大学进行改革。

在过去，爱因斯坦只是私下批评希伯来大学，但从1933年春天开始，批评变成公开的了。他公开表示遗憾说："这所大家满怀期望的大学，在关键时刻并没有满足知识分子的需求。"同时，公开宣布，五年前就辞去了董事会的职务。

虽然爱因斯坦的行为给魏茨曼带来很大打击，但他还是答应爱因斯坦提出的改革。董事会和一个委员对大学进行了彻底调查，认为真正的根源是J. 马格尼斯，并削弱他的权力，学术事情和人员问题归校长决定，H. 伯格曼被任命为校长，这样希伯来大学又走上了一条新路。

除了来自德国纳粹的恐怖活动外，爱因斯坦还要面对一个事实，他的小儿子爱德华得了精神分裂症。这一直是一个老生常谈，名人的儿子并不值得羡慕，因为他们常常被强加太多的关注和希望；同时，父母之间的冲突会给孩子带来影响。虽然是一位"独行者"，爱因斯坦很重视自己的儿子们，和米列娃分手后，他努力尽做父亲的责任和义务。这对于他来说不是一件容易的事，一方面，由于儿子对母亲的忠诚，所以要费心去协调父子关系，另一方面，经常与儿子几个月不见面，还要把自己的意愿强加给儿子。当大儿子要结婚时，爱因斯坦强烈地反对儿子自己选定的婚事，远远超过他母亲对米列娃的粗暴程度。汉斯·阿尔伯特像父亲一样固执,当通过大学毕业考试,可以自己生活时,马上与恋人结了婚。两年以后,爱因斯坦说他的大儿子非常不体面地使自己成为祖父。爱因斯坦的小儿子爱德华似乎没有汉斯·阿尔伯特健壮,童年时经常患病,十三岁还得了一次肺结核,现在长成一位敏感的孩子,一个好学生,具有很高的文学和音乐天赋,他的文学天赋远远地超过了他的父亲。在学校时,爱德华就对弗洛伊德的著作着迷,毕业之后,决心研究医学。不久,爱德华出现了严重的精神病迹象。开始还可以勉强坚持学习。1932 年秋天,被送往伯格尔茨利精神病医院。爱因斯坦认为儿子的病是无法治愈的,是从母亲那里遗传得来的:"非常不幸,所有的事实说明,这个严重的遗传病对他产生致命的影响。在爱德华年轻时,我就看着这个病慢慢到来。对于这样的病例,与分泌系统的原因相比,外部的作用很小,没有人能够查明原因。"没有任何书面证据可以了解爱因斯坦看望儿子时的心情,无疑,他很受震惊,并且决定为他儿子的未来提供物质保证。他的做法很奇怪,认为有价值的人不应该为没有意义的事而牺牲。之后,离开了爱德华,这是父子俩最后一次见面。

从苏黎世出发,爱因斯坦到达英国,爱因斯坦准备作几个报告。

6 月 10 日,爱因斯坦在英国作了一个《关于理论物理的方法》讲座,这是他第一次用英语作报告。讲述了自己的研究过程,在过去十年间形成并发展起来的信条,他向观众解释说:"由于事实的论述与理论概念体系之间并不存在逻辑关系,在物理学上,一个公理的建立并不能从经验得出,只能是随意虚构的,但是虚构的事物应该满足这样的标准,即在形式上,自然界所代表的事物都应该是最简单的,并且在数学上是可以理解的。希望通过纯粹的数学方法,纯粹的思想可以解释现实。"实际上,他高估了"纯粹思想"对自然界的认识作用。但是爱因斯坦一直坚持这个观点,直到生命的结束。

两天以后,爱因斯坦作德纳克演讲,这次使用德语。6 月 20 日在格拉斯哥大学做讲座,在这个讲座中,他重新描述了自己最伟大的胜利:广义相对论的产生。

回到勒克的隐居地,不管愿意与否,爱因斯坦再一次卷入政治的旋涡中,这次与他的和平主义有关。

7月初,爱因斯坦接到通知,两位年轻的比利时人因为拒绝服役而被关进监狱。和平主义的同情者们希望爱因斯坦代表他们干涉这件事,而国王却想阻止爱因斯坦插手。在拉肯宫的花园里进行了一次长谈,最终与国王在主要方面达成一致,爱因斯坦向国王保证:“鉴于德国的迅速发展,比利时军队只是防御的工具,而这种防御现在很有必要;另一方面,受到热情款待的外国人不要干涉像拒绝服兵役这样的事。”爱因斯坦以前的和平主义热情现在变成对国家的一种请求,为拒绝服兵役的人建立另外一种服役,而不要把他们定为罪犯。

爱因斯坦一方面要为这两位受监禁的人辩护,另一方面又要公开声明自己思想的转变。由于德国正在走向战争,法国,特别是比利时面临极大的威胁,必须完全依靠自己的武装力量保护自己。此外,他还声明:“在今天的条件下,如果我是一位比利时人,我不会拒绝服兵役的,而且应该愉快地承担起这个义务,因为这是为整个欧洲文明服务。”

1933年8月,这份声明首先在法国的报纸上刊登,后来先后在英国和美国刊登,这份声明在犹太复国主义者中引起很大震动。一些人感到失望,一些人对爱因斯坦态度的这种转变感到愤慨,因此许多人称之为不慎的背叛。对此,爱因斯坦总结说:“这些反对军国主义的人对待我就像对待恶毒的叛徒一样。”接着的几个月、几年,以前的和平主义先锋,现在不得不为自己发表的声明向以前的同志多次进行解释。爱因斯坦认为并不是他背叛了自己的信仰,而是政治条件发生了变化,他坚持说:“我仍然是以前的热心的和平主义者。但是我认为只有具有侵略意识的独裁者们停止对民主国家的军事威胁,人们才能提倡拒绝服兵役。”

爱因斯坦在勒克停留期间很像在度假,比利时的海边胜地有一个明显缺点,就是离德国太近。如果忽视这样的谣言:纳粹分子要处死他们所痛恨的流亡者,悬赏爱因斯坦的人头,那是很愚蠢的。因此,比利时政府委派两个警署保护这位杰出的客人,但是爱因斯坦发现,对他的保护既滑稽又烦恼,没有任何作用。9月初,爱因斯坦决定离开这个理想的地方和欧洲大陆。可能是1933年8月30日,在捷克的马里恩巴德,纳粹分子暗杀了T.莱辛,使爱因斯坦心有余悸。

9月8日,爱因斯坦乘船来到英国。7月份,爱因斯坦曾作为洛克兰生的客人，并一起拜见了 W. 邱吉尔、A. 张伯伦和劳埃·乔治。爱因斯坦发现，对于德国的威胁，他与邱吉尔的观点非常一致，他评论邱吉尔说："这是一位杰出的聪明人，我完全相信这些人已经做好了准备，并将很快地进行反击。"

在离开英国去美国之前，爱因斯坦在伦敦北部的诺福克海滩度过了四周的"快乐流亡生活"。他尽量避免卷入社会矛盾中，但是有一项重大活动是不能回避的。学术援助委员会、难民救助委员会以及其它这样的组织准备举行联合集会。10 月 3 日晚，爱因斯坦面对一万多名观众发表演说。爱因斯坦描述了一个正在发生危险的国家；他感谢英国一直保持正义和宽容。在总结时，爱因斯坦指着沉静的灯塔和信号船，令人费解地说："那些希望思考科学问题的人，特别是数学和物理方面的人，是否可以充塞这样的岗位呢？"

一周后，爱因斯坦在安特卫普登上一艘汽轮。妻子和 H. 达克斯已经在船上了，同行者还有 W. 迈尔。爱因斯坦和他的随员们持的是旅游签证，因为第二年春天，爱因斯坦还准备返回欧洲。当西方号客轮沿着英吉利海峡驶向大西洋时，爱因斯坦并不知道这是他最后一次观看这古老世界的海滩了，他再也没有回来过。

第35章　在普林斯顿

在福莱克斯纳的安排下,爱因斯坦来到了美国。这是一次私下访问。西方号轮船在纽约港稍做停留,马上又出发了。迅速办理入关手续后,爱因斯坦和随从马上被送往曼哈顿南端的百特瑞,之后,由高等学术研究所的一位受托人接管。此时纽约市长正在23街的码头列队欢迎这位世界上最著名的犹太人。因为竞选马上来临了,他需要争取犹太人的选票。欢迎结束后,爱因斯坦乘车来到普林斯顿。

几天后,艾尔莎在校园附近,神学院的对面找到了一套公寓。经过六个月的流亡生活,爱因斯坦终于又有了一个家了,在这座城市,爱因斯坦将度过一生的后二十年。"普林斯顿是一个美丽的地方,同时也是一个十分讲究礼节的偏僻之地,由于远离上流社会,一个人在这里可以免受打扰,这正是我所追求的。"爱因斯坦这样描述四个月来自己对普林斯顿的亲身感受。在美国的著名大学中,普林斯顿大学以其纯粹的形式代表一个学术的象牙塔。许多被驱逐出德国的学生,于二十世纪三十年代相继来到普林斯顿,并且很快发现自己很适应这里的生活;如果不是过分讲究哥特式和其它形式的模仿,他们可能会感到自己是生活在剑桥或牛津。

在筹建一所高等学术研究所时,福莱克斯纳已经把普林斯顿的情况考虑在内了。在没有任何前提的条件下,普林斯顿大学慷慨地答应把这个研究所的数学学院设在它的费恩大厅,在这个大厅的一个壁炉上刻写着1921年爱因斯坦来访时所发表的评论:"上帝是难以琢磨的,但绝对没有恶意。"爱因斯坦在二楼拐角的一个房间里工作,这个房间与普林斯顿大学请来的数学家系主任D.维布伦;J.亚历山大;以及在柏林认识的J.封·讷曼的房间相连。1934 年,H. 维尔也来到这里,现在的维尔已经放弃理论物理研究,投身到纯粹数学的研究中。

除了这四位教授外,研究所里还有很多优秀的年轻科学家,叫做“工人”,这些人希望在与这些“杰出人物”的暂时合作过程中有所收益。在普林斯顿大学里,爱因斯坦还见到一些来自柏林的熟人,如鲁道夫·拉登堡教授和年轻的神学家 E. 维格纳。1934 年 3 月,E. 薛定谔来到普林斯顿,但是刚刚获得诺贝尔奖的薛定谔拒绝了普林斯顿大学的邀请,而希望在研究所里找到高薪的职务,最终没有成功,因此,4 月份又回到了欧洲。虽然爱因斯坦为他说了不少话,但是由于与福莱克斯纳的冲突,爱因斯坦的话对福莱克斯纳已经没有说服力了。

导致爱因斯坦与福莱克斯纳之间冲突的原因是:像一位监护人一样,福莱克斯纳想控制这位杰出雇员的一举一动。福莱克斯纳感到自己有责任把研究所及其成员与外界隔绝起来,对于他来说,为达到此目的,任意方法,不论多么邪恶都是正确的。爱因斯坦一到美国,福莱克斯纳就警告爱因斯坦不要在这个国家参与纳粹匪徒那些不负责任的聚会,并说:“你在美国的安全取决于你的沉默和不在公开场合露面。”虽然爱因斯坦本人需要一种安静和退隐的生活,但是他并不希望自己完全与世隔绝,更不用说自己的自由受他人限制。即使是与学生报的代表们谈话这样的小事,福莱克斯纳也像一位愤怒的女统治者一样大加干涉。福莱克斯纳认为扣留爱因斯坦的任何信件是完全正当的,并且替爱因斯坦拒绝了各种邀请,他甚至替爱因斯坦拒绝了白宫的邀请,这个举动终于使爱因斯坦忍无可忍了。

刚刚到达美国时,爱因斯坦的纽约朋友 R. 史蒂芬·瓦尔斯马上发出了上述邀请。但是,11 月初,当这个邀请寄到研究所时,福莱克斯纳打开了这封信,没有与爱因斯坦商量就通知总统说,“爱因斯坦教授来到普林斯顿是为了从事研究工作,因此绝对不能使他引起公众的注意。”无疑,白宫认为爱因斯坦对总统的工作不感兴趣。

当爱因斯坦得知白宫发出了一个邀请,而自己却没有收到,原因很明显,因此他采取了三项行动。马上向罗斯福总统表明他十分愿意拜见这位以巨大的热情面对于我们这个时代的最伟大、最艰难问题的人。在给 R. 瓦尔斯的一封信里,爱因斯坦发泄了自己的愤怒,信的落款是“普林斯顿集中营”。此外，爱因斯坦还给研究所的董事们寄去了一封长信，列举了福莱克斯纳武断、不明智的行动和明显的错误判断，请求董事们保证他的尊严不受侵犯。如果这一切不能达到目的的话，他将考虑与研究所断绝关系。爱因斯坦的威胁起了一定作用，经过“象牙塔里的风暴”之后，福莱克斯纳再也不惹爱因斯坦了。爱因斯坦成为一位自由的教授，但是对于高等学术研究所也失去了影响力。

1934 年 1 月 24 日晚，爱因斯坦和妻子一起在白宫与罗斯福一家进餐，晚上住在福兰克林的房间。显然，这次会面并没有使犹太人的命运引起公众的注意。对于政治，爱因斯坦一直保持缄默，一方面，认为不会有什么实质性进展；另一方面，“由于多年来我一直作为德国公民和国家职工，并且是一位被纳粹夺去全部财产的犹太人，因此在公众的眼里，我不是一位客观的法官。总之，在这场斗争中，犹太人最好少在公共场合出现，否则的话，对希特勒德国的反抗会被认为是犹太人自己的事，从而失去了强大的力量。”

虽然如此，即使是希特勒上台以后，爱因斯坦还是为和平主义者作了几个报告，仍然与美国和平朋友协会保持密切联系，但是他所强调的重心转向他后来所热心的“世界政府”。爱因斯坦认为，为了保证和平，必须建立一个包括所有主要国家在内的国际组织，并且有足够强大的支配力量。

爱因斯坦的继女伊尔瑟在巴黎身患重病，5 月中旬，他在纽约港把妻子送上比利时号汽轮，让她独自一人去欧洲看望女儿，艾尔莎只能无助地看着只有三十七岁的女儿死去。与此同时，爱因斯坦为自己在夏天找到一个避难所，与曾给自己继女治疗的放射学家 W. 布基一起在罗德岛的海滩上租了一间美丽的别墅。布基已经成为美国公民，现在经营一家高利润的企业。在这个新世界里，他成为爱因斯坦最亲密的朋友。

一条六米长的小帆船对爱因斯坦身体很有帮助。大西洋海滩常有大风、巨浪，比哈维尔湖要危险得多，但是这更适合爱因斯坦的性格；每次出航时，他都不理睬别人的担心，拒绝携带辅助柴油机和穿救生衣：“如果我要淹死，那么就淹死好了。”当忧郁而憔悴的艾尔莎从欧洲回来时，惊奇地发现自己的丈夫精神焕发，没有一点悲伤的样子。爱因斯坦非常善于摆脱悲伤，重寻欢乐，这也是他为什么能工作得这样出色的原因。直到 10 月初，爱因斯坦才回到普林斯顿。

爱因斯坦对“计算器”W. 迈尔感到很失望,他根本不是爱因斯坦的合适“计算器”。虽然迈尔还在研究所工作,但是他已经转向了纯粹数学研究。福莱克斯纳和维布伦认为爱因斯坦对他的“计算器”负有责任,因此拒绝为爱因斯坦另雇助手。但是,在研究所的“工人”中,爱因斯坦找到了一些年轻的合作者。

除了发生过几次争论外,对爱因斯坦来说,这个高等学术研究所是一个理想的工作场所。福莱克斯纳建立的研究所不仅是“高等学术”研究所,也是“高工资”研究所,爱因斯坦意识到自己不可能再找到更好的职位,因此准备后半生都待在普林斯顿。这只候鸟的后半生终于安定下来了,对于爱因斯坦来说,欧洲只是一种记忆了,一种交织着美丽和恐怖的记忆。自然的,爱因斯坦希望回欧洲看一看,但是他始终没有这个勇气。

爱因斯坦并不思念德国,在任何情况下他都不会再踏入这个国家的。虽然他给劳埃写信说,“我们这一小群人过去的和谐关系是绝无仅有的,我再也不会遇到这样纯净的人类了。”既然已经决定长住普林斯顿,爱因斯坦认为最好是成为美国公民。因为他是持旅游签证来到美国的,要在国外的领事那里才可以申请移民,于是 1935 年 5 月,爱因斯坦与妻子、继女玛格特和海伦·达克斯一起乘船来到百慕大。这次短暂而愉快的旅行是他最后一次在美国之外停留。

8 月份爱因斯坦在普林斯顿遇到了一个购买住房的机会。这所房子坐落在米谢尔街 112 号,十分安逸而幽静。虽然这所房子与附近普通住房没有什么区别,但是由于它的主人而成为世界上最知名的住宅之一。

爱因斯坦是用现金购买这所房子的,剩下的钱足够装修和改建用了。艾尔莎作监工,整个夏天她都往返于普林斯顿和康乃狄克豪华的乡村别墅之间,而爱因斯坦却进行帆船运动去了。刚刚搬到新家,艾尔莎就有一种预感,她不会享受很长时间。她的一个眼睛附近出现了可怕的水肿,医生诊断为严重的循环衰竭和肾病迹象。整个冬天艾尔莎都是在病痛和治疗中度过的,爱因斯坦对此十分忧虑。艾尔莎自己说:“他悲伤、忧郁地不停地走动。我从没有想到自己对他这样重要,这已经值得满足了。”1936 年 12 月 20 日,艾尔莎在普林斯顿的房子里去世了。

这位被艾尔莎照顾了二十多年的阿尔伯特很快地调整自己,适应了新的环境。艾尔莎去世几周后,爱因斯坦写道:“我已经十分习惯这里生活了,我像生活在洞穴里的狗熊,与以前多变的生活相比,我现在更感自如。我的妻子死后,我变得更加笨拙了,她比我善于与人相处。”当然爱因斯坦并不是一个人居住,达克斯不仅负责整理他的邮件和信件、安排来访和约会,同时还担负起做饭和照料家务的工作。与爱因斯坦住在一起的还有他的继女,刚刚离婚的玛格特。在普林斯顿,爱因斯坦那种根深蒂固的疏远感更加强烈和明显了。“我并没有成为这里世界的一部分,因为在我来到美国时年龄太大了。事实上,在这里与在柏林或瑞士没有什么不同。我是一个天生的独行者。”虽然爱因斯坦一心想成为一个美国人,但他从没有完全掌握这个国家的语言。

事实上爱因斯坦的英语并不那么糟。他可以用英语作简单的记录,但是对于重要事情,他还是用德语记录,必要的话,事后再翻译成英语。使他感到遗憾的是,对他来说,德语这个继母语言更实用。

爱因斯坦感到在普林斯顿生活很自如,主要是因为普林斯顿人非常尊敬他对独处的需要。可能是由于这种距离感,产生了有关这位名人的许多没有恶意的轶事。

在纽约,爱因斯坦有一小群志同道合的朋友,其中最重要的有医生 G. 布基、富裕的药剂经销商 L. 瓦特尔以及经济学家 O. 纳珍。纳珍曾经帮助爱因斯坦解决不少在普林斯顿生活中遇到的实际问题,在经济问题上为爱因斯坦提供各种建议,并且(与海伦·达克斯)一起作为爱因斯坦的遗嘱执行人。在普林斯顿,爱因斯坦接触最多的不是学术界,而是像哲学家弗朗茨·奥本海姆,历史学家 E. 文卡·勒,和奥地利诗人赫尔曼·布洛克等人。

爱因斯坦一直清醒意识到流亡者的苦难以及德国的状况,但这种意识经常是从家庭的角度而言。刚刚到达美国不久,爱因斯坦就为妻子的亲属安排来美国。1937 年,汉斯·阿尔伯特和他的妻子、儿子来到了美国。两年以后,爱因斯坦的妹妹玛雅也离开了意大利,她的丈夫保尔·温特勒由于健康的原因被拒绝进入美国,只能与贝索一家待在日内瓦;1939 年玛雅搬到爱因斯坦在米谢尔街的房子里。

1938 年 3 月,随着德国对奥地利的占领涌现出大规模的移民,美国政府对私人帮助来美的限制越来越明显了。爱因斯坦马上采取行动,并为此起草了一份宣言：

> 没有一个国家可以在肉体上消灭生活在其领土之内的任何种族。我们决心采取各种方法使这些无辜的人免受暴力或被剥夺生活保障等残害。德国已经走上了灭绝的道路，通过非人性的方法迫害德国和奥地利犹太人，并对东欧各国施以军事、政治和经济压力，他们也用同样的方法消灭犹太民族。

虽然爱因斯坦十分杰出，但这个宣言并没有产生什么影响。

虽然移民问题是可以克服的，但是在美国的工作问题却很难解决。大萧条之后，工作的机会很有限；同时，大学里存在反犹太人思想，还存在不愿雇佣老年人的现象。为此，爱因斯坦曾经挖苦地说："最好的办法是在某个便宜乡村建立一种'集中营'，使五十岁以上的流亡人员能够吃饱。但那也只是一个虔诚的希望罢了。"爱因斯坦认为这种悲惨状况不会结束，更糟的事情还会不断涌来。因此表示："如果没有心爱的工作，我一定会死去。"

与过去一样，是物理使爱因斯坦坚强地活了下来，虽然他意识到在自己的领域他完全是位局外人，并且被当作博物馆里贴上标签的展品或古玩。但是，在几位勇敢的年轻同事的支持下，爱因斯坦仍然不停地工作，积极地进行思考，但是明显地感觉到自己的工作热情在下降了。

第 36 章　物理现实与矛盾，相对性与统一理论

在被嘲笑为腿细长的滑稽的半上帝似的僻壤普林斯顿，爱因斯坦并不是独自一人；越来越多的人开始对这个象牙塔表示好奇。只有三十一岁，极具天赋，并且非常自信的年轻人 J. 罗伯特·奥本海默评论普林斯顿说："普林斯顿是一个疯人院，一群唯我独尊的名人处在孤独、无助的荒凉之中。爱因斯坦完全是位怪人。"十二年后偶然成为这个"疯人院"院长的奥本海默虽然没有权力评论正误，但是从这个评论可以看出，年轻而富有创见的物理学家对爱因斯坦不断批评量子力学很不高兴，对他的空中楼阁——统一理论不感兴趣。这种观点显然无可厚非，因为爱因斯坦坚定地投身到这个新发现的、将要开创物理学无法想象的新领域，不容许分散任何精力。

1932 年，人们在宇宙射线中发现了正电子，这是迄今所发现的第一个"反物质"。对放射线衰变的精确测量激发了沃尔夫冈·泡利去假设一种全新的粒子：中微子。在这个假设的条件下，E. 费米创造出一个有效的弱相互作用理论。发现中子是原子的另一个建筑砖块，不论在理论上还是在实验上，这个发现都为核物理打开了大门。同时爱因斯坦在布拉格和苏黎世的合作者 O. 斯特恩（在 1933 年辞去汉堡主席来美国之前）通过测量发现质子磁动量的异常，提出即使是原子核的建筑砖块也有它的内部结构。

对于引起整个世界巨大震动的新事物，爱因斯坦并没在意：他很少留心，但这并没有影响他自己正在专心研究的问题。爱因斯坦并不是没有意识到当时的情况。1933 年 9 月，爱因斯坦的好朋友保尔·埃伦费斯特自杀了。在感人的讣告中，爱因斯坦指出："对新思想的适应不可避免地给这位

五十岁的人增加了很大困难。”很显然,爱因斯坦认为这些困难是埃伦费斯特自杀的主要原因。

不用说,爱因斯坦从来没有想过自杀的念头;依靠自己顽强的心理素质,他只是回敬量子力学家的指责是没有说服力的,并且这样说道:“问题的关键是那些人并不从事实的角度去看待他们的理论,而是用理论去看待现实;他们不能摆脱所形成的观念,只能在其中挣扎。”这种不可动摇的信念,使爱因斯坦认为这些新的思想和发现只是暂时的,对他正在寻找的物理学基本定律不会有什么影响。结束在普林斯顿的第一阶段工作后,爱因斯坦这样总结说:“对于这些重大发现,我并不感到十分高兴,因为一开始,它们就对我理解基本原理没有任何帮助和促进作用。总之,我像一个还没有掌握基本知识的小孩子。虽然如此,奇怪的是我并没有放弃希望。毕竟,一个人是在对付一个谜,而不是应付一位自愿的妓女。”

如果爱因斯坦在追逐一个谜,那么对他来说高等学术研究所是一个理想的地方。任何一位数学上的知名人物都要在这个研究所里待几个月。数学是这里的主旋律,虽然物理兼有数学和理论两个方面,但是它一直被认为是边缘学科。因此,在研究所里爱因斯坦是这个领域惟一的教授。对于这种情况,他并不感到遗憾,也不与普林斯顿大学的物理学家们建立密切联系。

爱因斯坦很少在研讨会上作报告,但同事们非常欣赏他的报告风格。曾经熟悉理论物理学家习惯的“零售”过程——一个方程一个方程地解答——年轻的约翰·A.惠勒与爱因斯坦一起第一次体验怎样“批发”地处理方程。这种处理方法只是计算不知量系数和边界条件的系数,之后与自由度的系数比较。具体来说这并不是完全解决方程,而更像是确定这个方程是否有解,这个解是否是惟一的。惠勒最难忘的印象是,爱因斯坦毫不动摇地坚持自己的研究道路,并没有被原子核物理的巨大发展所影响,当时原子物理在美国处于主导地位。

虽然大多数人对爱因斯坦对统一理论所表现的顽固无可奈何,但是与奥本海默不同,在研究所里有许多年轻优秀的物理学家非常愿意找机会与这位伟人接近。爱因斯坦因此认为普林斯顿的好处是,在这个领域他能与年轻人一起工作。事实上,在任何地方都不会像在普林斯顿那里,“独行者”爱因斯坦经常频繁地与年轻的同事接触。这些同事们并不是爱因斯坦的助手，他们是自愿来此的，根本不去理会那种为大家普遍接受的建议：为了今后的事业和前途，最好不要与爱因斯坦一起工作。虽然这个建议反映出爱因斯坦在物理学家中的奇怪位置，像奥本海默经常说的，爱因斯坦不是路标而是丰碑，他们中没有一人后悔与爱因斯坦一起工作过。确实他们中没有一人在研究所或大学里获得长期职务（爱因斯坦批评这种现象是普林斯顿的反犹太人思想），但是所有的人都成了教授。

不久，爱因斯坦与年轻的同事们的合作形成一种规律。早晨，不是太早，爱因斯坦在他的房间（费恩大厅209号房间）与这些合作者相见，与他们一起讨论物理结构和数学上的进展，有些类似于惠勒所描述的“批发”物理。接近中午大家各自离去。午饭后，他的这些合作者开始进行“零售”工作，把得到的结果在第二天早晨进行集体讨论。爱因斯坦养成一个习惯，午饭和午睡之后，整个下午都待在米谢尔大街舒适的书房里；在海伦·达克斯的帮助下，处理大量信件，时而接待来访者，但大部分时间是在追逐自己的思想。

第一篇合作发表的文章中没有涉及数学知识，但是内容却很有煽动性。这篇文章是关于量子力学的，产生了很大轰动，直到今天，它引起的硝烟还没有完全散去。这篇文章提出的问题被人们称为“爱因斯坦—泡德尔斯基—罗森悖论”。事实上，它并不是一个悖论，而是以量子力学的基础特性为中心问题的逻辑上没有错误的结论。原始的想法来自于1934年来到研究所二十一岁的美国人纳珍·罗森，他与爱因斯坦一起工作。比爱因斯坦小七岁的B.泡德尔斯基曾经在帕沙第纳的加州理工大学工作过（他们两人是在加州第一次认识的），1934年成为这个研究所仅有的几位物理学家。由于语言的障碍，经过长时间仔细的讨论，决定这篇文章是由泡德尔斯基起草，爱因斯坦评论这篇文章的缺陷时说：“这篇草案文章并没有完全表达出来我想要说的内容，主要事情也没有表达出来。”结果他本人不得不用德语重新描述“主要事情”。

这篇文章并不是证明量子力学是错误的或存在内在矛盾。早在1931年，爱因斯坦就承认这个新的理论是有效的，没有矛盾的，甚至认为它无疑具有一定的真实性，但决不是完全正确无懈可击的。从爱因斯坦—泡德尔斯基—罗森(EPR)文章的标题《是否可以用量子力学彻底描述物理实际》可以看出,这篇文章将要证明量子力学只能不完全地描述物理实际,因此不能超越对统计学规则的描述。

通过实用主义的标准,文章的开首段对文章标题中提出的比较含混的概念进行了定义,一个“完整的理论”必须满足下列条件:物理实际的每一个要素都必须有一个相对应的物理理论。在并不破坏整个系统的情况下,如果我们可以肯定地预测一个物理大小的值,那么一定存在与那个物理大小有关的物理要素。通过简单的脑力实验,可以看出这些伏笔的目的是要说明用量子力学的方法描述物理实际是不完全的。这个脑力实验如下:

假设两个电子 E1 和 E2 相撞后,彼此分开。当它们分开的距离足够远时,测量第一个电子 E1 的动量;根据守恒定律,从这个测量结果可以同时得出了 E2 的动量:由于两个电子在许多光年的距离以外,因此在测量的时候对 E2 的系统没有产生影响。这样 E2 的动量是物理实际的一个要素。但是除了可以测量 E1 动量外,还可以测量它的位置,因此可以得到 E2 的位置;由于确定了 E1 时并没有影响 E2,所以 E2 的位置变成了物理实际的进一步的要素。

这个辩论的关键是,根据量子力学,如果确定一个粒子的动量,那么它的位置就不能确定,所以位置就不能成为物理实际的一部分。这说明电子 E2 的动量和位置取决于第一个系统的测量过程,并不影响第二个系统。对任何一个对实际的合理定义都不应该存在这样的矛盾。因此量子力学的描述是不完全的,有必要寻找一个对物理实际的完整描述。

1935 年 5 月,EPR 文章发表后不久,在量子力学的战营中响起了警钟,当然并不是因为量子力学的支持者认为 EPR 悖论对他们的观点是一种威胁,而是因为他们对爱因斯坦感到烦恼。在苏黎世,沃尔夫冈·泡利大怒:“爱因斯坦又一次在公开场合评论量子力学……众所周知,他每次这样做都会带来灾难……我将对他说,如果是一位刚刚入学的学生对我提出这样的反驳,我会认为他很聪明而有前途。”为了避免在不明真相的同事中产生混乱,泡利建议 ERP 文章指向的目标 W. 海森伯发表一个反驳。为了起到“教育”的作用,为了澄清爱因斯坦所发难的量子力学所要求的那些事实,他也在考虑花费一些笔墨。但是 N. 玻尔已经着手做这件事了。

在哥本哈根,EPR 发表的文章像“晴天霹雳”一样。当玻尔的合作者 L.罗森费尔德介绍爱因斯坦的论断时,大家马上放下所有的事情;有必要赶快消除这种误解……玻尔十分兴奋地马上指示起草一个反驳。一共花了六周时间才写完这个反驳。这个反驳并不想证明爱因斯坦这篇文章是错误的,因为 EPR 所描述的情况是没有错误的。相反,玻尔主要集中指出像“物理实际”和“没有任何干扰”的术语是不精确的。他清晰地指出,由于量子作用的大小是有限的——与经典物理完全不同——不可能脱离测量过程而只谈论“物理实际”。如果记住这一点,就会很显然地看出 EPR 的矛盾,因此量子力学是我们发现的关于自然的最完整描述。

爱因斯坦同时收到了几位同事的来信,指出他的论断是错误的,但是爱因斯坦感到有趣的是他们分别列举了不同的原因说明各自的观点是正确的。只有薛定谔一人同意爱因斯坦的论断,认为爱因斯坦在公开场合,击中了实用主义量子力学的要害。受爱因斯坦鼓舞,薛定谔自己连续发表了三篇文章反驳正统的量子力学,其中包括一个很流行的悖论,后来被称为“薛定谔猫”。爱因斯坦责备薛定谔用德语发表这些文章:“根据我的意见,任何一个正常的人都会与这个令科学家们感到羞愧的国家断绝关系。”

在所有对 EPR 悖论的反驳中,爱因斯坦觉得 N.玻尔的观点最有道理。但是根据玻尔的分析,如果量子力学的描述是完整的,那么在爱因斯坦看来存在一个矛盾,彼此空间分开的系统是彼此相关的,例如在一个系统中进行的测量同时影响空间彼此分开的其它系统。就像他拒绝接受统计规则一样,爱因斯坦不能接受这种彼此分开的系统之间的“神秘的遥远效应”。因为根据相对论,这种相互影响并不是同时发生的。宇宙的奥秘似乎很难了解,但是爱因斯坦决不相信已经揭示了它的规律,或者相信用量子理论提出的“心灵感应方法”。

在接下来的二十年时间里,EPR 悖论一直是有趣的论题。理论分析重新精确地定义这个悖论,而且曾经是脑力的实验现在变成了实际的实验。于是,量子力学不仅提供正确,而且还是“完整”的描述。大多数物理学家现在认为对于 EPR 悖论的讨论几乎不会产生什么影响,但是与爱因斯坦一样,其他人对这种“神秘遥感效应”十分苦恼。这个悖论以及对相关的“位置”和“可分离性”等基本概念的讨论,说明在我们这个世纪还没有实现量子力学和相对论这两个伟大概念的满意结合。

在反驳量子力学的同时,爱因斯坦和纳珍·罗森准备结合电磁场和引力解决物质的粒子结构难题。通过简单明了的场方程变换,他们建立了支持基本粒子的所谓的“爱因斯坦—罗森桥”的数学要素。并且成功地得到了一个“桥”的新的顿悟,爱因斯坦认为很有希望进一步发展他们的思想。认为“只有检验一个多桥系统才可以得出这个理论方法是否支持已经过验证的自然界中粒子的同质量性,以及是否适合量子力学已经精彩解释了的各种事实”。虽然只是处理两个体系的问题,爱因斯坦没有成功。直到今天,我们仍然不知道为什么电子都具有同样的质量。

另一方面,虽然经过许多挫折,引力波问题证明是可以解决的。根据牛顿理论,引力在空间是即时的。没有人问这个力是怎么传播的,只有在广义相对论中才提出这个问题。在广义相对论中,引力是按光速传播的。早在第一次世界大战期间,当爱因斯坦在柏林卧病在床时,就推导出引力波的存在,并且像电磁波一样在空间传递能量。应该承认,爱因斯坦只成功地完成了“第一级近似”。显然,爱因斯坦对自己的权宜结果并不感到满意,与纳珍·罗森一起寻找引力波的场方程的精确答案。在与一位年轻的合作者寻找答案的过程中,爱因斯坦吃惊地发现自己得到了一个令人吃惊的结果:引力波并不存在,虽然根据第一级近似这种引力波是应该存在的。但是当他打算发表这个结果时,爱因斯坦遇到了很多障碍,并且发现自己并不喜欢美国的科技机器。

美国著名物理学杂志《物理回顾》的编辑们把爱因斯坦寄来的这个手稿又退还给他,还附有一位评论人士的一长串意见,要求爱因斯坦修改。爱因斯坦发怒了。把文章交给不知名的评判人员检查是《物理回顾》的通用方法,但爱因斯坦拒绝接受这个方法,在德国没有这种现象。爱因斯坦收回了文章,避开《物理回顾》把这篇文章发表在没有评判人员的杂志上。

但是,这个事件使爱因斯坦避免发表一篇错误文章。1936 年 9 月,他还在抱怨:“如果不是这么难就能找到正确答案就好了,”但是几个月后,他与罗森成功地得到代表引力波的场方程的正确答案。很长时间,这个答案一直是开创性的伟绩;直到爱因斯坦去世后,才又进一步证实和发展。虽然采用了各种各样的手段,还是不能通过实验证明引力波的存在。

1937 年,爱因斯坦在《弗兰克林研究所学报》上发表了这篇关于引力波的文章,那时纳珍·罗森由于合同没有得到续签而离开了普林斯顿。罗森的父母是从俄罗斯移民来美国的,爱因斯坦为罗森给人民委员会的主席 V. 马洛托夫写了一封推荐信,铺平了他去苏联的路,最后罗森去了苏联。罗森走后,爱因斯坦身边很快又出现了新的合作者,同时也出现了新的问题。

爱因斯坦对广义相对论的发展最后所作的主要贡献是在与 B. 霍夫曼和 L. 英费尔德的合作中产生的。霍夫曼来自英国,在普林斯顿外伯伦的指导下获得博士学位,1935 年成为这个研究所的成员,后来成为爱因斯坦的合作者。L. 英费尔德 1936 年从波兰获得奖学金来到这个研究所,在此之前曾在苏格兰的爱丁堡马克斯·玻恩教授那里待了几个月。爱因斯坦建议英费尔德和霍夫曼与他一起在广义相对论下研究运动学。经过两年多的艰苦奋斗,发表了一篇文章,他们在新的归纳水平上研究了运动的问题,一方面按照通常习惯分成场方程,另一方面克服运动定律的限制。

牛顿的公理性天体力学结构包括两个完全不同的部分:定律和引力定律,引力是使天体在它们各自轨道上运行的力。这两个部分彼此分开,没有任何联系。在爱因斯坦用广义相对论处理运动的过程中,并没有克服这两个定律的区别。但是早在二十世纪二十年代,洛伦兹、爱丁顿和利维-西维塔的研究指出,在广义相对论情况下这两个定律并不是截然分离的。经过两年的工作,1938 年,爱因斯坦、霍夫曼和英费尔德在发表的长篇文章中终于指出,事实上场方程包括所有事情——不仅包括引力,而且包括分布在空间的物质的运动。于是,广义相对论不仅描述空间、时间和引力,并且第一次包括物质动力学。

1938 年 4 月爱因斯坦又出版了一本书《物理学的革命》。这本书非常具有代表性,它以令人吃惊的伟大眼光,描述了一个学科的历史,它的出版并不是因为爱因斯坦希望与大家交流意见,而是由于高等学术研究所的经济问题。

"英费尔德是一位出色的小伙子,我们一起解决了一个很有价值的问题,"一起合作六个月后,爱因斯坦报告说。但是尽管爱因斯坦十分支持英费尔德,研究所却不同意延长英费尔德微薄的奖学金。爱因斯坦觉得研究所对不起英费尔德,同时拒绝给自己十分尊敬的合作者提供奖学金也使爱因斯坦觉得研究所也对不起他本人,因此打算从自己的腰包里支付一部分钱。但是英费尔德对这个想法感到很不安,想出了另外一个主意:为什么不一起为广大读者写一本书呢?由爱因斯坦作为其中一位作者,一定会取得成功,而且英费尔德所分得的收入可以保障他的生活。爱因斯坦也认为这个主意不错。英费尔德首先找到一个出版商,先拿到订金,爱因斯坦设计书的内容和基本结构。这本书获得了很大成功,英费尔德在美国的未来有了保证。

当爱因斯坦与霍夫曼和罗森一起研究运动问题时,又来了几位合作者,由于他们的参与,爱因斯坦现在可以研究他真正感到富有激情的工作:统一理论。当时只有二十一岁的 P. 伯格曼出生于柏林,在布拉格的菲利普·弗兰克教授那里获博士学位;为了与爱因斯坦一起工作,1936 年他来到了普林斯顿。V. 巴格曼也是一位柏林人,自从希特勒上台后,他逃到苏黎世完成他的学业。从 1937 年至 1946 年,他成为这个研究所中的一员。

在以后的时间里,爱因斯坦在统一理论上取得了很多进展,但是并没有突破性的,并且很少有可以发表的结果。有时,似乎靠近答案了,例如在 1938 年夏天,他认为:"今年,经过二十多年的寻找,我已发现了一个很有希望的场论,是相对性引力理论的一个完整自然的发展。"但是这个努力没有成功。

虽然伯格曼和巴格曼没有发表很多文章,但与英费尔德和霍夫曼一样,他们认为与这位天才一起思考和工作很幸运,很有收获。他们特地指出爱因斯坦的思想方式与传统的思想方式完全不同。对他们来说,爱因斯坦似乎不是一位严格而有逻辑的理论家,而是一位具有创造性的艺术家,具有丰富的想象力,他所采用的论述对于一篇科学文章经常是不合适的:他所追求的不是一个概念狭义的逻辑,而是它的美感。在他的工作中,爱因斯坦一直在寻求美感。

在晚年,爱因斯坦认为自然得到的定律是具有美感的。他十分相信这一点,并且带有宗教的狂热,他认为简单定律是存在的,并且是可以发现的。除了在青少年时期,爱因斯坦从来不愿使用基督教人格化了的上帝。即使在年轻时,他只认为上帝是自然定律的保护人。一开始,这似乎只是一个顽皮的表述,但是当他渐渐长大时,这种对上帝的隐喻变成一种启发性原则:

爱因斯坦本人扮演成世界及其定律创造者的角色。他判断事物的标准使B.霍夫曼大吃一惊,他说:"当我判断一个理论正确与否时,我首先问我自己,如果我是上帝,我是否会用这样的方式安排这个世界。"

在寻找统一理论的二十多年来,是这种对世界具有确定结构的信念使爱因斯坦一直保持充沛的精力和坚强的毅力。他天生就非常适于追求理论概念,具有极大的热情,这种热情可以持续几个月,甚至几年;但是当他发现自己的观点有严重缺陷时,他会马上放弃这个观点,对所浪费的时间和精力并不感到失望。第二天早晨,至多几天,他将又想出一个新的主意,以同样的热情追求这个新思想。

对于他的助手们来说,他似乎一直在研究场的理论,但爱因斯坦却经常在思考量子理论的基本问题。在他们研究运动问题时,出现了一个四方程系统而不是三方程系统,对于有限数目的答案,年轻人们失去了信心,但是爱因斯坦却说:"噢,那太妙了。"接着向这些困惑的合作者解释说:"我们将得到一个超定系统,这样我们就会得到与玻尔允许的轨道类似的量子条件。"

爱因斯坦一直认为,虽然量子力学的统计定律是有用的工具,但它们并不是物理学的基础。在爱因斯坦所写的信中,我们经常发现他的这种观点。1942年夏天,爱因斯坦做如下解释:"对于我本人,我是一位过时而顽固的人,我仍不相信已经揭示了自然的秘密。因为如果自然界要那样做的话,他就应该做得彻底,而不应该有所保留,不全力以赴。如果真的存在那样的话,我们就不用去寻找定律了。事实上,所有的事情都与完美的规律发生矛盾。但我仍一直在寻找这种规律。如果最终我的发现没有任何价值,那么应该是我的过错,而不是上帝的过错。"

虽然在爱因斯坦周围,有关科学上的事情变得悄无声息了,但爱因斯坦并没感到悲伤。正如他在1936年描述的那样,他生活在"一种孤单之中,如果是在青年时期,一定会感到很悲伤的,但是在成熟的晚年,却是十分难得的。"爱因斯坦根本不参与带有误解的谈话。1939年1月,N.玻尔作为客人来到研究所待两个月,爱因斯坦对他避而不见。陪同玻尔做他助手的L.罗森费尔德体验出两个伟大人物之间深不可测的缄默,他们过去曾经认为没有什么比谈论物理更重要的:

爱因斯坦瘦得不成样子,接连几天他都把自己锁在书房里,只与助手们谈话,他们的名字非常奇特,是伯格曼和巴格曼。在这四个月期间,只有一次爱因斯坦宣布做个报告,是关于他费尽心思要建立的统一场理论。玻尔来听报告。在报告结束时,爱因斯坦双眼盯着玻尔,强调说他一直希望能用他刚才表述的方法得出量子条件。在那四个月期间,只在一次下午的接待时,玻尔和爱因斯坦见过面,但是他们的谈话内容只是一些平庸的事。爱因斯坦明显地暗示自己在避免与玻尔谈话。对此玻尔很不高兴。

非常巧合的是,在玻尔待在普林斯顿期间,物理学有了很大的发展,物理学上一个激动人心的应用已经成为现实——出现了原子核的链式反应,最后制造了具有不可想象摧毁力的原子弹,这个小插曲变得越发不同寻常了。爱因斯坦一直不重视原子核物理的原因是因为核物理对他发现"上帝的秘密"没有帮助,但是不久,他就要追赶上核物理的发展。

第37章　战争、一封信和原子弹

爱因斯坦在长岛度过了1939年的夏天。与两年前一样，他在岛的东端租了一所房子，长岛面对大西洋，有无数的港湾和条形陆地，毕科尼克港湾由于能遮挡过来的汹涌海浪，因此是理想的帆船之地。爱因斯坦非常喜欢他的船及帆船活动，还经常与周围的居民一起表演音乐，即使是酷夏，他仍乐此不疲。

大约在7月中旬，有两位物理学家来到了长岛，他们是普林斯顿大学的E.维格纳教授，和在纽约哥伦比亚大学作访问研究员的L.西拉德。他们一直驱车来到毕科尼克，在过去的几个月里，稀有金属铀成为一个关键问题，虽然没有十分把握，但铀完全有可能成为威力巨大的炸弹原料。考虑到纳粹德国有可能也在研究这样的武器，西拉德感到异常不安，因此请求爱因斯坦给比利时尊敬的女王写信，劝说比利时政府停止把铀卖给德国。

虽然爱因斯坦没有紧跟原子物理学的迅速发展，但是他马上意识到这个问题在军事和政治上的严重性，以及对科学的影响。把贮存在原子里的能量释放出来已经是物理学家抛在脑后的老课题，自从本世纪初发现放射性就有人提到这样的事。事实上，在爱因斯坦1905年发表的那篇文章的最后一句话，他推导出的公式 $E=mc^2$ 就指出了这种可能性。

厄斯特·卢瑟福发现原子核十五年后，人们已经十分了解放射性原子核的变化。1920年，卢瑟福在用镭发射出的α射线轰击氮原子时，成功地观测到氮原子核的变化或裂变。报纸上马上大肆宣传所谓的“人工放射性”是巨大的潜在能源，经过简单和非常有吸引力的计算，一克物质可以释放出相当于三千吨煤的能量。头脑冷静的科学家反对这种设想，因为镭实在太稀有和珍贵了。对一些乐观主义者来说,爱因斯坦通过物质与能量转换的奇迹般公式为物理学的未来发展打开了大门,他评论如下:

> 完全有可能找到一个新的具有巨大能量的原料,但是根据我们现在的知识还不能完全肯定。虽然很难进行各种预测,但这一切都是有可能的……刚开始,只有用精密的仪器设备才可以观察到这些过程。这必须说明,因为否则的话,人们会昏了头的。但是如果坚持研究下去,特别是α粒子释放出来的射线反过来也会产生同样的效应,我不敢肯定这样的发展是否会很迅速。

这是一个预言,因为爱因斯坦提出了整个发展的先决条件:释放出的射线反过来会产生同样的效应,这是链式反应的基本概念。

对于文学家莫斯可夫斯基,爱因斯坦指出这样的一个发展并不值得提倡:“假如有办法可以释放出这样巨大的能量,我们会发现我们处在这样的时代:相比之下,我们煤黑的现在似乎是金色时代了。”爱因斯坦的反对主要是从系统管理这样的能源方面考虑的,这种担心后来称为核恐怖主义,当然爱因斯坦也担心核武器技术,因为与核武器的破坏力相比,自从枪炮发明以来所有的轰击和轰炸加在一起只是没有害处的小孩玩具罢了。因此,早在1920年,关于核能的可能应用爱因斯坦都提到了,当时这些技术细节还隐藏在未来的迷雾之中呢。

很长一段时间,人们都认为这样的思想太玄妙了,根本不是严肃的科学,但是物理学家们却在一直思考这样的问题。1932年实现了突破,发现中子也是原子核的组成部分;并采用中子作为自由粒子轰击原子核。

1935年年底,爱因斯坦应邀参加在匹兹堡举行的美国科学发展学会年会,在会上为W.J.吉布森作纪念演讲。爱因斯坦向观众解释自己是怎样推导出质量和能量相等的著名公式,三十多位记者在一个记者招待会上问道:由这个著名公式推导出的巨大能量是否可以通过轰击一个原子释放出来。爱因斯坦认为这种可能性就像在黑夜中射击鸟一样希望渺茫,特别是周围没有几只鸟。

与此同时,采用超级实验装备,E.费米的工作组在罗马用中子轰击了原子量较大的原子核,特别是铀原子,但是当时并没有注意到铀原子的分裂。1938 年年底,O. 哈恩与他的合作者 F. 斯特拉斯麦恩才发现原子核的分裂现象。通过精密的放射性化学手段,他们在反应后的产品中发现了钡,原子核的重量大约是铀的一半,说明在轰击过程中,铀原子核发生了裂变。1 月 26 日,在华盛顿的一个会议上,玻尔介绍了哈恩和斯特拉斯麦恩的发现。结果,在介绍过程中,几位物理学家提前离开会场,冲进自己的实验室重复这个实验。所有的事情都像玻尔所说的那样,并且与玻尔一样,他们都奇怪自己为什么没有想到这一点呢。

1939 年 3 月 14 日,在《纽约时报》为庆祝爱因斯坦六十岁生日时举行的记者见面会上,爱因斯坦说:“现在取得的结果还不能保证可以利用在裂变过程中所释放出来的原子能……但是这并不会影响物理学家们对这个重要课题的兴趣。”

同一个月,在法国和美国几乎同时出现一个关键发现:在巴黎是 F. 约里奥·居里发现的,在美国纽约是 E. 费米发现的。约里奥·居里和费米发现,当一个铀原子核被中子击碎以后,通常情况下会产生两个中子,这两个中子同样会击碎另外的铀原子核。链式反应终于成为可能,费米望着窗外忧郁地沉思着:一个裂变的炸弹可以摧毁我们所见到的一切。

在毕科尼克港湾的别墅前,在与西拉德和维格纳交谈过程中,爱因斯坦马上表示要给比利时政府写一封信,由美国国务院转交。爱因斯坦当场起草一个手稿让两位来访者带走。回到纽约,西拉德与一位政治上很有经验的保王党,前德国议会议员 G. 斯托尔颇先生商量。斯托尔颇建议西拉德把这个不同寻常的问题介绍给亚历山大·萨克斯,罗斯福总统的非官方顾问。当西拉德与爱德华·泰勒再次拜访爱因斯坦时,这封本应给尊敬女王的信变成给美国总统的一封信。

在爱因斯坦德语口授的基础上,与萨克斯商量之后,因为不知道该给总统写多长的信合适,西拉德写了两封英文信,一封长的,一封短的。1939 年 8 月,西拉德把两封信都寄给了爱因斯坦,爱因斯坦马上签字并寄了回来。最后采用了那封长信,其中最重要的一段内容如下:

总统先生:

从 E. 费米和 L. 西拉德最近工作的手稿里,使我不禁想到在不远的将来,铀元素可能变成一种最重要的新能源。似乎需要各方面对这种情况加以注意,如果有必要应该马上采取行政管理。我认为我有责任把下面的事实和建议向你介绍。

在过去的四个月中,通过法国的约里奥,以及美国的费米和西拉德的工作,有可能对大量的铀建立一种链式反应,由此可以产生巨大的能量,以及大量像镭一样的新元素。现在看来,几乎可以肯定在不远的将来可以实现这个反应。

这种新的现象和应用也可以用来制造炸弹,虽然不敢肯定,但可以想象如果这么巨大威力的炸弹可以制造出来的话,并且用船携带在一个港口爆炸,那么它将摧毁整个港口及周围的一切。虽然,这样的炸弹可能太重,不能在空中携带。

在接下来的几段里,爱因斯坦与西拉德提出了有组织的计划,建议政府和物理学家合作。

爱因斯坦并不是第一位提出这样建议的人。早在1924年4月,P.哈尔泰克和他的合作者威廉·格罗特就已经向德国军队军工部建议在炸弹中采用链式反应:"与其它国家相比,第一个探索这种方法的国家将有无法估计的优势。"

1939年1月,德国进攻波兰,9月3日第二次世界大战爆发。

10月11日,罗斯福才有时间接见他的朋友兼顾问亚历山大·萨克斯。总统马上明白了问题的重要性,并立刻叫来秘书E.M.瓦森将军,指示说:"对这个问题要马上采取行动。"

但对于西拉德来说,事情进展得太过漫长,所以他又一次找到了爱因斯坦。1940年3月7日,爱因斯坦写了第二封信,寄给萨克斯,由他转交总统。这封信强调了研究这个问题的紧迫性,以及工作的保密性。总统马上建议扩大委员会规模,并把爱因斯坦纳入委员会中,但是爱因斯坦唐突地拒绝了,可能是因为刚开始没有邀请他参加的原因吧。这封信之后,爱因斯坦与政府之间的接触也结束了。

爱因斯坦的干涉,包括他的第一封信对整个事件没有产生明显影响。1941年秋天,当英国取得的成果,特别是所谓的弗离希—皮尔斯报告通过官方途径达到华盛顿后才发生了明显变化,政府终于在1941年12月6日建立了秘密的"曼哈顿工程区",这是世界上仅有的最大的技术和科学工程。12 月 6 日,日本袭击珍珠港美国太平洋舰队。三天以后,德国对美国宣战。

爱因斯坦没有参与这项工作,因为参与这项工作,就必须完全了解整个工程,而 FBI 和军队的特工人员一致认为爱因斯坦对整个计划的安全是一种威胁:考虑到他激进的背景,为了安全保密,在没有经过彻底调查的情况下,这个办公室最好不要雇用爱因斯坦博士,因为在这么短的时间里,具有这样背景的人似乎不会成为一个忠诚的美国人。FBI 和其它秘密机构都不知道爱因斯坦给总统写信的事。

就这样,这位曾经提请罗斯福注意原子弹研制的人不必再费心地考虑应该在多大程度上参与这个武器的研制工作了。

在某种程度上,爱因斯坦后来为军事研究作了一定的贡献。1943 年 5 月 16 日,一位带领一个研究组在华盛顿附近从事传统高性能炸药研究工作的海军上校前来拜访爱因斯坦,并问他是否愿意作为海军的顾问,特别是在高性能炸药研究领域,爱因斯坦对此十分高兴。这位当场就把爱因斯坦拉入伍的上校后来回忆说:“由于大家对他的忽视,爱因斯坦的心情很不好。以前没有一个人找他为战争做过一点工作。”爱因斯坦以极大的热情为海军工作,每隔一周,有时一个月一次,炸药专家带着像鱼雷等有关理想爆炸问题来拜访爱因斯坦,爱因斯坦通过思考得到十分准确的答案。来自华盛顿的来访者发现爱因斯坦对自己能为打败希特勒政府而尽一分力感到十分高兴和愉快。但关于爱因斯坦对高性能炸药研究产生的影响却没有任何记载。

另一方面,爱因斯坦对于美国的战争金库作了很大贡献。书刊与作者战争债券委员会,一个拍卖著名作者手稿,用所得收入购买战争债券的组织,向爱因斯坦索取 1905 年发表的关于相对论的文章手稿。爱因斯坦没有保存手稿的习惯,因此把与 V. 巴格曼刚刚完成的关于双矢量场的一篇文章的德文手稿交给了这个委员会。不久,这个委员会的使者向爱因斯坦提议,把它的相对论的文章拷贝一遍。爱因斯坦十分吃惊,但还是照做了。

2 月 3 日,在肯萨斯城开始了这场拍卖。一家保险公司花了六百五十万美元买下了他重新叙述的关于相对论的手稿,而关于双矢量场的原始手稿卖了五百万美元。

随着美国加入战争,以及曼哈顿工程的开始,普林斯顿大学物理系突然间人员冷清了。现在,爱因斯坦终于有了一位物理学家同事沃尔夫冈·泡利,虽然在量子力学方面存在分歧,但是仍然共同发表了一篇关于相对论的文章。

当然在爱因斯坦寻找统一理论的过程中,沃尔夫冈·泡利的角色更像一位批评家,而不是一位具有创新意识的合作者。泡利经常这样说:“既然是上帝已经分开的东西,它就不会让任何人再合并起来。”但是爱因斯坦并不灰心,并像着了魔似的工作。即使在假期,他有时也不分白天黑夜地思考这些问题,认为上帝是不会让人们轻而易举地获得成功。当一个人在年轻的时候,不会意识到这一点,这是非常幸运的。

1940 年,数学家 K. 歌德尔从奥地利来到普林斯顿,在研究所里谋得了一个职务。1943 年,B. 罗素来到普林斯顿。他们在一起养成了固定谈话的习惯,每周的一个下午,四人经常聚在爱因斯坦的房间。关于国际政治和战争问题,他们四人用不着谈论,因为他们具有共同的愿望,就是最快最彻底地战胜德国。但是当 B. 罗素建议战争结束后,获胜者应该帮助德国重新站起来时,大家出现了分歧。爱因斯坦强烈反对这个建议。斯大林格勒战役后,爱因斯坦非常高兴,德国人终于大势已去,走向了失败的道路……但是这个进展太慢了。欧洲人的生活还剩下了什么?除了安慰之外什么也没有,已经如此沮丧低落的人怎么可能会想到帮助德国重新站起来呢?

当联军在诺曼底登陆时,德国的战败就在眼前,爱因斯坦非常激动地说:“我终于活着看到了战争发生转折,这似乎就是正义。”对于爱因斯坦来说,罪犯不是希特勒,也不是纳粹党的领导,也不是国家社会主义运动,而是整个德国国家。在《华沙犹太人居留区英雄们的讣告》中,爱因斯坦写道:“整个德国国家应该为这次大规模的屠杀负责,如果世界上还存在正义的话,德国作为整个国家应该受到惩罚。当德国全面失败以后,像上一次战争一样,在哀伤他们命运的时候,人们千万不要第二次受骗上当。应该记住,德国在准备对人类所犯的严重罪行过程中,完全是在故意利用其他人的仁慈。”爱因斯坦永远不能原谅德国人。

没有书面证据说明在战争过程中,爱因斯坦对原子弹的发展情况知道多少。在谈论这个高级机密时用的都是暗语,而且绝对不能落在纸上。但是爱因斯坦一定意识到他们正在进行巨大的努力研究原子弹,因为所有的原子核物理学家,以及其它领域无数的科学家都消失了,没有人知道他们的行踪。1944 年秋天,爱因斯坦在布拉格和苏黎世的合作者 O. 斯特恩似乎告诉过爱因斯坦这个炸弹工程即将成功。接着他们显然讨论了令人震惊的战后发展趋势,因为爱因斯坦和斯特恩都很担心,每个国家都采用技术手段秘密地研制武器,重新武装,这将不可避免地导致预防性战争。

12 月 11 日,在给 N. 玻尔的一封信中,爱因斯坦提出了怎样避免这种灾难性危险:"有影响的科学家应该在适当时机向政治家们指明这种潜在的危害,包括你自己,以及你的国际交往,包括这里的 A. 康普顿,英国的林德曼,俄国的卡匹扎和约非等,促使他们劝说各自国家的政治领袖,取得军事力量的国际化——这是一条很早以前因为太冒险而拒绝采用的办法。但是这种激进的方法,以及超国家政府是惟一可以取代秘密技术军备竞赛的方法。"这封信已经反映出爱因斯坦感知的,原子核装备以及战后国际政治发展的主要方向。

1945 年 3 月,L. 西拉德再次出现了。德国的最后失败就要来临,不需要再害怕一个纳粹的"奇迹武器"了,同年夏天,美国的炸弹将要造成。西拉德和几位同事所关心的是政府在使用原子弹过程中所持的态度,以及战后的世界格局。西拉德请爱因斯坦给总统写一封这样的信,但遗憾的是罗斯福再也看不到这封信了,他于 1945 年 4 月 12 日不幸去世了。失去了一位尊敬的老朋友,爱因斯坦感到十分悲伤。

8 月 6 日,当地时间 8 点刚过,美国的第一颗铀炸弹把日本的广岛城夷为平地。海伦 · 达克斯从收音机里听到这个消息,对此,爱因斯坦只说:"噢,唉,就是这样。"8 月 9 日,另一枚钚炸弹投到了日本的长崎市。日本宣布无条件投降,第二次世界大战结束了。

1945 年 8 月 11 日,在伦敦《时报》上,玻尔写道:"除非人类社会在这种危险的情况下做及时调整,否则的话,人类所掌握的这种具有可怕破坏力的武器将是致命。"爱因斯坦此时一直待在他的别墅里,保持沉默。与此同时,美国政府发表了普林斯顿大学一位教授所写的斯姆斯报告,报告的一句话提到了爱因斯坦在 1939 年 8 月给总统写的那封信,因此整个秘密从此暴露在广大公众面前。在这种武器强大杀伤力的危险笼罩下,爱因斯坦积极地投入到有关新炸弹的研究和战后世界格局的辩论之中。

第38章 原子弹与方程:“方程是永恒的”

在日本投下的第一颗原子弹,以及后来关于它的神奇威力的描述,很容易使人们联想到它的制造过程,因此物理学和物理学家顿时成为公众瞩目的中心。由于原子弹的使用,使战争迅速结束,同时也使美国免受日本侵略,当然日本为此付出了很大的生命代价。物理学家们首先被作为英雄崇拜,可是当胜利的欢呼渐渐平静下来,物理学家们却发现自己现在被当成可怕的男巫的学徒。

当J.罗伯特·奥本海默成为著名的“原子弹之父”时,爱因斯坦因为在公众中享有的几乎神秘的权威,因为神奇公式 $E=mc^2$,以及1939年8月给总统写的信,而突然发现自己成为一位类似于超父的角色。一位记者追踪到他安逸的隐居之地时,爱因斯坦才第一次在公共场合评论这种破坏力巨大的新武器。

爱因斯坦知道自己该怎么做:只要重新坚持战前的和平主义观点就可以了。在战争进行的最后一年,关于战后世界格局的争论使他的和平主义观点有了一些修改。正如记者所再现的那样,在爱因斯坦看来,拯救文明的惟一之路就是建立一个世界政府,国家的安全应该建立在法律基础之上……如果一个主权国家一直拥有各自的军备,继续保守军事秘密,新的世界大战仍然不可避免。

后来的人们可能认为爱因斯坦关于世界政府的设想是天真的;但是在战争的最后一年,以及战后的一段时间里,有相当一部分人持有这样的观点。罗斯福和他的接班人杜鲁门接受了这个建议,建立了联合国,但是战争结束后,获胜方之间发生了冲突,在这种情况下,根本不可能把自己的原子弹交给一个国际组织来管理。大多数美国人和政治家认为,为了阻止苏联的扩张,美国必须尽可能长时间地垄断原子弹的制造秘密。

虽然原子弹的存在增加了超级大国之间的不信任感,但是在爱因斯坦看来,原子弹的存在更加有力地说明有必须设立一个世界政府。回到普林斯顿,爱因斯坦马上与 T. 马恩和十多位杰出的美国人一起签发了一个声明,号召人们重新考虑设立世界政府的事。第一颗原子弹几乎摧毁了整个广岛,同时也打破了人们固有的、过时的政治思想。要预防战争,就必须建立一个世界联邦宪法,在世界范围内建立一个可行的法律秩序。

原子弹使年轻的物理学家们对他们所从事的科学感到失望,迫切希望爱因斯坦能够说些鼓励的话,帮助他们澄清困惑。这是对人类的残酷讽刺,人类科学智慧上的最伟大、最令人振奋的胜利并没有带来精神的升华,和对未来美好生活的肯定,反而带来了失望和死亡。确认爱因斯坦的公式 $E=mc^2$,不仅不是标志着一个充满光明的时代的开始,相反却使人们陷入迷茫的黑暗之中。人们曾经计划召开一个全国科学家大会;虽然这次大会并没有召开,但是爱因斯坦永远不能忘记请求他参加会议时那种急切的话语。"我们需要你来这里讲述一下原子能时代社会的发展趋势。我们直觉地感到有你在这里,我们会备受鼓舞,会更好地把握我们的未来;我们几乎认为帮助我们以及整个世界是你的责任,不仅因为你是一位谦虚和强有力的人,而且还因为你所提出的质能变换公式在很大程度上使我们走上了具有两种可能的道路——我们需要你的帮助,使我们走上正确的道路。"

虽然在第二次世界大战期间,成百万的人失去了生命,并且产生对技术的恐怖,但是爱因斯坦并不认为原子弹问题是全新的问题。他认为:原子能的释放并没有产生新问题,只是使得我们感到更有必要尽快解决现存的问题。应该说原子能的问题只是定量地影响我们,而不是定性的。

爱因斯坦的目标一直是,为了彻底消除战争,必须建立一个拥有自己的军事力量包括原子武器的世界政府。为了实现这个目标,从核威胁中,他看到了积极的一面:"核威胁可以迫使人类在国际事务中遵守一定规则,没有这种恐吓力是无法办到的。"

12 月 10 日,在纽约的一次诺贝尔纪念活动中,爱因斯坦直截了当地表明,科学家所感受到的是"责任感"而不是负罪感,并说明自己当初在制造原子弹时的动机：

> 为了避免人类的敌人首先制造出这个新武器，我们才参与这个活动的；考虑纳粹的心理，如果他们先造出炸弹，那么后果就不可想象，就会带来无法比拟的破坏和对人类的奴役。这个武器交到了美国和英国人手里，让他们担当人类保护神，捍卫和平和自由的战士；但是我们还无法保证在大西洋宪章中所承诺的和平和自由。战争虽然胜利了，但和平还没有取得。
>
> 在这种新的情况下，爱因斯坦号召大家在心理和思想上都要大胆行动、积极变革……否则，我们的文明成果就要付诸东流。

这种警告是必要的，因为几个月来，两个超级大国之间的关系，以及美国国内的气候发生了巨大变化，以前的同盟军现在变成了敌人。

为了使公众和政治家们了解原子弹及其威力，参与曼哈顿工程的许多物理学家建立了一个原子能科学家紧急委员会，爱因斯坦任这个委员会的主席。作为一名积极的募捐者和受命宣传员，爱因斯坦签署了许多呼吁和宣言，经常在收音机里讲话，或通过电话参与广播座谈。尽管开始时呼声很大，但紧急委员会在政治上并没有起到明显的作用。不久，成员之间出现分歧，爱因斯坦努力从中调停。1948 年底，委员会终止了活动，但是爱因斯坦并没有停止工作，作为一位孤身的战斗者，不必为了达成某种协议而要采取妥协，对此他多少感到一丝高兴。

尽管爱因斯坦支持世界政府，并且就原子弹问题发表了许多声明，但是这种献身只是最低限度的。他曾给贝索写信说："如果有时你看到我的名字与政治活动有联系，不要认为我在这种事情上花了很多时间，因为在政治这块不毛之地花费太大的力气是可悲的。但是有时会有这样的情况，觉得没有什么事情可做而偶尔为之。"一个人在政治和方程之间应该怎样分配时间。对我来说方程是最重要的，因为政治只是暂时的，而这样的一个方程却是永恒的。

对于自己在制造这个可怕的武器中的贡献。爱因斯坦觉得有必要澄清自己。1947 年 3 月，他告诉《新闻周刊》杂志记者说："如果我知道在研制原子弹问题上德国不会成功的话，我也不会支持美国制造原子弹的。"并解释说，当时即使没有他的干涉，军方在核能发展上也不会产生很大不同。大多数研究曼哈顿工程的历史学家都同意这种观点：即使没有爱因斯坦的那封信，原子弹也会研制成功，至多只会比现在晚一周时间。

爱因斯坦当时一直坚持认为超过德国人是必要的，但是他后来答复一份日本杂志的记者时，他显然在尽量减小他的贡献："在原子弹的研制过程中，我只参与了其中一项行动，在给罗斯福的信上签了字。"同时在给德国的M.封·劳埃的信中，他重复写道："在原子弹和罗斯福的事情中，我只是在西拉德所写的一封信中签了字。"如果华盛顿的人们不是出于安全保密而把他排除在外的话，爱因斯坦对研制原子弹的贡献不仅是作为一位写信者，而且会非常高兴地作为一名物理学家参与的。另一方面，不容置疑是希特勒的原因使爱因斯坦感到有必要推荐研制一种具有巨大破坏力的武器。

爱因斯坦完全否认因为他的公式 $E=mc^2$ 而要负特殊的责任。他带有一丝讽刺地对一位历史学家说："可怜的我因为发现和发表了质能之间的关系，就认为我在这场悲剧中起了主要作用。"爱因斯坦发现质能关系公式时还在专利局工作呢，当时去预测这样的一个炸弹是绝对不可能的，因为它的制造需要核物理上的许多发现，而在1905年这些发现连猜都猜不到。即使当时这个障碍不存在，相对论是在研究"发光以太"的性质时产生的，当时根本无法预测任何可能的技术应用。

对于爱因斯坦来说，不可能因为可能产生的一些问题和后果而放弃探索自然。在他看来，寻求自然定律是人类最崇高的追求，此外的任何事情都属于政治和道德范畴的，而人类在这方面总是失败的。虽然如此，他认为应该指出其中本质的区别：

> 我认为人类伦理行为的严重败坏主要是由于生活的机械化和人格丧失的原因造成的，是技术科学智慧发展过程中的灾难性副产品。该怎么办好呢！我发现自己也没有任何办法消除这个致命的缺陷。人类的喧嚣比他们居住的地球会更快地平息下来的。

当核竞赛正在进行，两个超级大国互相之间用死亡恐吓着时，在朝鲜半岛，他们的代理人之间甚至发生了一场战争，爱因斯坦对人性几乎感到绝望。在与赫尔曼·布洛克的一次谈话中，爱因斯坦这样表达自己的悲伤：

“如果所有的努力都白费了，人类最终走向自我毁灭，整个世界也不会为它掉一滴眼泪的。如果人类保持以前的愚昧无知，那就不会产生这种可悲的事了；但是如果那样就不会再有人演奏巴赫或莫扎特了，这也很可悲。”虽然时而有忧郁袭来，但不论是在物理上还是在他的政治活动中，爱因斯坦从不放弃希望，在他看来，为一个很难获得的目标而奋斗比失望更有意义。

爱因斯坦对自己以前的“继祖国”的愤怒是无法抚慰的，他认为绝对有必要去永远地阻止德国成为工业强国……并不是为了复仇，而是为了取得最大程度的安全，进行道德感召是不可能避免德国人的侵略和攻击的，因此不会获得安全。爱因斯坦甚至反对对德国人进行人道主义援助。

当杰姆斯·弗朗克为了使德国避免发生“精神和心理衰败情况”，而对美国提出一个建设性政策时，爱因斯坦粗鲁地反驳说：“按照事先准备好的计划，为了达到目的，德国人残杀了几百万居民。如果他们也屠杀你，如果没有假惺惺的眼泪，这将不会发生的。如果德国人有能力，他们还会这样做的。”爱因斯坦认为德国人根本没有一丝罪恶感或懊悔的感觉。因此当索末菲教授再次邀请爱因斯坦接受科学院的职位时，爱因斯坦语言尖刻地拒绝了这个邀请：“由于德国人在欧洲屠杀了我的犹太兄弟，我不希望与德国人有任何联系，当然也包括与没有任何危险的科学院保持任何联系。”

如果根据爱因斯坦的态度而认为他对于任何与德国有关的事都是愤恨的，那是错误的。与物理一样，在人类问题上，爱因斯坦的推理基础是无限因果关系，“我不能恨他，因为他必须那样做”。这种既不承认原罪也不承认罪恶的观点，在许多人类的荒唐和侵略上，帮助爱因斯坦增强容忍和耐心。

O. 哈恩请求爱因斯坦加入 M. 普朗克学会，成为一名“外籍科技会员”，爱因斯坦严厉地拒绝了这个请求：“德国人的罪行是所谓文明国家历史上所见到的最残忍、最恐怖的罪行，整个来说德国知识界的态度并不比暴徒的态度好。经过这么残酷屠杀，仍然没有一丝懊悔或一种诚实向好的愿望。在这种情况下，卷入与德国公共生活有关的事物中，会使我感到厌恶，或者这是出于一种自洁的需要吧。”爱因斯坦更不希望与 1949 年诞生的联邦共和国的研究机构有任何联系，任何一位骄傲的犹太人都不会与德国官方运动或研究机构有任何关联。

爱因斯坦甚至不让德国人阅读他的文章。当出版商威维格希望重新出版他的《关于狭义相对论和广义相对论》通俗读本时,爱因斯坦通知他说:“自从德国人对我的犹太兄弟进行大规模屠杀后,我不再希望我的任何出版物在德国出现。”

虽然如此,爱因斯坦对于德国人的态度并没有影响他与德国同事和朋友们的关系,包括像哈恩和索末菲那样在纳粹政权下仍然坚持待在德国的人。惟一与爱因斯坦进行大量信件交往的人是 M. 封·劳埃,爱因斯坦一直把他当作一位“真正的好人”。在 1942 年的一个讣告上,爱因斯坦对 1941 年去世的 W. 能斯特表示尊敬,似乎并没有发生过战争,他对这位具有自由主义思想的保护人兼同事表达了无限怀念,同时巧妙地回顾了在科学上已经不复存在的国际主义精神。

爱因斯坦对 M. 普朗克一直很敬佩。1947 年 10 月 4 日普朗克去世时,在美国科学院的一个追悼会上,爱因斯坦对这位八十九岁的父亲般的人表示了无比尊敬,认为他是知识界的人格化身。在给普朗克遗属的慰问信中,爱因斯坦用感人的话语描述了这个伟人对他一生的重要影响和作用:“我十分荣幸,和他在一起的日子是永远难忘、大有收获的。他一直在追求永恒的事物,同时也积极参与人类日常的任何事情……我在你家里度过的那段时光,以及与这位伟人面对面的多次谈话,在我的余生中,将一直是最美好的回忆,这永远不会变,悲惨的命运并没有把我们彼此分开。”

事实上,爱因斯坦并没有参加在华盛顿举行的普朗克追悼会,而是安排别人在会上宣读他的悼词的,因为爱因斯坦的身体越来越差了,现在几乎从不离开普林斯顿。

在米谢尔街 112 号的三位女士显然不能像艾尔莎那样精心地照顾这位倔强的老人。战争结束后,爱因斯坦得了多次大病,身体越来越糟,但却找不到原因。当他感觉好一些的时候,爱因斯坦幽默地总结这段经历说:“我变得越来越虚弱,看起来像个幽灵,可能是由于我一直漫不经心坚持的饥饿治疗对身体的基本平衡带来了伤害。经过正确的饮食调养,四周期间我长了十五磅,终于有点人样了,虚弱感也消失了。魔鬼又一次给我判了死缓。”

但是爱因斯坦又出现了胃部剧痛,伴随着呕吐,持续了几天。在柏林曾经治疗过爱因斯坦的胃病专家鲁道夫·厄尔曼怀疑是十二指肠溃疡。已经七十岁的爱因斯坦非常坚忍镇定，只是奇怪：这个无比复杂的机器这么多年来还能运行正常，真是个奇迹！与生命相比，我们的科学是多么原始。最后手术师鲁道夫·尼森来了，尼森诊断爱因斯坦腹部有个胞囊。经过研究和会诊，1948 年 12 月，爱因斯坦被送入纽约布鲁克林的犹太人医院，进行手术修复。手术医生发现爱因斯坦的大肠有几处粘连，显然这是引起疼痛的原因。怀疑的胞囊是一个动脉瘤，是腹部肠动脉硬化扩张形成的，已经长得像葡萄粒那么大了。由于动脉瘤壁非常坚固，而当时进行这种手术是非常危险的，因此没有进行手术。一个月后，病人出院了。

由 W. 布克陪同，爱因斯坦在佛罗里达进行了几周康复疗养。“我经常感到饿，身体各个器官工作正常，我现在变成了大腹之人了，”爱因斯坦报告说。但是爱因斯坦不能整天那样悠闲，因为他答应为《当代哲学家图书馆》的十九篇稿件写一份总结文章。他不停地写，对自己每次所写的内容都不满意，但又无法提高。最后他终于又一次战胜了自己，非常满意地完成了这篇总结文章。当爱因斯坦回到普林斯顿时，虽然身体不是特别好，但感觉还不错。

妹妹玛雅的健康状况也越来越糟。爱因斯坦一直与玛雅生活得非常和谐；随着多年一起生活，以及年龄的增加，朋友们吃惊地发现他们兄妹俩不论在外貌、举止和表情都十分相似。战争结束后玛雅回到瑞士，不幸得了中风，至今没有好转。由于动脉硬化不断加重，玛雅失去了行动能力，不得不整日待在床上。在前几年，爱因斯坦每天晚上都给她读过去的好书，以及新文学。非常不幸，玛雅的病情不断恶化，到后来已经不能说话了，但这并没有影响玛雅的智力。1951 年 6 月 25 日，玛雅去世了，爱因斯坦十分伤心。

爱因斯坦的第一位妻子米列娃于 1948 年在苏黎世去世。米列娃从来没有过上一天安逸的日子，儿子爱德华的精神分裂症使她十分忧心，并且超过忍受限度。除此之外还有她自己的病痛，以及由于爱因斯坦转移金钱和一些复杂的交易，诸如接管在哈顿街的房子等，所带来的永久的经济困扰。

爱德华住在苏黎世的伯格尔茨利精神病医院，但是，爱因斯坦觉得自己不能与儿子保持任何联系，即便是通信。爱因斯坦说：“我和儿子之间存在一个障碍，虽然我并不完全了解，但有一点我十分清楚，我不论以什么面目见到他，都会给他带来各种各样的痛苦感觉。”爱德华·爱因斯坦比他父亲多活了十年，1965 年死于伯格尔茨利。

战后，爱因斯坦养成了各种滑稽习惯，没有艾尔莎的监管，他对外部事情更加漠不关心了。早在 1942 年，他就嘲弄自己是一位古人，没有穿袜子的习惯，像珍品一样在特殊的场合供大家观赏。现在，由于病痛和憔悴，爱因斯坦的穿着经常不仅是为了舒服，而是令人奇怪；如果不是因为人们了解他的特点，以及那令人倾服的深邃、智慧的眼神，他一定会被当作卓别林悲喜剧中的人物。

来拜访爱因斯坦的人很多。像 M. 索络文和 M. 封·劳埃这样深受欢迎的老朋友都住在爱因斯坦的家里。来访的客人还有许多杰出的政治人物，从印度首相 J. 尼赫鲁和他的女儿英迪拉，到来自以色列的大卫·本古里昂。其中最令人难忘的客人是 1952 年晚秋弦乐四重奏乐队的来访。一天下午，结束了在大学的音乐表演会，四位年轻的音乐家来到了米谢尔大街，使爱因斯坦十分吃惊的是，他们请求爱因斯坦与他们一起演奏贝多芬。经过很长时间的推让，爱因斯坦选择了莫扎特伟大的 G 小调五重奏，演奏第二小提琴部。虽然已经有七年时间没有练习，手指有些僵硬，但爱因斯坦的演奏还是十分和谐、准确，神情十分专注。应该承认，大家在节奏上要照顾他。虽然节奏变得越来越慢，但是这并没有损害莫扎特音乐的优美，年轻的小提琴名家对这次合奏十分开心。

不久，1952 年 11 月 16 日，爱因斯坦被授予一项特殊的荣誉，这项荣誉虽然使他十分感动，但是他却不能接受。1 月 9 日，年轻的以色列国家第一位总统 C. 魏茨曼去世了，以色列总理大卫·本古里昂通过报界提出一个建议，由爱因斯坦教授担任这个职务，因为他是现今最伟大的犹太人，同时也可以表示以色列与科学的人道主义有特殊联系。通过电话和电传，他指示以色列驻华盛顿的大使阿巴·厄班去授予爱因斯坦总统职务。

在大使还没有准备好执行使命时，他十分吃惊地接到了爱因斯坦打来的电话。11 月 16 日晚，爱因斯坦从新闻媒体得知本古里昂的打算。曾经拜访过爱因斯坦的一位同事报告说：“爱因斯坦感到很不安，这位老人不停地解释说‘这不合适，很不合适’，同时焦虑地在屋里走来走去，这种现象在他是很少见的。”爱因斯坦决定马上给华盛顿打电话，非常坚决地告诉阿巴·厄班,请本古里昂放弃他的想法,同时让厄班告诉以色列,对于这个殊荣他感到十分荣幸,但拒绝改变自己的决定。

厄班意识到很难使爱因斯坦改变主意,但是他不能接受爱因斯坦通过电话所做的回绝,第二天派副手去普林斯顿。当副手拿出官方信件时,爱因斯坦已经起草出他的答复了:

> 对于我们以色列国家提供的殊荣,我十分感动,但是我不能接受,对此我感到十分悲伤和羞愧。我整个一生都在研究客观事物,不仅没有天生资质,同时也缺少经验与人民和谐相处、行使官方工作。仅仅这些原因就说明我不适合在那么高的职位上任职,虽然我的热情并没有因为年龄的增长而有所减少。
>
> 与犹太教人民的血脉联系是我一生中最亲切、最强烈的心理寄托。特别是当我意识到在世界各国中我们的处境还不稳定,这使我感到更加痛苦。

使阿巴·厄班最受感动的是,在这个答复的第一句,爱因斯坦提到了"我们以色列国家"。事实上,爱因斯坦由衷地赞成建立以色列国家,虽然对于无法避免的暴力感到遗憾,同时他一直认为犹太人和阿拉伯人的和平共处仍是一项没有完成的工作。对于曾经建议爱因斯坦作为总统的《泰尔阿维日报》记者,爱因斯坦表达了他拒绝的原因是担心"如果完全由政府或议会作出抉择,将会出现困难和矛盾,虽然自己与所有事件毫无关系,但却不能没有道德责任感"。

对于一位朋友,爱因斯坦的解释非常简单:"我的以色列兄弟给我提供的殊荣使我十分感动,但是我十分遗憾地拒绝了。虽然许多背叛学术的人都成了大人物,我本人却不能这样做。"

1946年春天,爱因斯坦在高等学术研究所退休了,但是要求保证他的工资和工作设施及条件不变:"我威胁说如果把我退休,我就离开普林斯顿,由于我很有名,他们不想这样做。"

同年秋天,J.罗伯特·奥本海默成为研究所所长,并着手把这个研究所建设成为杰出的物理学研究中心。爱因斯坦对这位所长很尊敬,认为他是一位具有多方面才能和非凡能力的人,但是他们之间的交往却不十分亲密,其中的部分原因可能是他们的科学观点截然不同。由于奥本海默带到研究所的所有年轻人都是学习量子力学的,他们不会也不可能关心爱因斯坦研究的问题。仅有的几位与爱因斯坦相处的人都获得很大收益,但是他们对于爱因斯坦在谈话中经常把自己比喻成上帝感到非常吃惊。但是即使是忽视他或在远处嘲弄他的人,每当看到爱因斯坦时,对这位现今科学界最伟大的代表都有一种崇敬感,在过去,人们几乎把爱因斯坦看作他们之中的牛顿。

每当爱因斯坦参加会议时,人们总是对他表示出尊敬,特别是 1949 年 3 月在研究所纪念他七十岁生日的研讨会上。亚伯拉罕·匹斯回忆说,当爱因斯坦走进会场时,三百多名与会者大部分已经落座了。大厅里首先是崇敬的沉默,接着所有的客人都站了起来,向他欢呼。即使是语言尖刻的泡利在爱因斯坦出现时也很受震动,不禁对他产生一种敬畏感。

当人们在庆祝爱因斯坦的一生工作时,两周后爱因斯坦却是这样总结的:

> 我认为没有一个概念会永存的,我不敢肯定自己是否走上了一条正确的道路。我的同时代的人把我看成异端和叛逆分子,因为自己活久了人们已把我给忘了。
>
> 当然,这主要是由于赶时髦和目光短浅造成的,但是那种不满足感却是发自内心的。尽管存在外界的影响,然而一位富于批判精神的诚实人是不会随便有所改变的,幽默和谦虚会使一个人更加具有战斗力。

有时,对于同时代的人,爱因斯坦的表述更加令人振奋:"很难发现我们还处在初级阶段,因此人们不愿意承认这一点就不足奇怪了(我本人也是这样)。"但爱因斯坦并不就此罢休,而是不知疲劳地研究他的伟大工作,即用由广义相对论形成的统一理论解释量子。他经常有这种感觉,似乎自己至少占有了一点真理。1952 年爱因斯坦这样写道:"或许我的非对称场的广义相对论也是正确的,但是与经验相比,一开始的数学困难就是一个障碍。因此,和十五年前一样,我们对于一个真正可信的理论(光量子和粒子的二象性)并没有什么大的进展。"

虽然爱因斯坦指示自己的助手说,如果一个人能迫使自然界保持沉默,那已经就是一种成功了,但是他一直坚持自己发现可信理论的标准。在他看来,这样的一个理论不仅可以推导出电子和物质逻辑存在的必然性,而且像光速这样自然界中的常量也不再是经验的,而会从这个理论中清楚地推导出来。

从形而上学的角度来看,爱因斯坦过去一直在努力发现上帝的意图,找出上帝是怎样创立这个世界的。现在爱因斯坦进一步扩展了自己的视野,他想证明上帝在创造世界时是否真的有所选择。他经常说:"我最感兴趣的是上帝在建造这个世界时是否有所区别,换句话说,这种对逻辑简单性的追求是否有所遗漏。"

至少在物理学范畴,为了解决古老的哲学相依问题,爱因斯坦打算放弃场论,寻找另外一种物理和数学结构。虽然在这方面付出了很大努力,但最终却没有什么成熟的东西可以发表。

当爱因斯坦在不知劳累地研究统一场理论时,也曾怀疑所有的事情可能完全不同。半个世纪以前,贝索与他一起发现了相对论。1954 年夏天,在给贝索的最后一封信中,爱因斯坦说:"我认为完全有可能,物理学不能建立在场的概念上,例如连续结构就是这样的例子。如果真是这样的话,我的空中楼阁就什么也没有了,包括引力理论。"

随着 J. 奥本海默的到来,政治和秘密也带进了象牙塔。军警二十四小时看守那个保险箱中存放着"原子弹之父"关于原子核的研究论文以及政府召开会议的秘密文件。当爱因斯坦在处于角落的 109 号房间里沉思时,在他的楼上,奥本海默和在原子弹方面具有丰富经验的同事(从 E. 费米,J. 诺曼和约翰·A. 惠勒到爱德华·泰勒)一起开会,讨论制造一个"超级炸弹":氢弹。

爱因斯坦似乎不愿意与这些在研究所进进出出的炸弹专家谈论这件事情的危险性,但是当美国总统宣布已经成功地制造出氢弹时,爱因斯坦第一次在电视媒体上对全国人民发表讲话,这个讲话是在前一天录制的。他说:"如果这个氢弹研制成功,目前在技术上是可能的,这将引起大气的放射性污染和地球生命的灭绝。与其它任何事情相比,这方面的发展具有明显的无情性。现在所走的每一步似乎都是前一步的必然结果,很明显最终将导致全部灭绝。"

这个讲话引起了极大反响。第二天《纽约邮报》整版上只写着一个标题:《爱因斯坦警告世界:禁止氢弹或者自取灭亡!》,世界各地报纸也争相效仿,但是所有这些都是白费力气,正如爱因斯坦所断言的,军备竞赛是不可避免的。

如同坚持他的科学工作一样,爱因斯坦坚持反对核军备竞赛。同时,他也干涉美国国内政策;在上议员 J. 马克提政治迫害的黑暗时代,他号召保护公民自由,请求全民起来反抗。与魏玛共和国时期一样,左派和自由主义者都尊敬他,而右派则激烈地攻击他,甚至要求取消他的美国公民身份,并驱逐出境。

目睹在大学里和社会生活中禁止发表个人意见,知识分子和科学家惨遭迫害,七十五岁的爱因斯坦的发表了一项惹怒整个国家的声明。在这个声明中,爱因斯坦说:“作为一名年轻人处在这种情况下,我绝不会成为一名科学家、学者或教师。我宁愿做一名水暖工或小商贩,这样在当前的情况下才有可能获得一定程度的自由。”当芝加哥的水暖工和清洁工卫生工程师协会授予他一枚会员卡时,爱因斯坦显得相当高兴。

由于他的科学,使爱因斯坦不仅得到了所追求的自由,并且直到生命的最后一刻,他还能充分享用这份自由。1955 年 2 月,B. 罗素拿来一项提议征求爱因斯坦意见,这项提议向公众和世界各国政府明确指出,在核战争中,既没有胜利者,也没有失败者,只有灾难。经过一段时间书信交流,两位老人同意起草一份呼吁,由国际上有一定影响的科学家签名。罗素负责组织安排,并起草了这份决定性文件:罗素—爱因斯坦宣言。1955 年 4 月 11 日,爱因斯坦在这个宣言上签了字,并附加一个简短的便条寄给了 B. 罗素。

这是爱因斯坦所写的最后一封信。当罗素收到这封信时,爱因斯坦早已经逝世了。

第 39 章　一份旧债

虽然已经作了充分准备，但是这一切仍然来得太快、太突然。1950 年夏天，爱因斯坦的医生发现他的动脉瘤在增大。从那时起，爱因斯坦就知道自己所剩下的时间不多了。他静静地等待死亡的来临，并希望死得“体面”一些。3 月 18 日，爱因斯坦在遗嘱上签了字，指定海伦·达卡斯和奥特·纳珍作为他的遗嘱执行人，所有手稿都送给耶路撒冷的希伯来大学。

爱因斯坦希望自己的葬礼越简单越好。这位曾经在牛顿墓前献花，认为自己是站在这位巨人的肩膀上的人，甚至不希望有一块墓碑。在回答一位学生的一个大胆提问时（他死后怎样处理他的房子），爱因斯坦带着顽皮地说：“这所房子显然不能成为那些打算看到这位圣人遗骨的朝拜的地方。”此时是 1953 年的秋天。

1954 年，爱因斯坦患上了溶血性贫血症。1955 年，他还报告说：“医疗技术使他战胜了疾病。身体功能还基本正常，只是大脑变得越来越迟钝了，人们必须承认这一点，魔鬼正在清楚地计算着时间。”爱因斯坦仍然能够每天早晨到高等学术研究所，与助手 B. 库夫曼一起工作，库夫曼是位出生在巴勒斯坦的年轻的女物理学家，曾在美国受到过培训。

伯尔尼和柏林正在准备庆祝相对论发表五十周年。爱因斯坦给马克斯·封·劳埃写信说：“年老和疾病使我不能参加这样的活动了，但我必须承认，这种神圣的特赦使我有一种获得自由的感觉。如果说我在这么长时间的思考中学到了什么，那就是在基本过程的问题上，我比大多数同时代人所认识的要深入一些，所以那样的庆祝与我所取得的成绩并不相称。”

爱因斯坦七十五岁生日并没有引起很大骚动，普林斯顿大学的一位物理学家想出一个优美的礼物:准备了一个等价原理的实验表演,使爱因斯坦回忆起五十年前在伯尔尼专利局形成的他一生“最快乐的思想”。这个装置包括一把扫柄、一个弹簧和一个圆球,大家显然对这个表演非常喜欢。

一个月后,4 月 11 日,爱因斯坦在 B. 罗素反对军备竞赛的呼吁上签字,下午,接待了以色列大使阿巴·厄班,一起讨论在以色列建立七周年纪念大会上准备发表的广播讲话。没有一位来访者意识到死亡即将来临。

星期三,4 月 13 日,爱因斯坦的身体出现了剧烈疼痛。他的家庭医生怀疑是动脉瘤的小穿孔。W. 布克和鲁道夫·厄尔曼,以及其他的医生朋友第二天从纽约赶到爱因斯坦身边。爱因斯坦坚决拒绝手术:“当我将要死去,就让他死去好了。人工延长生命没有什么意义。”几周前,爱因斯坦就这样想:“死亡是一个人终究要偿还的旧债。但是本能上,一个人会尽各种手段延长这最后的裁决。这是自然界与我们玩的游戏。我们对待死亡应该安然处之,但是我们却无法避免我们自身的本能反应。”现在,爱因斯坦知道死亡临近了,他要微笑地面对它,并且不采用任何方式人为地延长生命,以便“死得体面”。

星期五,爱因斯坦不得不住进了医院。他的儿子汉斯·阿尔伯特从加利福尼亚来到他身边;O. 纳珍从纽约赶来。周日,爱因斯坦的状况有了一些好转,他要求把他的计算和为以色列兄弟起草的广播稿拿到病床前。他没能完成这些工作,星期一凌晨一点多,他变得很不安宁,讲了几句德语,但是值夜班的护士并不明白,之后去世了。动脉瘤最后还是破裂了。

十二位亲密朋友下午聚集在火葬场,举行了一个简单的追悼会。O. 纳珍作了一个简短的讲话,并且朗读了席勒的收场白,这是歌德为席勒的葬礼而写的。爱因斯坦的骨灰被撒到不知名的地方。

爱因斯坦的继女玛格特也住在同一家医院,并且看望了爱因斯坦几次,描述他的最后时刻时说:“他……等待死亡的来临,像面对一个即将到来的自然事件。他没有一丝恐惧,静静地、安详地面对死亡的来临。他没带任何伤感和遗憾地离开了这个世界。”

在去世三周前,爱因斯坦刚刚悼念过他的老朋友贝索:“现在,他在我之前离开了这个奇怪的世界。这并没有什么,对于我们这些有信仰的物理学家,过去、现在和未来的区别只是一种固有的幻觉。”

爱因斯坦年表

1876 年 8 月 8 日:赫尔曼·爱因斯坦和波琳·科赫在德国斯图加特附近的康斯迭特的犹太人大会堂举行婚礼。

1879 年 3 月 14 日:爱因斯坦出生在德国乌尔姆市。是赫尔曼·爱因斯坦和波琳·科赫的第一个孩子。

1880 年 6 月 21 日:爱因斯坦一家迁居慕尼黑。赫尔曼·爱因斯坦同其弟雅各布合办一电器设备工厂。

1881 年 11 月 18 日:爱因斯坦的妹妹玛雅出世。

1884 年:第一个"奇迹":袖珍罗盘。

1885 年 3 月 31 日:全家搬到慕尼黑闪德陵区瑞格威克 14 号(今阿德瑞特街),紧挨着他们的电器设备厂。

爱因斯坦自从 1894 年开始请家庭教师上课;10 月 1 日,他上彼德斯楚尔小学二年级,这是一所天主教小学。

他在家里接受犹太教宗教教规。

他开始学小提琴。

1888 年 10 月 1 日:通过了入学考试,爱因斯坦进入路易波尔德中学学习。在学校继续接受宗教教育,直到准备接受受戒仪式。弗莱德曼是指导老师。

1889 年秋天:二十一岁的医科大学生马克斯·塔尔穆德经常到爱因斯坦家;接下来的五年间,他是阿尔伯特的朋友和良师。塔尔穆德引导阿尔伯特阅读科学读物和哲学著作,包括康德的《纯粹理性批判》

1890 年:第二个"奇迹";"神圣的小几何书",欧几里得几何学

1892 年:爱因斯坦没有行犹太教成人礼,因此从犹太教规上来说,他不是犹太教团体中的一员。

1894 年 6 月:爱因斯坦家的电器设备厂破产;全家搬到意大利北部(米兰,帕维亚,又回到米兰)。爱因斯坦一直留在慕尼黑,由远房亲戚照顾。

12 月 29 日:爱因斯坦没有毕业就离开路易波尔德中学,去米兰父母处。

1895 年:爱因斯坦寄出第一篇论文《在磁场中研究以太的状态》,寄给比利时的叔叔凯撒·科赫。他到热那亚看望几位亲属并准备苏黎世瑞士工学院的入学考试(1911 年以后,改为瑞士工业大学,ETH)

10 月 8—14 日:虽然爱因斯坦比规定的年龄小两岁,但被允许参加考试。他数学和物理成绩很好。但因其它课程分数不够,未被录取。

10 月 26 日:爱因斯坦被瑞士的阿劳州立中学接收。他住在那所中学的一位老师约斯特·温特勒家。

1896 年 1 月 28 日:放弃符腾堡公民权,即放弃德国国籍;接下来五年里爱因斯坦是个无国籍的人。

9 月:学校毕业考试。10 月 3 日,爱因斯坦毕业,可以到苏黎世工学院学习。

10 月:进入苏黎世工学院师范系学习,同学包括马塞尔·格罗斯曼和米列娃·玛利奇。

1898 年 10 月:学位考试。

1900 年春天:关于热传导的学位论文;口试和笔试。7 月 28 日爱因斯坦获数学教师资格证书。

10 月:爱因斯坦未成为工学院助教,但他开始准备博士论文。

12 月 13 日:他把一篇关于毛细管的论文寄给《物理学杂志》。

1901 年 3 月 21 日:取得瑞士国籍。

春天:爱因斯坦申请德国、荷兰、意大利的大学的助教职务,但都失败。

5 月—7 月:在瑞士的温特图尔技术学院作临时教师。

9 月:在瑞士沙夫豪森的私立中学教书。

11 月:爱因斯坦把他的论文寄往苏黎世大学。

12 月 18 日:他申请去伯尔尼瑞士专利局——“瑞士工作知识产权办公室”工作。

1902 年:爱因斯坦和米列娃的女儿“丽赛尔”在诺维萨德。

2 月:爱因斯坦收回他的论文:他搬到伯尔尼,并登广告作家庭教师。

6 月 16 日:受聘于伯尔尼专利局试用"三级技术专家"。6 月 23 日开始工作,年薪三千五百瑞士法郎。

10 月 10 日:父亲在米兰逝世。

1903 年 1 月:与米列娃在伯尔尼结婚;他们的女儿仍然待在诺维萨德。

4 月:和 M. 索络文、C. 哈比希特一起创建"奥林匹亚科学院"。

5 月:成为伯尔尼自然科学家协会会员。

9 月:爱因斯坦的女儿"丽赛尔"被陌生人收养。

1904 年 5 月 14 日:长子汉斯在伯尔尼出生。

9 月 16 日:由专利局的试用人员转为正式技术专家。

1905 年 3 月 17 日:爱因斯坦提出光量子假说。

4 月 30 日:完成论文《分子大小的新测定法》,被苏黎世大学接受为博士论文,取得博士学位。

5 月 11 日:关于布朗运动的文章被《年鉴》收载。

6 月 30 日:完成论文《关于运动物体的电动力学》,独立而完整地提出狭义相对性原理,被《年鉴》接受,并于 9 月 28 日出版。

9 月 27 日:《年鉴》收到了爱因斯坦对狭义相对论的补充;其中包括公式 $E=mc^2$。

1906 年 1 月 15 日:经过各种程序,爱因斯坦成为爱因斯坦博士。

4 月 1 日:晋升为专利局二级技术专家,年薪四千五百瑞士法郎。

11 月 9 日:《年鉴》接受了关于比热、解释固体量子理论的文章。

1907 年 6 月 17 日:申请伯尔尼大学的编外讲师;10 月 28 日,他的申请被拒收,原因是必须提供原作讲师论文才可以接受。

10 月—11 月:爱因斯坦发现等价原理,开辟了通往广义相对论的道路。12 月 4 日,完成了相对性原理的伟大综合性论文。

1908 年 2 月 28 日:递交了一篇申请编外讲师的文章并经过试讲,爱因斯坦成为伯尔尼大学的编外讲师。

4 月:约翰·雅各布·劳伯莱到伯尔尼进行三周的合作研究。整个一年都在紧张地进行"小设备"的实验。

1909 年 5 月 7 日:爱因斯坦被任命为苏黎世大学理论物理学副教授;年薪

四千五百瑞士法郎。10月15日开始正式工作。

7月9日：接受日内瓦大学名誉博士。

9月20日：参加萨尔斯堡德国自然科学家协会年会；9月21日，关于辐射理论的主要报告。结识了外国知名的物理学家。

10月：离开伯尔尼专利局，任苏黎世大学理论物理学副教授。

1910年4月21日：布拉格的德国大学提名任命爱因斯坦为理论物理学正教授。

7月14日：为了挽留爱因斯坦，苏黎世大学把他的工资提高到五千五百瑞士法郎。

7月28日：爱因斯坦的次子爱德华出生。

9月24日：为了职业洽谈，爱因斯坦来到维也纳；拜访了E.马赫和V.阿德勒。

11月1日：爱因斯坦获得德国一位匿名捐赠者（弗朗茨·奥本海姆）的捐赠，连续三年每年五千马克。

1911年1月6日：弗朗西斯·约瑟夫皇帝任命爱因斯坦从1911年4月1日起为布拉格的正教授。

2月10日：应洛伦兹邀请访问莱顿，作报告并会见H.A.洛伦兹和H.K.奥尼斯。

4月3日：爱因斯坦全家来到布拉格。

8月23日：爱因斯坦宣誓就职物理学教授。

8月24日：洽谈到乌特勒克任职的事。

9月：亨利克·章格来布拉格拜访爱因斯坦；探讨爱因斯坦到苏黎世的ETH任职。

9月25日：在德国科学家和物理学家学会的年会上，爱因斯坦结识了F.哈伯。

10月30日—11月4日：参加在比利时布鲁塞尔举行的第一次苏尔维大会；作固体的量子理论报告。之后参观乌特勒克。

1912年1月30日：被任命为苏黎世ETH的理论物理学教授，年薪一万一千瑞士法郎。

4月15—22日：到柏林会见著名物理学家；第一次想要到柏林工作。在访问期间，爱因斯坦与表姐艾尔莎感情甚好。

7 月 25 日：搬到苏黎世。

8 月：开始与 M. 格罗斯曼合作探索广义相对论。

1913 年 3 月 27 日：在巴黎作光化学等价报告。

7 月 3 日：皇家普鲁士科学院物理数学部提名爱因斯坦为其会员。7 月中旬，普朗克和能斯特来访，建议爱斯坦去柏林，他接受了。

8 月：与玛丽·居里一起远足。

9 月：与米列娃的父母在诺微沙德度假。9 月 21 日，在维也纳的德国科学家和物理学家年会上作引力理论的报告；到柏林旅行。

11 月 12 日：皇家威廉二世批准他为科学院院士。12 月 7 日在柏林接受院士职务。工资一万两千九百马克。

1914 年：离开苏黎世，参观安特卫普和莱顿。4 月初到达柏林。米列娃和儿子们 4 月中旬到达。6 月底，米列娃与爱因斯坦分居；米列娃与儿子们回到苏黎世。

7 月 2 日：在普鲁士科学院作就职演说。普朗克作应答。

8 月 1 日：第一次世界大战爆发，爱因斯坦决心作一名和平主义者；第一次接触政治问题。

11 月：加入新祖国联盟，目标是建立一个"欧洲共和国"。在由乔治·尼克莱起草的《告欧洲人书》上签字。

1915 年 1 月：在德国物理技术研究所，爱因斯坦与德哈斯共同实验研究转动磁性效应。

6 月底：到哥廷根访问一周，与大卫·希尔伯特住在一起，作六次关于广义相对论的学术报告。

11 月：通过四篇学术报告向普鲁士科学院提出广义相对论引力方程的完整形式（第一篇是 11 月 4 日，最后一篇是 11 月 25 日）。

1916 年 3 月 20 日：完成总结性论文《广义相对论的基础》，作为一个单行本在《物理年鉴》上发表了。

5 月：成为德国物理学会主席。

6 月：发表引力波的第一篇文章。

7 月：重新研究量子理论，写了三篇文章——关于自发受激辐射和吸收；

以此为基础关于普朗克辐射方程的新的推导;关于夸克的粒子概念。

12 月:完成最著名的《狭义和广义相对论浅说》。

12 月底:应邀入德国物理技术研究所董事会。

1917 年年初:接连患肝病、胃溃疡、黄疸病等虚弱症。四年后才真正恢复健康。受堂姐艾尔莎照顾。

2 月:在广义相对论的范畴内,描述第一个宇宙模型。为了确保空间有界的稳定,引入宇宙项。

9 月:爱因斯坦搬到表姐在哈伯兰德街 5 号的公寓。

10 月 1 日:曾准备 1914 年建立的皇家物理研究所在爱因斯坦的管理下,开始运行。研究所主要是促进物理和天文学研究。

1918 年 2 月:爱因斯坦发表关于引力波的第二篇论文,包括四级公式。

8 月:拒绝 ETH 和苏黎世大学的规格很高的联合邀请。

11 月 9 日:德国投降;皇帝退位;共和国建立。爱因斯坦很高兴,致力于实现左翼民主目标。

1919 年 1 月:在苏黎世停留几个月,在苏黎世大学作学术报告。

2 月 14 日:同米列娃离婚,孩子由米列娃监护。

春天:与布鲁曼菲尔德探讨犹太复国运动;支持犹太人复国运动,但拒绝加入任何犹太组织。

6 月 2 日:与艾尔莎结婚。

9 月 22 日:获悉英国天文学家 5 月 29 日日食观察的结果,验证了广义相对论所预测的在太阳引力场中光线的偏移。

11 月 6 日:在伦敦皇家学会和皇家天文学会的庆祝大会上正式公布这个消息,第二天,爱因斯坦传奇开始。

11 月 26 日:普鲁士食品学会成员要求大力支持爱因斯坦的研究工作。设立"爱因斯坦捐赠"基金,筹资建立"爱因斯坦塔"。

1920 年 2 月:玻尔拜访爱因斯坦,母亲波琳·爱因斯坦在柏林儿子家患癌症去世。

6 月:去挪威和丹麦讲学。

8 月 24 日:在柏林音乐厅举行反相对论的公共集会。

三天后,爱因斯坦在报纸的一篇文章上强烈公开应战。

9 月 23 日:在巴特瑙海姆的自然科学家大会上与菲利浦-勒纳进行争论。

10 月 27 日:接受兼任莱顿大学特邀教授名义。

12 月 31 日:当选为新秩序委员会的最年轻的成员。

1921 年 1 月:访问布拉格和维也纳。

4 月 2 日—5 月 30 日:第一次访问美国:为耶路撒冷的希伯来大学募捐;在普林斯顿大学讲学,并以书的形式出版了。

6 月:回程在曼彻斯特和伦敦讲学。

1922 年 1 月:完成关于统一场论的第一篇论文,递交普鲁士科学院。

3 月 28 日—4 月 10 日:访问法国巴黎,在法国科学院讲学;参观一战战场。

4 月:月底,成为国际知识分子合作联盟委员会成员。

6 月 24 日:德国外长被杀。爱因斯坦不再讲学和公开露面。

10 月 8 日:爱因斯坦应杂志出版商的邀请乘轮船赴日本。

11 月 9 日:在去日本途中,爱因斯坦被授予 1921 年诺贝尔物理学奖。

11 月 17 日—12 月 29 日:访问日本。作讲座和公共演讲。

1923 年 2 月 2—14 日:从日本返回途中,到巴勒斯坦访问,成为特拉维夫市的第一位名誉公民。为耶路撒冷的希伯来大学奠基。

3 月:爱因斯坦向国联提出辞职,主要是由于法国和比利时对莱因省的占领。

6 月:帮助创建"新俄国朋友协会",并成为其执行委员会委员。

7 月:到瑞士和丹麦访问,在哥德堡接受 1921 年度诺贝尔奖金。并讲演相对论。

发现了康普顿效应,解决了光子概念中长期存在的矛盾。

12 月:在递交给普鲁士科学院的文章中,第一次讨论《解决量子问题的可能性》,推测量子效应可能来自过度约束的广义相对论场方程。

1924 年 6 月:重新考虑加入国联。

12 月:"爱因斯坦塔"包括有关仪器完成了。成为爱因斯坦研究所董事会终身主席。

1925 年:发表《单原子理想气体的量子理论》;发现物质的波动性的新的争论。创造波色—爱因斯坦统计学,1925 年底发现了波色—爱因斯坦凝聚。这些无疑是很重要的最后发现。

4 月—6 月:去南美洲访问。

9 月:成为耶路撒冷的希伯来大学管理委员会成员,自从 1924 年起任其中的物理研究所出版物的编辑。

1926 年:同海森伯等讨论关于量子力学的哲学问题。爱因斯坦表达自己的疑虑。

1927 年 2 月:在巴塞起草的反法西斯宣言上签字。

参加国际反帝大同盟,被选为名誉主席。

10 月参加第 5 届布鲁塞尔苏尔维物理讨论会,开始同玻尔就量子力学的解释问题进行激烈论战。

1928 年 2 月:在瑞士的达沃斯心脏病发作,在床上待了四个月,花了一年时间才恢复。

1929 年 6 月 28 日:在普朗克七十岁生日时,马克斯·普朗克得到第一个,爱因斯坦得到第二个马克斯·普朗克奖章。

10 月:参加布鲁塞尔苏尔维大会。访问比利时皇族;与"尊敬的女王"结成终身友谊,直到去世之前一直与比利时女王通信。

1930 年:积极参与和平主义活动。

12 月:爱因斯坦第二次到美国访问,主要在加利福尼亚州理工学院讲学。1931 年 3 月返回。

1931 年:在克莱斯特教会大学作"学生",类似于访问学者,每年四周时间。

12 月:再度去加利福尼亚讲学。

1932 年:投身捍卫魏玛共和国。

7 月:在国际联盟和知识分子合作研究所的建议下同弗洛伊德通信,讨论战争的心理问题,1933 年发表《战争的原因》。

8 月:在普林斯顿的高等学术研究所任职。打算在普林斯顿待半年,在柏林待半年。

12 月:访问美国加利福尼亚州理工学院。打算 1933 年 3 月返回德国。

1933 年 1 月 30 日:纳粹上台。

3 月 10 日:在帕莎第纳发表不再回德国的声明,次日启程回欧洲。

3 月 28 日:向普鲁士科学院辞职。与所有德国官方研究机构断绝关系。一直待在比利时。

6 月:到牛津讲学。

9 月:在去美国之前一直待在英国。

10 月 3 日:为支持募捐,在皇家阿尔伯特大厅进行演说。

10 月 17 日:与妻子、秘书海伦·达克斯和助手沃尔特.迈尔到达美国,定居普林斯顿。

1934 年:论文集《世界之我见》在阿姆斯特丹出版。

他的继女伊尔瑟·凯瑟-爱因斯坦死于巴黎,另一位继女玛格特来到普林斯顿。

1935 年 5 月 15 日:爱因斯坦—波多耳斯基—罗森悖论发表;玻尔的反驳标志着关于量子力学基础的争论的某种结论。

1936 年:开始同 L. 英费尔德和 B. 霍夫曼合作研究运动问题。

12 月 20 日:妻子艾尔莎病故于普林斯顿。

1937 年:爱因斯坦的儿子汉斯·阿尔伯特全家来到美国。与 V. 巴格曼和 P. 伯格曼一起研究统一场论。

1938 年:与 L. 英费尔德共同出版了《物理学的进化》。

1939 年:妹妹玛雅从欧洲来到普林斯顿,在爱因斯坦家长期住下来,一直到老。

8 月 2 日:上书弗兰克林·D. 罗斯福总统,建议美国抓紧原子能研究,防止德国抢先制造出原子弹。

9 月 1 日:德国进攻波兰,第二次世界大战开始。

1940 年 3 月 7 日:第二次上书罗斯福总统,抓紧研制原子弹。

10 月 1 日:取得美国国籍,仍然保持瑞士国籍。

1941 年 11 月 6 日:开始"曼哈顿工程"研制原子弹。考虑到安全因素,没有邀请爱因斯坦参与。

12 月 7 日:日本袭击珍珠港,美国加入战争。

1943 年 5 月 31 日:作为科学顾问参与美军海军部的高性能炸药工作;每日工资二十五美元。

1944 年 2 月 3 日:在堪萨斯城拍卖他的《关于运动物体的电动力学》文章的手抄本,收入交与数控和作者契约委员会;以六百万美元拍卖成交。

1945 年:上书罗斯福总统,爱因斯坦努力使 L. 西拉德和其他物理学家公开发表他们对原子弹的忧虑。

8 月 6 日:第一颗原子弹投到了日本广岛。

9 月:由于史姆斯报告的出版,爱因斯坦 1939 年上书罗斯福总统的信公布于世。

12 月 10 日:在纽约的诺贝尔纪念宴会上,爱因斯坦发表广为流传的讲话《战争已经胜利了,但是和平还没有取得》。

1946 年 5 月 23 日:担任"原子科学家非常委员会"主席。

12 月:公开支持建立一个世界政府。

1947 年:继续发表大量关于军备控制和建立世界政府的言论。

1948 年 8 月 4 日:前妻米列娃在苏黎世逝世。

12 月:作剖腹手术,在腹部主动脉里发现一个大动脉瘤。

1949 年:在佛罗里达疗养。作当代哲学家文库爱因斯坦部分的最后评论。

1950 年 3 月 18 日:在遗嘱上要求信件和手稿最终送给耶路撒冷的希伯来大学。

1951 年:妹妹玛雅在普林斯顿去世。

1952 年 11 月:以色列第一任总统 C. 魏茨曼死后,以色列政府请他担任第二任总统,被拒绝。

1953 年 5 月 16 日:给 W. 弗劳恩格斯写回信,保护公民权利,抗议麦卡锡法案,引起激烈论争。

1954 年 4 月:在奥本海默的"国家可信性"问题上支持 J. 罗伯特 · 奥本海默。

1955 年 3 月 15 日:挚友 M. 贝索在日内瓦逝世。

4 月 11 日:去信给 B. 罗素讨论关于裁军的"爱因斯坦—罗素宣言"。

4 月 13 日:动脉瘤出血。

4 月 18 日:爱因斯坦去世,当日遗体火化。举行一个简单的追悼会,他的骨灰被撒在不知名之处。